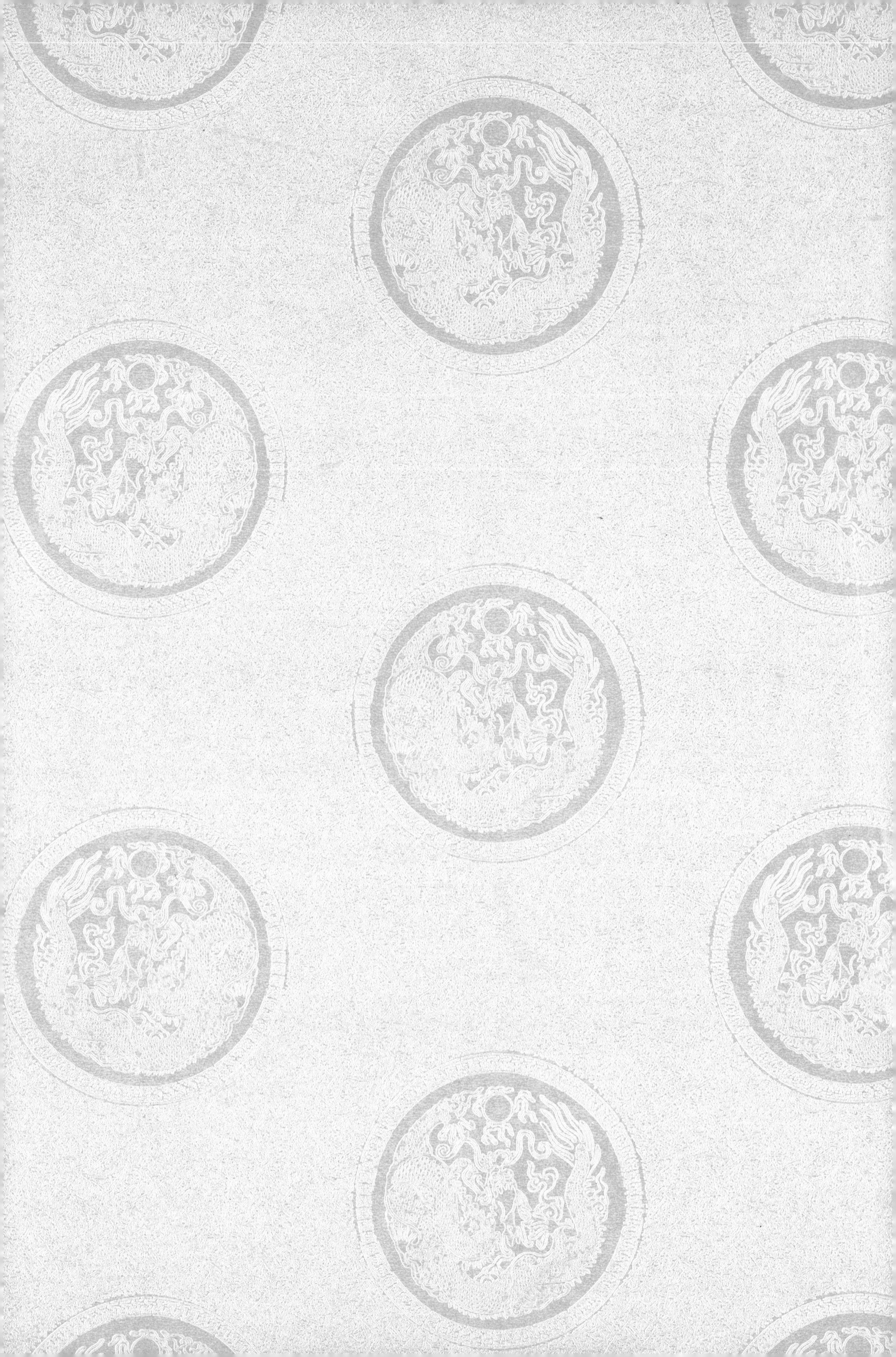

中國酒文化大典

周卫东题

名誉主编　王震宇
主　　编　周卫东

中部

東方出版社

有关酒典章政令的形成与演变

第一章　有关酒典章制度政令的形成与演变

酒政（含典章制度等）是国家对酒的生产、流通、销售和饮用而制定实施的制度政策的总和。

中国酒文化的历史非常悠久，源远流长,内涵非常丰富。在众多的生活用品中，酒是一种非常特殊的商品。因为，生产酒的主要原料是关系到人民吃饭问题的粮食，酿酒及饮用是一项非常普遍的社会现象与活动，牵一发而动全身，酒是一种特殊的食品，稍不注意就会危及人身健康及社会安定。基于此，历代统治者总是不断完善加强各种法规政策制度的制定，来制约酒从生产到销售、饮用的全过程。与酒相关的一些典章、制度等也随着社会的发展而不断健全、完善。其中对于酒的酿造和管理方面制定的一些典章、规则在中国古代及酒的发展史上起到了不容低估的重要作用。

中国作为世界上最早的酒发源地之一，酒的典章、制度早在先秦时期便有了。

古代酒的典章、制度大体可分为三类：一是关于荐酒、献酒、饮酒等方面；二是关于酿酒、酤酒、禁酒等方面；三是关于管理酒政、税官等方面。这些典章、制度的出现对酒的规范化、产业化发展都有很大作用，是酒业发展的必然结果。

在先秦文献中，关于酒的记载很多，如在《诗经》《书经》《礼记》中，不少地方都记有当时酒的典章、制度。如《礼记·礼运》第九记云：

> 以事鬼神上帝，皆从其朔。故玄酒在室，醴盏在户，粢醍在堂，澄酒在下，陈其牺牲，备其鼎俎，列其琴瑟、管磬、钟鼓……

这里说的是祭祀的规矩与用酒的规则。《周礼》中说明了用酒的秩序及酒的品事、规矩："太古无酒，用水行礼，故尊之名为元（玄）酒，祭则设于室内而近北也。醴，谓之醴齐。盏，谓之盎齐。陈列于室内稍南近户。粢醍，醍齐，酒成红赤色，又卑之，列于堂。澄酒，沈齐，成而滓沈也，又在堂之下矣。"此五者各以等降而设之。这就是祭祀时陈列不同的酒的规矩。《礼记》中类似这样的记载还很多，如《坊记》中云：

> 醴酒在室，醍酒在堂，澄酒在下，示民不淫也。

又如《乡饮酒义》中记云：

乡饮酒之礼，六十者坐，五十者立侍，以听政役……饮酒之节，朝不废朝，莫（暮）不废夕。

《礼记》所说的都是关于祭祀时、接待宾客时、乡居宴饮时关于酒的礼节制度，由天子到诸侯、庶人，当时都有典章、制度给予规范，如结合殷商、西周出土的甲骨文、青铜器来验证，就更可看出远古以来，关于酒的典章制度在祭祀、饮宴典礼中，已经十分齐备了。当时已有卖酒者，即所谓“酤”，但是还未官卖，也没有税，但“酤”已极为普遍。

禁酒的历史几乎与酿酒、饮酒的历史一样悠久。酿、饮酒的普遍与禁酒几乎是同步运行。夏禹是我国最早提出禁酒的帝王，相传帝女令仪狄作酒而美，进之禹，禹饮而甘之，遂疏仪狄而绝旨酒，并且说，后事必有以酒亡其国者。实践证明夏禹的预见是正确的。夏、商末期二位统治者桀与纣都是因沉湎于酒，造酒池糟林，耽于酒色，最后丢失统治权的。在夏商两代，就曾有因酗酒而被处刑的事例，如《尚书·胤征》记载，夏朝第四代君主仲康在位时，掌管天文历数的羲和（官名）纵酒渎职，就下令胤候去处以死罪。罪名就是：“惟时羲和,颠覆厥德,沉乱于酒……昏迷于天象,以干先王之诛。”商代则对有职务的官员下了禁止酗酒的训示，《尚书·伊训》是商王太甲即位时宰相伊尹的训诫，其中说：“制官刑，儆于有位者曰：敢于恒舞于宫，酣歌于室，时（是）谓巫风。”酣歌即酒醉而歌乐，属于“巫风”，和“淫风”、“乱风”合成三风。如臣下有这样的不正之风，“其刑墨”，即处以墨刑，墨刑就是面上刺字。但这只是对官员的诫令而未涉及平民。

在先秦文献中，有关酒的政策法令至今为研究当时禁酒的作用与影响具有很重要的价值，并还有其参考借鉴的作用。其中最著名且最重要的，莫如《书经》中的《酒诰》一文。《酒诰》乃我国最早的官方的禁酒令，也是中国有关酒的法令的第一篇。其目的是：肃清恶习，以正民风。事因周武王鉴于商朝的统治者沉溺于酒而亡国的事例，在令康叔监殷时，写给同母少弟康叔封的。

《酒诰》中告诫康叔及其领地“妹邦”，要注意饮酒的节制：商爱酗酒，天下化之。“妹土”，商之都邑，其染恶尤甚。《酒诰》一文虽是对殷民而发，实际上是对朝廷上下各诸侯、君臣所下的禁令。文中规定王公诸侯不准非礼饮酒，对殷民规定：“群饮，汝勿佚，尽执拘以归周，予其杀！”也就是说凡是百姓聚饮，皆不能轻易饶恕，统处以死刑。而且还规定如执法者执法无力，不照禁令办事，同样有被杀之罪。可见《酒诰》这一禁令有多么严酷。

古代禁酒的原因无非有两种，一是酒能乱政，这是从统治阶级的角度来说，饮酒会导致朝政荒乱，君臣因酒误事、失和，朝野动乱不安定，昏主乱性而失去江山等；而对于庶民来说，酗酒滋事会影响社会安定、扰乱生活秩序等。二是酿酒要耗费大量粮食，如遇到饥荒天灾之年，粮食应须节约，不能浪费在酿酒上，所以在天旱缺粮的年代朝廷禁酒都特别严。

由春秋、战国到秦代，饮酒、酤酒已经很普遍，但尚无法可依。直至汉代，出现了酤律，从法律的角度来规范饮、卖酒。汉文帝即位时，赐民酺五日，时在公元前 179 年。其时有酒酤、禁酒律，据《文献通考》卷十七：“三人以上无故群饮酒，罚金四两。”

东汉以来，因天灾人祸，庄稼收成很少，而造酒需要大量粮食，所以也曾几次禁酤酒。据《文献通考》所记：东汉和帝永元十六年（公元 104 年）诏兖、豫、徐、冀四州，雨多伤稼禁酤酒；顺帝汉安二年（公元 143 年）禁酤酒；桓帝永兴二年（公元 154 年），因旱蝗饥馑，郡国不得卖酒,祠祀裁足。

东汉献帝建安初年（公元 196 年），曹操当政，也曾下令禁酒。当时北方初定，群雄未灭，曹操励精图治，练兵屯田，下令禁酒。曹操禁酒的理由，并不仅仅为节省粮食，而主要是考虑酒会乱政、亡国等政治问题。但此次禁酒遭到了中大夫孔融的强烈反对，他写了一篇有名的《难曹公表制禁酒书》。孔融在朝野极有威望，一言一行都为士大夫所重视。他写信给曹操，议论酒禁是非，列举酒的好处，治国的不能无酒，特别说到大汉江山靠的就是酒：“高祖非醉斩白蛇，无以畅其灵”；“樊哙解厄鸿门，非豕肩钟酒，无以奋其怒”；“郦生以高阳酒徒著功于汉”，等等。夏桀、商纣是因为女人亡国，与饮酒其实并无必然关系。因酗酒而误政亡国的君主历史上确实有过，但是少喝些并不至于如此，所以犯不上要彻底禁酒。总之，禁酒是没有理由的。孔融的文章言辞犀利、言简意赅。酒禁虽然仍在执行，却无形之中打了折扣。

刘备建立蜀汉之初，也曾下令禁酒，严禁私酿。凡是民间百姓家中藏有酒器、酒具的，一律搜缴，并处以刑罚。

榷酒，即酒的专卖，由国家垄断酒的生产和销售。历史上专卖的形式很

多，大体可分为：完全专卖（由官府负责全过程）；间接专卖（官府垄断某一环节与酒曲的生产专卖）；商户专卖（官府不参与生产销售过程，指定特许商户缴纳一定的款项在统一管理下进行酒的生产销售）。

三国时，魏、蜀、吴三国关于榷酤、酒禁等典章制度，并不一致，资料亦少。《三国志·蜀志·简雍传》载时先主（章武）二年天旱，禁酒，酿者有刑。《吴志》卷七《顾雍传》记道："吕壹、秦博为中书，典校诸官府及州郡文书，壹等因此渐作威福，遂造作榷酤障管之利。"自王莽时，榷酤即为富贾所控制，成为营私舞弊之源，虽严刑不能制，至三国时，仍然有此弊端。

晋及南北朝，中原大乱，战争连年，造酒要粮食，直接影响民生。继曹操之后，于公元四世纪初，羌人石勒"以民始复业，资储未丰，重制禁酿，行之数年，无复酿者"。说明以武力禁酒，强制执行，还是有效果的。

南北朝时，北朝均官酤，后魏百官岁给常酒，《魏书》卷一一零《食货志》载：

> 后魏明帝时（公元520年）后……国用不足，命有司奏断百官常给之酒，计一岁所省，合米五万三千五十四斛九升，蘖谷六千九百六十斛，面三十万五百九十九斤。其四时郊庙百神群祀，依式供营，远蕃使客，不至断限。

南朝方面："宋文帝时（公元435年），扬州大水，主簿沈亮建议禁酒，从之。"（《通考》《征榷考》四）

"陈文帝天嘉二年（公元561年），虞荔等以国用不足，奏请榷酤，从之。"（《通典》卷二《食货志》十一）

自两晋、南北朝以来，所谓"取利于酒，夺民酤而榷之官，比承平时责利数倍"等弊端，直到隋朝统一后，都有所改变。据《通考》卷十七《征榷》四所载：隋文帝开皇三年（公元585年），"先时尚依周末之弊，官置酒坊收利，至是，罢酒坊，与百姓共之"。

唐代，初年尚无酒禁，《通考》卷十七《征榷》四记云："唐初无酒禁，乾元元年，京师酒贵，肃宗以廪食方屈，乃禁京城酤酒，期以麦熟如初。二年，饥，复禁酤，非光禄祭祀燕蕃客，不御酒。"乾元元年是公元758年，已是安史之乱后，唐自公元618年开国，至此已历140年。贞观之治，开元、天宝的繁华盛世，百余年中，似无榷酤，亦无官酤，可想见其物阜民丰之社会经济状况。唐代后来，酒禁很严格，会昌六年（公元 846 年），“限扬州，陈许……置官酤酒，禁止私酤。过闻严酷，一人违犯，连累数家，闾里之间，不免怨。宜从今以后，如有私酤酒及买私曲者，但许罪止一身，并所由容纵，任据罪处分。乡井之内，如有不知情，并不得追扰。其所犯之人，任用重典，兼不得没入家产”。

隋、唐、宋中央政府都不禁酒，但有的地方官员有禁酒令，如《旧唐书·薛戒传》，记薛戒任浙东观察使，有禁令：“触酒禁者皆死。戒弛其禁。”这是“土政策”。

与北宋同时的辽、与南宋同时的金等北方少数民族王朝有几次短暂的禁令，也都是旋禁旋弛。金代榷酤继承辽、宋旧制，至天会三年（公元 1125 年），始命榷酤官，以周岁为满。天会十三年（公元 1135 年）诏公私禁酒。大定三年（公元 1163 年）诏严禁私酿，设军巡察。（见《金史·梁肃传》）大定二十七年（公元 1187 年）命天下院务依中都例，改设曲课，听民酤。宋及辽、金、西夏等政权，凡酒税均应缴纳上京盐铁司，若干年都规定职官不得擅造酒糜谷。

元代百余年中，或因天灾旱涝，或因其他，各地禁酒之令常颁。元世祖忽必烈曾在至元二十年（公元 1284 年）下令禁酒，民间不得私酿，“造酒者本身配役，财产子女没官”。成宗铁木耳也下令重申酒禁，但蒙古贵族犯禁者很多，后来终于禁不下去了。

大德年间（公元 1304 年）大都酒课提举司设槽房 100 所，大肆酿酒。每日每所酿二十五石，全年约二十七万石，仅鲁、晋、冀、豫、陕、川、江浙、湖广、滇等地每岁酒课收入达 669600 余锭。

明、清两朝早期虽不断有禁酒，但均无实效，反而愈禁愈厉害。太祖朱元璋初定金陵时，即定禁酒令，后又禁民种糯。令中有云：“昔因民间造酒，糜费然非塞其源，而欲遏其流不可也。今岁农民毋种糯米，以塞造酒之源。”但民间仍然造曲酒，因之酒课照征，不过折收金银钱钞。又如清乾隆二、五年都下令禁酒，但据《清朝续文献通考·征榷考》的记载，苏州一地的粮食，大半用于酿酒。据统计，到光绪四年，仅直隶（今河北）一省，就有酿户千余家，每天需耗高粱二万余斤，每月七十万石。宣统二年仅吉林一省，全年可出酒四千五百九十九万斤之多。清朝中叶以后，政府再也不提酒禁，当政者也知道，酒是禁不住的。

历代禁酒的结果往往都是屡禁不绝，愈禁愈多。原因大体有三方面，其一，酒的积极作用远大于消极作用，喜欢者众，大家需要；其二，禁酒的人自己都离不开酒，曹操自己就有“何以解忧？惟有杜康”的感慨；其三，禁酒必然会导致国家的财政收入减少，从而影响了整个国家经济发展。

由于酒的解禁，嗜酒之风盛行，饮酒名人甚多，在汉末之后三百年中，如陶潜、刘伶、阮籍……酿酒工艺酒技越来越精湛，名酒也颇多，如菊花酒、桑落酒、蒲桃酒、千里酒、缥醪酒、河东酒等，均见之记载。家酿、坊酿、官酤、私酤，均极普遍了。

酒与经济的关系随着酒的发展而逐渐变得明朗、重要起来。在中国历史上，酒与经济的关系，主要体现在酒税上。

汉武帝刘彻是中国历史上第一个以法律形式，正式承认酒作为商品的合法性，并同时第一个宣布抽税的帝王。造酒、卖酒，利润是很大的，通过抽税可以给国家增加财税收入。酒税是对酒征收的专税。因酒是奢侈品，较之其他税比较重，尤以汉代后至清基本如此。

酤酒抽税，自汉武帝始。据《汉书·武帝纪》：“天汉三年（公元前98年）……初榷酒酤。”而到了昭帝始元六年（公元前81年），诏罢榷酤，就是不收酒税。榷酤至此，前后不过十余年。《文献通考》谓：“以律占租者，令民卖酒，以所得利占而输其租矣。占不如实，则论其律。卖酒升四钱，所以限，民不得厚利尔。”据此知汉律不但有酒税，而且限价。

公元6年，王莽建立新朝，前后虽只17年，但改革颇多，创“五均六斡”之法，于酒则立酒官，令官作酒。据《汉书》卷廿四《食货志》记载：

> 令官作酒，以二千五百石为一均，率开一卢以卖，雠五十酿为准。一酿用粗米二斛，曲一斛，得成酒六斛六斗，各以其市月朔米曲三斛，并计其价而三分之，以其一为酒一斛之平，除米曲本价，计其利而什分之，以其七入官，其三及糟、酨、灰炭给工器薪樵之费。

王莽曾两下诏书，严禁私酿。

唐代代宗广德二年（公元764年），始“敕天下州，各量定酤酒户，随月纳税，此外不问公私，一切禁断”。至大历六年（公元771年），“量定三等，逐月税钱，并充布绢进奉”。德宗建中元年（公元780年），“罢酒税，三年复制，禁人酤酒，官自置店酤，收利……私酿者罪。寻（不久），以京师四方所奏，罢榷”。贞元二年（公元786年），“复禁京城畿县酒，天下置肆以酤者，每斗榷百五十钱，其酒户与免杂差役，独淮南、忠武、宣武、河东，榷曲而已”。以上各条俱引自《通考》卷十七《征榷》四。有两点值得注意，即具体酒价榷价，每斗税百五十钱，《通考》作者加批云：“按昔人举杜子美诗，以为唐酒价每斗为钱三百，今榷百五十钱，则输其半于官矣。”这还只说到税率过高，为百分之五十。而淮南等四地，又征曲税，这就更严格，造酒一定要用曲，先把曲上了税，就更可堵私酿之漏洞了。于此亦可见税率越来越严酷。

唐代太和八年（公元 833 年），罢京师榷酤。据《通考》所载：“凡天下榷酒，为钱百五十六万余缗，而酿费居三分之一，贫户逃酤不在焉。”此条可见唐代酒税总收入。《唐会要》卷八十八《榷贴》中亦有同样记载。

大唐盛世，自公元 618 年李渊称帝，至公元 907 年哀帝禅位于朱全忠的梁朝，经历了近三百年的统一太平，又开始了分裂动乱，即五代十国的局面，梁、唐、晋、汉、周政权迅速更替，其他地方政权蜀、南汉、吴越、南唐、后蜀等，政令不统一，酒税亦不断变更，梁开平三年（公元 909 年）：“敕诸道州府百姓，自造曲，官中不禁。”而过了没有几年，政权改变，后唐天成三年（公元 928 年）又诏曰：“便从今年七月后，管数征纳榷酒户外，其余诸色人，亦许私造酒曲供家，却不得就里私卖酒。如有故违，便仰纠察勒依。”从此时代开始，先把曲税纳入田亩，夏秋开征，每亩五文，后特放二文，只收三文。城镇照收酒户税，村坊不在纳榷之限。这一律十分严酷，一直延用到五代结束。赵翼《二十二史札记》卷二二《五代盐曲之禁》云：“其酒曲之禁，孔循曾以曲法杀一家于洛阳（注：私曲五斤以上皆死……）。汉乾佑一年（公元 948 年），私曲之禁，不论斤两皆死。周广顺一年（公元 951 年），仍改为五斤以上。然五斤私曲，即处极刑，亦可见法令之酷矣。”典章律例之残酷，可见一斑。

酒法榷酤，至宋朝后，征收更胜于前朝。宋·吴曾《能改斋漫录》记云：“今之秋亩有曲脚钱之类，此事起于五代，后唐时虽纳曲钱，而民间却许自卖酒。时移事变，曲钱之额，遂为定制，而民间则禁私酤矣。”就是说既从地亩中收曲钱，又置官酿，民间禁私酿。乡间或许民酿，但定其税课，每年若干。就是为酒，民众有三重负担：一所谓曲脚钱之曲税，随田亩征收；二官酤之营利；三乡间酿酒之酒税。因之宋代酒榷收入甚多。据《宋会要》及《通考》记载：

> 至道二年（公元 996 年），收铜钱一百二十一万四千余贯，铁钱一百五十六万一千余贯，京城卖曲四十八万余贯。天禧末（公元

1021 年)，铜钱增七百七十九万六千余贯，铁钱增百百三十五万四千余贯，卖曲增三十九万贯。皇祐中（公元 1049 至 1054 年)，酒曲岁课一千四百九十八万六千一百九十六贯。

从中可知宋时经济发达，税收充沛之情况。其税收增加之原因，除酒场不断增加外，一是增收利钱，解京数增加；二是增加成色钱，无额上供。如上色每升添二文，中下一文，直到上色每升添四十二文，次色十八文。其钱一分州用，一分漕计，一分提刑司等。亦可推知人民负担之重了。

元代初设酒醋务坊场官办理酒税，后来设酒课提举司，官办糟房。官卖每石输钞五两，民酿每石十两。《元史·食货志酒醋课》所统计的“酒课”，最多的江浙行省为十九万六千六百五十四锭三十一两三钱银子，最少的辽阳行省每年二千二百五十锭十一两二千银子。除云南行省外，全国每年酒税共达四十六万九千一百五十二锭又五百两之多。

明清两代大致是放任私酿私卖的，政府直接向酿酒户、酒铺征税。由于酿酒的普遍，不再设专门管酒务的机构，酒税并入商税。《明史·食货志》载：“太祖初，征酒醋之税，收官店钱”，以后“改在京官店不宣课司，府县官店为通课司”。酒就按“凡商税，三十而取一”的标准征收。

明朝，皇家也卖酒。据《坚瓠集》转引《暖姝由笔》：正德年间，朝廷开设酒馆，酒幌子写的是“本店发卖四时荷花高酒”，就是卖“莲花白”，又有两块匾：“天下第一酒馆”，“四时应饥食店”。“莲花白”至今仍是北方名酒，还以“明代宫廷秘方”标榜，酒味甘醇味正。酒幌，扁联，说明是有酒有菜、有饭有汤的大饭店，可见赢利之丰。

明《续文献通考》按语中道：“臣等谨按：邱浚言，明朝不立酒曲务，唯摊其课于税务中。”因而有酒曲税律而无榷酤、官酤，但钱钞照收。据傅维麟《明书》卷八十三《食货志》三所记：“令天下税课司、局，诸客商货贿，俱三十而税一，赴司局投税讫，听平价以卖……酒课不设务，不定额。已榜谕各税课司局巡拦所办，令计额课逐日旬办，贮司局官按季攒收，而官攒侵欺，致巡拦赔纳者罪。”

据此当知明代已将酒与其他物品，如盐、茶、醋、硝、铅、黑锡、石膏等物品，同样收商税课，俱折收金银钱钞输京师。就是说税收更细、更普遍了。

清代循明制，规定酒户向政府按月、季缴纳税钞；酒商贩运则设有关卡查税，发现酒坛上没有税官贴的“烧锅发票”，就以漏税重罚。酒税也日益增加，光绪末年，浙江每一缸酒即需“照费”十元，出售时另加印花捐二角。税吏的舞弊和额外敲诈还不在内。清代二百六七十年间,也无榷酤、官酤等，查《清史稿·食货志》，有盐法、茶法、矿政等篇，而无“榷酤”或“酒法”等记载，大体承明代之旧，在《食货志》征榷篇中云：“征榷。清兴，首除烦苛。设关处所，多仍明制。自海禁开，常关外始建洋关，而厘局之设，洋药之征，亦相继而起。三者皆前代所无，兹列著于篇。至印花税、烟酒加征，均试行，旋罢，不具载。”

《清史稿》六卷仅在《食货志》中一处提到一酒字，其他均未述及。但这并不是说清代没有酒或不收酒税。原因一是清初禁酒，二是清代承明代之制度，在重要地区设关，货物过境，就要收税，就是更普遍的货物通行税。国内各关称常关。乾隆以后，南北常关，规定运酒过境，每酒二十坛（二百斤）征银二分，其后渐增至四钱。咸丰十年，令各州县报告烧锅商户数、贩酒斤数于户部。每六个月向户部缴纳一次，每斤制钱十六文。当时酒价不过百文一斤，其税率将近十分之二。另清代咸丰后实行厘金制，各省设卡征收，或值百抽一，或值百抽三，酒税为大宗。

酒税于清末已有改革，但不久停止。辛亥革命后建立民国政体，参照西方，制定各种税系。关于酒者，有输出入税（洋酒进口，国酒出口）、出产税（酿造税）、特许税（烧锅税）、通过税（厘金、常关税）、营业税、曲税等，另外地方所加之捐，多种多样，且成立“烟酒专卖局”，各省设立分局，办法有根据财政部制订之暂行条例，有“官制官卖”“商制官收商卖”“官商并制官收商卖”三种，但实行有困难，后采取“官督商销”之办法。国民党南京政府时，财政部有设“印花烟酒税处”、有设“整理烟酒税务委员会”，后又有并入“税务署”，各省设“烟酒税处”。1930年预算，烟酒税为三千三百二十余万银元，酒与烟并列，酒税占十分之几，则不得而知了。

酒禁和酒税天生是一对相生相克的矛盾。综观历代的禁酒史，往往都是以不了了之结束的。禁私酿也禁不住，只有抽酒税则愈抽愈多，寓禁于税的结果是禁弛税张，终于有税无禁。这也是统治阶级的需要，历史发展的必然。

随着社会的发展，酒的规章、制度也在逐步完善，渐渐出现了专门管理酒的机构和官员。关于酒的衙署和官吏，根据历史文献上的记载，大致可分为三种，掌管酒的政策法令者、掌管祭祀奉酒者和掌管榷酤酒税者。

先秦时期，没有榷酤，但设有酒官。在《周礼·天官》中记有的“酒正”，职权就是掌管酒的政策法令。“酒人”是负责掌管祭祀时用于供奉的五齐三酒。另《书经·周官》：“萍氏掌几酒、谨酒。”注曰：“几者，几察酤卖过多及非时者，谨者，使民节用而无彝也。”从这可看出春秋、战国时，就有管理民间酤酒的官吏和其明确掌握的职权。

汉武帝年间，《汉书·武帝纪》中道：“初榷酒酤。”注中引应劭《风俗通》说：“县官自酤榷卖酒，小民不复得酤也。”证明榷酤、酒税始于汉代。

又《汉书·贾捐之传》：“至孝武帝元狩六年……民赋数百，造盐铁酒榷之利，以佐用度，犹不能足。”

王莽时设官，官名“斡”，自酿酒，主均输之事。所谓斡盐铁而榷酒酤。王莽行五均之法，置“斡官”，初属少府，后属大司农。另有“酒士”，掌管官酤。

三国以后，据《通典》所载：“晋有酒丞一人，齐有酒吏，梁有酒库丞，隋曰良酝署，令、丞各一人。唐，置光禄卿。”盖三国之后，魏晋南北朝，各方割据，政令不统一，至隋代，南北统一。隋代承宇文氏周朝之后，起于北方，初时尚承周制。《隋书·食货志》记云：“先是尚依周末之弊，官置酒坊收利。”但不久即罢去。唐初禁酒，规定“非光禄祭祀，燕番客，不御酒”。置官有“光禄卿”之设，则如周官之酒人，掌五齐三酒，祭礼供奉之责。自唐之后，迄于明、清，朝廷机关均有“光禄寺”之设。据傅维鳞《明书·职官志二》记：

> 光禄寺……移置法酒库，内酒房，又改寺为司，升从三品，置大官、珍羞、良酝、掌醢署……四署各署正一人（从六）、署丞一人（从七）、监事四人（从八）、司牲、司牧局各大使一人（从九）。

其中良酝署，就是专管酒的。长官“署正”，从六品，级别略高于知县。清代光禄寺长官“管理寺事大臣一人，从三品，四署仍如明代”。据《清史稿·职官志》记载：“良酝署掌供酒醴，别水泉，量曲蘖，并大内牛酪。”主管各官亦如明代有署正、署从（从六品及从七品），满、汉各二人，其下皆为满人。银库司库，满员二人。笔帖式，满员十八人。辛亥革命之后，再没有光禄寺，也没有掌良酝供酒醴的了。

唐代至会昌六年（公元842年），扬州八道置榷曲并置官店酤酒，既有官店，便有酒官。酒官之名有“都务”“酒坊使”等。五代时仍有“都务”酤酒于民间。

宋代的酒官最普遍，据《宋史·食货志》记载："政和四年诏：酒务官二员者分两务，增其一员，虽多毋得过两务。"又据《通考》记："仁宗时，河北酒务有监临官，而转运司复遣官，诏禁之。"当时规定，场务岁科三千贯以上者，以使臣监临。而当时宋朝酒课定额最多四十万贯以上，最少五千贯以下，三千贯以上便以使臣监临，那几乎是全国主要城市，都有使臣监临。近年出版的《宋人佚简》中，即有不少张绍兴年间《在城酒务账》及《舒州在城酒务造酒规例》、《衙西酒店卖酒收趁则例》，都是八百多年前宋代酒务酒税实物，极有参考价值。其《衙西酒店卖酒收趁则例》后面所列管理人员职衔如下：提点官知录某、兼监管都监某、兼监官指使某。其衔为右文林郎录事、修武郎权兵马、进义副尉本州指使。另攒司、酒匠、帖库、作夫等职工名称。

与宋朝政权同时存在于北方的辽、金、元三朝，榷酤酒官，大多效仿于宋朝。辽代酒税课金上纳于上京盐铁司，见《辽史·地理志》。据《通考》及《续文献通考》所记载：金代命榷酤官。以周岁为满，中都有曲使司。元代立四品提举司领天下酒课，大德八年（公元1304年）大都酒课提举司，设糟房一百所。至正十九年（公元1359年），改江西茶运司为都转运司并榷酒醋税。

明、清两代酒税未单设官，亦无官酤，只有常关税、执照税等。辛亥革命后，北洋政府设立了烟酒公卖局，由局长领之，征收烟酒税。后来纳入统税局，直接税局，不再专为酒税设官了。

双身龙耳白瓷瓶

第二章　酒典籍举要

中国是有文字记载达三千余年且从未间断的国家。在那浩如烟海的经、史、子、集、说部、类书、文献汇编中，对酒及酒文化的记载十分丰富，证明酒文化已经是博大精深的中华民族文化史中不可或缺的组成部分。

从先秦的编年史《春秋》到汉代司马迁的《史记》，历代有正史的编撰，在记录政治、经济、文化、风俗等的变化沿革中，保存了不少有关酒的典章制度史料；各种笔记、著述里，对酒人酒事的搜集整理，尤为繁浩；历代诗词曲赋歌咏酒的篇章多于星河且格调高雅；延及戏剧、小说、书法、绘画等，对酒人酒事的描绘，亦是琳琅满目，美不胜收。总之，我国古籍中涉及酒及酒文化的篇章著述，品类多，数量庞大。

为了继承、发扬中国酒及酒文化的优良传统，许多古人曾从事过这方面的辛劳工作，并留下了不少著作。自改革开放以来，许多专家学者又积极工作，出版了许多科学地、系统地全面介绍和探讨的文章和著作，对弘扬中国酒文化作出了极其可贵的贡献。

下面仅选择一些对中国酒及酒文化的发展历史中有重要影响的文献和著作，按年代先后，编列一简明目录，供读者参阅。

《酒诰》 这是最早的一篇禁酒文告。周时，康叔封于殷商故地，殷民素嗜酒，故周公用命令告戒（载《尚书·周书》）。

《酒赋》 汉·邹阳作。梁孝王与群臣饮宴，乃命邹阳作赋，描写当时饮酒作乐的场面。文章极力宣扬酒的好处，词采华丽，构思巧妙。

还有魏王粲、曹植同名作。

《酒箴》 汉·扬雄作。用四言体铭文咏颂酒器，以嘲讽世态。

《难曹公表制禁酒书》 汉·孔融作。汉末，曹操因“年饥兵兴”“表制禁酒”，孔融即作书加以反对，认为禁酒不得人心。书中“多侮慢之辞”，导致了孔融后来的杀身之祸。

《酒德颂》 晋·刘伶作。通篇颂扬酒的“功德”，以反对当时的旧礼法，并避免险恶的政治环境的迫害。

《酒戒》 晋·葛洪作。文章从养生的角度，全面地论述了饮酒的害处。见《抱朴子》卷之四。

《齐民要术》 书名。北魏·贾思勰著。约成书于公元533—544年间，凡十卷九十二篇。这是一部中国最早、最系统的农业科学著作，其中记录了制曲酿酒的方法，为酿造业保存大量的古代技术资料。由农业出版社缪启愉的校释问世。

《醉乡记》唐·王绩作。文章以虚构的笔法，张扬酒德。作者还有《五斗先生传》《祭杜康新庙文》传世，主旨仍系颂扬酒德。作者又曾追述当时著名制酒家焦革的制酒法，名《酒经》；采集古代善饮酒者的事迹，名《酒谱》，惜两书都已失传。见《新唐书》卷一九六本传。

《醉乡日月》唐·皇甫崧（亦作松）作。全书共三十篇，但久已残缺，只留小部分。全书内容多系叙述酒宴上的规则、仪节等。《新唐书·艺文志》著录。又收入《说郛》九十四。

《醉吟先生传》唐·白居易作。这是作者的自侃文，认为从酒醉中“得以梦身世，云富贵，幕天席地，瞬息百年。陶陶然，昏昏然，不知老之将至，古所谓得全于酒者”，达到精神自由自在的境地。作者另写有《酒功赞》《对酒》等名篇。

《北山酒经》书名。宋·朱肱撰。凡三卷，上卷论酒史，兼及酿理；中卷论酒曲，曲的配方及制曲法；下卷叙酒的酿造过程。材料丰富，有较高的学术价值。有《知不足斋丛书》本及《四库全书》本传世。同时人李保，曾为此书作序，并著《续北山酒经》，记制曲酿酒法46种，今存《说郛》本，但有目无文。

《东坡酒经》宋·苏轼作。记叙作者自己的酿酒的方法。仅存此一篇文章，其他是散失了或未写作，不可知了。文见《东坡后集》卷九。

《酒谱》书名。宋·窦苹撰。辑古今酒人酒事为内外两篇，十四题，但不及酿酒法。见《说郛》及《四库全书》本（不全）。

《四时酒要》书名。撰者不详。见《宋史·艺文志》。

《酒赋》宋·吴淑作。系搜罗历代酒人酒事，对饮酒的利弊作了比较客观的评价。

《熙宁酒课》书名。宋·赵珣撰。为北宋神宗熙宁（公元1068-1077）年间各道州郡管理酒的机构及税款数目的专门记录，是研究古代经济的重要参考资料。载《说郛》卷九十四。

《曲本草》书名。宋·田锡撰。一卷。叙述各种药酒的原料、制法及功能，文字甚简约。载《说郛》卷九十四。

《觞政述》书名。宋·赵与时撰。多记宴人间行令的古事近闻，间加按语，对了解古代酒令的来源及方法很有助益。载《说郛》卷九十五。

《罚爵典故》书名。宋·李廌撰。一卷。集《礼记》至朗读文中所载罚酒用的酒器，并释其出处。载《说郛》卷九十四。

《觥器注》书名。宋·郑獬撰。一卷。集上古至宋的正史、笔记、诗文中所载的名贵酒器，并略加笺注。载《说郛》卷九十五。

《东京梦华录》书名。宋·孟元老著。十卷。叙述北宋时汴京（今开封）的城市风貌、风土习俗。其中，保存了不少酒楼、酒名等资料。今有单行本行世。

《梦粱录》书名。宋·吴自牧著。二十卷。仿《东京梦华录》的体例，记述南宋都城临安（今杭州）的物产、风俗、艺文等，亦有不少酒文化的可贵资料。

《酒名记》书名。宋·张能臣撰。一卷。记述宋代宫廷及民间酒名一百余种。载《说郛》卷九十四。

《酒尔雅》书名。宋·何剡作。对与酒有关的词作文字训释。载《说郛》卷九十四。

《武林旧事》书名。宋·周密撰。十卷。此系作者入元后追叙南宋都城临安（今杭州）的繁华景象、山川物产及手工业情况的笔记，记载颇为详细。

《酒小史》书名。元·宋伯仁撰。一卷。著录元代以前的历代名酒一百零六种。载《说郛》卷九十四。

《酒乘》书名。元·韦孟撰。一卷。著录元以前有关酒的文献二十六种，系目录学著作。其中所记作品，许多已经亡失，但不失稽考的价值。载《说郛》卷九十四。

《安雅堂酒令》书名。瀍东曹继善撰。一卷。作者无考，当系元、明时人。此书系行令时的酒牌书。其中“觥律”一百零八则，均取自古代饮酒掌故，以“孔融开尊”起，“薛涛改令”止，每则下说明应罚酒之规则。载《说郛》卷五十六。

《天工开物》书名。明·宋应星撰。此书系统地记述了中国古代农业及手工业的生产技术和经验。其中“酒母”一节，专叙酒曲的制作法。

《遵生八笺·酿造类》书名。明·高濂撰。记述了十七种甜酒及滋补药酒的酿制法，并说明其养生的功能。

《酒史》书名。明·冯时化撰。书分酒系、酒器、酒献、酒述、酒余、酒考等六卷，辑录前人有关酒的论著和诗文，并兼记历代名酒与酒珍故实。载《丛书集成初编》排印本。

《本草纲目》书名。明·李时珍撰。此为我国医药学的重要著作。在记

“酒”的部分中，不但论述了中国近代白酒的起源，并从药物学的角度，探讨了酒的性味，各种药酒的配方、酿造方法和主治病症。

《青莲觞咏》书名。明·周履靖作。作者辑录李白所写的酒诗，凡古乐府七首，五古十四首，七古一首，散体歌行二十二首，五律十首，五绝九首，七绝三首。每首下均附有周氏本人的和作，但都质量不高。作者又用同样体例，辑白居易酒诗为《香山酒颂》。均载明刻本《夷门广牍》。

《觞政》书名。明·袁宏道撰。一卷。书凡十六则，首有小序，末附酒评。内容涉及饮酒方式、礼仪、风俗掌故、传说等方面。作者为散文大家，文字隽雅风趣，影响甚大。载《袁中郎全集》。

《饮酒说》散文篇名。明·袁中道作。作者以身说法，叙小饮之乐，娓娓道来，亲切自然。载《珂雪斋近集》卷三。

《酒颠》书名。明·夏树芳撰。上下两卷。辑录古代酒人酒事掌故，凡一百七十五则。载《古今说部丛书》第九集。

《酒颠补》书名。明·陈继儒撰。三卷。作者为《酒颠》作叙，又为之补叙不足，并注明出处。有《海山仙馆丛书》及《从书集成》本。

《投壶仪节》书名。明·汪禔撰。叙古代投壶之礼甚详。载《丛书集成新编》。

《五杂俎》书名。明·谢肇淛撰。其中“物部、酒”部分，记录了不少关于酒的杂谈。

《日知录》书名。清·顾炎武撰。书中的“禁酒”篇，回顾了我国自周代以来的禁酒史，明确指出：“酒害”或“酒祸”是人自己造成的，不应归罪于酒。

《仿园酒评》书名。张荩（时代不详）撰。书凡三篇，一为酒德；二为酒戒，俱叙饮酒的规则和注意事项；三为饮酒八味，谈八种性味不同的酒在饮中的不同境界。字学简约。载《古今说部丛书》一集。

《酒部汇考》书名。撰者不详，约为清初人。书凡十八卷，分为汇考六卷，纪事五卷，艺文四卷，总论、杂录、外编各一卷。辑录经史子集中有关酒的资料，征采颇为繁富。“然编次错杂，殊乏体裁。”（《四库提要》卷一一六）

《揽胜图》酒令图记之书。清·吴陈琰绘制。共罗列我国古迹和人文景点六十八处。时人王晫评论说：“以游山行酒，极尽人才之致，且位置各有妙理，可以为豪饮之助，可以为卧游之资，咄咄奇妙。”

《胜饮编》书名。清·郎廷极撰。十八卷。依次为“良时”“胜地”“名人”“韵事”“德量”“协效”“著撰”“政令”“制造”“出产”“名号”“器具”“箴规”“疵累”“雅言”“杂记”“正喻”“借喻”等。每卷内各有子目。全书搜罗整理了历代与酒有关的人物、故事、物品、习俗、著作等，内容颇为丰富。见《粤雅堂丛书》及《笔记小说大观》本。

《杯史》书名。清·陈留撰。系记叙历代酒器之专著。其中陈述了自汉至清的酒杯325件，补正55件，合计380件。

《酒令丛钞》书名。清·俞敦信撰。书分古令、雅令、通令、筹令四卷，广收古来各式酒令。采集繁复而选择未精。见《笔记小说大观》本。

《魏晋风度及文章与药及酒之关系》鲁迅作。这是作者于1927年在广州所做的一篇学术报告。论述了从汉末建安至东晋的文学风格由通脱而华丽、而激愤、而冲淡的演变过程，以及形成这种态势的时代背景，精辟地分析了“竹林七贤”之所以沉湎于酒，“不独由于他们的思想，大半倒在环境”。这不仅是一篇文学史研究中的重要著作，亦是一篇研究魏晋时酒文化现象的专著。载《鲁迅全集》第三卷。

《古今酒事》书名。胡山源编。1939年世界书局出版，1980年上海书局影印出版。全书分为三辑：第一辑专著，辑录古代关于酒的著作十几种；第二辑艺文，分类辑录古代酒文化的文学作品；第三辑故事，辑录酒人酒事的掌故和传说。此书搜集的材料颇为丰富，然以一人之力仓促成篇，故疏漏颇多。

《中国酒》书名。黑龙江商学院、北京市糖业烟酒公司合编，中国财政经济出版社1980年出版。全书分上、下两编，上编系统地介绍各种酒类的原料、酿造方法、品种分类等方面的知识；下编则介绍全国各地的优质酒一千余种。书末附有“地方好酒表”。

《中国名酒志》书名。曾纵野著。中国旅游出版社1980年出版。书按白酒、黄酒、葡萄酒、果露酒、啤酒分类，又按“全国名酒”“全国优质酒”两部分介绍酒名及各自的特点。

《中华美酒》书名。轻工业出版社、食品工业局合编，轻工业出版社1985年出版。此书介绍了1984年轻工业部酒类质量大赛中获金、银、铜杯奖的优质酒250种，并附有1953、1963及1979年全国第一、二、三届评酒会获奖产品一览表。

《中国的酒》书名。万国光著。人民出版社1986年出版。这是一本简明通俗的知识性读物，主要介绍中国酒的起源、历史、主要名酒及饮酒习俗等。

《中国啤酒》 书名。朱梅、徐志道等编，安徽科技出版社出版。介绍了中国啤酒工业的发展简史、成就及评奖方式等。

《酒趣》 书名。尹桂茂、马玉涵、戴蓟深著。天津科学技术出版社 1988 年出版。本书分酒史篇、酒论篇、酒事篇，前有序，后有后记，介绍了酒文化及制酒工业的基本情况。简明扼要，易为读者接受。

《中国药酒》 书名。梁颂名、徐怀玉编，科学普及出版社广州分社出版。介绍中国药酒的一般知识和内服、外用、中成药三大类药酒，并著录验方 311 个、中成药酒方 69 种。

《中国酒令》 书名。续之编著。陕西旅游出版社 1989 年出版。介绍了中国酒令的发展历史，并摘引前人辑录的各种酒令。比较通俗易懂。

《中华酒典——酒与酒文化》 书名。侯云章、王鸿宾主编，黑龙江人民出版社 1990 年出版。全书十九章：酒之功过、酒之传奇、酒事千古传、酒之价值、美酒与名人、酒之情、酒之礼仪风俗、酒之诗、酒之词、酒之歌、酒之赋、酒之令、酒类种种、中国名酒、酒之器皿、酒之菜肴、饮酒之境界、饮酒之忌，解酒之法等，分别记叙了自古至今的酒文化现象。多以各种故事来介绍酒的典故及基本知识，文史结合，夹叙夹议，浅显生动，有较强的知识性、趣味性、系统性。

《中国酒文化辞典》 词典名。朱世英、季家宏主编，黄山书社 1990 年出版。全书选收中国酒文化方面的词目共 4852 条，分为酒名、酿造、酤买、饮宴、器具、品评、人物、著作、制度、礼俗、文艺、掌故、神话传说、其他 14 类。前有序言，并有词目表、汉语拼音索引及分类索引。全书搜罗宏富，引证精当，而且翻检便易，是研究中国酒文化的重要工具书。

《中国酒典》 书名。张远芬主编，贵州人民出版社 1991 年出版。是将中国酒文化遗产作了一次集大成式的汇辑。全书分酒史料、酒艺文、酒佚事、酒辞语、名酒录等部分，为生产厂家提供古代的技术生产资料，为研究历史及文化史的工作者提供丰富的史实，也为读者及作家、诗人提供了大量可供阅读及参考的文学作品，是弘扬中国酒文化的一部重要参考书目。

《醉乡日月》 书名。何满子著，上海古籍出版社 1991 年出版。本书分酒史、酒效、酒典、酒政、酒祸、酒禁、酒乘等七部分，介绍了中国酒文化的概况。书的篇幅短小，但文字流畅，引人入胜。

《家庭药酒》 书名。郝爱真、王发渭编著。金盾出版社 1992 年 5 月出版。本书精选了适合家庭制作与使用的药酒 600 种，并按防治疾病征候分为 26 类。所以选择容易，使用方便。

《酒》书名。黄岩柏、肇恒海、佟佳禾著。辽宁人民出版社 1993 年出版，为该社所编“涉世谈丛书”之一。以“酒诫、酒史、酒人、酒事、酒文”分类，以故事作为借鉴，帮助青年读者树立正确的人生观、价值观。此书篇幅短小，通俗易懂。

《中国古代酒令》书名。刘初棠著。上海人民出版社 1993 年出版。本书分六章：中国古代酒令概况、历代酒令风貌、贯通于博史中的酒令、酒令与占卜、酒令与歌舞、酒令与杂剧，考证与介绍了中国酒令这种酒文化现象，并有较为精当的例证解说。

《中国酒令大观》书名。麻国钧、麻淑云编著。北京出版社 1993 年出版。本收共收历代酒令 700 余种，分为射覆猜拳类、口头文字类、骰子类、牌类、筹了类、杂类六大部分，前面又有总论，收有关酒令的专用词汇。是一本了解古代酒令的大型词书，翻检十分便易。还收录一些插图，更增加了知识性和趣味性。

《酒与楹联》书名。徐少华编著。陕西科学技术出版社 1994 年出版。楹联，也是我国独有的一种文化现象。本书则专行搜集与酒有关的楹联 2500 余副，并略加注释。其中，既有许多古人与今人的精妙之作，亦有作者自己的部分创作。

《新编酒经》书名。秦含章著。人民日报出版社 1993 年出版。作者系著名的酿造发酵业专家，本书是集作者五十余年学术研究之成果，并总结各著名酒厂的经验，从理论到实践，系统地说明了中华美酒的过去、现在和未来。在第一部分“过去”篇中，论述了黄酒、葡萄酒、白酒、药酒等各种酒类的起源和发展，并且介绍了丰富的传说、故事，末后以历代著名诗人诗作映衬，充分地说明了中华美酒的源远流长。第二部分“现在”篇，介绍了酿酒工业规模的壮大发展的概况。第三部分“未来”篇，论证了促使酒类品种逐渐向多样化、特殊化、国际化方向发展的途径。这确是近年来关于酒文化及酿酒工业的一部大型的、经典性的著作。

《中华酒文化大观》书名。于行前、铁流主编。1997 年当代中国出版社出版。全书四篇，近 100 万字。内容包括酒的历史，酒与各行业的关系，酒的传闻故事到酒的酿造与品评介绍。全书图文并茂，较全面地介绍了中国酒文化的形成，是一部酒文化方面难得的好书。

《中国酒文化通典》书名。寒天主编。1997 年延边人民出版社出版发行。300 余万字，四卷本，分为综合部、鉴赏部、实用部、典藏部等。该书大气，较全面地介绍了中国酒文化。美中不足是内容较粗糙，文字错误较多。

《中国酒瓶精品大全》书名。李福民编撰。1997年由山东友谊出版社出版发行。中英文两种文字版本，堪称世界首部酒瓶文化专著，弥补了酒瓶文化建设的空白。

《耿氏酒令筹注释》耿议忠著。16万字，1994年青岛出版社出版发行、该书详细介绍了作者本人发明创制酒令筹的玩法技巧，并注解释疑。

《中国酒经》书名。朱宝编，章克昌主编。115万字，2000年上海文化出版社出版。全书总分七篇："酒史篇""酒政篇""酒类篇""酒计篇""酒器与酒论装篇""酒饮用篇""酒文化篇"。内容丰富、涉及面广，是酒行业值得细研细读的专著。

《酒歌——祝酒辞大全》书名。韩毅峰著。2002年由中国社会出版社出版，356千字。全书重点介绍了各种场合的祝酒辞，并还简略地介绍了酒文化的起源以及酒与古今名人轶事。是一本大众化的关于酒文化的读物。

《中国酒器文化》书名。黎福清撰写。2003年百花文艺出版社出版发行。是酒器文化专著。

《世界酒瓶大典》书名。李福民编著。2006年中国档案出版社出版发行。12万字，近3000幅图片，本书主要以中国当代酒瓶为主，上起原始社会北辛文化，下迄当今社会，时间跨度5400余年，收录2000余支酒瓶，近3000幅照片，为中外酒器博物馆馆藏及100多位酒器藏家的经典藏品，是一部具有欣赏、研究、收藏价值的酒瓶文化专业典籍。

第三章　典籍摘赏

酒　诰

王若曰：明大命于妹邦。乃穆考文王，肇国在西土。厥诰毖庶邦庶士。越少正、御事。朝夕曰："祀兹酒。"惟天降命，肇我民，惟元祀。天降威，我民用大乱丧德，亦罔非酒惟行；越小大邦用丧，亦罔非酒惟辜。

文王诰教小子有正有事，无彝酒。越庶国，饮惟祀，德将无醉。惟曰：我民迪小子，惟土物爱，厥心臧。听祖考之彝训，越小大德,小子唯一。

妹土，嗣尔股肱，纯其艺黍稷，奔走事厥考厥长。肇牵车牛，远服贾，用孝养厥父母；厥父母庆，自洗腆致用酒。

庶士、有正越庶伯、君子，其尔典听朕教！尔大克羞耇惟君，尔乃饮食醉饱。丕惟曰：尔克永观省，作稽中德。尔尚克羞馈祀。尔乃自介用逸。兹乃允惟王正事之臣。兹亦惟天若元德，永不忘在王家。

王曰：封，我西土棐徂邦君，御事小子，尚克用文王教，不腆于酒，故我至于今，克受殷之命。

王曰：封，我闻惟曰："在昔殷先哲王，迪畏天显小民，经德秉哲。自成汤咸至于帝乙。成王畏相，惟御事厥棐有恭，不敢自暇自逸，矧曰其敢崇饮？越在外服，侯甸男卫邦伯，越在内服，百僚庶尹惟亚惟服、宗工越百姓里居，罔敢湎于酒。不惟不敢，亦不暇，惟助成王德显，越尹人祗辟。"

我闻亦惟曰："在今后嗣王酣身，厥命罔显于民，祗保越怨，不易，诞惟厥纵淫泆于非彝，用燕丧威仪，民罔不尽伤心，惟荒腆于酒，不惟自息乃逸。厥心疾很，不克畏死。辜在商邑，越殷国灭无罹。弗惟德馨香祀，登闻于天，诞惟民怨。庶群自酒，腥闻在上，故天降丧于殷。罔爱于殷，惟逸。天非虐，惟民自速辜。"

王曰：封！予不惟若兹多诰。古人有言曰："人无于水监，当于民监。"今惟殷坠厥命，我其可不大监抚于时！

予惟曰：汝劼毖殷献臣，侯甸男卫，矧太史友、内史友。越献臣百宗工，矧惟尔事，服休服采，矧惟若畴，圻父薄违，农夫若保，宏父，定辟，矧汝刚制于酒。

厥或诰曰：群饮。汝勿佚。尽执拘以归于周，予其杀。又惟殷之迪，诸臣惟工，乃湎于酒，勿庸杀之，姑惟教之。有斯明享，乃不用我教辞，惟我一人弗恤弗蠲，乃事时同于杀。

王曰：封！汝典听朕毖，勿辩乃司民湎于酒。

《尚书·酒诰》

礼记·燕义(第四十七)

诸侯燕礼之义，君立阼阶之东南，南向尔。卿大夫皆少进，定位也。君席阼阶之上，居主位也。君独升立席上，西面特立，莫敢适之义也。设宾主，饮酒之礼也。使宰夫为献主，臣莫敢与君亢礼也。不以公卿为宾，而以大夫为宾，为疑也，明嫌之义也。宾入中庭，君降一等而揖之，礼之也。

君举旅于宾。及君所赐爵，皆降再拜稽首。升成拜，明臣礼也。君答拜之，礼无不答，明君上之礼也。臣下竭力尽能以立功于国，君必报之以爵禄，故臣下皆务竭力尽能以立功，是以国安而君宁。礼无不答，言上之不虚取于下也。上必明正道以道民，民道之而有功，然后取其什一，故上用足而下不匮也。是以上下和亲而不相怨也。和宁，礼之用也，此君臣上下之大义也。故曰：燕礼者，所以明君臣之义也。

席，小卿次上卿，大夫次小卿，士庶子以次就位于下。献君，君举旅行酬。而后献卿，卿举旅行酬。而后献大夫，大夫举旅行酬。而后献士，士大夫举旅行酬。而后献庶子。俎豆、牲体、荐羞，皆有等差，所以明贵贱也。

礼记·乡饮酒义(第四十五)

乡饮酒之义，主人拜迎宾于庠门之外。入，三揖而后至阶，三让而后升，所以致尊让也。盥洗扬觯，所以至絜洁也，拜至、拜洗、拜受、拜既，所以致敬也。尊让、絜敬也者，君子之所以相接也。君子尊让则不争，絜敬则不慢，不慢不争，则远于斗辨矣。不斗辨，则无暴乱之祸矣。斯君子所以免于人祸也。故圣人制之以道。

乡人、士君子尊于房中之间，宾主共之也。尊有玄酒，贵其质也。羞出自东房，主人共之也。洗当东荣，主人之所以自絜而以事宾也。

宾主，象天地也。介僎，象阴阳也。三宾，象三光也。让之三也，象月之三日而成魄也。四面之坐，象四时也。

天地严凝之气，始于西南而盛于西北，此天地之尊严气也，此天地之义气也。天地温厚之气，始于东北而盛于东南，此天地之盛德气也。此天地之仁气也。主人者尊宾，故坐宾于西北，而坐介于西南，以辅宾。宾者，接人以义者也，故坐以西北。主人者，接人以仁德厚者也，故坐于东南，而坐僎以东北，以辅主人也。仁义接，宾主有事，俎豆有数。曰圣，圣立而将之以敬。曰礼，礼以体长幼。曰德，德也者，德于身也。故曰：古之学术道者，将以得身也。是故圣人务焉。

祭荐，祭酒，敬礼也。哜肺，尝礼也。啐酒，成礼也，于席末，言是席之正，非专为饮食也，为行礼也。此所以贵礼而贱财也。卒觯，致实于西阶上，言是席之上，非专为饮食也。此先礼而后财之义也。先礼而后财，则民作敬让而不争矣。

乡饮酒之礼，六十者坐，五十者立侍，以听政役，所以明尊长也。六十者三豆，七十者四豆，八十者五豆，九十者六豆，所以明养老也。民知尊长养老，而后乃能入孝悌。民入孝悌，出尊长养老，而后成教，成教而后国可安也。君子之所谓孝者，非家至而日见之也。合诸乡射，教之乡饮酒之礼，而孝悌之行立矣。

孔子曰：吾观于乡，而知王道之易易也。主人亲速宾及介，而众宾自从之，至于门外，主人拜宾及介，而众宾自入，贵贱之义别矣。三揖至于阶，三让以宾升，拜至献酬辞让之节繁，及介，省矣。至于众宾，升受，坐祭，立饮，不酢而降，隆杀之义辨矣。

工入，升歌三终，主人献之，笙入三终，主人献之。间歌三终，合乐三终，工告乐备，遂出。一人扬觯，乃立司正焉。知其能和乐而不流也。宾酬主人，主人酬介，介酬众宾。少长以齿，终于沃洗者焉。知其能悌长而无遗矣。降说屦升坐，修爵无数，饮酒之节，朝不废朝，暮不废夕。宾出，主人拜送，节文终遂焉。知其能安燕而不乱也。

贵贱明，隆杀辨，和乐而不流，悌长而无遗，安燕而不乱。此五行者，足以正身安国矣。彼国安而天下安。故曰：吾观于乡，而知王道之易易也。

乡饮酒之义，立宾以象天，立主以象地。设介僎象日月，立三宾以象三光，古之制礼也。经之以天地，纪之以日月，参之以三光，政象之本也。

烹狗于东方，祖阳气之发于东方也，洗之在阼，其水在洗东，祖天地之左海也。尊有玄酒，教民不忘本也。

宾必南向，东方者春，春之为言蠢也。产万物者圣也。南方者夏，夏之为言假也。养之长之假之，仁也。西方者秋，秋之为言愁也。愁之以时察，守义者也。北方者冬，冬之为言中也，中者藏也。是以天子之立也，左圣乡仁，右义偝藏也。

介必东向，介宾主也。主人必居东方，东方者春，春之为言蠢也。产万物者也，主人者造之，产万物者也。月者，三日则成魄，三月则成时，是以礼有三让，建国必立三卿。三宾者，政教之本，礼之大参也。

周·仪礼·乡饮酒礼

羹定[1]。主人速宾，宾拜辱；主人答拜，还；宾拜辱。众亦如之。宾及众宾皆从之。主人一相迎于门外[2]，再拜宾，宾答拜；拜介，介答拜，揖众宾。主人揖，先入。宾厌介[3]，入门左；介厌众宾，入；众宾皆入门左；北上。主人与宾客三揖，至于阶，三让，主人升，宾升。主人作阶上当楣北面再拜[4]。宾西阶上当楣北面再拜。

【注释】

① 羹定：羹，肉汤。定，熟。《经籍纂诂》："定，犹熟也。"

② 主人一相：相，《经籍纂诂》说："相，主人家臣，摈赞传命者。"

③ 厌：长揖。《经籍纂诂》云："推手曰揖，引手曰厌。"

④ 当楣：当，面对。楣，房屋的横梁。古时"三架之屋，正中曰栋，次曰楣"。

主人坐取爵于篚，降洗。宾降。主人坐奠爵于阶前，辞。宾对。主人坐取爵，兴[1]，适洗；南面坐，奠爵于篚下；盥洗。宾进，东北面，辞洗。主人坐奠爵于篚，兴对。宾复位，当西序，东面。主人坐取爵，沃洗者西北面[2]。卒洗，主人壹揖，壹让。升。宾拜洗。主人坐奠爵，逐拜，降盥。宾降，主人辞；宾对，复位，当西序。卒盥，揖让升。宾西阶上[illegible][3]立。主人坐取爵，实之宾之席前，西北面献宾。宾西阶上拜，主人少退。宾进受爵，复位。主人阼阶上拜送爵，宾少退。荐脯醢[4]。宾升席，自西方。乃设折俎[5]。主人阼阶东[illegible]立。宾坐，左执爵，祭脯醢；奠爵于荐西，兴；右手取肺，却左手执本；坐，弗缭[6]，右绝末以祭；尚左手，哜之[7]，兴，加于俎；坐捝手，遂祭酒，兴，席末坐，啐酒，降席，坐奠爵；拜，告旨[8]，执爵兴。主人阼阶上答拜。宾西阶上北面坐，卒爵兴；坐奠爵，逐拜，执爵兴。主人阼阶上答拜。

【注释】

① 兴：起来，站起。《诗·卫风·氓》："夙兴夜寐，靡有朝矣。"

② 沃洗者：古人盥洗，用仆役持器浇水，下有器接脏水。沃洗者，即持水器侍候盥洗的仆役。

③一立：[illegible]，讹字，当为"疑"，通"凝"，注意力集中、肃然不动的样子。

④ 荐脯醢：脯，肉干。醢，肉酱。荐腑醢，献上肉干、肉酱之类嘉肴。

⑤ 折俎：折，将牺牲肢解。俎，古代祭祀时盛牲品的器具。

⑥ 弗缭：缭，缭祭，古代"九祭"之一，即以右手从肺根部摸至肺尖，断绝肺尖祭之。弗缭，即不作这个动作。

⑦ 哜之：哜，尝试。《礼记·杂记》："主人之酢也，哜之；众宾兄弟则皆啐之。"郑玄注："哜、啐，皆尝也。哜，至齿，啐，入口。"

⑧ 告旨：旨，旨酒，一种美酒。告旨，称扬美酒。

宾降洗，主人降。宾坐奠爵，兴，辞；主人对。宾坐取爵，适洗南，北面。主人阼阶东，南面辞洗。宾坐奠爵于篚，兴对。主人复阼阶东，西面。宾东北面盥，坐取爵，卒洗，揖让如初，升。主人拜洗。宾答拜，兴，降盥，如主人礼；宾实爵主人之席前，东南面酢主人。酢[1]主人阼阶上拜，宾少退。主人进受爵，复位；宾西阶上拜送爵。荐脯醢。主人升席自北方。设折俎。祭如宾礼，不告旨。自席前适阼阶上，北面坐卒爵，兴；坐奠爵，遂拜，执爵兴。宾西阶上答拜。主人坐奠爵于序端，阼阶上北面再拜崇酒[2]，宾西阶上答拜。

【注释】

① 酢：客人向主人回敬酒叫酢，主人向客人敬酒曰献。《诗·大雅·行苇》：“或献或酢。”笺：“进酒于客曰献，客答之曰酢。”

② 崇酒：崇，斟酒。

主人坐取觯于篚[1]，降洗。宾降，主人辞降。宾不辞洗，立当西序，东面。卒洗，揖让升。宾西阶上立。主人实觯酬宾，阼阶上北面坐奠觯，遂拜，执觯兴。宾西阶上答拜。坐祭，遂饮，卒觯，兴；坐奠觯，遂拜，执觯兴。宾西阶上答拜。主人降洗；宾降辞，如献礼，升，不拜洗。宾西阶上立，主人实觯宾之席前，北面；宾西阶上拜；主人少退，卒拜进，坐奠觯于荐西；宾辞，坐取觯，复位；主人阼阶上拜送，宾北面坐奠觯于荐东；复位。

【注释】

① 觯：古代酒器，形似尊而小。《说文·角部》：“觯，乡饮酒角也。”

主人揖降，宾降立于阶西，当序，东面。主人以介揖让升，拜如宾礼。主人坐取爵于东序端，降洗；介降，主人辞降；介辞洗，如宾礼，升，不拜洗。介西阶上立。主人实爵介之席前，西南面献介。介西阶上北面拜，主人少退；介进，北面受爵，复位。主人介右北面拜送爵，介少退。众人立于西阶东，荐脯醢。介升席自北方，设折俎。祭如宾礼，不哜肺[1]，不啐酒，不告旨。自南方降席，北面坐卒爵，兴，坐奠爵，遂拜，执爵兴。主人介右答拜。

【注释】

① 不哜肺：哜，尝，不吃下肚，至齿即可。哜肺，是祭祀的一种重要仪式，这里指省去这一仪式。

介降洗，主人复阼阶，降辞如初。卒洗，主人盥。介揖让升，授主人爵于两楹之间[①]。介西阶上立。主人实爵，酢于西阶上，介右坐奠嚼，遂拜，执爵兴。介答拜。主人坐祭，遂饮，卒爵，兴；坐奠爵，遂拜，执爵兴。介答拜。主人坐奠爵于西楹南，介右再拜崇酒；介答拜。

【注释】

① 两楹：楹，厅堂前部的巨大柱子。《春秋·庄二十三年》："秋丹桓公楹。"注："楹，柱也。"

主人复阼阶，揖降，介降立于宾南。主人西南面三拜众宾，众宾皆答壹拜。主人揖升，坐取爵于两楹下；降洗，升实爵，于西阶上献众宾。众宾之长升拜受者三人，主人拜送。坐祭，立饮，不拜既爵；授主人爵，降复位。众宾献，则不拜受爵，坐祭，立饮。每人一献[①]，则荐诸其席。众宾辨有脯醢。主人以爵降，奠于篚。

【注释】

① 一献：献，主人所敬的酒。每人一献，即每人端起一杯主人敬的酒。

设席于堂廉[①]，东上。工四人[②]，二瑟，瑟先。相者二人[③]，皆左何瑟，后者，挎越，内弦，右手相。乐正先升[④]，立于西阶东。工入，升自西阶。北面坐。相者东面坐，遂授瑟，乃降。工歌《鹿鸣》[⑤]、《四牡》[⑥]、《皇皇者华》[⑦]。卒歌，主人献工。工左瑟，一人拜，不兴，受爵。主人阼阶上拜送爵。荐脯醢。使人相祭。工饮，不拜既爵，授主人爵。众工则不拜、受爵，祭饮；辨有脯醢，不祭。大师[⑧]，则为之洗。宾介降，主人辞降，工不辞洗。

【注释】

① 堂廉：厅堂的两侧。汉书《贾谊传》："有廉远地，则堂高，廉近地，则堂卑。"廉为堂的边角。

② 工：指从事各种手工技艺的劳动者，这里特指乐工、乐人。

③ 相者：扶工的人，工（乐人）都是盲人，所以需要有人扶持。

④ 乐正：乐工之长。《周礼》有大司乐、乐师之职。此乐正为诸侯之官。

⑤ 鹿鸣：《诗·小雅》篇名。《诗序》说它是饮宴群臣嘉宾时的乐歌。内有“我有嘉宾，鼓瑟吹笙，吹笙鼓簧，承筐是将”之句。

⑥ 四牡：《诗·小雅》篇名。《诗序》说它是慰劳使臣到来的诗，为席宴常用的乐歌。按内容，实为一首哀怨自己难归故土的诗。

⑦ 皇皇者华：《诗·小雅》篇名。《诗序》说：“皇皇者华，君遣使臣也，送之以礼乐，言远而又光华也。”

⑧ 大师：古代乐官名。《周礼·春官·大师》：“大师掌六律六同，以合阴阳之声。”

笙入堂下，磬南，北面立，乐《南陔》[①]、《白华》[②]、《华黍》[③]。主人献之于西阶上。一人拜，尽阶，不升堂，受爵；主人拜送爵。阶前坐祭立饮，不拜既爵，升授主人爵。众笙则不拜，受爵。坐祭，立饮；辨有脯醢，不祭。

【注释】

① 南陔：《诗·小雅》篇名。“六笙诗”之一。有目无诗。是燕飨之乐曲。

② 白华：《诗·小雅》篇名。“六笙诗”之一。为燕飨之乐曲。

③ 华黍：《诗·小雅》篇名。“六笙诗”之一。有目无诗。与《南陔》《白华》同为通用的燕飨之乐。

乃间歌《鱼丽》[①]，笙《由庚》[②]，歌《南有嘉鱼》[③]，笙《崇丘》[④]；歌《南山有台》[⑤]，笙《由仪》[⑥]。乃合乐：《周南·关雎》、《葛覃》、《卷耳》、《召南·鹊巢》、《采蘩》、《采蘋》。工告于乐正曰：“正歌备。”乐正告于宾，乃降。

【注释】

① 鱼丽：《诗·小雅》篇名。诗中称颂君子酒多而美、鱼丰而盛。为燕飨之乐歌。

② 由庚：《诗·小雅》篇名。“六笙诗”之一，有目无诗。

③ 南有嘉鱼：《诗·小雅》篇名。《诗序》说：“《南有嘉鱼》，乐与贤也。”

④ 崇丘：《诗·小雅》篇名。“六笙诗”之一，有目无诗。

⑤ 南山有台：《诗·小雅》篇名。《诗序》说：“南山有台，乐得贤也。”

⑥ 由仪：《诗·小雅》篇名。“六笙诗”之一，有目无诗。

⑦ 周南：《诗经·国风》之一。包含《关雎》《葛覃》《卷耳》等11篇。大抵为周初作品。

⑧ 召南：《诗经·国风》之一。包含《鹊巢》《采蘩》《采蘋》《虫草》等14篇，与《周南》合称“二南”，作品大抵产生于周初。

主人降席自南方，侧降；作相为司正①。司正礼辞，许诺。主人拜，司正答拜。主人升，复席。司正洗觯，升自西阶；阼阶上北面受命于主人。主人曰：请安于宾，司正告于宾，宾礼辞，许。司正告于主人。主人阼阶上再拜，宾西阶上答拜。司正立于楹间以相拜，皆揖，复席。

【注释】

① 作相为司正：相，即扶持乐工的人。司正，筵席中监督行令的人。全句意为：主人命一相充当筵席的监酒。

司正实觯，降自西阶，阶间北面坐奠觯；退共，少立；坐取觯，不祭，遂饮，卒觯兴，坐奠觯，遂拜，执觯兴，洗；北面坐奠解于其所，退立于解前。宾北面坐取俎西之觯，阼阶上北面酬主人，主人降席，立宾于东。宾坐奠觯，遂拜；执觯兴，主人答拜。不祭，立饮；不拜，卒觯，不洗；实觯，东南面授主人。主人阼阶上拜，宾少退，主人受觯，宾拜送于主人之西。宾揖，复席。

主人西阶上酬介。介降席自南方，立于主人之西，如宾酬主人之礼。主人揖，复席。司正升相旅①，曰："某子受酬。"受酬者降席。司正退立于序端，东面。受酬者自介右，众受酬者受自左，拜、兴、饮，皆如宾酬主人之礼。辨②，卒受者以觯降，坐奠于篚。司正降，复位。

【注释】

① 司正升相旅：旅，顺序。下文讲介酬众宾，众宾又依序相酬，即所谓旅酬。

② 辨：通"遍"，全部，无一例外。

使二人举觯于宾、介，洗，升实觯于西阶上；毕坐奠觯，遂拜，执觯兴；宾、介席末答拜。皆坐祭；遂饮，卒觯兴；坐奠觯，遂拜，执觯兴，宾、介宾末答拜。逆降①，洗；升，实觯，皆立于西阶上；宾、介皆拜。皆进，荐西奠之，宾辞，坐取觯以兴。介则荐南奠之；介坐受以兴。退，皆拜送，降。宾、介奠于其所。

【注释】

① 逆降：二人下堂时的先后次序与升堂时相反。

司正升自西阶，受命于主人。主人曰："请坐于宾。"宾辞以俎。主人请撤俎①，宾许。司正降介前，命弟子俟撤俎。司正升，立于序端。宾降席，北面。主人降席，阼阶上北面。介降席，西阶上北面。遵者降席②，席东南面。宾取俎，还授司正；司正以降，宾从之。主人撤俎，还授弟子；弟子以降自西阶，主人降自阼阶。介取俎，还授弟子；弟子以降，介从之。若有诸公、大夫，则使人受俎，如宾礼。众宾皆降。说履③，揖让如初，升，坐。乃羞④。无莫爵⑤，无莫乐。

【注释】

① 撤俎：撤，撤去，从席上取走。俎，古代祭祀时承牲的礼器，青铜制。

② 遵者：仕至大夫的本乡人，来助主人待宾，地位较高。

③ 说履：说，通“脱”。履，鞋。这句为大家都在堂下把鞋脱了，然后入席筵坐。

④ 乃羞：羞，进献菜肴，主要是肉酱。

⑤ 无莫爵：莫，数。无莫爵，即不计行爵饮酒的数遍。下文“无莫乐”，同此。

宾出，奏《陔》①。主人送于门外，再拜。宾若有遵者、诸公、大夫则既一人举觯，乃入。席于宾东，公三重②，大夫再重。公如大夫人，主人降，宾、介降，众宾皆降，复初位。主人迎，揖让升。公升如宾礼，辞一席，使一人去之。大夫则如介礼，有诸公，则辞加席，委于席端，主人不彻；无诸公，则大夫辞加席，主人对，不辞加席。

【注释】

① 陔：即《陔夏》，古乐名。

② 公三重：三重，三层席，比二重席、一重席隆重而丰盛。

明日，宾服乡服以拜赐①，主人如宾服以拜辱。主人释服，乃息司正。无介，不杀，荐脯醢，羞唯所有，征唯所欲②，以告于先生③，君子可也。宾、介不与。乡乐唯欲④。

【注释】

① 乡服:乡饮酒时所穿的朝服。

② 征唯所欲：征，召。所要召请的客人也随意请。

③ 先生：致仕而任教于乡学、州学的人，是乡中有声望、有地位者。

④ 乡乐唯欲：乡饮酒时所演奏、所咏唱的歌也随意点唱。

[记：]①乡，朝服而谋宾②、介，皆使能，不宿戒③。蒲筵，缁布纯④。尊

冥[5]，宾至撤之。其牲，狗也；亨于堂东北。献用爵，其他用觯。荐脯，五挺，横祭于其上；出自左房。俎由东壁，自西阶升。宾俎：脊、胁、肩、肺。主人俎：脊、胁、臂、肺。介俎：脊、胁、肫、胳、肺。肺皆离。皆右体，进腠[6]。

【注释】

① 记："记"是本篇的"后记"，为孔子后学者所作，是对"经"的补充和阐发。

② 朝服：君臣朝会时穿的礼服，以十五升布制成，工极细，平时不穿。

③ 不宿戒：戒，告诉。宿，召来。因为参加乡饮酒的宾、介都是有才德的人，故不予先召见告戒。

④ 蒲筵、缁布纯：蒲筵，蒲苇席。缁布纯，用黑色的布镶边。

⑤ 尊幂：尊，酒尊。幂，粗葛布。这句为：酒尊上面用粗葛布盖住。

⑥ 进腠：腠，肉的纹理。进腠，就是把肉皮向上放置。

以爵拜者不徒作[1]。坐卒爵者拜既爵，立卒爵者不拜既爵。凡奠者立于左，将举，于右。众宾之长，一人辞洗，如宾礼。立者东面北上；若有北面者，则东上。乐正与立者，皆荐以齿。凡举爵，三作而不徒爵。乐作，大夫不入。献工与瑟，取爵于上篚。既献，奠于下篚。其笙，则献诸西阶上。磬，阶间缩雷[2]，北面鼓之。主人、介，凡升席自北方，降自南方。司正，既举觯而荐诸其位。凡旅[3]，不洗。不洗者，不祭。既旅，士不入。撤俎，宾、介、遵者不俎，受者以降，遂出授从者；主人之俎，以东。乐正令奏《陔》；宾出，至于阶，《陔》作。若有诸公，则大夫于主人之北，四面。主人之赞者[4]，西面北上，不与；无莫爵，然后与。

【注释】

① 徒作：作，站起。徒，空。这句为：拜爵者不能空站起，站起就应先酬主人。

② 缩雷：缩，纵向。雷，屋檐。屋檐以东西为纵。

③ 旅：次序。这里指"旅酬"，即按次序逐人酬酢。

④ 赞者：辅佐主人酬宾的职司，多由主人的属吏担任。

诗经·小雅·鹿鸣(三章)

呦呦鹿鸣，食野之苹。我有嘉宾，鼓瑟吹笙。吹笙鼓簧，承筐是将。人之好我，示我周行。

呦呦鹿鸣，食野之蒿。我有嘉宾，德音孔昭。视民不恌，君子是则是傚。我有旨酒，嘉宾式燕以敖。

呦呦鹿鸣，食野之芩。我有嘉宾，鼓瑟鼓琴。鼓瑟鼓琴，和乐且湛。我有旨酒，以燕乐嘉宾之心。

制度典籍举例（一）

酒正：中士四人，下士八人，府二人，史八人，胥八人，徒八十人。

《周礼·天官冢宰》

天汉三年春二月，初榷卖酒，小民不复得酤也。

《汉书》

王莽官酤诏书

夫盐，食肴之将；酒，百药之长，嘉会之好；铁，田农之本，名山大泽饶衍之长。五均余贷，百姓所取平，卬以给澹，铁布铜冶，通行有无，备民用也。此六者，非编户齐民所能家作，必卬于市，虽贵数倍，不得不买，豪民富贾，即要贫弱，先圣知其然也，故斡之。每一斡为设科条防禁，犯者罪至死，奸吏猾民，并侵众庶，各不安生。

《汉书》卷二十四下《食货志》下

史记·滑稽列传

淳于髡者，齐之赘婿也。长不满七尺，滑稽多辩，数使诸侯，未尝屈辱。齐威王……置酒后宫，召髡赐之酒。问曰："先生能饮几何而醉？"对曰："臣饮一斗亦醉，一石亦醉。"威王曰："先生饮一斗而醉，恶能饮一石哉！其说可得闻乎？"髡曰："赐酒大王在前，执法在旁，御史在后，髡恐惧俯伏而饮，不过一斗径醉矣。……若朋友交游，久不相见，卒然相睹，欢然道故，私情相语，饮可五六斗径醉矣。若乃州闾之会，男女杂坐，行酒稽留，六博投壶，相引为曹，握手无罚，目眙不禁，前有堕珥，后有遗簪，髡窃乐此，饮可八斗而醉二参。日暮酒阑，合尊促坐，男女同席，履舄交错，杯盘狼藉，堂上烛灭，主人留髡而送客，罗襦襟解，微闻芗泽，当此之时，髡心最欢，能饮一石。故曰酒极是乱，乐极则悲，万事尽然。言不可极，极之而衰。”以讽谏焉。齐王曰：“善。”乃罢长夜之饮。

抱朴子·酒诫（东晋·葛 洪）

抱朴子曰：目之所好，不可从也；耳之所乐，不可顺也；鼻之所喜，不可任也；口之所嗜，不可随也；心之所欲，不可恣也。故惑目者，必逸容鲜藻也；惑耳者，必妍音淫声也；惑鼻者，必茝蕙芬馥也；惑口者，必珍羞嘉旨也；惑心者，必势利功名也。五者毕惑，则或承之祸，为身患者，不亦信哉！是以智者严隐括于性理，不肆神以逐物，检之以恬愉，增之以长算。其抑情也，剧乎提防这备决；其御性也，过乎腐辔之乘奔。故能内保永年，外免衅累也。盖饥寒，难堪者也；而清节者，不纳不义之谷帛焉。困贱，难居者也；而高尚者，不当危乱之荣贵焉。盖计得，则能忍之心全矣。道胜，则害性之事弃矣。夫酒醴之近味，生病之毒物，无毫分之细益，有丘山之巨损；君子以之败德，小人以之速罪；耽之惑之，鲜不及祸。世之士人，亦知其然，既莫能绝，又不肯节，纵心口之近欲，轻召灾之根源，似热渴之恣冷，虽适已而身危也。小大乱丧，亦罔非酒，然而俗人，是酣是湎。其初筵也，抑抑济济，言希容整，咏湛露之厌厌，歌在镐之恺乐，举万寿之觞，诵温克之义，日未移晷，体轻耳热。夫琉璃海螺之器并用，满酌罚余之令遂急，醉而不止，拔辖投井。于是口涌鼻溢，濡首及乱，屡舞跹跹，舍其坐迁，载号载呶，如沸如羹。或争辞尚胜，或哑哑独笑，或无对而谈，或哎吐几筵，或值蹶良倡，或冠脱带解。贞良者，流华督之顾眄；怯懦者，效庆忌之蕃捷；迟重者，蓬转而波扰；整肃者，鹿踊而鱼跃；口讷于寒暑者，皆垂掌而谐声；谦卑而竞者，悉稗瞻以高交。廉耻之仪毁，而荒错之疾发；闒茸之性露，而傲佷之态出。精浊神乱，藏否颠倒。或奔车走马，赴阬谷而不惮，以九折之阪为蝗封；或登危蹋颓，虽堕坠而不觉，以吕梁之渊为牛迹；或肆忿于器物，或酗茜于妻子，加枉酷于臣朴。用剡锋乎六畜，炽火烈于室庐，掊宝玩于渊流，迁威怒于路人，加暴害于士友。亵严主以夷戮者有矣，犯凶人而受困者有矣。言虽尚辞。烦而叛理，拜状徒多，劳而非敬。臣子失礼于君亲之前，幼贱悖慢于耆宿之座。谓清谈为底詈，以忠告为侵已，于是白刃抽而忘思难之虑，棒杖奋而罔顾乎前后，搆滮血之仇，招大辟之祸。以少陵长，则乡党加重责矣；辱人父兄，则子弟将推刃矣；发人所讳，则壮士不能堪矣；计数深尅，则醒者不能恕矣。起众患于须臾，结百疴于膏肓，奔驷不能追既往之悔，思改而无自反之蹊，盖智者所深防，而愚人所不免也。其为祸败，不可胜载。然而欢集，莫之或释，举白盈耳，不论于能否。料沥雷于小余，以稽迟为轻已，倾匡注于所敬，殷勤劝而成薄。劝之不持，督之不尽，怨色丑音，所由而发也。夫风经府藏，使人惚怳。及其剧者，自伤自虞。或遇斯疾，莫不忧惧。吞苦忍痛，欲其速愈。至于醉之病性，何异于兹。而独居密以逃风，不能割情以节酒，若畏风增病，则荒沉之咎塞，而流连之失止矣。夫风之为疾，犹展攻治；酒之为变，在乎呼吸。及其闷乱，若存若亡，视泰山如弹丸，见沧海如盘盂，仰嚾天堕，俯呼地陷，卧待虎狼，投井赴火，而不谓恶也。夫用身之如此，亦安能惜敬恭之礼，护喜怒之失哉？昔仪狄既疏，大禹以兴，糟丘酒池，辛癸以亡。丰侯得罪，以戴尊御杯；景升荒杯，以三雅之爵；刘松烂肠，以逃暑之饮；郭珍发狂，以无日不醉。信陵之凶短，襄子之乱政，赵武之失众，子反之诛戮，汉惠之伐命，灌夫之灭族，陈遵之遇害，季布之疏斥，子建之免退，徐邈之禁言，皆是物也。世人好之乐之者甚多，而戒之畏之者至少，彼众我寡，良箴安施？且愿君子，节之而已。曩者，既年荒谷贵，人有醉者相杀，牧伯因此辄有酒禁。严令重申，官司搜索收执，榜徇者相辱，制鞭而死者大半。防之弥峻，犯者至多，至乃穴地而酿，油囊怀酒，民之好此，可谓笃矣。余以匹夫之贱，讬此空言之书，末如之何矣。又临民者，虽设其法，而不能自断斯物，缓已急人，虽令不从。弗躬弗亲，庶民弗信。以此而教，教安得行？以此而禁，禁安得止哉？沽卖之家，废业则困，遂修饰赂遗，依凭权右，所属吏不敢问。无力者独止，而有势者擅市，张垆专利，乃更倍售，从其酤卖。公行靡惮，法轻利重，安能免乎哉？

或人难曰：夫夏桀、殷纣之亡，信陵、汉惠之残，声色之过，岂唯酒乎？以其生患于古，而断之于今，所谓以褒姒丧周，而欲人君废六宫；以阿房之危秦，而使王者结草庵也。盖闻千钟百觚，尧舜之饮也；唯酒无量，仲尼之能也，姬旦酒肴不彻，故能制礼作乐；汉高婆娑巨醉，故能斩蛇鞠旅；于公引满一斛，而断狱益明；管辂倾抑三斗，而清辩绮粲；扬子云酒不离口，而《太玄》乃就；子圉醉无所识，而霸功以举。一瓶之醪倾，而三军之众悦；解毒之觞行，而盗马之属感。消忧成礼，策勋饮至，降神合人，非此莫以也。内速诸父，外将嘉宾，如淮如渑，春秋所贵。由斯言之，安可识乎？

抱朴子答曰：酒旗之宿，则有之矣。譬犹玄象著明，莫大乎日月；水火之原，于是在焉。然节而宣之，则以养生立功，用之失适，则焚溺而死，岂可恃玄象之在天，而谓水火不杀人哉？宜生之具，莫先于食。食之过多，实结症瘕，况于酒醴毒之物乎？夫使彼夏桀、殷纣、信陵、汉惠，荒流于亡国之淫声，沈溺于倾城之乱色，皆由乎酒熏其性，醉成其势，所以臻极情之失，忘修饰之术者也。我论其本，子识其末，谓非酒祸，祸其安出。是独知猛雨之沾衣，而不知云气之所作；唯患飞埃之糁目，不觉飙风之所为也。千钟百觚，不经之言，不然之事，明者不信矣。夫圣人之异，自才智至于形骸，非能兼人，有七尺三丈之长，万倍之大也。一日之饮，安能至是。仲尼则畏性之变，不敢及乱；周公则终日百拜，肴干酒澄。上圣战战，犹且若斯，况乎庸人，能无悔乎？汉高应天，承运革命，向虽不醉，犹当斩蛇。于公聪达，明天听断，小大以情，不失枉直，是以刑不滥加，世无怨民。但其健饮，不即废事，若论大醉，亦俱无知，决疑之才，何赖于酒？未闻皋繇甫候，子产释之，醉乃折狱也。管辂年少，希当剧谈，故假酒势，以助胆气，若过其量，亦必迷错。及其刺毫釐于爻卦，索鬼神之变化，占气色以决盛衰，聆鸣鸟以知方来，候风云而剋吉凶，观碑柏而识祸福，岂复须酒然后审之？扬雄通人，才高思远，英瞻之富，禀之自天，岂藉外物以助著述？及其数饮，由于偶好，亦或有疾，以宣药势耳。子圉肆志，盖已素定，虽复不醉，亦于终果。瓶醪悦众，寓言之喻，诚能赏罚允当，威恩得所。长算纵横，应机无方，则士思果毅，人乐奋命。其不然也，虽流酒渊，何补胜负？缪公饮盗，造次之权，舍法长恶，何足多称哉！岂如慎之邪？

醉乡日月（唐·皇甫松）

饮论

【原文】 醉花宜昼，袭其光也；醉雪宜夜，乐其洁也；醉得意宜艳唱，宣其和也；醉将离宜击钵，壮其神也；醉文人宜谨节奏、慎章程，畏其侮也；醉俊人宜益觥盂、加旗帜，助其烈也；醉楼宜暑，资其清也；醉水宜秋，泛其爽也。此皆以审其宜、收其景，以与忧战也。反此道者，失饮之大也。

【译文】 对花酣饮，适宜在白昼，白天光线明，赏花清彻；对雪酣饮，适宜在夜晚，月光映雪更显其皎洁；为得意事酣饮，适宜高唱温馨歌，更为心情和谐；为离别而痛饮，更宜肆无忌惮手击钵器，可以壮人神色；和文人对饮，应当注意节奏、慎依章程，以免失礼招来羞辱；和才智出众的豪杰畅饮，应当增加酒杯，添置令旗，可以显示壮烈。在楼上痛饮最宜在夏天，高楼有清风降暑；在水边痛饮最好在秋天，秋水依依，更加爽人。这些都是审时度势选择景点，用来增加饮酒的兴致、抵消内心的悲忧。如果违反了这个原则，就丧失了饮酒的根本意趣了。

为　主

【原文】 主前定则不繁，宾前定则不乱，乐前定则必畅，酒前定则必严。时然后欢，人乃不厌。

【译文】 主人事前定好则不烦扰，宾客预先定好则不忙乱，乐曲事前准备好则演唱必舒畅，酒品事前定好则会严谨，这些做好了然后再欢饮，人们才不会厌烦。

明　府

【原文】 明府之职，前辈极为重难。盖二十人为饮，立一人为明府，所以规其斟酌之道。每一明府管骰子一双，酒杓一只，此皆律录事。人人配之承命者，法不得拒。

凡主人之右主酒者，申明府，得以纠诸座之罪。

夫酒，懦为旷官，猛为苛政。若明府贪务承命，猛酌席人，遂使请告公喧。黩扰录事，明府之孤，暴于四座矣。

【译文】 明府一职，前贤们极为看重。二十人饮酒，立一人为明府，就是为了规范大家饮酒的标规。每一位明府管骰子一双，酒杓一个，这都是配给他行使职责的。他的话就是法，在座的人都不得拒绝。

凡是地位比主人尊贵的人就可以主持酒筵，做明府，有权力纠正在座所有人的过失。

饮酒间，明府为人懦弱、执法怯懦就是旷官，但若执法过严、督酒过猛又会变为苛政。如果明府一味贪恋使命，督促在座人猛饮，就会使请告免饮的呼声响遍席位，反而干扰行使的职责，明府的孤立也就暴露于四座了。

觥录事.

【原文】 凡乌合之徒，以言笑动众，暴慢无节，或累累起坐，或附耳嗫语，律录事以本户绳之。奸不衰止者，宜觥录事纠之（以刚毅、木讷之士为之）。有犯者，辄投其旗于前曰：“某犯觥令。”犯者诺而收执之，拱曰：“知罪。”明府饷其觥而斟焉。犯者右引觥，左执旗附于胸。律录事顾伶曰：“命曲破送之。”饮讫，无坠酒，稽首，以旗觥归于觥主曰：“不敢滴沥。”复觥于位。后犯者投以纛。累犯者旗纛俱舞。觥筹尽，有犯者不问。

【译文】 凡是不懂酒仪而临时凑聚在一起群饮的人等，有的高声谈论以大言耸人听闻，动作粗暴傲慢没有节制，有的多次起来、坐下，或交头接耳说悄悄话，席间的主持人明府就得按律录事就应，以他们本人的酒量大小予以处罚。如果他们依然犯令，就请觥录事对他们纠劾（觥录事由性格刚毅、不苟言笑的人承当）。有犯令的，就把小旗投掷在他面前，说：“某某犯了觥令。”犯令的人答应一声，拾起小旗，拱手说：“知罪。”明府就给他酒觥里斟满酒。犯令的人右手持酒觥，左手持旗贴左胸前。律录事回头对伶工说：“奏‘曲破’给他送酒。”犯令者把酒饮干，不能有酒滴下来。然后向令官稽首，把小旗、酒觥归还令官说：“不敢有一滴酒滴在地上。”把酒觥放回原处。若后来再犯令，就把羽毛做成的舞具交给他，让他舞起来。多次犯令的人就让他同时舞动羽毛制作的舞具和挥动旗子跳舞。觥筹都罚尽后，再犯令就不问了。

拒 泼

【原文】 孟子曰：“杀人以梃与刃，有以异乎？”然则酗酒以拒与泼，有异乎？同归酗酒也。盖有闻饮必来，见杯即拒，或酒纠不容，明府责饮，则必固为翻滟，椎作周章，始持杯而喏吁，背明烛而倾泼。如此则俱为害乐，并是蠹饮，自当揖之别室，延以清风，展蕹叶而开襟，极茗芽以从事。

【译文】孟子说："杀人用棒和刀，有什么不同吗？"那么，用拒饮和泼酒的方式酗酒，又有什么不同？同样都是酗酒。有的人听见饮宴就跑来参加，来后见酒杯又拒饮。有时宴席上监酒的人不容，酒令官责罚他饮酒，他就把杯里的酒故意翻泼，反来复去地推辞，才端酒杯勉强答应，背着烛光又偷偷泼掉。这都是损人欢乐的害虫，应当把他请到别的房间，只用清风招待他，让他嚼薤叶、喝清茶。

逃席

【原文】 酒徒有逃席之疹者，弃之如脱履。

【译文】 酒徒中有逃席毛病的人，就应像脱掉鞋子一样抛弃他。

进户

【原文】 进户法：葛花、小豆花各阴干，各七两为末，精羊肉一斤，如法作生。以二花末一两，匀入于生中。如先只饮得五盏，以十盏好酒熟暖沃生服之，三五日进一服。花尽，则户倍矣。

【译文】 增大酒量的方法：葛花、小豆花分别阴干，各用七两，研末；精羊肉一斤，按法作成"生"。把二两花末匀进"生"中，如果起初只能喝五杯酒，拿十杯好酒加热后把"生"冲服，三五天冲服一次。花末承服完了，酒量就增大一倍。

酒谱（宋·窦苹）

窦苹，字之野，生卒年不详，生活在北宋仁宗时代。

《酒谱》选取有关酒的故事、掌故、传闻计十二题，包括酒的起源、酒的名称、酒的历史、名人酒事、酒的功用、性味、饮器、传说、饮酒的礼仪、关于酒的诗文等，内容充实，一目了然，可以说是对北宋以前中国酒文化的汇集，有较高的史料价值。

酒之源

世言酒之所自者，其说有三。其一曰：仪狄始作酒，与禹同时。又曰：尧酒千钟，则酒作于尧，非禹之世也。其二曰：《神农本草》著酒之性味，《黄帝内经》亦言酒之致病，则非始于仪狄也，其三曰：天有酒星，酒之作也，其与天地并矣。予以谓是三者，皆不足以考据，而多其赘说也。夫仪狄之名，不见于经，而独出于《世本》。《世本》虽信书也，其言曰，仪狄始作酒醪，以变五味。少康始作秫酒。其后赵分卿之徒，遂曰仪狄作酒，禹饮而甘之，遂绝旨酒而疏仪狄，曰："后世其有以酒败国者乎！"夫禹之勤俭，固尝恶旨酒而乐谠言，附之以前所云则赘矣。或者又曰：非仪狄也，乃杜康也。魏武帝乐府亦曰：何以消忧？惟有杜康。予谓杜氏本出于刘，累在商为豕韦氏。武王封之于杜，传国至杜伯，为宣王所诛，子孙奔晋，遂有杜为氏者。士会亦其后也。或者康以善酿得名于世乎？是未可知也。谓酒始于康果非也。尧酒千钟，其言本出于《孔丛子》，盖委巷之说，孔文举遂征之以责曹公，固已不取矣。《本草》虽传自炎帝氏，亦有近世之物。始附见者不观其辨药所生出，皆以二汉郡国名其地，则知不必皆炎帝之书也。《内经》言天地生育，五材休王，人之寿夭系焉。信《三坟》之书也，然考其文章，知卒成是书者，六国秦汉之际也。故言酒不据以为炎帝之始造也。酒三星，在女御之侧，后世为天官者或考焉。予谓星丽乎天，虽自混元之判则有之。然事作乎下而应乎上，推其验于某星，此随世之变而著之也。如宦官坟墓，弧矢河鼓，皆太古所无，而先有是星，推之可以知其类。然则，酒果谁始乎？予谓智者作之，天下后世循之而莫能废。故圣人不绝人之所同好，用于郊庙享燕，以为礼之常，亦安知其始于谁乎！古者饮食、必祭先酒，亦未尝言所祭者为谁，兹可见矣。夏书述大禹之戒，歌辞曰：酣酒嗜味。孟子曰：禹恶旨酒而好善言。夏书所记当时之事。曰：《孟子》所言，追道在昔之事。圣贤之书，言可信者，无先于此。虽然，酒未必此始造也。若断以必然之论，则诞曼而无以取信于世矣。

酒之名

《春秋·运斗枢》曰：酒之言乳也，所以柔身扶老也。许慎《说文》云：酒，就也，所以就人性之善恶也。一曰造也，吉凶所造起。《释名》曰：

酒，酉也，酿之米曲，酉绎而成也，其味美；亦言踧踖也，能否皆强，相踧持也。予谓古之所以名是物，以声相命，取别而已。犹今方言，在在各殊，形之于文，则其字曰“滋味”，必皆有意谓也。举吴楚之音而语于齐人，不知者十有八九。妄者欲探古名物造声之意，以示博闻，则予笑之矣。

《说文》曰：酴，酒母也。醴，一宿成也。醪，滓汁酒也。酎，三重酒也。醨，薄酒也。醑，厚酒也。昔人谓酒为欢伯，其义见《易秋》。盖其可爱，无贵贱贤不肖，华夏夷戎共甘而乐之，故其称谓亦广。造作谓之酿，亦曰酝。卖之为沽者，当肆之曰垆。酿之再者曰酘，漉酒曰醽醁，酒之酒曰醽，白酒曰醝，厚酒曰醑，甚白曰醙，相饮曰配，相强曰浮，饮尽曰釂，使酒曰酗，甚乱曰醟，饮而面赤曰酡，病酒曰酲。主人进酒于客曰酬，客酌主人曰酢，酌而无酬酢曰醮，合钱共饮曰醵，赐民共饮曰酺，不醉而怒曰曓。美酒曰醁。其言广博，不可殚举。

《周官·酒人》掌酒之政，令辨五齐三酒之名：一曰泛齐，二曰醴齐，三曰盎齐，四曰醍齐，五曰沈齐；一曰事酒，二曰昔酒，三曰清酒。此盖当时厚薄之差，而经无其说。传注悉度而解之，未必得其真，故曰之言也略。《西京杂记》有漂玉酒而著其说。枚乘赋云：尊盈漂玉之酒，爵献金浆之醪。云梁人作藷蔗酒，名金浆，不释漂玉之义。然此赋亦非乘之辞，后人假附之耳。《舆地志》云：村人取若下水以酿而极美,故世传若下酒。张协作《七命》云：荆州乌程，豫章竹叶，乌程于九州属扬州而言荆州，未详。西汉尤重上尊酒，以赐近臣。注云：糯米为上尊，稷为中尊，粟为下尊。颜籀曰：此说非是。酒以醇醴乃分上中下之名，非因米也。稷粟同物而分为二，大谬矣。《抱朴子》所为元鬯者，醇酒也。

皮日休诗云：明朝有酒充君信，榼酒三缸寄夜航。榼酒，江外酒名，亦见《沈约文集》。

张籍诗云：酿酒爱干和。即今人不入水酒也，并汾间以为贵品，名之曰：干酢酒。

宋之问诗云：尊溢宜城酒，笙裁曲沃匏。宜城，在襄阳，古之罗国也。酒之名最古，于今不废。唐人言酒之美者有：郢之富水，萦阳土窟，富春石冻春，剑南烧春，河东干和，蒲东桃博，岭南灵溪、博罗宜城九酝，浔阳溢水，京城西市空、虾蟆陵。其事见《国史谱》。又有浮蚁、榴花诸美酒，杂见于传记者甚众。

酒之事

《诗》云：有酒醑我，无酒酤我。而孔子不食酤酒者，盖孔子当乱世，恶奸伪之害已，故疑而不食也。

《韩非子》云：宋子酤酒，悬帜甚高。酒市有旗，始见于此。或谓之帘。近世文士有赋之者，中有警策之辞云：无小无大，一尺之布可缝；或素或青，十室之邑必有。

古之善饮者，多至石余。由唐以来，遂无其人。盖自隋室更制度量，而斗石倍大尔。

纣为长夜之饮而失其日，问于百官，皆莫知。问于箕子。箕子曰：国君而失其日，其国危矣；国人不知，而我独知之，我其危矣。辞以醉而不知。

魏正始中，今郑公谷避暑历城之北林。取大莲叶置砚格上，贮酒三升，以簪通其柄，屈茎如象鼻，传吸之，名为碧筒杯。事见《酉阳杂俎》。

晋阮籍常以百钱挂杖头，遇店即酣畅。

山简有荆襄，每饮于习家池。人歌曰：日暮竟醉归，倒着白接䍦。

扬雄嗜酒而贫，好事者或载酒饮之。

陶潜贫而嗜酒，人亦多就饮之。即醉而去，曾不恡情。尝以九日无酒，独于菊花徘徊。俄见白衣人至，乃王弘遣人送酒。遂尽醉而返。

《魏氏春秋》云：阮籍以步兵营人善酿，厨多美酒，求为步兵校尉。

唐王无功以美酒之故，求为大乐丞。丞为贱职，自无功居之，后遂为清流。

北齐李元中，大率尝醉，家事大小，了不关心。每言：宁无食，不可无酒。

今人元日饮屠苏酒，云可以辟瘟气。亦曰：蓝尾酒，或以年高最后饮之，故有尾之义耳。

王莽以腊日献椒酒于平帝。其屠苏之渐乎？

北魏太武赐崔浩漂醪十斛。

唐宪宗赐李绛酴醾桑落，唐之上尊也，良酝令掌供之。

汉高祖为布衣时，常从王媪、武负贳酒。贳酒之称，始见于此。

西汉以来，腊日饮椒酒辟恶。其详见《四民月令》。

天汉三年，初榷酒酤。元始五年，官卖酒，每升四钱，酒价始此。

任昉尝谓刘杳曰：酒有千日醉，当是虚言。杳曰：桂阳程乡有千日酒，饮之，至家而醉，亦其例也。昉大惊。乃云：出杨元风所撰《置郡事》。检之而信。

《春秋说题辞》曰：为酒据阴乃动。麦，阴也。黍，阳也。先渍曲面投黍，是阳得阴而沸乃成。

《淮南子》云：酒感东方木、水、风之气而成。其言荒谬，不足考信，故不悉载。

《楚辞》云：奠桂酒兮椒浆，然则古之造酒皆以椒桂。

《吕氏春秋》云：孟冬命有司：称稻必齐，曲蘖必时，湛炽必洁，水泉必香，陶器必良，火齐必得。厉用六物，无可差忒，大酋监之。

唐薄白公，以户小饮薄酒。

五代时有张逸人，尝题崔氏酒垆云：武陵城里崔家酒，地上应无天上有。云游道士饮一斗，醉卧白云深洞口。自是酤者愈众。

卜彬喜饮，以瓠壶、瓠勺、烧皮为肴。

陶潜为彭泽令，公田皆令种黍。酒熟，以头上葛巾漉之。

唐阳城为谏议，每俸入，度其经用之余，尽送酒家。

《西京杂记》：汉人采菊花并茎叶，酿之以黍米，至来年九月九日熟而就饮，谓之菊花酒。

酒之功

勾践思刷会稽之耻，欲士之致死力，得酒则流之于江，与之同醉。

秦穆公伐晋，及河，将劳师而醪惟一钟，蹇叔劝之曰："虽一米，可投之于河而酿也。"乃投之于河，三军皆醉。

孔文举云："赵之走卒，东迎其主，非卮酒无以办。"卮之事，《史记》及《后汉书》皆不载，惟见于《楚汉春秋》。

王莽时，琅琊海曲有吕母者，子为小吏，犯微法，令枉杀之。母家素丰财，乃多酿酒，少年来沽，必倍售之。终岁多不取其值。久之，家稍乏，诸少年议偿之，母泣曰："所以厚诸君者，以令不道，枉杀吾子，托君复仇耳。岂望报乎？"少年义之，相与聚，诛令，后其众为赤眉。

晋时，荆州公厨有齐中酒、厅事酒、猥酒优劣三品。刘弘作牧，始命合为一，不必分别。人伏其平。

河东人刘白堕善酿，六月以罂盛酒，曝于日中，经旬味不动而愈香美，使人久醉。朝士千里相馈，号曰鹤觞，亦名骑驴酒。永熙中。南青州刺史毛鸿宾赍酒之藩，路逢盗劫之。皆醉，因执之，乃名擒奸酒。时人语曰：“不畏张弓拔剑，惟畏白堕春醪。”见《洛阳伽蓝记》。

温 克

《礼》云：君子之饮酒也，一爵而色温如也，二爵而言言斯，三爵而冲然以退。

扬子云曰：侍坐于君子，有酒则观礼。

于定国饮酒一石，治狱益精明。

晋何充善饮而温克。

《魏邴原别传》曰：原旧能饮酒，自行役八九年间，酒不向口。至陈留则师韩子助，颍川则亲陈仲弓，涿郡则亲卢子干。临归，友以原不饮酒，会米肉送原，原曰：“本能饮酒，但以荒思废业，故断之耳。今当速别，因见贶饯，可一饮乎！”于是饮酒，终日不醉。

《郑元别传》：马季长以英儒著名，元往从，参考异同。时一卢子干相善，在门下七年，以母老归养，元饯之，会三百余人，皆离席奉觞。度元所饮三百余杯，而温克之容，终日无怠。

孔融好饮而能文，常云：座上客常满期，樽中酒不空，吾无患矣。

裴均在襄阳合燕，有裴弘泰后至，责之。谢曰：“愿赦罪。”而取在席之器满酌，而纳其器，合坐壮之。又有一银海，受酒一斗余，亦釂而抱海去。均以为必腐胁而死，使觇之，见纱帽箕踞。称银海，计二百两。

李白每大醉，为文，未尝差误；与醒者语，无不屈服。人目为醉圣。

乐天在河南，自称为醉尹。

皮日休称曰醉士。

开元中，天下康乐，自昭应县至都门官道之左右，当路市酒，钱量数饮之。亦有施者，为行人解乏，故路人号称“歇马杯”，亦古人衢尊之义也。

王元宝贤而好施，每大雪，自坊口扫雪，立于坊前，迎宾就家，具酒暖寒。

梁谢譓不妄交，有时独醉，曰：“入我室者，但有清风；对吾饮者，惟当明月。”

宋沈文季为吴兴太守，饮酒五斗，妻王氏亦饮一斗，竟日对饮，视事不废。

五代之乱，干戈日寻，而郑云叟隐于华山，与罗隐终日怡然对饮。有酒诗二十章，好事绘为图，以相贶遗。

乱　德

《小说》云：纣为糟丘酒池，一鼓而牛饮者三千人，池可运舟。

《冲虚经》云：子产之兄曰穆，其室聚酒千钟，积曲成封，糟浆之气，迸于人鼻。日荒于酒，绝不知世道之安危也。

《史记》纣及齐威王，《晋书》王道子、秦符坚、王悦、皆为长夜饮。

楚恭王与晋师战于鄢而败，方将复战，召大司马子反谋之，子反饮酒醉不能见。王叹曰："天败我也！"乃班师，而戮子反。

郑良霄为窟窦而昼夜饮，郑人杀之。

《三辅决録》：汉武帝自以功大，更广秦之酒池、肉树，以赐羌人，而酒可浮舟。

《魏志》：徐邈，字景山，为尚书郎，时禁酒，邈私沉醉。赵达问以曹事，邈曰："酒中圣人。"达白太祖，太祖怒。渡辽将军鲜于辅进曰："醉客为酒，清者为圣人，浊者为贤人，此醉言尔。"

《三十国春秋》曰：阮孚为散骑常侍，终日酣纵，尝以金貂换酒，为友所弹。

《裴楷别传》曰：石崇与楷孙绰宴酣，而绰慢即过度，崇欲表之，楷曰："季舒酒狂，四海所知，足下饮人狂药而责人，正礼乎？"

宋孔顗使酒仗气，弥日不醒。僚类之间，多为陵忽。

汉末，政在奄宦，有献西凉州葡萄十斛于张让者，立拜凉州刺史。

元魏时，汝南王悦兄怿为元叉所枉杀，悦略无复仇之意，复以桑落酒遗驻叉，遂拜侍中。

韩子云：齐桓公醉而遗其冠，耻之，三日不朝。管仲因请发仓廪，赈穷三日，民歌曰："何不更遗冠乎？"

晋阮咸每与宗人共集，以大盆盛酒，不用杯勺，围坐相间更饮。群豕来饮其酒，咸接去其上，便其饮之。

晋文王欲为武帝求婚于阮籍，醉不得言者六十日，乃止。

胡母辅之等方散发裸袒，闭室酣饮已累日，阮逸将排户入，守者不听，逸乃脱头露顶于狗窦中叫，辅之遽呼入饮，不舍昼夜。

唐进士刘遇、刘参、郭保衡、王仲、张道隐，每春选妓三五人，乘犊小

车，裸袒园中，叫笑自若，曰“颠饮”。

元魏时，崔儦每一醉八日。

三国时，郑泉愿得美酒一百斛满船干脆置两头，反复辄饮之。惫即往啖肴膳，酒有斗升减，即益之。将终，谓同志曰：“必葬我陶家侧，庶百年化为土，或见取为酒壶，实获我心。”

晋人周顗，过江积年，恒日饮酒，惟三日醒。时人谓之“三日仆射”。

毕卓为吏部，比舍郎酿酒熟，卓夜盗饮。

刘伶尝乘鹿车，携一壶酒，使人荷锸随之，曰：“死便埋我。”

诫失

《周书·酒诰》曰：“文王诰教小子，有正有事，无彝酒。”

《管辂别传》曰：诸葛景与辂别，诫以三事，言“卿性乐酒，量虽温克，然不可保，宁当节之。”辂曰：“酒不可尽吾欲。持才以愚，何患之有也？”

晋祖台之与王荆州书：愿君屏爵弃卮，焚罍毁榼，殛仪狄于羽山，放杜康于三危。古人系重，离必有赠言。仆之与君，其能已乎？

《宋书》云：王悦，卷从弟也，诏为天门太守。悦嗜酒辄醉，及醒，则俨然端肃。卷谓悦曰：“酒虽悦性，亦所以伤生。”

萧子显《齐书》：臧荣绪，东莞人也，以酒乱言，常为诫。

《世说》：晋元帝过江，犹饮酒。王茂弘与帝友旧，流涕谏。帝许之，即酌一杯，从是遂断。

《梁曲》曰：刘韶，平原人也，年二十，便断酒肉。

梁王魏婴觞诸侯于范台，酒酣，请鲁君举觞。鲁君曰：“昔者，帝令仪狄作酒而美之，进于禹。禹饮而甘之，遂疏仪狄而绝旨酒，曰：‘后世必有以酒亡国者。’”

《周官》：萍氏掌几酒，谓之萍，古无其说。按《本草》述水萍之功云：“能胜酒。”名萍之意，其取于此乎？

陶侃饮酒，必自制其量，性欢而量已满。人或以为言，侃曰：“少时常有酒失，亡亲见约，故不敢尽量耳。”

桓公与管仲饮，掘新井而柴焉，十日斋戒，召管仲。管仲至，公执尊觞三行，管仲趋出。公怒曰：“寡人斋戒以饮仲父，以为脱于罪矣。”对曰：“吾闻湛于乐者洽于忧，厚于味者薄于行，是以走出。”公拜送之。

又云：桓公饮大夫酒，管仲后至。公举觞以饮之，管仲弃半酒，公曰：“礼乎？”曰“臣闻酒入舌出而言失者弃身。臣计弃身不如弃酒。”公大笑曰：“仲父就座。”

《北梦琐言》：陆扆为夷陵，有士子入谒，因命之饮，曰：“天性不饮。”扆曰：“已减半矣，言当寡过也。”

萧齐刘元明政事为天下最。或问政术，答曰：“作县令，但食一升饭，而不饮酒，此第一策也。”

长孙登好宾客，虽不饮酒而好观人酣饮，谈论古今，或继以火。常恐客去，蓄异馔以留之。

赵襄子饮酒，五日五夜不醉而自矜。优真曰：“昔纣饮七日七夜不醉，君勉之则及矣。”襄子曰：“吾几亡乎？”对曰：“纣遇周武，所以亡。今天下尽纣，何遽亡？然亦危矣。”

释氏之教，尤以酒为戒。故四分律云：饮酒有十过失，一颜色恶，二少力，三眼不明，四见嗔相，五坏田业资生，六增疾病，七益斗讼，八恶名流布，九智慧减少，十身坏命终，堕诸恶道。

《韩诗外传》：饮之礼，跣而上坐谓之宴；能饮者饮之，不能饮者已，谓之醧；齐颜色，均众寡，谓之沉；闺门不出，谓之湎。君子可以宴，可以醧，不可以沉，不可以湎。

《魏略》曰：太祖禁酒，人或私饮，以白酒为贤人，清酒为圣人。

《典论》云：汉灵帝末，有司榷酒，斗直千钱。

《西京杂记》云：司马相如还成都，以鹔鹴裘就里人杨昌换酒，与文君为欢。

宋明帝《文章志》云：王忱每醉，连日不醒，自号上顿。时人以大饮为上顿，自忱始也。

《益部传》曰：杨子拒妻刘泰瑾贞懿达礼。子元宗醉归舍，刘十日不见。诸弟谢过，乃责之曰：“汝沉荒不敬，自倡败者，何以帅先诸弟？”

神　异

张华有九酝酒，每醉即令人传止之。尝有故人来，与共饮，忘敕左右。至明华寤，视之腹已穿，酒流牀下。

王子年《拾遗记》：张华为酒，煮三薇以渍曲蘖。蘖出西羌，曲出北羌。以酿酒，得美醇锶，久含令人齿动。若大醉，不摇荡，使人肝肠烂，俗谓

"消肠酒"。或云：酒可为长宵之乐。

崔豹《古今注》云：汉魏弘为阌乡啬夫，夜宿一津，逢故人，四顾荒郊，无酒可沽，因以钱投水中，尽夕酣畅。因名"沉酿川"。

义宁初，有一县丞，甚俊而文，晚乃嗜酒，日必数升。病甚，酒臭数里，旬日卒。

张茂先《博物志》云：昔人有名元石，从中山酒家，与之"千日酒"，而忘语其节。归，日沉瞑，而家人不知，以为死也，棺殓葬之。酒家经千日，忽悟而往告之，发其冢，适醒。

《尸子》曰：赤县洲者，是为昆仑之墟。其滷而浮为蓬芽，上生红草，食其一实，醉三百年。

王充《论衡》云：项曼都好道，去家三年而返，曰："仙人将我上天，饮我流霞一杯，数月不饥。"

道书谓露为天酒。见东方朔《神异经》。

刘向《列女传》曰：安期先生与神女会于圆丘，酣元碧之酒。

石虎于太极殿起楼，高四十丈，上有铜龙，腹空著数百斛酒。使人于楼下漱酒，风至，望之如雾，名曰"粘酒台"，使以酒尘，事见《拾遗记》。

魏贾锵有奴，善别水，尝乘舟于黄河中流，以匏瓠接河源水，不过七八升。经宿色如绛，以酿酒，名"昆仑觞"，香味妙绝。曾以三十斛上魏帝。

李肇云：郑人以荥水酿酒，近邑之水重于远郊之水数倍。

尧登山，山涌一泉，味如九酝，色如玉浆，号曰"醒泉"。

《南岳夫人传》曰：夫人贶王子乔琼苏渌酒。

《十洲记》云：瀛洲有玉膏如酒，名曰"玉酒"。饮数升，令人长生。

《东方朔别传》云：武帝幸甘泉，长平阪道中有虫赤如肝。头、目、口、齿悉具。朔曰："此怪哉，必秦狱处积忧者，得酒乃解。"乃取虫，置酒中，立消。后以酒置属车，为此也。

异域酒

天竺国谓酒为酥[1]。今北僧多云般若汤。盖庾辞以避法禁尔[2]，非释典所出。

《古今注》云：乌孙国有青田核[3]，莫知其树与花。其实大如五六升匏，空之，盛水而成酒。刘章曾得二焉，集宾，设之可供二十人。一核才尽，一核复成，久置则味苦矣。

波斯国有三勒浆[4]，类酒，谓庵摩勒、毗梨勒也。

诃陵国人以柳花椰子为酒[5]，饮之亦醉。

大宛国多以葡萄酿酒[6]，多者藏至万石，数十年不坏。

《扶南传》曰：顿孙国有安石榴，取汁停盆中数日，成美酒。

真腊国人不饮酒[7]，比之淫。惟与妻饮房中，避尊长见。

房千里《投荒录》云：南方有女数岁，即大酿酒。候陂水竭，置壶其中，密固其上。候女将嫁，决水取之供客，谓之女酒，味绝美。居常不可发也。

扶南有椰浆[8]，今又有蔗及土瓜根酒，色微赤耳。

又有昆仑酒，名事见盛鲁望诗。

【注释】

① 天竺国：即古印度，汉时称“身毒国”，《新唐书·西域传》中有专条记录。

② 庾辞：也叫“廋语”，谜语的古称。《国语·晋语》：“有秦客庾辞于朝，大夫莫之能对也。”

③ 乌孙国：汉至南北朝时属今天山北麓伊犁河一带的游牧民族。曾随张骞入朝中国。

④ 波斯国：古国名，即苏木都剌国。又称“西南海上波斯国”。

⑤ 诃陵国：古国名，即“社婆国”，在南海中。《新唐书·南蛮传》说其国：“以柳花椰子为酒，饮之辄醉。”

⑥ 大宛国：中亚古国名，位于苏联费尔干那盆地。

⑦ 真腊国：古国名，本扶南属国。《新唐书·南蛮传》说该国：“不饮酒，比之淫，与妻饮房中，避尊属。”

⑧ 扶南：古国名。《新唐书·南蛮传》中有记载。

性　味

《本草》云：“酒味苦，甘，辛，大热，有毒，主行药势，杀百虫恶气。”《注》：“陶隐居云：大寒凝海，惟酒不冰。”明其性热独冠群物，饮之令人神昏体弊，是其毒也。昔有三人晨犯雾露而行，空腹者死，食粥者病，饮酒者无疾，明酒御寒邪过于谷气矣。酒虽能胜寒邪，通和诸气，苟过则成大疾。《传》曰：惟酒可以忘忧，无如病何？《内经》十八卷，其首论后世人多夭促，不及上古人之寿，则由今之人“以酒为浆，以妄为常，醉以入房”，其为害如此。凡酒气独胜而谷气劣，脾不能化，则发于四肢而为热，厥甚则为酒醉，而风入之，则为漏风，无所不至。凡人醉而卧黍穰中，必成癞；醉而饮茶必发膀胱气；食酸多则成消中。

皇甫崧《醉乡日月》记云：松脂蠲百疾。每糯米一斗，松脂十四两。别以糯米二升和煮如粥，冷着小麦曲一片半，每片重二三两，火爆干捣为末，捣作酵。五日以来候起办炊饭米，须薄之，更以曲二十片火焙干作末，用水六斗五升、酵及曲末饭等一时搅和入瓮。瓮暖和如常，春冬四日、秋夏三日成。

又云：酒之酸者可变使甘。酒半斗，黑饧一斤炙令极热，投中，半日可去之矣。

《南史》记虞悰有鲭鲊，云可以醒酒，而不著其造作之法。

魏文帝诏曰：且说葡萄，解酒宿酲，淹露汁多，除烦解热，善醉易醒。

《礼乐志》云："拓浆析朝酲"，言甘蔗汁治酒病也。

《开元遗事》云：兴庆池南有草数丛，叶紫而茎赤，有醉者摘而嗅之，立醒，故谓之醒醉草。

《五代史》云：李德裕平泉有醒酒石，尤为珍物，醉则踞之。

饮　器

上古汙尊而抔饮[①]，未有杯壶制也。

《汉书》云"舜祀宗庙，用玉斝"[②]，其饮器欤？

《周诗》云："兕觥其觩。"[③]

周王制：一升曰爵，二升曰斛，三升曰觯，四升曰角，五升曰散，一斗曰壶。别名有盏、斝、尊、杯，不一其号。或曰：小玉杯谓之琖。或曰：酒微浊曰醆，俗书曰盏耳。由六国以来，多云制卮，形制未详也。

刘向《说苑》云：魏文侯与大夫饮，曰："不尽者，浮以大白。"

《汉书》或举盏以白醻，非也。

丰干、杜举[④]，皆因器以为戒者。

汉世多以鸱夷贮酒[⑤]。扬雄为之赞曰："鸱夷滑稽，腹大如壶，尽日盛酒，人复借酤。常为国器，托于属车。"

《南史》有虾头杯。盖海中巨虾，其头甲为杯也。

《十洲记》云：周穆王时，有杯名曰常满。

自晋以来，酒器又多云鎗[⑥]。故《南史》有银酒鎗。鎗或作铛。陈宣好饮，自云："何水曹眼，不识杯鎗，吾口不离瓢勺。"李白云："舒州勺，力士铛。”《北史》云：“孟信与老人饮，以铁铛温酒。”然则鎗者本温酒器也，今遂通以为蒸饪之具云。

宋何点隐于武丘山，竟陵王子陵遗以嵇叔夜之杯，徐景山之酒鎗。

松陵唱和，又有《瘿木杯》诗，盖木节为之。

老杜诗云“醉倒终同卧竹根”，盖以竹根为饮杯也。见《江淹集》。

唐人尤尚莲子杯，白公诗中屡称之。

乐天又云：“榼木来方泻，蒙茶到始煎。”

李太白有《山尊》诗云：“尊成山岳势，材是栋梁余。”

今世豪饮，多以蕉叶、梨花相强，未知出于谁氏。

诃陵国以鬶壳为酒尊，事见《松陵唱和诗》，云：“用合对江螺”。

唐韩文公《赠崔斯立诗》：“我有双饮盏，其银得朱提。黄金涂物象，雕镌妙工倕。乃令千钟鲸，么磨微螽[7]斯。犹能争明月，摆棹出涉弥。野草花叶细，不辨賫菉葹[8]。绵绵相纠结，状似环城陴。四隅芙蓉树，擢艳皆猗猗。”云云。盖皆以兴喻，故历言其状如此。今好事者多按其文作之，名为“韩杯”。

西域有酒杯藤，大如臂，叶似葛花，实如梧桐。花坚可酌。实大如杯，味如豆蔻，香美。土人持酒来藤下，摘花酌酒，乃实消酒。国人宝之，不传中土。事见张骞《出关志》。

【注释】

① 汙尊而抔饮：古时掘地为坎以盛酒，叫“汙尊”，双手掬饮，叫“拓饮。”《礼记·礼运》：“其燔吞卑豚，汙尊而抔饮。”注云：“抔，手掬之也。”

② 玉斝：斝，酒器，多以青铜或玉制成腹大、高领、侈口、有足。

③ 兕觥其觩：语出《诗·小雅·桑扈》。觩，同斛，兽角弯曲的样子。这里是说巨大犀牛杯形状弯弯的。

④ 丰干、杜举：丰干，当作丰侯。古有丰侯“坐酒亡国，戴盂戒酒”，后转为酒器名，罚爵时用。杜举：春秋时晋大臣杜蒉，曾劝戒晋平公不该在大臣死时举乐。平公引过自责，命杜蒉举觯，后世因以宴饮礼毕后举杯告退叫“杜举”。

⑤ 鸱夷：用皮革制成的盛酒器。扬雄《酒歌》：“鸱夷滑稽，腹大如壶。尽日盛酒，人复藉酤。”

⑥ 鎗：通“铛”，温酒器，《南齐书·萧颖胄传》：“欲铸坏大官元日上寿银酒鎗。”

⑦ 螽斯：虫名，属蝗虫类，雄虫前翅有发音器，可发声。《诗·周南》有“螽斯”篇。

⑧ 賫菉葹：皆草名。賫，即藻藜；菉，又名荩草，可制黄色染料；葹，即卷葹。此处指各种草叶。

酒　令

《诗·雅》云：“人之齐圣，饮酒温恭。”又云：“即立之监，或佐之史。”然则酒之立监史也，所以已乱而备酒祸也。后世因之有酒令焉。

魏文侯饮酒，使公乘不仁为觞政，其酒令之渐欤？

汉初，始闻朱虚侯以军法行酒。

《逸诗》云：“羽觞随波流”，后世浮波疏泉之始也。

唐柳子厚有《序饮》一篇，始见其以洄溯迟驶为罚爵之差，皆酒令之变也。又有藏钩之戏，或云起于钩弋夫人，有国色而手拳，武帝自扳之，乃伸。后人慕之而为此戏。白公诗云：“徐动碧芽筹”，又：“转花移酒海”。今之世，酒令其类尤多：有捕醉仙者（为禺人，转之以指席者），有流杯者，有总数者，有密书一字使诵诗勾以抵之者，不可殚名。昔五代王章、史肇之燕，有手势令。此皆富贵逸居之所宜。若幽人贤士，既无金石丝竹之玩，惟啸咏文史，可以助欢，故曰“闲征雅令穷经史，醉听新吟胜管弦”。有对句者：

孟尝门下三千客，大有同人；湟水渡头十万羊，未济小畜。

马援以马革裹尸，死而后已；李耳指李树为性，生而知之。

江革隔江，见鲁班扳橹；李员园里，唤蔡泽择菜。

拆字为反切者：知引矧，欠金钦。

名字相反切者：干谨，字巨引；尹珍，字道真；孙程，字雅聊。

古人名姓点画绝省者：宇文士及，尔朱天光，子州友父，公父文伯，王子比干，王士平，吕太一，王子中，王太丘，江子一，于方，卜巳，方干，王元，江乙，文丘，丁乂，卜式，王丘。

字画之繁者：苏继颜，谢灵运，韩麒麟，李继鸾，边归谠，栾黡，鳞鱹，萧鸾。

声韵同者：高敖曹，田延年，刘幽求。

字画类者：田甲，李季。

台（臺）字去吉增点成室，居字去古增点成户。

火炎昆冈，山出器车，土圭卦国。

百全之士千万，五刑之属三千。

荡荡乎民无能名，欣欣焉人乐其性。

公子牟身在江湖，必游魏阙；郑子真耕于谷口，名动京师。

前徒倒戈以北，长者扶义而东。

运天德以君世，散皇明而烛幽。

今人多以文句首末二字相联，谓之粘头续尾。尝有客云：“维其时矣”，自谓文句必无“矣”字居首者，欲以见窘予答者。

不知矣焉也者，决辞也，出柳子厚文。遂浮以大白。

白公《东南行》云：“鞍马呼教住，骰盘喝遣输。长驱波郑白，连掷采成庐。”注云：“骰盘、卷白波、莫走鞍马，皆当时酒令。”法未详，盖元白一时之事尔。

《国史谱》称郑弘庆始创“平素精看”四字令，未详其法。

总　论

予行天下几大半，见酒之苦薄者无新涂，以是独醒者弥岁。因管库余闲，记忆旧闻，以为此谱，一览之以自适。亦犹孙公想天台而赋之，韩吏部记画之比也。然传有云：图西施、毛嫱而顾之，不如丑妾可立御于前。览者无笑焉。甲子六月既望日在衡阳汐公窦子野题。

宋史·礼志

宴飨之设，所以训恭俭、示慈惠也。宋制尝以春秋之季仲及圣节，郊祀、籍田礼毕，巡幸还京，凡国有大庆皆大宴，遇大灾大礼则罢。凡大宴，有司预于殿廷设山楼排场，为群仙队仗六番进贡，九龙五凤之状，司天鸡唱楼于其侧。殿上陈锦绣，帷帘亦垂香球，设银香兽前槛内，藉以文茵，设御茶床、酒器于殿东北槛间。群臣醆斝于殿下幕屋。设宰相使相、枢密使知枢密院、参知政事、枢密副使同知枢密院、宣徽使、三师、三公、仆射、尚书、丞郎学士、直学士、御史大夫、中丞、三司使经谏舍人、节度使、两使留后观察团练使、待制、宗室、遥郡团练使、刺史、上将军、统军、军厢指挥使坐于殿上，文武四品以上知杂御史郎中郎将、禁军都虞侯坐于杂殿，自余升朝官、诸军副都头以上，诸番进奉使、诸道进奉将军以上分于两庑。宰臣使相坐以绣墩，参知政事以下用二蒲墩加罽毯，军都指挥使以上用一蒲墩。自杂殿而下皆绯缘毡条席。殿上器用金，余以银。

其日，枢密使以下先起居讫。当时立者升殿，宰相率百官入宣徽阁门，通唱辞致谢。宰相升殿进酒，各就坐。酒九行，每上举酒，群臣立侍；次宰相，次百官奉酒，或传旨命釂，即搢笏起饮再拜。曲宴多令不拜。或上寿朝会，止令满酌不劝。中饮更衣赐花有差。宴旋舞蹈拜谢而退。

平阳县代纳坊场钱记（宋·叶冰心）

自前世乡村以分地扑酒有课利买，名净利钱，恣民增钱夺买，或卖不及，则为败缺而当停闭。虽当停闭，而钱自若，官督输不贷，民无高下，枚户而偿，虽良吏善政，莫能救也。嘉定二年，浙东提举司、温州平阳县言：乡村坊店二十五，当停闭二十一，有坊店之名，而无其处。旧传自宣和时则然。钱之以贯数：二千六百七十三。州下青册于县，月取岁足，无敢蹉跌，保正赋。饮户不实，杯盂之酤，罄缶之酿，强家幸免，浮细受害。宪山入云，绝少醉者，鬻樵雇薪，抑配白纳。而永嘉里有算亩而起，反过正税，斯又甚矣。且县人无沉湎之失，而受败缺之咎。十百零细，承催干没，关户逃避，攘及锅釜，子孙不息，愁苦不止。惟垂裁哀，颇见救助，伏见近造伪会子抵罪者，所籍之田及余废寺，亦有残田，谓宜赐县，就用禾利足以相直，补青册之缺，释饮户之负，不胜大愿。于是朝廷恻然许之，命既布，一县无不歌舞赞叹，以纪上恩。夫坊场之有败缺，州县通患也。今平阳独以使者一言，去百年之疾。然则昔所谓莫能救者，岂未之思欤？某闻仁人视民如子，知其痛苦若身尝之。审择其利，常与事称，疗之有方，子之有名，不以高论废务，不以空意妨实，然后举措可明朝廷，而惠泽可出于君上，此其所以法不弊而名不穷也。

《文献通考》《榷酤》篇

衙西酒店卖酒收趁则例

谨具本店卖酒收趁则下项须至申者：

本店元系本州于绍兴二十一年内创置，支降本钱一千五百贯文，下本店循环作本，依公使酒库则例，造酒沽卖，收钱不以多存留本钱，在库循环作本，籴买柴米物料，并支取雇夫等钱外，每日趁净钱三十贯文，省逐旬作钞，起赴州省库交纳，应副支遣官兵，近准使帖指挥，增作三十五贯文省。伏乞照会。

一、造酒则例

造酒醅一硕，取酒九斗，计用：

柴三担，煎浆油一两，椒一两，葱五文足，黄葛一两。

新酒醅一硕，取酒九斗，计用：

糯米一硕，支曲一十六斤，柴一担半，煎浆油一两，椒一两，葱五文足。

二、卖酒则例

煮酒每一升正，收钱一百七十文，足共卖酒一升二合正。酒一升耗酒二合。

新酒每一升正，收钱一百五十文，足共酒二升五合正。酒一升耗酒一升五合。

三、库官、攒匠、贴库、杂夫食钱

每日该三贯六百文省，逐月终具申。

使府行下，木店于循环收到本钱内支给，即不侵损元降本钱，合解息钱。

提点官知录盛文初每月食钱一十五贯文省，

兼监官都监冯修武每月食钱一十贯文省，

兼监官指使王进义每月食钱五贯文省。

已上三项共钱三十贯文省，每日计钱一贯文省。

攒司吴庭立每日食钱三百文省，

酒匠毛翼每日食钱三百文省，

贴库李文每日食钱二百文省，

作夫汪德等八名，每名日支食钱二百五十文省，每日共钱二贯。

右谨具申闻，

谨状

绍兴三十二年十一月　日

攒酒匠毛翼、吴度立

进义副尉本州指使兼监衙西酒店王（琮）

修武郎权兵马都监兼监衙西酒店冯（德）

右文林郎录事参军提点衙西酒店盛（存之）

录自上海博物馆影印宋刊龙舒本

制度典籍举例（二）

太宗太平兴国元年诏：先是，募民掌茶盐榷酤，民多增常数求掌以规利。岁或荒俭，商旅不行，致亏常课，多藉没家财以偿，甚乖仁恕之道，今后以开宝八年额为定，不得复增。

渡江后，屈于养兵，随时增课，名目杂出，或主于提刑，或领于漕司，或隶于经、部制司，惟恐军资有所未裕。建炎三年，总领四川财赋赵开遂大变酒法：自成都始，先罢公帑卖供给酒，即旧扑买坊场所置隔酿，设官主之，民以米入官自酿，斛输钱三十，头子钱二十二。明年，遍下其法于四路，岁递增至六百九十余万缗。凡官糟四百所，私店不预焉，于是东南之酒额亦日增矣。

《宋史·食货志》

辍耕录（元·陶宗仪）

天子凡宴飨，一人执酒觞立于右阶，一人执拍板立于左阶。执板者抑扬其声赞曰："斡脱"。执觞者如其声和之，曰："打弼"。同执板者节一板，从而王侯卿相合坐者坐，合立者立。于是众乐皆作，然后进酒诣上前。上饮毕授觞，众乐皆止，别奏曲以饮陪位之官。谓之"喝盏"，盖沿袭亡金旧礼，至今不废。诸王大臣非有赐命不敢用焉。"斡脱"、"打弼"彼中方言，未暇考求其义。

按：以上所记乃金、元之时皇帝宴飨时的礼仪实况。

觞政（明·袁宏道）

余饮不能一蕉叶，每闻垆声，辄踊跃。遇酒客与留连，饮不竟夜不休。非久相狎者，不知余之无酒肠也。社中近饶饮徒，而觞容不习，大觉卤莽。夫提衡糟丘，而酒宪不修，是亦令长者之责也。今采古科之简正者，附以新条，名曰《觞政》。凡为饮客者，各收一帙，亦醉乡之甲令也。

吏

凡饮，以一人为明府，主斟酌之宜。酒懦为旷官，谓冷也；酒猛为苛政，谓热也。以一人为录事，以纠座人，须择有饮材者。材有三，谓善令、知音、大户也。

徒

酒徒之选，十有二：款于词而不佞者[①]，柔于气而不靡者，无物为令而不重者，令行而四座踊跃飞动者，闻令即解不再问者，善雅谑者[②]。持屈尊不分诉者，当杯不议酒者，飞斝腾觚而仪不愆者[③]，宁酣沉而不倾泼者，分题能赋者，不胜杯杓而长夜兴勃勃者。

【注释】

① 款于词而不佞者：款，诚恳。佞，花言巧语。句意为：对人说话诚恳不巧言谄媚，取悦于人。

② 雅谑：高雅不俗的玩笑。谑，开玩笑。《诗·卫风·淇奥》：“善戏谑兮。不为谑兮。”

③ 愆：过失，错误。

遇

饮有五合，有十乖[1]。凉风好月，快雨时雪，一合也；花开酿熟，二合也；偶尔欲饮，三合也；小饮成狂，四合也；初郁后畅，五合也。日炙风燥。一乖也；神情索莫，二乖也；特地排档[2]，饮户不畅，三乖也；宾主牵率，四乖也；草草应付，如恐不竟，五乖也；强颜为欢，六乖也；草履板折，谀言往复，七乖也；刻期登临，浓阴恶雨，八乖也；饮场远缓，迫暮思归，九乖也；客佳而有他期，妓欢而有别促，酒醇而易，炙美而冷[3]，十乖也。

【注释】

① 乖：背离，不和谐。《新书·道术》：“刚柔得适谓之和，反和为乖。”

② 特地排档：专门地安排出某种形式。

③ 炙美而冷：炙，烤。《诗·小雅·瓠叶》：“有兔斯首，燔之炙之。”这里指烤肉。

祭

凡饮必祭所始，礼也。今祀宣父曰酒圣[1]，夫无量不及乱，觞之祖也，是为饮宗。四配[2]曰阮嗣宗[3]、陶彭泽、王力功、邵尧夫。十哲曰郑文渊，徐景山、嵇叔夜、刘伯伦、向子期、阮伸容、谢幼舆、孟万年、周伯仁、阮宣子。而山巨源，胡毋辅国、毕蔑世、张季鹰、何次道、李元忠、贺知章、李白以下，祀两庑。至若仪狄、杜康、刘白堕、焦革辈，皆以酝法得名，无关饮徒，姑祠之门垣，以旌酿客，亦犹校官之有土主，梵宇之有伽蓝也[4]。

【注释】

① 宣父：孔子谥号。汉平帝追谥孔子为“褒城宣尼公”，唐太宗时尊孔子为“宣父”。因之后人多以“宣圣”“宣父”称孔子。

② 四配：配，配享祭祀的人。儒家在祭祀孔子时有“四配”“十哲”配祭。

③ 阮嗣宗：即阮籍。由此之后至焦革，本节计列26人，都是历史上的著名“酒徒”，一些已见前注，一些在“轶事”章有专文介绍，故一律略去不注。

④ 伽蓝：即“伽蓝神”，佛的守护神，常塑于寺院门旁，称“护寺伽蓝”。

典　刑

曹参[1]、蒋琬[2]，饮国者也；陆贾[3]、陈遵，饮达者也；张师亮[4]、寇平仲[5]，饮豪者也；王远达[6]、何录裕[7]，饮俊者也；蔡中郎，饮而文；郑康成，饮而儒；淳于髡，饮而俳；广野君[8]，饮而辩；孔北海，饮而肆。醉颠、法常、弹饮者也；孔元、张志和，仙饮者也；杨子云、管公明[9]，玄饮者也。白香山之饮适，苏子美之饮愤，陈暄之饮駃，颜光录之饮矜[10]，荆卿[11]、灌夫之饮怒，信陵、东河之饮悲。诸公皆非饮派，直以兴寄所托，一往標誉，触类广之，皆欢场之宗工，饮家之绳尺也。

【注释】

① 曹参：西汉初著名大臣，为汉高祖主要谋臣之一，汉高祖、惠帝间多次任相。

② 蒋琬：三国蜀汉的著名大臣，以善于言辩闻名天下。

③ 陆贾：西汉著名大臣，以善于言辩闻名天下。

④ 张师亮：名齐贤，北宋政治家，官至右仆射。嗜酒。史载他任官时：“日与亲旧觞咏。”

⑤ 寇平仲：即寇准，北宋著名政治家。宋真宗时任宰相，史载他“性奢侈，喜剧饮”。

⑥ 王远达：即王忱。两晋时人，官至安州刺史。史载他：“一饮连月不醉。每曰：‘三日不饮，便觉行神不亲。’”

⑦ 何承裕：五代人。官至著作佐郎。史载其为县令时，“醉则露首跨牛趋府”，有才华，不拘小节。

⑧ 广野君，即郦食其，曾以“高阳酒徒”之名谒见刘邦。封“广野君”。

⑨ 管公明：管辂，三国魏人，通《易》、尚玄，嗜酒。

⑩ 颜光禄：即颜延之，南朝刘宋时人，曾任中书侍郎，授金紫光禄大夫。嗜酒放达。史载他“每骑马遨游里巷，遇旧知，辄据鞍索酒，得必倾尽”。

⑪ 荆卿：即荆轲，战国时人，曾为太子丹刺秦王，传名后世。生平嗜酒和狗肉。

掌　故

凡《六经》[1]、《语》、《孟》所言饮式，皆酒经也。其下则汝阳王《甘露经》[2]、《酒谱》，王绩《酒经》，刘炫《酒孝经》[3]、《贞元饮略》，窦子野《酒谱》，朱翼中《酒经》，李保《续北山酒经》，胡氏《醉乡小略》，皇甫崧《醉乡日月》，侯白《酒律》[4]，诸饮流所著记传赋诵等为内典[5]。《蒙庄》[6]、《离骚》、《史》、《汉》、《南北史》、《古今逸史》、《世说》、《颜氏家训》，陶靖节、李、杜、白香山、苏玉局[7]、陆放翁诸集为外典。诗余则柳舍人、辛稼轩等，乐府则董解元、王实甫、马东篱、高则诚等，传奇则《水浒传》、《金瓶梅》等为逸典。不熟此典者，保面瓮肠，非饮徒也。

【注释】

① 六经：诗、书、礼、乐、易、春秋六部儒家经典的概称。

② 汝阳王：李琎，唐睿宗之孙，封汝阳王，著有《甘露经》等酒经。

③ 刘炫：唐人。著有《酒孝经》，今佚。

④ 侯白：唐人。著有《启颜录》《酒肆》等。

⑤ 内典：佛教称本教的经书为“内典”，佛教以外的书为“外典”，此处借用指专门述酒的书典。

⑥ 蒙庄：即《庄子》，因庄周为宋国蒙人。

⑦ 苏玉局：即苏轼，因其曾提举玉局观，故有此称。

刑　书

色骄者墨[1]，色媚者劓[2]，伺颐气者宫[3]，语含机颖者械[4]，沉思如负者鬼薪[5]，梗令者决递[6]。狂率出头者搔婴[7]。愆仪者共艾毕[8]。欢未阑乞去者菲对履[9]。骂坐三等：青城旦[10]；舂[11]；放沙门岛[12]。浮托酒狂以虐使为高，又驱其党效力者，大辟[13]。

【注释】

① 墨：古代五刑之一，脸上刺字，又叫“鲸”。“墨”和以下“劓”“宫”“大辟”等都是古代刑罚，这里借用来喻指对犯酒令者要严格处罚，并非真的用刑。

② 劓：古代五刑之一，割掉犯人鼻子。

③ 宫：宫刑，司马迁说：“诟莫大于宫刑。”

④ 械：刑具之一，引申为拘禁。

⑤ 鬼薪：秦汉时一种刑罚。《汉书·惠帝记》："有罪当刑，及当为城旦、舂者，皆耐为鬼薪、白粲。"颜师古注曰："取薪给宗庙为'鬼薪'，坐择米使正白为'白粲'，皆三岁刑也。"

⑥ 决遞：判案发落。

⑦ 搔嬰：给犯人头上插草，以示羞辱。《荀子正论》："治古无肉刑，而有象刑：墨鲸、搔嬰。"

⑧ 艾毕：古代象刑之一。割去犯人衣服的一部分，表示羞辱。

⑨ 菲对履：给犯人穿上草鞋，以示羞辱。

⑩ 青城旦：即"城旦"，秦汉时刑名之一种，白天筑城，晚上守城。

⑪ 舂：秦汉时刑名之一，罚舂米三年。

⑫ 沙门岛：地名，在山东蓬莱西北海中，为唐宋流放罪犯的地方。后来，沙门岛转化为发配、流放的意思。元曲常有："姑免赴云阳，且配沙门岛。"

⑬ 大辟：古代死刑之一，即杀头。

品　第

凡酒以色清味冽为圣，色如金而醇苦为贤。色黑味酸醨者为愚，以糯酿醉人者为君子，以腊酿醉者为中人，以巷醪烧酒醉人者为小人。

杯　杓

古玉及古窑器上，犀、玛瑙次，近代上好瓷又次。黄白金叵罗①下，螺形锐底数曲者最下。

【注释】

① 叵罗：酒器，敞口的浅杯。《北齐书·祖珽传》："神武宴寮属，于坐失金叵罗，窦泰令饮酒皆脱帽，于珽髻上得之。"

饮　储

下酒物色，谓之饮储。一清品，如鲜蛤、糟、蚶、酒蟹之类。二异品，如熊白①，西施乳②之类。三腻品，如羔羊、子鹅炙之类。四果品，如松子、杏仁之类。五蔬品，如鲜笋、早韭之类。

以上五款，聊具色目。下邑贫士，安从办此。政使瓦盆蔬具，亦何损其高致也。

【注释】

① 熊白：山珍之一，熊背的白脂。《本草纲目·兽部》集注："熊脂即熊白，乃背上肪，色肉如玉，味甚美。"

② 西施乳：河豚腹内腴白的别称。宋赵颜咸《云麓漫钞》："河豚……腹中有白曰'肭'有肝曰'脂'。肭最甘肥，吴人甚珍之，目为'西施乳'。"

饮　饰

棐几明窗，时花嘉木，冬幕夏荫，绣裙藤席。

欢　具

楸枰[1]、高低壶、觥筹骰子、古鼎、昆山纸牌[2]、羯鼓[3]、冶童、女侍使、鹧鸪、沈茶具（以骰渴者）、吴笺[4]、宋砚，佳墨（以俟渴者）、吴笺、宋砚，佳墨（以候诗赋者）。

【注释】

① 楸枰：古时棋盘多用楸木制作，因称棋盘为楸枰。温庭筠《观棋》诗："闲对楸枰倾一盘。"

② 昆山纸牌：昆山，地名，在今江苏境内。纸牌，即"马吊牌"，又叫"叶子牌"，计四十张，牌分十字、万字、索字、文钱四门。四人玩，每人八张。盛行于明代中叶。

③ 羯鼓：一种打击乐器，南北朝时西域传入内地，盛行于唐。据《羯鼓录》：其制"如漆桶"，下以小牙床承之。击用两丈。

④ 吴笺：苏州产的纸，唐之后即十分出名。

附录：酒　评

丁未[1]夏日，与方子公诸友，饮月张园，以饮户相角，论久不定。余为评曰："刘元定如雨后鸣泉，一往可观，苦其易竟。陶孝若如俊鹰猎兔，击搏有时。方子公如游鱼狎浪，喁喁[2]终日。丘长孺如吴牛[3]啮草，大不利快，容受颇多。胡仲修如徐娘[4]风情，当追念其盛时。刘元质如蜀后主[5]思乡，非其本情。袁平子如武陵少年舞剑，未识战场。龙君超如德山⑥未遇龙潭时，自着胜地。袁小修如狄青⑦破昆仑关，以奇服众。”

【注释】

① 丁未：丁未年，即公元1607年。

② 喁喁：鱼口向上露出水面。

③ 吴牛：刘孝标注《世说》中云：“今之水牛唯生江淮间，故谓之吴牛也。南土多暑，而此牛猥热，见月疑是日，所以见月则喘。”这里用来形容丘长孺饮酒如老牛吃草、行动缓慢。

④ 徐娘：《南史梁元帝徐妃传》云：“徐娘虽老，犹尚多情。”后因称风韵犹存的中年妇女为徐娘。

⑤ 蜀后主：即刘禅，史载他降晋后，司马昭席间用故蜀妓歌舞，别人都心酸，只有他喜笑自若。司马昭问他思念故乡不？他答：“此间乐不思蜀。”

⑥ 德山：唐佛教禅宗宣鉴禅师的别名。

⑦ 狄青：北宋大将，在对西夏战争中屡立战功，尤以皇佑四年（公元1052年）奇袭破昆仑之战著名。

大清会典

崇德（清太宗年号）元年（公元1636年），定元旦日王、贝勒、贝子、公等每旗各进御前、中宫前筵席、牲酒。外藩、蒙古王、贝勒等每旗各进御前、中宫前牲酒，大设筵宴于崇政殿，王以下各官俱排班立俟。进御筵毕，王以下都统以上进前立，各官于原班立，捧爵官捧爵跪送，进酒官跪接，兴，诣上前跪进，各官皆跪，进酒官退原处跪俟。上举酒，王以下各官退至原班，照翼列坐次，设王以下各官桌。俟上进馔，各官于各坐处一跪一叩头。宴毕，鸣赞官赞“行一跪三叩头礼”。毕，上还宫。王以下各官跪送，俟驾过，兴，各退。其升殿、进桌、进酒、进馔、行礼、上还宫时，俱作乐。

康熙二十三年（公元1684年）议准：元旦改满席为汉席，不用诸银器。王等停进满席羊只，改进汉席：亲王各十六席，世子十四席，郡王各十席，贝勒各六席，贝子各四席，入八分公各二席。

殿试进士传胪毕，赐恩荣宴于礼部。陪宴内大臣、读卷大臣、监试官、护军参领、銮仪卫堂官，每员一席。监察御史、收卷、弥封、收掌、用印、巡绰、写榜、供给、鸣赞官每二员一席。护军校每三员一席。一甲三名进士，每名一席。其余进士每二名一席，俱由光禄寺备办。

清史稿·礼八·乡饮酒礼（节录）

顺治初元，沿明旧制，令京府暨直省府、州、县，岁以孟春望日、孟冬朔日，举行学宫。前一日，执事敷坐讲堂习礼，以致仕官为大宾，位西北，齿德兼优为僎宾，位东北，次为介，位西南，宾之介为三宾，位宾、主、介、僎后。府、州、县官为主人，位东南，若顺天府则府尹为主人，司正一人主扬觯，教官任之。赞引、读律各二人，生员任之。届日执事牵牲具馔，主人率属诣学，乃速宾。宾至，迎门外，主东宾西，三揖让乃升，相向再拜。宾即席，延撰，介入，如宾礼。就位，赞“扬觯”，司正升自西阶，北向立，宾主皆起立。赞揖，司正揖，宾、介以下答揖。执事举幂酌酒于觯授司正，司正扬觯而语曰：

“恭惟朝廷，率由旧章，敦崇礼教，举行乡饮。非为饮食，凡我长幼，各相劝勉。为臣尽忠，为子尽孝，长幼有序，兄友弟恭，内睦宗族，外和乡党。毋或废坠，以忝所生。”

读毕，赞“饮酒”，司正立饮。赞揖，则皆揖。司正复位，宾、介皆坐。赞“读律令”，生员就案北面立，咸起立旅揖。读曰：

“律令，凡乡饮酒，序长幼，论贤良，别奸顽。年高德劭者上列，纯谨者肩随。差以齿，悖法偭规者毋俾参席，否以违制论。敢有哗噪失仪，扬觯者纠之。”

读毕复位。赞供馔，有司设馔。赞献宾，则授主以爵，主受之，置宾席，少退，再拜，宾答拜。于僎亦如之。皆坐，有司遍酌，赞饮酒。酒三五行，汤三品，毕，撤馔。僎、主、僚司居东，宾、介居西，皆再拜。赞送宾，各三揖，出、退。

酒社刍言（一篇）

小　引

黄九烟先生作《酒社刍言》，于寻常觞政中，特设三戒。此亦各有所宜，未可遽以为典要者也。更有先生所未及详者，余请得而备言之。其一为酒之不洁也。折柬之辞，或曰涤卮，取其洁耳。今斟酌之际，一人执壶，一人捧杯。执壶者必欲取盈，捧杯者恐其或溢。每斟至八分时，杯举而上，壶压而下，壶之嘴往往没入杯中。此不洁之在先者也。杯或未乾，所当倾而去之，存此酒以醉僮仆，不亦可乎？主人惜酒者，即以未乾冷酒，注于壶中。此不洁之在后者也。其一为五簋之宜变也，原五簋之初，只以惜费耳，不知其费更甚。盖簋既少则形必大，形既大则餚必丰。数止于五月，则必以价昂者为之，大约一簋而需二簋之费。此不便之在主者也。人之嗜好，各有不同，既有偏好，亦有偏恶。餚之为类也多，必有值其好者，今止于五而已。设半投其所恶，客不几于馁乎？此不便之在客者也。少数者，宾筵之常，皆人所忽，敢因此帙而并及之。冀得遇于观览者，岂非我辈之厚幸乎哉。心斋张潮譔。

古云：酒以成礼。又云：酒以合欢。既以礼为名，则必无伧野之礼。以欢为主，则必无愁苦之欢矣。若角斗纷争，攘臂劝啜，可谓礼乎？虐令苛娆，兢兢救过，可谓欢乎。斯二者，不待智者而辨之矣。而愚更请进一言于君子之前曰：饮酒者，乃学问之事，非饮食之事也。何也？我辈性生好学，作止语默无非学问。而其中最亲切而有益者，莫过于饮酒之顷。盖知已会聚，形骸礼法，一切都忘。惟有纵横往复，大可畅叙情怀。而钓诗扫愁之具，生趣复触发无穷，不特说书论文也。凡谈及宇宙古今山川人物，无一非文章，则无一非学问，即下至恒言谑语，如听村讴，观稗史，亦未始不可益意智而广见闻。何乃不惜此可惜之时，用心于无用之地，弃礼而从野，舍欢而觅愁乎？愚有慨于中久矣，谨勒三章之戒，冀成四美之贤。

一戒苟令

世欲之行苛令，无非为劝饮计耳。而不知饮酒之人，有三种，其善饮者不待劝，其绝饮者不能劝。惟有一种能饮而故不饮者宜用劝，然能饮而故不饮，彼先已自欺矣，吾亦何为劝之哉。故愚谓不问作主作客，惟当率真称量而饮，人我皆不须劝。既不须劝矣，苛令何为？

一戒说酒底字

说酒底者，将以观人之博慧也。然圣贤所谓博与慧者，似不在此，况我辈终日兀坐编摩，形神挛悴，全赖此区区杯中之物之解之。若复苦心焦思，搜索枯肠，何如不饮之为愈乎？更有一种狂黠之徒，往往借觞政以逞聪明，借席纠以作威福，此非吕雉之宴，岂真许军法行酒乎！若不幸逢此辈，惟有掉头拂衣而已。

一戒拳斗

佐饮之具多矣。古人设为琼畟（按，即今骰子）以行酒，五白六赤，一听于天，何其文而理也。即藏钩，握子，射覆，续麻诸戏，犹不失雅人之致。而世俗率用拇阵虎膺，以逞雄角胜，捋拳奋臂，叫号喧争。如许声态，亦何异于市井之夫、舆佁之辈乎？愚尝谓天下事无雅俗，皆有学问存焉。若此种学问，则敛手未敢奉教。

跋

余尝同黄先生饮，所谈亦复不拘何事，大约不喜苛耳。余则谓苛于令，可也；苛于酒，不可也。令取其佳，酒随乎量，俾客不以饮酒为苦，而以觞政为乐，不亦可乎？然令虽无妨于苛，亦须在人耳目之前，意计之所能及为佳。苛为人之所必不记忆，徒以示一已之博奥，则真所不必矣。心斋居士题。

乌镇酒厂

酒业的形成与生产

第一章　酿造技术是智慧的结晶

中国造酒技术的改进与提高，丰富了酒文化的内涵。造酒技术的出现应该在黄帝时，因为黄帝的儿子有姓“酉”的，古“酉”同酒。

夏桀时“酒池槽林”说明当时的技术是可生产粮食发酵酒既榨酒了，可以做到渣（槽）酒分离了。

比较明确地记载分离方法的是到了周朝，在齐桓公三十年（公元前656年），齐桓公率诸侯侵蔡，蔡溃；又伐楚，楚请盟于昭陵。在接待楚使时，管仲曾代表周朝指责楚国说：“乐贡包茅不入，王祭不供，无以缩酒，寡人是徵。昭王南征而不复，寡人是问。”（《左传·僖四》）周昭王南征溺死于汉水，是公元前977年的事，距这次讨伐已有321年了，所以管仲的指责明显是在“找茬儿”。至于前一句，才是和我们的酒有关系的话，尽管也是在“找茬儿”：你们应当进贡的“包茅”并未按期交来，给周王祭祀祖先神灵造成供应匮乏，没有“缩酒”的材料。

什么是“缩酒”呢？在晋·杜预的注、唐·孔颖达的疏中，说得很清楚：“束茅而灌之以酒，为缩酒。”——捆好茅草而灌进去酒，使酒流出来，糟阻留在茅草束里，这叫做缩酒。“沛之以茅，缩去滓也”，沛，指挤的动作和过滤后的酒精。用茅草进行过滤，甚至也加以压榨的动作，以除去酒糟。这个记录，才算是比较明确。话说在公元前656年，既然“王祭”都形成了习惯、传统，所以向上推几百年，当无问题。因此，中国人会用过滤法分离酒液、酒糟，至少是3000年以前的事情了。

现在酒通过发酵、蒸馏，制酒或过滤酒。

汉字中，专门有一个“醡”字，表明是一个榨酒的专门工具的名词和榨酒的专门劳作的动词。宋朝大诗人黄庭坚有两句诗写了榨酒的情形：“醡头夜雨排檐滴，杯面春风绕鼻香。”（《次韵杨君全送酒长保有》）另一个大诗人杨万里也有这么两句：“松槽葛囊才上醡，老夫脱帽先尝新。”合在一起看：醡床的接酒槽子是松木做的，酿熟上醡床备榨的料倒进葛布制的口袋里，然后对口袋加压，酒浆自然流落醡床的槽子，再流入盛酒的陶罐之类。也许会酒流子很旺，倾泻如注，但过一会就会像夜晚的小雨从屋檐瓦上滴答滴答地下落，要压榨很长时间才能完成这道工序，将含于糟中的酒汁压得一干二净。

这样的酒精含量绝对不会超过20度。我们中国人在元朝以前，都是饮用这种酒精度低、营养成分丰富的榨制酒。

就是到了元朝之后，60度老白干也不是一下子非常普及的。这就是说，中国人在长时间里饮用的是低度酒，发酵榨制，营养成分多样丰富。虽然说低度酒喝多了也可以使人沉醉，造成酗酒的现象，但带来危险后果总比60度老白干强多了。

中国人什么时候发明了蒸馏酒，这是酒工艺史上是一个有争论、待确考的问题。我们不妨认真讨教一下李时珍老前辈，看看《本草纲目》。

烧酒　释名　火酒（纲目）阿剌吉酒（饮膳正要）

李时珍曰：烧酒非古法也，自元时始创。其法用浓酒和糟入甑，蒸气令上，用器承取滴露。凡酸坏之酒，皆可蒸烧。近时惟以糯米，或粳米，或黍，或秫，或大麦，蒸熟，和曲酿瓮中七日，以甑蒸取。其清如水，味极浓烈，盖酒露也。

李时珍博览群书，学风严谨，去元时又不远，应该说“元时始创”是靠得住的。理由如下：

其一，这里所记载的烧酒的别名“阿剌吉”，不是别的，而是蒙古语alak的音译。Alak进入中原，开始无以名之，就以音译名之。

其二，元以前没有任何一种书上有蒸馏酒工艺的记载，也没有留传下来蒸馏器的图样或实物。近年来的出土文物，我们所知不多，有以下两件值得研究：1974年，辽宁省法库县叶茂台七号辽墓曾出土供桌下瓷酒壶二只，壶盖用纸封，壶口开放。从供桌、环境，推断为酒。从残留液浅米黄透明，似乎是酒精挥发干净后的水，因榨制酒含有机质量比蒸馏酒大得多，挥发变质后总会留有残迹；在墓穴恒温无风条件下，壶盖又已密封，不应无残留酒精成分。1975年，河北青龙县金代文化曾出土一件铜蒸器，《考古》1980年第5期，由林荣贵执笔的《金代蒸馏器考略》作了全面深入的研究，称为“金代蒸馏器”；时限推断放宽到“金代或金末元初”，对其用途则推断为“蒸丹药花露之用器”或“加箅蒸酒”。因为出土的文物并没有箅，铜器本身尺寸又不大，这样推断，此文再次肯定李时珍之说“基本符合我国‘烧酒’——蒸馏酒起源和发展的实际情况”。这也就是说，青龙蒸馏器不足以推翻“元时始创”的结论。

综合以上二点，处于地冻天寒之中的兄弟民族蒙古族最有可能是蒸馏酒的发明者；其次，另一个“候选人”女真族，也说不定。冰天雪地，放牧牛羊，居住帐篷，煮奶熬茶，应是烈性酒的故乡在北方不在南方的条件和理由。

《水浒传》里的故事写的是北宋，在南宋说书就说得很红。如果元以前有烧酒，《水浒传》里不可能一点反映都没有。这就证明了元以前没有老白干。

何况《水浒传》是“离酒不成书”的，全书写“酒”处数百。凡写到酒的生产，都是榨制，绝无蒸馏。例如第四回写五台山下傍村小酒店“破瓮榨成黄米酒，柴六挑出青布帘”，是说这酒家自制自卖黄米酒，是榨制后以破瓮贮存的。又如第六十五回写张顺旅途中遇难脱险之后，湿漉漉爬上岸来，转进一个村子，遇着一个小酒店，一个老头儿“半夜起来醡酒”。很显然，这是为次日开业作准备工作，随发酵随榨制随卖掉。

《水浒传》中凡写到饮酒，大部分是用碗，少数是用盅盏，也可证明是榨制酒并非高度蒸馏酒。以书中人物文野粗细分别而饮酒有天地之别也。第三十九回，打蒋门神之前，施恩请武松喝所谓“一路酒”，施恩深恐武松烂醉，摆下小盏，武松说：“不要小盏吃，大碗筛来……”这次“一路酒”，武松喝了三十大碗，才有五七分酒意，可见是榨制酒，下文又一次提到的是“村醪”“社酝”“深酒”。再如二十三回武松打虎前饮酒十五大碗，景阳冈酒家自夸说：“俺家白酒，虽是村醪，却比老酒的滋味。”

《水浒传》中凡提到特殊酒名者，亦无不是榨制酒。例如第二十四回，西门庆问武大职业，王婆回答说“卖拖蒸河漏子，热烫温和大辣酥”。“大辣酥”，元杂剧中又作“打剌孙”“打剌酥”，蒙语的黄酒——辜（dauasu）的音译（时兴一阵后止）。王婆的话，表现了市民的口吻。

总而言之，《水浒传》从酒史的眼光看，可证明元之前无蒸馏酒。这种无数无名氏口头创作基础上的名著，应该是通俗真实可信的，偶然漏掉烧酒的可能性似乎不大可能。

直到明末清初，随着烧酒的产生与渐渐推广，文学作品中慢慢地反映出饮用烧酒的情形。例如，汤显祖的《杜丹亭》，托言南宋时事，却在《肃苑》一出戏里让小花郎冒出一句“狠烧刀险把我嫩盘肠生灌杀”。这与“阿刺吉酒”同属于烧酒的早期名词。明人谢肇淛《五杂俎·物部》说得明白：“京师之烧刀，舆隶之纯绵也。”意思是说：在寒冷的首都北京，穷人生活很难，喝上二两烧酒，对于车夫、轿夫、衙门差役等地位低下的人，真赶上多穿一件棉袄。这和东北民间故事讲的差不多：一个穷汉，喝一口白干，就自夸一声：“啊，又穿一件小棉袄。”大三九天，住冷屋子，没被子，就仗这点酒劲，合衣鼾睡，明早好去功夫市插上草标卖苦大力去。所以，烧酒是北方穷人的好朋友，又取暖、又解乏、又便宜。

不过从长远的观点看问题，中华民族在当今世界饮用烈性酒数第一。俄卡特、伏尔加、威士忌、白兰地……都没有中国白酒厉害，顶多才有40多度，算是了不起的烈性酒了，咱们是60度还不过瘾，65度，多糟蹋点粮食还算小事，喝坏了中华民族的身子骨儿才是天大地大的事。李时珍告诫过我们："烧酒，……辛甘大热，有大毒。……过饮败胃伤胆，丧心损寿，甚则黑肠腐胃而死……"用今天的话说，就是胃炎，胃溃疡，胆囊炎，冠心病，肠癌、胃癌，都可能诱发。

从茅台、五粮液、泸州老窖开始，急遽降低酒精度，而保持原有的风格气味，看来是一大使命课题。

第二章　物质丰富、技术精湛是酿造的基础

氏族社会的末期，由于生产工具的改进，生产力提高了，农业产品有了剩余，酒自然也产生了。晋人江统在其《酒诰》中说：“有饭不尽，委余空桑，郁积成味，久蓄成芳，本出于此，不由奇方。”这说明，人们的生活相对提高了，食物有了剩余，有饭不尽，放之野外，发酵生津，尝之芳香，酒便应运而生。许慎在《说文解字》中说：“古者仪狄作酒醪，禹尝之而美，遂疏仪狄。”这一时期出现了酒。

生活在我国黄河中下游的夏部落，由于金石工具的广泛应用，生产力发展较为迅速导致私有制的产生与强化，剥削的出现，部落产生了分化，社会分离出自由人和奴隶，进入阶级社会，出现了奴隶制的国家——夏。为庆祝这一胜利，便“大饷诸侯于钧台”。这是大型宴会的开端。禹曾尝仪狄作酒醪之美，他的儿子设国宴，置酒众饮更是可能的了。

古云：“杜康造秫酒。”杜康即为少康，此时已由自然酒发展到人工造酒了。

酒足饭饱的产生，丰富了人们的生活，也影响到人们的身体，随着历史的发展，它的影响也在向纵深发展着。

到了商代，酒更普遍了，做酒已有成套的经验。《尚书·商书·说命下》中说：“若作酒醴，尔惟麴；若作和羹，尔为盐梅。”酒的广泛饮用也引起商统治者的高度重视。

周武王一举将商纣灭掉，建立了周王朝。为汲历史教训，使其周王朝统治更加稳固，周公作《酒诰》以警之。这可折射出当时酒业的发达，酒市场的繁荣，酒艺的精湛，酒的影响力之大。

随着政治、经济、文化的向前发展，作为经济和文化的组成部分的酒，也在不断发展。西周初的统治者，想以《酒诰》控制酒的蔓延，但事实上做不到这点。从大量的文献中可以看出，酒的发展是十分迅速的，与夏商比较，有过之无不及。从酿制到饮酒有一套较完整的标准与要求。

酒官员——“周礼天官酒正中士四人，下士八人，府二人，史八人，胥八人，徒八十人。”

酒品种——“辨五齐之名，一曰泛齐，二曰醴齐，三曰盎齐，四曰缇齐，五曰沈齐。”

酒用途——“辨四饮之物，一曰清，二曰医，三曰浆，四曰酏。”

祭祀标准——“凡祭祀以法共五齐三酒以实八尊，大祭三式，中祭两式，小祭壹式，皆有酌数，唯齐酒每式皆有器量。”祭祀等级不一，用酒数量不同。

待宾客——“共宾客之礼酒，共后之致饮，于宾客之礼医酣糟，皆使其士奉之。”意思是说礼酒是专供宾客之用，酒正以奉王，士奉宾客。

特供对象——“凡饷士庶子，饷耆老孤子，皆共其酒无酌数。”意思是宴请死于王事的遗孀和孤子，念其父兄有功，不计其数量，以醉为度。

赠酒凭单——“掌酒之赐颁皆有法以行之，凡有秩酒者，以书契授之。”意思是秩酒是规定数量的，以书告之其数量，以契作为取酒的凭据。

奖惩标准——“酒正之出日入其成月入其要小宰听之，岁终则会，唯王及后之饮酒不会以酒式诛尝。”意思是酒正是掌管酒之政令，供美酒者尝，供恶酒罚。

服务人员——“酒人奄十人，女酒三十人，奚三百人。”这里说专门奉酒的男女奴隶的数量。女酒通晓酒，如祭祀用的五齐三酒，供宾客用的礼酒，遇事专奉之。女酒与奚都是同样的职务。奄人也属府史之类，而不能称士。

司职帝王家——“掌共王之六饮，水、浆、礼、凉、医、酏，入于酒府。”水为清冷之物，可以和酒，浆为米汁，礼则稍厚之物，凉再杂以发酵之物为医，酏为薄粥，这一些都为饮料，属酒正掌管。

供酒等级——“辨三酒之物，一曰事酒，二曰昔酒，三曰清酒。”三酒指的是人们饮的酒，五齐是祭祀用酒。所以，扬谓事者，方有事于糟漉；所谓昔者，熟之可以久；所谓清者，澄之可以饮。“凡酒修酌。”此酒为人饮，所以注意修治。

公元前770年至公元前221年为我国历史上的春秋战国时期。由于铁制工具的使用，生产技术有了很大的改进；农民生产积极性的提高，使生产力有了很大发展，物资财富大为增加，这就为酒的进一步发展提供了物资基础。所以，春秋战国时期的文献对酒的记载很多，可见酿酒业有一定之规。

——《诗经·小雅吉日》：“以御宾客且以酌醴。”醴，酒的一种，系甜酒。

——《诗经·大雅旱麓》：“‘瑟彼’玉瓒黄流在中。”黄流，即用来参和郁金香酿成的酒，郁金香如金色，故该酒亦称黄流。

——《诗经·大雅江汉》：“厘尔圭瓒秬鬯一卣。”秬鬯，系用黑黍酿的酒。

——《礼记·月令》：“孟夏之月天子饮酎用礼乐。”酎，重酿之酒，配乐而饮，是说开盛会而饮之酒。

——《礼记·礼运》：“元酒在室醴醆在户粢缇在堂澄酒在下。”

——《礼记·内则》：“于事父母妇事舅姑（饘）酏酒……”

——《礼记·大射仪》：“又尊于大侯之乏东北两壶献酒。”献，应读作沙，沙酒是在五齐之上的一种酒。

——《春秋纬·酒》：“酒者乳也，王者法酒旗以布政施天乳以哺人。麦阴也，黍阳也，先渍麴而投黍是阳得阴而沸，故以麴酿黍为酒。”

——《素问·汤液醪醴论》：“黄帝问曰：为五谷场液及醪醴奈何？岐伯对曰：必以稻米炊之，稻薪稻米者完稻薪者坚。帝曰：何以然？岐伯曰：此得天地之和，高下之宜，故能至完伐取得时，故能至坚也。”意思是，风调雨顺天地之和，加上土地高下适宜，才能有稻子的好收成，然后才能化稻米之津为酒。

——《礼记·郊特牲》：“缩酌用茅明酌也。”“醆酒涚于清汁献涚于醆酒。”“献清与醆酒于旧泽之酒也。”泽，应读为醳，即是后来的醳酒。旧是指陈久之意。

公元前221年，秦王嬴政统一了中国，结束了春秋战国以来几百年的分裂局面。秦始皇接受丞相李斯的建议，除秦记、医药、人筮、种植之书外皆烧之。酒的制造与使用的记述属于医药书类，自然也就保存了下来。

由于秦王朝的苛暴，只统治短短的十五年，就被农民起义军推翻了。公元前202年，刘邦建立汉王朝，汲取秦失败的教训，采取了与民休息的政策，农业、手工业得到迅速发展，出现“都鄙廪庾尽满，而府库余财，京师之钱累百巨万，贯朽而不可校。太仓之粟陈陈相因，充溢露积于外，腐败不可食。众庶街巷有马，阡陌之间成群”。由于经济的繁荣，酿酒业自然也就兴旺起来。

事实也证明了酒的应用更广泛了。东汉名医张仲景，被尊为我国的医圣，他著有《伤寒杂病论》，成为中国医药宝库中的一颗名珠。在治伤寒少阴病，他建议用苦酒汤主之。在妇人杂病证并治中说：“妇人六十二种风及腹中血气刺痛，红兰花酒主之。”红兰花酒，即红花酒，除治妇人此病外，还能治跌打损伤之瘀血作痛、妇女痛经、月经不利、闭经等症。可见汉代名医用酒疗病的水平之高。

东晋，南朝比北方相对安定，加上北方人民带着先进生产技术南迁，生产力发展较快，粮食产量大大提高，养蚕一年四、五熟，手工业发展也较为迅速。北朝，由于实行“屯田”“均田”，生产力也有很大提高。反映在科学文化上，北魏农业科学家贾思勰著的《齐民要术》十卷九十二篇，为我国最早的完整的农学著作，水平很高，影响甚大。该著作除对种植、饲养作了大量的论述外，还对酒的酿造作了详细记载。

西晋，嵇含，字君道，居巩县豪丘，自号豪丘子。永兴中累官襄城太守，性通敏，所著《南方草木状》，叙述最为典雅。在该著中记述一种女酒说：“草麯南海多矣，酒不用麯蘖，但杵米粉杂以众草叶治葛汁涤溲之，大如卵，置蓬蒿中荫蔽之，经月而成。用此合糯为酒，欲刷饮之，即醒犹头热涔涔，以其有毒草故也。南人有女数岁即大酿酒，即漉，候冬陂池竭时，寘酒罂中密固其上，瘗陂中至春潴水满亦不复岁矣。女将嫁，乃发陂取酒，以供贺客，谓之女酒，其味绝美。”

西晋哲学家、医药学家葛洪在《肘后备急方》中，不少成方都夹以酒。例如：“治卒心痛方第八：桂末若干美末二药并可单用，温酒服；东引桃枝一把切，以酒一升煎取半升，顿服，大效；苦酒一杯，鸡子一枚，著中合搅饮之，好酒亦可用；苦参三两，苦酒升半，煮取六合，分再服；白鸡一头，治之如食法，水三升煮取二升，去鸡前汁取六合，内苦酒六合，入真珠一钱，复取六合内末麝香如大豆二枚，顿服之。”总之，葛洪所著各种药方，不少是配酒而服。酒在医药上的应用是酒的另一功效的展示。酒除了是宴用的饮品外，还是祛病治痛的药品。

唐朝封建统治者，吸取隋短期就遭灭亡的教训，采取缓和与被统治阶级的矛盾，减轻赋税，实行均田和租、庸、调制度，调动了广大农民的生产积极性，再加上兴修水利，改革生产工具，使全国农业、手工业发展非常迅速。郑启在其所著的《开天传信记》中描写：“左右藏库，财物山积，不可胜较。”由于物资财富的增加，粮食的储积，自然为发展酿酒业提供了前提。

酒的发展与广泛应用，反映在这一时期的典籍中。

“开皇三年，帝入新宫。先是尚依周末之弊，官置酒坊收利，至是酒坊与百姓共之，远近大悦。”（《隋书·食货志》）

其他与酒有关的著作也不少，现选代表性的有：《醉乡日月》《岑表录异记》《投荒杂录》等。

——《醉乡日月》唐·皇甫松撰。松，字子奇，该著记述了“霹雳酒”：“霹雳酒：暑月雷霆时，收雨水淘米炊饭酿酒，名曰霹雳酒。”

——《岭表录异记》唐·刘恂撰。恂，昭宗时官广州司马。所著《岭表录异记》，记载博瞻，文字古雅。该著中记有“南中酒”。他说：“南中醞酒，即先用诸药，别浊漉粳米，漉干旋入和米捣，熟即绿粉矣。热水溲而团之，形如餢飳，以指中心刺作一窍，布放箪席上，以枸杞叶罨之，其体候好弱一如造麴法。既而以藤蔑贯之，悬于烟火之上，每醞一年用几箇饼子，固有桓准矣。南中地暖，春冬七日熟；秋夏五日熟。既熟贮以瓦瓮，用粪扫火烧之。”

——《投荒杂录》唐·房千里撰。千里，河南人，字鹄举，官高州刺使。在该著中记载中种新州酒。他说：“新州多美酒，南方不用麴蘖，杵米为粉，以众草兼胡，蔓草汁溲，大如卵，置蓬蒿中荫蔽经月而成，用此合濡为酒。故剧饮之后，既醒犹头热涔涔。有毒草故也。”

可见唐代的酒业遍及全国，而且种类繁多。

由于五代十国分裂局面的结束，社会较为安定，北宋的经济有了较快的发展出现了种无虚月，一岁所资，绵绵相继的繁荣局面。南宋时期，由于兴修水利，改良农田，也出现了苏杭熟，天下足的景象。文化和科学提高较快，活字印刷、航海指南针、火药三大发明，都出现在这一时期。上述都为醇酒业的发展提供了条件。酒对宋人来说，是不可缺少的物资，因而，在两宋的文献和各种文字作品中，反映酒的甚多。

——《酒小史》宋·宋伯仁撰。伯仁，号雪岩，广平人，一作湖州人，嘉熙时为盐运司属官。所著记载一些酒名，共100余种，如：汀州谢家红、滎阳土窟春、杨世昌蜜酒等。

——《酒边词》宋·向子諲撰。子諲，字伯恭，临江人。该著分上下两卷，上卷曰江南新词，下卷曰江北旧词。胡寅为序称：“退江北所作于后，而进江南所作于前……玩其词意。”他在该著《酒边词·江南新词·满江红》中写下这样的词句：“雁阵横空，江枫战几番风雨。三有意，作新秋令，欲麈残暑。篱菊岩花俱秀发，清芬不断来窗户。共欢然一醉得黄，仍叔度。”作者借酒表达怀念江北的心意。

元代酒的著作不少，代表性的有：《真腊风土记》《文献通考·论宋酒坊》《饮膳正要·饮酒避记》《安雅堂觥律》等，摘述于后。

——《真腊风土记》元·周达观撰。达观，温州人，所著《真腊风土记》，至为赅赡。论著中记载中种“美人酒”。他说：“美人酒于美人口中含而造之，一宿而成，尤奇。”

——《论宋酒坊》元·马端临撰。端临，字贵与，元初为柯山书院山长，历史学家。该著虽出元代，但论述的是南宋两浙的酒坊及税收情况。

——《饮膳正要·饮酒避忌》元·忽思慧撰。他在《饮酒避忌》中说：“少饮尤佳，多饮伤神损寿。易本性其毒甚也。醉饮过度，丧生之源。饮酒不欲使多，知其过多速吐之为佳。不尔，成痰疾。醉勿酩酊大醉，即终身为病不除。酒，不可久饮，恐腐肠胃，渍髓蒸筋，醉不可当风卧，生风疾；醉不可令人扇，生偏枯；醉不可露卧，生冷痹；醉不可接房事，小者面生(䵟)、咳嗽，大者伤脏澼痔疾；醉不可饮冷浆水，失声成尸噎；醉不可澡浴，多生眼目之疾。”

该著还记述了制药酒的方法：“**虎骨酒**：以酥灸虎骨捣碎酿酒，治骨节疼痛风疰冷痹痛；**枸杞酒**：以甘州枸杞依法酿酒，补虚弱长肌肉，益精气，去冷风，壮阳道；**地黄酒**：以地黄绞汁酿酒，治虚弱，壮盘骨，通血脉、治腹内痛；**羊羔酒**：依法作酒，大补益人；**阿刺吉酒**（李时珍在《本草纲目》中解释说，烧酒亦称阿刺吉酒）：味甘辣，大热大毒，主消冷，坚积，去寒气。用好酒蒸熬取露成阿刺吉酒。”烧酒创于元代，根据就在这里。

1368年，朱元璋称帝于南京，国号明。明建国后，对发展农业生产十分重视，采取了与民休息的政策。朱元璋说：“天下初定，百姓财力但困，譬尤初飞之鸟，不可拔其羽，新植之本，不可摇其根，可安养生息之。”由于采取调动农民生产积极性的政策，明初至中朝，农业、手工业发展十分迅速。稻田每亩产谷三、五石，经济发展促进了商业繁荣。与此同时，科学文化同时也有较大发展。

上述条件，为酒的酿造业提供了雄厚的物资基础。因此，明代典籍中，对酒的记载很多。

“洪武二十七年八月，新建京都酒楼成，先是上以海内太平思欲与民皆乐，乃命工部作十楼于江东诸门之外，令民设酒肆其间以接四方宾旅。其楼有鹤鸣，醉鍊讴歌鼓腹来宾重译等名，既而又增作五楼，至是皆成。诏赐文武百官钞命宴于醉仙偻。”（《明史·大政纪》）

“永乐二年辛酉，敕甘肃总兵左都督宋晟，令诸屯多酿酒，探知虏冠将至，置毒酒及河井中，退而避之。”（《明史·大政纪》）

“宣德三年五月，上出酒谕，示百官时郎官御史，以酣酒相继败，故作酒谕。”（《明史·大政纪》）

从以上条款看，酒的利用是无处不适。

明代，有关酒的著作很多，代表作有：《尊生八牋》《天工开物》《五杂俎》《觞政》《本草纲目》等。

——《尊生八牋》明·高濂撰。濂，字深甫，号瑞南，钱塘人。该著记述的酒多属药酒，对身体健康有益。因此，他在该著的开头就说："此山人家养生之酒，非甜即药与常品迥异，豪饮者，勿共语也。"书中对桃源酒、香雪酒、碧香酒、腊酒、建昌红酒、五香烧酒、山芋酒、葡萄酒、黄精酒、白术酒、地黄酒、菖蒲酒、羊羔酒、天门冬酒、松花酒、菊花酒、五加皮三骰酒等的制造，作了详细的记述。现只将羊羔酒、松花酒的制作摘出。

"羊羔酒：糯米一石，如常法浸浆，肥羊肉七斤，杏仁一斤煮去苦水，又同羊肉多汤煮烂，留汁七斗，拌前米饭，加木香一两，同醑不得犯水，十日可吃，味极甘美。"

"松花酒：三月取松花如鼠尾者，细挫一升用绢袋盛之，造白酒熟时投袋于酒中心，井内浸三日取出漉酒饮之，其味清香甘美。"

——《五杂俎》明·谢肇淛撰。肇淛，字在杭，福州长乐人，万历进士，累迁工部郎中，博学能诗文。他在《五杂俎·物部三》中，对酒作了大量的论述。他说："酒者扶衰养疾之具，破愁佐药之物，非可以常用也，酒入则舌出，舌出则身弃，可不戒哉？人不饮酒，便有数分地位。志识不昏，一也；不废时失事，二也；不失言败度，三也。余常见醇谨之士，酒后变为狂妄，勤渠力作，因醉失其职业者，众矣，况于丑态备极，为妻孥所姗笑，亲识所畏恶者哉？"

"吾见嗜酒者，晡而登席，夜则号呼，旦而病酒，其言动如常者，午未二晷耳。以昼夜而仅二晷，如人则寿至百年，仅敌人二十也。而举世好之不已，亦独何异！"

他对各种酒进行评论说："酒以淡为上，苦冽次上，甘者最下，青州从事，向擅声称，今所传者，色味殊劣，不胜平原督邮也。然从事之名，因青州有齐郡，借以为名耳……京师有薏酒，用薏苡实酿之，淡而有风致，然不足快酒人之吸也。易州酒胜之，而淡愈甚。闽中酒无佳品。"

他对酒的容量单位进行了考证："古人量酒多以升、斗、石为言，不知所演戏几何。或云米数，或云衡数。但善饮有至一石者，其非一石米及百斤明矣。按朱翌杂记云：'淮以南酒皆计升：一升曰爵，二升曰瓢，三升曰觯。'此言较近。盖一爵为升，十爵为斗，百爵为石。以今人饮量较之，不甚相远耳。"

明代伟大的药物学家李时珍，在其所著的《本草纲目》中对酒作了大量记述：酒能"行药势，杀百邪恶毒气，通血脉，厚肠胃，润皮肤，散温气，消忧发怒，宣言畅意，养脾气，扶肝，除风下气，解马肉、桐油毒，丹石发

动诸病，热饮之甚良”。对米酒又记述说：“酒，天地之美绿也。少饮则和血行气，壮阳御寒，消愁遣兴；痛饮则伤神耗血，损胃亡精，生痰动火。酒后食芥及辣物，缓人筋骨。酒后饮茶，伤肾脏，腰脚重坠，膀胱冷痛，兼患痰饮水肿、消渴挛痛之疾。一切毒药，因酒得者难治。又酒得咸而解者，水制火也，酒性上而咸润下也，又畏枳椇葛花、赤豆花、绿石粉者，寒胜热也。”

李时珍对烧酒另立一项，专作论述。烧酒，又称火酒、阿剌吉酒。他在《本草纲目》中说：“烧酒非古法也。自元时始创其法，用浓酒和糟入甑，蒸令气上，用器承取滴露。凡酸坏之酒，皆可蒸烧。近时惟以糯米或粳米或黍或大麦蒸熟，以甑蒸取。其清如水，味极浓烈，盖酒露也。辛、甘、大热、有大毒。过饮败胃伤胆，丧心损寿，甚则黑肠腐胃而死。与姜、蒜、同食，令人生痔。盐、冷水、绿豆粉解其毒。”烧酒主治：“消冷积寒气，燥湿痰，开郁结，止水泄，治霍乱疟疾噎膈，心腹冷痛，阴毒欲死，杀虫辟瘴，利小便，坚大便，洗赤目肿痛，有效。”“烧酒，纯阳毒物也。面有细花者为真。与火同性，得火即燃，同乎焰消。北人四时饮之，南人止暑月饮之。”

《本草纲目》在酒的附方栏中记述了16个附方。例如在附方中记述：“惊怖卒死，温酒灌之即醒；蛇咬成疮，暖酒淋洗疮上，日三次；产后血闷，清酒一升，和生是黄汁煎服；丈夫脚冷，不随，有能行者，用淳酒三斗，水三斗，入翁中，灰火温之，渍脚至膝。常着灰火，勿令冷，三日止。”

李时珍又在该目的“附诸药酒方”中，详细记述了69种药方。例如：女贞皮酒、天门冬酒、地黄酒、当归酒、菖蒲酒、人参酒、菊花酒、麻仁酒、虎骨酒、鹿茸酒、蝮蛇酒、五加皮酒、白杨皮酒、愈疟酒、屠苏酒等。对上述各种药酒的功能、治法，记述颇详。例如：“愈疟酒：治诸疟疾，频频温而饮之；屠苏酒：元旦饮之，辟疫疠一切不正之气；五加皮酒：去一切风湿痿痹，壮筋骨，填精髓。用五加皮洗刮去骨煎汁，和米酿成，饮之；白杨皮酒：治风毒脚气，腹中痰痹如石。以白杨皮切片，浸酒起饮。蝮蛇酒：治恶疮诸瘘，恶风顽痹癫疾。取活蝮蛇一条，同醇酒一斗，封埋马溺之处，周年取出，蛇已消化，每服数杯，当身体习习而愈之。”由此看出，伟大的药物学家李时珍，对酒的研究是如此的深透，明了酒在药物中的重要地位。

明朝对酒的科学利用与精辟阐述，证明了酒的酿造与饮用在明代是深得其势，发挥了最大的效用。

清统治者先后颁布了“除贱为良”和禁止“庄佃为仆”文告，在一定程度上调动了农民、手工业者的积极性，促进生产的发展和经济的繁荣。在农业方面，不但粮食产量有了较大的提高，而且桑茶、棉花、烟草等经济作物也有很大发展。手工业的规模日渐扩大，商业货物流通快畅。各省及大城市处处相通，不舍昼夜。酒业当然也是如此。

当然，随着社会的进步，生产力的提高，人民生活的需求增大，酒的酿造科技也进一步提高，逐渐由手工作坊到大规模生产，进入工业化、程式化生产，到现代电子产品的导入，有的厂家从选料配方、制作工艺、调制，都进入电控程式化，除大大地解放了劳动力，减轻劳动强度外，缩短了新品种的开发与研究时间，关键是提高了酒质的稳定性，提高了产量，创造了更好的经济与社会效益，科学技术真正转化为生产力，更好地发挥了酒在社会生产中的积极作用与效应。

第三章　古酿酒术一窥

齐民要术（节选）（北魏·贾思勰）

【原文】又造神曲法：其麦蒸、炒、生三种齐等，与前同；但无复阡陌、酒脯、汤饼、祭曲王及童子手团之事矣。

预前事麦三种，合和细磨之。七月上寅日作曲。溲欲刚，捣欲精细，作熟。饼用圆铁范，令径五寸，厚一寸五分，于平板上，令壮士熟踏之。以杙刺作孔。

净扫东向开户屋，布曲饼于地，闭塞窗户，密泥缝隙，勿令通风。满七日翻之，二七日聚之，皆还密泥。三七日出外，日中曝令燥，曲成矣。任意举、阁，亦不用瓮盛。瓮盛者则曲乌肠，乌肠者，绕孔黑烂。若欲多作者任人耳，但须三麦齐等，不以三石为限。

此曲一斗，杀米三石；笨曲一斗，杀米六斗：省费悬绝如此。用七月七日焦麦曲及春酒曲，皆笨曲法。

【译文】造神曲的方法：蒸熟的、炒熟的和生的麦子分量相同，制作方法与前面所说的方法相同，只是不必有阡陌、酒脯、汤饼、祭祀曲王以及小孩用手团面等事。

事先准备好三种麦子，搅和在一起磨细。选择七月份的第一个寅日作曲。作曲时，水要少放，搓捣要细密，作得很熟。然后用圆形的铁模制成曲饼，曲饼有五寸长，一寸五分厚，再放到平板上，要强壮的男人去踏熟，然后用棒子在中间穿一个小孔。

选一间东面开门的房子打扫干净，将曲饼摆在地上，紧闭门窗，密封缝隙，不能透风。七天后将饼翻过来，又过七天将饼堆积起来，还是要用泥将房子密封起来。再过七天才拿出去放到太阳下晒干，曲就做成了。这种曲饼可以随意放在高处，不必用瓮来装。如果用瓮装，曲饼就会“乌肠”。“乌肠”是指中心穿孔的四周变黑发烂。如果有人想多作可以随意，只要做到三种麦子数量相等，完全不必一定是三石。

这种神曲，一斗要消融三石米；而普通的笨曲，一斗仅仅消融六斗米；节省和耗费如此悬殊。七月七日造的焦麦曲同酒曲和普通笨酒的作法一样。

【原文】 造神曲黍米酒方：细锉曲，燥曝之。曲一斗，水九斗，米三石。须多作者，率以此加之。其瓮大小任人耳。桑欲落时作，可得周年停。初下用米一石，次酘五斗，又四斗，又三斗，以渐待米消即酘，无令势不相及。味足沸定为熟。气味虽正，沸未息者，曲势未尽，宜更酘之；不酘则酒味苦、薄矣。得所者，酒味轻香，实胜凡曲。初酿此酒者，率多伤薄，何者？犹以凡曲之意忖度之，盖用米既少，曲势未尽故也，所以伤薄耳。不得令鸡狗见。所以专取桑落时作者，黍必令极冷也。

【译文】 造神曲黍米酒方法：将神曲饼切细晒干。一斗曲加九斗水，配三石米，如果需要多作，可以按照这个比例再加。酒瓮的大小也可随便。桑树快要落叶时开始酿酒，酒可以停放一周年。初次下一石米，第二次下五斗米，第三次又放四斗，最后再放三斗。要看米消融完了才放米，不要让所投的米赶不上曲的消融能力。酒味足够时，就不再鼓泡，酒也就酿成了。酒的气味虽然纯正，但如果还在鼓气泡，说明曲势还没耗尽，应该再放些米，否则酒味就会苦，就会淡。这样得到的酒，味道清爽芳香，的确胜过普通曲酒。初次酿造这种酒的人酿的酒往往酒味不浓，为什么呢？这是因为他们还按普通曲的原理估计它，结果投放的米太少，曲的力量还没有全部发挥完，酒味就太淡了。酿造这种酒时不要让鸡和狗看见。之所以专门选择桑树落叶时酿酒，是因为酿酒用的黍米饭要很冷。

【原文】 又神曲法：以七月上寅日造。不得令鸡狗见及食。看麦多少，分为三分：蒸、炒二分正等；其生者一分，一石上加一斗半。各细磨，和之。溲时微令刚，足手熟揉为佳。使童男小儿饼之，广三寸，厚二寸。须西厢东向开户屋中，净扫地，地上布曲：十字立巷，令通人行；四角各造“曲奴”一枚。讫，泥户勿令泄气。七日开户翻曲，还塞户。二七日聚，又塞之。三七日出之。作酒时，治曲如常法，细锉为佳。

造酒法：用黍米二斛，神曲一斗，水八斗。初下米五斗，米必令五六十遍淘之。第二酘七斗米。三酘八斗米。满二石米以外，任意斟裁。然要须米微多，米少酒则不佳。冷暖之法，悉如常酿，要在精细也。

神曲粳米醪法：春月酿之。燥曲一斗，用水七斗，粳米两石四斗。浸曲发如鱼眼汤。净淘米八斗，炊作饭，舒令极冷。以毛袋漉去曲滓，又以绢滤曲汁于瓮中，即酘饭。候米消，又酘八斗；消尽，又酘八斗。凡三酘，毕。若犹苦者，更以二斗酘之。此酒合醅饮之可也。

【译文】 另有一种造神曲法：在农历七月的第一个“寅日”制作，注意不能让鸡、狗看见或吃到。根据麦子的多少分成三份：蒸熟和炒熟的两份数量相等；生的一份，与蒸炒的两份相比，每一石要再加上一斗半。三份分开磨细，混合在一起。和水时要稍微硬一点，最好是尽快揉熟。让小男孩做成饼子，每个三寸宽、两寸厚。选择西厢房东面开门的屋子，将地打扫干净，把曲饼摆在地上：中间留一个十字通道，使人能够通行；屋子四角各制作一个“曲奴”。布置完后，将门用泥密封，不让它透气。七天后开门翻动曲饼，出来又把门封住。又过七天，将曲饼堆积起来，出来还是要把门封住。再过七天才把它拿出来。酿酒时，按通常的方法准备好，切得越细越好。

酿酒的方法：使用黍米两斛、神曲一斗，水八斗。初次投放五斗米，米一定要经过五六十遍的淘洗。第二次投放七斗米。第三次投放八斗米。投满两石米后，可以酌情投放。但是米一定要稍微多一点，米放的太少，酒的味道就不好。温度调设的情况和平常酿酒相同，关键在于精心细致。

用神曲酿粳米醪酒的方法：春天酿造。一斗热曲配七斗水，两石四斗粳米。先将曲浸泡到鼓鱼眼大小的泡的时候。将八斗米淘洗干净作成饭，摊开让它冷却。用袋子过滤去神曲渣，再用生绢将神曲汁过滤到瓮里，然后将饭倒进去。等米消融后，再放八斗米，消融后，又放入斗米。总共投入三次，如果酒味不好，就再投放米。这种酒可以和未滤的酒一起饮用。

【原文】 又作神曲方：以七月中旬以前作曲为上时，亦不必要须寅日；二十日以后作者，曲渐弱。凡屋皆得作，亦不必要须东向开户草屋也。大率小麦生、炒、蒸三种等分，曝蒸者令干，三种合和，碓⿰白市。净簸择，细磨。罗取麸，更重磨，唯细为良，粗则不好。锉胡菜，煮三沸汤。待冷，接取清者，溲曲。以相著为限，大都欲小刚，勿令太泽。捣令可团便止，亦不必满千杵。以手团之，大小厚薄如蒸饼剂，令下微浥浥。刺作孔。丈夫妇人皆团之，不必须童男。

其屋，预前数日著猫，塞鼠窟，泥壁，令净扫地。布曲饼于地上，作行伍，勿令相逼，当中十字通阡陌，使容人行。作“曲王”五人，置之于四方及中央：中央者面南，四方者面皆向内。酒脯祭与不祭，亦相似，今从省。

布曲讫，闭户密泥之，勿使漏气。一七日，开户翻曲，还著本处，泥闭如初。二七日聚之：若止三石麦曲者，但作一聚，多则分为两三聚；泥闭如初。三七日，以麻绳穿之，五十饼为一贯，悬著户内，开户，勿令见日。五日后，出著外许悬之。昼日晒，夜受露霜，不须覆盖。久停亦尔，但不用被雨。此曲得三年停，陈者弥好。

【译文】 还有一种制神曲的方法：七月中旬以前制曲都是好时候，不一定要是“寅日”。七月二十日以后制的曲，功效就逐渐变弱了。也不一定要门户向东开的房屋，一般房屋都可以来制曲。大致比例是，生、炒、蒸三种小麦等量，蒸熟的那份在太阳下晒干，然后将三种混合一起，用簸选择干净，然后磨细。用罗筛把麸子筛去，再重新磨，总之磨得愈细愈好，太粗了酒就酿不好。把胡叶切细，煮成三沸，等水冷后，舀取上面清水，和面作曲。只要能粘着在一起就行了，一般都要求稍微硬一点，不能太湿。再捣成团就停止，也不必捣满一千杵。用手将它揉成团，团的大小厚薄和馒头差不多，要让每团曲下面都稍微有点湿。然后中间扎一个孔。男人女人都可以团曲，不必都须小男孩。

放曲的房屋，提前几天就先把猫放进去，将老鼠洞堵住，把墙壁用泥涂一遍，把地打扫干净。然后，把曲饼一个个放置地上，排成队伍形状，不要挨得太紧，中间留一个十字通道，让人通行。安置“曲王”五个，在四方和中央。放置中央的面向南，其余四方的面都向内。用酒脯祭祀与不祭祀，结果都一样，现在一般从简。

放置完曲饼，关上门用泥密封，不让它透气。七天后，开门将曲饼翻个，仍放在原来的位置，再用泥封门。第二个七天后，将曲饼堆积起来；如果只有三石麦曲，就只要堆一堆；如果很多，就要堆成两堆或三堆，再用泥封门。第三个七天后，用麻绳把曲饼串起来。每五十个饼穿成一串，挂在屋子里，把门打开，但不要见到太阳。五天后，再拿出来挂在外面。让它经受日晒霜露，不用覆盖，但不能淋雨。这神曲，久放一段时间也可以，可以放至三年或更久，而且愈陈效果愈好。

【原文】 神曲酒方：净扫刷曲令净，有土处，刀削去，必使极净。反斧背椎破，令大小如枣、栗；斧刃则杀小。用故纸糊席，曝之。夜乃勿收，令受霜露。风、阴则收之，恐土污及雨润故也。若急须者，曲干则得；从容者，经二十日许受霜露，弥令酒香。曲必须干，润湿则酒恶。

春秋二时酿者，皆得过夏；然桑落时作者，乃胜于春。桑落时稍冷，初浸曲，与春同；及下酿，则茹瓮——止取微暖，勿太厚，太厚则伤热。春则不须，置瓮于砖上。

秋以九月九日或十九日收水，春以正月十五日，或以晦日，及二月二日收水，当日即浸曲。此四日为上时，余日非不得作，恐不耐久。收水法，河水第一好；远河者取极甘井水，小咸则不佳。

【译文】 另一种制神曲的方法：用刷子把曲饼刷干净，曲饼上有土的地方，用刀削掉，一定要收拾得非常干净。把斧子翻转将曲砸碎，砸成一个个大小如枣栗的碎块；然后用斧刃将它们砍小。然后放到用旧纸糊的席子上晒。晚上也不要收回来，让曲块受霜露。刮风阴雨时还是要收进来，否则曲会变脏或被淋雨。如果急用，曲块晒干就可以用。如不急用，可以让它经受一二十天的霜露，这样，制出的酒会更加芳香。曲块必须干燥，否则酿出的酒质量很差。

春、秋两季酿的酒，都可以过夏，但桑叶坠落时酿的酒比春天酿的酒要好。桑叶落时气候渐渐变冷，开始浸曲时，初次浸的方法和春酿一样，只是等到下酿的时候要用草把瓮包起来——只要稍微带点温度就行了，不要盖草太厚，太厚了会热坏的。春天就不需要包，只要把瓮放在砖地上就可以了。

秋天，在农历九月九日或十九日收汲取浸曲的水。春天，要在正月十五日，或月底，或二月二日汲水，当天汲水当天就浸曲。以上这几日为汲水的最好时候，其他日子汲水也可以，只是怕酿出的酒存放不了多久。汲水的原则，河水第一好，离河远的，可用极甜的井水，如果有咸味就不好了。

【原文】 渍曲法：春十日或十五日，秋十五或二十日。所以尔者，寒暖有早晚故也。但候曲香沫起，便下酿。过久曲生衣，则为失候；失候则酒重钝，不复轻香。

米必细，净淘三十许遍；若淘米不净，则酒色重浊。大率曲一斗，春用水八斗，秋用水七斗；秋杀米三石，春杀米四石。初下酿，用黍米四斗，再馏弱炊，必令均熟，匀使坚刚、生减也。于席上摊黍饭令极冷，贮出曲汁，于盆中调和，以手搦破之，无块，然后内瓮中。春以两重布覆，秋于布上加毡，若值天寒，亦可加草。一宿、再宿，候米消，更酘六斗。第三酘用米或七八斗。第四、第五、第六酘，用米多少，皆候曲势强弱加减之，亦无定法。或再宿一酘，三宿一酘，无定准，惟须消化乃酘之。每酘皆挹取瓮中汁调和之，仅得和黍破块而已，不尽贮出。每酘即以酒把遍搅令均调，然后盖瓮。

虽言春秋二时杀米三石、四石，然要须善候曲势：曲势未穷，米犹消化者，便加米，唯多为良。世人云："米过酒甜。"此乃不解法候。酒冷沸止，米有不消者，便是曲势尽。

酒若熟矣，押出，清澄。竟夏直以单布覆瓮口，斩席盖布上，慎勿瓮泥；瓮泥封交即酢坏。

冬亦得酿，但不及春秋耳。冬酿者，必须厚茹瓮、覆盖。初下酿，则黍小暖下之。一发之后，重酘时，还摊黍使冷--酒发极暖，重酿暖黍，亦酢矣。

其大瓮多酿者，依法倍加之。其糠、沈杂用，一切无忌。

【译文】 酿造清酒的方法：春季，浸泡十天或十五天；秋季则十五天或二十天。这是因为天气冷暖有早晚不同的原故。只要等到酒曲发出芳香开始冒泡，就可以下酿了。时间过得太久，酒曲就会产生一层膜，那就错过了时机；错过时机，酒的味道就会重浊，而不再清香。

用来酿酒的米必须舂得极细，并且要淘洗三十多遍到非常洁净。如果米淘不净，酒的颜色就会浑浊不清，大致比例是，曲一斗，春用水八斗，秋用水七斗。秋季消耗三石米，春季消耗四石米。初次下米用黍米四斗，黍米做成的饭要蒸得软并馏两次，要受热均匀。把这种熟黍饭在席上摊开，让它完全冷却。然后再和瓮里取出的曲汁一起放到盆里调和，用手捏碎，直到没有块状物时再放到瓮里。春天在瓮上盖两层布，秋天布上再加盖毡，如果天气寒冷，再加盖草席。经过一夜，两夜，等米消融后，再投入六斗黍米饭。第三次，再投七斗或八斗。到第四、第五、第六次，要根据曲的力量确定用米的多少，没有定规，只须等米消融完了就可以加米。每次投放时，都要将黍饭和从瓮中舀出的汁调和在一起，只要能将黍饭弄碎调和就可以了，不必把所有的汁都舀出来。投放时，要搅拌调匀，然后把瓮盖好。

虽然说春秋两季各需耗米三石、四石，但也要仔细审看曲势后确定：酒的酵力还没发挥完，米还在消融时，就可以再加米，米多了酒质好。平常人说："米过量了酒发甜。"这是不了解酒的酿造方法。瓮中的酒液凉了不再起泡，米还没有消融，这说明曲的效力已经发挥完了。

酒酿熟后，将酒水压出来，澄清。整个夏天只需用单层布盖住瓮口，再截一片席子盖在布上。注意不能用泥封瓮口，否则到夏天酒会变酸变坏。

冬季也可酿酒，只是效果不如春秋好。冬天酿酒时，必须将瓮厚厚地包裹住，瓮口也要厚厚地覆盖住。初次下酿，要将黍米饭稍稍加热一下再放进去。酒开始发酵后，再次投放时，还是要将黍米饭摊开冷却。酒发酵后会变得很热，如果再放加热的黍米饭，酿成的酒也会变酸。

如果用大瓮酿制很多酒，按照这个比例加倍放就行了。酿酒剩的汤和糠可以任意使用，没有什么忌讳。

【原文】 河东神曲方：七月初治麦，七日作曲。七日未得作者，七月二十日前亦得。麦一石者，六斗炒，三斗蒸，一斗生，细磨之。桑叶五分，苍耳一分，艾一分，茱萸一分——若无茱萸，野蓼亦得用——合煮取汁，令如酒色。漉去滓，待冷，以和曲，勿令太泽。捣千杵。饼如凡饼，方范作之。

【译文】 制河东神曲的方法：七月初开始准备好麦子，初七开始造曲。初七没来得及造曲的，七月二十日前都可以制作。如果用麦子一石作曲，就取六斗炒黄，三斗蒸熟，留一斗生的，磨成细面。按照五分桑、一分苍耳、一分艾草、一分茱萸的比例，混合在一起，熬成汁，使它的颜色和酒一样。滤去渣滓，等它冷却，用来和曲。注意曲不要和得太湿。和好后，捣一千杵，作成的曲饼和一般的饼一样，用方形模子压制而成。

【原文】 卧曲法：先以䴸布地，然后著曲讫，又以麦䴸覆之。多作者，可以用箔、槌，如养蚕法。覆讫。闭户。七日，翻曲，还以䴸覆之。二七日，聚曲，亦还覆之。三七日，瓮盛。后经七日，然后出曝之。

造酒法：用黍米。曲一斗，杀米一石。秫米令酒薄，不任事。治曲必使表里、四畔、孔内，悉皆净削，然后细锉，令如枣、栗。曝使极干。一斗曲，用水二斗五升。

十月桑落初冻则收水酿者为上时。春酒正月晦日收水为中时。春酒，河南地暖，二月作；河北地寒，三月作；大率用清明节前后耳。初冻后，尽年暮，水脉既定，收取则用；其春酒及余月，皆须煮水为五沸汤，待冷浸曲，不然则动。十月初冻尚暖，未须茹瓮；十一月、十二月，须黍穰茹之。

【译文】 制卧曲的方法：先把麦杆铺在地上，然后放曲，再用麦杆盖上。作得多的，可以象养蚕一样，采用架子安放筐匾的方法。盖完麦秆后，把门关起来。七天后，翻动曲饼，过后还是用麦杆覆盖。再过七天，把曲聚成堆积起来，还用麦杆覆盖。到第三个七天后，将曲装到瓮里。再经过七天，把曲拿出去晒干。

酿酒的方法：用黍米酿酒。曲一斗能消融米一石。高粱酿成的酒味道很淡，不管用。整治曲饼时，一定要使曲的表面、里面、四周、孔内全洗削干净，然后切碎，大小如枣和栗子般小块。放太阳下晒到非常干。一斗曲，配水二斗五升。

农历十月桑叶坠落水刚开始出现冰冻时，汲水酿酒，时机最好。春酒，正月三十日汲水，是中等时机。春酒，黄河以南天气温和，可在二月份酿制；黄河以北，天气寒冷，要推迟到三月份酿制。一般都到清明节前才酿酒。从初次冰冻直到年底，水质稳定，汲来的水立即就可以酿酒。酿制春酒，或在其余月份酿酒，都需要将水煮开五次，等水冷却后再浸泡酒曲，否则酒就会变酸变坏。十月份初次结冰，天气还比较暖，不必用草将瓮裹住，到十一、十二月，瓮就必须用黍杆裹起来。

【原文】浸曲，冬十月，春七日，候曲发，气香沫起，便酿。隆冬寒厉，虽日茹瓮，曲汁犹冻，临下酿时，宜漉出冻凌，于釜中融之——取液而已，不得令热。凌液尽，还泻著瓮中，然后下黍，不尔则伤冷。假令瓮受五石米者，初下酿，止用米一石。淘米须极净，水清乃止。炊为饙，下著空瓮中，以釜中炊汤，及热沃之，令饙上水深一寸余便止。以盆合头。良久水尽，饙极熟软，便于席上摊之使冷。贮汁于盆中，搦黍令破，泻著瓮中，复以酒杷搅之。每酘皆然。唯十一月、十二月天寒水冻，黍须人体暖下之；桑落、春酒，悉皆冷下，初冷下者，酘亦冷；初暖下者，酘亦暖；不得回易冷热相杂。次酘八斗，次酘七斗，皆须候曲蘖强弱增减耳，亦无定数。

大率中分米：半前作沃饙，半后作再馏黍。纯作沃饙，酒便钝；再留黍，酒便轻香：是以须中半耳。

冬酿六七酘，春作八九酘。冬欲温暖，春欲清冽。酘米太多则伤热，不能久。春以单布覆瓮，冬用荐盖之。冬，初下酿时，以炭火掷著瓮中，拔刀横于瓮上。酒熟乃去之。冬酿十五日熟，春酿十日熟。

至五月中，瓮别碗盛，于日中炙之，好者不动，恶者色变。色变者宜先饮，好者留过夏。但合醅停须臾便押出，还得与桑落时相接。地窖著酒，令酒土气，唯连檐草屋中居之为佳。瓦屋亦热。作曲、浸曲、炊、酿，一切悉用河水。无手力之家，乃用甘井水耳。

《淮南万毕术》曰："酒薄复厚，渍以莞蒲。"（断蒲渍酒中，有顷出之，酒则厚矣）。

凡冬月酿酒，中冷不发者，以瓦瓶盛热汤，坚塞口，又于釜汤中煮瓶，令极热，引出，著酒瓮中，须臾即发。

【译文】制曲酒：冬季需要十天，春季需要七天。等到曲发酵，气味芳香，开始冒泡时，就可以下酿了。隆冬时节，天气特别寒冷时，虽然每天用草覆瓮，酒曲汁仍会结冻，临下酿的时候，应该先滤出冰块，放到锅里加温融化掉，只需融成液体，不得让它变热。冰块全部融化成液体后，再倒回瓮里，然后再放入黍米饭，否则会被冻坏。假如瓮能容纳五石米，初次只下一石。米一定要淘洗极净，直到淘的水清了才行。将米煮一下，放进空瓮里，用锅里蒸饭剩下的沸水，趁热浇下，水盖过饭一寸多一点就可以了。用盆盖住瓮口。过了很久，水被吸干了，饭也变得熟软了，于是再把饭摊到席子上冷却。这时，把曲汁舀到盆里，再把饭倒入，用手将饭块捏碎，与曲汁混合，再一起倒进瓮里，再用酒杷搅匀。每次浸饭都要这样。只有在十一月和十二月天寒地冻时，才将黍米饭加温到和人体温一样，然后投放。初次投放的是冷饭，以后投放的都是冷饭；初次投放的是热饭，以后投放的也都是热饭。两种饭不能交错，使冷热相混杂。第二次是投放八斗还是投放七斗，要根据酒曲的功效的强弱来决定是增还是减，没有一定的标准。

一般情况是把米分成两斗，前一半作泡熟的饭，后一半作蒸熟的饭。全用泡熟的饭酿酒，酒味重浊，如果加上一半蒸过两次的饭，酒味就会清爽芳香。因此需要将米分成两等分。

冬季酿酒，先后要投放六七次，春季须八九次。冬天要保持温暖，春天要保持清凉。投放的米太多就会热坏，做出的酒不能久存。春天用单布覆盖瓮口，冬天用草荐覆盖瓮口。冬天初次下酿时，将炭火丢到瓮里，抽刀横搁在瓮上，等酒熟了才拿出。冬天酿酒十五天成熟，春天酿酒十天成熟。

至五月中旬，从每一只瓮里分别盛出一碗酒，在太阳下晒，好酒无变化，坏酒变颜色。变色的酒应该先喝，好酒可以存放过夏。贮存时，和酒糟拌合在一起，饮用时再将酒汁压出，这样将酒留到与落桑时酒相接。用地窖存酒，酒会沾上泥土气，只有存在茅屋中的酒味道才最好，用瓦屋贮酒会太热。作曲、浸曲、煮饭、下酿都要用河里的水。只有人手不够时才用甘甜的井水。

《淮南万毕术》说：“要想使淡酒味变浓，可以将蒲苇浸泡到酒里。”（摘取蒲草浸到酒里，过一会取出蒲草，淡酒就变浓了。）

冬天酿酒，受冷不发酵时，可以用瓦瓶装满热水，塞住瓶口，或者将瓶放到锅中煮得滚烫，然后取出来放到酒瓮中，没多久就会发酵。

北山酒经（宋·朱肱）

【原文】 酒之作，尚矣。仪狄作酒醪，杜康作秫酒，岂以善酿得名？盖抑始终于此！

酒味甘辛，大热有毒，虽可忘忧，复能作疾，所谓腐肠烂胃、浸髓、蒸筋。而刘词《养生论》：酒所以醉人者，曲蘖之气故尔。曲蘖之气，消化为水。昔先王诰庶帮庶士，无彝酒，又曰：祀兹酒，言天之命，民作酒，惟祀而已。六彝有舟，所以戒其覆；六尊有罍，所以戒其淫。陶侃剧饮，亦自制其限。后世以酒为浆，不醉反耻。岂知百味之长，黄帝所以治疾耶？大晋人嗜酒，孔群作书与族人曰：今得秫七百斛，不了曲蘖事；王忱三日不饮酒，觉形神不复相亲。至于刘、殷、嵇、阮之徒，尤不可一日无此，要之，酣放自肆，托于曲蘖，以逃世网，未必真得酒中趣尔。古之所谓得全于酒者，正不如是。是知狂药自有妙理，岂特洗其磊块邪！五斗先生弃官而归，耕于东皋之野，浪身醉乡，没身不返，以谓结绳之政已薄矣。虽黄帝华胥之游，殆未有以过之。由是观之，酒之境界，岂铺饮者所能与哉！儒学之士如韩愈者，犹不足以知此，返悲醉乡之徒为不遇。大哉，酒之于世也！礼天地，事鬼神，射乡之饮，鹿鸣之歌，宾主百拜，左右秩秩，上至缙绅，下逮闾里，诗人墨客，渔夫樵父，无一可以缺此。投闲自放、怀襟露腹，便酣然卧于江湖之上；扶头解醒，忽而睡醒，虽道术之士，炼阳消阴，饥肠如筋，而熟谷之液，亦不能去，惟胡人禅律，以此为戒。恐至于濡首败兴，失理伤生，往往屏爵弃卮，焚罍折榼，终身不复知其味者。酒复何过邪？平居无事，汙樽斗酒，发狂荡之思，助江湖之兴，亦未足以知曲蘖之力、稻米之功。至于流离放逐，秋声暮雨，朝登糟丘，暮游曲封，御魑魅于烟岚，转炎荒为净土，酒之功力，其近于道耶。与酒游者，死生惊惧交于前而不知，视穷泰违顺特戏事尔！彼饥饿其身，焦劳其思，牛衣发儿女之感，泽客现可怜之色，又乌足以议此哉！鸱夷丈人，以酒为名，含垢受侮，与世浮沉。而彼骚人，高自标持，分别黑白，且不足于全身远害，犹以为惟我独醒。善乎，酒之移人也！

【译文】 酒的发明很久了。仪狄造酒醪，少康作怵酒，他们都因善酿酒而闻名，酒大概就是这时开始酿造的。

酒味甘辛、带热性，致毒。虽然它可以醉人忘忧，但也能致病，像人常说的腐肠、烂胃、溃髓、蒸筋。刘训的《养生论》说，酒能醉人的原因，在于它的酒母发酵之气，酒母气消，就变成水。从前周文王发布诰令，不许臣民饮酒。又命令说，只有祭祀才能用酒。求上天降福，我们只有祀天时才用酒。古时六种青铜礼器中有作舟形的，就是警告人们防止因饮酒而翻船坏事；六种酒器中有口小的壶，就是用来控制人们饮酒不要过度。晋代陶侃喜欢酣饮，但也自我限量。后来人们把酒当汤，倘不喝醉反而感到无酒量，羞愧。哪里知道酒为百药之首，黄帝仅仅是用它来治病的。一般，晋人喜欢纵酒。孔群写信给族人："今年收获秫米七百斛（古容量单位，十斗或五斗为一斛），还不够做酒母用。"王忱三天不喝酒，便觉得身体和精神两相分离。至于刘伶、殷浩、稽康、阮籍等人，尤其不可以一日不饮酒。要而言之，他们放纵饮酒，是借醉酒逃避时世之网，未必真正得到了饮酒的趣味。古时所谓识得酒的全部兴味的，就不是这样。可知酒这"狂药"本身的妙理，并不在于它能浇人胸中忧烦。唐·王绩自号五斗先生，辞官归去，耕作于东皋之野，浪游醉乡，身死不归。认为尧舜的结绳之治已经浅薄，就是黄帝梦游华胥园，也比不上他彻底。由此可知，酒的境界不是那些只知喝酒的酒徒所能认识的或达到的。至于儒学之士韩愈之辈，更不识酒的真趣，反而悲叹长在醉乡之为人不得志的表现。伟大呵，酒之对于人世。礼天地，祀鬼神，乡民畅饮，宴请嘉宾，宾主互敬。上至高官贵人，下及普通百姓，诗人墨客，渔夫樵妇，没有一人可以缺少酒。追求闲情，放松自我，撩起衣襟，坦露肚皮，酣睡在山河湖川之上，头痛还强行饮酒以去酒病，忽然清醒。就是学道之人，不食五谷，饿得肠子细得像个筷子，但都离不开用谷酿成的液体——酒。只有国外佛教徒方制律戒酒，只怕人饮酒过度丧失本性，失去理智，伤害身体，所以往往扔掉酒器，毁坏酒具，终生不再知酒的滋味。但酒本身有什么过失呢？平日生活没有故事，狂饮滥饮，胡思乱想虽一时有慷慨激昂，增加游览河山的兴味，但这并不能完全显示酒的功力。念及粮食的功劳，等到生活有了变故，比如被逐流放，在苍凉的秋声暮雨里，这时，早晚都有酒酣饮，有心抵御瘴疠之地的鬼怪，把荒蛮之地转化成圣洁的净土，这时酒的功力，岂不是接近于道了吗？与酒为友的人，死生惊惧出现在眼前而不知，他看待穷困、发达、逆时、顺达只是一场戏罢了。那种为发达忍饥挨饿、劳神焦虑，对着布衣发出儿女之悲，行吟泽畔露出可怜神色的人，又怎能和他们谈论酒的趣味呢？范蠡以酒为命，含垢受辱，与世沉浮。而那些骚人高士，明辨黑白，但不会保全自身、远避祸害，还算什么唯我独醒呢。

【原文】 惨舒阴阳，平治险阻。刚愎者薰然而慈仁；懦弱者感慨而激烈。陵轹王公，玩弄妻妾，滑稽不穷，斟酌自如，识量之高，风味之微，足以还浅薄而发猥琐，岂特此哉？夙夜在公，岂乐饮酒？鱼藻酌以大斗，行苇不醉无归。湛露君臣相遇，播于声诗，亦未足以语太平之盛。至于黎民休息，日月饮食，祝史无永，神其醉止，斯可谓至德之世矣。然则伯伦之颂德，乐天之论功，盖未必有以形容之夫。其道深远，非冥搜不足以发其义；其术精微，非三昧不足以善其事。昔唐逸人追述焦革酒法，立祠配享；又采自古以来善酒者以为谱，虽其书脱略卑陋，闻者垂涎；酣适之言，诵而心醉，非酒之董狐，其孰能为之哉？

【译文】 酒可以改变人的性情心境，就像晴天使人心舒、阴天使人凄凉那样，酒也能增添豪情、蔑视困难、踏平险阻。刚愎强悍的人饮了酒会变得温和仁慈而虚心听取不同的意见，懦弱的人饮了酒会变得慷慨激昂激情满怀。喝足了酒，敢于睨视王公贵族，更会戏弄挑逗妻妾，洋相百出不穷，斟酌自如。这种胆量胆识、微妙的风雅趣味，足以使人摆脱俗见、去掉卑微猥琐。岂止如此，还能如《诗经》所记述的那样，君王整夜在王宫、酒楼与王公大臣饮酒作乐，大瓢大盏痛饮，一醉方休，不喝得酒酣不会归去。君臣际会的融洽欢乐，都因饮酒而传播在音乐、诗赋里，但这些还不足以表现太平盛世。至于到百姓黎民人人休养生息，日用饮食都不缺乏，史官们无事可记，天下太平，人人都像喝醉酒一样神态悠然，这才算是至德之世。酒有这么大的魅力与作用，那么刘伶颂酒之德，白居易歌酒之功，也未必能形容得完全。酒的内涵太丰富太深远了，不深入追求是发掘不出它的意义的；酒的技术太精微了，若不懂酒的三昧真谛，就不能把酒酿好。从前唐代隐逸王绩追记焦革的酿酒法，并立祠祭拜纪念，又摘录自古以来善酿酒的人的经验为酒谱，虽然其书粗略简陋，但听到的人都垂涎欲得。饮酒酣乐的酒徒们，口里念着酒经，心里就悠然而醉。他如不是酒中的像晋·董狐一样的良史，又有谁能写得出如此华章？

【原文】 昔人有齐中酒、听事酒、猥酒，虽均以曲蘖为之，而有圣有贤，清浊不同。《周礼·天官·酒正》以式法授酒材，辨五齐之名、三酒之物。岁中以酒式诛赏。《月令》乃命大酋（音缩。大酋，酒之官长也），秫稻必齐，曲蘖必时，湛饎必洁、水泉必香，陶器必良，火齐必得，六者尽善，更得醯浆，则酒人之事过半矣！《周礼·天官·浆人》："掌供王之六饮：水、浆、醴、凉、医、酏入于酒府。”而浆最为先。

古语有云：空桑秽饭，酝以稷麦，以成醇醪，酒之始也。《说文》：“酒白谓之馊，馊者，坏饭也。馊者，老也，饭老即坏，饭不坏则酒不甜。又曰乌梅又鹺，甜醹九投，澄清百品，酒之终也。曲之于黍，犹铅之于汞，阴阳相制，变化自然。《春秋纬》曰：“麦，阴也，黍，阳也。先渍曲而投黍，是阳得阴而沸。”后世曲有用药者，所以治疾也。曲用豆亦佳。神农氏赤小豆饮汁愈酒病。酒有热，得豆为良，但硬薄少蕴藉耳。古者，醴酒在室，醍酒在堂，澄酒在下。而酒以醇厚为上。饮家需察麦性陈新、天气冷暖。春夏黍性新软，则先汤而后米，酒人谓之倒汤。秋冬时黍性陈硬，则先米而后汤，酒人谓之正汤。酝酿须酴米偷酸（《说文》：酴，音途，谓酒母也）。酘醹偷甜，浙人不善偷酸，所以酒熟入灰；北人不善偷甜，所以饮多令人膈上懊憹。桓公所谓“青州从事”、“平原督邮”者，此也。酒甘易酿，味辛难酝。《释名》：酒者，酉也。酉者，阴也。酉用事而为收也，收者，甘也。卯用而为散，散者，辛也。酒之名以甘辛为义。金木间隔，以土为媒，自酸之甘，自甘之辛，而酒成焉（酴米所以要酸也，酘醹所以要甜也）。所谓以土之甘，合水作酸，以木之酸，合土作辛，然后知酘者所以作辛也。《说文》：酘者，再酿也。张华有九酝酒。《齐民要术》：桑落酒有六七酘者。酒以酘多为善，要在曲力相及；醹酒所以有韵者，亦以其再酘故也。过度亦多术，尤忌见日。若太阳出，即酒多不中。后魏贾思勰亦以夜半蒸炊，昧旦下酿，所谓以阴制阳，其义如此。著水无多少，拦和黍麦，以匀为度。张籍诗：“酿酒爱干和。”即今人不入定酒也。晋人谓之干榨酒，大抵用水随其汤[illegible]。黍之大小斟酌之，若酘多，水宽亦不妨。要之米力胜于曲，曲力胜于水即善矣。

北人不用酵，只用刷案水，谓之“信水”。然信水非酵也。酒人以此体候冷暖尔！凡酝不用酵，即酒难发；酵来迟则脚不正。只用正发，酒醅最良。不然则掉取醅面，绞令稍干，和以曲突，挂于衡茅，谓之干酵。用酵四时不同，寒即多用，温即减之。酒人冬月用酵紧，用曲少；夏月用曲多，用酵缓。天气极热，置瓮于深屋；冬月温室，多用毡毯围绕之。《语林》云：“抱瓮冬醪。”言冬月酿酒，令人抱瓮速成而味好。大体冬月盖覆，即阳气在内而酒不冻；夏月闭藏，即阴气在内，而酒不动。非深得卯酉出入之义，孰能知此哉？

于戏！酒之梗概，曲尽于此。若夫心手之间不传文字，固有父子一法，而气味不同；一手自酿，而色泽殊绝。此虽酒人亦不能自知也。

【译文】过去有齐中酒、厅事酒、猥酒之分，虽然都是用曲糵酿成的，但有圣品、贤品、清浊不同。《周礼·天官·酒正》规定，掌酒的官员应依据造酒方法和规格要求，拨给酒人各种做酒的材料，分辨五种不同酒的清浊厚薄及配制原料数量。每年还要依据造酒方法和规格标准惩差奖优。《礼记·月令》说：是月命令掌酒之官开始酿酒。要求：秫稻的配置要齐，制造要及时，涤洗、蒸炊要洁净无污，用水必须无秽恶之气，制盛酒的器皿无破损漏水，炉火要让酒生熟适当。这六方面都做好了，加上好的曲种（酒娘），则制酒人的事就成功了一半。《周礼·天官·浆人》说："浆人，掌管王室的六种饮料：茶水、酸酒料、甜酒、冷饮、凉茶、薄粥，运进王府。"其中以酸酒类最重要。

古人有语："空桑树里倒有剩饭，稷米麦饭混合到一起发了酵，就成了酒，这就是酒的开始。"《说文解字》说："酒白叫馊。"馊就是坏了的饭。馊，即是时间久了，饭搁久了就坏了。饭若不坏，酒就不甜。又说：乌梅麦曲，混合上甜醹酿制九次，再多次澄制品味，酒就造成了。酒曲和黍米的关系，好比铅和汞：阴阳克制，自然变化。《春秋纬》说："麦，属阴性，黍，属阳性。先浸曲再投入黍米，阳得到阴就沸热了。"后世有用药物作曲的，这是为了治病。酒曲用豆子制也不错。神农赤小豆饮汁可治百病。酒性热，加入豆子就好一些，但酒味也变得薄淡了，没有回味。古时醴酒在室，醍酒在堂，澄酒在下。可见酒味以醇厚为上。制酒的人家需要观察黍米是新米还是陈米。还要看天气的冷暖。春夏之际，黍米新软，要先放曲汁而后投米，造酒的人称之为倒汤。秋冬之季，黍米陈硬，就要先放米而加曲汁，造酒的人称之为正汤。酝酿须用酴米去掉酸（《说文》：酴，酒母也。酴音途。），投醹取甜。南方人不善去酸，所以酒熟后加火草灰带碱煨，北方人不善取甜，所以造的酒喝多了使上腹膈闷胀。桓温说的青州从事、平原督邮，就是指这酒的好坏。酒的甜味容易酿出，酒的辛味难以酿得。《释名》说："酒者，酉也。"酉时，天渐黑，为阴。酉能使物性收敛。收敛就甜。卯时，天渐亮，能使物性散发，散发就辛。酒的起名就是取甘辛五行的意思。五行金木相间隔，土居中为媒介。从酸到甘，从甘到辛，酒就酿成了。（这就是酴米取酸、投醹取甜的原理）。用土的甘加水作酸，用木的酸加土作辛，由此可知酝酿就是为了作辛。《说文解字》说："酘，再酿也。"张华经过九次酝酒。《齐民要术》说：桑落酒有六七酘者。酿酒，酘的次数越多酒越好，主要因为多醁酒曲的功力发扬得充分。有种酘酒，喝起来有味，就因它是重酿酒。但酘得过度也有缺点，尤其不能见阳光。若被太阳晒了，酒多半就酿不成。后魏贾思勰也主张半夜蒸炊，早晨天将明时下酵。这就是取以阴制阳的意思。酿酒时加水多少没有定制，只要掺和黍麦均匀就行。张藉有诗："酿酒爱干和。"就是现在人们说的"不入定酒"，晋代人称为"干榨酒"。一般说酿酒用水，要根据汤黍的多少斟酌而定。酘得多，加水宽些不妨。总之，要米力大过曲力，曲力大过水，就会酿出好酒。

北方人酿酒有时不用酵，只用刷案水，叫它"信水"。但"信水"并不等于酵，酿酒的人只不过用它来探测温度冷暖。酿酒不用酵就发不起来，酵发得迟了酿酒的根基就不正。只有正确的方式方法来发酵，酒醅最好。不然，取出醅面，绞去水分，和上酒曲，挂到茅屋沿下，叫做"干酵"。酿酒用酵量四季不同。寒冷时用量多，温暖时量减少。酿酒到冬天时用酵急，用曲少，夏季用曲多，用酵慢。天气最热时，要把酒瓮放置到深屋凉处。冬季，放在温室并用毡毯围上。《语林》说："抱瓮冬醪。"就是说冬季酿酒，形容用人抱住瓮增加温度，酒酿得快而且酒味好。大致说冬季覆盖瓮，阳气在瓮里不泄出，酒就不受冻。夏季闭藏在深屋内，阴气在瓮里不泄出，酒不变味。不是深深领会到卯酉两个时辰相生的意义，谁能知道这么些道理呢？

好了，酒经的梗概大体就如此了，若我不用心不用笔传下这些文字，恐怕就是父子用同一方法，而气味也不尽相同，哪怕自己一手自酿，而酒的色泽也绝不同，这点只怕是造酒人亦不明白的奥妙。

附一 魏书·高允传

"太和二年，允以老乞还乡里……允上酒训曰：自古圣王其为饷也，元酒在堂而（酉齐）酒在下，所以崇本重源降于滋味，虽汎爵旅行不及于乱，故能礼章而敬不亏，事毕而仪不忒，非由斯致。是失其道，将何以范，时轨物垂之于世，历观往代，成败之效，吉凶由人，不在数也。商辛耽酒殷道以之亡，公旦陈诰周德以之昌，子反昏酣而致毙，穆生不饮而身光，或长世而为戒，或进代而流芳，酒之为状变惑情性。虽曰哲人就能自竞，在宫者殆于政也，为下者慢于令也。聪达之士荒于听也。柔顺之伦兴于诤也，久而不悛致于病也，岂止于病，乃损其命。谚亦有云：其益如毫，其损如刀，言所益者止于一味之益，不亦寡乎！言所损者，夭年乱志，夭乱之损不亦夥乎！克以酒荒而陷其身，无以酒狂而丧其伦。迷帮失道，流浪漂津，不师不遵反将何因？诗不言乎，如切如磋如琢如磨，朋友之义也，作官以箴之，申模经禁之，君臣之道也，其言也善，则三覆而佩之；言之不善，则长酣以为高达，调酒之颂以相眩耀，称尧舜有千锺百觚之饮，著非法之言引大圣为譬以则天之明，岂其然乎！且子思有云：夫子之饮不能一升，以此推之，千锺百觚皆为妄也。今大魏应图重名御世化之。所暨无思不服仁风，敦洽于四海。太皇太后以至德之隆诲而不倦，忧勤备于皇清，诰训行于无外，故能道协两议，功同覆载，仁恩下逮，罔有不遵，普天率土靡不蒙赖，在朝之士，有志之人，宜克已从善，履正存贞，节酒以为度，顺德以为经，悟昏饮之美疾，审敬慎之弥荣，遵孝道以致养，显父母而拍名，蹈闵曾之前轨，遗仁风于后生，仰以答所授俯以保其成。可不勉欤！可不勉欤！高祖悦之。常置左右诏允乘车入殿，朝贺不拜。”

附二 古代的酒政

酒政，是国家对酒的生产、流通、销售和使用而制定实施的制度政策的总和。

一、酒的特殊性

在众多的生活用品中，酒是一种非常特殊的用品。这是因为：

1. 中国酿酒的原料主要是粮食，它是关系到国计民生的重要物质。由于酿酒一般获利甚丰，在历史上常常发生酿酒大户大量采购粮食用于酿酒，与民争食，当酿酒原料与口粮发生冲突时，国家必须实施强有力的行政手段加以干预。

2. 酿酒及用酒是一项非常普遍的社会活动。首先，酒的生产非常普及，酿酒作坊可以大规模生产，家庭可以自产自用。由于生产方法相对简便，生产周期比较短，只要粮食富裕，随时都可以进行酿酒。酒的直接生产企业与社会上许多行业有千丝万缕的联系；酒的消费面也非常广，如酿酒业与饮食业的结合，在社会生活中所占的比重很大。国家对酒业的管理是一个非常复杂的系统工程。

3. 国家对酒实行榷酒以来，一般来说，酒是一种高附加值的商品。酿酒业往往获利甚厚，在古代，在社会上能够开办酒坊酿酒的人户往往是富商巨贾，酿酒业的开办，给他们带来了滚滚财源，但财富过分集中在这些人手中，对国家来说并不是有利的。酒政的频繁变动，实际上是酒利的争夺，即是不同利益集团对酒利的争夺的结果。即使在当代，不同行业，不同管理层，不同的流通环节对酒利的分配也是有一定的矛盾的。

4. 酒是一种特殊的食品。它不是生活必需品，但却具有一些特殊的功能，如同古人所说的“酒以成礼，酒以治病，酒以成欢”，在这些特定的场合下，酒是不可缺少的。但是，酒又被人们看作为是一种奢侈品，没有它，也不会影响人们的正常生活；而且，酒能使人上瘾，饮多使人致醉，惹事生非，伤身败体，人们又将其作为引起祸乱的根源。如何根据实际情况进行酒业管理，使酒的生产、流通、消费走上正确的轨道，使酒的正面效应得到发挥，负面效应得到抑制也是一门深厚的学问。

数千年来，基于上述考虑，历代统治者对于酒这个影响面极广的产品，从放任不管到紧抓不放，实行了各种管理政策。这些措施有利有弊，执行的程度有松有紧，历史上人们对其有褒有贬，虽然这些都成了历史，但对于后人总有借鉴的作用。

二、古代酒政的内容

远古时代，由于粮食生产并不稳定，酒的生产和消费一般来说是一种自发的行为，主要受粮食产量的影响。同时要明确的是，在奴隶社会，有资格酿酒和饮酒的都是有身份、有地位的上层人物。酒在一定的历史时期内并不是商品，而只是一般的物品。人们还未认识到酒的经济价值。这种情况一直延续到汉朝前期。

从夏禹绝旨酒开始及周公发布《酒诰》以来，随着时代的进步，酒的管理制度和措施的内容越来越丰富，形式越来越多样化。酒政的具体实施形式和程度随各朝而有所不同，但基本上是在禁酒、榷酒和税酒之间变来变去。此外还有一些特殊的形式。实行不同的酒政，往往涉及酒利在不同社会集团之间的分配问题，有时，经济斗争和政治斗争交织在一起。另外，由于政权更迭，酒政的连续性时有中断，尤其是酒政作为整个经济政策的一部分，其实施的内容和方式往往与国家整个经济政策有很大的关系。

1. 禁酒

禁酒，即由政府下令禁止酒的生产、流通和消费。

禁酒的目的主要是：

（1）减少粮食的消耗，备战备荒。这是历代历朝禁酒的主要目的。

（2）防止沉湎于酒，伤德败性，引来杀身之祸，禁止百官酒后狂言，议论朝政。这点主要针对统治者本身而言。禁群饮，在古代主要是为了防止民众聚众闹事。

由于酒特有的引诱力，一些贵族们沉湎于酒，成为了严重的社会问题，最高统治者从维护本身的利益出发，不得不采取禁酒措施。

在中国历史上，夏禹可能是最早提出禁酒的帝王。相传：“帝女令仪狄作酒而美，进之禹，禹饮而甘之，遂疏仪狄而绝旨酒。曰，后世必有以酒亡其国者。”（《战国策·魏策二》）在此，“绝旨酒”可以理解为自己不饮酒，但作为最高统治者，“绝旨酒”的目的大概不仅仅局限于此，而是表明自己要以身作则，不被美酒所诱惑，同时大概也包含有禁止民众过度饮酒的想法。

事实证明夏禹的预见是正确的。夏商的两代末君都是因为酒而引来杀身之祸而导致亡国的。从史料记载及出土的大量酒器来看，夏商二代统治者饮酒的风气十分盛行。夏桀“作瑶台，罢民力，殚民财，为酒池糟纵靡靡之乐，一鼓而牛饮者三千人”。夏桀最后被商汤放逐。商代贵族的饮酒风气并未收敛，反而越演越烈。出土的酒器不仅数量多，种类繁，而且其制作巧夺天功，堪称世界之最。这充分说明统治者是如何地沉缅于酒。据说商纣饮酒七天七夜不歇，酒糟堆成小山丘，酒池里可运舟。据研究，商代的贵族们因长期用含有锡的青铜器饮酒，造成慢性中毒，致使战斗力下降。商代的灭亡，酗酒成风被普遍认为是其重要的原因。西周统治者在推翻商代的统治之后，发布了我国最早的禁酒令《酒诰》。其中说到，不要经常饮酒，只有祭祀时才能饮酒。对于那些聚众饮酒的人，抓起来杀掉。在这种情况下，西周初中期，酗酒的风气有所收敛。这点可从出土的器物中，酒器所占的比重减少得到证明。《酒诰》中禁酒之教基本上可归结为：无彝酒，执群饮，戒缅酒，并认为酒是大乱丧德，亡国的根源。这构成了中国禁酒的主导思想之一，成为后世人们引经据典的典范。

西汉前期实行“禁群饮”的制度，相国萧何制定的律令规定：“三人以上无故群饮酒，罚金四两。”（《史记·文帝本纪》文颖注）这大概是西汉初，新王朝刚刚建立，统治者为杜绝反对势力聚众闹事，故有此规定。禁群饮，这实际上是根据《酒诰》而制定的。

禁酒时，由朝廷发布禁酒令。禁酒也分为数种，一种是绝对禁酒，即官私皆禁，整个社会都不允许酒的生产和流通；另一种是局部地区禁酒，在有些朝代如元代较为普遍，主要原因是不同地区，粮食丰歉程度不一。还有一种是禁酒曲而不禁酒，这是一种特殊的方式，即酒曲是官府专卖品，不允许私人制造，属于禁止之列。没有酒曲，酿酒自然就无法进行。还有一种禁酒是在国家实行专卖时，禁止私人酿酒、运酒和卖酒。

在历史上禁酒极为普遍，除了以上的政治原因外，更多的还是因为粮食问题引起的。每当碰上天灾人祸，粮食紧张之时，朝廷就会发布禁酒令。而当粮食丰收，禁酒令就会解除。禁酒时，会有严格的惩罚措施。如发现私酒，轻则罚没酒曲或酿酒工具，重则处以极刑。

2. 榷酒

榷酒，现在称为酒的专卖，即国家垄断酒的生产和销售，不允许私人从事与酒有关的行业。由于实行国家的垄断生产和销售，酒价或者利润可以定得较高，一方面可获取高额收入，另一方面，也可以用此来调节酒的生产和销售，其内涵是极为丰富的。在历史上，专卖的形式很多，主要有以下几种：

（1）完全专卖

这种榷酒形式，是由官府负责全部过程，诸如造曲，酿酒，酒的运输，销售。由于独此一家，别无分店，酒价可以定得很高，故往往可以获得丰厚的利润，收入全归官府。

（2）间接专卖

间接专卖的形式很多，官府只承担酒业的某一环节，其余环节则由民间负责。如官府只垄断酒曲的生产，实行酒曲的专卖，从中获取高额利润。

这种形式在南宋时实行过，叫“隔槽法”，官府只提供场所、酿具、酒曲，酒户自备酿酒原料，向官府交纳一定的费用，酿酒数量不限，销售自负。

（3）商专卖

官府不生产，不收购，不运销，由特许的商人或酒户在交纳一定的款项并接受管理的条件下自酿自销或经理购销事宜，非特许的商人则不允许从事酒业的经营。

西汉前中期酿酒业是很发达的，但并没有实行酒的专卖，西汉武帝时期第一次实行酒的专卖，酒业政策的变化，是汉武帝一系列加强中央集权财经政策的一部分。汉武帝在位的五十多年中，针对当时商人把持盐业、铁业，投机倒把，大发横财，但却“不佐国家之急”的不义之举，首先下令把盐业、铁业收归国家专营，这些措施为增加国家的财政收入起到了积极的作用。这也为实行榷酒准备了重要的前提条件。既然盐和铁可以实行国家专卖，酒这种商品，到了一定的程度，提到专卖的议事日程也是迟早的事了。因为酒确实是一种可以为国家敛聚巨大财富的特殊商品。

促使实行榷酒政策的直接原因可能还是国家财政的日益捉襟见肘。汉武帝末期，国家连年边关战争，耗资巨大，财政入不敷出。酒几乎象盐、铁一样普遍，生产方法相对比较简单，生产周期短，投资少，原材料丰富，产区分布广，酒的销路极广，社会需求量极大，赢利丰厚，其敛财聚宝的经济价值终于第一次被体现出来。据史料记载，天汉三年（前 98 年）春二月，“初榷酒酤”（《汉书·武帝本纪》。榷酒的首创，在中国酒政史上甚至在中国财政史上都是具有重大意义的大事。这是因为①榷酒为国家扩大了财政收入的来源，为当时频繁的边关战争、浩繁的宫廷开支和镇压农民起义提供了财政来源。且这比直接向人民征税要高明，更合情理。因为酒是极为普及的物品，但又不是生活必需品。实行专卖，提高销售价格，表面上看，饮酒的人未受到损害。但酒的价格中实际上包含了饮酒人向国家交纳的费用。这对于不饮酒的人来说，则间接地减轻了负担，尽管这也是一般人所体察不到的。②从经济上加强了中央集权，使一部分商人、富豪的利益转移到国家手中。因为当时有资格开设大型酒坊和酒店的人都是大商人和大地主，财富过多地集中在他们手中，对国家并没有什么好处。实行榷酒，在经济上剥夺了这些人的特权，这对于调剂贫富差距，无疑是有一定的进步意义的。③实行榷酒，由国家宏观上加强对酿酒的管理，国家可以根据当时粮食的丰歉来决定酿酒与否或酿酒的规模，由于在榷酒期间不允许私人酿酒、卖酒，故比较容易控制酒的生产和销售，从而达到节约粮食的目的。

酒的专卖，在唐代后期，宋代，元代及清朝后期都是主要的酒政形式。

3. 税酒

税酒是对酒征收的专税，这与一般的市税的概念有所不同。由于将酒看做是奢侈品，酒税与其他税相比，一般是比较重的。在汉代以前，对酒不实行专税，而只有普通的市税。在清代后期和民国时对卖酒的还有特许卖酒的牌照税等杂税。

从周公发布《酒诰》到汉武帝的初榷酒之前，统治者并未把管理酒业看做是敛聚财富的重要手段。

商鞅辅政时的秦国，实行了“重本抑末”的基本国策。酒作为消费品，自然在限制之中。《商君书·垦令篇》中规定：“贵酒肉之价，重其租，令十倍其朴。”（意思是加重酒税，让税额比成本高十倍）。《秦律·田律》规定："百姓居田舍者，毋敢酤酒，田啬，部佐禁御之，有不从令者有罪。"秦国的酒政，有两点，即：禁止百姓酿酒，对酒实行高价重税。其目的是用经济的手段和严历的法律抑制酒的生产和消费，鼓励百姓多种粮食；另一方面，通过重税高价，国家也可以获得巨额的收入。

4. 唐代特许下的税酒制的提出

禁酒的结果无疑会使酿酒业受到很大的摧残，酒的买卖少了，连酒的市税也收不到。代宗广德元年，安史之乱终于结束。唐政府为了应付军费开支和养活皇室及官僚，巧立名目，征收苛捐杂税。据《新唐书·杨炎传》的记载，当时搜括民财已到了"废者不削，重者不去，新旧仍积，不知其涯"的地步。为确保国家的财政收入，再次恢复了180多年的税酒政策。代宗二年，"定天下酤户纳税"（《唐书·食货志》）。《杜佑通典》也记载：二年十二月敕天下州各量定酤酒户，随月纳税，除此之外，不问官私，一切禁断。

唐朝的税酒，即对酿酒户和卖酒户进行登记，并对其生产经营规模划分等级，给予这些人从事酒业的特权。未经特许的无资格从事酒业。大历六年的作法是：酒税一般由地方征收，地方向朝廷进奉，如所谓的"充布绢进奉"，是说地方上可用酒税钱抵充进奉的布绢之数。

5. 其他形式的酒政

（1）隔酿法

这是南宋时采取的一种变通措施，方法大致是：官府设立集中的酿酒场所，置办酿酒器具，民众自带粮食前来酿酒，官府根据酿酒数量的多少收取一定的费用，作为特殊的酒税。此法实行过一段时间，得到推广。

（2）酒税均摊法："酒随两税青苗敛之"

元和六年（811年），粮食大熟，有的地方斗米只值二钱，粮食多，必然酿酒风行，酒价必然下跌。如果再不改变原来斗酒纳税百五十元的政策，酒户就将破产。统治者在此时及时调整了其酒政，是年，"罢京师酤肆，以榷酒钱随两税青苗敛之"（《新唐书·食货志》）。《旧志》记载："榷酒钱除出正酒户外，一切随两税青苗据贯均收。"这说明当时罢去的是官办的酒店，正酒户（官方核定的酒户，如按额纳税的酒户，他们可以免徭役等）仍然要纳酒税。青苗钱是一种地税附加税，土地越多，纳的青苗钱自然就越多。这样一来，一般的人只要交纳少量的青苗钱，就可以自行酿酒自用，不必作为私酒而被禁止了。这是向全体人民平均分摊的榷酒钱。在推行榷酒随两税青苗敛之的地区，则不再开设官办酒店。这种政策与唐前期的酒类自由经营的政策相仿，但榷酒钱已经转化成地税附加税。这样既可平息民众对官办酒坊或官方认可的酒店的怨恨，政府又有一定的财政收入。

6. 对违反官府酒业政策的处罚

处罚制度是为了保证官府的酒业政策得到顺利实施的必要手段，在国家实行专卖政策、税酒政策或禁酒政策时，都对私酿酒实行一定程度的处罚。轻者没收酿酒器具、酿酒收入，或罚款处理，重者处以极刑。

李白醉酒写诗篇

名厂名酒

中国贵州茅台酒厂有限责任公司

贵州茅台酒厂集团总部位于贵州省北部风光旖旎的赤水河畔的茅台镇。

贵州茅台酒厂集团由中国贵州茅台酒厂有限责任公司及其全资子公司、控股公司、参股公司等近 20 家企业构成，集团所涉足的产业领域包括白酒、啤酒、葡萄酒、红酒、证券、银行、保险、物业、科研等。

中国贵州茅台酒厂有限责任公司的前身是中国贵州茅台酒厂，1997 年成功改制为有限责任公司（以下简称集团公司），1999 年，由有限责任公司联合中国食品发酵研究所发起的贵州茅台酒股份有限公司正式成立，2001 年 8 月，贵州茅台股票在上交所挂牌上市。

集团公司是全国唯一集国家一级企业、国家特大型企业、国家优秀企业（金马奖）、全国质量效益型先进企业于一身的白酒生产企业。

公司主导产品贵州茅台酒是中国民族工商业率先走向世界的代表，1915 年荣获美国巴拿马万国博览会金奖，与法国科涅克白兰地、英国苏格兰威士忌并称世界三大（蒸馏）名酒，是我国大曲酱香型白酒的鼻祖和典型代表，近一个世纪以来，已先后 14 次荣获各种国际金奖，并蝉联历次国内名酒评比之冠，被公认为中国国酒。

中国加入 WTO，全球经济一体化，给茅台酒厂集团公司带来了挑战和机遇。国酒茅台将以铸造一流企业为愿景、以走新型工业化道路，做好酒的文章，走出酒的天地为发展方向，向着更快、更高、更强迈进。

茅台酒厂

茅台酒厂是中国生产酱香型白酒——茅台酒的企业，位于中国贵州省仁怀县茅台镇。茅台一带的白酒酿造业历史悠久。据史籍记载，早在公元前135年，当地就已酿出具有独特风味的“构酱酒”。后经几次兵燹，至1704年，以茅台命名的“茅春”“茅台烧春”“回沙茅酒”等酒已具有独特风格，成为贵州酿酒行业中的珍品。1840年,茅台烧房（即酒坊）已有20余家。后又遇兵燹，几十家烧房全被烧毁，茅台酒的酿造中断。1863年左右，在茅台村古烧房的废墟上创建了成裕烧房 (后更名成义烧房)，茅台酒的酿造又得以恢复；1870年左右创建了荣太和烧房（后更名荣和烧房）；1929年又创建了衡昌烧房（后更名恒兴烧房）。历年来，3家烧房在相互竞争中发展。中华人民共和国建立后，在成义、荣和、恒兴3家烧房的基础上，建成了今贵州省地方国营茅台酒厂。该厂生产的茅台酒，酒液微黄透明、酱香突出、幽雅细腻、回味悠长。茅台酒的特殊品质和风味是由传统工艺生产的酱香、醇香和窖底香3种香型原酒经贮存勾兑而形成的。茅台酒产品组分复杂，其香味组分化合物多达200余种，远比其他白酒丰富。茅台酒曾多次在国际和中国国内获奖。

五粮液集团有限公司

五粮液集团有限公司位于“万里长江第一城”——中国西南腹地的四川省宜宾市北面的岷江之滨。其前由20世纪50年代初几家古传酿酒作坊联合组建而成的“中国专卖公司四川省宜宾酒厂”，1959年正式命名为“宜宾五粮液酒厂”，1998年改制为“五粮液集团有限公司”。

五粮液集团有限公司的成名产品“五粮液酒”是浓香型白酒的杰出代表。它以“香气悠久、味醇厚、入口甘美、入喉净爽、各味谐调、恰到好处、酒味全面”的独特风格闻名于世，以独有的自然生态环境、638年的明代古窖、五种粮食配方、酿造工艺、中庸品质、“十里酒城”等六大优势，成为当今酒类产品中出类拔萃的珍品。

自1915年代表中国产品首获“巴拿马万国博览会”金奖以来，五粮液酒又相继在世界各地的博览会上共获38次金奖，1995年在“第十三届巴拿马国际食品博览会”上又再获金奖，铸造了五粮液“八十年金牌不倒”的辉煌业绩，并被第五十届世界统计大会评为“中国酒业大王”。2002年6月，在巴拿马“第20届国际商展”上，再次荣获白酒类唯一金奖，续写了五粮液百年荣誉。四度荣获国家优质产品金质奖章，数年来“五粮液”品牌连续在中国白酒制造业和食品行业“最有价值品牌”中排位第一。五粮液集团有限公司于2003年再度获得“全国质量管理奖”，成为我国酒类行业唯一两度获得国家级质量管理奖的企业。

公司系统研制开发了五粮春、五粮神、五粮醇、长三角、两湖春、现代人、金六福、浏阳河、老作坊、京酒等几十种不同档次、不同口味，满足不同区域、不同文化背景、不同层次消费者需求的系列产品。特别是十二生肖五粮液、一帆风顺五粮液、五粮液巴拿马纪念酒、五粮液年份酒等精品、珍品系列五粮液的面世，其在神、形、韵、味各方面精巧极至的融合，成为了追求卓越的典范。

附一 浏阳河酒厂

中国浏阳河酒业有限公司成立于1998年9月，是中商集团公司全资控股子公司。1998年9月，集团公司买断了“浏阳河酒”商标使用权及所有权，并与四川宜宾五粮液股份有限公司建立合作，走出了一条“湘牌川酒”的创新之路。经过八年的励精图治，浏阳河酒实现超常规发展，现已成为全国著名白酒品牌，无形资产已达40多亿元。目前市场销售网络已覆盖全国34个省、自治区、直辖市，拥有1000多名销售人员，行销队伍达10000多人。浏阳河酒依托四川宜宾五粮液股份有限公司生产，完全采用五粮液的基酒，以优质高粱、大米、糯米、小麦、玉米为主要原料，结合传统工艺与现代高新技术精心酿制而成。主要有“浏阳河”“金世纪”“红太阳”“喜洋洋”“万事兴”“相约2008、庆功2008”“仿青花瓷”等七大系列产品。有一至五星五个档次，礼品、豪华、精装三种型体，475ml、250ml、125ml三种规格，以及高中低五种度数（52°、45°、39°、33°、28°），产品已达100多个品种。一条名河，一位伟人，一首名歌，赋予了浏阳河酒丰富的品牌文化内涵。“唱中国名歌，喝中国名酒”“又唱浏阳河，共享金世纪”“浏阳河酒，冠军的酒”“我们心中的红太阳”“年年吉祥喜洋洋”“想唱就唱，想喝就喝，今年拜年浏阳河酒”等广告语，脍炙人口，亲切感人，“浏阳河·真情久”的形象也已深入人心，家喻户晓。八年来，浏阳河酒先后被评为“跨世纪中国著名白酒品牌”“第27届悉尼奥运会中国体育代表团唯一专用庆功酒”“中国足协—中国之队指定赞助商”“中国足协—中国之队战略合作伙伴”“博鳌亚洲论坛2004年年会宴会指定专用酒”“第11届世界旅游小姐年度皇后大赛世界总决赛指定庆典用酒”“第三、四、五届中国金鹰电视艺术节指定专用白酒”，并且从2002年起，连续三年在全国人大、政协“两会”期间，被摆上国宴，成为“两会”指定专用白酒。

附二 金六福集团

金六福酒业销售有限公司诞生于1996年，公司坚持以“诚信为本，永续经营”的理念，凭借先进的营销模式，与中国白酒行业龙头五粮液集团强强联手，迅速走出一条从代理品牌、创造品牌，到拥有名牌的发展之路。并发展成为拥有18个大区、4个生产企业，近2000名营销人员、5000多人促销队伍的酒水营销专业企业。

金六福酒以其上乘的酒质、新颖的包装和深厚的文化底蕴，深受消费者的青睐，畅销海内外，被誉为“中国人的福酒”。自1999年至今销量连续六年在五粮液系列白酒品牌中名列第一。经国家权威资产评估机构评估，2004年“金六福”品牌价值已达31.39亿元。

虽然已成长为这个激烈竞争行业的佼佼者，但是着眼于未来的金六福企业从未满足于既有的成绩，公司又新涉足了葡萄酒、保健酒等领域，构建了集金六福酒、五粮液年份酒、开口笑、邵阳、临水等系列白酒和无比古方系列保健酒于一体的发展平台。今后金六福企业将继续在中国酒业的“大海”中乘风破浪，勇往直前。

1998年，第一瓶金六福酒从五粮液生产车间下线。十年来，金六福酒始终坚持“福文化”的定位，并以其上乘的酒质，新颖的包装，深受消费者的青睐。

金六福酒以“福”的吉庆形象定位，积极参与社会各项盛事，被誉为“中国人的福酒”；曾获28届奥运会中国体育代表团唯一庆功白酒，国足出线唯一庆功白酒等殊荣。自2004年以来，金六福借助一系列主题传播——“中秋团圆·金六福酒”“春节回家·金六福酒”“我有喜事·金六福酒”，更使金六福酒逐步成为中国人节庆消费中必不可少的新民俗。

金六福系列酒主销产品有星级系列、福星高照系列、福星系列、贵宾特贡系列、经典系列和礼盒系列等，目前共有338个品项。金六福系列酒的销量连续9年保持两位数增长，自1999年至今已经连续七年成为五粮液系列品牌销量第一，荣获中国驰名商标，品牌价值达42.67亿，单品牌销售量全国第一，单品牌销售额位列全国白酒市场前三位。

汾酒集团

山西杏花村汾酒集团有限责任公司为国有独资公司，以生产经营中国名酒——汾酒、竹叶青酒为主营业务，年产名优白酒5万吨，是全国最大的名优白酒生产基地之一。

集团公司下设22个子、分公司，员工8000人，占地面积230万平方米，建筑面积76万平方米。核心企业汾酒厂股份有限公司为公司最大全资子公司，1993年在上海证券交易所挂牌上市，为中国白酒第一股，山西第一股。公司拥有“杏花村”“竹叶青”两个中国驰名商标，据2006年《中国500最具价值品牌排行榜》公布，“杏花村”品牌价值已达47.76亿元。公司主导产品有汾酒、竹叶青酒、玫瑰汾酒、白玉汾酒、葡萄酒、啤酒等六大系列。汾酒是我国清香型白酒的典型代表，素以入口绵、落口甜、饮后余香、回味悠长而著称，在国内外享有较高的知名度、美誉度和忠诚度。主要品种有国藏汾酒、青花瓷汾酒、中华汾酒、老白汾酒等。竹叶青酒是国家卫生部认定的唯一中国保健名酒。

汾酒文化源远流长，是晋商文化的重要一支，与黄河文化一脉相承。汾酒历史上有过四次成名。早在1500年前的南北朝时期，汾酒就作为宫廷御酒受到北齐武成帝的推崇而一举成名，并被载入廿四史；晚唐大诗人杜牧的千古绝唱“借问酒家何处有？牧童遥指杏花村”使汾酒再度成名；1915年，汾酒在巴拿马万国博览会上一举荣获甲等金质大奖章，成为酒品至尊；解放后汾酒五次蝉联国家名酒称号，竹叶青酒三次荣获国家名酒。汾酒人秉承“用心酿造、诚信天下”的企业核心理念，将传统工艺不断创新，并使之发扬光大。集团公司通过了ISO9001质量管理体系认证，汾酒、竹叶青酒顺利通过了国家酒类等级（优级）标志认证。汾酒酿造工艺正在申报非物质文化世界遗产，已列入国家非物质文化遗产第一批名录。2005年，公司还荣获全国企业文化优秀奖。“十五”期间公司快速发展，经济效益连创新高，倾力打造名白酒基地、保健酒基地和酒文化旅游基地，被授予“全国工业旅游示范点”。杏花村汾酒酿造作坊遗址2006年被评为全国重点文物保护单位。企业还被评为全国厂务公开先进单位，全国绿色环保先进企业，相继荣获“中国最具影响力企业”“中国最具成长性企业”等多项荣誉称号。2006年1月获得了省政府质量奖。2005年完成销售收入19.08亿元，实现利税7.1亿元，实现利润2.27亿元，资产总额24.21亿元，销售收入排名行业第五，利税第四，综合效益为行业第四。

山西杏花村汾酒厂股份有限公司

山西杏花村汾酒厂股份有限公司成立于1993年12月22日，是在原国营山西杏花村汾酒厂基础上改制成立的股份制企业，是山西省首家上市公司，也是全国白酒行业首家向社会公开发行股票、异地上市的公司。公司股票代码为600809。

山西杏花村汾酒厂股份有限公司坐落于中国名酒之都——山西杏花村，是生产国家名酒汾酒、竹叶青酒、玫瑰汾酒、白玉汾酒等系列产品的大型企业。主导产品汾酒是中国传统的历史名酒，其酒体晶莹饱满、清香纯正，素以入口绵、落口甜、饮后余香、风味独特而著称于世，不仅可以饮用，还可以烹调、入药。竹叶青酒为我国配制酒之精品，其以汾酒为基酒加配十余种名贵药材精心调制而成，酒质金黄透亮，幽雅芳香，色香味俱佳，普称“三绝”，有疏气、活血、润肝、健脾之裨益，历来为世人所称道。

公司的前身杏花村汾酒厂成立于1949年6月，五十多年来，尤其是改革开放以来，汾酒厂大力开展技术革新，不断进行挖潜改造，生产规模迅速扩大，产品质量稳步提高，经济效益大幅度增长，企业面貌发生了根本性的变化，成为举世瞩目的现代化酒厂，产品多次荣获国际、国家级嘉奖。

改组改制后，公司紧紧抓住这一历史机遇，面对国内外日趋激烈的市场竞争，不断提高企业管理水平，进一步深化企业内部改革，强化质量，降低成本费用；面向市场加强经营决策，加强广告宣传；根据市场需求，及时调整产品结构，改进包装，提高企业的市场竞争能力，实现了管理的整体优化，增强了企业的总体实力，企业规模不断扩大，经济效益逐年提高。目前，公司共有职工3400余人，总资产11.69亿元，注册资本43292.41万元，占地面积170万平方米，具有名白酒、配制酒、果露酒、黄酒四大类产品生产能力3万余吨，年销售收入近10亿元，年创利税2亿多元，是山西省第二利税大户。随着企业经营机制的转变，企业的经营情况正逐步好转，公司将以良好的经济效益和社会效益，为股东创造更加满意的收益。

江苏双沟酒业股份有限公司

双沟被誉为中国酒源头，座落在淮河与洪泽湖环抱的千年古镇——双沟镇。

独特的地理环境，铸就了悠久的双沟酿酒历史，据《泗虹合志》记载，双沟酒业始创于1732年（清雍正十年），据今已有近300年的历史。久远的历史长河中，双沟酒业积淀了深厚的文化底蕴。在民间流传着许多关于双沟美酒的美丽传说，最广为流传的有《曲哥酒妹》《神曲酒母传奇》等。公司位于淮河与洪泽湖交汇处的江苏泗洪县双沟镇，这里盛产稻麦豆秫和红高粱等酿酒原料，加之醇甜的淮河水，自古以来酿酒业得天独厚，所产出的酒誉满江淮。历代文人骚客、达官巨贾、将军、学者或寻幽访胜至此，或宦海沉浮暂泊，留连于淮海古渡，借酒抒怀，留下许多耐人寻味的篇章，如宋代的苏东坡、欧阳修、杨万理、范成大等，明代的黄九烟，当代的陈毅父子、叶圣陶、陆文夫、陈登科、茹志娟、绿原、邹荻帆等。在许多美好诗篇里，双沟美酒香透千百年的每一个日子。如今的双沟酒业有总资产10亿元，年销售收入15亿元，年创利税1.5亿元，具有投资开发、经营多种产业和对内对外开拓业务的雄厚经济技术实力。江苏双沟酒业拥有3700多名职工，占地130万平方米，年产大曲酒产销量最高，是江苏省获国家优质酒奖牌最早的企业，连续6年跻身中国最大工业企业500强。

双沟酿酒已近千年，有文字记载的历史已近300个春秋。公元1732年，清朝雍正十年，有一位浪迹天涯的祖传酿酒师傅贺氏谋生来到淮河之滨的洪泽湖畔。当他路过双沟一带时，见这里山清水秀、花红柳绿，清澈的淮水甘甜爽口，遍地红高粱犹如漫天云霞。于是贺氏在此立下锅灶，办起了“全德大曲糟坊”，将本身的酿酒技术与当地的传统方法相结合，酿出了品质优异的浓香型双沟大曲酒，产品不光在本地受欢迎，而且远销到河南、河北、安徽、江浙一带，曾有“名驰冀北三千里，味占江南第一家”之说。由于“全德糟坊”讲求产品质量，坚持以德为本、宽厚待人的宗旨，生意越做越好，信誉长享。1910（清宣统二年）全德糟坊酿制的双沟大曲参加南洋劝业会的展评，开始崭露头角，以浓香独特的典型特色，被评为名酒第一，荣获金质奖牌，从此双沟大曲名扬海内外。

“全德”的双沟大曲金榜题名后，给双沟镇的酒业带来了极大繁荣。极盛时，双沟镇上下有大小酿酒作坊40多家，较大的有“上涌源”“下涌源”“广盛”等。群众中流传着“全德酒，广盛糟，涌源会做绿豆烧”的歌谣。可见，双沟当时已成为名副其实的酒乡。

据当地地方志记载，清乾隆初年，双沟镇上酿酒糟坊已达十数家，所产美酒，靠依湖傍淮的水旱码头被运往各地，时人有“看景看扬州，饮酒饮双沟”的美誉。在清末南洋劝业会上，双沟大曲被评为名酒第一，荣获金质奖，这种鼎盛局面一直延续到抗战时期。

抗战时期，当时的酒坊老板贺子模还被请出做县参议员。陈毅元帅的著名诗篇《大柳巷春游》便是在双沟写下的。1979年，陈毅元帅的长子、时任团中央书记的陈昊苏到江苏双沟酒厂寻访先辈遗迹时，曾写下了《长相思》一首，赠双沟酒业的前身——江苏双沟酒厂，诗为：“古泗州，醉猿州，特液酿成淮水头，浓香品质优。争上游，再上游，不愧中华第一流，举世赞双沟。”

1955年3月，双沟酒厂随泗洪县双沟镇划归江苏管辖，这一年，双沟大曲酒参加了新中国成立后的第一届全国酿酒工业会议，被评为甲等佳酒第一名。1979年，江苏双沟酒厂的科技人员精心研制成功39度双沟特液。与传统产品——双沟大曲共同参加全国第三届评酒会议，双沟大曲再次被评为国家优质食品，新型产品——39度双沟特以“酒香浓郁饱满，味醇甜甘美，清洌爽口，回味悠长，有浓香型典型风味”，被评为全国唯一的国家优质低度大曲酒，填补了我国优质低度大曲酒生产的一项空白。

1984年5月，第四届全国评酒会，双沟大曲以“色清透明，香气浓郁，风味纯正，入口绵甜，酒体醇厚，尾净馀长”的浓香型大曲酒的典型风格终于夺得了中国名酒的桂冠，荣获国家质量金奖。

《人民日报》载文介绍双沟大曲，徐州薛书林有一首赞美诗：“双沟名酒第一流，特液酿成是千秋，赖有科学来指导，不尽美酒醉五洲。”

香港《建国报》1980年3月5日至4月21日九期连载署名文章，介绍双沟大曲。日本前首相田中角荣访华期间，指名要饮双沟大曲酒。法兰西共和国前总统蓬皮杜参观中国在巴黎兴办的商品博览会，对浓香型的双沟大曲赞不绝口。

目前，双沟大曲已畅销全国30多个省、市、自治区，并出口到美、法、日本和加拿大及东南亚等20多个国家和地区，并以浓香型白酒的独特风格博得了广大消费者的青睐。

江苏洋河酒厂

江苏洋河酒厂股份有限公司位于苏北古镇——洋河，地处江苏省宿迁市的宿城、宿豫、泗洪三县区交汇处，面临徐淮公路，背靠京杭运河，交通畅达，市场繁荣。据传，洋河大曲在唐代就已享盛名，尚可考证的历史已有400多年，明末清初已闻名遐迩。当时曾有九个省的客商在此设立会馆，省内外70多位商人客籍于此，竞酿美酒，使洋河镇的酿酒业更加兴隆繁盛。据《泗阳县志》记载，明朝著名诗人邹辑在《咏白洋河》中写到："白洋河下春水碧，白洋河中多沽客。春风二月柳条新，却念行人千里隔。行客年年任往来，居人自在洋河曲。"清雍正年间，洋河大曲已行销江淮一带，颇受欢迎，有"福泉酒海清香美，味占江淮第一家"之誉，并被列为清皇室贡品。据记载，清乾隆皇帝第二次南巡时，在宿迁建有行宫，留住七天，品尝洋河大曲后挥毫留下了"酒味香醇，真佳酒也"的赞语。20世纪初，洋河大曲的生产有了进一步的发展。1915年在全国名酒展览会上获一等奖；同年，参加巴拿马国际博览会获"国际名酒"奖状和金质奖章；1923年，参加全国物品展览获一等奖；同年，在南洋国际名酒赛会上，又获"国际名酒"称号，遂闻名于世，蜚声海内外。

洋河大曲以产地而得名，属浓香型大曲酒，系以优质高粱为原料，以小麦、大麦、豌豆制成的高温火曲为发酵剂，辅以闻名遐迩的美人泉水精工酿制而成。党和国家领导人江泽民、刘华清、李铁映、宋健、费孝通、杨汝岱、回良玉、郑斯林等曾先后来厂视察，赞扬洋河为国家作出的重要贡献。

近年来，洋河全力打造"绵柔型"白酒经典之作——洋河蓝色经典，面市以来销售增长迅猛，"蓝色风暴"愈刮愈厉，"蓝色魅力"已征服了越来越多的白酒消费者。2007年洋河蓝色经典单个品牌销售突破14亿元。"蓝色经典"品牌的雄起，创造了白酒行业单个品牌的销售奇迹，是江苏酒业重振雄风的缩影。前国民党主席连战、亲民党主席宋楚瑜先后率团来访南京时，江苏省委都是用蓝色经典作为宴请用酒，蓝色经典被评为"最受消费者欢迎的品牌"。

广东省九江酒厂有限公司

广东省九江酒厂有限公司创立于1952年，由九江镇12家私人小作坊联合而成，以主产九江双蒸酒而闻名于世。公司继承和发扬了当地近200年的酿酒工艺，使白酒年产量从原来的几十吨发展到现时近五万吨，成为我国豉香型白酒生产规模最大的国家二级企业和广东省最大的白酒企业，白酒出口量长期稳居全国之冠，并在全国同行中率先通过ISO9002国际标准质量体系认证。公司现有员工近600人，拥有一批高素质的技术和管理人才；年创税利1.3亿元，人均创税利20多万元，固定资产超2亿元；占地面积10万平方米，建筑面积逾10万平方米。公司以技艺深厚、品质一流、设备先进、管理科学而位于广东省酿酒行业之首。

四川省古蔺郎酒厂

四川古蔺郎酒厂位于四川省古蔺县东南、川黔交界的二郎镇，与贵州茅台酒厂仅一河之隔。川南气候温和，空气湿润，山清水秀，环境清幽，具有得天独厚的酿酒条件。郎酒厂始建于1921年，其时为当地富商合资开办，所产郎酒与贵州茅台酒同一师传，其生产工艺和风格特点与茅台酒相同。得天独厚的自然环境和特殊的酿造工艺，使郎酒具有“酱香突出，醇厚净爽，幽雅细腻，回味悠长，空杯香久”的独特风格。早在20世纪30年代，就“驰名西南各省，并远销东南亚一带”，被誉为“宴会珍品”。因郎酒生产工艺复杂，生产周期和储存期长，因而成本高，价格昂贵，大多属于富人消费，平民百姓不能问津。由于能源、交通和历史条件的制约，郎酒生产一直停滞不前。在50年代以前，一直是传统的作坊式生产。1957年，在各级政府的支持下，在原小作坊的基础上正式成立“国营四川省古蔺郎酒厂”，并逐步改善交通、能源和通讯条件，扩大郎酒生产，经过40年的艰苦奋斗，特别是通过“六五”创名牌，“七五”上规模，“八五”增效益的几次重大战略调整，使郎酒得到了空前发展，郎酒厂现已成为国家大型企业和全国最大的酱香型酒生产厂家。

重庆市太白酒厂

重庆诗仙太白集团·重庆市太白酒厂，座落在举世闻名的长江三峡库区沿江开放城市——重庆市万州区，面临长江、傍依318国道，背靠风景秀丽的歇凤山，空气润泽，是优良的天然发酵曲酒生产基地。因唐代诗人李白流放夜郎，滞于万县西岩，把酒吟诗弈棋，尤其钟情于万县的大曲酒，后人为纪念李太白，遂名诗仙太白酒。

重庆市太白酒厂始建于1917年，目前占地300亩，拥有职工2000多人，固定资产2亿元，年产曲酒3万吨，是三峡库区最大的国家优质酒生产基地。重庆市太白酒厂是全国500家最大饮料制造企业之一，于2000年12月在重庆白酒业中率先通过了ISO9002国际质量体系认证。

诗仙太白酒的创建人鲍念荣先生，远赴泸州，重金购买了具有400年历史的温永盛酒坊两个酒窖的窖泥、母糟，结合唐代沿袭下来的古老酿酒技艺，创办酿酒作坊。

诗仙太白以浓香型白酒为主业，经过90余年的不断发展，成为拥有资产4.8亿元，集酿酒、饮料、包装、贸易、物流为一体的企业集团，年生产能力突破5万吨，成为了全国白酒百强企业、重庆66户重点增长型企业、重庆市重点骨干企业和税利大户。

诗仙太白系列酒得万州古朴民风，继承商、周“古遗六法”酿酒技艺，采用传统固态发酵工艺，精选三峡库区优质红粮、大米、糯米、玉米、小麦五种粮食为原料，引甘洌的歇凤山泉精心酿制而成，长年地窖储存，使诗仙太白酒独具“窖香浓郁、醇和绵软、甘洌净爽、回味悠长”的独特风格。诗仙太白拥有适应全国各区域市场不同口感、酒度、包装的系列品种238种。

诗仙太白酒自1959年在青岛评酒会被指定为国庆十周年国宴用酒以来，荣获了中国优质酒、酒类评比金奖、四川名酒、重庆名酒等220多项荣誉。

青海青稞酒厂

青海青稞酒（集团）有限责任公司是依据《中华人民共和国公司法》等有关规定，由青海青稞酒厂、青海青稞酒经销有限责任公司、青海青稞酒贸易有限责任公司及青海青稞酒综合加工厂共同组建的企业集团。

青海青稞酒厂是青稞酒的发祥地，已有300多年酿酒历史。该厂是集团公司的核心企业，是青海省唯一的“全国少数民族用品定点生产单位”，产品在国内外博览会荣获金、银奖。青海青稞酒厂现已跨入“中国白酒制造业最大市场占有份额百强之一”“中国白酒制造业最佳经济效益百强之一”的“双百强”企业行列。

青海青稞酒厂现有固定资产1.5亿元，职工1253人，10个制酒车间，12个辅助车间，年生产能力达3万吨，产品已发展到三大系列28个品种。主要产品包括：青稞酒、青稞虫草酒、青稞清酒。

“互助牌”青稞系列酒，是在古老传统工艺基础上，糅和现代先进的科学酿造而成。青稞系列酒以青藏高原特有的粮食作物——青稞和天然保健药材——冬虫夏草、鹿茸、枸杞等为原料配制而成，产品在生产过程中不添加任何增香物质，酒香来自生产过程中青稞原料的自然香味，该酒在饮用后有不头疼、不口干、不伤胃的特点。因生产工艺独特，酿酒原料独特，产品风格独特，“互助”牌青稞系列酒被誉为“高原明珠，酒林奇葩”。

青海青稞酒厂生产技术先进，企业管理科学，质量手段完善，产品质量可靠，经质量监测，产品合格率连年保持100%。“高原玉液如哈达，青稞美酒誉中华”是全国人民周知的赞语。

衡水老白干酿酒集团

河北衡水老白干酿酒（集团）有限公司成立于1996年11月，其前身是河北衡水老白干酒厂，始建于1946年，衡水解放后，党和政府把当时的18家个体酿酒作坊收归国有，成立了“冀南行署国营制酒厂”。经过60多年的发展，规模不断扩大，现已是国家大型一档企业、中国白酒行业老白干香型中生产规模最大的生产厂家，拥有员工4000人，总资产6亿元，占地2000亩。

主要产品年生产能力：白酒4万吨，啤酒10万吨，饲料12万吨，服装150万件/套。销售收入4.5亿元，利税超1.53亿元。集团公司下设一个上市公司（衡水老白干酒业股份有限公司）、三个全资子公司（河北衡水九州啤酒有限公司、河北衡水长虹包装装潢有限公司、三五五二服装公司）。

衡水老白干酒有着悠久的酿造历史，据文字记载可追溯到汉代（公元104年），知名天下于唐代，正式定名于明代，并以“醇香清雅、甘冽丰柔”著称于世。几十年来，公司把现代化管理与传统工艺相结合，使产品质量不断提高，产品品种不断增加，目前已形成了从36°到67°几十个品种规格的老白干系列白酒，由国家卫生部批的卫食健字号（2002）衡水牌松鹤酒、啤酒也相继生产开发出九州金麦、雪绒花、九州爽啤、九州苦瓜、鲜啤等九州啤酒系列。公司产品以优良的质量多次在重大评比中获大奖，衡水老白干酒早在1915年获“巴拿马万国物品博览会金奖”。2004年，集团公司双喜临门，衡水老白干被国家工商管理总局认定为“中国驰名商标”，成为响誉全国的驰名品牌；老白干香型也通过了国家标准委员会的认定，使衡水老白干在中国白酒之林独树一帜，引领了中国白酒的一个流派；2005年，集团被国家旅游局批准为全国工业旅游示范点；2006年衡水老白干被国家商务局评为“中华老字号”。集团也先后被授予“五·一劳动奖状”“中国食品优秀企业”“产品质量信得过企业”等称号。

河北刘伶醉酒厂

河北刘伶醉酿酒有限公司是河北省大中型重点白酒企业，是于 1948 年在古烧锅基础上建立的国营酒厂。座落于太行山脉东麓易水河畔，古为燕赵之邦，今为京畿重地，西仰狼牙山，东壤白洋淀的河北省徐水县。这里四季分明，气候温和；土地肥沃，物产丰富，泉甘水冽，薰风沐雨，适宜酿美酒，这里自古就有“酿美酒，赠甘醇”的习俗。

据史书记载：此地有悠久的酿酒历史，曾有“黄帝战蚩尤于涿鹿，合符示信于釜山（今徐水），用当地美酒大宴各部落首领”（见《资治通鉴》）“刘伶千里访张华以酒会友”（见《晋书·张华传》）。

中国科学院微生物研究所取样研究发现，刘伶醉近千年古窖池中不仅含有数百种酿造优质白酒的活微生物菌群，而且有 4 株在世界其他地区尚未发现,属于刘伶醉古窖池特有的菌群，对研究我国优质白酒的酿造具有非常重要的意义。

刘伶，字伯伦，安徽宿县人士，晋朝的“竹林七贤”之一。由于他不满晋朝统治者的专权横暴，千里迢迢来到河北省徐水访友张华。张华以当地佳酿款待，刘伶饮后倍加赞赏。据《徐水县碑志》载，刘伶常“借杯中之醇醪，浇胸中之块垒”，并乘兴著诗。诗中道：“捧瓮承槽，衔怀漱醪”“无思无虑，其乐陶陶。兀然而醉，豁然而醒。静听不闻雷霆之声，熟视无睹太行之形，不觉寒暑之切肌，利欲之感情”。留下“酒醉三年方醒”的传说。刘伶死后葬于徐水，其墓至今尚存，为河北省文物重点保护单位。后人还为他建立了《酒德亭》。

在金、元时期，酒业生产技术发生了历史性的变革，蒸馏酒的出现给当地经济发展带来了一时繁荣。到了清朝末年，徐水美酒畅销京、津、保等地区，深受好评。河北刘伶醉酒厂挖掘整理出来的古烧锅遗址和延续使用至今的古发酵池（据考证为金元时期、距今有 800 余年的历史），2001 年被河北省政府列为重点文物保护单位和白酒文化研究基地。

2001 年 2 月 7 日，刘伶醉酒厂古烧锅遗址被河北省政府正式列为省级重点文物保护单位。2005 年 6 月 27 日，刘伶醉酒古烧锅遗址作为中国酒文化的历史遗存，与茅台酒传统生产工艺技艺、四川水井街酒坊遗址、江苏双沟醉猿文化遗址、四川泰安作坊遗址，被国家文物局、中国食品工业协会联合组成的中国食品文化遗产委员会，列入“首批中国食品文化遗产”，成为中国酒文化中的一大景观。2006 年 12 月 19 日刘伶醉被国家商务部授予首批“中华老字号”称号，并颁发了“中华老字号”牌匾和证书。

刘伶醉酒历经历代酿酒师、品酒师的不懈探索和经验传承，形成了独特的白酒生产工艺和品评勾兑技术，生产出以“窖香浓郁，绵甜醇和，酒体深厚，余香悠长”等独具特点的刘伶醉酒。刘伶醉酒以优良的质量在国内外享有极高声誉。20 世纪 70 年代初，日本首相田中角荣来华访问时曾向周恩来总理点名喝刘伶醉酒。刘伶醉是华北五省市最早出口创汇的白酒，有广阔的现实市场和潜在市场。

内蒙古赤峰麦香村酒厂

内蒙古赤峰麦香村酒厂（原松山区酿酒厂），创建于1998年，坐落在“中国第一龙”的发现地内蒙古东部区，美丽的大草原英金河畔，红山脚下。

凭借古老的蒙古民族酒文化与优良的生态环境和先进的草原酿酒工艺技术，以独特的酿酒配方、优质天然纯净水为原料，赤峰麦香村酒厂生产的蒙尊牌系列青稞酒、奶酒，蒙尊老酒、蒙古王子酒、蒙尊老窖，蒙古金尊酒等30多个品种，深受广大消费者喜爱，公司力争向规模化、产业化方向发展，满足广大消费者的需求。

酒厂理念：理解与尊重，信任与信誉，先做人后做事，强化天时、地利、人和优势，达到人力、物力、财力的最大量化。公司始终坚持“以质量求生存，以信誉求发展”的经营方针。让我们紧握合作之手，与成功签约，与利益共享，开创未来，共创辉煌！

据专家考证，奶酒起源于春秋时期，自汉便有“马逐水草，人仰湩酪”的文字记载，极盛于元，流行于北方少数民族已有两千多年，系历史悠久的传统佳酿，一直承担着游牧民族礼仪用酒的角色。

奶酒，蒙语称“阿日里”。相传早在元朝初期，漠北处于大动乱、大变革时期，当时的蒙古各部落七零八落，部落之间较量实力，各选君主。刚满17岁的铁木真继承了父亲的遗志，骑上战马，挥旗重建家园。铁木真的妻子在家里，一面思念远征的丈夫，一面制作奶食品。有一天，她在烧酸奶时，锅盖上水珠流到了旁边碗里，她嗅到特殊的奶香味，一尝味美、香甜，还有一种飘飘欲仙的感觉，她渐渐地在生产生活中掌握了制酒的工艺，并简单地制作了酒具，亲手酿造。在铁木真做大汗的庆典仪式上，她把自己酿造的酒献给丈夫和将士们，大汗和众将士喝了以后，连声叫好。

从此，把它被封为御膳酒，起名叫赛林艾日哈。每当蒙古族向您敬献哈达和奶酒时，是对贵客的最高礼仪。奶酒成为蒙古族接待上宾的必备佳酿。

内蒙古绿源酒厂

内蒙古奈曼旗绿源酒厂地处浩瀚的砂海和美丽富饶的科尔沁大草原腹地。6000年来，先后有东胡民族、鲜卑人、契丹、女真人居住于此。古老神圣的红山文化地脉保佑并养育着这里的华夏子孙。历史的文明和璀璨斑斓的酒文化犹如“东逝水”，一路漫漫走来。我们的祖先“巴旺齐”就是在这片神奇的沃土中凭着勤奋和智聪酿造出当初响誉全蒙的朝廷贡酒“巴旺齐”酒。

勤劳勇敢而又诚恳朴实的蒙古人向来大碗喝酒，大块吃肉。从铁木真（成吉思汗）到忽必烈及至数代满清诸侯，他们征战厮杀，统一疆土。从各路英雄豪杰到社会泰斗贤达，无一不是喝着“巴旺齐”烧锅酒，“壶中有日月，醉里大乾坤”！

而今绿源酒厂生产的霸王旗酒依旧沿袭祖宗“巴旺齐”隆泰大烧锅传统工艺，极具现代需求，先后聘请南北顶级酿造大师，采用现代最先进技术（包括纳米技术）用优质大米、高梁、绿豆等精粮，加入独产于奈曼、享誉世界的稀有珍石——中华麦饭石矿物质原水，酿造出人间美酒——“霸王旗”酒。

“霸王旗”酒，尊贵高雅，唯美大气，内在质量绝对一流！

“霸王旗”酒，高端品质，王牌风范！

湖南湘泉集团

湖南湘泉集团前身系吉首酒厂，始建于1956年。集团由湘泉集团有限公司、酒鬼酒股份有限公司组成，现有子公司、控股公司、租凭与托管公司和科研所等共58个经济实体，拥有总资产25亿元，员工8000余名。产业结构以酒鬼酒、湘泉酒为龙头，集啤酒、药品、陶瓷、酒精、淀粉、饲料、包装和旅游服务为一体，系国家大一型企业。

酒鬼酒股份有限公司前身为始建于1956年的吉首酒厂，1997年7月上市，公司股票上市地为深圳证券交易所，证券代码为000799，股票简称“酒鬼酒”。自上市以来，企业不断发展壮大，酒鬼成为“中国驰名商标”，公司曾先后荣获“全国酒文化优秀企业”、全国“五一劳动奖状”、“全国轻工业系统先进集体”、“全国先进集体”、“中国公众形象优秀企业”、“全国质量效益企业”、“全国酿酒行业优秀企业”、“全国酒文化优秀企业”、“中国公众形象优良企业”、“全国食品行业质量效益型先进企业”、“全国食品工业科技进步优秀企业”等多项荣誉。

公司主营业务为生产、销售酒鬼酒、湘泉酒、内参酒等系列白酒产品，产品畅销全国30多个省、市、自治区，远销美国、日本、俄罗斯、韩国、东南亚及港澳台等20多个国家和地区。

公司传承湘西悠久的民间传统工艺，依托湘西独特的自然地理环境和地域文化资源，独创中国白酒“馥郁香型”。酒鬼酒、湘泉酒曾荣获法国波尔多世界酒类博览会金奖、比利时布鲁塞尔世界酒类博览会金奖、中国首届食品博览会金奖、全国轻工博览会金奖、北京国际经贸博览会金奖、中国国际新产品新技术博览会金奖和中国白酒典型风格金杯奖，曾荣获“中国十大文化名酒”“国产精品”“中国名牌消费品”“世界名牌消费品”等称号。

酒鬼酒公司位于湖南吉首市北郊酒鬼工业园区，旁依枝柳铁路和省道，为风景名胜区张家界、猛洞河、王村古镇至德夯苗寨、凤凰古城的必经之地，这里群山环抱，风景如画，酒鬼生态工业园已被国家旅游局列为全国首批工业旅游示范点。

牛栏山酒厂

北京顺鑫农业股份有限公司牛栏山酒厂建于1952年10月，位于北京市顺义区牛栏山镇，傍依风景宜人的潮白河畔。现有干部职工1500余人，占地300多亩，主要生产清香型“牛栏山”牌为代表的四大系列共计200余种酒类产品。

牛栏山地区的饮酒文化，有据可考的历史可追溯到3000年以前的西周时期。1982年在牛栏山酒厂附近出土的鼎、觯、爵等八件青铜器皿中，有五件都与酒有关。这些青铜器经有关专家分析推测，应在我国的西周年间。而牛栏山二锅头的酿酒历史可上溯到清朝年间，据《顺义县志》记载：“造酒工，做是工者约百余人（受雇于治内十一家烧锅）。所酿之酒甘冽异常，为平北特产，销售邻县或北平市，颇脍炙人口，而尤以牛栏山酒为最著。”此处所提及的“烧酒”，即现在的牛栏山二锅头酒。历经数百年的发展，牛栏山二锅头酒已成为中国白酒清香型（二锅头工艺）代表，深受消费者青睐。

如今，在京城众多白酒品牌中，牛栏山酒厂是北京市年产白酒5万吨以上的大型国有企业；保持自主酿造规模最大的白酒生产企业；最早拥有“中华老字号”“中国驰名商标”的白酒企业；唯一一家获得“原产地标记保护产品”认定的白酒企业；唯一拥有“中国酿酒大师”的白酒企业，唯一获准使用“纯粮固态发酵标志”的白酒企业，唯一具有“全国工业旅游示范点单位”荣誉称号的白酒企业。企业在发展规模、品牌知名度、市场竞争能力和整体经济效益等方面，都呈现出强劲的发展势头。牛栏山酒厂正以全力打造中国二锅头第一品牌为己任，来实现企业更大的发展。

近几年，牛栏山酒厂依托北京地区白酒业中的品牌优势，在“传承百年酿酒工艺、打造中国二锅头第一品牌”发展战略的指导下，企业的产品研发创新、品牌建设、打造全程无忧服务体系、挖掘传统文化内涵等各项工作齐头并进。企业自主研发出了200余种产品，申请了3项专利，企业的核心竞争力得到了提升。同时企业的产品结构日趋合理，高中端产品在市场上得到迅猛发展。

汝阳杜康（集团）总公司

汝阳杜康（集团）总公司位于中国秫酒发源地、中国酒文化的摇篮、杜康造酒遗址——汝阳，是1972年根据周总理“复兴杜康，为国争光”的伟大指示，在改造民间作坊的基础上兴建而成。现已发展为占地156万平方米，固定资产4.9亿元，年生产杜康系列酒8万多吨、优质酒精3万多吨的国家大型一档全民所有制企业。

集团下辖古城酒厂等六家法人单位，是一家集科、工、贸于一体的“一业为主、多业并举”的大型现代化企业集团，为国家重点创汇企业，已连续多年荣登“全国500家最佳经济效益企业”和“行业百强企业”宝座，荣获国家和国际金银奖136个，被列入洛阳市30家建立现代化企业制度试点单位和20家重点扶持企业行列。“中国十大文化名酒”——汝阳杜康酒，被国家质量检验检疫局认定为合格产品，被河南省卫生厅授予“河南省卫生安全食品”称号；公司被河南省工商局命名为“重合同、守信用企业”；汝阳杜康酒顺利通过原产地注册、出口产品卫生注册，2004年9月公司正式通过IS09001-2000质量体系认证。

公司以上乘小麦和高粱为原料，以优质杜康矿泉水为酿酒水源，使传统工艺和现代技术完美结合，精酿而成的杜康酒系列产品，清澈透明，浓郁芳香，醇正甘美，回味悠长，生津、活血、健胃，深受广大消费者的欢迎！出口俄罗斯、欧美、东南亚等59个国家和地区，被外交部定为国宴用酒和馈赠外宾专用礼品酒，并发往我国驻外180多个使领馆，产生了良好的经济效益和社会效益。

“汝阳杜康”品牌已成为中国著名品牌，是一笔无形资产。公司将充分利用好这一资源，发挥自身优势，为广大消费者提供最优质的产品和服务。公司具有很多优势。首先，质量优势：以稳定的内外在产品质量和服务质量，赢得了市场和忠实的消费群体；其次，水源优势：“水是酒之骨”，公司有矿泉水优势，全国众多的酒厂仅有三家具有这种优势，而杜康高纯度、复合型矿泉水则为优中之优；第三，规模优势：年产白酒8万吨的生产能力，在全国白酒行业位居前20位；第四，价格优势：高质低价是杜康酒的显著特点，和茅台、五粮液等高质高价名酒相比，更符合广大普通消费者的需求；第五，文化优势：杜康是中国最古老的历史文化名酒，可以说是家喻户晓，人人皆知。加上汝阳杜康原产地标记注册，更增加了杜康作为酿酒鼻祖、中国秫酒文化摇篮的内涵。

沧州酒厂有限公司

沧酒历史久远，隋唐时期便有记载，到宋明时已海内驰名。据载，沧州曾有吴氏、刘氏、戴氏等数家造酒作坊，其酒多能窖储十余年，味清香甘冽。其时的古运河畔商贾兴盛，多有酒肆、酒楼，营业甚旺。以上所提数家酒坊，临近运河，便取河心清泉水沉淀澄澈后酿酒，乃成清香醇厚之沧州酒。清乾隆《沧州志》《物产》载："沧州，酿用黍米，曲用麦面，水以南川楼前者为上味。醇而冽，他郡即按法为之及也。陈者更佳。"可见其独特与珍奇。

坐落于渤海之滨、古运河畔的沧州制酒厂始建于1947年，最初由九家历史悠久的老酒作坊合并而成，现有资产逾亿元，占地面积14万平米，年生产能力两万吨的大企业，1988年晋升为国家二级企业，是全国五百家最大饮料制造企业之一，成为传承沧酒文化的唯一载体。其中御河春牌御河春酒和沧州铁狮子牌系统白酒，是在曾被乾隆皇帝赞为"好酒"的"麻姑酒"的工艺基础上结合现代酿造技术精制而成。该酒具有酒体协调透彻、口味绵柔甘冽等特点，在历届酒类大赛中屡获殊荣。

沧州的酒有三奇：

一曰水奇：沧酒虽取水运河，然一般的运河水却不能作酿酒之用，必于城外南川楼一带取河心之泉才可，须以锡罂沉至河底，取地下涌出的清泉，始有冲虚之致。以南川楼之水所酿沧酒，味美不上头，从不致人呕吐病酒，即极酒之时，也不过四肢畅适、恬然高卧而已。而非此地之水酿成者，则截然相反。

二曰贮法奇：新酿制的沧酒口感并不甚佳，须贮存十年方为上品。然贮存中的沧酒一畏寒，二畏暑，三畏蒸，对环境要求极为苛刻，稍有偏差，味道即变，如此娇贵品性可谓沧酒之一奇。

三曰饮法奇：沧州之奇，还体现在饮用时的诸多禁忌。一是舟车运输，一摇味即变，须在安静处澄半月，其味乃复；饮时须置于壶内，用酒杓平平舀起，方能保味道不变。二是保存二年者，可以温二次，十年者，温十次如故，十一次则变味；放置一年者温二次即变，二年者温三次即变，毫厘不能假借。

安徽古井集团有限责任公司

安徽古井集团有限责任公司（以下简称“古井集团”）座落在曹操与华佗故里、药材之乡的安徽省亳州市。公司的前身为享誉国内外的亳县（州）古井酒厂。1992 年，古井集团应运组建成立，现发展成为拥有员工 8000 余名、10 多家直接投资或控股的子公司。截至 2005 年 12 月底，古井集团总资产已达人民币 38.4 亿元。

白酒业是目前古井集团的支柱产业，其主体安徽古井贡酒股份有限公司是中国酿酒界的知名企业，全国轻工行业的骨干企业，中国第一家白酒上市企业，自 1989 年以来该公司各项经营业绩一直稳居白酒界前列，连续多年进入中国企业 500 强行列，并位列中国白酒工业百强企业前十名和经济效益十佳企业名单。其拳头产品古井贡酒是中国老八大名酒之一，自曹操向汉献帝晋献九酝春酒，已有 1800 多年的历史。古井贡酒以当地优质高粱作原料，以大麦、小麦、豌豆制曲，沿用陈年老发酵池，继承了混蒸、连续发酵工艺，并运用现代酿酒方法，加以改进，博采众长，形成自己的独特工艺，酿出了风格独特的古井贡酒。并先后获得中国驰名商标、中国原产地域产品保护、国家首批“三绿工程”畅销品牌等重大荣誉称号。它以“色清如水晶、香纯如幽兰、入口甘美醇和、回味经久不息”的独特风格，四次蝉联全国白酒评比金奖，荣获轻工部质量大赛金奖和出口产品金奖，是巴黎第十三届国际食品博览会上唯一获金奖的中国名酒，被世人誉为“酒中牡丹”。2005 年 9 月更被中国食品工业协会白酒专业委员会首批授予象征着中国高档白酒的“金字招牌”——“纯粮固态发酵白酒标志证书”。目前古井系列酒形成拥有以两大香型（浓香型、兼香型）为主、四大品牌（古井贡牌、古井牌、野太阳牌、老八大牌）、从 30 度 60 到度不同酒精含量和高、中、低不同价格档次的完整产品体系，其中古井贡牌和古井牌系列产品是公司白酒类主导产品。

传说与神话弥漫着古井这块神秘的土地，正是这块风水宝地孕育了醇厚甘爽的古井贡酒。

烟台张裕葡萄酒集团有限公司

烟台张裕集团有限公司至今已有100多年的历史，是目前中国乃至亚洲最大的葡萄酒生产经营企业。集团公司现为国家大型企业，有职工4000余人，集团总资产22.9亿元，净资产14.8亿元。集团主要产品有葡萄酒、白兰地、香槟酒、保健酒、中成药、粮食白酒、矿泉水和玻璃制瓶八大系列几十个品种，年生产能力8万余吨，产品畅销全国，并远销马来西亚、美国、荷兰、比利时、韩国、泰国、新加坡、香港等世界二十多个国家和地区。

1915年，张裕的可雅白兰地、红玫瑰葡萄酒、琼药浆、雷司令白葡萄酒一举荣获巴拿马太平洋万国博览会四枚金质奖章和最优等奖状。以后历届全国乃至世界名酒评比中，张裕产品一直榜上有名，先后获得16枚国际金银奖和20项国家金银奖。

1994年，张裕公司按照《公司法》进行了规范化公司制改造，建立了烟台张裕集团有限公司。

1997年，张裕集团作为独家发起人，将集团下属的白兰地、葡萄酒、香槟酒、保健酒四个酒业公司及五个辅助配套。

2001年，张裕与世界葡萄酒巨头卡斯特集团在技术、管理、营销等方面进行深层次的战略合作，此举将加速张裕国际化接轨的步伐。

1997年至今，张裕集团以兼并、联合、划拨的形式先后接收了5个相关企业，集团的综合实力进一步壮大。

2000年集团实现销售收入16.6亿元，实现利税3.5亿元，分别比去年同期增长22%、38.6%。

中粮集团华夏葡萄酿酒有限公司

华夏公司成立于1988年，是中国首家专业生产干红葡萄酒的出口型企业，现隶属于世界企业500强之一的中国粮油食品（集团）有限公司。

华夏公司座落在依山傍海的河北昌黎县，被国家命名为“中国酿酒葡萄之乡”。凭借得天独厚的自然地理优势，华夏公司首家引进国际名种赤霞珠、梅鹿辄、霞多丽、黑比诺等脱毒苗木，最早建成了国内最大的酿酒葡萄基地，实现了“原料基地化、基地良种化、良种区域化”，使天赐好产地、好年份与最适合这里生长的好品种完美结合。与此同时，先后从德国、法国、意大利、美国引进发酵、陈酿、净化、深层过滤、冷稳定、灌装等国际先进全套设备，保证了现代管理模式和现代生产工艺的高效运行。“绿色·陈酿、高效·创新、务实·诚信、品牌·领先”是公司一贯坚持的质量方针，现已形成三大系列几十个品种。产品继1989年荣获法国“第29届国际葡萄酒评酒会特别奖”和1990年巴黎“第14届国际食品博览会金奖”之后，多次获得国际葡萄酒金奖，最佳中国葡萄酒称号奠定了华夏长城葡萄酒的国际品牌地位。总资产由初期的700万元增长到现在的5.51亿元，产量由初期的年产1000吨增长到2005年的年产35000多吨。企业荣获“国家第一批科技创新型星火龙头企业”和“农业产业化十强龙头企业”、“中国酿酒行业百名先进企业”等一系列荣誉称号，跨越式实现了经济效益和社会效益的快速增长，“长城”以强大的优势发展成为中国葡萄酒业三大品牌之一。

通化葡萄酒股份有限公司

通化葡萄酒股份有限公司 (股票代码为 600365) 设立于 1993 年初，其前身为通化葡萄酒总公司，是中国葡萄酒生产行业中的大型资深企业和对外出口葡萄酒较早的厂家之一。拥有 80 年的葡萄酒酿造历史的独特的传统酿酒工艺。设备精良、技术先进，有世界一流的地下贮酒库，可贮藏葡萄原酒 1.8 万吨，年生产能力 3 万吨。

公司地处景色幽雅、山青水秀的长白山脉西麓，党和国家领导人朱德、董必武、胡耀邦、彭真、杨尚昆等同志曾到厂视察，并题词给予高度赞扬。公司现有职工 1300 人，其中各类专业技术人员 300 人，技术力量雄厚，职工队伍素质高，设备精良，工艺先进，有着独特的传统酿酒工艺。公司现有葡萄酒生产线 3 条，饮料生产线 2 条，占地面积 9 万平方米，建筑面积 5 万多平方米，有近 500 亩的葡萄栽培试验园地，有世界一流的地下贮酒库，面积达 10340 平方米，外埠有 3 处葡萄发酵基地。公司恪守“质量第一、信誉至上”的生产服务宗旨，产品品种齐全，档次多样。

通化葡萄酒是以长白山脉野生山葡萄为主要原料，采用先进的科学技术和独特的传统工艺精制而成，以其醇厚的酒质、山葡萄独特的果香、清澈透明的感观、幽雅和谐的口味深受广大消费者欢迎和拥戴，被我国酿酒专家誉为世界葡萄酒中的一颗明珠。自 1960 年起被评为省、部、国家名酒和优质酒称号，荣获各种奖 50 余次（其中金奖 15 次，银奖 9 次及其他奖励和荣誉称号)，获轻工部“优秀质量管理企业”称号和吉林省“先进企业”及“质量管理奖企业”称号。自 1954 年对外出口以来，远销美国、德国、比利时、澳大利亚、俄罗斯、日本、马来西亚、韩国、香港等 30 多个国家和地区。

中国·昌黎夏都葡萄酒有限公司

中国首家专业桃红葡萄酒生产企业——中国·昌黎夏都葡萄酒有限公司成立于2004年，是集科研、生产、营销于一体的专业桃红葡萄酒生产企业。夏都坐落在秦皇岛的黄金海岸，公司占地26000平方米，拥有国家级酿酒师、酿酒技师多人。公司全部采用法国、意大利、德国等一流先进设备，在此基础上夏都还投资建立了目前亚洲最大的储酒罐，单罐储酒能力达到550吨；并与世界最大的桃红葡萄酒生产地区——法国普罗旺斯地区的企业进行了技术合作。公司以“全力酿造最适合中国人口味的葡萄酒”为经营理念，为市场提供优质的产品。

作为葡萄酒三大酒种之一——桃红葡萄酒近年来在欧美日趋盛行，更有风靡全球之势。它色泽嫣红、艳丽撩人，介于红、白葡萄酒之间，味道也正如此，既拥有白葡萄酒的清爽，又兼具红葡萄酒的浓郁果香。果香、酒香和谐，清新淡雅，既避免了白葡萄酒后味淡的不足，又避免了红葡萄酒的涩口感觉。

桃红葡萄酒的饮用方式与传统的干红不同，干红葡萄酒需要慢慢啜饮细细品尝，而桃红的饮用方式可谓无拘无束，不仅可以冰冻，冰冻后原有的果香和酒香不变，而且桃红葡萄酒素有“百搭酒”的美称，因其品味上的特点决定了它在中餐搭配上独具潜力，能与中餐的冷热荤素咸甜酸辣完美结合，尤其是在搭配微辣菜肴上更是其他酒品无法比拟的。

桃红葡萄酒是将葡萄带皮发酵一定时间后，再将葡萄皮与果汁分离，然后果汁单独发酵，由于果汁获得了果皮的一部分颜色，所以会酿造出淡玫瑰红色的桃红葡萄酒。酿造桃红葡萄酒最关键的技术，就是在比较短的时间内，在去皮发酵前将葡萄果所含的营养成分有效地溶入酒中，而酒的色泽、风味又必须达到桃红葡萄酒的要求。桃红葡萄酒被称为“最难酿造的葡萄酒”，原因就在于此。桃红葡萄酒适合各类消费群体，尤其是年轻一代的青年女性，适合在时尚、休闲和不太拘谨的场合下饮用。

青岛葡萄酒厂

青岛葡萄酒是国内为数不多的、最早的葡萄酒品牌之一。传承近百年酿造技术精华和深厚酒文化的青岛葡萄酒几乎成了中国葡萄酒发展史的浓缩。

1912年，德国商人克劳克创建了青岛市第一家葡萄酒厂——青岛葡萄酒厂，采用传统发酵工艺，酿造了酒质优异的“青岛牌”葡萄酒。解放后，酒厂被青岛市人民政府接收，成为青岛唯一的葡萄酒生产企业。此后相当长的时间内，青岛葡萄酒厂的发展一直走在全国的前列，特别是在20世纪80年代后期一度成为中国葡萄酒的龙头。后来由于那个时代特定的历史原因，加之经营管理不善，青岛葡萄酒厂于1994年破产，辉煌暂时落幕。

跨越新的世纪，百年青岛葡萄酒重绽光彩。2005年初，青岛华东葡萄酿酒有限公司宣布收购有着近百年历史的青岛葡萄酒厂，并重新注册成立嘉海（青岛）葡萄酒有限公司，注入巨资启动“青岛”牌葡萄酒复出工程。2006年5月，青岛葡萄酒正式复出，新品上市。总经理张正欣执掌青岛葡萄酿酒有限公司以来，进行了大刀阔斧的整顿，破除了老企业经营中一些陈旧而又不合时宜的惯例，下功夫进行品牌、体制、人才、经营理念方面的创新，完整产品体系，努力解决文化传承与创新发展问题，建立起现代企业制度。并成功借力华东葡萄酒，在品牌美誉度和影响力以及技术优势和原材料优势上互相支援，在市场资源、渠道资源上实现共享，迅速拓宽销路，将百年老品牌做得有声有色，保持了老字号的活力。

百年青岛葡萄酒，几经磨砺更加熠熠生辉！

宁夏西夏王葡萄酒业集团公司

宁夏西夏王葡萄酒业集团公司成立于1984年，是宁夏最早一家集科研、生产、营销于一体的花园式、专业化葡萄酒生产企业，隶属于宁夏回族自治区21个重点企业的宁夏农垦企业集团公司。座落于银川市玉泉地区，拥有土地面积4000余公顷，总资产1.3亿元。集团由十大分(子)公司组成，员工1200余人，年产优质葡萄酒10000吨。宁夏作为中国酿酒葡萄主产区之一，与新疆、甘肃等地构成了中国酿酒葡萄种植“黄金三角区”。集团玉泉葡萄全资子公司所拥有的2.5万亩葡萄基地，基地葡萄品种达226种，几乎囊括了世界葡萄名优鲜食品种和高档酿酒葡萄品种。该基地2001年被宁夏回族自治区政府确定为农业产业化“三个十工程”的葡萄产业化项目示范基地，同年被授予“助农增收先进单位”。公司的营销网络已遍及全国30多个大中城市，2001年中国500多家葡萄酒生产企业中，“西夏王”葡萄酒市场综合占有率排名前七位，使“西夏王”葡萄酒从名不见经传到畅销中国、远销国外，企业的知名度与美誉度也在不断攀升。同年被自治区人民政府授予“重合同守信用、效益先进单位”。集团公司下属玉泉葡萄酿酒研究中心，由宁夏西夏王葡萄酒业有限公司、宁夏农学院、北京农大葡萄酒研究中心多个院校的专家组成，为西夏王集团公司控股科研实体，成为推动集团公司产、加、学、研、商贸为一体的科研带头人。

金威啤酒集团有限公司

金威啤酒品牌是由金威啤酒集团有限公司（前称粤海啤酒集团有限公司）所拥有。金威啤酒集团有限公司为香港上市公司，是广东省政府在香港最大企业粤海控股集团有限公司的旗下控股企业。

采用德国传统工艺酿造啤酒，金威啤酒在保持醇厚、清爽风味的基础上创新，具有独特的国际清醇口味。金威啤酒产品包括老金威、金威纯生、金威金纯、金威 2008、绿金威等十几个系列，主要在广东省销售，同时销往天津、四川、西安、广西、福建、湖南、江西、江苏、安徽、陕西、黑龙江等 20 多个省市及自治区，也在香港、澳门，及东南亚、加拿大和巴拿马等海外市场出售。

金威啤酒集团专业从事啤酒酿造和销售，下辖 7 个年产能 20 万吨的全资现代化啤酒生产企业：深圳金威啤酒有限公司、深圳金威啤酒酿造有限公司、金威啤酒（汕头）有限公司、金威啤酒（东莞）有限公司、金威啤酒（天津）有限公司、金威啤酒（西安）有限公司、金威啤酒集团（成都）有限公司等全资附属公司。

金威啤酒集团在业界享有“科技金威”的美誉。2003 年 3 月金威啤酒绿色工艺应用研究正式通过国家级权威专家鉴定，并于 2004 年 6 月成为科技部国家科技成果重点推广项目。

金威成为国内“不添加甲醛酿造”的绿色啤酒首倡者。其下属各生产基地均选用目前国内乃至世界上最先进的现代化啤酒生产技术和设备，均采用“绿色工艺”及全程质量监控以保证产品风味的一致。

啤酒产品系列包括口感浓郁的 11°金威啤酒、12°金威啤酒及 13°特制金威啤酒，口感清爽而不淡的 12°纯生啤酒及 10°金威清醇生啤，以上均备有大装及标准的樽装、罐装及桶装。

青岛啤酒厂

青岛啤酒厂厂区占地面积9万多平方米，职工人数2140人，其中工程技术人员148人。1987年固定资产原值9059万元，工业总产值4899万元，实现利税4650万元，啤酒产量10.3万吨，比1986年分别增长0.02%、8.10%、13.64%和3.26%。

青岛啤酒自1954年开始出口，截止1987年已畅销20多个国家和地区。1987年出口量达到5.8万吨，占全年总产量的近60%，创汇2520万美元（注：创汇数额是从1987年4月1日开始计算），成为国内同行业出口量最多的厂家。

青岛啤酒厂生产的青岛牌啤酒，选用优质大麦、良种啤酒花和崂山泉水精心配制，素以泡沫洁白细腻、酒液清亮透明、口味香醇爽口而享誉中外。1963年、1979年青岛牌啤酒两次被评为国家名酒；1980年、1985年两次荣获国家金质奖章；1981年、1985年两次在美国国际啤酒评比会上荣获冠军奖，1987年在美国密西西比州的国际啤酒评比会上第三次夺魁。

随着改革开放的逐步深入，青岛啤酒厂认真贯彻国营工业企业3个条例和《企业法》，进一步明确了厂长的中心地位。在实行厂长负责制、厂长任期目标责任制的基础上，1987年该厂与市政府签订了为期两年基数不变的经营承包合同，从而使企业增强了责任感和紧迫感，调动了广大职工的积极性，超额完成了承包基数。1987年实现利税4650万元，实际上缴利润1217万元，超基数257万元；实现创汇2520万美元，比计划增长40%。

狠抓企业管理，提高企业素质，进入“七五”以来，该厂提出了“先达省级，后上二级（国家级），再创一级（国家级）”的企业升级总体目标，并在贯彻实施中调整、理顺了各职能部门的关系，明确了各自的职权范围，完善了各种规章制度，建立健全了三级计量管理网络。按照标准试套和整改之后，经上级有关部门评审考评，认定该厂的产品质量、物质消耗、经济效益3项考核指标均达到省级先进企业标准。1987年，该厂荣获市级质量管理奖和省级先进企业称号，并被批准为国家一级计量单位，从而实现了企业升级总体规划的第一步目标。

武汉百威啤酒有限公司

百威（武汉）国际啤酒有限公司成立于1995年2月，是由美国安海斯–布希公司控股85%的合资企业。中方股东有包括中国银行、建设银行、北京光大银行、中国轻工业部及武汉酿造总厂在内的5家股东。百威（武汉）国际啤酒有限公司是安海斯–布希公司在中国投资购厂的唯一的公司，同时也是武汉市重点支持和关心的发展型工业企业，武汉市政府和汉阳区委区政府的主要领导经常亲临公司现场办公，为企业解决发展中存在的各种具体问题，以保障公司的顺利发展。1996年经武汉市人民政府确认百威（武汉）公司为武汉工业发展确保单位，表达了支持百威（武汉）公司发展成为全国第一流啤酒企业的决心。公司主要生产百威牌啤酒和中德牌啤酒。有着120年历史的美国安海斯–布希公司，采用世界独一无二的榉木酢工艺，贯穿选料、糖化、发酵、过滤直到罐装的每一个工序。百威（武汉）公司都有严格的质量体系，以确保公司生产出来的百威牌啤酒具有全球均一的格外清澈、格外清爽、格外清醇的品质。为了保证品质的绝佳，百威公司选用原材料、酒花全部从美国进口。为保证百威啤酒酒味的新鲜，公司对原材料和成品酒规定了严格的贮存要求。百威（武汉）公司信奉好的产品是生产出来的。为此，公司制定了高于我国优级啤酒标准的百威啤酒标准，在各个工序控制百威啤酒生产，使其自始至终满足百威啤酒工艺要求，确保世界第一品牌百威啤酒在中国的形象。百威啤酒自1995年正式面市以来，公司不断更新啤酒包装，不断收集市场信息。公司率先引进美国“影响性”销售方法，在武汉、南京等地跟踪展示，给消费者留下十分良好的印象。

茅台啤酒

茅台啤酒公司坐落于历史文化名城遵义市经济技术开发区，隶属中国贵州茅台酒厂有限责任公司控股企业。公司自成立以来，始终不懈地坚持“我爱茅台，为国争光”的企业精神，恪守“人才是根本，质量是生命，管理出效益，诚信出市场”的企业方针。一方面从适应市场、拓展市场、实现与国际惯例接轨，推动企业快速健康发展的需要为出发点，积极开展ISO9000-ISO14000、OHSAS18000认证工作，强化内部质量、环境、职业健康安全管理，并于2003年元月，在同行业中率先通过三项整合认证，成为同行业首家一次性通过三项整合认证的企业，实现了内部管理的体系化、程序化和规范化；另一方面以“茅台啤酒，酿造高品位的生活”为经营宗旨，以市场为中心，以顾客为关注焦点，坚持“顾客至上，服务一流”的经营理念，坚持科技创新，努力开发出适合东、南、西、北、中各种口味的系列啤酒，按照高起点、高标准的要求，全力打造“茅台啤酒，啤酒中的茅台”，实现品牌与品质的提升。2000年11月，为了进一步扩大企业生产规模，增强公司自主开发能力和竞争能力，投资2.4亿元新建10万吨茅台啤酒生产线。该生产线是按照高起点、高标准先进技术的要求设计施工，主要设备分别采用德国克朗斯公司、斯坦尼克公司和意大利萨西布公司生产的世界一流啤酒生产设备，实现了从投料、糖化、发酵、过滤全过程的微机控制，为进一步稳定和提高产品质量、增进顾客满意奠定了坚实的基础。

华润雪花啤酒（中国）有限公司

华润雪花啤酒（中国）有限公司成立于1994年，是一家生产、销售啤酒、饮料的外商独资企业，总部设于中国北京。其股东是华润创业有限公司和全球第二大啤酒集团SABMiller。

华润雪花啤酒从一个区域性的单一工厂，发展成为行业中的知名企业，仅用了10年的时间。目前华润雪花啤酒在中国大陆经营48家啤酒厂，占有中国啤酒市场15%的份额。旗下拥有30多个区域品牌，在中国众多的市场中处于区域优势。2006年华润雪花啤酒销量超过500万千升，不但突破了雪花啤酒单品销量第一，并且公司总销量一举超越国内其他啤酒企业，成为中国销量最大的啤酒企业。

华润创业有限公司于香港联合交易所挂牌，并为香港恒生指数成份股及恒生伦敦参考指数成份股之一。

2002年，华润雪花啤酒（中国）有限公司全力将雪花啤酒塑造成为全国品牌，雪花啤酒一直以清新、淡爽的口感，积极、进取、挑战的品牌个性深受全国广大啤酒爱好者的普遍喜爱，成为当代年轻人最喜爱的啤酒品牌。

自2005年，雪花啤酒以158万千升的单品销量成为全国销量第一的啤酒品牌以来，一直在销量居于榜首。2007年以690万千升的销量再次荣获中国啤酒行业销量第一的桂冠。

北京燕京啤酒厂

北京燕京啤酒集团公司是以1980年建厂的原北京燕京啤酒厂为核心发展组建起来的国有大型一档企业，国家二级企业，1997年完成股份制改造，募集设立北京燕京啤酒股份有限公司，给企业注入了活力。全公司占地89万平方米，总资产35亿元，现有职工7600人，其中工程技术人员812人。

燕京啤酒集团公司于1999年年末生产啤酒104.1万吨，是全国最大啤酒生产企业和中国100家最大饮料制造企业之一。连年被评为全国500家最佳经济效益工业企业，中国行业百强企业。啤酒产量、利税总额在中国啤酒行业中列第一位。燕京啤酒清爽怡人，深受消费者青睐，在北京市场占有率为85%，天津市场占有率为25%，并畅销全国各地。

燕京啤酒集团公司拥有雄厚的技术力量，先进的成套设备及工艺和国内最先进的产品检测仪器。产品全部按国际标准组织生产，有11°、12°精品啤酒、11°、12°特制啤酒、11°清爽啤酒、10°干啤酒、扎啤以及芒果汁、矿泉水、燕京可乐、调味品、酵母粉、标签、瓶盖、饲料等六大类二十多个品种。燕京啤酒集团公司不断引进吸收国内外先进技术，并与中国食品发酵工业研究所常年合作，并成为其科研试验基地，对中国啤酒工业的新成果有先手之利。

燕京啤酒酒液清亮透明，泡沫洁白、细腻，持久挂杯，口味纯正，柔和爽口，是国家首批质量认证产品，并被指定为人民大会堂国宴特供酒，中国国际航空公司空中配餐专用酒，三十余次在国内外啤酒质量评比中获大奖，“燕京牌”啤酒注册商标是中国驰名商标。

燕京啤酒集团公司下属有:北京燕京啤酒股份有限公司、北京燕达皇冠盖有限公司、北京长亿人参饮料有限公司、北京双燕彩色印刷厂、北京航星调味品有限责任公司、江西燕京啤酒有限责任公司、湖南燕京啤酒有限公司、燕京啤酒（赣州）有限责任公司、燕京啤酒（衡阳）有限责任公司、燕京啤酒（襄樊）有限公司。

燕京啤酒集公司将进一步借鉴国内外先进的管理经验，积极参与国内外市场竞争，创造最佳社会效益和经济效益，把燕京啤酒集团公司建成一个具有先进技术水平、一定的生产规模、经济效益好的大型综合性企业集团，为民族啤酒工业的振兴做出自己的贡献。

绍兴女儿红酿酒有限公司

绍兴女儿红酿酒有限公司创建于1918年，是绍兴东路酒的代表，位于浙江省绍兴东麓的东关镇，占地130亩，属于长江三角洲开发区，北临杭州湾，南靠会稽山，北侧萧甬铁路、沪杭甬高速公路、104国道，南有杭甬运河通过，交通十分便利。

公司总资产1.5亿元，现有员工320余人，是一家以黄酒、白酒生产与销售为主进而辐射果酒、保健型酒等的企业。年产黄酒2万吨，年瓶酒灌装能力1万吨。公司为适应社会市场济的需要，致力于提高品质、多样化的产品开发，注重内外市场的拓展，积极引进现代酿酒技术，并与传统工艺的完美结合，加强“女儿红”品牌宣传，以雄厚的实力和先进的企业资本管理经验促进公司发展，取得了显著的社会效益和经济效益。

公司主要产品女儿红酒沿历史记载之典故，集传统工艺之精华，系绍兴黄酒之精品，深受国内外城乡广大消费者喜爱，公司已通过ISO9001-2000质量管理体系认证。

女儿红自诞生之日起，就以其独特的文化内涵吸引了广大文人墨客。他们以“女儿红”为题材，创作了许多关于女儿红的艺术作品。

1. 1994年由香港寰亚集团投资、著名导演谢晋之子谢衍执导的电影《女儿红》，在女儿红酿酒有限公司举行开机仪式，该片由著名作家沈贻伟编剧，汇集了台湾的归亚蕾、香港的顾美华、大陆的周迅等明星，描述了自20世纪30年代至80年代末三代酿酒人的悲欢离合。在海内外(包括中央6台电影频道)播出后，大大提高了女儿红品牌的知名度。

2. 由杭州电视台拍摄的电视艺术片《女儿红》，以其独特的视角，描写了江南水乡的浓浓风情。该片被列入全国五个一工程项目，并于1996年春节在中央电视台播出。

3. 舞蹈《女儿红》以其丰富、细腻的动作，反映了绍兴地方酿酒、嫁娶等民间习俗，并在文化部春节晚会上表演获全国群星银奖。

4. 脍炙人口的女儿红歌曲、戏剧也多次在浙江、绍兴、上海东方电视台等地方台播出。

江苏丹阳酒厂

丹阳黄酒历史悠久，酿造史已有3000余年，丹阳境内出土的西周青铜凤纹尊、兽面纹尊以及青铜方卣等远古酒器证明，早在西周时期，这里已有相当发达的酒文化了。

丹阳酒厂创建于1958年，是全国甜黄酒生产规模企业，主产品封缸酒、黄酒、老陈酒，多次荣获国际、国内大奖，在国内有很强的知名度和美誉度。

丹阳黄酒系列产品采用当地特产优质糯米，用千年传统工艺结合当代先进技术精酿而成，营养丰富，鲜甜醇香。

近年来，企业在注重产品传统特色的基础上，与时俱进，企业文化、黄酒文化、企业品牌都得到了发扬光大，丹阳黄酒被认定为“国家原产地地理标志保护产品”；封缸酒、黄酒、老陈酒被认定为“国家A级绿色食品”；“旦阳”牌注册商标荣获“江苏省著名商标”；2005年老陈酒被中国酿酒工业协会评为“全国酒类产品质量安全诚信推荐品牌”；企业被评为“全国食品安全百佳先进单位”“全国酿酒行业劳动关系和谐企业”；“旦阳”牌黄酒、封缸酒获“中国历史文化名酒”称号。

伴随着丹阳酒厂实施改制重组战略，丹阳酒厂的明天将更加灿烂、辉煌！

玺尊酒业

玺尊酒业有限公司是一家融精品高端白酒研发、生产、销售为一体专业性经营实体。公司产品研发中心、生产基地以及品控中心位于素有“中国酒都”美誉的贵州茅台镇国酒大道，厂区占地一千余亩，自有陈年窖池上万口，行政中心及营销管理中心设在“山水甲天下”的旅游之都桂林市。

自古美酒出茅台，传统佳酿玺尊酒。公司主导产品——玺尊系列浓香型、酱香型白酒，凭借茅台镇悠久的酿酒工艺和得天独厚的酿酒文化，精挑细选五谷纯粮，采用宫廷古法秘技，运用传统的固态发酵法，巧取赤水河之水经过七次蒸煮、八次发酵、经年窖藏、潜心调制而成。酒体既保持了传统茅台系列酒香、甜、纯、净、爽的固有优点，又兼具全新的自身特色，入口甜、落口绵、下喉爽、不上头、不刮喉、醇香浓郁、绵软甘洌、酒风凌厉而刚中带柔、余香不绝而回味悠长……堪为酒中精品。

玺乎稀有，尊于典藏——将传统的宫廷生活元素和中国源远流长的酒文化有机结合，玺尊酒以独特的方式诠释着深刻的文化内涵和人生哲理，在点滴之间演绎出当代人高尚而精致的生活……

玺尊酒，秉承“原生态、原产地、原佳酿”的特质和“纯朴、纯正、纯真”的酒品风格，作为茅台镇又一传世佳酿，以与茅台酒一脉相承的优良品质，受到了无数消费者的青睐，表现出极强的市场生命力。被“中华酒令擂台赛”组委会授予“金奖”。

热忱欢迎各界有识、有志人士来函来电垂询，共谋玺尊发展大业。

营销管理中心地址：广西桂林市骖鸾路 20 号

网址：www.xzjgs.com

电话：0773-3996999　13377111588

传真：0773-3888802

玺尊五星酒

玺尊宫庭生活元素 ▶

酒会宴请礼仪

第一章　现代宴会礼仪

宴会的类型

宴会，是指请人赴宴的聚会，是国际国内社会交往中比较常见的礼仪活动形式之一。人们通常把由政府机关、社会团体举办的，具有一定目的和比较讲究礼节礼仪的酒席，称为宴会。把私人举办的、规模较小的酒席称为筵席。宴会和筵席的基本含义相同，都是请人聚餐，但宴会比筵席更讲究礼节礼仪。

宴会名目繁多：从规格上分，有国宴、正式宴会、便宴、家宴；从餐饮习惯上分，有中餐宴会、西餐宴会、中西合餐宴会；按时间分，有早宴、午宴和晚宴；按礼仪分，有欢迎宴会、答谢宴会；按特色分，有鸡尾酒会、冷餐酒会、茶会、招待会等。

中餐宴会，是中国传统的具有浓厚的民族特色的宴会。宴会遵循中国的饮食习惯，饮中国酒，食中国菜，用中国餐具，行中国的传统礼节。

国宴，是国家元首或政府首脑为欢迎外国元首、政府首脑来访或庆祝重要节日而举办的宴会。宴会厅内悬挂国旗，设乐队，奏国歌，席间致词，菜单和席卡上印有国徽。宴会的规格最高，盛大隆重，礼仪严格。

正式宴会，通常是政府和人民团体有关部门，为欢迎应邀来访的宾客或来访宾客为答谢主人而举行的宴会。这种宴会无论是规格和标准都稍低于国宴，不挂国旗，不演奏国歌。其安排与服务程序大体与国宴相同。

便宴，即便餐宴会，用于非正式的宴请。一般规模较小，菜式有多有少，质量可高可低，不拘严格的礼仪、程序，随便、亲切，多用于招待熟悉的宾朋好友。

家宴，是在家中以私人名义举行的宴请形式。一般人数较少，不讲严格的礼仪，菜式多少不限，宾主席间随意交谈，轻松、欢快、自由。

晚宴，是国宴的另一种表现形式，时间在晚上举行，其规格和标准与国宴相同，隆重、热烈。有时普通的外交往来，也在晚上举行宴请活动，人们习惯上也称之为晚宴，但这是较低一级的晚宴。

招待会，是一种规模可大可小、经济实惠的宴请形式。有时用于隆重的宴请，如国庆招待会。有的规模较小，如各地方政府和企事业单位举办的招待会。

茶会，又称为茶话会，是一种比较简单的招待方式，多为人民团体举行纪念和庆祝活动所采用。席间一般只摆放茶点、水果和一些风味小吃，宾主共聚一堂，饮茶尝点，漫话细叙，形式比较随便自由。有时席间还安排一些短小的文艺节目助兴，使气氛更加喜庆、热烈。

西餐宴会，是采用西方国家举行宴会的布置形式、用餐方式、风味菜点而举办的宴请活动。其主要特点是：摆西餐台面，吃西式菜点，多用刀、叉、匙进食，采取分食制，常在席间播放音乐。

鸡尾酒会，是西方传统的集会交往的一种宴请形式，它盛行于欧美等国家和地区。鸡尾酒会规模不限，灵活、轻松、自由。一般不设主宾席和座位，绝大多数客人都站着进食。各界人士可互相倾谈、敬酒。鸡尾酒会有时与舞会同时举行。

冷餐酒会，是西方国家较为流行的一种宴会形式。其特点是用冷菜、酒水、点心、水果来招待客人。它可分为立餐和座餐两种形式。菜点和餐具分别摆在菜台上，由宾客随意取用。酒会进行中，宾主均可自由走动、敬酒、交谈。

宴会的筹备

宴请对宾客来说是一种礼遇，举办者必须根据有关礼节、礼仪组织好。

确定宴请的目的、名义、范围和形式

宴请的目的是多种多样的，可以为某个人也可以为某一事件，如为庆祝节日、纪念日，为展览会开幕、闭幕，为某工程的动工、竣工等。

名义主要依据主客双方的身份而确定，也就是说主客身份应该对等。邀请主宾携夫人出席，主人若已婚，一般以夫妇名义发出邀请。我国大型正式活动以一人名义发出邀请。日常交往小型宴会则根据具体情况以个人名义或夫妇名义出面邀请。

范围是指请哪些方面人士，请到哪一级别，请多少人，主人一方请什么人出来作陪，这都要考虑各方面因素，如宴请的性质、主宾的身份、国际惯例，还要考虑当前的政治气候等，各方面都要想到，不能只顾一面。邀请范

围与规模确定之后，即可草拟具体邀请名单，被邀请人的姓名、职务、称呼以及对方是否有配偶等都要准确。多边活动尤其要考虑政治关系，对政治上相互对立的国家是否邀请其人员出席同一活动要慎重考虑。

形式在很大程度上取决于当地的习惯做法。一般来说，正式的、规格高的宴请，人数少以宴会为宜，人数多则以冷宴或酒会更为合适。妇女界的活动多用茶会。目前，各国礼宾工作都在简化，宴请范围趋向缩小，形式也更为简便，酒会、冷宴会被广泛采用，而且中午举行的酒会往往不请配偶。少数国家招待国宾宴会只请身份较高的陪同人员，不请随行人员。我国也在进行改革，提倡多举行冷餐会和酒会以代替宴会。

确定宴请时间、地点

时间应对主宾双方都合适，注意不要选择对方的重大节日、假日、有重要活动或禁忌的日子宴请。如对信奉基督教的人士不要选 13 号或星期五，伊斯兰教在斋日内白天禁食，宴请宜在日落进行。重大宴请活动时间要与主宾单位商定，小型宴请要征询主宾意见，可口头当面约请，亦可用电话联系。主宾同意后，时间即被认为最后确定，可以按此约请其他宾客。

官方隆重活动的地点一般安排在政府议会大厦或宾馆内举行，其余则按活动性质、规模大小、主人意愿以及实际可能而定，选定场所要容得下全体人员。举行小型正式宴会，在可能条件下，宴会厅外另设休息厅，供宴会前简短交谈用，待主宾到达后一起进宴会厅入席。

邀请

各种宴请活动，一般均发请柬，这既是礼貌，也是对客人的提醒备忘。便宴经约定后，可发也可不发请柬。工作进餐一般不发请柬。有些国家邀请最高领导人作为主宾参加的活动，需单独发邀请信，其他宾客发请柬。

请柬一般提前一周至两周发出（有的地方须提前一个月），以便被邀请的人及早安排。已经口头约妥的活动，仍应补送请柬，在请柬右上方或左下方注上“备忘”（To remind）字样。需安排座位的宴请活动，为确切掌握出席情况，往往要求被邀请者答复能否出席。遇此，请柬上一般用法文缩写注上 R、S、V、P（请答复）字样。如只需不能出席者答复，则可注上 Regrets only（因故不能出席请答复）并注明电话号码，亦可以在请柬发出之后，用电话询问能否出席。

在请柬信封上，被邀请的人姓名、职务要书写清楚准确。国际上习惯对夫妇两人发一张请柬，在我国国内遇有需要凭请柬入场的场合要每人一张。正式宴会最好能在发请柬之前排好席次，并在信封上角注明席次号。请柬发出后及时落实出席情况，准确记载，以安排并调整席位。即使是不安排席位的活动，也应对出席率有所估计。

订菜

宴请的酒菜根据活动形式和性质，在规定的预算标准以内安排。选菜不应以主人的爱好为准，主要考虑主宾的爱好与禁忌。如伊斯兰教用清真席，甚至不用任何含酒精的饮料；印度教徒不能用牛肉；佛教僧侣和一些教徒吃素；也有因身体原因不能吃某种食品的。如果宴会上有个别人有特殊需要，也可单独为其上菜。大型宴请则应照顾到各个方面。菜肴道数和分量都要适宜，不要简单地认为海味名贵而泛用，其实不少外国人并不喜欢，特别是海参。在地方上宜用有地方特色的食品招待，用本地产的名酒，不宜到处用茅台。无论哪一种宴请，事先均应开列菜单，并征求主管负责人的同意。获准后，如果是宴会，即可印制菜单，菜单一桌两三份，至少一份，讲究的也可以每人一份。

席位安排

正式宴会一般均排席位，有的可以只排部分客人的席位，其他人只排桌次或自由入座。无论采用哪种做法，都要在入席前通知到每个出席者，使大家心中有数，现场还要有人引导。大型宴会，最好是排座位，以免混乱。

国际上的习惯，桌次高低以离主桌位置远近而定，右高左低。桌数较多时，要摆桌次牌。同一桌上，席位高低以离主人的座位远近而定。国外的习惯，男女穿插安排，以女主人为准，主宾在女主人右上方，主宾夫人在男主人右上方。我国习惯按个人本身职务排列以便于谈话，如夫人出席，常常把女方排在一起，即主人位置可以与主桌主人位置同向，也可以以面对主桌的位置为主位。

礼宾次序是排席位的主要依据。在排席位之前，要把经过落实出席的主、宾双方名单分别按礼宾次序开列出来。除了礼宾顺序之外，在具体安排席位时，还需要考虑其他一些因素。多边的活动需要注意客人之间的政治关系，政见分歧大、两国关系紧张的，尽量避免排在一起。此外，适当照顾各种实际情况，如身份大体相同、使用同一语言、或属同一专业者可以排在一起。译员一般安排在主宾的右侧，在以长桌做主宾席时，译员可以考虑安排在对面，便于交谈。但一些国家忌讳以背向人，译员的座位则不能作此安排。在这种情况下，用长桌做主宾席时，主宾席背向群众的一边和正面第一排桌背向主宾席的座位均不安排坐人。在许多国家，译员不上席，为便于交谈，译员坐在主人和主宾的背后。

在国际交往时，安排座位遇特殊情况亦可灵活处理。如遇主宾身份高于主人，为表示对他的敬重，可以把主宾摆在主人的位置上，而主人则坐在主宾位置上，第二主人坐在主宾的左侧，但也可按常规安排。如果本国出席人员中有身份高于主人者，如部长请客，总理或副总理出席，可以由身份高者坐主位，主人坐身份高者左侧，但少数国家亦有将身份高者安排到其他席位上。主宾有夫人，而主人的夫人又不能出席，通常可以请其他身份相当的妇女作第二主人。如无适当身份的妇女出席，也可以把主宾夫妇安排在主人的左右两侧。席位排妥后要着手写座位卡，我方举行的宴会，中文写在上面，外文写在下面。卡片用钢笔或毛笔书写，字应尽量写得大些，以便于辨认。便宴、家宴可以不放座位卡，但主人对客人的座位也要有大致安排。

现场布置

宴会厅和休息厅的布置取决于活动的性质和形式。官方正式活动场所的布置应该严肃、庄重、大方，不要用红绿灯、霓虹灯装饰，可以少量点缀鲜花、刻花等。

宴会可以用圆桌，也可以用长桌或方桌。一桌以上的宴会，桌子之间的距离要适当，各个座位之间也要距离相等。如安排乐队演奏席间乐，不要离得太近，乐声宜轻，宴会休息厅通常放小茶几或小圆桌，与酒会布置类同。如人数少，也可按客厅布置。

冷餐会的菜台用长方桌，通常靠四周陈设，也可根据宴会厅情况，摆在房间的中间。如坐下用餐可摆四至五人一桌的方桌或圆桌，座位要略多于全体宾客人数，以便客人自由就座。

酒会一般摆小圆桌或茶几，以便放花瓶、烟缸、干果、小吃等。也可在四周放些椅子，供妇女和老人体弱者就座。

餐具的准备

宴请时餐具是十分重要的。如果以中餐宴请，就必备考究的中餐餐具，这才有中餐的风格，也是对客人的尊重。根据宴请人数和酒、菜的道数准备足够的餐具。餐桌上的一切用品都要十分清洁卫生，桌布、餐巾都应浆洗洁白并熨平。玻璃杯、酒杯、筷子、刀叉、碗碟，在宴会之前都应洗净擦亮。如果是宴会，应该准备每道菜撤换用的菜盘。

中餐用筷子、盘、碗、匙、小碟等。水杯放在菜盘上方，右上方放酒杯，酒杯数目和种类应与所上酒的品种数相同。餐巾叠成花插在水杯中或平放在菜盘上。宴请外国宾客除筷子外，还应摆上刀叉、酱油、醋、辣油酱等作料，通常一桌数份。公筷公勺应备有筷、勺座，一套摆在主人面前。餐桌上应备有烟缸和牙签。

西餐具摆设与中餐不同。西餐有刀叉、匙、盘、杯等。刀分食用刀、鱼刀、肉刀（刀口有锯齿，用以切牛排猪排）、奶油刀和水果刀。叉分为食用叉、鱼叉和龙虾叉。匙有汤匙、茶匙。杯分为茶杯、咖啡杯，均为瓷器，并配小碟。水杯、酒杯多为玻璃制品，不同的酒使用的酒杯规格亦不相同，宴会上有几道酒就配几种酒杯。公用刀叉规格一般要大于食用刀叉。西餐具的摆法是正面放食盘（汤盘），左手放叉右手放刀。食盘上方放匙（汤匙及甜食匙），再上方放酒杯，从右起依次放置烈性酒杯（或开胃酒杯）、葡萄酒杯、香槟酒杯、啤酒杯（小杯）。餐巾插在小杯内或摆在食盘上，面包奶油盘放在左上方。吃正餐刀叉数目应与菜的道数相等，按上菜顺序由外至里排列，刀口向内。用餐时应按此顺序取用。撤盘时，一并撤去使用的刀叉。

宴请程序及现场工作服务

迎客时，主人一般在门口迎接。官方活动除男女主人外，还有少数其他主要官员陪同主人排列成迎宾行，通常称为迎宾线。其位置宜在客人进行存衣以后进入休息厅之前。与主人握手后，客人由工作人员引进休息厅，或直接进入宴会厅。有些国家在官方隆重场合，客人（包括本国客人）到达时，有专人负责唱名。主宾到达后，主人陪同进休息厅与其他客人见面。休息厅内有相应身份的人员照料客人，由服务人员送饮料。

主人陪同主宾进入宴会厅，全体客人就座，宴会开始，如宴会规模较大，可先请主桌外的客人先坐，贵宾席后入座。

如有正式讲话，各国安排讲话时间不尽一致。一般正式宴会可在热菜之后、甜食之前由主人讲话，接着由客人讲话，也有一入席双方即讲话的。冷餐会和酒会讲话时间则更灵活。

吃完水果，主人与主宾起立，宴会即告结束。外国人的日常宴请在女主人为第一主人时，往往以她的行动为准。入席时女主人先坐下，并由女主人招呼客人开始就餐。餐毕，女主人起立，邀请女宾与之共同退出宴会厅，然后男宾起立，随后进入休息厅或留下吸烟（吃饭过程中一般是不吸烟的），男女宾客在休息厅会齐，即上茶（或咖啡）。

主宾告辞时，主人把主宾送至门口。主宾离去后，原迎宾的人员顺序排列，与其他客人握手告别。

家庭便宴较随便，没有迎客线。客人到达，主人主动趋前握手。如主人正与其他客人交谈，未发现客人到来，则客人应前去握手问候。饭后如无余兴，即可陆续告辞。通常男客人与男主人告别，女宾与女主人告别，然后交叉，再与家庭其他成员握别。

工作人员应提前到现场检查准备工作。如果是宴会，事先要把座位卡及菜单摆上。席位的通知，除在请柬上注明外，大型宴会还应在宴会厅前陈列宴会简图，图上注明每个人的座位，或印出全场席位示意图，标出出席者位置发予本人。如有讲话，要落实讲话稿。通常双方事先交换讲话稿，举办宴会的一方先提供。代表团访问，欢迎宴会东道国先提供，答谢宴会则由代表团先提供。双方讲话由何人翻译，一般要事先谈妥。

宴会的细节

宴会主人礼仪

宴会举行，除了为增进感情外，还常常具有特别的目的。

根据目的，确定主客，然后根据主客之背景、习惯、嗜好、环境等，考虑宴会之时间、地点、陪客、菜式及烟酒等项。兹分述如下：

主客及陪客

(1) 与主客洽商选定宴会的日期时间。

(2) 陪客不宜有高于主客地位者，请外宾时，可请比外宾地位较高之本国人，但亦不宜过高。

(3) 主客应安排于最高席。

(4) 陪客中应有适当声望之人作陪，身份地位不宜过低。

(5) 陪客虽占次要地位，但绝不可使陪客感觉宴会对他毫无意义。

(6) 陪客不宜是主客时常见面的人。尤其是当你所邀请的主客于短期内因某种事故（如远行等）将接受亲友们一连串的宴请时，更应注意避免所请的陪客与别人重复。

(7) 陪客不宜是主客同一机构中职位相同的人。

(8) 陪客不宜都选属于同一行业的人（因如有他种行业的人同席，可以增加彼此交谈的兴趣）。

(9) 陪客身份应有高低，如此可便于安排席次。

(10) 考虑邀请多少女宾。

时　间

(1) 宴请外宾时，宴会日期最好不要定于周末或假日。

(2) 被邀宾客中，如有天主教教徒，则应避免星期五（因天主教徒周五不吃肉）。如邀其他宗教教徒，亦应查明他们的宗教习惯。

(3) 应提早通知客人，通常在宴会前两星期。

地　点

(1) 与主客商定宴会时间后，应立即择定地点。地点离市区不宜太远。

(2) 注意宾客中，是否有人须备车辆接送。

(3) 宴会场所，须有适当的卫生设备。

(4) 宴会场所应有休息室，以作宴会前后谈话之用。

菜　式

(1) 查明主客所喜欢之口味，再决定准备什么菜肴。

(2) 宴请外宾，除特殊情形外，以用中菜为宜，同时避免用冷盘、脑、脊髓、燕窝、猪肚等外宾不惯吃的食品。菜肴道数不必过多，中餐可六菜一汤，西餐可两菜一汤。

(3) 如在饭前或饭后饮酒，应准备小点心。

(4) 餐后宜用水果及咖啡或茶。（水果须洗净抹干，咖啡及茶可热可冰。）

(5) 宾客中如有回教徒，则不能有禁食之物品。

(6) 较正式的宴会最好能备有印好的菜单，如有外宾，并应加例外文，因为外宾常喜欢在菜单上请同席各位签名以留纪念。

烟　酒

(1) 烟类除备香烟外，如能同时预备雪茄则更佳。

(2) 如果得知宾客中有喜欢某种酒者，即应多备此种酒。西式餐会用酒分饭前、进餐及饭后三类情况：①饭前酒或称开胃酒，是在入席前请客人饮的酒类，常用者有：鸡尾酒、施高趣、威士忌、包抟、麦亨登、浮毛斯、马丁尼、澳泛以及啤酒等。另应备果汁及汽水、可乐等饮料。②进餐酒是上菜时配合菜肴用的酒，常用者有：雪醴、白酒、红酒、褒根地、香槟、保特等以及我国的黄酒、绍兴酒等。宴会中，如用中国酒类时，主人常仅供应一种酒，客人无需选择。但最好多备几种酒，请客人自行选用。习惯上客人饮一种后，即不改饮他种，混饮两种或两种以上的酒时容易酒醉。酒随菜而异。喝汤时可进雪醴（约斟 1/3 杯即可）；吃鱼或海鲜可进白酒以除腥气，腥味强的用较甜的白酒，斟酒亦以不超过杯的 2/3 为宜；上主菜（肉类）时可进红酒以去油腻，油腻重者即用较酸的红酒，用主菜时间较长，故可随饮随斟；上最后一道菜或甜品时即进香槟。③饭后酒或称助消化酒，常用的有：白兰地、雪醴及薄荷酒等。

请柬的印发

(1) 请柬以印刷为佳，样式宜大方庄雅。请外宾的小型宴会请柬，可用打字或手写。

(2) 请柬中应说明宴会时间、地点、主人姓名、余兴节目。较正式宴会还应注明赴宴的服装。

(3) 如系庆祝会或为某种目的而举行的宴会，亦可写明。

(4) 请柬宜于举行宴会前两星期发出。隆重的宴会，更应早发请柬。

(5) 中式请柬应附回单，西式请柬宜加注“请赐回音”或“不能赴宴者请回音”等字样。如已预先约定，则加注“备忘”二字。

赴宴者的礼仪

接到宴会邀请后，能否出席应尽早答复对方，以便主人做出安排。接受邀请以后不要随意改动，万一遇到不得已的特殊情况不能出席时，尤其是作为主宾，要尽早向主人解释、道歉，甚至亲自登门表示歉意。应邀出席一项活动之前，要核实宴请的主人、活动举办的时间、地点、是否邀请配偶以及主人对服装的要求。

掌握出席时间出席宴请活动，抵达时间的迟早、逗留时间的长短，在一定程度上反映了对主人的尊重，应根据活动的性质和当地的习惯予以把握。迟到、早退、逗留时间过短被视为失礼或有意冷落。身份高者可略晚些到达，一般客人宜早些到达。主宾退席后，其他人可陆续告辞。出席宴会根据各地的习惯，正点或晚一二分钟到达；我国则是正点或提前一二分钟到达。出席酒会可在请柬上注明的时间内到达。席间，确实有事需提前退席，应向主人说明后悄悄离去，也可事前打招呼，届时离席。

到达宴请地点后，先到衣帽间脱下大衣和帽子，然后前往主人迎宾处，主动向主人问好。如果是庆祝活动，应表示祝贺。

参加庆祝活动，可以按当地习惯以及两国、两个单位的关系，赠送花束或花篮。参加家庭宴会，可酌情给女主人赠送少量鲜花。

应邀出席宴请活动，应听从主人安排。如果是宴会，进入宴会厅之前，先了解自己的桌次和座位，入座时注意桌上座位卡是否写着自己的名字，不可随意乱坐。如邻座是年长者或妇女，应主动协助他们先坐下。入座后坐姿要端正，不可用手托腮或将双臂肘放在桌上。坐时脚应踏在本人座位下，不可随意伸出，影响别人。不可玩弄桌上酒杯、盘碗、刀叉、筷子等餐具，不要用餐巾或口纸擦餐具，以免使人认为餐具不洁。

入座后主人招呼即开始进餐。取菜时不要盛得过多，盘中食物吃完后如果不够，可以再取。用餐前先将餐巾打开铺在膝上，餐后叠好放在盘子右边，不可放在椅子上，亦不可叠得方方正正而被误认为未用过。餐巾可擦嘴不可擦汗。如由服务员分菜，需增添时在服务员送上时再取。如遇本人不能吃或不爱吃的菜肴，当服务员上菜或主人夹菜时，不要打手势，不要拒绝，可取少量放在盘内，并表示“谢谢”“够了”。对不合味的菜，勿显出难堪的表情。冷餐酒会，服务员上菜时，不要抢着去取，待送至本人面前再拿。周围的人未拿到第一份时，自己不要急于去取第二份。勿围在菜桌旁，取完即离开，以便让别人取食。外宾回请我方时，对方是主人，我方不宜作主动让菜。吃东西要文雅，闭着嘴嚼，喝汤时不要啜，吃东西不要发出声音。如汤菜太热，可稍待凉后再吃，切勿用嘴吹。嘴内的鱼刺、骨头不要直接外吐，用餐巾掩嘴，用手（吃中餐可用筷子）取出，或轻吐在叉上，放在菜盘内。吃食物时要用食物就口，不可将口去就食物。两肘不可伸得很开。嘴内有食物切勿说话。剔牙时，用手或餐巾遮口，不要边走边剔牙。吃剩的菜，用过的餐具、牙签，都应放在盘内，勿置在桌上。

无论作为主人、陪客或宾客，都应与同桌的人交谈，特别是左右邻座。不要只同几个熟人或只同一两人说话。邻座如果不相识，可以自我介绍。讲话要掌握时机，讲话内容要看交谈的对象，不要只顾一个人夸夸其谈，或谈些荒诞离奇的事而引人不悦。

作为主宾参加外国举行的宴请，应了解对方祝酒习惯，即为何人何事祝酒等，以便做必要的准备。碰杯时主人和主宾先碰，人多可同时举杯示意，不一定碰杯。祝酒时不要交叉碰杯。在主人和主宾致辞祝酒时应暂停进餐，停止交谈，注意倾听，也不要借此机会吸烟。奏国歌时应肃立。主人和主宾讲完话与贵宾席人员碰杯后，往往到其他桌敬酒，遇此情况应起立举杯。碰杯时要目视对方致意，一般可目视对方的眼鼻组成的三角区。祝酒时，不目视对方被认为是不礼貌。宴会上相互敬酒，表示友好活跃的气氛，但切忌喝酒过量，应控制在本人酒量的1/3以内，切不要饮酒过多失言失态。不能喝酒时可以声明，但不要把酒杯倒置，应轻轻按着杯缘。正式敬酒是在上香槟酒时，这时即使不会喝也要沾几滴，不欲再喝时可轻轻与对方碰一下杯缘，即表示已经够了。一般倒入杯中的酒要喝完，不然就违礼了。

在社交场合，无论天气如何炎热，不能当众解开钮扣、脱下衣服。小型便宴如主人请客人宽衣，男宾可脱下外衣搭在椅背上。喝茶、咖啡通常牛奶、白糖均用单独器皿盛放，如愿加牛奶、白糖可自取加入杯中，用小茶匙搅拌后茶匙仍放回小碟内。喝时右手拿杯把，左手端小碟。

水果、梨、苹果不要整个拿着吃，应先用水果刀切成4~6瓣，再用刀去皮、核，然后用手拿着吃。削皮时刀口朝内，从外向里削。香蕉先剥去皮，用刀切成小块吃，整根拿着吃不雅。橙子用刀切成块吃。桔子、荔枝、龙眼等则可剥去皮吃。西瓜、菠萝等通常都去皮切成块共用，然后用叉取食。

在宴会上如果上鸡、龙虾、水果时，有时要送上小水盂（铜盆、瓷碗或水晶玻璃缸），水上飘有玫瑰花瓣或柠檬片，供洗手用，切不要误解是饮水以致成笑话。洗手时两手轮流沾湿指头，轻轻刷洗，然后用餐巾或小毛巾擦干。在宴会上除面包外，还有几种食物都可以用手拿着吃，如烤鸡、炸脆薯片、炸咸肉片、芹菜等。西餐中的芦笋也可以用手拿食。

有的主人为每位出席者备有小小纪念品或一朵鲜花。宴会结束时，主人招呼客人带上纪念物，遇此情况可说上一两句赞扬小礼品的话，但不必郑重表示致谢。有时外国访问者往往把宴会菜单作为纪念品带走，有时还请同席者在菜单上签名留念。除主人特别示意作为纪念品的东西外，各种招待品，包括糖果、水果、香烟等都不能拿走。

有时在出席私人宴请活动之后，往往致以便函或名片表示感谢。首先致谢女主人，但不要说过谦的话，如“太丰盛了”“太美了”。离席时先让身份高者、年长者和妇女先走。

中餐的餐具主要是碗、碟、筷，西餐则是刀、叉、盘子。通常宴请外国人吃中餐，亦以中餐西吃为多，即摆切成小块，然后送入嘴内。欧洲人使用刀叉时不换手，即从切割到送食均以左手持叉。美国人则切割后把刀放下，用右手持叉送入口中。食用西餐要按刀叉顺序由外向里取用。最大的匙是汤匙，最大的刀叉是吃肉用的。用刀叉切食物时，应每次切一片或一块，不能同时全部切细。每道菜吃完后，将刀叉并拢并排放在盘内，以示吃完。如未吃完，则摆成八字或交叉摆放，刀口向内。吃鸡、龙虾时，经主人示意，可以用手撕开吃，否则可用刀叉把肉割下切成小块吃。吃面包、饼干或小粒小果、薯片可以用手取食，面包应撕成小片，涂料后入口。黄油用刀切，其放在碟或盘的左角。取面包时要取自己左手前面的，不可取错。除了糖、酱、肉汁等流体汁酱可以直接浇在食物上，放在公盘内的配料，用时取放在自己的盘内。切带骨头或硬壳的肉食，叉子一定要把肉叉牢，刀紧贴在叉边切以免滑开。切菜时，注意不要用力过猛，撞击盘子而发出声音。不容易上叉的食品可以用刀把它轻轻推上叉。除喝汤以外，不用匙进食。汤用深盘或小碗盛放，喝时用汤匙由内往外舀起送入嘴，即将喝尽可将盘向外略托起，但不能把汤盘或碗端起来喝。汤匙可以入口，但喝完后应放在盘中间，匙柄放在右边，匙心向上，与桌边平行。吃带有腥味或怪味的食品如鱼、虾、野味等均配有柠檬，可用手将汁挤出滴在食品上，以去腥味。

宴会进行中，由于不慎，发生异常情况，如用刀过猛，刀叉撞击盘子发出声响或餐具摔落在地，或打翻酒水等，应沉着不必着急。餐具碰出声音，可轻轻向邻座（或向主人）说声“对不起”。餐具落地不能擦试再用，而应由服务员另送一付。酒水打翻溅到邻座身上，应表示歉意，协助擦干。如对方是妇女，只能把干净的餐巾或手帕递上即可，由她自己擦。宴会上遇到突然发生的事情要不慌不乱，善于随机应变，运用自己的知识和语言能力使事情缓和，这是一种很高的修养。

宴会的服务

宴会前的准备工作

宴会前的准备工作是搞好宴会服务的基础，一定要认真、细致、严格、高标准，不能马虎、凑合，更不能遗漏。各项准备工作必须按设计方案进行，绝不能自以为是，随心所欲。

1. 掌握情况。服务员接到宴会任务后，要及时同主办单位联系，详细询问，认真记录，掌握第一手资料，做到“四知四了解”。四知，即知人数、知标准、知身份、知时间；四了解，即了解宾客的地区国籍、了解宾客的风俗习惯、了解宾客的生活特点、了解宴会的性质和具体要求。如果是外单位预订的，还要记下单位名称、电话号码、工作人员姓名，以便于联系。

2. 服务分工。宴会是一项“系统工程”，要求高，程序复杂，人员分工很重要。餐厅经理或主管要根据宴会的规格和标准，将各项工作具体落实到人，做到任务包干，各负其责，同心协力，团结一致，搞好接待服务工作。

3. 填写菜单。菜单是掌握上菜顺序的依据，也是宴会桌上特别是主桌上的一件重要物品。拟定菜单，多由厨师长和餐厅管理人员共同完成。餐厅服务员负责填写菜单，一式多份。除每张餐桌放上一份外，服务员的工作台上要留一份，便于掌握上菜的顺序、时机和速度。如有外宾出席的西餐宴会，菜单要用中文外文两种文字填写，主办一方的国家文字在上，被邀请的一方文字在下。字迹要工整、清楚。

4. 领取物品。宴会所需物品，要求齐全配套。领取各类物品，要根据宴会的餐别、规格、标准和主办单位的要求，提前领取、清点好。各种酒水要逐瓶检查，需冰镇的要提前冰镇；水果要选择个头均匀、无疤痕变质的；各类作料和其他餐具、用具要准备充足，并留有一定的机动数。

5. 清扫卫生。宴会厅的卫生工作包括两方面：一是环境卫生。卫生工作是餐厅头等重要的工作，宴会厅的卫生工作好坏，将给赴宴宾客留下难忘的印象。服务员一定要按照程序搞好环境卫生，先打扫墙壁、天花板，擦试门窗；再抹擦台面、座椅、衣架、屏风、各种柜橱和工作台，最后是拖洗地面或地毯吸尘。对楼梯、过道、厕所也不能忽视要彻底清扫，做到四壁无尘、窗明几净、地面清洁。二是餐具用品卫生。清点餐具时，注意选择花纹、颜色一致的餐具，无残缺破损，无变形怪状，无油腻痕迹，并将备好的餐具逐件抹擦、分类摆放，用干净台布覆盖。小毛巾、餐巾布、台布要色调一致，无异味，无破洞，无污迹。

6. 设计台形。台形的设计要考虑到厅室的形状、面积和参加宴会的对象、人数、规格、标准以及交际礼仪等情况。台形布置涉及来宾的席次安排，因此要从实际出发，做到因地制宜，方便交际，符合礼仪。

7. 摆放冷碟。宴会视规格和标准，配有 4 个以上冷碟，一般在宴会开始前 15 分钟左右端上餐桌，如果宴会规模大，人数多，时间可适当提前。摆放冷碟时，要注意菜点色调的布局，荤菜的搭配，菜型的反正，刀口的逆顺，餐盘的间隔等，要对称、和谐。端托冷盘，要轻拿轻放，以免损坏冷盘的造型。

8. 整理仪容。宴会开始前，服务员要整理个人卫生和仪表仪容。操作时要穿统一的工作服。男服务员穿西装、打领带或系领结，皮鞋要打油擦亮，衬衣扎入裤腰内；女服务员不能佩戴任何金银首饰，不能涂抹口红、指甲油，不准梳披肩发，最好不穿高跟鞋。当班前要用酒精棉球将双手消毒。

引领迎宾

引领迎宾是宾客到达宴会厅的第一个“见面礼”，也是宴会服务不可缺少的程序。

1. 热情引领。宴会服务员应根据宴会开始时间，在宾客到来之前 5 分钟进入各自岗位，迎宾人员应仪表端庄、精神饱满地站立在宴会厅门口迎候宾客。迎宾人员根据宴会的规格确定，一般的宴会，由一两名服务员担任；如果场面较大、规格较高的宴会，由餐厅负责人带领数名服务员在宴会厅门口迎接。宾客到来时，主动上前招呼，用普通话说声“您好”“请”“欢迎光临”等礼貌用语。如宴会厅旁边设有休息室的，可将宾客先引领到休息室稍事休息，并泡茶水相待；如果没有休息室，宾客直接进入宴会厅时，引领人员要恭立在宴会厅大门一侧，目视宾客，用靠近大门一侧的手伸向厅门，略躬身，请宾客入内。待宾客全部进入后，服务员才能跟进，切不可与宾客抢道。如有外宾，应用外语引领。

2. 接挂衣物。凡正式宴会，每桌可由两名以上服务员为其服务。当一个服务员在门口引领宾客时，另一名服务员要立即上前，将宾客特别是主人主宾手中提带的衣、帽、提袋、相机等物品接过来，挂在衣架上，并记住物主与挂放的位置，免得送别宾客时递送衣物出差错。遇有规模大、人数多的宴会，应设立衣帽间，编上号码。接挂衣物时，发放号牌，宴会结束时，凭号牌递送衣物。在接挂衣服时，要手提衣领，免得袋内物品倒出，帽子宜拿帽沿，相机、提袋宜拿提带。

3. 让座递巾。宾客的物品接挂完毕，服务员应根据宾客的身份和宴会的要求，按照先女宾、后男宾、先主宾、后主人，再其他宾客的顺序为他们拉椅让座。待宾客全部入座后，用托盘将事先准备好的小毛巾，从主宾开始，按顺时针方向，从右边依次把毛巾递到每位宾客手中，待其抹擦完毕，按照原来的顺序，将小毛巾撤下。目前，有的地方在宴会前还有上茶敬烟的习惯。上茶敬烟时，服务员应注意，放茶杯时，杯把应朝宾客的右手边，手不能接触杯口；敬烟时，要先撕开封口，抽出烟头，或者拆开香烟包装纸，将香烟呈梯形摊在烟碟中，逐个敬烟，适时为其点燃。

4. 撤出花瓶、台签。花瓶是宴会桌上的装饰品，起着衬托台面、渲染气氛的作用。台签、席次卡则是为了宾客就座方便用。当宾客入席后，要适时将其撤下，与此同时，服务员要主动询问主人，宾客是否全部到齐，宴会是否准备开始，征得同意后，及时通知厨房炒菜。

斟倒酒水

中国有句老话，叫做："无酒不成席。"中餐宴会一般都备有白酒、甜酒和多种饮料；西餐宴会的酒水品种更多，一般都有七八种，有的甚至达十几种。中餐和西餐宴会斟酒，要求各不相同，方法也大不一样。

中餐宴会斟酒水，大致可分为三个次序。甜酒一般是在宴会开始前几分钟倒上，因为甜酒多属红色葡萄酒，无论男女老少都能饮用；白酒是在宾客入席后斟倒，即使不能喝白酒的宾客，也要适当斟上，以备主人敬酒时作礼节性的干杯用；饮料由于品种较多，宾客可根据口味需要进行挑选。因此，斟倒饮料时，服务员要用托盘多装几种，征求宾客意见后，再为其斟倒。

西餐宴会用酒与中餐宴会用酒有所不同，较高级的西餐宴会要用 7 种酒之多，几乎每道菜都有一种酒，吃什么菜跟什么酒，喝什么酒用什么酒杯都有严格的规定。

(1) 上冷盘或海味，供具有开胃解腥作用的烈性酒，用立口杯，一般都在酒内掺和冰水或小冰块，以保持冷度。

(2) 上咸汤，供舍利酒（葡萄酒类），用舍利杯。斟酒时，需将舍利杯与立口杯对调一下位置，以方便宾客举杯（以后在斟每道酒之前都将要用的酒杯对调到外面）。

(3) 上鱼菜，供度数较低的白葡萄酒，用白酒杯。这种酒上桌之前，应冰镇。

(4) 上副菜，供红葡萄酒，用红酒杯。冬天喝这种酒，有的宾客喜用温水烫热，但宴会不用烫。

(5) 上主菜，供香槟酒，用香槟杯。香槟酒是西餐宴会随菜酒品中的主酒，在大型宴会上，开香棕酒瓶时发出清脆的响声连成一片，能增添宴会热烈的气氛。

(6) 上甜点，供巴得杯。该酒是深红色的葡萄酒，味道甜而酸，适宜用甜食时饮用。

(7) 上水果和干酪时，一般不供酒。

(8) 上咖啡，供立口酒，用立口杯。立口酒有20多种。上酒时，应用大托盘或方托盘，摆上四五种立口酒，十几个立口酒杯。用左手托盘，右手托酒杯，询问宾客需饮哪种酒，然后根据需要为其斟倒。

西餐宴会的斟酒顺序是：如果有国家元首出席，应先斟男主宾，后斟女主宾。一般宾客是先女主宾后男主宾再主人，其他宾客按座次依次斟酒。

席间上酒，随着菜肴上桌和时间的推移，宾主互相敬酒，交杯换盏，气氛愈来愈热烈、活跃。这时服务员要注意观察每个宾客的酒杯，喝完后应立即满上。遇有宾客离席敬酒，服务员要托着同样酒水跟随，伺机斟倒。如果是大型正式宴会，主人、主宾离席致祝酒词时，服务员要用托盘装上一杯或多杯酒站立一旁，当讲话完毕，迅速递上，以便举杯庆贺。

总之，无论是中餐还是西餐宴会，席间上酒，服务员要眼明手快，殷勤周到，机动灵活，恰到好处。

上菜、分菜、撤碟

上菜、分菜、撤碟是宴会席间服务的主要内容。宴会菜点丰盛与否，当然同宴会的规格、标准有着密切的关系，但是，无论是中餐宴会还是西餐宴会，一般都有冷碟、咸汤、热菜、点心、甜食、水果等几个类型，比较高档的宴会还配有多样点心和水果。这些菜点都是由服务员按照顺序一样样地逐次端上餐桌。因此，这里面有着比较复杂的工作程序，服务员只能照程序办事，不能随心所欲。

中餐宴会的上菜程序是先冷盘，再咸汤、热菜，最后上甜食、水果。服务员应该做到：

1. 熟悉菜单。前面已经说过，菜单是掌握宴会上菜顺序的依据。服务员在上菜前，要对照菜单，认真、仔细地熟记菜点名称、风味特点、烹制方法和主要用料等（遇有疑难，应及时请教），以备席间宾客询问时熟练地回答。同时，还要注意按照菜单顺序上菜，使宾客能够对照菜单，明了宴会的进展情况。

2. 托盘走菜。走菜是指服务员将菜点从厨房端托到宴会厅工作台上的一项工作。服务员在托盘走菜时，要步履轻盈，快慢适当，汤汁不洒，菜不变形。菜到工作台后，要用干净毛巾将菜盘边缘部分揩净，使菜盘显得整洁、卫生。如果走菜时不慎损坏菜点的造型，应在工作台上整理好，不能将零乱、松垮的菜点端上餐桌。

3. 撤碟上菜。从某种意义上说，撤碟上菜是宴会服务的核心工作。要做好这一工作，除了要有较熟练的技艺外，还要注意撤碟、上菜的位置和方法。有人把它归纳为16个字，即“先撤后上，左上右撤，上菜不推，撤碟不拖”。宴会上的菜点除了冷盘是提前上桌外，其余的菜点是在席间端上的，必须先撤去已用完的菜盘，空出桌面，另一道菜才能上桌，故称“先撤后上”。“左上右撤”有双层意思：一是针对副主人的席位而言，凡是上大盘菜，必须在副主人的左边进行，在其右边撤下已用完的菜盘；二是针对每一个宾客而言，凡是分食的菜点均在每个宾客的左边端上，用过的食盘只能在右边撤下，不能图省事，走捷径，更不能左右开弓。“上菜不推，撤碟不拖”，是要求服务员操作时，要准确利落，轻拿轻放，以免碰出响声，引起宾客不快。另外，宴会上菜还要掌握好时机和速度，不要太快或太慢，不能出现催客进餐和“停工待料”的局面。

4. 席间分菜。从传统的角度讲，中餐宴会是不分菜的，一般是由主人、副主人劝菜、敬菜和宾客自取。不过有的人强调卫生和文明礼貌服务，中餐宴会也要求分菜。这就需要服务员根据主办单位的意见，酌情而行。

5. 更换餐具。有的中餐宴会，为了显示名菜的风味和体现服务员的主动热情，在就餐过程中，往往对汤碗（勺）、食碟、骨盘，包括烟灰缸等小件餐具进行多次撤换。根据宴会规格高低，一般更换二三次，有的多达五六次。在什么情况下需要更换餐具呢？

一是上名贵菜时更换餐具。有的高档宴会，为了招待高级贵宾，在上名菜佳肴时，一般都要更换餐具，使宴会显得丰盛、隆重。

二是上风味菜时更换餐具。因为这类菜具有与别的菜肴显著不同的风味特点，如果用同一种餐具，就会使菜肴失去应有的风味。

三是上芡汁不同、味道各异的菜肴时更换餐具。宴会菜肴的芡汁有红有白，口味有甜有咸，如果混合在一起，就会影响菜肴的味道，因而必须更换餐具。

四是残渣剩菜太多时更换餐具。宾客就餐时，往往把吃剩的和分到不喜欢吃的菜肴及动物的残骨都放在骨碟内，如不及时更换，必然影响宾客进餐。

五是烟灰缸内的杂物太多，应及时更换。有的宾客，喜欢边进餐边抽烟，如果烟缸内的烟蒂、火柴梗及其他杂物太多，有碍台面卫生，应及时更换。

更换餐具的具体作法是：服务员用托盘从宾客的右侧将需要更换的餐具撤下来，然后将干净的餐具从宾客的左侧递上去摆好。有时换餐具由两个服务员共同完成，即一人负责撤，一个负责递。更换餐具时，注意要从主宾开始，顺时针方向进行，动作要轻捷，配合要默契，不要漏撤漏上餐具，更不能将残菜剩羹洒在宾客身上。

更换烟缸的作法是：服务员用托盘摆上几个干净的烟缸，走到餐桌原来放烟缸的地方，先从托盘内拿出一个干净的烟缸压在桌面上需撤换的烟缸上面，将上下两个烟缸轻轻放入托盘内，再把这个干净的烟缸放到餐桌上原来放烟缸的位置。不能将脏烟缸直接从餐桌上拿走，以免烟灰飘落在宾客的身上或餐碟内。

席间更换餐具次数的多少，服务员应根据餐桌上的情况而灵活运用，脏了就该撤换，不必拘泥于更换次数的多少。这样，才能体现我们服务工作的主动热情，给赴宴者留下美好的印象。

附一 红葡萄酒的鉴赏与礼仪

一、吃西餐如何点红葡萄酒

正式场合在西餐厅就餐，我们应依据以下几点作为点酒的参考：

1. 先请服务人员取来餐厅酒单阅读，如果实在不懂可以请餐厅懂酒的经理或服务人员推荐。在请人推荐之前，可先技巧地告知预算。

2. 葡萄酒通常是在点完菜后才决定的。点的餐中如有开胃菜，可询问在座客人是否要喝点开胃酒搭配，开胃酒不一定要开整瓶，可以论杯计。

3. 依基本原则点酒，即红酒配红肉，白酒配白肉。奶白汁的鱼类菜肴可以选用干白，浓烈的红汁鱼应该搭配醇厚的干红，熏鱼应该搭配陈酿干白。

4. 餐后用甜点时，视个人喜好再点饭后甜酒。饭后甜酒通常都是些水果酿的烈酒，酒精含量高，以高脚小杯盛装，不需整瓶开，以杯论即可。

5. 葡萄酒送来后，要仔细检查酒名及年份是否正确。

二、餐酒的搭配艺术

餐酒搭配要合理，要力求两相和谐。不同的食物与酒搭配的艺术有不同的原则：

带糖醋调味的菜肴：应配以酸性较高的葡萄酒，比如清淡的干白。

油腻和奶糊状的菜肴：中性和厚重架构的干白能给此类食物增加独特的风味，但要避免搭配果香味较重的葡萄酒。

辛辣刺激类的菜肴：较甜的葡萄酒有时反而会与辣味形成美妙的对比。

丰盛的菜肴：遵守搭配的黄金法则，丰盛油腻的食物必须和同样味重的干红搭配，口感厚重、架构丰满、富含单宁酸的长城解百纳葡萄酒是您最理想的选择。

三、饮用葡萄酒的技巧

观酒：

1. 将酒倒入杯中 1/3，不多，不少，看好手，捉杯底，别握杯。

2. 在白色背景下，从酒杯正上方观察酒色，看酒是否清澈。如果浑浊，就不好了。将酒杯倾斜 45 度角，随看能观度的增长，红葡萄酒会由紫红色变成棕色。酒应该清澈、晶亮，而不是浑浊朦胧；从酒杯正侧方的水平方向看，摇动酒杯，看酒从杯壁均匀流下的速度。酒越黏稠，速度流得越慢，酒质越好。

3. 把酒杯侧斜 45 度角来观察，此时，酒与杯壁结合部有一层水状体，它越宽则表明酒的酒精度越高。在这个水状体与酒体结合部，能出现不同的颜色。从而显示出酒的酒龄：蓝色和淡紫色约为 3—5 年酒龄；红砖色约为 5—6 年酒龄；琥珀色约为 8—10 年酒龄；橘红色，则说明该酒已经过期了。

闻酒：

1. 闻酒前最好先呼吸一口室外的新鲜空气。

2. 把杯子倾斜45度角，鼻尖探入杯内闻酒的原始气味，深浅结合。利用嗅觉去感知气味，这些气味被分成数大类，包括水果香味、鲜花香味，植物香味及焙烤气味。人的鼻子比嘴更灵敏，所以这个过程不妨长一点，偏嫩的酒闻起来尚有果味，藏酿有复合的香味。

3. 摇动酒杯后，迅速闻酒中释放出的气味，看它和原始气味比是否稳定。

品酒：

1. 喝一小口，在口中打转，如果酒中的单宁含量高，口中会有干涩的感觉，因为单宁有收敛作用，这说明葡萄酒还没有完全成熟。最好是口感由酸—甜—苦—咸达到平衡。

2. 大约是十秒钟后吐出一部分，看口中的留香如何。

3. 片刻后，回头想一下品尝的感受，包括你的第一印象、味道特色及喝后味感，然后记录在案。

四、红葡萄酒的饮用程序

如果要尽情欣赏葡萄酒的美妙，就一定要仔细遵循它稍嫌复杂的上酒程序。

1. 饮用前一至两天，将酒从酒窖或酒橱中取出，以最轻柔的方式把它转移至稻草编织的篮子里，并保持酒瓶处于半水平的位置。比藏酒时的放置，酒瓶要更立起15或20度。

2. 静置至少一天时间，以便于酒中的沉淀物沉至瓶底。

3. 饮用之前一小时左右开启瓶塞。当然，瓶塞上的金属箔也应同时削去，以免它在倒酒时接触到酒浆而影响其品质。

4. 瓶嘴应用一块潮湿的布擦试干净，以除去上面积攒的残渣。拔软木塞的时候要十分仔细，而拔出的瓶塞应放在酒瓶颈的旁边，让有心之人能注意到它的完好无损。

5. 开启酒瓶塞后的这一个小时是酒瓶内琼浆的呼吸期，它可趁此时间将在酒窖保存时中所吸收的霉味或其他的奇怪气味散发干净。

6. 如果室内温度过高，可在酒杯内放置冰块少许。

五、红葡萄酒的饮用礼仪

1. 为了让客人知道酒的情况，酒瓶一定要放在篮中，上面的标签也不能撕走。

2. 斟酒时要格外小心，否则酒液可能因“后冲”而从瓶底回流甚至起泡，激起底部的沉淀。最后，瓶中的酒显然不能倒空，要留约一英寸深的酒液，因为这些酒液早已因沉淀而混浊。

3. 大部分的红酒适合在较低的室温下饮用。与其搭配的主菜口味要清淡，例如鱼类、小牛肉、鸡肉和水果。

六、品尝红葡萄酒的三大注意事项

1. 忌海鲜。红葡萄酒配红肉符合烹调学自身的规则，葡萄酒中的单宁与红肉中的蛋白质相结合，便于消化。但红葡萄酒与某些海鲜（比如多弗尔油鳎片）相搭配时，高含量的单宁会严重破坏海鲜的口味，与蟹同食会令肠胃不适，葡萄酒自身甚至也会带上令人讨厌的金属味。相比之下，味道沉重的牛羊肉类菜肴宜配红葡萄酒。

2. 忌醋。各种沙拉通常不会对红葡萄酒的风格产生影响，但如果其中拌了醋，则会钝化口感，使葡萄失去活力，口味变得呆滞平淡。柠檬水是品尝葡萄酒的很好的选择，因为柠檬酸与葡萄酒的风格能协调一致。奶酪和葡萄酒是天生的理想组合，但人们需注意不要将辛辣的奶酪与体量轻盈的葡萄酒相搭配。

3. 忌浓香辛辣食品。辛辣或浓香的食品配红葡萄酒可能有一定难度，但搭配辛香型或果香特别浓郁的葡萄酒是非常不错的选择。

附二 敬葡萄酒的程序

1. 宴请宾客时，上酒应注意以下规则

（1）酒质较轻的葡萄酒要比酒质较重的葡萄酒先敬上来供客人用。

（2）干葡萄酒先上，甜葡萄酒后上。

（3）酒龄较短的葡萄酒先于酒龄长的葡萄酒。

（4）如果不想更换葡萄酒的品种，那么就应该变化葡萄酒的年份；同一品种的酒，按不同的年份划分先后敬酒的次序。

以上几条是宴会上敬葡萄酒的一般规则。

2. 保持瓶装葡萄酒的澄清度

酒店用酒必须澄清透明、没有浑浊和沉淀。但是对于一些葡萄酒，特别是红葡萄酒，在瓶内经过较长时间的贮存后，很难避免在瓶内产生一些沉淀物，在这种情况下，必须先除去沉淀物，然后再按以上所述程序送上餐桌。从酒窖中取出酒瓶，进入餐厅以及打开瓶塞等，应该避免使酒瓶发生任何震荡。在倒出葡萄酒时也应非常小心。一般来说使用翻卸篮在宴会厅现场进行是毫无困难的。

附三 葡萄酒关键词

酒杯：杯口向里倾斜的郁金香形状，可以将酒中慢慢散发出的芳香集中在杯口区域。细长的杯脚便于把持，并不至于因手温影响引起酒的温度上升变化。

侍酒温度：最适合的状况——气泡葡萄酒，4℃-7℃，白葡萄酒，7℃-10℃，桃红葡萄酒，10℃-12.5℃，红葡萄酒，12.5℃-15.5℃，浓郁型红葡萄酒，15.5℃-18℃。过低温度会影响风味并抑制芳香物质挥发，而过高的温度则会使酒尝起来索然无味。

酒塞：在饮用半小时前开启，让酒与软木塞之间的无害异味消散。T形钻是基本工具，而酒侍刀则是最常见和最好用的专用工具。拔除前，应该仔细拔除瓶口胶帽，用布擦拭干净。

换瓶：浓郁型的红葡萄酒越陈味越醇厚，如果因装瓶时间太短、储存年限不够因而口感尚未达到巅峰状态，应将酒瓶提前数小时开启甚至换瓶，使酒液充分接触空气以增加香味和加速成熟变得柔顺。

换瓶方法：将需换瓶的酒事先静立几小时，让沉积物集聚瓶底，轻轻将酒倒入另一类似水瓶的酒樽中。

品酒前的准备：品前，用净水漱口；记录下对不同的酒的印象；不吃有异味的东西；不擦香水，以免干扰酒香。

鉴赏：酒色能显示葡萄种类、酒的成熟程度以及陈酿时间长短。新酒比陈酒有光泽。透明度也很重要，混浊可能因为搅动了沉淀物，但也许是有瑕疵。

白葡萄酒：从无色透明到深金色，但大部分是淡黄禾杆色。陈酿时间越长，颜色越深。颜色较淡的产自凉爽地区，颜色深的则出自温暖区域。新酒可能染上绿色，棕色一定是坏了。

红葡萄酒：从粉红到近似黑色，主要由品种决定。越陈越有光泽，边缘呈棕色且颜色越淡，说明越成熟。

平衡、浓度和架构：葡萄酒的鉴赏，应该从酸度、酒精度、香味和单宁酸这四种因素来考虑。酸度应适宜，不足会导致酒味淡，不持久，相反过高则会使酒粗糙、辣口；酒精含量即酒的浓度，不同的酒香味不同，如有的倾向于果香、花香，有的则呈现烧烤的香气；单宁是葡萄皮中包含的物质，含量过高会有涩味，白葡萄酒不含单宁。这四种因素协调均衡的酒就是平衡感好的酒。而架构则表示的是酒中果味和酒精味协调后的混合味。

风味：酒芳香和味道能增加饮酒经验和乐趣，也会有一定的科学依据。比如贵府酒中有较强的蜂蜜味道，柔软红色水果味能暗示黑比诺葡萄的存在。

品尝饮酒顺序：一般顺序为，普通酒、高价酒、干型酒、甜酒、清淡、醇厚、新酒、陈酿。

存放：凉爽、潮湿、阴暗的地下室是理想的存放场所。

角度：呈水平状存放，使木塞能够与酒保持接触而湿润，充分膨胀，起到隔绝空气的作用。

温度：存储的最佳温度为 11℃，但 5℃–18℃的温度也不会对酒有损害。应尽量避免短期的温度波动。

存放期：一般说来，价格低廉的普通葡萄酒应在酿制后的一两年内喝完。而昂贵的葡萄酒如优等红酒适合长时间储藏，一般 20 年以上才会处于巅峰状态。

第二章　古代饮宴礼仪

一、待宾设席饮宴始

设席请客，文雅一点，就是“饮宴”。因为古今中外，各种大小公私宴会没有不饮酒的，因而有酒有肴，旨酒嘉宾，觥筹交错，合称之，便是饮宴了分开来解释，那就是饮酒、宴客。

《周礼·天官·酒正》中说：“辨四饮之物，一曰清、二曰医、三曰浆、四曰酏。”注中说：清谓醴之泲者；医即《内则》以酏为醴者；浆，今之洁浆，酏浆；酏，今之粥。另注“泲即醴之清者”。实际就是薄酒，现在日本米酒，还叫“清酒”，就是这个意思。而“饮”字，它的原义之一，就是专指喝酒而言。

《左传》庄公十八年：“晋侯朝王，王飨醴，命之宥。”又僖公十二年：“王以上卿之礼飨管仲。”《左传》成公二年：“衡父不忍数年之不宴。”飨就是招待宾客，设大礼饮宴。至于宴字，本义是安，招待宾客，请吃酒席，谓之宴客，则从“宴飨”一义而来。

宴会是现在常用的词语，但也很古老。《文选·古诗十九首》中就有：“今日良宴会，欢乐难具陈。”可见汉代就有宴会一词。

宴席，又写作“筵席”。“铺陈曰筵，藉之曰席。”就是古人席地而坐，摆酒菜的地方铺的叫筵，人坐的地方再铺一层曰席。直到现在乡间赴宴，还叫“赴席”，吃酒宴还叫“坐席”。宴席，也叫“酒席”。

“饮宴”或“宴饮”中的宴字，古代又大多写作“燕”，《诗经·小雅·鹿鸣》中有：“……我有旨酒，嘉宾式燕以敖。”“……我有旨酒，以燕乐嘉宾之心。”“燕”字既可释“安”，又可释“饮酒”，因而“宴饮”就可以直接写成“燕饮”。燕，宴，在这点上，是同义字。而燕字，又可写作“讌”，《战国策》：“孟尝君讌坐。”字书《玉篇》：“讌，设也。”韵书《广韵》：“燕，会也。与讌同”“同宴”。

提到“酒席”“饮宴”，尚有“酒酺”一词，意思就是遇到大的庆贺典礼，大饮宴谓之酺。见《史记·赵世家》：惠文王三年，主父灭中山归，“行赏，大赦，置酒酺五日”。另《汉书·文帝纪》：“酺五日。”“汉律，三人以上无故群饮酒，罚金四两，今诏赐得令会聚饮食五日也。”

所以由“饮宴”一词到“酒酺”一词，几乎是相同的内涵，这中间有十来种不同的词语，而所说都是同样的意思，而且所有词语历史都很悠久，这都说明了饮宴活动时代久远，而且词语丰富，都有古老的文献出处。如从中华传统文化的组成来看，在世界文化中，也是极为突出的了。而这还没有从文字学、甲骨、钟鼎、大小篆、六书原理来分析介绍，如果从远古说，那恐怕更复杂了。

饮宴在中国，古文献的记载在三千年前已十分丰富，首先是《诗经》中，就有许多篇专写饮宴宾客的诗篇，如《小雅·宾之初筵》《小雅·伐木》《小雅·鹿鸣》《小雅·瓠叶》，而且叙述详尽，对宴请宾客的层次，宴请当中的肴馔、觥筹、弓矢、演奏……宾客如何吃醉，如何辞去，如何成礼等，吟唱非常细致。如说肴馔饮酒句："笾豆有楚，肴核维旅。酒既和旨，饮酒孔偕。钟鼓既设，举酬逸逸。大侯既抗，弓矢斯张。射夫既同，献尔发功。发彼有的，以祈尔爵。"把当时诸侯会盟饮宴的排场、气势写得多么生动。不过这是开始的情况，到后来"其未醉止，威仪抑抑。曰既醉止，威仪怭怭。是曰既醉，不知其秩"以及"宾既醉止，载号载呶……既醉而出，并受其福"等，把大宴会开始觥筹交错，大家兴高采烈，彬彬有礼的仪态，以及等到醉了，又号又呶，全然不知秩序为何物的丑态，描写得绘声绘色。

至于《伐木》篇所吟唱的饮宴，是讲朋友之乐的。所谓"迨我暇矣，饮此湑矣"，就是有闲暇时，和朋友饮酒为乐也。再有《鹿鸣》三章，更是宴乐嘉宾的名诗。据《礼记·燕礼》记载：当时饮宴宾客，就要歌唱《鹿鸣》。直到后来，最后一句"燕乐嘉宾"或"旨酒嘉宾"，已经成为人们常用的一个成语了。

《礼记》中有一篇专讲"君臣燕饮之义"的文章，题目就是"燕义"，里面写到"诸侯燕礼"的位置次序，宾主饮酒之礼，各种官爵的次序，如何敬酒献爵等。礼数都是明文规定，明确而周详，说明在春秋、战国之前，饮宴已经有周详的礼数可遵循，这正是我国古代文化高度发展的标志。至于此后各个朝代宴飨宾客（包括外国君主、使节及本国王侯、大臣）等的礼仪，二十五史及历代《会要》《古今图书集成·礼仪典宴飨部》等书，都有详细的记载。

觥筹交错帝王家

说到宴会，封建时代朝廷的宴会，是最为重要的。由商代纣王的"以酒为池，悬肉为林，使男女裸相逐其间，为长夜之饮"及刘向《新序》记载

"桀作瑶台，罢民力，殚民财，为酒池糟堤，纵靡靡之乐"等历史早期史料，直到清末西太后大摆宴席，宴岁朝，宴使臣，过万寿，两千多年中，宫廷宴会足可以编一部洋洋大观的宫廷宴会史。汉魏以来，就有专门为朝廷宴会设立的庞大机构，而且每个机构均有朝廷命官，如宫内，则有皇帝的尚食局、皇后的尚食局；宫外属于国家机构，则有光禄寺，太常署，珍羞署，良酝署，掌醢署。这些机构，所有人员都是为皇帝、百官饮食、祭祀、宴会服务的。

宋·李廌《师友谈记》记宫中饮宴说："阳翟县令孙敬之曰：今年上元，吕丞相夫人禁中侍宴，独以上相之妇，得奉觞进于二圣，余执政命妇并立副阶上，北向罗拜奉觞以进。"又说："吕相夫人乃中表亲也。为某言禁中礼数甚详。御宴唯五人，上居中，宝慈在东，长乐在西，皆南向。太妃暨中宫西向。宝慈与长乐皆白角团冠，前后皆白玉龙簪而已，衣黄，背子无华彩……"李廌字方叔，元祐时人。上即宋哲宗赵煦，宝慈即太皇太后高氏，长乐即皇太后朱氏，太妃则德妃朱氏。外命妇奉觞上酒，吕丞相夫人，即吕惠卿夫人。这是北宋时公元1090年前后的事。宫中饮宴的座位有明确的规定。

元·陶宗仪《南村辍耕录》"元氏掖庭侈政"记道："宫中饮宴不常，名色亦异。碧桃盛开名曰'爱娇之宴'，红梅初放名曰'浇红之宴'，海棠谓之'暖妆'，瑞香谓之'拨寒'，牡丹谓之'惜春'，落花之饮名为'恋春'，催花之设名为'夺秀'。"行宴有理由，宴出有名。

明·郎瑛《七修类稿》记道："予观纪元诸事之书，多有同于今时者。如设酒，则每桌五果、五按、五蔬菜，汤食非五则七，酒行无算。"宴饮的配置佳肴有一定之规。

关于元代的宫廷宴会，其他资料也写到西方各种酒的传入，萨都剌《上京即事》诗："一派箫韶起半空，水晶行殿玉屏风。诸王舞蹈千官贺，齐捧葡萄寿两宫。"这就是由西域传入的葡萄酒。元末叶子奇《草木子》中记道："葡萄酒、阿剌吉酒自元朝始。"阿剌吉，蒙古语酒名译音。记述阿剌吉的作法："用器烧酒之精液取之，名曰哈剌基酒，极浓烈，其清如水，盖酒露也。"这种酒大约如现在的白兰地一样。除自制酒外，外域贡酒多样化。

元代宫廷宴会有内宴，有大宴。内宴可以理解为宫内或内府的饮宴，杨允孚《滦京杂咏》诗道："内人调膳侍君王，王仗平明出建章。宰辅乍临阊阖表，小臣传旨赐汤羊。"并解释了："御前常膳有曰大厨房、小厨房。小厨房则内人八珍之奉是也。大厨房则宣徽所掌汤羊是也。每汤羊一膳，具十六餐，余必赐左右大臣。予常职赐，故悉其详。"

杨允孚曾担任过内宴职务，故十分熟悉。所谓“内人八珍”，是指“北八珍”，即“醍醐、麆沆、野驼蹄、鹿唇、驼乳糜、天鹅炙、紫玉浆、玄玉浆”等八种。其中“醍醐”即酥油，现在蒙古、西藏还吃。“麆沆”，即入皮囊中，撞之，数日后即可饮，叫马奶子酒，即“粗奶”。如撞七八日后，色更清，味更醇，即“玄玉浆”，简单说，就是更高级的马奶子酒。紫玉浆则是葡萄酒。内八珍就包括了四种酒及饮料，可见酒在宴会中所占的比重。

元代大宴的情形，朱由敦《元宫词》九十三云：“大宴三宫旧典谟，珍馐络绎进行厨。殿前百事皆呈应，先向春风舞鹧鸪。”大宴典谟有五要点：一出席宴会，着当时礼服，礼帽；二宴前宣读元太祖、世祖之遗训；三宴间出珍禽异兽；四宴间陈列供品；五宴间演奏女乐舞蹈。大宴自然更要饮酒。席列八珍，八珍中有两种酒。诗人汪元量《十筵诗》说：“君王把酒劝三宫”“三宫满饮天颜喜”“天家赐酒十银瓮”“夜来酒醒四更过”，“丞相行酒不放杯”等，可见大宴时朝廷君臣、三宫、臣下觥筹交错之情况了。

明、清两代，内庭岁时宴会资料更多，宴亲藩，宴廷臣，宴诸王……正史、野史多有记载，只近人章乃炜《清宫述闻》所记，各殿各宫就有数不清的宴会。如保和殿赐宴之礼，有除夕筵宴，正月十五赐宴，年终宴大臣，元旦大宴，使臣赐宴，文华殿、体仁殿等处经筵，文渊阁经筵，乾清宫元旦宴亲藩，上元宴群臣，万寿宴，千叟宴，皇极殿万寿宴、千叟宴……引几则当时参加过这种宴会的资料，以见一斑吧。《翁同龢日记》光绪十二年（公元1886年）丙戌旧历正月十五日记云：

是日上御保和殿筵宴外藩。满汉文一品、满洲文武二品皆与宴。辰初入，辰正入座。余在东边第四列。满尚书在前，次穆将军，次徐桐，次余，次毕道远，其余则蒙古公也。入座跪迎，进茶一叩，始坐，赐茶一叩，进酒时起立，捧酒者趋下一叩，众皆叩，赐酒一叩，赐食一叩，临起时三叩，六刻毕。

十六日又记云：

……午正上御乾清宫廷臣宴，诸臣以次就座，约三刻许退。今年东边首座派礼王、西边首坐派伯王也。赐珍拿酒。

十九日又记：

……今日燕九，照例御紫光阁宴蒙古王公。朝鲜使臣……

这都是当时宫中正式宴会的实录，简单说，实际也都是带有政治礼仪性的宴会。看来都是在席上又叩头，又饮酒，但这种宴会并不好受。近人何刚德《春明梦录》记有他参加光绪寿筵的事。原文道："甲午六月，德宗万寿，赐宴太和殿，每部司官两员，余与溥倬云与焉。宴列于丹陛，接连及殿下东西，两人一筵，席地而坐。筵用几，几上数层饽饽，加以果品一层，上加整羊腿一盘，有乳茶有酒，酒系光禄寺良醖署所造，赞礼者在殿陛上，赞跪则皆起而跪，跪毕仍坐。行酒者为光禄寺署正。酒微甜，与常味不同。宴惟水果可食。饽饽及余果，可取交从者带回。赤日行天，朝衣冠，盘膝坐，且旋起旋跪，汗流浃背……"

这样看来，参加皇帝的寿筵，不是荣耀享受，倒是一桩受罪的苦差了。

佳节举觞庆升平

中国节庆繁多，饮食文化又特别讲究，每逢节庆，请酒饮宴是一件大事，朝廷宫中以此宴赏王侯大臣，民间百姓也以此合家欢聚，款亲友睦乡邻。这些岁时之宴，历代相承而又有变革，现以唐、宋、明朝为例，叙其大要并略加说明，以见大概。

元旦为岁之首，历朝元旦，朝廷皆朝会赐宴群臣。《后汉书·礼仪志》载："百官贺正月，二千石以上上殿，称万岁，举觞御座前，司空奉羹，大司农奉饭，奏食举之乐。百官受赐宴飨，大作乐。"可以想见东汉时元旦朝会宴乐的盛大场面。唐太宗时，元旦大宴常在长安近郊昆明池举行，见《册府元龟》："贞观五年正月癸酉，大蒐于昆明池；甲戌宴群臣，奏九部乐，歌太平，舞狮子，赐从官帛各有差。"

贞观七年正月癸巳，宴三品以上及州牧、蛮夷酋长于玄武门。奏《七德》《九功》之乐并舞。

宋代元旦行大朝会仪："太子、上公、亲王、宰执并赴紫宸殿立班进酒，上万岁寿。上公致词，枢密宣答。及诸国使人及诸州入献朝贺，然后奏乐，进酒赐宴。""是日，后苑排办御筵于清燕殿，用插食盘架。午后，修内司排办晚筵于庆瑞殿，用烟火，进市食，赏灯，并如元夕。"

唐玄宗于正月十五日元宵曾"御勤政楼，大酺，纵士庶观看百戏，人物填咽，金吾卫士指遏不得。上谓力士曰：'吾以海内丰稔，四方无事，故盛为宴乐，与万姓同欢，不谓众人喧闹若此'"。后来高力士出主意，令京兆尹严安之以法治之，严将手中笏板在广场周围划线示众，谁越过此线即执行死刑，这才吓住了众百姓，“是以终日酺宴，无人敢犯者”，这一场盛大的群众性宴会才算和平结束，未酿成伤亡惨剧。到宋代，元宵已是最重要的节日，赏灯戏游，已成全民风习，《东京梦华录》《梦粱录》《武林旧事》等书都有详细记载，宋词中也有反映，如李清照《永遇乐·元宵》、周邦彦《解语花·赋元夕》，都是传诵千年的名篇。

过了元宵节，天气渐渐和暖，各种大小之宴可以在室外乃至郊外供设。

清明节是传统的祭扫祖坟之节，但也免不了借祭扫之名行饮宴之实。《东京梦华录》卷七记清明节时情形：“四野如市，往往就芳树之下或园圃之间，罗列杯盘，互相劝酬。都城之歌儿舞女遍满园亭，抵暮而归。各携枣䭔、炊饼、黄胖、掉刀，名花异果，山亭戏具，鸭卵鸡雏，谓之门外土仪。轿子即以杨柳杂花装簇顶上，四垂遮荫，自此三日，皆出城上坟，寒食，（清明前一日）最盛。节日坊市卖稠饧、麦糕、乳酪、乳饼之类。“缓入都门，斜阳御柳；醉归院落，明月梨花。”想见当时家家皆借出城上坟之名宴游终日，悠闲舒适地过清明节。

三月三日为上巳节，古人在巳节都去水边沐浴洗去尘垢，称为“修禊”。效仿晋王羲之“兰亭之举”。唐代巳节时贵族士女都结伴至长安东南郊的风景名胜曲江之滨游赏宴饮，杜甫的名诗《丽人行》即咏杨贵妃的兄姊杨国忠、虢国夫人和秦国夫人曲江宴游之事，对其骄奢淫逸有尖锐的讽刺。

《唐语林》卷七记：“旧制二三岁必于春时内殿赐宴宰辅及百官，备太常诸乐，设鱼龙曼衍之戏连三日，抵暮方罢。”这是每隔二三年举行一次的宫内春宴，有音乐、歌舞、杂技、幻术等招待。宋代宫廷春秋二季常有宴集，有大宴、宴射、曲宴等形式（《宋史·礼志》）。宋太祖赵匡胤是行伍出身，骑马射箭是其本行，而他又不主张过分饮酒，曾向百官自道：“沉湎非令仪，朕宴偶醉，恒悔之。”因此史书上常见他“幸玉津园宴射”“幸迎春园及开封尹后园宴射”之类的记载。所谓“宴射”，即闲暇时与群臣设宴习射为乐，是古代射礼之一。赵匡胤行此古礼以代酒宴，目的有二：一是免于醉酒，二是借此习射与辅臣同乐，一举两得。故其弟宋太宗赵炅也效他而行，但宋太宗时海内太平无事，统治者的享乐自然比开国君主要靡费些，单单“宴射”是不过瘾了，于是有了所谓的“曲宴”，即有各类文艺活动的宴会。“雍熙二年四月二日诏辅臣、三司使，翰林、枢密、直学士、尚书省四品、两省五品以上三馆学士宴于后苑：赏花、钓鱼、张乐、赐饮，命群臣赋诗、习射、赏花，曲宴自此始。”曲宴的参与者原本限于皇帝“从官”，宋哲宗时扩大到宰辅老臣，《宋史·哲宗本记》有“元祐五年，曲宴文彦博于玉津园”之记载；后来又扩大到外国使者，“绍圣四年十二月甲申，曲宴辽使于垂拱殿”。总而言之，北宋朝廷的宴会越来越丰富多彩了。

春深百花竞放，至夏月果品亦陆续上市，于是又有配合欣赏奇花异果的宴饮集会，足见中华人士自古以来就很懂得享受生活之美。如五代时南汉皇帝刘鋹，每逢荔枝成熟，就于宫苑内设“红云宴”，品尝荔枝饮酒宴乐。又如宋仁宗时大臣韩琦赏芍药“金带围”之宴，并见于多种宋人笔记，沈括《补梦溪笔谈》最详：

> 韩魏公庆历间以资政殿学士帅淮南。一日，后园有芍药一枝分四枝，枝各一花，上下红，中间黄蕊。问之，名金缠腰，又谓之金带围。初无种，有时而出，则城内当有宰相，公异之，开一会，欲招三客以赏之，以应四花之瑞。时王岐公圭为大理评事通判，王荆公为大理评事签判，皆召之。尚少一客……命取过客历，求一朝官足之。过客无朝官，惟有陈秀公升之，时为大理寺臣，遂命同会。剪四花，主客各簪一花，甚为盛集。后三十年间皆为相。

这也只是凑巧之事而已，但这次金带围宴集却作为佳话流传至今。

这类品花赏果的岁时宴会后来逐渐丰富并多样化、系统化，显示了中华文化的进一步发展。

春归夏至，五月初的端午则为纪念屈原而设：“自五月一日及端午节前一日，卖桃、柳、葵花、蒲叶、佛道艾，次日农家铺陈于门首，与粽子、五色水团、茶酒供养，又钉艾蒲于门上，士庶递相宴赏。”到明代，据史玄《旧京遗事》记载：“京朝官端午赐食粽，重阳赐食糕，一费可七百金。食时助以酒脯，取沾赉而毕。”总之，商行宴饮在一般酒食而外，粽子必定是应时之食，万不可少的。而所饮之酒，至迟在明代已有特定：“初五日午时，饮朱砂、雄黄、菖蒲酒，吃粽子，吃加蒜过水面，赏石榴花，佩艾叶，合诸药，画治病符。”

七月初七乃传说中牛郎织女相会鹊桥之日，称为“七夕”，唐代已有乞巧的风俗。陈鸿《长恨歌传》记唐玄宗和杨贵妃故事，清代洪升《长生殿》剧本，亦以此场景作“密誓”一出，均脍炙人口。南宋时，七夕“妇人女子至夜对月穿针，饾饤杯盘，饮酒为乐，谓之乞巧”。

八月十五日中秋节，又称团圆之节，家家供月饼瓜果，候月上，焚香后即大肆饮啖，多竟夜始散席者。宋代吴自牧《梦粱录》，记南宋时临安风习：

“八月十五日中秋节，此日三秋恰半，故谓之中秋。此夜月色倍明于常时，又谓之月夕。此际金风荐爽，玉露生凉，丹桂香飘，银蟾光满。王孙公子，富家巨室，莫不登危楼临轩玩月，或开广榭，玳筵罗列，琴瑟铿锵，酌酒高歌，以卜竟夕之欢。至如铺席之家，亦登小小月台安排家宴，团圆子女，以酬佳节。虽陋巷贫窭之人，解衣市酒，勉强迎欢，不肯虚度。”

九月初九日为重九，称重阳节。古人于此日佩茱萸囊登高饮菊花酒以避灾祸，唐代诗人王维《九月九日忆山东兄弟》：“独在异乡为异客，每逢佳节倍思亲。遥知兄弟登高处，遍插茱萸少一人。”说明唐代重阳登高已成极普遍的民俗。北宋时，重阳有赏菊之会，且出城登高宴聚。南宋时：“禁中例于八日作重九排当，于庆瑞殿分列万菊，灿然眩眼，且点菊灯，略如元夕。内人乐部亦有随花赏，如前赏花例。盖赏灯之宴，权舆于此，自是日盛矣。或于清燕殿，缀金亭赏橙桔。遇郊祀岁则罢宴。都人是日饮新酒，泛萸簪菊。”明代宫中：“九月重阳节，驾幸万寿山，或兔儿山、旋磨山登高，吃迎霜麻辣兔，饮菊花酒。”说明明宫廷重阳风习又有不同，但设酒宴饮则不变。皇宫中如此，一般士子又如何呢？“每届九月九日，则京都人士提壶携榼，出郭登高，南则在天宁寺、陶然亭、龙爪槐等处，北则蓟门烟树、清净化城等处，远则西山八刹等处，赋诗饮酒，烤酒分糕，洵一时之快事也。”原来士人更加会自寻乐趣，他们自带酒菜出城野宴去了。

十一月仲冬冬至之日，朝廷必行郊天之礼。冬至“朝庭大朝会庆贺排当，并如元正仪”“三日之内，店肆皆罢市，垂帘饮博，谓之‘做节’。享先则以馄饨，有冬馄饨年（食发）饦之说。贵家求奇，一器凡十馀色，谓之百味馄饨”。南宋时已有冬至食馄饨之俗。明代则不然，刘侗、于奕正《帝京景物略》云：“十一月冬至日，百官贺冬毕，吉服三日，具红笺互拜，朱衣交于衢，一如元旦。民间不尔，惟妇制履舄，上其舅姑。”清代则又有改变，《燕京岁时记》谓：“冬至郊天令节，百官呈贺表。民间不为节，惟食馄饨而已，与夏至之食面同，故京师谚曰：冬至馄饨夏至面。”可见清代又恢复了南宋冬至节的饮食。

此后，十二月二十三日祭灶送灶王爷，此风俗迟至北宋已有：“二十四日交年，都人至夜请僧道看经，备酒果送神，烧合家替代钱纸帖灶马于灶上。以酒糟涂抹灶门谓之醉司命。”但这还称不上真正的宴集，唯富贵之家，“遇雪即开筵，塑雪狮，装雪灯雪人，以会亲友”。至除夕，宋代宫廷作傩驱祟：“是夜禁中爆竹山呼，声闻于外。士庶之家围炉团坐，达旦不寐，谓之守岁。”除夕之夜家家户户都设有家宴，年年如此，家家如此，只要岁月太平而又办得起宴席的人家，都在爆竹声中品尝酒肴果品，享合家团聚之乐，等待新年的来临。

酒随喜庆溢杯樽

中国人的生活中，每逢婚嫁、生日、寿诞、亲友会面、丰收等，都成为喜庆宴请的理由，少不了大摆筵席。

在我国古代最早的诗歌总集《诗经》中，就有不少咏及喜庆宴会的诗。有咏天子宴请诸侯的，如《蓼萧》《湛露》《彤弓》《桑扈》；咏朋友故旧宴集者，如《伐木》《菁菁者莪》与《鹿鸣》；亦有一般宴请之乐歌，如《鱼丽》《南有嘉鱼》和《南山有台》等篇。除此而外，还有一些涉及其他喜庆内容的，如《豳风·七月》，是一首咏唱上古社会农民劳动生活的长诗，在此诗的最后一章，就有叙及秋收以后，村社农民聚宴庆祝场景的诗句："九月肃霜，十月涤场。朋酒斯飨，曰杀羔羊。跻彼公堂，称彼兕觥，万寿无疆。"这种形式的宴会，后来的农村也仍然举行，一般都是全村男女老幼一起参加，实际上是庆丰收宴了。

结婚是一生大事，《礼记·曲礼》云："日月以告君，斋戒以告鬼神，为酒食以召乡党僚友，以厚其别也。"所以结婚娶妇备办婚筵大请其客是合乎周礼的。

南宋时婚嫁婚筵，礼仪隆重："新人诣中堂，行参谢之礼，次亲朋庆贺及参谒外舅姑已毕，则两亲家行新亲之好，然后入礼筵，筵五盏礼毕，别室歇坐，以叙亲义，仍复再入公筵，饮后筵四盏，以终其仪。""其两新人于三日或七朝九日，往女家行拜门礼，女家广设华筵，款待新婿，名日会郎。""女家或于九朝内，移厨往婿家致酒，谓之'暖女会'。""至一月，女家送弥月礼盒，婿家开筵，延款亲家及亲眷，谓之贺满月会亲。"所介绍的当然是富有之家，贫民则只能一切从简了。皇家婚嫁气派豪华，与民间大不相同。如《大清会典》记清代顺治皇帝的结婚宴请："顺治八年（公元1651年）大婚礼成，皇上升太和殿作中和乐，设庆贺筵宴。是日设宴二百席。"可惜这大婚贺筵的详细情况会典上没有记载。

婚后生了儿子，称为"弄璋之喜"，当然也是会亲请客的好借口。除了催生送膳食、满月洗儿会之外，"生子百日，亦开筵作庆""至来岁得周，名曰周晬，……其日诸亲馈送"亦开筵以待亲朋。（《梦粱录·育子》）可见迟至南宋，生了儿子就要至少举行三次宴会：满月、百日、周岁。后来，弄璋喜宴又提前至三朝，称为“三朝酒”。满月再请，则为“满月酒”。

人老了要死，死了就要办丧事，中国人所谓“慎终追远”。丧事不好说是喜事，但如果丧者老寿，则民间称为“老喜丧”，或谓“白喜”（乃对婚嫁的“红喜”而言）。按历来风俗，丧家要办酒食招待来送丧的亲友，酒肴一般是素的，大多是豆制品，江南人称为“豆腐饭”。明末清初尤侗说：“丧家请客光临，白衣冠满座，遂成哺啜之场，更觉可笑。”（《晒书堂笔录》）。小说中写及丧家宴集的也不少，如《金瓶梅词话》第六十三回“亲朋祭奠开筵宴”，就写及西门庆为李瓶儿之丧大开筵席，自己也陪客饮酒，还请了戏班子来演戏唱曲。所反映的当是晚明风尚，与尤侗所说情形相合。将死丧之家变成饮宴看戏之场，用宴化解伤心事，这也是中国酒文化的一大特色吧。

《明史·礼志》总结历朝大宴仪谓：“汉大朝会，群臣上殿称万岁，举觞，百官受赐宴飨，大作乐。唐大飨登歌，或于殿诞设九部伎。宋以春秋仲月及千秋节大宴群臣，设山楼排场，穷极奢丽。明制：有大宴、中宴、常宴、小宴。”查《明会典》，明太祖洪武元年（公元1368年）定冬至、正旦、圣节大宴。郊祉、宗庙、宫殿成，亦大宴。

清代的庆贺大宴，《清会典》记载了顺治定都北京后的开国庆宴：“顺治元年（公元1644年）定鼎燕京，行庆贺礼毕，大设筵宴。是日卤簿大驾全设于午门外，设宝座于皇极门正中，设金黄凉棚各一、青布凉棚各六于丹墀内两旁，王以下各官各于凉棚下齐集，筵宴完备，内院大学士奏请上出宫升座，百官俱坐饮茶进桌、进酒，各官俱行一跪一叩头礼，宴毕谢恩，行一跪三叩头礼，各回原班立，上回宫，作中和乐，各官跪送候过乐止，众官皆退。”与明朝相比较，气派、排场差多了。

金榜题名鹿鸣宴

中国古代的科举制，是封建社会选拔人才的制度。唐宋时，州县考试及格后即可参加中央考试，及第后即为进士。明清时则分三级：府县考试合格为秀才，省级考试中式为举人，国家级考试及第为进士，与此制度相配合的则有宴请主考、学政及中式诸生、新科进士的各种宴会。如唐代的鹿鸣宴、曲江杏园宴；宋代的琼林宴与鹿鸣宴（沿用唐代名称）；明清的进士恩荣宴等。

唐代的鹿鸣宴是由州县长官宴请考官、学政及中式诸生的宴会，菜肴单用少牢（即猪和羊），宴会上集体合唱《诗经·小雅·鹿鸣》之章，故称为鹿鸣宴。唐代宴请新科及第进士的活动在长安东南曲江之杏园举行。进士榜发后即由皇帝赐宴杏园，故刘沧《及第后宴曲江》诗有“及第新春选胜游，杏园初宴曲江头”之句。

宋代赐宴新科进士有琼林宴之美称。因宋太宗太平兴国二年（公元977年）始赐宴新科进士于琼林苑，故有此名。琼林苑是北宋首都汴京的游乐胜地，大门牙道，皆古松怪柏。两旁有石榴园、樱桃园之类，各有亭榭，多是酒家所建。南宋建都临安，皇帝赐宴新科进士照常举行，虽已不在琼林苑，但仍称琼林宴。所以吴文英《绛都春》词咏及自己与宴时欢快的心情，有“花底天宽春无限，仙都骄马琼林宴”的名句。文天祥考中状元后，有《御赐琼林宴恭和诗》：“奉诏新弹入仕冠，重来轩陛望天颜。云呈五色符旗盖，露立千官杂佩环。燕席巧临牛女节，鸾章光映奎壁间。献诗呈雅愚臣事，况见赓歌气象还。”从中可以想见当时琼林宴的气派。

宋代也沿用唐朝州县“鹿鸣宴”之称，但实际内涵已不相同，实指殿试后，文武两榜状元设宴，同科文武进士团拜的宴会。据《梦粱录》，殿试前三名为状元及第（简称状元、榜眼、探花），唱名后“三魁进诗谢恩，上赐御筵，赐诗与状元”，这筵席是单赐给他们三人的。鹿鸣宴则规模很大，由官方筹办，文武两状元只是名义上的主人：“两状元差委同年进士充本局职事官，措置题名登科录。帅司差拨六局人员，安抚司关借银器等物、差拨妓乐，就丰豫楼开鹿鸣宴，同年人俱赴团拜于楼下。”这样，新科进士们就彼此认识了，今后各授官职，因循升迁，也好有个照应，甚至形成一种官场“同年”的势力。

明朝时，新及第的进士由皇帝赐宴，称为恩荣宴。《明会典》载有明孝宗弘治三年（公元1490年）进士恩荣宴的宴会规格，分上桌、上中桌、中桌三等，不设下桌。这也是我中华文化的特色，实则上中桌即中桌，中桌即下桌。上桌一人一席，由号称一甲进士及第的三名即状元、榜眼、探花三人享用，中上桌由二甲进士出身、中桌由三甲同进士出身分别坐享。菜、点心与酒的供给都不一样。

清代进士及第仍由皇帝赐宴，亦称恩荣宴。清世祖顺治四年（公元1647年）规定了乡会试设出场、入场筵宴，专门招待主考各官及礼部官员以及考场职员。下面是《清会典》上的记载：顺治四年题准：主考各官入场筵宴：上桌、中桌各给银花一对；下桌无银花，共结彩一座，彩旗六道。出场筵宴：主考、知贡举礼部堂官每员银花一对，上桌一席；同考官，监察御史，收卷、提调、供给各执事官员、笔帖式每员银花一对，中桌一席；眷录、弥封、收卷、对读、守门、巡绰、供给、鸣赞、送官、大使、儒士教坊司官，每员下桌一席。康熙十四年（公元 1675 年），入场筵宴一度停止，到二十一年（公元 1682 年）方始恢复。

另外，清代举行过两次博学鸿儒科考试，第一次为康熙十八年（公元 1679 年），第二次在乾隆元年（公元 1736 年）。这两次考试是国家特典，当然由皇帝特赐筵宴。又清代进士参加殿试，由皇帝供给早午膳，每人早膳汤一碗、馒头六个；午膳饼四个、梨二个、茶一钟。虽非科举宴会，也算皇上的恩典吧！

酒酣诗雅兴无前

文人诗宴，即由文人组织并参与的、以诗会友的宴集。历史上著名的兰亭曲水流觞、金谷诗会、旗亭赌酒等都是流传千古的佳话。有的宴请目的不在作诗，但由于有大诗人即席挥毫、写下杰出诗篇，这宴会也就成为闻名后世的诗宴了，如阳关送别、沈园绝唱等。随着文化的发展与教育的普及，到明代后期，社会上出现了大量文社、诗社，流风所及，连闺中女郎都组织了诗社，诗酒聚宴已成为十分普遍的社会现象。只是文人结社难免干预政治（如明代复社、几社），所以清代明令禁止。然而女子结社却不在禁止之列，故清代闺秀诗人及诗社多如牛毛，成为清代引人注目的新型文学现象。

《史记·高祖本纪》有高祖十二年设酒宴于沛宫，大宴故人的记载："酒酣，上击筑自歌曰：大风起兮云飞扬，威加海内兮归故乡，安得猛士兮守四方。"刘邦虽是出身低微，这首《大风歌》倒是挺不错的好诗，很能显示他当时统一中国、诛杀功臣后，而又无猛将可以信用的心态。又据《三辅黄图》《古诗纪》，汉武帝元封三年在柏梁台大宴群臣，诏群臣和诗，能为七言诗乃得上坐。于是武帝为首，人各一句联成了一首《柏梁台诗》。后人因称句句押韵的七言诗为"柏梁体"。这两次宴会都可以称为诗宴，但主角是皇帝、大臣，而非文人，所以还算不得文人诗宴。

晋穆帝永和九年（公元 353 年）三月三日，王羲之与谢安等人在会稽郡山阴县（今浙江绍兴）兰亭宴饮，修"祓禊"之礼。按古代风俗：三月上旬巳日（三国以后定于三月三日）于水滨聚会饮宴并洗濯宿垢，以祓除不祥，称为"祓禊"。西晋建都洛阳，每逢三月三日，从公卿至庶民皆赴洛水之侧行祓禊之礼。故王羲之于此日行雅集于兰亭曲水，并撰《临河叙》，以蚕茧纸、鼠须笔书写共28行、324字，世称《兰亭帖》。今存唐代欧阳询、褚遂良摹拓本，真本已殉葬唐太宗昭陵。此文又名《兰亭集序》，云：

永和九年，岁在癸丑，暮春之初，会于会稽山阴之兰亭，修禊事也。群贤毕至，少长咸集。此地有崇山峻岭，茂林修竹，又有清流激湍，映带左右，引以为流觞曲水，列坐其次。是日也，天朗气清，惠风和畅，娱目骋怀，信可乐也。虽无丝竹管弦之盛，一觞一咏，亦足以畅叙幽情矣。故列序时人，录其所述。右将军司马太原孙承公等二十六人赋诗如左，前余姚令会稽谢胜等十五人不能赋诗，罚酒各三斗。

文内所云流觞曲水，是指在环曲的流水旁宴饮，在水上放置酒杯，杯流行停在某人面前，即取杯而饮。据谢朓《曲水宴诗》："金觞摇荡，玉俎推移；筵浮水豹，席扰云螭。"酒菜都放在盘中于水上漂浮。兰亭的曲水今尚存，不过二三尺宽，酒菜盘浮至面前，伸手即得。这种宴饮方式可能即系王羲之首创。《文选》收有宋·颜延之和齐·王融的《三月三日曲水诗序》各一篇，可见在南朝时这种诗宴方式已为文人普遍接受，流传极广。

至于文末所谓"不能赋诗罚酒三斗"，这是从石崇《金谷诗序》得到的启示。石崇的金谷诗宴也是极有名的。元康六年（公元296年），石崇在其河南县的金谷涧别墅宴请征西大将军祭酒王诩还长安，与宴者共三十人："昼夜游宴，屡迁其坐，或登高临下，或列坐水滨。时琴瑟笙筑，合载车中，道路并作。及住，令与鼓吹递奏。遂各赋诗以叙中怀，或不能者罚酒三斗。"后来唐·李白《春夜宴从弟桃花园诗序》也云："如诗不成，罚依金谷酒数。"实际也是罚酒三大杯的意思（斗为古代酒器）。看来石崇虽称不上文人，他的金谷诗宴还算文绉绉的，诗不成不过罚酒而已。然据《世说新语·汰侈》："石崇每要客燕集，常令美人行酒。客饮酒不尽者，使黄门交斩美人手。"劝酒不成就要砍掉美人手，岂只汰侈，简直是残忍之极了！由此来看，石崇的金谷诗宴满是血腥气，风雅何从谈起？

薛用弱《集异记》所记唐诗人王之涣等旗亭赌酒轶事则是极为风雅有趣的文人诗宴，不可不引：

开元中，诗人王昌龄、高适、王之涣齐名，时风尘未偶，而游处略同。一日天寒微雪，三诗人共诣旗亭，贳酒小饮。忽有梨园伶官十数人登楼会宴。三诗人因避席隈映，拥炉火以观焉。俄有妙妓四辈寻续而至，奢华艳曳，都冶颇极。旋则奏乐，皆当时之名部也。昌龄等私相约曰："我辈各擅诗名，每不自定其甲乙，今者可以密观诸伶所讴，若诗入歌词之多者，则为优矣。"俄而一伶拊节而唱曰："寒雨连江夜入吴，平明送客楚山孤。洛阳亲友如相问，一片冰心在玉壶。"昌龄则引手画壁曰："一绝句。"寻又一伶讴之曰："开箧泪沾臆，见君前日书。夜台何寂寞，犹是子云居。"适则引手画壁曰"一绝句"。寻又一伶讴曰："奉帚平明金殿开，强将团扇共徘徊。玉颜不及寒鸦色，犹带昭阳日影来。"昌龄则又引手画壁曰："二绝句。"

之涣自以得名已久，因谓诸人曰："此辈皆潦倒乐官，所唱皆'巴人下里'之词耳，岂'阳春白雪'之曲，俗物敢近哉！"因指诸妓中双鬟高挽最佳者曰："待此子所唱如非我诗，吾即终身不敢与子争衡矣。脱是吾诗，子等当须立拜床下，奉吾为师。"因欢笑而俟之。须臾，次至双鬟高挽者发声，则曰："黄河远上白云间，一片孤城万仞山。羌笛何须怨杨柳，春风不度玉门关。"之涣即揶揄二子曰："田舍奴，我岂妄哉！"因大谐笑。诸伶不喻其故，皆起诣曰："不知诸郎君何此欢噱？"昌龄等因话其事。诸伶竞拜曰："俗眼不识神仙，乞降清重，俯就筵席。"三子从之，饮醉竟日。

这是一幅盛唐社会生活的生动速写：在天寒微雪的酒楼上，三位诗人正倾听艺妓的歌唱，他们在欢笑戏谑中展开了诗歌竞赛，他们那融洽和谐的关系与坦荡磊落的胸怀，似乎都一一勾画而出，尤其是王之涣那幽默的谈吐与自信的神态，更给读者留下了鲜明的印象。

中国自古以来就将"朋友"作为"五伦"之一，对友情的重视是中国人际关系的一大特点，而古代交通不便，友人离别之后，重逢不知何日，故送别友人的筵宴是不可或缺的。文人重感情，别席离筵之上往往赋诗送别，于是就有了赠别诗宴。《战国策·燕策》中所写荆轲离燕，易水送别，歌诗者是荆轲本人，送别之人有否赠诗不得而知。在唐代，别宴上所唱最著名的当然是盛唐大诗人王维的《阳关曲》了："渭城朝雨浥轻尘，客舍青青柳色新。劝君更尽一杯酒，西出阳关无故人。"后来就有了根据这首诗演唱的《阳关三叠》，成为千百年来送别宴席上的典型歌曲。

沈园绝唱是南宋大诗人陆游的故事。陆游在沈园重逢前妻唐琬与她改嫁的丈夫赵士程，面对宴席上的名酒佳肴，他满怀悲愤地吟出了千古传颂的《钗头凤》："红酥手，黄縢酒，满城春色宫墙柳。东风恶，欢情薄，一杯愁绪，几年离索。错，错，错。春如旧，人空瘦，泪痕红浥鲛绡透。桃花落，闲池阁，山盟虽在，锦书难托，莫，莫，莫！"词中所云"东风恶"，就是指逼令他们夫妇离异的陆游母亲唐夫人。唐琬不久就因旧愁新恨病逝，好事者还以她的口气写了一首和词《钗头凤》。

清代闺秀诗人结社联吟，相聚于酒宴诗词之间，康乾以来逐渐普及。《红楼梦》中大观园海棠诗社设螃蟹宴，饮酒食蟹赏菊，作《菊花诗》十二首，即这种社会现象在文学上的集中反映。康熙间杭州地区女诗人顾之琼发起组织“蕉园诗社”，先后有徐灿、柴静仪、朱柔则、林以宁、钱云仪、顾姒、冯娴、张昊、毛媞等人加入，常于春秋佳日聚会宴集，唱酬联吟。这些女诗人都有专集出版，优秀诗作选入各种选本，流传很广。乾隆时，江南吴江地区闺秀诗人张允滋等十人也组织了“清溪吟社”，出版有《吴中十子诗钞》。至于乾隆末期大诗人袁枚与其女弟子宴集杭州西湖酒楼，称为“随园十三女弟子雅集”，就更是诗坛上的佳话。袁枚的女弟子们还分别在自己的家乡组织闺秀诗人活动。如常熟人屈秉筠，即组织常熟地区女诗人于嘉庆元年（公元1796年）花朝之日宴于家中蕴玉楼。十二名女诗人各着时世新妆，而自名为古代名花女史如梅妃、谢道韫、虢国夫人、西施、张丽华、洛神等，而又“命画工以古之装写今之貌，号蕊宫花史图”（《天真阁外集》），这次宴会后人称为“十二蕊宫花史雅集”。可见，宴饮与诗歌创作已密切相关，不可分割了。

循礼守仪美德传

中国自古就是一个注重礼仪，以文明闻于世的礼仪之邦。酒在中国有着非常悠久的历史，所谓无酒不成宴席，无礼也不成酒席，这便注定了酒与礼仪之间不可分割的密切关系，即“酒礼仪”。

明末大学者顾炎武在《日知录·酒禁》中说：“先王之于酒也，礼以先之，刑以后之。”同时人黄周星在《酒社刍言》中也说：“古云：酒以成礼；以欢为主，则必无愁苦之欢矣。”这些引文都说明自古以来，谈到酒，都必然离不开礼。

古人在长期的生活实践里，“品”出了酒的特性，即知酒对人身体有害有益，如不依礼饮酒，适度饮酒则会有害无益。因此，上至朝廷帝王，下至民间百姓，对于酒的饮用，都是既重视，又小心。在祭祀、婚嫁、宴宾中，酒由谁来饮用及饮用的顺序和度量，都有着严格的规定和礼仪程序。史上诸多的文献典籍及各种文物，都能证明这一点。

《礼记》一书中，对酒的礼仪有着详细的记载。如第十四篇《明堂位》记云：“爵，夏后氏以盏，殷以斝，周以爵。灌尊，夏后氏以鸡夷，殷以斝，周以黄目。其勺，夏后氏以龙勺，殷以疏勺，周以蒲勺。”其中有些古铜器至今还存在，可见古时酒礼仪的隆重。

历年经代，日月更替，酒的饮用形成了一定的习惯即民俗，谈礼仪，我们不得不简单地分析酒与民俗的关联。

在我国古代，酒被视为神圣的物质，酒的使用更是庄重之事，非祀天地、祭宗庙、奉嘉宾而不用，形成远古酒事活动的习俗。

随着酿酒业的普遍兴起，酒逐渐成为人们日常生活的用物，酒事活动也随之广泛，并经人们思想文化意识的认知、感观、俗成，使之程式化，形成较为系统的酒文化习俗。这些习俗内容涉及人们生产、生活的许多方面，其形式生动活泼、姿态万千。

酒与民俗不可分，诸如农事节庆、婚丧嫁娶、生辰满日、庆功祭奠、奉迎宾客等民俗活动，酒都成为中心物质。农事节庆时的祭拜庆典因有酒，缅怀先祖、追求丰收富裕的情感就有所寄托；婚嫁因有酒，白头偕老、忠贞不二的爱情就可明誓；丧葬因有酒，后人忠孝之心就可以表述；生宴因有酒，人生礼趣交谊，寿福南山东海之比就可恭祝；饯行洗尘因有酒，壮士一去不复返的悲壮情怀就可以倾吐。总之，有酒方有礼，有酒方成俗，有了酒，民俗活动才丰富多彩有声有色。

早在夏、商、周三代，酒与人们的生活习俗、礼仪风尚就已紧密相连，并且公式化、系统化。当时，曲蘖的使用，使酿酒业空前发展，酒成了人们生活中不可缺的物质，反映在风俗民情、农事生产中的用酒活动非常广泛。

夏代，乡人于十月在地方学堂行饮酒礼：“九月肃霜，十月涤场，朋友斯飨，日杀羔羊，跻彼公堂，称彼兕觥，万寿无疆。”《诗经·豳风·七月》此诗描绘的是一幅先秦时期农村中乡饮的风俗画。在开镰收割、清理禾场、农事既毕以后，辛苦了一年的人们屠宰羔羊，来到乡间学堂，每人设酒两樽，请朋友共饮，并把牛角杯高高举起，相互祝愿大寿无穷，当然也预祝来年丰收大吉，生活富裕。

周代风俗礼仪中，就有冠、昏（婚）、丧、祭、乡、射、聘、朝八种，大多又酒冠其中，有声有色。例如：男子年满二十要行冠礼，表示已成为成年人，在冠礼活动中，“嫡子醮用醴，庶子则用酒”（《中国文化史》），庆祝自己走向成熟。

在古代的各种祭祀仪式中，无一不用到酒。无论是朝廷帝王为了祈求国泰民安，还是民间百姓们为了能够丰衣足食，都要用祭祀的方法来感谢神鬼，也就是祭天、祭地、祭神、祭鬼，其中都要酒来表示敬意和诚心，还有很多细致的礼仪。比如，春天天子要举行祈谷礼，《礼记》中《月令》篇说：

> 是月也，天子乃于元日祈谷于上帝。乃择元辰，天子亲载耒耜……天子三推，三公五推，卿诸侯九推。反，执爵于太寝。三公、九卿、诸侯、大夫皆御，命曰劳酒。

这种活动一直延续到清代末年，那时，皇帝还在北京先农坛举行躬耕，执爵献酒祭先农的礼仪，前后有两三千年的历史了。如《清史稿》卷八十三，《礼志》二记载："顺治十一年（公元1654年），定岁从仲春亥日行耕桔礼……届期，帝亲飨祭献如朝日仪……俟农夫终亩，鸿胪卿奏礼成，百官行庆贺礼，赐王公耆老宴……"其他的祭祀活动，如祭天、祭地、祭社稷，祭蚕、祭神、祭鬼祭宗庙等礼仪，对献爵、饮福酒等，都在历代史书礼仪志中有明文记载，这里就不一一列举了。

结婚可谓是人生大事，所以婚宴饮酒礼，规则更为复杂。从纳采、问名、纳吉、纳征、请期到亲迎合卺，这一系列的礼仪都要极为精细地实行。而最能体现出酒与礼仪的密切关系的，以酒表礼的要属"合卺"这一礼仪了。如《清史稿》记同治大婚道："同治十一年（公元1872年），纳采、大征、发册、奉迎，悉准成式……辇入乾清宫，执事者俱退，侍卫合隔扇。福晋、命妇侍辇入宫，宫中开合卺宴，礼成。"又记"皇子婚仪"道："新福晋由女官导入宫。届合卺时，皇子西向，福晋东向，行两拜礼。各就坐，女官酌酒合以进，皆饮。酒馔三行。起，仍行两拜礼。"

又如《隋书》志第四《礼仪》记道：

> 后齐皇帝纳后之礼，纳采、问名、纳征讫等等，有司先于昭阳殿两楹间供帐，为同牢之具……帝升自西阶，诣同牢坐，与皇后俱座。各三饭讫，又各酳二爵一卺。奏礼毕……

以上是皇家合卺之礼。至于民间，也有大量的史料记载。如宋·孟元老《东京梦华录》卷之五"娶妇"道："凡娶媳妇，先起草贴子……扶入房男女各对拜毕……然后用两盏以彩结连之，互饮一盏，谓之交杯酒。饮讫掷盏，并花冠子于床下，盏一仰一合，俗云大吉，则众喜贺。"正史上有记载，不管皇家、民间，均用"合卺"古语，俗话叫"交杯盏”“交杯酒”。古代各地习俗的“合卺”礼仪还有许多，但至今沿用的并不多。

周代的婚姻习俗，已经走向规范化、程式化，由提亲到完婚，男子若相中某一女子，必请媒提亲，女应允后，仍有纳采、问名、纳吉等过程。婚期至，“父醮而命之迎，子承命以往，执雁而入，奠雁稽首，出门乘车，以俟妇于门外，导妇而归，与妇同牢而食，命卺而饮”。新婚夫妇共同食用祭祀后的肉食，共饮新婚水酒，以酒寄托白发到老的愿望。

古人极为尊敬君主、长辈，因此古代聚宴时在君臣、父子、师生、长幼之间，对饮酒的次序、礼仪等都有严格的规定。如《礼记》中有许多记载，其卷一《曲礼》：

> 侍饮于长者，酒进则起，拜受于尊所，长者辞，小者反席而饮。长者举未酹，少者不敢饮。长者赐，少者、贱者不敢辞。

饮酒时讲究位次礼仪，以“礼”的尊卑上下原则为席位依据。这种席位的排序不仅显示了宴席的规格、等级，而且体现了饮酒者的尊卑、长幼、宾主之分。同时，席位的排序也反映出了一个民族的习俗和礼节。所谓“各位不同，礼亦异数”就是反映等级社会中等级观念与“礼”的关系。

古人的位次礼仪有首尾之分、上下之别。首者上也，为尊；尾者下也，为卑。席位的尊卑关乎礼遇的高低，因而受到古人的特别重视。

关于饮酒时位次的礼仪，《礼记》在《少仪》篇中记到：“尊者，以酌者之左为上尊。尊壶者面其鼻。饮酒者，（禨）者，醮者，有折俎不坐，未步爵，不尝羞。”又记道：“凡饮酒，为献主者执烛抱燋，客作而辞，然后以授人。执烛不让，不辞不歌。”

这些礼仪规则，因年代久远，解释起来很复杂，如尊与壶，均为酒具，皆有面，面有鼻，鼻宜向尊者。（禨）者，是沐而饮酒，醮者，是冠而饮酒等。如要具体说明，则较为困难。但是有一点至今仍在遵循，即“酌者之左为上尊”，也就是尊敬上坐宾客。还有“未步爵，不尝羞”，就是说未举杯饮酒，不能吃菜。这些礼仪规则在现代人餐桌上仍能看到。

古代筵席有礼貌待客的传统，因此在接待宾客时，也有详细规定。

《礼记·曲礼》云：“凡与客入者，每门让于客，客至于寝门，则主人请入为席，然后出迎客，客固辞，主人肃客而入。”“让于客”，是为了让客先入。古时天子五门，诸侯三门，大夫二门，每入一门均需礼让，客人难免要推让，主人拱手以揖请客先登。这是迎宾常礼。

古代对于酒在礼仪的考虑上，多从现在所谓社会秩序、人际关系包括君臣诸侯、家庭亲子、夫妻等诸多方面考虑，所以是很细致的。《礼记》中说“玄酒”，是指水，说“醴酒”是指薄酒。连饮什么酒，都有详细的规定，可见古代有关酒的礼仪多么细致具体。

古代对于没有酒量和滴酒不沾的宾客从不强人所难，而是让他们用其他饮品代替。《汉书·楚元王传》：“元王敬礼申公等，穆生不嗜酒，元王每置酒，常为穆生设醴。”“醴”是指酒精度不高的甜酒。还有以茶代酒的。《三国志·吴志·韦曜传》载，吴主孙皓宴客，韦曜不善饮酒，孙皓密赐茶水以当酒。至今仍有这种做法。

再有《礼记》记有“投壶之礼”，有些类似于现时饮宴中的罚酒。所谓“胜饮不胜者”，就是说胜利的不需要喝酒，而失败的要罚酒。有记载说：

> 投壶之礼，主人奉矢……主人请曰：某有枉矢哨壶，请以乐宾。宾曰：子有旨酒嘉肴，某既赐矣……
>
> 请宾曰：顺投为入，比投不释，胜饮不胜者……
>
> 命酌曰：请行觞。酌者曰：诺。当饮者，皆跪奉觞曰：赐灌。胜者跪曰：敬养。

这些礼仪不仅表达了主人对宾客的尊敬，而且显示出宴席的规格、档次，更突出了礼的仪式节度。

孔子曾参加过乡饮酒礼，《论语·乡党》说：“乡人饮酒，杖者出，斯出矣。”在行乡饮酒时，要等老年人都出去以后，孔子才出去。显然这是敬老尊长的乡饮酒礼。《礼记·乡饮酒礼》也记载孔子说过：我观看过乡饮酒礼，就知道王者的教化极易推行。

乡饮酒礼盛行于周代，在《周礼·地官·党正》记载：“国索鬼神而祭祀，则以礼属民，而饮酒于序，以正齿位。”序是乡下面所管辖州、党的学校。这句话是说到了年终蜡祭时，聚集民众在党学里举行乡饮酒礼，按照年龄的大小排定位次。

酒与礼仪之间的相互关系也具有非常重要的意义。如《隋书》卷六礼仪志前言中说：“群饮而逸，不知其邮，乡饮酒之礼废，则争斗之狱繁矣。”又说：“汉高祖既平秦乱，初诛项羽，放赏元勋，未遑朝制，群臣饮酒争功……叔孙通言曰：儒者难与进取，可与守成。于是群起朝仪而许焉，犹曰：度吾能行者为之。微习礼容，皆知顺轨。”

在《礼记》第四十五，也特别有《乡饮酒义》一章。文前释题解释说：

> 乡饮酒者，乡人以时会聚饮酒之礼也。因饮酒而射，则谓之乡射。郑氏谓三年大比，与贤者能者，乡老及乡大夫，率其吏与其众，以礼宾之，则是礼也。三年乃一行，诸侯公卿大夫贡士与其君，盖亦如此。党正每岁国索鬼神而祭祀，则以礼属民而饮酒干序，但此礼略而不载，则党正因蜡饮酒，亦此礼也。先儒谓乡饮有四：一则三年宾贤能；二则乡大夫饮国中贤者；三则州长习射；四则党正蜡祭，然乡人凡有会聚，当行此礼，恐不特四事也。《论语》：‘乡人饮酒，杖者出斯出矣。’亦指乡人而言之。

这段引文主要阐述了乡饮酒礼的四个内容。第一是选拔贤能，第二是敬老尊长，第三是与武事有关，第四是与蜡月祭祀有关。此礼在于维护社会宗法秩序。

据《仪礼·乡饮酒礼》记载，乡饮酒礼的具体仪节大体如下：

以乡大夫为主人，邀请有才德的人为宾，其次的为介，又次的为众宾。整个酒宴可以分为四个阶段。

第一阶段是献酒。主人先向宾敬酒，宾回敬主人，主人再敬宾。然后主人向介敬酒，介回敬主人。最后主人向众宾敬酒，众宾站着把酒喝完，不回敬主人。

第二阶段是作乐娱宾。乐队入场，在堂上鼓瑟唱歌。

第三阶段是宾向主人敬酒，主人向众宾敬酒，众宾又依次交错敬酒。

第四阶段是大家脱鞋上堂就座，彼此劝酒，不计杯数。最后尽欢而散。

乡饮酒仪，后来又与祭孔联系在一起。《礼记》第八篇《文王世子》，文云：“凡学，春宫释奠于其先师，秋冬亦如之。凡始立学者，必释奠于先圣先师。”祭祀孔子时，必须先要有三牲，烧纸，“合乐”；献酒，献牲，献爵，即奉上酒壶酒杯等；焚香、跪拜、叩首、兴（即起立），再拜、再叩首……直至礼成。

祭孔在顺治、康熙两朝八九十年中，是大学士主祭。而自雍正四年后，就由皇帝亲自主祭。“献爵”“改立为跪”，就是捧着酒杯举过头，然后再洒一点在供桌前。乾隆时“三献”，就是献三次酒、跪下起来反复三次。选内府尊彝十器送到文庙，大多祭器就是酒器。不仅是在京都，在外地也要祭孔，首先是孔子家乡曲阜孔庙，史称“阙里”文庙，一切释奠、献爵仪式都和京师一样。

乡饮酒礼是怎么回事呢？乡饮酒礼和朝会一样，都被列为嘉礼。乡可以理解为与朝中相对的在地方上的意思。乡饮酒是在乡里摆酒宴的群众聚会，找到选举、祭祀、乡射等活动的机会就聚起来吃喝一顿。《唐会要》卷二十六，记“乡饮酒”云：“贞观六年（公元632年）诏曰：‘比年丰稔，闾里无事，乃有堕业之人，不顾家产，朋游无度，酣宴是耽，危身败德，咸由于此。’每览法司所奏，因此致罪，实繁有徒。静言思之，良增轸叹。自匪澄清正本，何以革兹俗弊。当纳之轨物，询诸旧章，可先录乡饮酒礼一卷，颁行天下。每年，令州县长官，亲率长幼，齿别有序，递相劝勉，依礼行之，庶乎时识廉耻，人知敬让。”

明、清两代，乡饮酒礼在形式上也延续了下来。《清史稿》卷八十九《礼志》第八，有“乡饮酒礼”的记载，而且还详细记录了各府、州、县“乡饮酒礼”的仪式，到雍正、乾隆两代，仪式略有改变。但自道光之后，也就很少举办了。原因是道光二十三年命将乡饮酒礼银两全数上缴，将充军饷，聊补鸦片战争后捉襟见肘的财政，这样，地方上就没有钱举办了。自然，从此之后，也再没有人提起过这一“乡饮酒”的古代礼仪了。

综上所述，可见，酒与礼仪之间的密切关系，自古至今，代代流传。也反映出“礼”在中国社会中占有的重要地位，同时也体现出中国古代实行酒礼仪之隆重性和复杂性。虽然如今有些酒礼仪由于种种原因已失传，但是，在今天也仍然能看见人们婚宴喜庆时举行“交杯酒”等仪式，在饮酒、赋诗时也仍有输者罚酒等“投壶之礼”，这些都是在延续古代的酒礼仪。

（译文）

我国的民间饮酒习俗有着悠久的历史，灿烂的文化，分布在各地的众多民族之中，酝酿了丰富多姿的民间酒俗。有的酒俗仍然留传至今。

历史上，儒家的学说被奉为治国安邦的正统观点，酒的习俗同样也受儒家酒文化观点的影响。儒家讲究“酒德”两字。

酒德两字，最早见于《尚书》和《诗经》，其含义是说饮酒者要有德行，不能象夏纣王那样，“颠覆厥德，荒湛于酒”，《尚书·酒诰》中集中体现了儒家的酒德，这就是：“饮惟祀”（只有在祭祀时才能饮酒）；“无彝酒”（不要经常饮酒，平常少饮酒，以节约粮食）；“执群饮”（禁止民从聚众饮酒）；“禁沉湎”（禁止饮酒过度）。儒家并不反对饮酒，用酒祭祀敬神，养老奉宾，都是德行。

饮酒作为一种食的文化，在远古时代就形成了一种大家必须遵守的礼节，有时这种礼节还非常烦琐。但如果在一些重要的场合下不遵守，就有犯上作乱的嫌疑。又因为饮酒过量便不能自制，容易生乱，所以制定饮酒礼节就很重要。明代的袁宏道，看到酒徒在饮酒时不遵守酒礼，深感长辈有责任，于是从古代的书籍中采集了大量的资料，专门写了一篇《觞政》。这虽然是为饮酒行令者写的，但对于一般的饮酒者也有一定的意义。我国古代饮酒有以下一些礼节：

主人和宾客一起饮酒时，要相互跪拜。晚辈在长辈面前饮酒，叫侍饮，通常要先行跪拜礼，然后坐入次席。长辈命晚辈饮酒，晚辈才可举杯；长辈酒杯中的酒尚未饮完，晚辈不能先饮尽。

古代饮酒的礼仪约有四步：拜、祭、啐、卒爵。就是先作出拜的动作，表示敬意，接着把酒倒出一点在地上，祭谢大地生养之德；然后尝尝酒味，并加以赞扬令主人高兴；最后仰杯而尽。

在酒宴上，主人要向客人敬酒（叫酬），客人要回敬主人（叫酢），敬酒时还要说上几句敬酒辞。客人之间相互也可敬酒（叫旅酬），有时还要依次向人敬酒（叫行酒）。敬酒时，敬酒的人和被敬酒的人都要“避席”，起立。普通敬酒以三杯为度。

中华民族的大家庭中的五十六个民族中，除了信奉伊斯兰教的回族一般不饮酒外，其他民族都是饮酒的。饮酒的习俗各民族都有独特的风格。

（译文）

肉汤已经煮好。主人前往去召请宾，宾拜谢过主人放下架子亲自来请。主人回拜，告辞，宾再次拜谢。请介时的礼节也是这样。宾和其他陪宾一起过来，主人带领一帮人在门外迎接，再次拜谢宾的到来，宾回拜。主人再拜谢介，介回拜。主人向众陪宾一揖，先进门。宾向介作长揖，从左边进门，介再向众陪宾作长揖，也进门。众陪宾都从左门进。以北面为上。主人与宾相互三揖一齐走到阶前，再三相让（上堂）。主人上堂，宾也上堂。主人在台阶上方对着屋楣向北拜两次，宾则在西阶上对着屋楣面向北回拜。

主人坐下，从篚里拿出一只爵，下堂洗爵，宾也跟下堂。主人在阶前坐下，先把爵放在地上，（向宾）致辞。宾致答辞。主人坐着拿爵，站起，走到洗跟前，面向南坐下，把爵放置到篚下，盥手洗爵。宾向前走几步，面向东北辞感谢主人为他洗爵。主人坐下，把爵放在篚下，站起来对宾作答。宾退回到原位上，对着西序的地方向东站立。主人坐下拿起爵，负责沃洗的仆役面向西北站立，洗完酒爵，主人一揖，一让，然后上堂。宾拜谢主人替自己洗爵。主人坐下，把爵放在地上，对宾作一拜，然后下堂洗手。宾也下堂，主人辞谢。宾答谢，回到原位，面对着西序。洗完手后，主宾相互揖让着走上堂。宾在西阶上凝神端立，主人坐下取爵，斟满酒，走到宾的座席前面朝西北献给宾。宾从西阶上堂拜谢，主人向后稍退，宾前行接过酒爵回到原位。主人在主阶上拜送爵，宾向后稍退，仆役把干肉上到席前。宾从西边入席，仆役把折俎用具设于席上。主人在主阶东边端正凝立。宾坐下，左手执爵，向干肉作祭，把酒爵放到干肉的西边，站起来，右手取器皿所盛新鲜畜肺，左手握住肺的根部；坐下，右手掐断肺尖祭神。左手上举，尝一下肺，站起，把肺放到俎上。然后坐下，洗净手，先祭酒，再站起。在席的末位坐下，尝一口酒。接着退下席，把爵放在地上，向主人拜谢，并称颂酒美，端爵站起。主人在主阶上向宾答谢。宾又到西阶上向北坐下，喝尽爵里的酒，站起，又坐下。把爵放地上，向主人拜谢。端起爵，再拜谢。主人于主阶上回拜。

宾下堂洗爵，主人也下堂。宾坐下把爵放在地上，站起致辞，主人对答。宾坐下取爵，走到洗的南边，面朝北。主人在主阶的东南面辞谢。宾为自己洗爵。宾坐下，把爵放置在篚上，站起来以辞答对。主人又回到主阶东面，面朝西。宾面朝东北洗手，坐下取爵，洗毕，和主人相互揖让就像开始那样，上堂。主人答拜。宾答拜，站起，下堂洗手，完成客人应有的礼仪。宾向爵中斟满酒，到主人的坐席前面朝东南酬谢主人，主人在主阶上方拜谢，宾稍稍后退。主人向前接过酒爵，回到原位。宾在西阶上拜送爵。献肉干肉酱。主人从北方上堂，在俎上放入牲品的腿肉，祭酒的仪式和宾相同，但不称颂酒美。主人自席前上主阶，面朝北方坐下喝完爵里的酒，站起。又坐下将爵放地上，再拜，拿起爵站起。宾在西阶答拜。主人在序端坐下，把爵放地上，再从北面沿主阶上，再拜，斟满酒。宾在西阶上答拜。

主人坐下从篚里取出一只觯，下堂洗觯。宾也下堂，主人辞谢。宾不辞谢主人洗觯，立在西序前，面向东。洗毕，主人和宾相互揖让着上堂。宾在西阶凝立，主人把觯斟满酒敬宾，沿主阶上面向北坐下，放觯于地，向宾一拜，端觯站起。宾在西阶答拜。主人坐下祭酒，饮完觯中的酒，站起，再坐下把觯放地上，一拜，端觯站起。宾在西阶答拜。主人下堂洗觯，宾下堂致辞，和献酒时的礼仪一样，然后再上堂，但不拜谢主人的洗觯。宾在西阶上，马上给觯斟满酒，端到宾的席前北面，宾在西阶上拜谢。主人稍向后退，拜毕，向前，坐下，把觯放置在菜肴的西边。宾辞谢，坐下取觯在手，回到原位。主人在主阶上拜送。宾面向北坐，把觯放置到菜肴东面，回到原位。

主人一揖下堂。宾也下堂立于阶西，依序面向东，主人向介一揖，礼让介入堂，拜揖跟宾那样的礼仪。主人坐下，从东序端取爵，下堂洗爵。介下堂，主人辞谢，介辞谢主人为己洗爵，同前边的仪式一样，介从西阶上堂，站住，主人把爵斟满酒，走到介之席前面向西南把爵献给介。介在西阶上面朝北拜谢，主人稍稍退后。介向前，面朝北接受酒爵，回到原位。主人在介右边面朝北拜酒爵，介稍稍后退。主人立于西阼，献上肉干肉酱。介从北方入席，席上放置折俎。祭拜如同宾的礼仪，介不尝肺，不喝酒，也不称颂酒美。介从南方走下席，坐到北面喝完爵中的酒，站起。坐下把爵放地上，一拜，端起爵站起。主人在介的右方向介答拜。

介下堂洗爵，主人回到主阶的位置，下堂辞谢，礼仪和前面一样。洗毕，主人洗手。介揖让着上堂，在两楹之间把爵交给主人。介站于西阶上，主上给爵斟满酒，献到西阶上。主人在介右边坐下，把爵放置地上，一拜，再执爵站起。介答拜。主人坐下拜祭，饮完爵中的酒，站起。再坐下把爵放置地上，一拜，执爵站起。介向主人答拜。主人坐在两根楹柱之南，把爵放置地上。在介右方再作一拜，给爵斟满酒。介再答拜。

主人又回到主阶，一揖，下堂。介也下堂立在宾的南方。主人面向西南对众陪宾拜三次，众陪宾一起答拜一次。主人一揖，上堂，坐下，从西楹下取爵，下堂洗爵。再上堂，给爵斟满酒，站在西阶上献给众陪宾。陪宾中的年长者三人上堂拜受酒爵，主人拜送酒爵。这三位众宾中年长的人坐下祭祀，站起饮酒，饮完爵中的酒不再回拜，将空爵还给主人，下堂归还原位。所有陪宾都不拜而接受酒爵，坐下祭祀，站起饮酒。三位长者每人都有一爵酒祭献，席前都摆有干肉、肉酱等菜肴，众陪宾席前也遍置脯醢。主人端起爵下堂，把爵放回篚中。

在大堂的侧面另设有一席，以东方为上首。备有乐工四人，其中二人持瑟，走在前边。搀扶乐工的有两人，都是左手持瑟，瑟首向后，手指塞在瑟孔里，瑟弦挨着身子，右手搀扶乐工。乐正先登堂，在西阶的东面站立，乐工从西阶上堂，面向北坐下。掺扶乐工的相者东面坐，把瑟交给乐工，下堂。乐工唱《鹿鸣》《四牡》《皇皇者华》。唱完，主人向乐工献酒。乐工左手持瑟，为首的乐工做代表拜谢主人，不站起来，接受酒爵。主人在主阶上拜送爵，献上脯醢。主人派一相者帮助乐工祭酒。为首的乐工饮酒、干杯后不回拜，把空爵归回给主人。其他乐工也不拜而接受酒爵，祭酒后饮酒。乐工面前都摆设脯醢，但不再祭脯醢。乐工中如有地位高的乐官，主人要为他专门洗爵。这时，宾和介都要随主人下堂，主人要辞谢宾和介下堂。乐工和乐官则不辞谢主人为他们洗爵。

吹笛的乐工入内，站立在堂下悬磬位置的南边，面向北，吹笙的乐工演奏《南陵》《白华》《华黍》。主人在西阶上向他们献酒。吹笙乐工中为首的一位拜谢主人，上到最上的一级台阶，但不进入大堂，只接受主人献的酒爵。主人拜送酒爵。这名为首的乐工就在阶前坐下祭酒，站起来饮干爵里的酒，不拜，上台阶把空爵归还主人。其他吹笙人都不拜而接受酒爵，坐下祭酒后站起饮酒。席前都摆满脯醢，介不需祭脯醢。于是，乐工们间隔着咏唱《鱼丽》，瑟工奏起《由庚》；再咏唱《南有嘉鱼》，笙奏《崇丘》；再唱《南山有台》，笙再奏《由仪》。最后，大堂上歌、瑟、磬一起唱奏《周南关雎》《葛覃》《卷耳》《召南鹊巢》《采蘩》《采蘋》。乐工向乐正报告说："正歌已全部演奏完。"乐正则向宾报告："正歌已演奏完毕。"然后下堂。

主人从南侧离席，一个人下堂，指派一名相作筵席的司正（礼官）。司正按礼推辞一番后接受。主人拜谢，司正答拜。主人上堂，回到席中原位。司正洗觯，从西阶上堂，在主阶上面向北听命于主人。主人说："请留众宾客安心坐席。"司正将主人的话转告宾。宾按礼辞席一番，许诺。司正把宾答应去入席的话再回告主人。主人在主阶上拜谢，宾在西阶上答拜。司正站在堂前两楹之间相助拜谢。大家都一揖，恢复筵席原状。

司正给觯斟满酒，从西阶下堂，在两阶之间面向北坐，把酒觯放置地上，退后一点，拱手，站立片刻，坐下取起酒觯，不祭酒就直接饮完觯中的酒，站起，再坐下，把空觯放地上，一拜，手执觯站起，洗觯。

然后面向北坐下，把觯放到该放的处所，向后退，站立在觯前。宾面向北坐下，取放在肉案旁边的觯，在主阶上面向北酬谢主人。主人离席，立在宾的东侧。宾坐下，将觯放在地上，一拜。手持觯站起，主人答拜。宾也不祭酒，立着饮酒，也不拜。喝尽觯中的酒后，不洗觯。再向觯中斟满酒，面向东南递给主人。主人在主阶上拜谢。宾稍向后退，主人接受觯，宾在主人的西侧拜送主人，一揖。宾和主人都归位，恢复筵席原状。

主人站在西阶上酬谢介。介从南侧出席，立在主人西侧，一切都和宾和主人之间的礼仪相同。主人一揖，归席。司正上堂，主持旅酬仪式。说："某某先生请受酬。"受酬的人出席，司正后退，立在序一端，面向东。受酬者在介的右侧接受介的酬酒，其他众受酬者在左边接受酬酒，他们下拜、站起、饮酒都和宾酬主人的礼仪相同。全部酬酒完毕，最后一名接受酬酒者持空觯下堂，坐在地上，把空觯放回筐中。司正下堂，回归原座。

主人派家仆二人举觯授于宾和介。洗觯，上堂，在西阶上给觯斟满酒。都坐下，放觯于地，随即一拜，手执酒觯站起。宾与介在席尾答拜。都坐下祭酒，再饮酒，干杯后站起，再坐下，放空觯于地，一拜，手执空觯站起。宾与介站在席尾再次答拜。二人与上堂时相反的次序下堂，盥手洗觯。上堂，给觯中斟满酒，都立在西阶上，宾与介一齐答拜。举觯的二人一起前行，把酒觯放到席上的脯醢西边，宾辞谢，坐着取酒觯在手站起来。给介则在脯醢的南边放置酒觯。介坐着受觯后站起。举着觯，二人退后，宾介等一起拜送，下堂。宾与介则把觯回放于原来的处所。

司正从西阶上堂，接受主人的命令。主人说："请留宾客安心坐席。"宾用俎还未撤为由推辞，主人便要求撤俎，宾同意。司正下堂站在西阶前，命令弟子准备撤俎。司正上堂，站在序端。宾下席，面向北。主人下席，在主阶上面向北。介下席，在西阶上面向北。遵者下席，立于席的东南面。宾取俎，交还给司正。司正持俎下堂，宾跟随下堂。主人取俎，旋即交给弟子，弟子持俎从西阶下，主人从主阶下。介取俎，旋即授给弟子，弟子持俎下堂，介跟随着下堂。如果席中有诸公大夫，就请地位长贵的来受俎，一如待宾的礼仪。最后，众陪宾一起下堂，脱掉鞋子，像一开始那样，宾主揖让上堂，坐定。侍者摆设各种菜肴。宾主一起欢饮，这时所饮爵数不受限制，歌乐也不受限制，众人尽欢而止。

宾退席时，乐工奏起《陔夏》，主人送宾到门外，再拜。

宾客里面如果有位尊者，在他一人举觯之后，诸公、大夫才入内。设席于宾的东面，公的席三层，大夫席两层。公像大夫一样入席，主人下堂，宾与介下堂，众陪宾也都下堂，回到原先的位置。主人迎接，与公互相揖让着上堂。公上堂的礼仪和宾相同，自己要求辞去一层席，让席上的人撤去。大夫上堂的礼仪和介相同，有诸公在时，则辞去所加的席，放置于席的末端，主人不许撤席。若无诸公，则大夫辞去所加的席。主人对应，不让撤加席。

第二天，宾穿着乡饮酒时的朝服到主人处拜谢主人对自己的礼遇，主人也身着朝服拜谢宾的屈驾莅临。主人卸却朝服，犒劳司正。此时介不参加，不杀牲，只献上脯醢。筵席所用菜肴随家里所有的进献，没有什么原则规定。请的宾客也随意而定。宾、介不参与。席上所演奏、所咏唱的歌也可随意指定，没有什么预先的规定。

乡大夫身穿朝服去议定请宾、介的人选。因为宾、介都是乡里有才德的贤者，所以不用先召来告戒礼仪。

设筵用黑布镶边的蒲席铺案，酒尊上盖着粗葛布，等宾客到席后才撤去。祭牲用狗在大堂东北方烹煮。献酒时用爵，其余时候用觯。肉脯共进献五条，另有半条横置其上以供祭祀。这些肉脯先放在左边厢房里。俎从东边房里端出沿着西阶献上。宾的俎里，放置狗脊、狗肋、狗肩、狗肺。主人的俎里，放置狗脊、狗胁、狗臂、狗肺。介的俎里，放置狗脊、狗胁、狗肫、狗胳、狗肺。肺要切成一条一条的，都用狗右半身的。

干杯后下拜的人不空着起立，起立就要酢谢主人。坐着饮酒的人干杯后要拜谢，站着饮酒的人干杯后不拜。所有不用的爵都放置在左边，将要“举爵”时用的，则放在右边。众宾长者三人中，只应尊者一人辞谢主人洗爵，一切都和宾的礼仪相同。站立在东边的以北为上首，若站在北面的则以东为上首。乐正和站立的人，都有脯醢进献。凡举尊献宾、献大夫、献乐工，都要同时献上脯醢。只要举爵，则宾、大夫、乐工三类人都不能没有脯醢。一旦开始奏乐，大夫就不要再进入。给乐工和吹笙者献酒，要从上篚中取爵；献毕，将空爵放到下篚中。主人献酒给吹笙人，在西阶上拜送。磬，设在两阶之间，东西向悬挂，击磬人面向北击磬。主人、介都从北侧入席、从南侧下席。司正举爵依次向众人酬酢，每次都有脯醢进献到位。旅酬时，不洗觯，不祭酒。已开始旅酬仪式时，士不得再入内。撤俎时，先撤宾、介的俎，接俎人端下堂后，出门交给他们的随从人员；主人之俎，由弟子端到东壁收起来。乐正命令奏《陔夏》，此时宾告退，退到台阶时，《陔夏》乐刚好作起。如有诸公在场，那么士大夫的位置就应设在主人北边，面向西。主人的赞者也面向西，以北为上，不献酒，不酬酢，到了可以不用计算爵数尽情饮酒时，他便参与进来。

附三 《明会典》的有关恩荣宴（鹿鸣宴·琼林宴）的供给标准

上桌：按酒五盘，果子五盘，宝妆茶食五盘，凤鸭一只，小馒头一碟，小银锭笑靥二碟，棒子骨二块，羊背皮一个，花头二个，汤五品，菜四色，大馒头一分，添换羊肉一碟，酒七钟。

上中桌：按酒、果子、宝妆茶食各五盘，凤鸭一只，小馒头一碟，小银锭笑靥二碟，炸鱼二碟，羊脚子饭二块，花头二个，汤五品，菜四色，大馒头二分，添换羊肉一碟，酒七钟。

中桌：按酒、果子、宝妆茶食各五盘，甘露饼一碟，小馒头一碟，小银锭笑靥二碟，炸鱼二碟，牛肉饭二块，花头二个，汤三品，菜四色，大馒头二分，添换羊肉一碟，酒七钟。

这项文献记录，它显示：宴饮已成为国家礼仪制度的一部分，所以有必要将国宴的规格乃至具体菜单记入庄重的国家大典。

附四 明宫殿大宴礼仪举要

凡大飨，尚宝司设御座于奉天殿，锦衣卫设黄麾于殿外之东西，金吾等卫设护卫官二十四人于殿东西。教坊司设九奏乐歌于殿内，设大乐于殿外，立三舞杂队于殿下。光禄寺设酒亭于御座下西，膳亭于御座下东，珍羞醯醢亭于酒膳亭于东西。设御筵于御座东西。设皇太子座御座东，西向；诸王以次南，东西相向。群臣四品以上位于殿内，五品以下位于东西庑。司壶、尚酒、尚食各供事。

至期，仪礼司请上座。驾兴，大乐作。升座，乐止。铭鞭，皇太子、亲王上殿。文武官四品以上由东西门入，立殿中，五品以下立丹墀，赞拜如仪。光禄寺进御筵，大乐作。至御前，乐止。内官进花。光禄寺开爵注酒，诣御前，进第一爵。教坊司奏《炎精之曲》。乐作，内外官截跪，教坊司跪奏进酒。饮毕乐止。众观俯伏，兴，赞拜如仪。各就位坐，序班诣群臣散花。第二爵，奏《皇风之曲》。乐作，光禄寺酌酒御前，序班酌群臣酒。皇帝举酒，群臣亦举酒，乐止。进汤，鼓吹响节前导，至殿外，鼓吹止。殿上乐作，群臣起立，光禄寺官进汤，群臣复坐，序班供群臣汤。皇帝举箸，群臣亦举箸，赞馔成，乐上。武舞入，奏《平定在下一步舞》。第三爵，奏《眷皇明之曲》。乐作，进酒如初。乐止，奏《抚安四夷之舞》。第四爵，奏《天道传之曲》，进酒进汤如初，奏《车书会同之舞》。第五爵，奏《振皇纲之曲》，进酒如初，奏《百戏承应舞》。第六爵，奏《金陵之曲》，进酒进汤如初，奏《八蛮献宝舞》。第七爵，奏《长扬之舞》，进酒如初，奏《采莲队子舞》。第八爵，奏《芳醴之曲》，进酒进汤如初，奏《鱼跃于渊舞》。第九爵，奏《驾六龙之曲》，进酒如初。光禄寺收御爵，序班收群臣盏。进汤，进大膳，大乐作，群臣起立。进讫复坐，序班供群臣饭食讫，赞“膳成”，乐止，撤膳，奏《百花队舞》。赞“撤案”，光禄寺撤御案，序班撤群臣案。赞“宴成”，群臣皆出席，北向立。赞“拜如仪”，群臣分东西立。仪礼司奏：“礼毕”。驾兴，乐止，以次出。其中宴礼如前，但进七爵。常宴如中宴，但一拜三叩头，进酒或三或五而止。

稻花香酒

酒史溯源

第一章　品酌佳酿漫思源

“‘九五’需于酒食，贞洁。《象》曰：‘酒食贞洁’，以中正也。”这是我国3000年前周人编的《周易》一书中提到的需第五卦。意思是：九五，等待于酒宴上，这是吉祥的占问。是因为有中正的品德，是个吉祥的卦。当然，卦象并不是今天要研究的，而是借此说明，酒已经在我国3000年前的文字中就有记载了。

酒作为全人类喜好的饮品，因其特殊的物质与文化属性，在人类的发展进程中，作出了必须大书特书的贡献。它影响着人们生活的方方面面，并以其在酿造酒、饮酒、品酒为主要内容，涉及政治、外交、军事、经济、民俗而演变的各种社会行为而形成的酒文化，迄今依然在为社会的文明进步起着积极的推进作用。

世界各国关于酒的历史记载都有所不同。巴比伦、印度的古神话和希伯来人的《圣经》里都提到酒，但都没有确指酒发明于何时，也没有提供酒的发明者及酿酒的相关信息。

中国是世界上最早的酒发源地之一，也是世界上独一无二的几千年文化得到了稳定并绵延而没有断层的传统文化国家。

酒与人类社会生活息息相关，密不可分。中华民族有着上下五千年的历史文化，在酒文化方面的记载史料也是堪称浩如烟海，其繁多是任何国家所无法企及的。自古以来，酒以它独特的方式，证明了其在人类社会发展中的重要地位，是人类社会物质文明与精神文明的结晶。中国文化是一种慕古文化，但并不是单纯的祖先崇拜，而是人们对理想社会向往通过努力而达到的最高境界。酒及酒文化将各种境界推衍至极。

中国人尊重历史，所以更珍爱和保护古人遗留下来的文献典籍。中国最早的典籍，先秦成书的六经和各种子、史类文献中，都有对酒的记载。《周易》中有与酒相联的卦象4处，《尚书》中有古代帝王如大禹对酒的戒辞，《诗经》中有十分之一即30篇中提到了酒，《周礼》中有阐述礼制的饮酒的表现方式，《春秋》及其三传（《左传》《公羊传》《谷梁传》）中有大量诸侯宴饮的史实记载。至于《论语》《战国策》中关于酒事的记载及反映古代饮酒风习的资料更是繁多，不胜枚举。

但是关于酒的起源于何时，史学上一直有争论。长期以来，人们一向认为3000多年前的杜康是我国最先酿酒的人，人们尊称他为造酒始祖。以后又有夏禹时期的仪狄造酒之说。其实，杜康和仪狄都只是在龙山文化时期总结前人的经验，从而提高酿酒的技艺，对酿酒做出重大贡献的高明酒师，并不是酒的真正发明者。那么遥遥酒史，源在何处呢？这一直是个谜，有待于后人来挖掘和发现了。

关于酒起源的历史典籍和民间传说综合起来，主要有以下四种说法。

此曲只应天上有

——上天造酒说

在古代，科学技术尚未发达，好多事物无法解释清楚。而古人崇拜上天，认为人世间一切事物均由上天所造，故有了上天造酒说。

窦苹所撰《酒谱》中，有“天有酒星，酒之作也，其与天地并矣”的词句。素有“诗仙”之称的李白，在《月下独酌·其二》中有“天若不爱酒，酒星不在天”的诗句。人称“鬼才”的李贺，在《秦王饮酒》中有“龙头泻酒邀酒星”的诗句，此外还有“吾爱李太白，身是酒星魂”等诗句。在《唐逸史》中也记载有：“太白酒星，仙品绝高，每游人间饮酒，处处皆到。”但至于太白金星到底是不是酒星，那就不为人知了。

“酒旗星”之说，最早见于《周礼》一书中，但在《晋书》中记载较详细：“轩辕右角南三星曰酒旗，酒官之旗也，主宴飨饮食。”轩辕，我国古星名，共十七颗星，其中十二颗属于狮子星座。酒旗三星，即狮子座的Ψ、ε 和∽三星，呈“1”形排列，南边紧傍有二十八宿（二十八宿的说法，起始于殷代，确立于周代，是我国古代最伟大的天文学创造之一）。

关于“酒旗星”的发现，可算是一种奇迹了。因为在当时，我们的祖先并没有任何的科学仪器，那是怎么发现的这么几颗不太明亮的星星呢？答案无从考究，但这至少可以说明了酒在当时就已经出现，而古人认为它“主宴飨饮食”，也表明了酒在当时日常社会生活占有着非常重要的位置。

由上述可见，自古以来，我国就有酒是由天上“酒星”或“酒旗”所造的说法。

但是上天造酒说，毕竟是科学无法解释的，纯为民间流传，其可信程度也可想而知。

贮果无意酵醍醐
——猿猴造酒说

古时，酒的起源还有另一种流传——酒由猿猴所造，这种说法并不难以理解，因为人类的祖先是由猿猴进化而来的，那么猿猴可以造酒便不足为怪了。

猿猴造酒的说法在我国诸多历史典籍上都有记载。清代文人李调元在他的著作中记叙道：“琼州（今海南岛）多猿……。常于石岩深处得猿酒，盖猿以稻米杂百花所造，一石六辄有五六升许，味最辣，然极难得。”又如，清代一种笔记小说中也有：“粤西平乐（今广西壮族自治区东部，西江支流桂江中游）等府，山中多猿，善采百花酿酒。樵子入山，得其巢穴者，具酒多至数石。饮之，香美异常，名曰猿酒。”但这种美酒人却不能随便饮之。明代文人李日华在他的著述中记载：“黄山多猿猱，春夏采杂花果于石洼中，酝酿成酒，香气溢发，闻数百步。野樵深入者或得偷饮之，不可多，多即减酒痕，觉之，众猱伺得人，必嬲死之。”可见，猿猴对酒的惜爱之深，不许任何人动用。

猿猴行动十分机敏，居于深山野林中，出没无常，人们很难活捉到它们。但因为猿猴有爱酒、嗜酒的习好，猎人们想出了一个捕捉它们的好办法。唐人李肇所撰《国史补》一书中，对人类如何捕捉聪明伶俐的猿猴，有一段极精采之记载。人们在猿猴出没的地方，摆几缸香甜浓郁的美酒。猿猴闻香而至，先是在酒缸前踌躇不前，接着便小心翼翼地用指蘸酒吮尝。时间一久，没有发现什么可疑之处，终于经受不住香甜美酒的诱惑，开怀畅饮起来，直到酩酊大醉，乖乖地被人捉住。可见，不仅仅人醉酒误事，连动物醉酒也有害无益。

这些历史古籍的记载，都可以证明猿猴与“酒”之间的密切联系。那么，猿猴是怎样造出“酒”的呢？是它本身有意识地造酒，还是无意中的发现呢？要解释这种“酒”的由来，还得从酒的生成原理说起。

酒是由一种由叫酵母菌的微生物分解糖类产生的一种发酵食品，酵母菌分布极其广泛，在广袤的大自然原野中，尤其在一些含糖分较高的水果中，都很容易繁衍滋长。而含糖的水果，正是猿猴的主要食物。成熟的果实坠落下来后，受到果皮上或空气中酵母菌的作用发酵成酒，是一种自然现象。猿猴在水果成熟的季节，收贮大量水果于“石洼中”，堆积的水果受自然界中酵母菌的作用而发酵成酒，最后析出。据考证，大约在一万年前，在江苏泗洪双沟生活的猿人，将水果采集堆积在山洞中自然发酵流淌出类似于含有酒精的液体。这样的结果，一是并未影响水果的食用，而且析出的液体——“酒”，还有一种特别的香味供享用，习以为常，所以猿猴能在无意识中做出“酒”来，便是合乎逻辑和情理的事情了。

然而猿猴造出这种“酒”，只能算是果酒，而不是谷物粮食酿成的真正的酒，所以酒的起源也不能归属于猿猴所造。

旨酒味美夏禹疏

——仪狄造酒说

随着社会的发展，人类开始利用自然原理有意识地造酒。中国古人最通行的说法是夏禹时代的仪狄造酒。

那么仪狄是何许人也？《世本》《吕氏春秋》《战国策》中都记载他生于夏禹时代。古代民间有“酒之所兴，肇自上皇，成于仪狄”。意思是说，三皇五帝时，就有各种各样的造酒的方法流行于民间。仪狄将这些造酒的方法归纳总结出来，使之流传于后世的。然而能进行这种总结推广工作的，当然不是一般平民，所以有的书中认定仪狄是司掌造酒的官员（也有仪狄是宫女、公主、妃子之说）。另有书记载仪狄造酒之后，禹曾经“绝旨酒而疏仪狄”，也证明了仪狄是接近禹的“官员”。但是关于仪狄生于何地、葬于何处，历史上都没有确凿的记载。

民间流传有一种说法叫“仪狄作酒醪，杜康作秫酒”。“醪”，是一种糯米经过发酵加工而成的“醪糟儿”，性温软，其味甜，多产于江浙湘、鄂、川一带。现在市场上还可见，不少家庭中也自制醪糟儿。醪糟儿洁白细腻，稠状的糟糊可当主食，上面的清亮汁液颇近于酒。“秫”，高粱的别称。杜康作秫酒，指的是杜康造酒所使用的原料是高粱。所以，如果说仪狄是糯米酒的创始人，杜康则是高粱酒的创始人了。

但是史籍中有多处提到仪狄“作酒而美”“始作酒醪”的记载，似乎仪狄乃制酒之始祖。

那么，仪狄是怎样发明酿酒的呢？《战国策》中说：“昔者，帝女令仪狄作酒而美，进之禹，禹饮而甘之，遂疏仪狄，绝旨酒，曰：‘后世必有以酒亡其国者’。”这一段记载，意思是：夏禹的女人、后妃或公主，令仪狄去监造酿酒，仪狄经过一番努力，做出来的酒味道很好，于是奉献给夏禹品尝。夏禹喝了之后，觉得的确很美好。可是这位被后世人奉为“圣明之君”

的夏禹，不仅没有奖励造酒有功的仪狄，反而从此疏远了他，对他不仅不再信任和重用，反而自己从此和美酒绝了缘，还说：后世一定会有因为饮酒无度而误国的君王。这段记载流传于世的结果是，一些人对夏禹倍加尊崇，推他为廉洁开明的君主；因为“禹恶旨酒”，竟使仪狄的形象成了专事谄媚进奉的小人。当然这是修史者未曾预料到的。

那究竟仪狄是不是酒的“始造”者呢？这还有待考证，古籍中有与《世本》矛盾的说法，孔子八世孙孔鲋说神农黄帝、帝尧、帝舜都善饮酒，而黄帝、尧、舜时期都早于夏禹，那么，他们饮的酒是从何而来呢？可见说夏禹的臣属仪狄“始作酒醪”是不确切的。而且酿酒程序复杂，单凭仪狄个人力量很难完成。述史比较严谨的司马迁著史记也参考过《世本》像仪狄造酒这样的大事，如可信的话，他的《夏本记》不应放弃记载。所以，郭沫若有解释说，相传禹臣仪狄开始造酒，这是指比原始社会时代的酒更甘美浓烈的旨酒。

但是仪狄善于总结前人造酒的经验，这种说法是正确的。仪狄把前人造酒的经验和他个人对酿酒技术的见解加以结合并予以实践，终于做出了味道更加醇厚、芳香宜人的美酒。

冽水优粮酿佳醝

——杜康酿酒说

魏武帝乐府曰：“何以解忧，惟有杜康。”可见杜康酒的味之醇美。历史上杜康的名字与酒总是紧密地联系在一起，与酒有着解不开的“情缘”。

杜康，字仲宁，善造酒。传说有“杜康有饭不尽，委之空桑，郁结成味，久蓄气芳，本出于代，不由奇方”。意思是说杜康将未吃完的剩饭，放置在桑园的树洞里，日子久了剩饭在洞中发酵后，有芳香的气味传出。当然这树洞里芳香的液体便是杜康酿成的酒了。这就是酒的作法。

相传杜康为伊阳县康家卫人，康家卫是一个小村庄，西距县城七八公里。村边有一道大沟，长约十公里，最宽处一百多米，最深处也近百米，人们称它为“杜康沟”。“杜康沟”有一眼泉，四周草木丛生，绿茵环绕，名曰“杜康泉”。县志上说“俗传杜康取此水造酒”“乡民谓此水至今有酒味”。有酒味故然不可信，但此泉水质清冽甘甜却是事实。清流从泉眼中汩汩涌出，沿着沟底流淌，最后汇入白水河，人们称它为“杜康河”。“杜康泉”旁的土坡上，有个直径五六米的大土包，以砖墙护着，传说是杜康埋骸之所。“杜康庙”就在坟墓左侧，凿壁为室，供奉杜康造像。可惜庙与像均毁于“十年浩劫”了。据县志记载，往日，乡民每逢正月二十一日，都要带上供品，到这里来进行祭祀，组织“赛享”活动。这一天热闹非常，搭台演戏，商贩云集，熙熙攘攘，直至日落西山人们方才“扶得醉人归”，尽兴而散。如今，杜康墓和杜康庙均已修葺，杜康泉上已建好一座凉亭。亭呈六角形，红柱绿瓦，五彩飞檐，楣上绘着“杜康醉刘伶”“青梅煮酒论英雄”等故事图画。尽管杜康的出生地等均系“相传”，但据考古工作者在这一带发现的残砖断瓦考定，商、周之时，此地确有建筑物。这里产酒的历史也颇为悠久。唐代大诗人杜甫于安史之乱时，曾挈家来此依其舅氏崔少府，写下了《白水舅宅喜雨》等诗多首，诗句中有“今日醉弦歌”“生开桑落酒”等饮酒的记载。

无独有偶，清道光十八年重修的《伊阳县志》和道光二十年修的《汝州全志》中，也都有关于杜康遗址的记载。《伊阳县志》中《水》条里，有“杜水河”一语，释曰“俗传杜康造酒于此”。《汝州全志》中说“杜康叭，在城北五十里，俗传杜康造酒处”。两处记述均不详明，且都有“俗传”的字样，恐不足为据。但为什么会有这样的“俗传”呢？人们不难想象：杜康这位善造酒的大师，生于今天的陕西白水县，为到京师献艺，途经洛阳。酿酒须得好水，于是跋山涉水，几经寻觅，发现这离京不远的南面有条河，水质清澈适用，于是垒起炉灶，酿起酒来。从此，杜康的名字和杜康酒竟不胫而走，连周天子喝了他酿造的酒，也大加赞赏。《汝州全志》中记载：“俗传杜康造酒处”叫“杜康叭”，“在城北五十里”的地方。今天，这里到是有一个叫“杜康仙庄”的小村，人们说这里就是杜康叭。“叭”，本义是指石头的破裂声，而杜康仙庄一带的土壤又正是山石风化而成的。从地隙中涌出许多股清冽的泉水，汇入傍村流过的一道小河中，人们说这段河就是杜水河。在距杜康仙庄北约十多公里的伊川县境内，有一眼名叫“上皇古泉”的泉眼，相传也是杜康取过水的泉子。如今在伊川县和汝阳县，已分别建立了颇具规模的杜康酒厂，产品都叫杜康酒。伊川的产品、汝阳的产品连同白水的产品合在一起，年产量达一万多吨，这恐怕是杜康当年所无法想象的。

历史上杜康确有其人。古籍中如《世本》《吕氏春秋》《战国策》《说文解字》等书，对杜康都有过记载。清乾隆十九年重修的《白水县志》中，对杜康也有过较详的记载。白水县，位于陕北高原南缘与关中平原交接处，因流经县治的一条河水底多白色石头而得名。白水县，系“古雍州之域，周末为彭境，春秋为彭衙”“汉景帝建粟邑衙县”“唐建白水县于今治”，可谓是历史悠久了。白水因有所谓“四大贤人”遗址而名蜚中外：一是相传为皇帝的史官、创造文字的仓颉，出生于本县阳武村；一是死后被封为彭衙土神的雷祥，生前善制瓷器；一是我国“四大发明”之一的造纸发明者东汉人蔡伦，不知缘何因由也在此地留有坟墓；此外就是相传为酿酒的鼻祖杜康的遗址了。一个黄土高原上的小县城，一下子拥有仓颉、雷祥、蔡伦、杜康这四大贤人的遗址，那显赫程度可就不言而喻了。

杜康在造酒方面的贡献是十分巨大的，他总结出来的造酒工艺技术至今仍被后人沿用。

那么，酒之源究竟在哪里？起源于何时？这些问题在史学上一直争论不休。归纳起来，比较能让大众认同的说法虽有两种，但依旧未能找到确切的酒源（包括时间、地点、人物）。

一是，从前古人在经年累月的生活实践中，积累下了制造酒的方法，并经过有知识、有远见的“智者”归纳总结和后人利用科学技术加以精心酿制，从而做出了举世瞩目的美酒。

二是，近代科学家的最新发现，在浩翰的宇宙中，存在着一些由酒精组成的天体，所贮藏的酒精含量，如制成啤酒，可供人类饮用几亿年。这也正好可以科学地解释“上天造酒”说。酒是自然界中天然产物，人类并不是酒的发明始创者，而只是发现了酒。酒的主要成分是酒精，而自然界中许多物质都可以通过多种方式转变成酒精。如“猿猴造酒”中所述自然界中的水果或其他食物中的葡萄糖都可在酶的作用下，转变成酒精。这两种说法也是比较接近实际，合乎人之常理的。

酒，究竟是谁的创造发明，有待有识之士的进一步考证。饮酒思源，无论是以上的哪种论说，我们都要感激，感谢他为人类带来了这么美妙无穷的饮品，并伴随其产生了如此丰繁的酒文化。

群英会蒋干中计

社稷酒鉴

第一章　杯盏微澜走惊雷
——历朝历代政权与酒

酒是一把外柔内刚的多刃剑。酒的威力与作用，特别是在历代政治政权斗争中，酒所扮演的角色的作用不容低估，它有时欲盖弥彰，酒中潜伏杀机；有时一泯千仇，酒中洋溢友情。作为一国之主，一杯酒可能是千军万马，是万里长城，是一颗当量不小的原子弹或氢弹；是一支摧枯拉朽、漫山遍野的草原骑兵；是一支踏平万倾波涛、驰骋海疆的联合舰队；是一支乌云压顶，势噬千里如蝗的轰炸机群。

酒的社会化必然导致酒的政治化，就如同社会发展到一定阶段必然出现政治一样。西周时把饮酒当成天子诸侯的专利，《礼仪》中规定了详尽的饮酒规定，而且带有极强的政治目的：维护特权，巩固统治。西周时颁布了我国第一部禁酒令《酒诰》。颁布这一禁令的原因，无论是因为大量酿酒浪费粮食，因为嗜酒会使周人堕落，因为嗜酒不利于周人在殷商地区的新统治，还是按当代一种新解释——因为酒与宗教的关系非常密切，殷人的宗教祭仪又非常频繁，那殷人嗜酒习俗就有了深刻的宗教政治意义。正因如此，《酒诰》中的“荒缅于酒”的指责和严禁，事实上是对殷人频繁进行传统宗教活动的变相谴责，起到了压抑殷人传统宗教文化的作用，并说明酒与王权政治有着非常密切的关系。至于因酒招灾，如殷朝、陈朝；借酒夺权并消除隐患，如北宋的赵匡胤、明朝的朱元璋；以酒解仇，如南朝的刘义隆；以酒施恩，如春秋时期的楚庄王、秦穆公、唐朝的裴度；以酒全身，如汉相陈平、曹参；以酒避祸，如魏晋的竹林七贤；以酒为政治斗争的工具，如项羽的“鸿门宴”，齐王刘肥子刘章的“军法监酒”，关羽的单刀会；以酒为抨击时弊的媒体，如唐代李白、杜甫，清代的王鼎；以酒为拢络人心的手段，如三国时的刘备，北魏的拓跋焘，明末的李自成等。酒是政治家的锦囊，军事家的投枪，阴谋家的砒霜，慈善家的蜜糖。酒就是政治家的尚方剑，应用得当，就可以挥洒自如，得心应手于杯酒之间。

现在酒在政治生活中仍然有着独特的作用。比如，茅台酒作为国酒，常用来招待外国来宾，对增进各国人民之间的交往和友谊起了很好的作用。据有关回忆文章透露，周总理十分珍爱茅台酒，无论是日内瓦会议、中美建交、尼克松访华、田中角荣访华，凡举行国宴，总理无不是用茅台酒招待客人。田中角荣访华时，曾对茅台大加称赞，说："茅台是美酒，大大的好，世界第一。"总理说："茅台酒能消除疲劳，安定精神"。

酒文化与政治军事的关系要比同其他任何关系更显得重要，因为：其一，中国的政治军事带有浓郁的人文主义色彩。以政治而论，中国古代由于特定的历史环境所决定，宗教神权始终不发达。从商周时期早期的政治思想产生时起，就决定了中国政治向人文主义发展的方向。等到儒家思想成了占主导地位的统治思想之后，血缘宗法关系与权力统治叠加混合，父权扩展为治权，治权又涂上了父权的色彩，家庭国家化，国家家庭化，在君君、臣臣、父父、子子诸种关系中，父、子是核心。以军事而论，早在春秋战国时期就表现了人文主义的军事思想。《左传》记述的大大小小的军事行动有三四百起之多，其描写的重心多是战争双方的政治情况，人心的向背，而不是刀光剑影的搏斗。孟子更加简明扼要地说：天时不如地利，地利不如人和。既然人的情感作用如此巨大，那不就给酒提供了一展身手的广阔天地吗？因为酒在拢络人心、联络感情方面有着特殊的功效。酒，既有温情伦常的一面，又有残酷无情的一面，武力（军事）之争的焦点是权力之争的一种具体行动形式。而酒则游刃于政治，军事之间，常常轻而易举地完成了应该依靠武力才能解决的重大问题，这就是酒的威力所在。其二，政治军事斗争异常残酷（全世界皆然），弄不好就得人头落地。为了取得斗争的胜利，有时需要借酒为工具，运筹帷幄，达到一般情况下所无法达到的目的；人们甚至为了躲避杀身之祸，更需要以酒为掩护，装疯卖傻，以全己身。宋人叶梦得《石林诗话》曾言："晋人多言酒，其意未必真在于酒，盖时方艰难，人多惧祸，惟托于醉，可以疏远世故。"同时，有时还需要借酒增胆壮威，借酒抒愤达怨，借酒庆功加冕等。

酒酣胸胆尽开张

酒对政治情怀的表达有更加重要的意义。如果说在皇帝就是天命的化身，臣子庶民只有服从的封建社会里，有人凭借酒张胆方能唱出与封建政治不同的论调，那么在中国历史上，不少政治家、军事家、文学家都往往以酒抒发自己的政治情怀，表现自己的远大理想、宏伟抱负和豪情壮志。伟大的浪漫主义诗人李白一生嗜酒，被郭沫若先生称为生于酒而死于酒的诗豪酒仙，但酒之于他，与其说是寻欢的媒介，毋宁说是抒发政治情怀的催化剂，"人生得意须尽欢，莫使金樽空对月"，时不我待，坚信"长风破浪会有时，直挂云帆济沧海”。

伟大的现实主义诗人杜甫，也多借酒表达对现实政治的爱憎褒贬，“三吏”“三别”突出地抒发了大济苍生的政治理想。“朱门酒肉臭，路有冻死骨”，揭示了尖锐深刻的阶级矛盾；“安得广厦千万间，大庇天下寒士俱欢颜”抒发了自己“冻死亦足”的广阔胸怀。虽是一介文人，实有政治家的风采、气魄与胸襟。

陆游一生坎坷不遇，欲报国仇济天下而不得，常常借酒抒怀：“更呼斗酒作长歌，要遣天山健儿唱”“起倾斗酒歌清塞，弹压胸中十万兵”“薄酿不浇胸垒块，壮图空负胆轮困”。很难想象，倘若没有酒，“亘古男儿一放翁”怎么样解释他壮志难酬的悲愤。

辛弃疾生逢乱世，空怀壮志而报国无门，只好在“醉里挑灯看剑”，在重进酒后“看试手，补天裂”，情怀与壮志同陆游如出一辙。

最能体现酒与政治情怀的密切关系的，还是集政治家、军事家、诗人于一身的曹操。他不仅善于以酒抒发其政治情怀，而且善于以酒结识天下豪杰。酒在曹操的政治生涯、军事生涯和文学生涯中都占据重要位置。三国鼎立之前，刘备势单力薄，寄人篱下，虽胸怀大志却不可有所表露。为防曹操谋害，他韬光养晦，以种菜为乐，自浇自灌，暂作权宜之计。曹操深知刘备乃天下“枭雄”，是自己真正的竞争对手，便借酒点破了他的机关，演出了“煮酒论英雄”一幕。

一天，曹操在丞相府后园小亭设宴，邀刘备前来对饮。酒至半酣，突然阴云密布，骤雨将至，二人放下酒杯，凭栏而观。曹操见时机已到，开口问道：“龙能大能小，能升能隐:大则兴云吐雾，小则隐介藏形；升则飞腾于宇宙之间，隐则潜于波涛之内。方今春深龙乘时变化，犹人得志而纵横四海。龙之为物，可比英雄。玄德久立四方，必知当世之英雄。”刘备见曹操弦外有音用意不善，佯装糊涂地说：“淮南袁术，兵粮足备，可谓英雄？”“冢中枯骨，吾早晚必擒之!”“河北袁绍，四世三公，门多故吏；今虎踞冀州之地，部下能事者极多，可谓英雄？”“袁绍色厉而胆薄，好谋无断；干大事而惜身，见小利而忘命，兵多而分化不明，将骄而政令不一，非英雄也。”“刘景升名称八俊，威镇九州，可谓英雄？”“刘表虚名无实，非英雄也。”孙伯符血气方刚，占有江东，可谓英雄？”“孙策籍父之名，非英雄也!”“黄益州刘季玉，可谓英雄？”“刘璋虽系宗室，乃守户之犬耳，不算英雄!”“张绣、张鲁、韩遂等辈何如？”“此等碌碌之小人，何足挂齿!”最后刘备只好说：“舍此之外，备实不知。”曹操鼓掌大笑到：“夫英雄者，胸怀大志，腹有良谋，有包藏宇宙之机，吞吐天地之志者也。”刘备装出不解的样子问：“谁能当之？”曹操先用手指着刘备，然后指着自己说：“今日天下英雄唯使君与操耳！”刘备被道破心机，大惊失色，吓得连手中的筷子也掉在地上。曹操想借酒的“热情”撬开对方心中的秘密，并以此抒发他的人生感慨，刘备则借酒的“热情”极力掩饰自己的宏伟抱负和政治情怀。

曹操自幼任侠放荡，不拘一格，极爱饮酒；饮酒后便激情勃发，大丈夫之志澎湃激荡。建安十三年，曹操挥军南下，远征东吴，泊船于长江之上，踌躇满志遂命部下置酒于船上宴文武百官。几杯酒下肚后，曹操凭栏远观，见南屏山色如画，江水烟波浩渺，顿生诸多感慨，便对大家说：“我自起义兵以来，为国家除凶去害，誓愿扫清四海，消平天下，所憾未得江南。今我有百万雄师，更赖诸公用命，何患不成！”饮到半夜，曹操酒兴大酣，人生感慨一发而不可止，豪情壮志溢于言表：“周瑜、鲁肃不识天时，刘备、诸葛亮，汝不量蝼蚁之力，欲撼泰山，何其愚也！”接着又满饮三爵，取槊站在船头对诸将说：我持此槊，破黄巾、擒吕布、灭袁术、收袁绍，深入塞北，直抵辽东，纵横天下，颇不负大丈夫之志。今对此景，甚有慷慨。吟出了有名的《短歌行》：“对酒当歌，人生几何……”

通过饮酒抒怀，曹操把自己的人生感叹、鸿鹄志向和政治抱负表现得淋漓尽致。

刘备被曹操视为天下“英雄”，有鸿鹄之志，但由于为人貌似忠厚，做大事而不好大言，所以给人的印象是有诚意而无野心。然而，尽管他非常善于掩饰自己，连机智过人的曹操也没有完全识破他，但最终还是败给了酒的“热情”，在酒的作用下露了庐山真面目。

建安十三年冬，刘表约刘备夜饮，商谈谁来继承他的事业的问题。酒至半酣，刘备起身入厕，因见身上髀肉复生，不觉潸然泪下，感慨颇多。刘表见他面有戚色，惊问何故。刘备回答说，备以往身不离鞍，髀肉皆散；现在久不骑马，髀里都生出了肉。眼看岁月蹉跎，老之将至，而功业未建，怎不黯然伤神。刘表说，我听说贤弟在许昌时，与曹操青梅煮酒，共论英雄，贤弟尽举天下名士，曹操都不认可，而独说“天下英雄，惟使君与操耳”。依曹操的势力，尚不敢居贤弟之前，何患功业不成。刘备见他一片真诚，便乘着酒兴说:备若有了立足之地，天下碌碌之辈，诚不足为虑。这样赤裸裸地表白自己的政治野心，对以忠厚示人的刘备来说是第一次也是最后一次，酒在其中起了非常重要的作用。

宋江性情笃实，言行谨慎，后因私结梁山“草寇”，被发配到江州。一天，他在浔阳楼自饮闷酒，酒意朦胧后一改平时的谨慎，乘着酒兴挥毫在墙壁上写了一首《西江月》，把满腔的愤怒和凌云的壮志尽数抒发出来：

自幼曾攻经史，
长城亦有权谋。
恰如猛虎卧荒丘，
潜伏爪牙忍受。
不幸刺文双颊，
那堪配在江州。
他年若得报冤仇，
血染浔阳江口。

写毕，得意了一番，手之舞之，足之蹈之；再饮数杯后犹觉意犹未尽，在《西江月》下挥笔又题了一首七绝；

心在山东身在吴，
飘蓬江海谩嗟吁。
他时若遂凌云志，
敢笑黄巢不丈夫。

并在下面大书："郓城宋江作。"如此豪情、如此壮志、如此胆量，若非酒力之助，言行谨慎的宋江无论如何是表现不出来，或者说是不会这样表现出来的。当然这是施耐庵先生为小说后面所作的伏笔铺垫，更说明了酒的作用功力。

酒之所以和人的政治抱负有着如此密切的联系，在于它能刺激人的感性思维活动，使人们心灵激越，神情飞扬，暂时摆脱了理性思维的严格控制，解除了内心深处的禁忌和顾虑，可以言平时所不能言，为平时所不敢为。同时，在这一过程和状态中，人们的雄心壮志、政治情怀较平常更容易勃然而发。一个胸怀大志的政治家可能酒后显出政治家本色，一个无多少壮志的普通人也可能借酒升华了思想境界，所以说"酒后吐真言""酒助英雄胆"。

权谋应变借助酒

酒在封建社会的政治生活中也扮演着不同寻常的角色。以酒解仇、以酒招安、以酒避难、以酒消灭异己、以酒巩固政权，很多帝王和政治家都自觉不自觉地把酒当成了政治斗争的工具和手段，在酒的掩护下演出了一幕幕的政治悲喜剧。

曹操是一位深解酒中三味的政治家，不仅常常以酒赋诗、以酒抒情，而且每每以酒释仇、以酒施恩、以酒招安，把酒引入了政治谋略之中。“对酒当歌，人生几何”，是以酒赋诗；大宴长江，缅怀以往，是以酒抒怀；青梅煮酒之日，关羽、张飞直闯小亭，曹操不但不见怪，反而赠酒压惊，是以酒释仇；赐饮降将，是以酒赐恩；设宴抚慰关羽，是以酒招安。

以酒释仇，是历代统治阶级和政治家、军事家惯用的政治谋略之一。南朝宋文帝刘义隆在位之时，北魏武帝拓跋焘入侵南朝，并俘虏了南朝将领蒯应，事过不久又放了他，临行前对他说：“魏王致意安北，远来疲乏，若有甘蔗及酒，可见分惠。”刘义隆听说后，立即派人给拓跋焘送去了上等美酒和甘蔗。于是，南朝和北魏化干戈为玉帛，敌对的关系得到了缓和。在这里，酒成了和平的使者、释仇的媒介。

在著名古典小说《三国演义》中，有关以酒释仇的故事很多，辕门射戟就是一例，有勇无谋的吕布也深谙酒之妙用。当时，袁术出兵攻击刘备，刘备势弱莫敌，向吕布求缓。吕布为了救援刘备而自救，就设宴请袁术统兵大将纪灵和刘备赴宴，以寻机从中调合。酒过三巡，吕布说道：“现在咱们共进一杯，请你们两家各自罢兵，握手言和。”刘备欣然同意，纪灵因自己兵多将广，稳操胜券，不愿罢兵。吕布见状，心生一计，说百步之外摆一方戟，我若一箭射中，两家立即罢兵，我若一箭不中，两家即可再战。如有不从，我将与另一方合兵一处，共戮一方，勿怪言之不预。结果，他一箭射去，正中方戟，纪灵慑于吕布之威，只得收兵，与刘备互不相扰。以酒化敌，“辕门射戟”成了以酒释仇的千秋佳话。

在残酷的政治斗争中，酒还是消灭异己的特殊工具。“鸿门宴”就是这方面的显例。刘邦先入关中，项羽非常恼怒，特在鸿门设宴，意欲除掉刘邦。刘邦不得已而赴宴，诚惶诚恐，谦恭之极。项羽妇人之仁，不忍立下毒手。范增见状，让项庄舞剑助兴，寻机杀掉刘邦，因项伯的作梗而未能如愿。张良见势态紧急，赶快让壮士樊哙入内。樊哙凭借不怕死的一腔豪气震住了项羽，终于使得刘邦安然逃离虎口。

据史书记载，作为部落的首领，成吉思汗的父亲死于异邦的宴会之上，成吉思汗本人也险些在王罕以结“秦晋之好”为名所设的宴会上丧生。

《三国演义》中，类似的描述也很多。曹操专权朝中时，董承、吉平、王子服等人密谋除之。曹操发现后，便设宴诈请王子服等人前往，在酒宴上把他们一网打尽，全部抓获，铲除了敌对势力，巩固了在朝地位。

周瑜气量狭小，嫉贤妒能，视诸葛亮与刘备为心腹大患，几次想以酒宴为手段除之，都因诸葛亮的神机妙算，关羽、赵云的神威而未能如愿。

刘备寄住在四川刘璋篱下的时候，其部下几次想杀掉刘璋而没有机会。在一次酒宴上，魏延自荐舞剑为乐，想借机杀掉刘璋，占据四川。刘璋诸将看穿了这一阴谋，把剑对舞，使魏延等始终没有下毒手的机会。

作为一种政治斗争的谋略，酒还有巩固自己政权的政治作用。赵匡胤“黄袍加身”后，总感到政权不稳固，他从五代更替中总结出这样一个规律：兵权过多地掌握在武将手中，皇帝失去了对军队的控制，便极易导致政权的解体和叛乱的发生。为防止“黄袍加身”的情况在自己的武将身上重演，赵匡胤决心收回军权，消除后顾之忧。

建隆二年七月的一天，赵匡胤备下了非常丰盛的酒宴，宴请以前为他立下汗马功劳的所有功臣，武将韩令坤、石守信、王审琦、高怀德、张令铎、赵彦微等都应邀前往。酒过三巡，赵匡胤不无感慨地对大家说：“咱们本来是患难与共的好兄弟，从前带兵打天下的时候，像这样的宴会三天两头就要举行一次。可自从我当了皇帝以后，因国家的事情太多，这样的宴会就慢慢地少了下来，咱们本来兄弟之间也显得生分起来了，望大家能够包涵。”众武将不解其意，石守信忙说：“皇上太挂念臣子了。万岁执掌天下，我们都很高兴，虽说在皇上这里喝酒喝得少了，但我们自己在下面却没少喝，皇上不必挂虑。”赵匡胤心事重重地长叹了一口气，语调凄凉地说：“你们倒痛快，想喝酒就喝酒，想打猎就打猎，我可没有睡过一个安稳觉。”

武将们莫名其妙，不知皇上葫芦里到底卖什么药，个个大气不敢出，宴席上一片沉默。过了一会，赵匡胤亮出了底牌：“你们想想，皇帝就这么一个，谁不想当呢？我又怎能不担心忧虑呢？”石守信等人这才听出了弦外之音，顿感如坐针毡，忙解释说：“大家既然保万岁登基，就不会……”

没等石守信、韩令坤等人把话说完，赵匡胤就打断了他们的话：“大家怎么想到这上面了？我们是什么样的关系，难道我对大家还信不过？我所担心的是如果有一天你们的部下硬要将黄袍加在你们的身上，你们想推脱也推脱不掉，到时候问题就难办了。”

经过这么一惊一诈，这些战功赫赫的武将们都给唬得惊慌失措，不知如何是好。赵匡胤等下马威的威慑力量发挥得差不多了，才不紧不慢地说：“如果到了那时候，咱们群臣兵戈相见，争斗起来，无论谁胜谁败，都不好看。所以，为了防患于未然，还是要尽早想个妥善的办法才是。”

石守信等人才松了一口气，忙对他说：“万岁有什么好办法尽管说出来，我们一定照办。”

赵匡胤见时机已成熟，故意做出很随便的样子说："事情其实也很简单，大家交出兵权就什么事也没有了。把兵权集中在我一个人的手中，你们如释重负，我也不再担忧，你们的部下也不会再想入非非，咱们君臣的关系也不再相互猜疑了。将来，你们都可以找个地方去做官，广置田产，多积财富，为子孙后代荣华富贵打下基础。国家要是有事，用得着谁，就调谁来，用不着谁，谁就在自己管辖的地盘享清福。我们的儿女之间可以相互结为亲眷，咱们既是君臣，又是亲家；国就是家，家就是国，国与家合二为一，这样和睦相处，该有多好啊！请诸位兄弟三思。"

众武将唯唯诺诺犹恐不及，哪里还敢有什么异议，连忙说："皇帝想得如此周到，我们一定照皇上说的去做。"第二天就乖乖交出了兵权。这就是历史上有名的"杯酒释兵权"。

收回了禁军兵权，赵匡胤暂时解除了心中之患，但是时间一长，他又有点惶惶不安了。困为禁军的兵权虽已掌握在他的手中，但藩镇的兵力过大，将来也会危及他的政权。因此赵匡胤决心夺回那些年纪较大、威望较高，当节度使较久、势力较强者的兵权，再演一场"杯酒释兵权"的故技。

开宝二年冬的一天，赵匡胤在皇宫后花园设宴，请当时有名望、有势力的节度使王彦超、武行德、郭从义、白重赞、扬廷璋等人前来赴宴。酒酣耳热之后，赵匡胤语重心长地说："大家都是国家元勋、社稷栋梁，镇守一方，德高望重，劳苦功高。本来大家早该休息休息享几天清福了，可是因为国家事情多，我又一时没有顾及到，一直拖到现在。今天虽说还有一些地区没有平定，但与以前相比好得多了。所以，大家还是……"

王彦超聪慧过人，早就明白了赵匡胤的意图，赶忙表态："臣等没有什么能力，也没有什么德望，更谈不上劳苦功高，蒙万岁如此夸奖，实在是不敢当。如今年迈体弱，为国家做不了什么事情了，早就想向万岁辞去职务，回去过几天清静日子。但是，正如万岁所说的那样，由于国家初建，事情较多，一直没敢向万岁说明。今天趁着多喝了几杯酒，我就斗胆向万岁提出，请让臣等辞官归田去吧，万岁若有事用得着我们，随时可以再把我们招回来。"

此话正中赵匡胤下怀，连忙说"好！好！你们都是聪明人，谁不想过几天清静日子呢？今天大家痛痛快快地喝上几杯，明天我一定重赏各位，让大家过一个安乐的晚年。"就这样，杯盏交错之中，一场权力的交接又完成了。可以说在中国政治史上，赵匡胤是最善于借用酒这一工具解决棘手的政治、军事问题的专家。

赵匡胤利用酒释兵权，完成了政治谋略，算比较文雅道义，那么朱元璋的“火烧庆功楼”则是一种无赖行径，是最高统治者“飞鸟尽，良弓藏，狡兔死，走狗烹”的自私和残忍本色的一次曝光。朱元璋当了皇帝以后，总担心过去和他一起出生入死、战功卓著的将帅们会危及他的皇权，就以设宴庆功行赏为名，把所有有名将帅和功臣都诏进京城赴宴，然后将庆功的大楼付之一炬，把他们全部烧成灰烬，手段之残忍，计谋之阴险，亘古未有！

以酒遁世避祸，也是常见的政治谋略之一。宋人叶梦得说：“晋人多言饮酒至于沉醉者，未必真在乎酒。盖时方艰难，惟托于酒，可以疏远世故而已。……曹参虽与之异，然方欲解秦之烦苛，付之清净，以酒而杜人，是亦一术。……传至嵇、阮、刘伶之徒，遂全欲用此为保身之计……如是，则饮者未必剧饮，醉者未必真醉也！”阮籍为躲避皇门亲事，饮酒大醉七十二天，既达到了目的，又保全了自己。以饮酒回避派别斗争也好，以饮酒而作清静无为也好，以饮酒避祸全身也好，在当时的情况下，都是比较巧妙的政治手段。酒一直就被人视为一种方法，一种手段，来躲避政治上的迫害和人事上的纠纷，从而达到预期的目的。

皇权社稷杯盏中

封建王权的更替、朝政的兴衰，政治、经济因素起着关键的作用，但是，在中国古代封建专制国家里，皇帝个人品德的好坏有时候确实会影响到国家民族的命运，甚至会改变进程。而皇帝品德的好坏又与酒有着不容忽视的联系——所谓的“声色犬马”一般都以酒作前提。这样，我们在谈到王权的更替、朝政的兴衰时，又不能完全忽略酒的影响，不能不把酒与皇权联系起来。

谈到酒与皇权的关系，我们不能不首先想到一个阴森可怖的字眼：鸩酒。在封建社会里，皇恩浩荡，皇权无边，皇帝的话就是“圣旨”，君让臣死臣不能不死，没有任何评公摆理的余地。有时为了让死者死得“体面”一点，要么赐他一把短刀，要么赐他一条白练，要么赏他一杯鸩酒，手段不同，但结果是一样的：必须死去。秦朝吕不韦专权时，横行霸道，乱施淫威，连始皇嬴政也受他挟持。秦始皇独揽大权后，为报前仇，就用一杯鸩酒打发他去了西天极乐世界。这种行为为后世帝王、王后、权奸所效仿，汉朝的吕太后更是使用鸩酒的专家。她不但以此手段毒死了赵王刘如意，而且差一点让刘邦的长子刘肥一命呜呼。刘肥后来听从内史的计策，拿出一块封地孝敬鲁元公主才算躲过了这场厄运。东汉安帝在位期间，后宫李氏生了皇子，没有生子的阎后非常嫉妒，遂将李氏“鸩杀”。武则天称帝时，太子李弘几次违背她的旨意，被她用鸩酒毒死。《南唐书·申渐高传》记载：南唐皇帝李升害怕老臣周本权力太大，危及他的皇权，就想伺机把他除掉。在一次宴会上，他以赐饮为名，倒一杯鸩酒递给周本，周本发现了李升的用意，巧为周旋，用杯分出一半酒献皇上，表示臣子对皇上的“虔敬”。这时，为皇帝演戏奏乐的申渐高走过来，接过周本递来的酒说：“请皇上把它赐给我吧。”言毕一饮而尽，一会儿脑崩而亡。无奈之下，周本也喝下毒酒。在一般情况下，皇帝若觉得你必须死，赐你一杯鸩酒，作为臣子，你是没有任何拒绝的理由和反抗能力的。

沉湎于酒国将倾

酒对皇权的影响还表现在：有的统治者嗜饮如命，纵情声色，最后导致了丧命亡国的悲惨结局。夏桀王和商纣王便是这方面的典型。据史书记载，夏桀王的酒池大得可以行船，酒糟堆积得像山一样，终日灯红酒绿，极尽欢情。他常令三千人的庞大队伍于池里饮酒取乐，再命乐师奏起令人陶醉的靡靡之音，自己则在楼台上津津有味地欣赏。夏桀王完全不理朝政，昏庸腐朽。商纣王也是一位嗜酒如命的酒徒，比起夏桀王有过之而无不及。他经常不理朝政，与妲己朝日淫乐，好为长夜之饮，最长时竟达七天七夜。更为甚者，商纣王还在自己的酒池边悬肉为林，让男女赤身裸体地相互嬉逐。这两位“饮君”最终都没有逃脱众叛亲离、国破家亡的可悲下场。在这里饮酒成了荒淫腐化的代名词。

西蜀后主刘禅昏庸无道，耽酒色，近谗人，结果做了司马氏的俘虏。可悲而又可笑的是，他被俘来到洛阳后，身在囹圄之中还终日饮酒取乐，司马昭讽刺地称他为“安乐公”。晋孝武帝初当政时不乏丰功伟绩，但到了后来却纵情声色，经常不问国事，好为长夜之饮，结果在一次酒醉后被人用被子蒙面闷杀。金熙宗也是位近美色、“荒于酒”的皇帝，后来被人弑杀而被篡夺了皇位。辽穆宗饮酒无度、暴虐非常，最后亡命于近臣之手。十六国时前秦国君符生更是贪酒如命，常常“耽湎于酒，无复昼夜”，弄得家破人亡，被人篡夺了皇位，临死时还“大饮数斗”，算得上是位爱酒胜过爱江山和美人的“酒君”了。北齐后主高纬，自称是“无愁天子”，宴饮时自饮自唱，创造了皇帝饮酒自唱的纪录，但北齐的江山也因此断送在他的饮唱声中。南朝陈皇帝叔宝，也是一位朝亦饮、暮亦饮，不知国家仇恨的欢乐天子。当隋朝大军压境时，他还“失志”不悔呢，结果成了隋人的阶下囚，喝酒喝掉了自己的江山和王位。

隋炀帝同样是一位残暴无道、极嗜酒色的昏君。在国家四面楚歌、危机四伏的时候，还终日饮酒远游，把为自己供应美酒的王世充提拔为江都通守，结果弄得民不聊生、怨声载道，在内乱外患中做了自己部下的俘虏。临死前还央求部下给他准备一杯鸩酒，真是生为酒生，死为酒死。

唐朝的敬宗皇帝李湛，经常花天酒地，游手好闲，以击剑打猎为乐，好为长夜之饮，常常喝得酩酊大醉。一次打猎回来，又和太监作长夜饮，酒醉上厕所时被人杀掉了。明太祖朱元璋当了皇帝以后，经常饮酒自娱。一次，他强令宋濂饮酒三杯觞，使他面呈赭色，行不成步，自己则在一旁观赏。清朝的康熙皇帝和乾隆皇帝也都是好饮之徒，为了助饮酒的“雅兴”，特意饲养纺织娘、蝈蝈等昆虫作伴饮，开了一代皇帝饮酒自娱的先河。欢情作乐于大厦将倾之际，酣饮嬉逐于国破家亡之时，又怎能使国泰民安呢？

正因为酒能起到丧命亡国的消极作用，一些有为的君主就把禁酒当成了一项重要的政治措施。周初的统治者颁布了主张禁酒的《酒诰》，《酒诰》首先陈明：上帝造酒并不是让人们狂饮，而是用来祭祀鬼神、祖先、天地、社稷的；接着以历史为参照列举了大量酗酒亡国的事实，说明之所以禁酒的原因；最后申明了禁酒的的态度，严禁“群饮”“崇饮”，否则处以死刑。作为一个伟大的政治家，曹操极其深刻地认识到了酒在中国皇权政治中的消极作用，认识到了酒与历代帝王昏庸腐败和国家消亡的关系，因而力主禁酒(尽管他自己很爱喝酒)。当政之初，就向皇上“表奏酒禁”，以后又多次陈明这一主张。北海相孔融却不理解曹操此举的良苦用心，在给曹操的书信中大谈酒的好处，据理反驳。实事求是地讲，曹操作为一国丞相，从国计民生、国家兴旺等实用主义立场出发，力主禁酒是不无道理的；作为集诗人与酒徒于一身的孔融，反对禁酒也是有情可原的，因为他的政治主张和生存之道与君主有着本质的区别。孔融的悲剧在于：用诗人的浪漫主义需求去反对君主的现实主义政策，结果招致了杀身之祸。

汉高祖刘邦是个带有传奇色彩的“酒天子”。《汉书·高帝本纪》记载：“及壮，试吏，为泗上亭长，好酒及色。常从王媪、武负贳酒，时饮醉卧，武负、王媪见其上常有怪。高祖每酤留饮，酒偏雠数倍。及见怪，岁竟，此两家常折券弃债。”刘邦虽“贵有天子之相”，但其行为举止与酒徒无异。有趣的是，正是因为酒徒的贪杯与酒酣之后的胆略，竟使刘邦这个小小的泗上亭长，逐步登上了帝王的宝座。

青年时代的刘邦"好酒""贯酒""时饮醉卧"，这种生活方式使他不拘小节，能为常人所不能为。《汉书·高帝本纪》记载："单父人吕公，善沛令，辟仇，从之客，因家焉。沛中豪杰吏闻令有重客，皆往贺。萧何为主吏，主进，令诸大夫曰：'进不满千钱，坐之堂下。'高祖为亭长，素易诸吏，乃给为谒曰：'贺钱万'，实不持一钱。谒入，吕公大惊，起，迎之门。吕公者，好相人，见高祖状貌。因重敬之，引入坐上坐。萧何曰：'刘季固多大言，少成事。'高祖因狎侮诸客，遂坐上坐，无所诎。酒阑，吕公因目固留高祖。竟酒后，吕公曰：'臣少好相人，相人多矣，无如季相，愿季自爱。臣有息女，愿为箕帚妾。'"刘邦不名一文，而竟说以万钱入贺，足见其不拘一格，胆气过人。怪不得以"善相人"自居的吕公，视其为贵相，而愿以女为"箕帚妻"。《史记·高祖本记》："高祖以亭长为县送徒骊山，徒多道亡。自度比至皆亡之，到丰泽中，止饮，夜乃解纵所送徒。曰：'公等皆去，吾亦从此逝矣！'徒中壮士愿从者十余人。高祖被酒，夜径泽中，令一人行前，行前者报曰：'前有大蛇当径，愿还。'高祖醉，曰：'壮士行，何畏！'乃前，拔剑击斩蛇，蛇遂分为两，径开。行数里，醉因卧。后人来至蛇所，有一老妪夜哭。人问何哭，妪曰：'人杀吾子，故哭之。'人曰：'妪子何为见杀？'妪曰：'吾子，白帝子也，化为蛇，当道。今为赤帝子斩之，故哭。'人乃以妪为不诚，欲苦之，妪因忽而不见。后人到，高祖觉。后人告高祖，高祖乃心独喜，自负。诸从者日益畏之。"刘邦醉斩白蛇的故事，无非是想告诉天下，刘邦的帝业乃天命使然，但他的生活和酒结了缘却是事实。

当了皇帝后，刘邦荣归故里："置酒沛宫，悉召故人父老子弟纵酒，发沛中儿得百二十人，教之歌。酒酣，高祖击筑，自为歌诗曰：'大风起兮云飞扬，威加海内兮归故乡，安得猛士兮守四方！'令儿和习之。高祖乃起舞，慷慨伤怀，泣数行下。谓沛父兄曰：'游子思故乡，吾虽都关中，万岁后吾魂魄犹乐思沛。且朕自沛以诛暴逆，遂有天下，其以沛为朕汤沐邑，复其民，世世无所与。'沛父兄诸母故人日乐饮极欢。十余日，高祖欲去，沛父兄固请留高祖。高祖曰：'吾人众多，父兄不能给。'乃去。沛中空县皆之邑西献。高祖复留止，张（同帐）饮三日。"刘邦不外以酒欢宴故旧乡亲父老子弟，以示同乐，以酒舒怀，以明开创帝业的艰辛与登上皇位的威风。

纵观刘邦的一生，无论得天下，治天下，乐天下，都少不了与酒的联系，酒成了刘邦生活的伴侣，酒也就造就了他的性格，促成了他的帝业。

极尽奢侈皇家饮

酒既然能由祭祀到民间酿造饮用，作为中国封建社会的政治构架中心帝王家，那就更不用说，酒成为他们日常生活中必不可少之物，并且随着帝王的喜好及利用程度而影响着政权统治的安危及经济文化的兴衰。

夏王朝的最后一位帝王夏桀是个纵饮无度的帝王。“酒池可以运舟，糟丘足以望十里。”可见酒在当时皇宫的用量。由于酗酒无度，加之女色，夏桀最终“走鸣条，遂放而死”。继而起的殷商统治者对酒的热情不减夏桀。商代的帝王用黍、稷造酒，设置酿酒作坊，酒的品种、数量大大胜过夏代。商代青铜酒器数量之大，品类之多，制作之精美，可以使人想见当时帝王奢侈的宴饮场面。在殷商的墓葬中，考古发掘出大量的酒器，其中有供温酒用的爵、角、盉、樵、斝；供盛酒用的尊、觥、方彝、罍、卣、壶、缶、卮；供饮酒用的觚、觯、杯等。在冥冥中，商代的帝王仍不忘享受美酒欢宴的快乐。殷人重祭祀，为了表示对先祖的恭敬，求得庇佑，酒成了最重要的祭品。在商代王室的卜辞中，记载着许多以酒祭神祭先祖的事实。然而商代的纣王，却并没有从香酒祭祀先祖中得到庇佑，永保国祚。相反，却为贪杯所误。据记载，商纣王好为“长夜之饮”，于宫中造起糟丘酒池，“悬肉以为林，令男女裸而逐其间”，终日与妲己淫乐，不理国政，“纣淫乱不止，微子数谏不听，乃与大师、少师谋，遂去。比干曰：‘为人臣者，不得不以死争。’乃强谏纣。纣怒曰：‘吾闻圣人心有七窍。’剖比干，观其心。箕子惧，乃佯狂为奴，纣又囚之。殷之大师、少师乃持其祭乐器奔周，周武王于是遂率诸候伐纣。纣亦发兵拒之牧野。纣兵败。纣入登鹿台，衣其宝玉衣，赴火而死。”

周初，基于夏桀骜不驯、商纣以酒误国，周公以成王之命，发布措辞严厉的《酒诰》，严令禁酒。但是，酒的魅力使后继者终难以自制。从周穆王开始，天子仍以酗酒为乐。唐代诗人李商隐的《瑶池》云：

瑶池阿母绮窗开，
黄竹歌声动地哀。
八骏日行三万里，
穆王何事不重来。

写的就是周穆王这位“酒天子”从人间喝到天上仙宫的传说。在今河南汲县西战国墓中发现的《穆天子传》，对周穆王畅饮瑶池的传说有了详细的描绘。这位“酒天子”酒性勃发，换乘赤骥、盗骊、白义、逾轮、山子、渠黄、骅骝、绿耳八匹骏马，从成周出发，过黄河，沿太行山西侧，经漳水、盘石（山西平定东等地），翻越钘山（河北井西）沿滹沱河北岸西行，通过雁门关，抵达河宗氏居地（内蒙古河套北）；再西行，经织石等地，抵达西夏氏居地（青海境内）；又经珠余氏地而抵春山、珠泽、昆仑之台（新疆和田、叶尔羌河一带）；复再西行三千余里，终于来到西王母之邦，领略到瑶池畅饮的另一番风光与无穷的乐趣。饮酒吟诗之际，王母问道："道里悠远，山川间之，将子无死，尚能复来？"穆天子答道："比及三年，将复而（您的）野（地方）。"道虽远，路虽险，为了再次畅饮瑶池，一无所惧，此真是"酒天子"的风度。我们先不研究这位天子喝的是仙家还是凡间的酒，但这位"酒天子"不远万里换乘八骑，历尽艰辛，为了酒，而且相约三年后再来，足可见酒的魅力。

饮美酒需要有美的环境，登台豪饮，不但显出帝王之尊，而且能领略风光，其乐无穷。春秋时，吴王夫差得到越国美女西施，就筑"高三丈"的"姑苏台"，游宴其上以示欢庆。

刘邦的子孙后代们秉承了先人好酒的天性。然而，时光流转，长于深宫、耽于声色的刘家后世帝王，大多不知高祖创业之艰难，他们或以酒寻欢作乐，或借酒浇愁，过着醉生梦死的糜烂生活。两汉之交的"更始帝"刘玄居长安之中，日与韩夫人酣饮，酒醉不能视事，竟以侍中坐帐内假冒皇上，代理政事。韩夫人更是大逞淫威。一天，臣子有急事求见不得就闯到酒桌之前来禀告，这下可坏了"酒天子"夫妇的雅兴。韩夫人勃然大怒道："帝方对我饮，用此时持事来乎！"饮酒重于国事，不亦悲乎。这些"酒天子"不但饮于宫中，而且追求野趣，向往"肆上之饮"。光和四年（公元118年），东汉灵帝刘宏，觉得宫中饮酒尚不足以为乐，忽发奇想，"作列肆于后宫，使诸采女贩卖，更相盗窃争斗。帝着商贾服，饮宴为乐",酒成了这些快活天子追求刺激、荒唐嬉戏的对象。汉室之倾，就不难想见了。

东晋时期，北方少数民族建立的国家中，"酒天子"辈出，他们不但好为长夜之饮，不理朝政，而且多性格暴戾，酗酒之后，动辄滥杀无辜。常常因酒废政，酿成内乱，致使国家败亡，自身亦难以幸免。

后凉灵帝吕纂，勇武有力，以兵变上台称帝，在位期间，既好酒又爱色，并且经常在醉酒之后外出游猎。由于性好酒，所以对群臣的劝谏一概置之不理。吕纂原与其堂弟吕超有隙，隐王吕绍在位时，吕超曾劝他杀吕纂，以绝后患。后吕纂即帝位，因事责吕超，却与之游宴，终被吕超所杀。《晋书·后凉·吕纂载记》："然昏虐自任，终不能改。常与左右因醉驰猎于坑涧之间。……纂因引超及其诸臣，宴于内殿。吕隆屡劝纂酒，已至昏醉，乘步挽车将超等游于内。至琨华堂东阁，车不得过，纂亲将窦川、骆腾倚剑于壁，推车过阁。超取剑击纂，纂下车擒超，超刺纂洞胸，奔于宣德堂。川、腾与超格战，超杀之。纂妻杨氏命禁兵讨超，杜堂约兵舍杖。将军魏益多入，斩纂首以徇曰：‘纂违先帝之命，杀害太子，荒耽酒猎，昵近小人，轻害忠良，以百姓为草芥。番禾太守超以骨肉之亲，惧社稷颠覆，已除之矣。’”吕纂与吕超本为政敌，既责之以罪，理应有所防范。然而，他临变不知节饮，昏醉之时竟与吕超同游，使吕超有机可乘。而且以昏醉之勇，徒手搏击，无异于自投罗网，终至身首异处。吕纂之败，虽死于刀剑之下，实亡于耽酒之中。

前秦厉王苻生力大无穷，凶悍好杀，继位后更荒淫酒色，残杀无辜。《晋书·前秦·符生载记》：“初，生少凶暴嗜酒，健（其父）临死，恐其不能保全家业，诫曰：‘大臣若不从汝命，可渐除之。’及即位，残虐滋甚，耽湎于酒，无复昼夜。群臣朔望朝谒，罕有见者。或至暮方出，临朝辄怒，惟行杀戮。纳奸佞之言，赏罚失中。左右或言陛下圣明宰世，天下惟歌太平。生曰：‘媚于我也。’引而斩之。或言陛下刑罚微过。曰：‘汝谤我也。’亦斩之。所幸妻妾小有忤旨，便杀之。”身为帝王，以酗酒杀戮为务，还以天象有变，杀皇后，并且照常酗酒：“虽在谅闇（帝王居丧）游饮自若。荒耽淫虐，杀戮无道。常弯弓露刃以见朝臣，锤钳锯凿备置左右。……飨群臣于太极前殿，饮酣乐奏，生亲歌以和之。命其尚书令辛牢典劝，既而怒曰：‘何不强酒？犹有坐者！’引弓射牢而杀之。于是百僚大惧，无不引满昏醉，錄服失冠，蓬头僵仆，生以为乐。”自醉不足以快意，竟然杀大臣胁迫群臣狂饮烂醉，使之丑态百出，前秦厉王如此醉乐肆虐，在历代帝王中也实为罕见。然而，他终为醉乐所误。符坚、符法等人趁其醉酒，攻杀之。他“临死犹大饮酒数斗，昏醉无所知”，过了酒瘾，不枉为“酒天子”一场。

东晋南朝偏安江左，由于世事多变，朝夕不保，使当时的帝王们更贪图生活的享受，而醉心于酒。东晋孝武帝司马曜幼年继位，为人聪惠，亲政后，初有帝王之雅量，不久耽于酒色，委政于琅邪王司马道子。《晋书·考武帝纪》载：“既而溺于酒色，殆为长夜之饮。末年长星见，帝心甚恶之，于华林园举酒祝之曰：‘长星，劝汝一杯酒，自古何有万岁天子邪。’……醒日既少，而傍无正人，竟不能改焉。时张贵人有宠，年已三十，帝戏之曰：‘汝今年当废矣。’贵人潜怒，向夕，帝醉，遂暴崩。”晋孝武帝是个颇为现实的帝王，万岁天子是没有的，不如及时行乐，以免错过了帝王应有的享受。行乐莫如醉酒，所以作长夜之饮，而“醒日既少”。由于时常醉酒，少不了胡言乱语，哪知宠妃骄横，加之皇帝无戏言的恐惧，张贵人竟趁孝武帝在清暑殿醉酒之机，令心腹宫女以被蒙其脸面，将他活活闷死。司马曜身为帝王，竟死于酒后戏言，不免可悲。南朝宋少帝刘义符，在位仅一年，却“以华林园为列肆，亲为估卖”。身为一国之主，竟充作酒保，开设酒店，以此嬉戏。宋后废帝刘昱更为荒唐，入夜，去青圆尼寺游玩，又到新安寺去偷狗，并在寺中把狗杀了，与昙度道人一道以狗肉佐饮。结果喝得酩酊大醉，回宫后被侍从杨玉夫、杨万年两人刺杀。齐东昏候萧宝卷厌倦朝政，而好为商贾。他在御园中开设“买卖街”，身充屠夫，而叫潘妃卖酒，又令大太监们“上街”买卖。《南史·齐东昏候纪》载当时百姓歌云：“阅武堂，种杨柳，至尊割肉，潘妃沽酒。”好一个“昏候”！

陈后主陈叔宝更胜一筹。他是个“无愁天子”，用香木建临春、结绮、望仙三阁，以供游宴。《南史·陈后主纪》载：“后主愈骄，不虞外难，荒于酒色，不恤政事。左右嬖佞貂者五人，妇人美貌丽服巧态从者千余人。常使张贵妃、孔贵人等八人夹坐，江总、孔范等十人预宴，号曰‘狎客’。先令八妇人襞采笺，制五言诗，众客及时继和，迟则罚酒。君臣酣饮，从夕达旦，以此为常。而盛修宫室，无时休止。”陈叔宝终日以佞臣、艳妇为伴，滥饮嬉戏。更有甚者，当隋军南渡，危在旦夕，他依然麻木不仁，大言：“王气在此，齐兵三度来，周兵再度至，无不摧设。虏今来者必自取败。”继续“奏使纵酒，作诗不辍。”然而，王气终为酒色所误。及至兵临城下，不得已，他和张贵妃、孔贵人三人一起，钻入井中避难。直到隋军搜查，“窥井而呼之。后主不应。欲下石，乃闻叫声。以绳引之，惊其太重。及出，乃与张贵妃、孔贵人等三人同乘而上”。国既破亡，“酒天子”自然是当不成了，但依然不失为“酒寓公”。陈后主被俘后，隋文帝给予宽大处理，赏赐甚厚：“数得引见，班同三品。每预宴，恐致伤心，为不奏吴音，后监使者奏言：“叔宝云，‘既无秩位，每预朝集，愿得一官号’。隋文帝曰：‘叔宝全无心肝。’监者又言：‘叔宝常耽醉，罕有醒时。’隋文帝使节其酒，既而曰：‘任其性，不尔，何以过日。’未几，隋文帝又问监者叔宝所嗜。对曰：‘嗜驴肉’。问饮酒多少？对曰：‘与其子弟饮一石。’隋文帝大惊。”陈后主狂饮烂醉，固有其亡国之痛，但是，饮酒的嗜好不能不说是他的天性。所以隋文帝：“使节其酒，既而曰：‘任其性，不尔，何以过日。’”对于陈后主来说，当帝王也好，为阶下囚也罢，酒是少不得的，而且多多益善。值得一提的是，陈叔宝颇有点诗才，好酒的天性使他的诗与酒结下不解之缘。只是他以滥饮嬉戏为常，因此，诗多游宴之作，轻薄靡丽。

陈后主陈叔宝与汉高祖刘邦，可谓是中国历史上两个最有名的“酒天子”，同好酒色，然而，结局却迥然不同。汉高祖嗜酒得天下，陈后主嗜酒失天下。这是为什么？汉高祖出身微贱，好酒的天性培养了他的胆略，使他胸怀大志而又平易近人，因此，当时的英雄豪杰都乐于为他所用。酒的造化不但弥补了刘邦才能平庸的不足，而且形成了他的帝王气度，成就了他的帝王大业。所以，刘邦好酒、醉酒，是恰到好处。陈后主则不然，长在深宫，不知世事之艰难，只图逸乐，以快平生。因而，好酒的天性促使他终日游宴，以饮酒嬉戏为务。他不但信佞臣，以酒废政，而且迷恋酒色而贪生怕死，到头来，不免亡国辱身。

与南朝那些喜欢附庸风雅的“酒天子”相反，北朝由少数民族入主中原的“酒天子”则显得强悍暴戾，他们不但嗜酒成性，且好为惊人恐怖之举。北齐文宣帝高洋便是其中一个。

高洋自幼不同凡响，即位后留心政事，励精图治，以法驭下，不避权贵，不姑息勋戚，内外莫不肃然。然而，他渐以功业自矜，嗜酒淫纵，肆行暴虐。《北史·齐宣纪》载：他“或躬自鼓舞，歌讴不息，从旦通宵，以夜继昼；或袒露形体，涂傅粉黛，散发胡服，杂衣锦彩，拔刀张弓，游行市肆。……沉酗既久，弥以狂惑，每到将醉，辄拔剑挂手，或张弓傅矢，或执持牟槊。游行市鄽，问妇人曰：‘天子如何？’答曰：‘颠颠痴痴，何为天子！’帝乃杀之。或驰骋衢路，散掷钱物，恣人拾取，争竞喧哗，方以为喜。太后尝在北宫，坐一小榻，帝时已醉，手自举床，后便坠落伤损。醒悟之后，大怀惭恨，遂令多聚柴火，将入其中。太后惊惧，亲自持挽。又设地席，令平涕泣，前自抱之。帝流涕请，不肯受于太后。太后听许，方舍背杖，笞脚五十，莫不至到。衣冠拜谢，悲不自胜。因此戒酒。一旬，还复如初。自是耽湎转剧。遂幸李后家，以鸣镝射后母崔，正中其颊，骂曰：‘吾醉时尚不识太后，老婢何事！’马鞭乱打一百有余。三台构木高二十七丈，两栋相距二百余尺，工匠危怯，皆系绳自防。帝登脊疾走，都无怖畏。时复雅舞，折旋中节。傍人见者莫不寒心。又召死囚，以席为翅，从台飞下，免其罪民以戮。果敢不虑者，尽皆获全；疑怯犹豫者，或至损跌。沉酗既久，转亏本性。怒大司农穆子容，使之脱衣而伏，亲射之，不中，以橛贯其下窍，入肠。虽以杨愔为宰辅，使进厕等。以其体肥，呼为杨大肚，马鞭鞭其背，流血浃袍。……所幸薛嫔，甚被宠爱，忽意其经与高岳私通，无故斩首，藏之于怀。于东山宴，劝酬始合，忽探出头，投于盘上。支解其尸，弄其髀为瑟琶。一座惊怖，莫不丧胆。帝方收取，对之流泪云：‘佳人难再得，甚可惜也？’载尸以出，被发步器而随之。”酗酒之后，无所不为，轻则袒露形体，涂傅粉黛，拔刀张弓，游行市肆，登高冒险，有失体统。重则伤残太后，虐待辅臣，失君臣之礼。无恶不作，或妨杀后妃，或滥杀无辜，为害甚烈，是一个地地道道酒虐待狂。对这位“酒天子”的暴行，“曾有典御丞李集面谏，比帝（指高洋）有甚于桀、纣。帝令缚置流中，沉没久之，复令引出。谓曰：‘吾何如桀纣？’集曰：‘向来弥不及矣。’帝又令沉之。引出更问。如引数四，集对如初。帝大笑曰：‘天下有如此痴汉！方知龙逄、比干非是俊物。’遂解放之”。高洋拒谏而不杀谏臣，比之夏桀、商纣倒要明智一点。齐文宣帝虽酗酒无度，作恶多端，然终其世不见败亡，与他残存的这点人性不无关系。然而，国虽不亡于酒，而人却死于酒：“末年，遂不能进食，唯数饮酒，曲糵成灾，因而致毙。”

真是有其兄便有其弟，北齐武成帝高湛亦沉酗于酒。太后死，湛竟无悲痛之感。未几，登沾，置酒作乐。待中和士开有宠于湛，常谓湛曰：“自古帝王，尽为灰土，尧、舜、桀、纣，竟复何异！陛下宜及少壮，极意为乐，纵横行之。即是一日快活敌千年。”这些甚合武成帝心意，于是终日酣饮，不理政事。大臣孝瑜因谏而被罚饮数十杯，结果不胜酒力，投水而死。

隋文帝一统江山，以节俭治国。其子隋炀帝杨广，性敏慧，美姿容，由于生活俭朴，渐得隋文帝的欢心，在南下灭陈和抵御北方突厥的战争中立下大功，因而，取代其兄杨勇的太子地位而登上皇位。哪知，杨广的俭朴不过是为了骗取隋文帝的信任，登上帝位后，就一反以往的俭朴。他好大喜功，利用隋文帝留下来的丰厚家底，大肆挥霍，这其中自然少不了荒淫酒色。他迁都洛阳，营建“西苑”，不时带上数千宫女到此游宴。他看中江都（今江苏杨州市）这块风水宝地，就不惜征发民工百余万，历时六年，开掘大运河，然后造龙舟，三次巡游江都，每起程，杨广就在龙舟上与众妃子纵情饮酒作乐，以逞快意。《隋书·炀帝纪》载：“所至，唯与后宫流连耽湎，惟曰不足，招迎姥媪，朝夕共肆丑言。又引少年，令与宫人秽乱，不轨不逊，以为娱乐。”酒后荒唐，不堪入目。为显示太平盛世，隋炀帝令整修洛阳之都市，盛设帷账，珍货充积。并下令，凡胡人过酒食店，悉邀请，醉饱而散，不取分文。这种使胡人白白享受醉酒的乐趣的做法，使商贾叫苦连天。

由于隋炀帝荒淫无度，各地义军蜂起。他躲到江都后，感到富贵行将不保，所以，荒淫益甚。他常对萧皇后说：“有人想算计我，且别管他，还是快快活活的饮酒吧。”一醉解千愁，然而不免酒醒，面对皇位不保，他引镜自照，叹曰：“好头颈，谁当斩之？”部将右屯卫将军宇文化及发动兵变，擒杨广于西阁，欲杀之时，杨广曰：“天子自有死法，何得加以锋刃？取鸩酒来！”不许，结果自解练巾授校尉狐行达，缢杀之。临死前曾作诗云：鸟声争劝酒，梅花笑杀人。至死不忘一个酒字。

五代十国时期，朝代更迭频繁，帝王多胸无大志，而耽于酒色。闽景帝王延曦贪杯好酒，其皇后李氏亦常酗酒，真是“相得益彰”。这时“酒天子”与“酒皇后”整日饮酒取乐，不理朝政。臣下有作奸犯科，只要纳钱助宴，即可获免。《新五代史·闽世家》载：“泉州刺吏余廷英，曾矫曦命掠取良家子。闽暗怒，召下御史劾之。廷英进买宴钱十万。曦曰‘皇后土贡何在？’廷英又献皇后钱十万，乃得不劾。”身为一国之主，竟以“买宴钱”来取代国法，此可谓“酒天子”以酒为政的一大“杰作”。王延曦酒量惊人：“常为牛饮，群臣侍酒，醉而不胜，有诉及私弃酒者辄杀之。诸子继承弃酒，并杀其赞者一人。”在这位“酒天子”的眼里，诸子、臣下有义务舍命陪君，否则便是不恭不敬，杀无赦。但是，臣下的酒量又不能过于海量，否则有碍“酒天子”的颜面。翰林学士周维岳海量，王延曦问他：“你身材短小，为何酒量不小？”周维岳应道：“酒量大小不在于身材，而在于肠胃。”于是，王延曦下令将周维岳的腹部切开，要看看他的肠胃有何特长。后经臣下再三劝谏，才饶了周维岳一命。王延曦好酒后杀人，他自己也最终酒后被杀，可谓报应。王延曦本由连重遇等大臣拥立而得帝位，后连得遇等人遭到猜忌，因而萌生叛逆之心；加之皇后与妃子争宠，欲图曦而立其子，于是合谋杀曦。王延曦这位“酒天子”大祸临头，竟还饮酒不知，以致在醉中被杀，真是生也是醉，死也是醉。

前蜀顺正公王宗衍擅长“浮艳之词”，即位后，委政于宋光嗣等宦官，自己终日与韩昭等号称狎客的佞臣饮酒赋诗，醉中取乐。《新五代史·前蜀世家》载：“衍年少荒淫，委其政于宦者宋光嗣，……而以韩昭……等为狎客，起宣华苑，有重光、太清、延昌、会真之殿，清和、迎之宫，降真、蓬莱、丹霞之亭，飞鸾之阁、瑞兽之门。又作怡神亭，与诸狎客妇人日夜酣饮其中。曾以九日宴宣华苑。嘉王宗寿以社稷为言，言发泣涕。韩昭等曰：‘嘉王酒悲尔！’诸狎客共以慢言谑嘲之，坐上喧然，衍不能省也。”不理政事，不听忠言，唯酒是务，夜以继日，竟至连饮九天，这在“酒天子”中也可算是佼佼者。王宗衍如此醉生梦死，怎能不亡国？被后唐庄宗李存勖所杀。

元代的帝王为蒙古人，他们发迹于莽莽草原，千里征战的军旅生涯使早期的帝王变得强悍，善骑射，好酒色。元太宗窝阔台是成吉思汗的第三子，早年随太祖南北征战，成吉思汗死后被推举为大汗，在位期间用汉法，重文人，多有建树，但窝阔台尤好酒。《元史·耶律楚材传》载："楚材常与诸王宴，醉卧车中。帝临平野见之，直幸其营，登车手撼之。楚材熟睡未醒，方怒其扰己，忽开目视，始知帝至，惊起谢。帝曰：'有酒独醉，不与朕同乐耶！'笑而去。楚材不及冠带，驰诣行宫，帝为置酒，极欢而罢。"耶律楚材是窝阔台所倚重的大臣，君臣同饮为乐，可见相知之深。然而，窝阔台嗜酒太过："日与大臣酣饮。楚材屡谏不听，乃持酒槽铁口进曰：'曲糵能腐物，铁尚如此，况五脏乎！'帝悟，语近臣曰：'汝曹君忧国之心，岂有如吾图撒合里者耶！'赏以金帛，敕近臣日进酒三钟而止。"耶律楚材在屡劝谏无效的情况下，以人的五脏不如铁、而铁尚被酒腐蚀的事实再次细谏。窝阔台虽然当面受了耶律楚材的忠告，但毕竟酒性难改，后外出游猎，在途经鄂特古胡兰时，当地的奥都剌合蛮献上美酒，窝阔台在行帐中豪饮直至黎明，结果醉瘫天床上，不久死于行宫中。

明太祖朱元璋出身贫苦，称帝后生活俭朴，不喜欢饮酒。他严刑峻法，以猛治国，曾亲手刺死犯酒禁的胡三舍（大将胡大海之子）。然而，他的子孙并没按他的遗训行事。明武宗朱厚照以荒淫著称，他终日戏耍，怠于政事。他常微服出游，某日在乡间小道上见到一村妇，以为别有风韵，就差手下带回宫中，并作一首歪词：

出得门来三五，
偶遇村妇讴歌。
红裙露高足，排水上南坡……
纵然不及俺宫娥，
野花偏艳目，村酒醉人多。

他偏爱"野花"，醉于"村酒"，身体日益虚亏，在主持祀祠大典时当场昏倒，一病不起，三十而卒。

历代帝王之"好酒"，"酒天子"辈出，是因为美酒欢宴不但体现了帝王的尊贵，而且可以满足他们对生活的欲望。酒对帝王们来说，其本身并无善恶。然而，酒能给人以享受，能激发人的兴情，从而影响一个人的气质、性格、情趣、爱好等。酒能促使人的个性朝某一方向发展，这种发展又常常取决于人们对酒的态度。帝王也一样，只不过帝王的一举一动，事关国家大局，所以，酒与帝王的关系就显得尤为重要。悠悠数千年，帝王辈出，酒不但始终伴随着“酒天子”们的生老病死、喜怒哀乐，而且给国家的兴衰以莫大的影响。

雄将奇兵酒添胆

酒对于军事家，有拓展胸襟、增加豪情胆气的妙用。如果说在文学家那里酒更多地带有阴柔的气质，那么在军事家那里则更多地带有阳刚的品性。

毛宗冈评《三国演义》时说：“单刀赴会之饮，是饮他人之酒；瓦口寨前之饮，是饮自己之酒。关公之饮是胆，翼德之饮是智；关公之饮是豪，翼德之饮是巧。夫以胆而饮，饮又可以壮胆；以豪情满怀而饮，饮又可以助豪；若效以酒而行其巧与智，则难矣。胆与豪，则与酒相近者也；巧与智，是不与酒相近者也。不与酒相近，而卒能与酒中用之，则饮如张公，更不可及。”在这里，胆与豪是酒衬托出军威，智与巧则是因酒而使出的用兵之计。“单刀赴会”这一以酒为契机的历史故事，充分展示了关云长的凛然正气和豪迈雄风。

东吴鲁肃为了索取荆襄九郡，设宴诈请守荆州的西蜀大将关云长赴会。此宴是典型的“鸿门宴”，如果关云长答应奉还荆州，就当时办理交割手续；如果不答应，就在酒宴上杀了他，然后再进军荆州。关云长明知其中有诈，为不给东吴留下不守信用的口实，不顾关平、马良的再三劝阻，慨然许诺，单刀赴会。关汉卿的《关大刀独赴单刀会》对关羽的豪壮之举有十分生动的描绘：

> 两朝相隔汉阳江，上写着鲁肃请云长。安排筵宴不寻常，休想道是画堂别样风光，那里有凤凰杯满捧琼花酿？他安排巴豆、砒霜。玳筵前摆列着英雄将，休想开宴出红妆……安排下打凤牢笼，准备着天罗地网；也不是待客筵席，则是个杀人、杀人的战场。若说那重意诚心更休想，全不怕后人讲。既然谨谨相邀，我则亲便往……我是三国英雄关云长，端的是豪气有三千丈。

作为一种用兵之计，鲁肃设宴诈请云长的确不失为一种军事计谋；而关云长单刀赴会则主要是为了表现大丈夫的豪勇和威仪。所以后人评论说：羊祜饮陆抗之酒是一团和气，关公饮鲁肃之酒是一片神威。关云长在席间谈笑自若，豪气逼人，鲁肃慑服关云长这种神威，心寒胆颤，不敢仰视，预先埋伏下的刀斧手也不敢轻举妄动，致使索要荆州的阴谋彻底破产。

正如酒之于曹孟德，往往见出他的智巧、抱负和政治情怀；酒之于关云长，则每每显出他的豪勇、神威和过人胆识。曹操、孙权、刘备三分天下之前，刘备兄弟暂寄曹操门下。曹操与董卓两军对垒时，曾被大将华雄连斩两员偏将，曹营一时哗然。这时，关羽主动求战，愿取华雄之头献于帐前。曹操大喜过望，特酾热酒一杯为关羽助威。关羽把酒放下，飞身上马，直奔华雄，帐外喊声大作，如山崩地裂。诸将正在观望，关羽已将华雄之头掷在帐前，杯酒尚温。真是：

威镇乾坤第一功，
辕门画鼓响咚咚。
云长停盏施英雄，
酒尚温时斩华雄。

曹操为关羽酾酒，是英雄慧眼识英雄；关羽停杯不饮，一是为了避免无功受禄之嫌，二是为了表现大丈夫的慷慨之气，过人之勇。“酒尚温”三字，则全盘托出了作家对关羽英雄威仪的崇敬和钦羡。在这里，酾酒人、斟酒人和写酒人之所以都突出一个“酒”字，都是为了更好地表现关云长的英雄本色。

五代时后梁大将王景仁带兵有方，作战骁勇。他带兵打仗时，往往在交战方酣时回到营中，同诸将大饮儿杯后再挥戈上阵。诸将因此威勇倍增，以一当十，取得了一次又一次的胜利。

酒与军威的关系还表现在出征前以酒为将士壮行这一古老的仪式上。在我国古代，每次出征作战前，君王也都要为将士设宴饯行。显然，以酒饯行这种仪式除了表示君王的关心和祝福外，主要是为了增强将士誓死杀敌的斗志和义无反顾的豪勇。“葡萄美酒夜光杯，欲饮琵琶马上催。醉卧沙场君莫笑，古来征战几人回。”唐诗人王翰的这首《凉州词》，生动形象地表现了酒对于激发出征将士的爱国主义与英雄主义精神所特有的作用。

不少帝王将相都深知酒能鼓士气、壮军威的奇特作用，把酒与战争结合起来。曹操定了汉中后，分兵去救合肥，东吴趁曹军扎营未定，急派甘宁领兵劫寨。为了鼓舞士气，壮大军威，吴主孙权亲赐美酒五十坛，羊肉五百斤。大将甘宁先用银碗斟酒自饮两碗，然后对众将士说：“今晚奉命劫寨，请诸公满饮一觞，努力向前。”说罢又同诸将士共饮，直到酒尽食绝。结果，将士们在战斗中无不冲锋陷阵，誓死如归。曹军望风而逃，甘宁大获全胜。

饮酒诈醉常常作为用兵之计被广泛应用。《三国演义》写张飞喜意气用事，往往饮酒使气，贻误军机。徐州之失，就是因饮酒使性，鞭挞曹豹，曹豹私结吕布所致。然而，同一个张飞却也演过以酒诈醉、诱敌上当的好戏。一次张飞奉命攻打刘岱，刘岱惧怕张飞之勇而坚壁守城，不敢出战。张飞久攻不下，心生一计，传令当晚劫寨。传令之后，自己在帐中饮酒佯醉，然后故意找事，将一军士毒打一顿禁在营中，并扬言要用他来祭旗，暗地里却令后管人员将他放走。军士死里逃生，立即到刘岱营中告密。刘岱以为时机已到，马上出兵。此举正中张飞下怀，逐将刘岱所部一举全歼，受到了刘备的赞扬。如果说以酒诈醉擒获刘岱，只是张飞偶然的机灵，那么以酒作计诱张郃下山则是他智慧的必然。当时，张飞奉命攻打张郃而取岩渠、蒙头、荡石三寨，张郃傍山依险，坚守不出，任张飞将帅怎样辱骂挑衅都无济于事。张飞见此路不通，心生一计，在张郃屯兵的山前扎下营寨，每日饮酒，然后佯装大醉，坐在山前辱骂。刘备知张飞每日纵酒，怕他误事，深感不安，忙去询问孔明。孔明知道张飞是故伎重演，笑着对刘备说："原来如此，军前恐无好酒，成都佳酿极多，可将五十瓮作三车装，送到军前与张将军饮。"

张飞把酒接到寨中，令将士大张旗鼓地纵饮，自己一边坐在帐前饮酒，一边让两小卒在面前相扑为戏。见张飞如肆无忌惮，张郃大为愤怒，当夜出兵攻击张飞，结果一败涂地，自己也险些丢了项上人头。

饮酒诈醉，诱敌上当是一种用兵之计，诱敌饮酒，然后乘敌人酒醉而攻之则又是一种用兵之计，"智取生辰冈"是这种计谋的一次成功运用。

北宋年间，北京大名府相公梁中书为他的岳父太师蔡京筹集了十万贯的生辰礼物，委派青面兽杨志押往东京。晁盖、吴用等梁山好汉为打劫生辰礼物，在黄泥冈设计，诱使杨志一行饮酒上当，乘他们烂醉如泥之机，劫走所有货物，轻而易举地取得了胜利。

《三国演义》中也有这类记述，建兴三年，蛮王孟获发十万蛮兵，犯境侵掠，诸葛亮出兵讨罚。孟获被诸葛亮两擒之后，再派孟优带着金银珠宝来到诸葛亮帐下诈降，以作里应外合之计。诸葛亮将计就计，设宴款待孟优一行将士，暗将麻药放入酒中，使其"尽皆醉倒"，破坏了蛮军里应外合的计划，再擒孟获。

第二章 推波助澜酒作俑

——宗教结社及民间信仰与酒

民间秘密结社与宗教，它们对酒的态度截然不同，或者喜欢酒、利用酒、视酒为圣物，或者视酒为敌，以酒为禁忌。民间信仰也一样，对酒有着截然不同的两种态度。

秘密结社是社会下层群众中全凭兄弟义气而联结起来的、非公开的、非政府允许认可的非法结社。它的成员多半是江湖上、绿林间好勇善斗之士或赤贫穷汉。他们所崇拜的不是什么神灵，而是历史上的英雄人物，如刘备、关羽、张飞、瓦岗寨英雄、岳飞、水泊梁山一百单八将等。他们的行径可能是正义的，劫富济贫，策动起义；也可能是对社会起危害作用的，啸聚山林或散处都市中，形成流氓集团，坑蒙拐骗，包娼聚赌，欺行霸市，杀人越货。这是一股较盲动的社会力量。

这种结社之风起源很早，有历史可考的可以上溯到两汉的赤眉、铜马以及黄巾等。自此之后，这种结社可说是无时无之，无地无之。清初出现的天地会及而后由它们所派生的许多组织，如洪门（红帮）、三合会、哥老会、袍哥、汉留、致公党。还有与天地会同时出现而长期并存的安庆道友会及而后由它所派生的许多组织，如青帮（清帮）和青帮系统的各种会、社。这些组织团体都可统称为民间秘密结社。

秘密结社的最佳人选是能有一身武艺，勇敢大胆，能打架、扛刑的人。入伙之后要遵守戒律、帮规。这些戒律、帮规规定得十分严格，对违法乱纪者的处分也十分严厉，毫不容情。这种结社的组织并不松散，有总的领导机构，也有地区首脑，它们之间虽不见得有什么隶属关系，但横向的联系还是不少的。

这类结社与酒有着不解之缘，酒在他们之中是不可少或缺的“圣物”。他们在拜盟时要酒，誓师出发前要酒，胜利后的庆功要酒，一些节日、庆典也要酒，可以想象酒在这类组织中的需要量有多大。水泊梁山有“掌管监造供应一切酒醋”的专门技术人员“笑面虎朱富”。酒的性质是能助兴壮胆，使人激动，抑制其正常意识而表现为狂躁，这就正好符合那些“义士”们在上述那些场合的需求表现形式。

在拜盟入伙时要举行一些类似宗教洗礼的仪式，常是在关帝庙、岳飞庙或其他较大场所摆设“香案”：供上牌位或供上祖师像，香案上摆上香炉、蜡台，上好各样供品。举行仪式时要朗读经文誓词、诗歌，师父、引师、保师及本人要立愿等。其中一项重要礼节是“歃血为盟”，这是一个饮酒的仪式，过程是先用一只已经作为牺牲放在香案上的祭献过的雄鸡（一般是白色），再经过一番祝圣的仪式，即朗读一些咒语、歌词，再把鸡头割下来，把血滴在一个盛满酒的盆里，这个仪式叫做“斩凤凰”。鸡血与酒混合后，让要入伙结拜的新成员以及参与仪式的人员一起饮用。也有不用“斩凤凰”的，而是让新入伙结拜的成员及在场有关人员用针把左手中指肚刺破，把各人的血都滴在一个盛满酒的盆里，酒血混合后大家饮用，以表示他们是有着“血缘关系”的师弟（爷们）或兄弟（哥们），今后就可同心同德、患难与共了。

酒宴是结社中经常举行的。像“歃血为盟”那种饮酒尽管意义重大，但毕竟是一种严肃的礼节，不能放量多饮，在经过这种礼节后还要大摆酒宴。这要看条件，排场大的常是一摆几十桌、上百桌，在这种酒宴上一般都要尽情尽量喝得烂醉，显得结社关系融洽，情深义重。

也有的结社在入伙仪式上并没有歃血饮酒的场面，或是只喝鸡血而不混以酒，如青帮就是这样。在青帮摆香堂收徒弟时仪节特别繁缛，可就是没有饮血酒这一项，这是因为青帮以自己是佛教临济宗的一支相标榜（其实，这不过是某代青帮头子为显示其根基深厚，而硬拉上几辈佛教祖师当做青帮的祖师，实际上青帮与佛教是没有关系的），佛教是戒酒除荤的，所以在香堂里举行入帮仪式时不能饮酒。但是仪式过后离开香堂照样大摆酒宴，豪饮、狂饮。

社团在进行一些行动之前也要举行仪式，大摆酒宴，如要誓师举事，要出发作案，要投案、顶案、抽上“死签”去赴死，违犯帮规处以极刑或自裁等。这是一种肃穆、庄重的酒宴，因为这是生死攸关的行动之前的聚会。酒在这种场合更为重要，不醉也要醉，最好是醉到使自己失去知觉或趋于催眠状态，因为这多半是生死攸关的聚餐。

庆功会、封赠会、分赃会、迎送会、喜寿事、节日庆典则又是另一种欢快性质的宴会，当然更少不了酒。这类宴会的排场有时大得惊人，佳肴如山，美酒如泉，可称富比王侯。但这项花销并非属于帮内开支，而是由参与徒众分担，其中不免有腰缠万贯的人物，则更是不惜一掷千金。也有时是由于给某个富豪办了什么事情，而对他进行的一种要挟、勒索，当然也可能这这位富豪主动地摆宴以示答谢或奉请。另一种情形是有的帮内首领人物惯于利用机会“飞帖打网”，因为一次宴会之后往往获利不菲，所以会出现某个帮会头子一年过两次生日的事。有时则是给太太们、老太太们过生日，纳妾、娶媳、得子得孙，则更是最好的借口。这就说明了酒筵在下层社会结社中，就是这些结社中的分子所追求的目标。请看下面所列三合会的一首组字诗：

人王腰际两堆沙，东门头上草生花。
丝线穿针十一口，羊羔美酒是我家。

这四句诗分别是“金”“兰”“结”“义”四个字的谜句。

酒在结社内还有一种妙用，即他们的分子在江湖闯荡时，随时都要以酒为彼此勾通的标志，有时还要结合着一些隐语，即所谓“切口”“令子”“春典”之类，以及用酒杯摆成各种“阵式”等方式来识别彼此的“帮头”“辈分”“师承”等，对答上来就是一家人，到处给予方便，全包吃住、盘缠，有事相助，有难同当；对答不上来就不是一家人——“空子”，就会处处不便。可以说酒在这种社会下层结构中的重要性比普通社会要大，而且用场广。一个入了帮的人，一般说不只是武艺高强，胆大包天，还要能饮酒。不能饮酒，遇到盛大酒宴场合有人敬酒，被敬者如推辞不饮，或是借口信什么禁酒的教而谢绝，那就会被人藐视，不能与人成为知己朋友，甚至会被驱逐出帮。

下面举几则帮内“切口”“令子”“春典”中有关酒的例子，以示酒在社会下层结构中的作用。如要识别交往中的对方是否为自家人，需要有一系列的问答，其中很多是他们自己创造的特殊词语：三合会称酒杯为“莲米”，洪门称酒杯为“闵儿”，红帮称饮酒为“受玉子”，哥老会称酒为“红花雨”等。洪门兄弟给人斟酒时要念：“手拿金壶把酒斟，兄弟仁义早有闻，今朝请放宽宏量，多饮一杯喜洋洋。”接酒的人则要答：“手拿金杯圆又圆，仁兄得意在桃园，弟兄徐州遭失败，古城相会又团圆。”三合会在盘问对方时有这样的问答：“请问（梁山）关卡酒店何人镇守？”答：“山下镇守酒店英雄：东方酒店母夜叉孙二娘，南方酒店一丈青扈三娘，西方酒店双尾蝎解珍、两头蛇解宝，北方酒店旱地忽律朱贵、笑面虎朱富。”如此等等。

像这类规定，各个结社都不相同，但性质都是一样的，也可以彼此借鉴，总不外乎是显示以酒作为他们成员间的联系纽带。各个结社都有严格的戒律，如什么“十戒”“十禁”“十恶”“十条”“十刑”“二十一则”

"三十六誓"等。但这不包括青帮，因为他们是以佛门自居的，所以在他们的"帮规十戒"中就有严禁酒后滋事的规定，叫做"十戒烟酒骂人"。其余的结社组织都没有禁酒的规定。

民间秘密宗教是指非正规的公开的宗教，在民间秘密流传着的各种宗教。民间秘密宗教源远流长，可以上溯到古代的宗教性活动，如巫觋之类，后来又与先秦的老庄哲学体系合流，经过秦汉方士之流的利用发展，东汉末期出现了最早的秘密宗教天师道、太平道。它们的一支后来吸收佛教的一些成分而发展为道教，而一些支派则依旧在民间秘密流传。

唐武后时，摩尼教传入中国，它对秘密宗教以后的发展影响更大。会昌三年（843年）摩尼教遭禁后，大部分组织合于民间秘密宗教，最后定型为一套新型的、杂糅儒、佛、道、摩的教义和新型组织体系的秘密宗教，就是白莲教。

白莲教定型之后发展很快，自元代一直在盛传，并不时发动起义，最后酿成元末农民大起义，掀翻了元朝。明代从开国之初即严厉禁止白莲教，这种措施促使一些白莲教支派，趋附上层社会取得合法或半合法地位，而多数支派仍旧留在民间与广大农民群众结合在一起，继续作为策动农民起义的组织力量。清代对白莲教也一直采取镇压政策，但白莲教的传播一直没有停止，直迄民国时期为止。

应该特别提出的是，明初出于白莲教的遭禁，一些白莲教支派改造自己，以图迎合统治者，于是出现了一个白莲教的最早也是最大的变体，就是成化、正德年间山东莱州府即墨县罗清所创的无为教，又称罗祖教、罗教。罗清精明强干，他继承了白莲教的一整套思想体系而又有所发展。他把无为教的教义写成五部经卷，世称"罗祖五部经"或"五部六册"（其中之一的《破邪显正钥匙卷》分上、下两册）。无为教罗祖五部经影响了几乎所有明清时代的民间秘密宗教，不论它们起个什么名字，在什么地方，由谁当开山祖师，都离不开无为教和罗祖五部经。就是说他们都尊罗清为祖师，罗祖五部经成了他们的"圣经"。例如明隆庆间创兴的西大乘教，也仿照罗祖五部经写了"红阳五部六册"，其他教派虽然不一定写足了五部六册之数，也大体是阐述罗祖五部经的内容，而且他们多数都把罗清编入其自定的"道统"之中，作为第几代祖师。

在罗祖五部经中有一条非常重要的教义和修持法则，即继承了佛教净土宗、白莲宗的专念佛号，修持五戒、不茹荤酒，如此即能往生净土说。这种说教在五部经中不仅有专品演述，而且随处可见。如在五部经之一的《叹世无为卷·慈悲水忏品》第三中就说：

> “参大道，明真性，十方照彻；永无生，永无死，永无轮回。得大道，无慈悲，痴呆大胆；食酒肉，挡住人，不得来参。……食酒肉，引饮人，入了生死；背佛愿，截住法，挡住人天。三千佛，恼怒了，惊天动地；把你家，宗和祖，送在刀山。……食常斋，引领人，永堕沉沦。”

又如在《正信除疑无修正自在宝卷》《经旨》中说：

> “有一等愚痴迷种，说迷人饮酒吃肉，不参道，也得归家。迷人终日，走着生死之路，不知安身立命，又不知净土家乡，他怎么便得归家？”

又在同经《饮酒退道杀牲品》第七中说：

> “颂曰：‘智者当识破，酒过三十六，君子无所争，好条快活路。为人不戒杀，生死如推磨。’呀，不司真常道，三涂无所躲。颂曰：‘酒为狂药坏良能，丧命倾家众祸根。李白贪杯亡幼体，渊明罢酒养天真。世人好饮人心乱，僧道贪杯道眼盲。觑破无明三十六，阴司地狱放光明。’”

又在同经《不当重义品》第二十二中说：

> “又有一等人，吃酒吃肉，指称师得，外边哄人，假称师傅徒弟，说法度人，哄得钱物买酒买肉吃，有朝一日拿住你，休怪，休怪。”

这是无为教关于戒酒的权威性理论，以后由无为教派生的支派大半都是戒酒除荤的，对于这套理论都是奉行不替的。再举一例，万历年间兴起的红阳教，是无为教的嫡传支派，祖师韩太湖法号“飘高祖”，也曾仿照“罗祖五部经”写成“红阳五部六册”，其中关于戒酒的教义基本上是因袭罗祖五部经的，如在他们的五部经之一的《红阳叹世经》中，就举出很多古人因贪酒误事的例子以警戒信徒：

> “李白醉写黑（吓）蛮书，朝廷展唾污龙衣，杨妃捧砚鳖尿污，力士脱靴挟旧仇。君王面前贪恋酒，水底捞月不见踪。再把李白推在后，又说平王恋酒杯，酒醉收了吴祥女，偶然酒醒悔不及。平王恋酒失大事，晋王贪酒丧亲人。……哪个贪酒得长久，酒醉迷人不认亲。”

清初由羊来如创兴的在理教，教派的教义十分简单，主要是大戒烟酒，其中孝敬父母、和睦乡里等大戒条都不过是陪衬。戒烟起初就是指戒除吸食自明末从南洋传进来的烟草（旱烟）的嗜好，后来扩大到吸鸦片烟；戒酒则是一贯的传统。羊来如和罗清是同乡，也是山东莱州府即墨县人，他所创的在理教也是无为教的嫡传，教内往往也自称为无为教。在理教清初从天津开始建立，大盛于嘉庆以后。创兴之后不胫而走，发展极快，这是由于它投合了当时社会的需要。直到民国年间仍然不衰，以至变为公开的宗教，在政府立案，承认它是合法宗教，并成立了全国性的领导机关“中华理教联合会”。

在理教的信徒严守不吸烟、不喝酒的戒条，在入教仪式上传道师就谆谆教导，“归理”（入教）之后就不许再“开理”（背教），否则必有大难临头。因此在理教的信徒的人，如果向对方让烟让酒，对方只要答以“有理儿”，这个人立刻就要说“有罪，有罪”，不再让对方。一位信徒答以“有理儿”，跑堂的不但要告罪，而且要告诉厨房，所有的菜肴连料酒都不许放。说也奇怪，在理教的教规并不是那么严厉，当真“开理”了，也不会被教内加以什么惩罚。但是“归理”的人都绝少有“开理”的，而且不仅终身信守，连他们的下一代也多半从小就要“归童子理”。

当然在理教的“当家”（传道师）们，也会经常在“公所”（佛堂）里向信徒们宣讲烟酒之害，有的公所还印些宣传品，有几个大都市的公所条件较好，信徒也多，他们还出些期刊。兹引他们的一种讲道的书籍《悟道录》中“酒能乱性说”的一段，具有一定的积极意义，以说明在理教戒酒的理论：

> 孟子曰：“禹恶旨酒，而好善言。”吕祖曰：“酒色财气四堵墙，人人俱在里边藏。有人跳出墙外，便是长生不老方。”此皆教人不可贪酒而坏正事也。盖因酒为四害之首，一醉于酒，酒醉性迷，色心由此而起，财念由此而生，气性由此而发。色财与气皆因酒起，丧德败行，亦因于酒。甚至任性乱行，蹈于水火而不知，陷于刀兵而不晓。古来多少聪明良才英雄豪杰，往往皆遭此难，自丧性命。亦有性格善良，自能把持，贪酒而不致乱，色财与气不能染者，虽然不乱不染，神昏气促，湿热熏蒸，津液涸而气血伤，无益有损。故佛家以酒为首戒，盖因为害最大也。

但是，晚清时期除了在理教对于烟酒尚能恪守规戒外，其他由无为教派生的各种民间秘密宗教，对于戒酒除荤能奉行不渝的只占一部分。有的索性放纵起来，有的略为通融，为不准饮白酒、烈性酒，而可以饮啤酒，不能吃荤，而可以吃鸡蛋，喝牛奶。至于那些放纵的民间宗教，有的在节日、盛典时往往推杯换盅，酩酊大醉，甚至醉酒滋事。如红阳教（或称混元门），由清水教（或称一炷香、清茶门）转化成的天地门，道教的一支（流传在民间的）名叫太上门（或称老君门）的，这三种教门在华北各地特别流行，原来都是戒酒的，后来也放纵起来，不再戒持了。

民间信仰主要是地方上、行业中不入国家礼典的一些神灵崇拜，所谓“淫祀”。有例外，但不多，如关帝即是。论其性质，有的像佛，有的像道，但又非佛非道，如酒神即是。有的本属佛教、道教，但民间信仰化了，它们离开了寺观，走入家庭，在桌案上设上一个神龛，或在村头、巷尾盖上一座小庙，如观音即是。对它们顶礼膜拜的人们不能说他们就是佛教徒、道教徒，只能说他们是民间自由信仰者。还有就是所谓“师巫邪术、扶鸾褥圣”者流，师巫就是巫婆神汉，他们的“邪术”就是顶神、附体、风水之类以及一些婚丧、岁时风俗等，也可算做民间信仰的一个方面，不过那就是广义的了。

民间信仰不是宗教，也不是结社，但是有一部分宗教性，也有的有一种无形的结社形式。民间信仰中与酒的关系并不那么突出，既不视酒为圣物，也不那么严格排斥。民间信仰中与酒关系最直接的是“酒神”，它是烧锅驼机（酗酒厂）和酒店所敬的行业神。酒神是哪家说法不一，一种说法是杜康，一种说法是仪狄。历史上还有“尧酒千盅”的说法，则酿酒已始于尧的时代。但《黄帝内经》上也有关于酒的记载，酿酒又应始于黄帝（尽管《黄帝内经》成于汉）。更有甚者，由于天上有个“酒星”，则认为酒的出现应是与天地共生的了。其实这些都是牵强附会，认不得真。酒是人类文化中的一个重要部分，似乎应有神管理，到底是谁？由杜康、仪狄做代表，当然也无不可。

酒神是什么形象，不像弥勒佛、观音、关公……有个固定的模式，而是完全随雕塑者的意，不外是个慈眉善目、五绺胡须、带官帽的老人，倒是民间的“纸马”有其特点，绘制者故意在酒神的两颊涂上红色，可能是表示酒醉的样子。不过这种神马不多见，因为不如灶王马、财神马等畅销。

酒在民间信仰里用场是很多的，只要是祭告、祈禳的场面，不论是天地神灵，风雨冰雹，疾病灾害，祖先家宅……都少不了以酒为祭品（禁酒的信仰者除外），这是因为酒和烧香、焚表、烧纸钱一样，都是化掉，而且是上升，这意味着上达天庭，祈祷者的意愿被神接受了。

在民间信仰中对酒又有着不同的态度，一般说劝戒饮酒还是占多数的。在一般劝善书里常见有陈述饮酒之害的文字。兹举一例，《觉悟选新》卷四

《戒酒色财气歌》：

“酒、酒、酒，千般莫友，穿肠毒药，害人之物，不可多有。勿过贪兮勿出丑，交朋呼友，同堂吃酒，我一盏，尔一杯，呼拳对手。先未醉尚欢谈，醉后不知朋与友。为败家之亡人，为丧国之罪首。戒之哉，莫贪此酒。

花、花、花，世上荣耀莫夸，半世精神有限，酒色财气莫加。一生除此四字，修行别有一家。酒乃伤肠乱性，沉醉胡作非他。”

这本《觉悟选新》出自一家鸾坛，是仙佛降坛时的坛训汇编。大约不晚于清代中叶，民间建立鸾坛之风甚炽，有的是独立的，定期开坛为人决疑治病，或宣讲劝善。有的就进入了民间宗教组织作为通神的一列，同书卷八就有一篇与之矛盾的坛训，即光绪二十八年十一月十九日李太白翁降坛时的诗句：

太元体就行立机，白洁清香酒满卮。
大醉一壶诗百首，仙缘欲结快修为。
登云游赏到鸾台，饮酒吟诗雅兴开。
俗语粗词聊伴醉，诸生莫羡我高才。

这似乎就是引人赞美酒了。再举一例，同样是一部坛训的汇编，名为《救劫慈航》二编。其中《辛酉六月十八日辰刻道济佛祖示》（辛酉指1921年）：

佛氏本性坚，儒家也参研，道德由此作梯阶，盍兴乎来！持身治世纪善言，酒兴豪，多感慨，少檀板，缺知音，胡乱信口儿歌言。诸生莫猜疑，吾且饮水一回。

《壬戌三月十五日卯刻道济佛祖词》（壬戌为1922年）：

今日黎明鸾降海宁觉先坛，且饮斗酒，临鸾再示。酒后狂吟感叹诗，群生行善要及时。……

这几段坛训也都是可以饮酒的，以至“以身作则”地一饮斗酒，还说喝醉了酒可以遮住佛面任意施为。我们还可想象，当时鸾坛的供桌上不定要摆上多少酒，至少要够济公一饮一斗的量吧！

但是又有一篇坛训，对酒的态度又与上引几段不同，就是《辛酉十一月初一日寅刻张桓侯示》：

华筵盛开，列圣降台，吾今临鸾，知尔准备，快斟酒来。吾有事他往，各赐酒一杯，能豪饮者，具疏呈上。……兹因生等态度诚敬，不能

> 不忠告导之。酒宽愁肠百不醉，深悔当年失察戒。世人胡人不从学，莫效徐州吾酣眠。酒乃乱心须当戒。时哉珍珠米又贵。误事误时究何益，适中适度血和谐，毋效李白饮千杯，上古至今一青莲。

这段坛训颇有代表性，它说明了民间信仰中对酒的基本态度：又劝人戒酒，又鼓动人饮酒。像《觉悟选新》《救劫慈航》这类劝善书或坛训汇编，清代晚期及民国年间坊肆间到处出售，专门印制善书的“善书局”“刻经处”，一般“刻字铺”“印刷所”莫不竞相刊行，其数量之多无法统计，其中对酒的态度大致如此。

第三章　喜恶唯有悟心知
——道教、佛教与酒

道教是中国现存宗教中唯一的本土宗教，是在继承了中国先秦诸子百家学说（主要是道家学说）、殷商以来的鬼神崇拜和神仙方术的基础上发展而成的。它的历史非常悠久，从东汉顺帝时（公元126-144年）正式创立教团算起，至今已有近两千年的历史了。道教的思想文化，在漫长的历史发展过程中，一直是中华传统文化的主要支柱之一。它与中华传统文化浑然交融为一体，但又具有自己的风骨与特色。中国传统文化是浩瀚的大洋，道教文化则是这大洋中的一片辽阔的大海。道教在中华民族文化发展中有着深远和广泛的影响，它的许多思想和观念，经过千百年的延续发展，已经在中国人的思维方式、生活方式和行为方式上打下了深深的烙印。道教与中国酒文化的关系，也大致如此。

我国远古神祀宗教深深浸染了酒文化特色。远古神祀宗教不但不禁酒，而且把酒作为祭奠神祇的重要供品，甚至还设有专门掌管宗教活动中敬酒事项的官职，称为“酒人”。据《周礼·天官·酒人》记载：“酒人掌为五齐三酒，祭祀则共（供）奉之。”现在出土的殷代古墓陪葬品中多有酒具，这也为事实提供了见证。早期，道教受这种文化氛围的影响，并不一概忌酒。道教沿用了祭酒的称号，用来称呼高级神职。张道陵在蜀中创立五斗米道，设二十四治，治首即称“祭酒”。祭酒原为飨宴时酹酒祭神的长者，乃德高望重者才能担任，五斗米道沿用此名，说明早期道士所行宗教职能与原来的祭酒有相通之处。后来，道士的称谓有了很大的变化，祭酒只成对道士神阶的称谓之一，如道教经书《一切道经音义妙门由起》说：“所以称为道士者，以其务营常道故也。”并指出道士有天真道士、神仙道士、山居道士、出家道士、在家道士、祭酒道士六阶。

1. 道教戒律是约束道士的言行，不使其陷入邪恶的条规。早期的道教戒律并无不准饮酒的条规。现存最早的道教戒律五斗米道《老君想尔戒》，分上中下三行，每行三条，共九条，皆无戒酒之条。金代全真道出，丘处机始创传戒制度，入道者必须受戒才能成道士。明末清初王常月创全真丛林，全真道龙门派声势大振，从这时起，道教才有了禁酒的规定。该教的《初真戒律》《中极戒》《天仙大戒》合称“三堂大戒”，多达数百条，其中大量吸收了佛教五戒（不杀生、不偷盗、不邪淫、不妄语、不饮酒）和儒家的名教纲常思想，对生活各方面均作出规定。那时的一些教内文献，还明确了违反这些教规的惩罚办法，例如《教主重阳帝君责罚榜》便作出“因酒色财气食荤，但犯一者，罚出”的规定。

2. 道教对普通教徒虽然并不严格戒酒，但是坚决反对酗酒。道教重要经典《太平经·丁部》对酒的害处有专门论述：①酿酒浪费粮食。“盖无故发民令作酒，损废五谷”“念四海之内，有几何市，一月之间，消五谷数亿万斗制”。②损害身体健康。“凡人一饮酒令醉，狂脉便作”“伤损阳精”“或缘高坠，或为车马所克贼”。③影响正常工作。酒醉之后“买卖失职”“或早到市，反宜乃归”。④危害家庭。因酗酒“或孤独因以绝嗣，或结怨父母置害，或流灾子孙”。⑤影响社会乃至天地气。酒醉之后，“或为奸人所得”“县官长吏，不得推理，叩胸呼天，感动皇灵，使阴阳四时五行之气乖错，复旱（干）上皇太平之君之治，令太和气逆行”。总之，酒的害处是很多的：“推酒之害万端，不可胜记。”鉴于此，该经还规定了对酗酒者的惩罚办法是鞭笞和贬降：“但使有德之君，有教敕明令，谓吏民言：从今已往，敢有市无故饮一斗者，笞三十，谪三日；饮二斗者，笞六十，谪六日；饮三斗者，笞九十，谪九日。各随其酒斛为谪。”对作酒、卖酒者，则罚以修城郭道路官舍：“酒家亦然，皆使修城郭道路官舍，所以谪修城郭道路官舍，为大土功也。”因为酒属水，建筑属土，以土治水，以补其过：“土乃胜水，以厌固绝灭，令水不过度伤阳也。”“修道路，取兴大道，以类相占，渐置太平。”当然，对远行的“千里之客”，或家有老人、病人“药、酒可通”者，或“祠祀神灵”者用酒是不在受罚之列的。

3. 道教历代仙真中也多有与酒有不解之缘者。至今仍广为流传的八仙故事最初即与酒有关。八仙之名从晋代即有，人们对可集在一起的八位名流都可称为八仙。至于今天最流行的八仙说法，是信道之士在此基础上经历代不断编撰，直到明朝才确定下来的。明·吴元泰《八仙出处东游记》所说的八仙是李铁拐、汉钟离、张果老、何仙姑、蓝采和、吕洞宾、韩湘子、曹国舅，这是至今人们广为流传的。在道教仙真中甚至有仙真因酒而得度者。传说被全真道教奉为祖师的吕洞宾在唐末、五代之际，少习举业，两举进士不第（一说唐文宗开成二年即837年始成进士，一说唐懿宗咸通三年即862年64岁时始成进士）。后游长安，在酒肆中遇汉钟离祖师，经过“十试”，得受长生久视之术而成仙。金代道士王重阳是道教全真道的创始人。他出身在陕西咸阳大魏村富户，早年习文，入府学，后改而习武，于金天眷初（1138

年）曾应试武举，考中甲科，慨然有经略天下之志，然长期任征酒小吏，卒未能得志。金正隆四年（1159年）48岁时，自称于甘河镇酒肆中遇异人，饮以神水，授以真诀，自此假装疯颠，自号“王害风”，弃家入终南山南时村穴居修炼，号所居处为“活死人墓”，开始了他立宗创教的历史。清代光绪年间著名道士李涵虚是丹道西派创始人，史载他自小颖悟，年青时善琴、嗜酒，陶醉于诗词文赋之中，堪称诗酒中人。如此等等，不胜枚举。

佛教是反对饮酒的，无论在家、出家，戒律上都一律禁止饮酒。对于酒的定义和分类，经、论、戒典多有详说。据《俱舍论》卷十四载，酒有三种：由米麦等谷类酿成的穴罗（梵语 sllra，苏罗）；以果实或植物的根、茎酿成的迷丽耶（梵话 maimya）；而在上述二者都没有完全发酵时，可令人生醉，称为末陀（梵语 madya）。此外，又有谷酒、果酒、药草酒三类酒的分类。又据《根本说一切有部毗奈耶颂》，以各种米麦酿制之酒又称大酒；以植物的皮、果、花等浆汁酿成者称为杂酒。严格地说，但凡有酒色、酒香、酒味，或仅具其一而能醉人的，不论为谷、酒、果（木）酒、药酒、甜酒（蜜、糖、葡萄等酿制）、清酒，乃至酒酢、酒糟，皆在禁戒之列，饮咽则犯。

戒酒为大、小乘共同的律制，出家、在家四众皆须恪守。原始佛教之根本经典《阿含经》即载佛陀所宣说五戒，即不饮酒，不杀生，不偷盗，不邪淫，不妄语，是佛教徒所要遵守的五种基本行为准则，由此断除恶因，进求佛果。依律藏诸典，如《优婆塞五戒相经》《十诵律》所载，佛陀本人对“不饮酒”戒进行详明的阐说和严格的规范，是在当时印度的支提国跋陀罗婆提邑。

关于饮酒的过失，三藏诸部经典有或简或细的归纳概括，根据对象的不同，大致可分为两类：一类是针对世间的在家人，多从一般现实生活、事业、财富的得失、利弊而言，以契合他们的层次。另一类是针对信人的四众弟子，特别是对出家众人的开示，不仅止于世间善恶得失，进而更上升至饮酒对出世的终极解脱的极大危害。前者论述，《阿含经》的《阿𩓞夷经》堪为代表。经中佛陀向富商善生说法，告诫他世间有六种恶行能损财业，第一种即是沉溺于酒，其失有六：一者失财，二者生病，三者易生斗争，四者恶名流布，五者恚怒暴生，六者智慧日损。唯有加以避免，才会财业日增，生活和乐。第二类阐说甚多，如《四分律》之十过，《大智度论》之三十五过，《沙弥尼戒经》之三十六失等，皆列举饮酒所产生的过失，除涵括前类过失并加以更细密的分析罗列外，更从滋生欲求、造作恶业、破坏信仰、妨碍修行等方面数陈其罪，以为信持佛法者的警鉴。总之，酒是昏狂之药，一切严重的过失都因此而生。如《多论》以为此戒极重，能使人作四逆重罪，并能使人因酒醉而破犯一切戒，造一切恶，实是昏神乱思，放逸之本。故经律中每每将酒譬喻为毒药，甚至有宁饮毒药不可饮酒的教诫。

酒既为残贤毁圣、败乱道德的恶源，亦能令一切众生心生颠倒，失慧致罪，所以戒律不仅禁止自己饮酒，而且禁止教人饮酒，不得操持、沾染任何酒业、酒缘。如《大爱道比丘尼经》云，不得饮酒，不得尝酒，不得嗅酒，不得卖酒，不得以酒饮人，不得谎称有病欺饮药酒，不得至酒家，不得和酒客共语。《萨婆多毗尼毗婆沙》卷一明申在家居士不得作沽酒的行业，视之为不道德的邪业，为之必掐恶果。从早期经典的记载来看，这些戒律在佛陀时代的印度产生过实际的影响。如《佛说戒消灾经》载，在佛法弘化初期的中心舍卫国，当时有一个县皆奉行五戒十善，全县界内没有酿酒者，一位大姓子弟甚至因犯戒饮酒，被父母逐出了家门。不过，佛教徒亦非绝对地不可饮酒。依律制，倘患病必须以酒为药，或饮，或含口中，或以酒涂疮，都不为犯戒。对原本嗜酒，出家后因戒酒而病瘦不调的僧人，佛陀也非毫不通融，一味禁制，而是为其略开方便之门。《根本说一切有部目得迦》记载佛陀特许断酒致病的比丘，以造酒的植物的根茎、叶、花、果等的屑末，用白布包裹起来，放置于“无力不醉淡酒”中浸渍，“勿令器满而封盖之，后以清水投中搅饮”；或者“以面及树皮，并诸香药，捣筛为末，布吊裹之，用杖横击，悬于新熟酒瓮内，勿令沾酒，经一二宿以水搅用”，以此止息酒渴之病。又《毗尼母经》卷五也有允许病酒者于瓮上嗅酒味、吃用酒和面作的酒饼，乃至于酒中自渍的记载。不过这些方便，在佛陀人灭后，亦成为引发争论的问题。佛陀人灭后一百一十年（公元前276年）前后，毗舍离城的跋阇子比丘僧团，将戒律上较琐细的十事，当做例外而允许实行，被保守传统的上座部长老系统视为离经叛道，遂召集僧团大会，判为“十种不清净事”，从而直接导致了著名的第二结集和大结集，造成了整个佛教僧团的分裂，即保守的上座部和对佛法持开放理解态度的大众部的公开对立。在这十事中的第七事，就是毗舍离的僧人“和水饮酒”以治病，认为不违戒律，清净不犯，而上座部长老的裁决是非法的。汉传佛教所承授的《四分律》，准许僧人在有病而其他药治愈不了的情况下，以酒为药，非唯“和水饮酒”，直接服饮也是可以的，较原始佛教似为宽松。但为防止滥行，《南山戒本疏》又特别强调，不是有病就可饮药酒，而是必须用其他药遍治不愈后，才能服用。

综上所述，虽然随着对象、时域的差别流迁，“不饮酒”戒的某些具体细微的规定有所不同，或宽或松，但作为行为指导规范的戒律本身却从未动摇，反对饮酒、禁止信徒饮酒的主旨始终一以贯之。这种鲜明、坚决的立场，大概是佛教基于以无明欲求为生死苦本的业缘观，以清净离染为解脱正道的修行观，以及将建设一个清明、健康、和谐、美满的理想人类全景作为自身使命的终极价值关注，所必然表现出来。

附 四分律（卷十六）

佛告阿难，凡饮酒者有十过失。何等十？一者颜色恶；二者少力；三者眼视不明；四者现瞋恶相；五者坏田业资生法；六者增致疾病；七者益斗讼；八者恶名流布；九者智慧减少；十者身坏命终堕三恶道。

若比丘饮酒者，波逸提。

酒者，木酒、粳米酒、大麦酒。若有余酒法作酒者是。木酒者，梨汁酒、阎浮果酒、甘蔗酒、舍楼伽果酒、蕤汁酒、蒲桃酒。梨汁酒者，若以蜜、石蜜杂作，乃至蒲桃酒亦如是杂。酒者，酒色酒香酒味不应饮。或有酒非酒色酒香酒味不应饮。或有酒非酒色非酒香酒味不应饮。或有酒非酒色非酒香，非酒味不应饮。非酒，非酒色酒香酒味应饮。非酒，非酒色非酒香非酒味应饮。非酒，非酒色非酒香非酒味应饮。彼比丘若酒酒煮酒和合，若食若隐若现饮者，波逸提。若饮甜味酒者，突吉罗。若饮醋味酒者，突吉罗。若饮曲若酒糟，突吉罗。酒酒想，波逸提。酒疑，波逸提。酒无酒想，波逸提。无酒有酒想，突吉罗。无酒疑，突吉罗。比丘尼波逸提，式义摩那、沙弥、沙弥尼突吉罗。是谓为犯。不犯者，若有如是如是病，余药治不差，以酒为药，若以酒涂疮，一切无犯。无犯者，最初未制戒，痴狂心乱痛恼所缠。

大智度论（卷十三）

不饮酒者，酒有三种：一者、穀酒；二者、果酒；三者、药草酒。果酒者，葡萄、阿梨咤树果，如是等种种，名为果酒。药草酒者，种种药草，合和米曲、甘蔗汁中，能变成酒，同蹄畜乳酒，一切乳热者可中作酒。略说若干、若湿，若清、若浊，如是等能令人心动放逸，是名为酒。一切不应饮，是名不饮酒。

问曰：酒能破冷益身，令心欢喜，何以故不饮？答曰：益身甚少，所损甚多，是故不应饮。譬如美饮，其中杂毒，是何等毒？如佛语难提迦优婆塞：酒有三十五失，何等三十五？一者、现在世财物虚竭，何以故？人饮酒醉，心无节限，用费无度故；二者、众疾之门；三者、斗诤之本；四者、裸露无耻；五者、丑名恶声，人所不敬；六者、覆没智慧；七者、应所得物而不得，已所得物而散失；八者、伏匿之事，尽向人说；九者、种种事业，废不成办；十者、醉为愁本，何以故？醉中多失，醉已惭愧、忧愁；十一者、身力转少；十二者、身色坏；十三者、不知敬父；十四者、不知敬母；十五者、不敬沙门；十六者、不敬婆罗门；十七者、不敬伯、叔及尊长，何以故？醉闷恍惚，无所别故；十八者、不尊敬佛；十九者、不敬法；二十者、不敬僧；二十一者、朋党恶人；二十二者、疏远贤善；二十三者、作破戒人；二十四者、无惭、无愧；二十五者、不守六情；二十六者、纵己放逸；二十七者、人所憎恶，不喜见之；二十八者、贵重亲属，及诸知识所共摈弃；二十九者、行不善法；三十者、弃舍善法；三十一者、明人、智士所不信用，何以故？酒放逸故；三十二者、远离涅槃；三十三者、种狂痴因缘；三十四者、身坏命终，堕恶道泥犁中；三十五者、若得为人，所生之处，常当狂騃。如是等种种过失，是故不饮。如偈说：

酒失觉知相，身色浊而恶。智心动而乱，惭愧已被劫。
失念增瞋心，失欢毁宗族。如是虽名饮，实为饮死毒。
不应瞋而瞋，不应笑而笑，不应哭而哭，不应打而打，
不应语而语，与狂人无异。夺诸善功德，知愧者不饮。

十诵律（卷十七）

若言我是佛弟子者，不得饮酒，乃至小草头一滴亦不得饮……若比丘取尝，咽者亦名为饮。是谓饮酒波逸提……若但作酒色，无酒香无酒味，不能醉人，饮者不犯。

萨婆多毗尼毗婆沙（卷一）

五戒优婆塞……不得作五业……三者，不得沽酒为业。若自有者，直听卖。

根本说一切有部毗奈耶（卷四十二）

佛告诸比丘。汝等若以我为师者，凡是诸酒不应自饮，亦不与人，乃至不以茅端淬酒而着口中，若故违者得越法罪。

根本说一切有部毗奈耶杂事（卷三十）

次授五学处……始从今日乃至命存，不杀生，不偷盗，不欲邪行，不虚诳语，不饮诸酒亦如是。此即是我五之学处，是诸圣阿罗汉之所学处。

毗尼母经（卷五）

尊者迦叶惟曰：有八种酒不得饮。与曲和合作酒不得饮；若面和合作酒，虽着种种药亦不得饮；有酒酢能使人醉者亦不得饮；有酒虽甜能使人醉者亦不得饮；清酒不得饮；小酢酒亦不得饮；细末饭酒亦不得饮；有书陀酒不得饮。如是等酒甚多，皆不得饮。

沙弥十戒仪则经（节选）

若以谷米等，为酒醉于人。不得而故饮，或以甘蔗花，蒲桃果实等，修酝可醉人，不得而故饮。自饮教他饮，迷乱而失念，增长放逸心，饮者得重罪。

沙弥十戒法（节选）

沙弥之戒，尽行寿不得饮酒。无得尝酒。无得嗅酒。亦无粥（同鬻）酒。无以酒饮人。无饮药酒。无止酒舍。酒为毒水，众失之源。残贤毁圣，招致祸殃。四等枯朽，去福就罪，靡不由之。宁饮洋铜，慎无犯酒。

沙弥尼戒经（节选）

沙弥尼戒，不得饮酒。不得嗜酒，不得尝酒。酒有三十六失，失道破家，危身丧命，皆悉由之。牵东引西，持南着北；不能诵经，不敬三尊；轻易师友，不孝父母；心闭意塞，世事愚痴，不值大道，其心无识。故不饮酒，欲离五阴、五欲、五盖，得五神通，得度五道。

大爱道比丘尼经（卷上）

不得饮酒。不得尝酒。不得嗅酒。不得粥酒，以酒饮人。不得言有欺药酒，不得至酒家。不得与酒客共语言。夫酒为毒药，酒毒水。众失之源，众恶之本。残贤毁圣，败乱道德……酒令人失志迷乱颠狂，令人不觉入泥犁中，是故防酒耳。

梵网经菩萨戒品（卷十下）

若佛子，自酤酒，教人酤酒，酤酒因、酤酒缘、酤酒法、酤酒业，一切酒不得酤。是酒起罪因缘，而菩萨应生一切众生明达之慧，而反更生一切众生颠倒之心者，是菩萨波罗夷罪。

菩萨璎珞本业经（卷上）

佛子，有十不可悔戒，应受应持……六不沽酒。

优婆塞戒经（卷三）

人有五事现在不能增长财命。何等为五？一者乐杀，二者乐盗，三者邪淫。四者妄语，五者饮酒……若复有人乐饮酒者，是人现世喜失财物，身心多病，常乐斗争，恶名远播；丧失智慧，心无惭愧；得恶色力，常为一切之所呵责，人不乐见，不能修善。是名饮酒现在恶报。舍此身已，处在地狱，受饥渴等无量苦恼，是名后世恶业之果。若得人身，心常狂乱，不能系念思惟善法，是一恶人因缘力故，一切外物资产臭烂。

善男子，受优婆塞戒，有四种人不应亲近：一者棋博，二者饮酒，三者欺诳，四者喜酤酒。

佛说大乘戒经（节选）

宁食毒药不得饮酒，宁入大火不得嗜欲。

梵网戒疏（卷七）

若佛子，故饮酒，而生酒过失无量。若自身手过酒器与人饮酒者，五百世无手，何况自饮！不得教一切人饮及一切众生饮酒，况自饮酒。若自饮、教人饮者，犯轻垢罪。

五百世无手。杜顺禅师释云：以俱是脚，故云无手，即畜生是。

长阿含·阿㝹夷经（节选）

迷惑于酒者，尚有酒伴党。
财业正集聚，随已复散尽。

饮酒无节度，常喜歌舞戏。
昼出游他家，因此自陷隧。
随恶友不改，诽谤出家人。
邪见世所嗤，行秽人所黜。
如恶着外色，但论胜负事。
亲耍无返复，行秽人所黜。
为酒所荒迷，贫穷不自量。
轻财好奢用，破家致祸患。
掷博群饮酒，共伺他淫女。
玩习卑鄙行，如月向于晦。
行恶能受恶，与恶友同事。
今世及后世，终始无所获。
昼则好睡眠，夜觉多悕望。
独昏无善友，不能修家务。
朝夕不肯作，寒暑复懈堕。
所为事不究，亦复毁成功。
若不计寒暑，朝夕勤修务。
事业无不成，至终无忧患。

第四章　酒烈犹似双刃剑
——谈酒德、酒功与酒害

酒作为一种大众化的神奇饮料，是人类文化的结晶。无论在历史上还是在现代人类社会生活当中，酒都成为重要或必不可缺的一部分。大到国家政治，小到家庭应酬，都少不了它。但酒有两重性，对人有利也有害，既要极力实事求是地为酒之德、酒之功鼓与吹，又要看到酒如利用不好的消极影响与危害，要严加管理与制禁。

酒对人类究竟有利乎？有害乎？

这就是看饮酒者如何利用并有无酒德了。利用得好、有酒德，则有功；百无禁忌、无酒德，则有害。

礼仪规范养成德

建安七子中的孔融，他认为酒具有“和神定人、以济万国”的作用，“酒之为德久矣！”。他上书历陈酒之为德说：

> 尧非千钟，无以建太平；孔非百觚，无以堪上圣；樊哙解厄鸿门，非豕肩钟酒，无以奋其怒；赵之厮养，东迎其主，非列卮酒，无以激其气；高祖非醉斩白蛇，无以畅其灵；景帝非醉幸唐姬，无以开中兴；袁盎非醇醪之力，无以脱其命；定国不酣饮一斛，无以决其法。故郦生以高阳酒徒著功于汉，屈原不哺糟歠醨取困于楚。由是观之，酒何负于政哉！

孔融的这篇上书，当之无愧是一篇非常全面的酒德颂。

所谓德，是一种行为规范。那么酒之德，也就是在造酒、饮酒的过程中应该遵守的规范。

至于酒，由于用途广泛，也就必须有一定规范。《北山酒经》中说：“大哉酒之于世也。礼天地，事鬼神。射乡之饮，鹿鸣之歌，宾主百拜，左右秩秩。上至缙绅，下达闾里，诗人墨客，樵夫渔父，无一可以缺此。”既然如此，那么在各种用酒的场合，就必须有相应的规定。

以造酒而言，古代制造酒有严格的规定，据《礼记·月令》记载，到了仲冬之月，就命酒官造酒。而造酒时，一定要做到稻秫必齐，曲蘖必时，湛娥必洁，水泉必香，陶器必良，水齐必得。也就是说，原料要备齐，放酒曲时要掌握得恰到好处，淘米要干净，水质要好，用具要好，火候要掌握准。这些严格的要求，当然是为了保证酒的质量。而保证质量，应该看做是造酒者所应遵循的德吧。

至于饮酒，我国自古以来也都有相应的规范。古人云：“酒以成礼。”而所谓礼，就是德的具体体现之一。

在西周时，饮酒的礼仪规定得既严格而又具体。简单说来，饮酒的礼仪就是必须遵守下列规则：①守“时”：就是饮酒只能在“天子”“诸侯”加冕、成婚、举丧、祭奠或者其他大典的时候。而违时则为违礼。②守“序”：就是只有必须先祭天、地、鬼（祖先）、神，然后再按长、幼、尊、卑的顺序饮酒。违序了也是违礼。③守“数”：就是喝酒不能过量，最多的时候只能三爵，这是所谓“数”，超过了规定的“数”也是违礼。④守“令”：就是饮酒时必须服从酒官（令官）的指挥，如果擅自行动，就是违令，违“令”者也是违礼。

在民间“百礼之会，非酒不行”，婚丧嫁娶、贺喜庆功、谢师待客、接风洗尘、送别饯行、重大节日，所有这些场合都要饮酒，也都有一定之规。而这些规矩的最根本的一点就是节制，也就是喝酒而“不及于乱”。

管仲是春秋时期齐国著名的政治家，他主张戒酒。一次，齐桓公设宴与百官共饮。相国管仲姗姗来迟，齐桓公说：“迟到者罚酒一经程！”不料管仲接过酒只喝去一半，转身将余酒泼到地上，齐桓公见状大为不悦，问其原因。管仲从容地回答说：“我听说酒喝进肚里，脑子就会反应不灵敏，造成思维混乱，舌头会失去控制，胡言乱语，酒后失言会惹祸上身，因此，我宁肯弃酒保命，而决不滥饮丧身。”桓公听后才算作罢。

从饮酒来说，应该适量地饮，理智地饮，有节制地饮，否则，小则失去理智，丑态百出，重则伤身败事。有个叫崔撸的人醉后失态，和陆肱发生争吵，酒醒之后，写了一首诗表示道歉，其中说：“醉时颠蹶醒时羞，曲蘖摧人不自由。”这种酒后失态也即是无德。当然，酒醒后能对自己的无礼表示歉意，也是无德中的有德了。

喜庆婚宴，朋友聚会，难免劝酒。而在劝酒中，也有个酒德的问题。长期以来，人们形成了一个习惯，就是殷勤劝酒。无论客人善饮与否，都要拼命劝酒，想方设法把对方灌醉才罢休，“拂其意，逆其情，多方以强之，百计以苦之”。这种劝酒的方式，也是缺乏酒德的一种表现，即使劝酒也应“适其量，随其意”，这才是劝酒的酒德。

只有有了好的酒德，才能有好的酒风，才能有功有利于人。

酒中之乐人不省

说到酒功，则表现在许多方面，正如王粲所说：小则可以“成朋友之欢好”，大则可以“协武义于三军”。

酒功之所在，首先在于一个“乐”字。

酒，无异于一副舒心理气的灵丹妙药。男婚女嫁、宴请宾客、洗尘接风、长亭饯别、庆功贺喜、吉日良辰、逢年过节，大家都要举杯相贺。要是没有酒，大概也就没有什么乐趣了。

清代有一个叫康瑄的贡生在诗中写道：“酒中之乐人不省，劝君饮酒君自领。”不为五斗米折腰、辞官归田的陶渊明，不肯追求生活的显贵，但求能喝上自酿的美酒，“酒熟吾自斟”，认为这才是人生的极大乐趣。清代的宝廷辞官之后，两袖清风一贫如洗，然而他并不以穷愁的生活为苦，而以饮酒为乐，平心面世。他在《饮酒学陶》的诗里，非常生动地写道：

瓶中尚余酒，寒夜且饮之。
酒尽身已温，即我当眠时。
人生天地中，贫富皆如斯。
……

在酒精的刺激作用下，三杯下肚，能使人一时达到通体舒泰、烦忧尽消的地步，从而悠悠然物我两忘，飘飘然恍若登仙。虽然这作用只是暂时的，但毕竟带来了乐趣。

人们饮酒有独酌，有对饮，也有三五知已举觞同饮的，各有各的情调和趣味。

李白在《月下独酌》诗第二首中说得非常清楚。他说：“天若不爱酒，酒星不在天。地若不爱酒，地应无酒泉。天地既爱酒，爱酒不愧天。”既然天地都爱酒，人也爱酒那就非常合乎自然的了，“三杯通大道，一斗合自然，但得醉中趣，勿为醒者传”。而他在独酌之中，是深得了“醉中趣”的，享尽独饮之乐。

司马相如与卓文君相爱，遭到文君之父卓王孙的坚决反对，卓文君愤而离家，“当垆卖酒”，传为千古佳话。而在离家之初，他们生活极端贫困，相如没钱去买酒，于是“以所着鹔鹴裘，就市贳酒与文君为饮”。红烛一盏，醇酒两杯，夫妻对坐，同饮合欢，自是别有一番情趣，享尽心心相印之乐。

中国人是好客的民族，凡有客来，必以美酒佳肴待客。孔融的一句话，颇能代表中国人的古道热肠：“座上客常满，杯中酒不空。”李白和岑勋、元丹丘在酒店畅饮之时，不住地劝他们痛饮：“岑夫子，丹丘生，将进酒，杯莫停！”没有钱买酒了，则“五花马，千金裘，呼儿将出换美酒”，慷慨恣肆之态跃然纸上。陶潜归耕陇里之后，每逢饮酒，也不忘招呼邻里同饮。杜甫也“盘飧市远无兼味，樽酒家贫只旧醅。肯与邻翁相对饮，隔篱呼取尽余杯”。即使贵客临门，也不忘招呼邻翁相陪共饮，唯有这样才能尽兴，享尽友情之乐。

除了友人相聚之外，喜庆节日更是离不开酒的。唐朝诗人王贺在《社日》诗中所描写的场面颇有代表性：

鹅湖山下稻梁肥，豚栅鸡埘半掩扉。
桑柘影斜春社散，家家扶得醉人归。

丰收时节，人们兴高采烈地赶社去了，猪圈、鸡窝都敞开着，日落西斜，家家扶得踉踉跄跄醉人回家，喜庆丰收场景尽现。

在中国古代，朝廷官府宴会、祷天祈地都是要用酒来“礼天地，事鬼神”的，诸侯会盟、征伐也都离不开酒。据《南史》记载，曹景元在淮水大败北魏军队胜利而归时，齐武帝在华光殿大摆庆功宴，在酒宴上齐武帝命群臣赋诗。大家争相抢规定的韵字，曹景元抢不到韵字，颇不高兴，齐武帝亲自把“竞”“病”二字给他，于是皆大欢喜。从这些记载看，那场面一定是热闹得很，同时也使人感到在酒宴上，君臣之礼也被淡化了。类似的例子还很多。例如唐太宗李世民贞观十八年在玄武门赐宴饮，太宗乘兴作飞白书，群臣都抢着要。太宗把自己写的字举得高高的，让人抢不到，尚书左丞刘洎跳上御床，抓住太宗的手硬把字抢了过去。太宗不仅不见怪，反而玩笑地说：“昔闻婕妤辞辇，今有常侍登床！”

三国时，魏文帝曹丕常常与平虏将军刘勋、奋威将军邓展等共饮，有一次，喝到“酒酣耳热”时，他们正在吃甘蔗，于是顺手拿甘蔗当杖，魏文帝与邓展比试起来，结果是：“下殿数交，（文帝）三中其（邓展）臂，左右大笑。”

本来，按礼仪讲“臣侍君，宴过三爵非礼也”，而魏文帝、齐武帝、唐太宗等人喝到兴头上，也就不管什么礼与非礼了。看似非礼，实是德显，君臣同乐，其乐融融。

至于文人骚客，在饮酒中更平添了许多雅趣。观花赏月，邀游山水，吟诗作画，读史论书，都和酒结下了不解之缘。以读史论书而言，古人常以书佐饮，书比佳肴能佐酒。白居易就在《醉眠诗》中说过：“放杯书案上，把臂火炉前。”宋代的陆游，也在《雁翅峡口小酌》中写过：“欢言酌清醥，侑以案上书。”宋代苏舜钦以书佐饮的故事更具有代表性。据《宋史·苏舜钦传》中记载，他当年寄居在祁国公杜衍的馆舍中，天天晚上都索求一斗酒。杜衍有些奇怪，就悄悄地到晚上去观察他，发现他一手端着酒杯，一手捧着《汉书》，正聚精会神地阅读《汉书》。杜衍大为惊奇地说：“有如此下酒物，一斗未足多也。”于是，杜衍就吩咐下人及时供给他酒喝，好好地侍候他。

古人以书佐酒之风，不仅表现在边饮边看书上，就是借书还书也和酒分不开。《春渚纪闻》中记载说：古人借书，先以酒醴通殷勤，借时还时，皆用之耳。

曾中造也在《高斋漫录》中说过：“古人云：借书一瓻，还书一瓻。”所谓“瓻”，《集韵》中解释说：“酒器也，古人用以借书”。

蒲松龄召客饮酒，在聊天中搜集奇闻异事，加以凝炼集中，编写成《聊斋志异》。可见，酒与书的相互作用是何等密切。

饮酒，主要在一个乐字。而酒的功更表现于各个方面，正因如此，它才“经盛衰而无废，历百代而作珍”。

酒，小而言之，可以消愁解闷，益寿延年。大而言之，则对于军事、政治都可以起到特殊的作用。

人生不满百，常怀千岁忧。在人世间，虽然使人忧愁的原因各异，但大概没有人一生之中从来没有过忧愁的，或因个人的得失毁誉、悲欢离合而产生的为一己之忧而忧，或因国家的安危、治乱而引起的为天下之忧而忧。有了忧愁，人们也就要寻求一种解脱忧愁的途径，而以酒解忧，是人们常常容易想到的一种方式——虽然这也只能是暂时的解脱。曹操在他著名的《短歌行》中就说：何以解忧，惟有杜康。也正因为这样，人们把酒叫做“忘忧物”。

杜甫在天宝四十年，由长安回奉先探亲，当时正是安史之乱爆发的前夕，社会矛盾非常尖锐，人民生活极端痛苦，他有感于“朱门酒肉臭，路有冻死骨”这样一种社会现状，不免发出“荣枯咫尺异，惆怅难再述”的苦闷，对于这样的现实，他只能把酒消愁。

陶渊明任彭泽令不到三个月就挂冠而去，归隐田园。他之不愿意“为五斗米折腰”者，实质上是不愿意为那昏庸的统治者“折腰”。归隐之后，他以饮酒自娱，所以在他的诗中几乎篇篇有酒，也是借古喻今表达了对当时的黑暗统治的强烈不满。这些似乎不合君臣之礼，但它却是一种根植于诗人良心上的大德酒德。

尚德驭酒破长风

三国时，孙权不仅很注意以酒试才，而且还以酒求教。在《三国志·费祎传》注中引胡冲《吴历》记载说：费祎少言语，孙权则“别酌好酒”请他喝，等到他喝得差不多了，才乘机“问以国事，并论当世之务”。孙权向鲁肃问国事时，也是“合榻以饮，密请教”，鲁肃也是数杯酒下肚之后才详陈时务，指出汉室不可兴，曹氏不能除，只能“竟长江所极据而有之，然后建号帝王以图天下”。孙权是乘鲁肃酒兴，引出了鲁肃详陈时务，而鲁肃也用同样方法来考察吕蒙统率全军的才略。鲁肃过去并不十分重视吕蒙，在他接替周瑜统帅全军时，有一次宴饮中，吕蒙喝得有些醉意了，借着酒劲畅论时事，听到吕蒙一番言论，鲁肃才改变了对吕蒙的看法，他拍着吕蒙的肩，赞赏地说：“吕子明，我不知道你有这么大的才能啊！”

建安元年，刘备被吕布击败，不得已投奔曹操，曹操的谋士程昱劝曹操杀刘备。曹操开始不想杀他，担心“杀一人而失天下人心”。同时也想争取刘备，考察一下刘备有没有宏图大志，所以在许昌九曲河畔的青梅亭中置酒对饮。在曹操是想借酒试探，而刘备则是心怀恐惧而借酒藏匿其锋芒，所以当曹操说了一句“天下英雄，唯使君与操耳，本初之徒不足数也”时，刘备吓出了一身冷汗，连手中的筷子都掉了。刘备的韬晦之计果然奏效，曹操没有识破刘备，竟被他掩饰过去，刘备不仅得以暂时栖身于曹营，且最终带兵出走，成了曹操的主要对手。这个煮酒论英雄的故事一直为后世所传诵。

在政治和军事斗争中，酒也起到了极其微妙的作用，或以酒解仇，或以酒施恩，或以酒壮军威，或以酒鼓斗志。总之，在政治家和军事家的手中，酒具有一种非同寻常的魅力。

汉高祖刘邦斩蛇的故事被传扬得热热闹闹，似乎刘邦有异乎寻常的胆量和勇气。其实这位汉高祖的胆子未必有那么大，他不过是借着酒劲才奋起直前，把挡在路中的白蛇杀死罢了。

南北朝时期，北齐神武帝有一员大将叫彭乐，在西征宇文泰时，彭乐乘醉冲入敌阵，当他“被刺肠出”时，竟能把肠子重塞进肚内，“内之不尽”

则“截而复战”，这一役杀得宇文泰大败。

后周世宗柴荣即位之初，北汉刘崇勾结辽兵来攻。后周的军队看见北汉和辽军来势凶猛而一触即溃，打了大败仗。柴荣表面上似乎并不介意，第二天，却“置酒军中”，饮宴中将临阵脱逃的将军立斩于纛下，补拜另一些人为将，明日再战“声威于是大震”，一鼓而取得高平大捷，使刘崇从此一蹶不振。

大书法家颜真卿当平原郡太守的时候，用酒来麻痹安禄山。他觉察到安禄山必叛反，就假说将有大雨，令将士、百姓等“增埤缮障，储廪备材”，同时自己天天与宾客泛舟饮宴，使安禄山一点也没有疑心他。等到安禄山叛反了之后，河南虽然全部落入安禄山的手中，而平原郡却能得以保全。对于这件事唐玄宗也十分赞赏。

元朝的铁哥也是一个善于用酒来使敌人上当而巧妙解围的人。元世祖忽必烈征讨乃颜时，率军刚刚到了撒儿都，立脚未稳，不料塔不台率领的叛军就直扑忽必烈的中军而来。在这个危急的时刻，资善大夫铁哥利用饮酒巧设疑兵计。他让忽必烈“大张曲盖，高坐胡床”，而他十分镇静地向忽必烈进酒，一副胸有成竹、悠闲自得的神气。塔不台一见到这种情况，就疑心忽必烈一定有埋伏，是在引自己上套，于是他没敢进攻，反而引军退去。铁哥就这样巧妙地化险为夷了。

历代农民起义，也都是利用酒来组织结盟的。方腊起义之前，据方勺《青谿寇轨》记载说，方腊“阴聚贫乏游手之徒”“椎牛洒酒，召……百余人会饮，酒数行后”，借着大家酒兴正浓，历陈朝廷腐败，外患凭凌，民不聊生，激起大家的义愤，遂相继起义，很快就造成了使朝廷震动的局面。李自成在崇祯元年，天降大雪，便抓住时机对众人说：“如此世界，贿赂公行，文官必由七篇文字，武安必由策论，吾曹不知书，安敢妄希如此。或者取皇帝，未可知也。”大家听了他的话，就群情激昂地说：“愿哥为之！”李自成就是这样巧妙利用饮酒动员群众，准备起义。

在政治上，统治者用酒作为巩固自己的权力的手段，历史上最突出的例子就是赵匡胤杯酒释兵权。“太祖皇帝微时，尝被酒入南京高辛庙”，庙里有竹签，赵匡胤醉中抽签，“一掷而得圣筊”。大概也就是在这时他萌发了当皇帝的念头。“建隆元年春正月癸卯”，师次陈桥驿，“太祖醉卧”，诸将“以黄袍加太祖身……称万岁”。这就是历史上著名的陈桥兵变，黄袍加身的故事。当时太祖是不是真醉呢？恐怕不是，他不过利用酒搞一武装夺权罢了。正因为他是搞军事政变上台的，所以他特别警惕别人会不会照方抓药，于是便演出一幕杯酒释兵权的历史剧。太祖受命之初，曾问赵普："吾欲定长久之计。其道若何？"赵普答："今若治之，当先夺其柄，收其精兵，则天下安矣。"赵普的这个主意正合他的心意，于是太祖就召石守信、王审琦等饮酒。北宋邵伯温《闻见录》卷一中，详细记述了事件的经过：

> 帝屏左右，谓之曰："吾资尔曹力多矣！然为天子，亦殊艰难，不若为节度使之乐。吾会终夕未尝敢安卧而寝也。"守信等问其故，上曰："此岂难知？所谓天位者，众亦欲居之。"守信等皆顿首曰："陛下何为又出此言！今天命已定，谁敢复有异心！"上曰："不然，汝曹虽无异心，其如麾下之人欲富贵何？一旦有以黄袍加汝之身，虽欲不为，其可得乎？"守信等皆泣涕曰："臣等愚有及此，惟陛下哀怜，示以可生之道。"上曰："人生如白驹过隙耳！所谓富贵，不过欲得金帛，厚自娱乐，使子孙显荣而以。汝曹何不释去兵权，择好田宅市之，为子孙立永久之业，多置歌儿舞女，日饮酒相欢，以终天命，君臣之间，两无疑猜，上下相安，不亦乐乎？"守信等皆顿首曰："陛下念臣及此，幸甚！"明日，皆称病，请解兵权，上许之。

赵匡胤利用酒搞了个黄袍加身，登上了皇帝的的宝座，又利用酒，收回兵权，达到了揽军权于一身的目的。酒在赵匡胤的手中的作用，真是巧妙到极点。

春秋时期的楚庄王和秦穆公都曾非常巧妙地利用酒来笼络人心。楚庄王有一个叫唐狡的部将，对庄王的爱妾许姬姜存有非分之想。在一次酒筵中，蜡烛突然熄灭，唐狡乘机拽了许姬姜一把，许姬姜顺手摘下他帽子上的缨，并请庄王下令点上蜡烛，查找帽子上的无缨者问罪。楚庄王却宣布"从寡人饮者，缨不绝不饮"，把所有人的帽缨都摘掉，就这样把唐狡的非礼行为遮掩了过去。后来楚国攻打郑国，唐狡率众长驱直入，打了胜仗，楚庄王要赏他，他才说起在酒筵上的不轨者就是自己，蒙庄王不杀之恩，所以舍命相报。

秦穆公也曾用酒赢得人心。有一次秦穆公丢了一匹他所喜爱的骏马，结果却发现自己心爱的马被人杀掉，而且正要吃马肉。当秦穆公说这是他的马时，大家吓得不知如何是好。这时秦穆公反而说："吾闻食骏马肉不饮酒者伤人。"说完拿来酒给人们喝。三年以后，晋国攻秦穆公，把他包围了。那些杀了秦穆公的马的人们相互说："可以出死报食马得酒之恩矣！"于是打破重围，使秦穆公反败为胜。

祸起萧墙非酒过

在政治家手中，酒可以成为玩弄权谋的手段，利用酒消除敌对势力，或搞阴谋诡计者，更是比比皆是。

在这方面，刘邦的夫人吕雉可以说是“借酒杀人”的最具有代表性的人物了。吕后诛杀为汉室江山立下汗马功劳的韩信，就是以刘邦返京，宴会群臣的名义，把韩信骗进宫来，在未央宫突然将其杀害。刘邦死后，吕后专权，屡次借酒杀人。刘邦宠爱的戚夫人，被吕后囚禁起来，砍手剁脚，剜眼烧耳，灌哑药，放在厕所里，取名“人彘”，让大家参观，真是狠毒到极点。戚夫人之子如意，刘邦生前也非常钟爱，有传位之意，但没有成功，封为赵王。吕后的亲生儿子刘盈却特别忠厚，他亲自迎接如意，并和他同卧同起，形影不离，严加防范，使吕后无从下手。但后来吕后趁刘盈外出、如意早晨未起床时，派人把一壶毒酒对他强行灌下，毒死了如意。吕后还想用毒酒毒死刘盈的长兄刘肥，刘盈为保护刘肥也举起毒酒，迫使吕后打掉了刘盈手里的杯子，暴露了她的阴谋，使刘肥得免一死。几年之后，刘肥在打诸吕、迎立汉文帝时立下了大功，而吕后也终于尝到了一杯难以下咽的“苦酒”。吕妇人在用酒上无德，最后获得的是一杯“苦酒”。

酒的双重性的存在，实质上是由饮酒者酒德的存在与否决定的。祸起萧墙并非酒之罪过。

正因为酒有这种双重性，人们大都未看到双重性存在的根本症结，只知酒为恶水可覆舟，所以看重其为害的一方面则禁。禹虽然也觉得酒的味道十分甘美，但却由此而引起了他的警惕，指出：“后世必有以酒亡其国者。”因此，他“疏仪狄，绝旨酒”。

禹的预言并没有错，夏最后一代帝王桀就是因酒废政：“桀作瑶台，疲民力，殚民财，为酒池糟堤，纵靡靡之乐，一鼓而牛饮者三千人。”于是民怨沸腾，人心归汤，桀最终落得个“逐放而死”。而汤的最后一位帝王纣，也步入了桀的后尘。纣本来是一个智勇双全的人，“资辨捷疾，闻见甚敏，材力过人，手格猛兽”，但是这位非常有本事的纣，却“好酒淫乐，嬖于妇人，他以酒为池，悬肉为林，使男妇裸相逐其间，为长夜之饮”，并且用重刑，杀害忠良，最后落得个兵败“赴火而死”，悬头高竿上示众。

此后的帝王们，耽于酒色，误政、杀身、害国者代不绝书。周宣王姬静“朝亦醉，暮亦醉，日日恒常醉，政事日无次”，还把批评他的臣子乱棍打死。周幽王“日耽于酒”，喝昏了头，来了个烽火戏诸侯，等敌人真的来了，却呼救无应，终于被杀在骊山脚下。而汉更始帝刘玄天天和韩夫人对饮，喝得个昏天黑地，人事不醒，有人奏事，韩夫人拍案怒斥：“帝方对我饮，用此时持事来乎！”南北朝陈后主陈叔宝自号“无愁天子”，成天在“临春阁”“结绮阁”“望仙阁”饮酒，奏唱《玉树后庭花》，隋军压境的时候照样喝个没完，直到隋军攻进皇宫，才带着满身酒气跳到枯井里去了。隋炀帝杨广更喝出花样来，从京城喝到外地，走一路喝一路，直喝到国势垂危，这位既聪明又俊俏的风流皇帝还对着镜子慨叹自己的脖子不知道将被什么人砍断，可是仍不思悔改，照喝不误，直到彻底送命为止。

明武宗更是喝出了圈，不但在宫中喝，还跑到外面去喝“村酒”，采“野花”，还腆着脸写什么：“出得门来三五步，偶遇村妇讴歌。红裙露高足，挑水上南坡。……纵然不及俺宫娥，野花偏艳目，村酒醉人多！”清朝的咸丰帝奕詝，也是整天喝酒，年岁不大就扔下一个烂摊子死掉了。其子同治帝载淳，更是夜不归宿，直到第二天上朝还醉醺醺的，语无伦次，十九岁就上西天了。

这当然是因酒得祸，而且祸不止于此，大祸及他人，小贻害自身。春秋时期，楚庄王军队与晋厉公的军队战于鄢陵（今河南鄢陵西北），晋军分击楚军左右翼，当时楚军精锐尽在中军。可是大司马子反却喝得人事不省，无法组织反击，结果大败，回朝以后被砍了脑袋。汉朝的陈遵，号称“醉不废事”，但在北面守边时，因贪杯误事，连自己的性命也丢掉了。西晋末，自立为前赵皇帝的刘曜，文武双全，西击张骏，南服仇池，威名大振。但在光初十二年与石勒在洛阳交战时，因为喝醉了出战，以致受伤被俘，随后被杀。

若饮酒不加以节制，就是酒德不全，对自己来说便会招致各种祸害。素称“诗仙”的李白写过一首《赠内》诗云：

三百六十日，日日醉如泥。
虽为李白妇，何异太常妻。

从这首诗里，可以看到李白日日放歌纵酒而疏淡了妻子，表达了一种愧疚之情。而且据史书上记载，这位才华横溢的诗仙，其子女却都平庸无奇。诗人杜甫也因长期纵酒，其两个儿子宗文、宗武也都是愚顽不灵之辈。晋代大诗人陶渊明也因长期纵酒，使他的五个儿子都愚钝不敏，后来领悟到后代之所以愚钝“盖缘于杯中物”，但已悔之晚矣。

酒害的例子不胜枚举。饮酒之害在于饮酒人没有节制，所谓“酒极则乱”。所以古人提倡饮酒应有节制。

唐朝诗人皮日休，虽好饮酒，并且自号“醉吟先生”“醉士”“醉民”，但却根据周礼中的《九夏》，写过《礼九夏歌九首》，其八《械夏》说：

礼酒既酌，嘉宾既厚，牍为之奏。
礼酒既竭，嘉宾既悦，应为之节。
礼酒既罄，嘉宾既醒，雅为之行。

这的确是在节制地饮酒，酒喝到高潮，客人们都高高兴兴，就“应为之节”了。能如此，酒也就无害可言了。

名贤盛筵

第一章 善饮豪酌帝王家
——古代帝王与酒

汉高祖醉斩白蛇

刘邦，字季，沛县（今属江苏）人。他当泗水（今江苏沛县东）亭长时，非常爱好喝酒，常常到酒店里赊酒，喝醉了就倒在酒店里睡觉。

有一次，他以亭长的身份，为县里押送一批民大往骊山服役，途中有不少人逃亡。刘邦想，这样下去，等走到骊山，人恐怕全都逃光了。到了丰邑西面的湖沼地带，他停下来喝酒，到了夜间，把所有的民夫都释放了，并对他们说："各位都走吧，我也准备逃走。"还有十几个民夫不愿逃走，仍跟着他。刘邦喝得醉醺醺的，当晚抄小路通过湖沼地带，派在前面引路的人回来报告说："前面有条大蛇挡住了去路，咱们还是回去吧。"此时，刘邦醉意更浓，说："好汉行路，有什么可害怕的！"于是赶上前去，拔出剑来，把大蛇斩为两段。又走了几里路，酒性发作，就倒在地上睡觉。这就是有名的刘邦酒醉斩白蛇的故事。

公元前 196 年秋，淮南王黥布起兵反叛，刘邦亲自率军征讨。次年，刘邦在会甄（今安徽宿县南）击败了黥布的军队，回来的时候，经过故乡沛县，他在沛宫大摆酒宴，把故人和父老乡亲都请来喝酒，同时，挑选 120 名儿童，教他们唱歌。酒喝得畅快的时候，刘邦击着筑，唱起自编的一首歌："大风起兮云飞扬，威加海内兮归故乡，安得猛士兮守四方！"让儿童们跟着学唱。在席间，刘邦又跳起了舞，舞毕，他感慨伤怀，淌下了几行热泪。他对沛县的父老兄弟说："远游的人，总是思念自己的故乡。我虽然建都在关中，但我日夜思念着家乡，即使千秋万岁后，我的魂魄也要回到故乡来的。所以我把沛县作为汤沐邑，免除沛县百姓的徭役，让他们世世代代不受此苦。"沛县的乡亲听了，十分高兴，天天陪刘邦开怀痛饮。过了 10 天，刘邦要回去，乡亲们执意挽留。临走时，全城的人都送肉酒为刘邦送行。刘邦也叫人搭起帐篷，与大家痛饮了三天，这就是历史上有名的"高祖还乡"和"高祖酒酣唱'大风'的故事"。

吴王饮酒亦纳谏

孙权，字仲谋，吴郡富春 (今浙江富阳) 人，东汉末，继其兄孙策据有江东六郡。建安十三年 (公元 208 年) 和刘备联合,大败曹操于赤壁。后在吴蜀彝陵之战中,大败刘备。黄龙元年 (公元 229 年) 称帝于武昌 (今湖北鄂城)，国号吴，旋即迁都建业 (今江苏南京)。

孙权非常喜欢喝酒，酒喝多了，往往会耽误大事。不过，他有个特点，能虚心听取别人劝说，改正错误。这里介绍他能听讽纳谏的两则小故事。

孙权当了吴王之后，就大摆酒宴，招待群臣。到酒宴将要结束的时候，他亲自起身，向大臣们行酒。走到骑都尉虞翻面前，虞翻假装喝醉，伏在地上。等到孙权回到座位上，他又起身坐下。于是孙权大怒，手持利剑要杀他。当时在座的大臣都吓得不敢上前劝阻，只有大司农刘基上前抱住了孙权，不让他去杀虞翻,并劝说:大王在饮酒之后，杀掉有才能的人，是非常不妥当的。即使虞翻有罪，天下人又有谁知道呢？正是因为大王能广招人才，容纳贤士，所以天下有才之人望风而至，现在一下子废弃了自己的好名声，这样做值得吗？孙权说：曹操尚且杀掉孔融，我为何不能杀虞翻呢？刘基说：曹操轻易害死贤人，天下人都反对他。而大王施行仁义，可与尧舜这样的贤君相比，怎么可以与曹操相提并论呢？孙权听了刘基的一番话后，怒气慢慢地消退。虞翻因此而免于死罪。酒席后，孙权对手下人说：从今以后，我酒后说要杀人，你们都不要去杀。

又有一次，孙权在武昌临钓台饮酒，喝得酩酊大醉，醉后他叫人用水洒席上的大臣，并对大家说：今天饮酒，一定要醉倒在这里不可。当时,任绥远将军的张昭板起脸孔，一言不发地离开酒席，走到外面，坐在自己的车内。孙权派人叫他回去，说：今天只不过是共同饮酒，取乐罢了，你为什么要发怒？张昭回答说：过去纣王造了糟丘酒池，作长夜之饮，也是为了快乐，不认为是坏事。孙权听了，一句话也不说，脸上露出惭愧的神色，于是立即撤了宴席。

唐太宗巧解纠纷

唐太宗李世民（公元 599-649 年）是唐王朝的开创者之一，隋朝末年，他助其父李渊于太原起兵，统一中国。他即位后励精图治，重用贤才，从谏如流，是历史上著名的开明皇帝。他不仅长于文韬武略，善于进行政治和军事斗争，而且在解决晚辈生活中的纠纷时，也很注意方式、方法，不是拿皇帝或长辈的架子来训斥、压服，而是运用智慧，巧解矛盾。

唐太宗的女儿丹阳公主于贞观十八年（公元644年）嫁给左卫将军薛万彻。薛万彻是贞观时期的名将之一，其祖上原居敦煌，后迁居雍州咸阳（今陕西咸阳东北）。薛万彻自幼随其父薛世雄至幽州（今北京西南），隋末曾在幽州总管罗艺部下任裨将。随罗艺归附唐朝后，他先在太子李建成部下。武德九年（公元626年）李世民发动玄武门之变时，他曾率东宫卫兵与李世民的军队激战，得知李建成已被杀后，避入终南山。李世民很欣赏他的忠诚勇敢，多次派使者入山招降。薛万彻为之感动，终于放下武器，出山归降，此后历任统军、右卫将军、右武卫大将军、青丘道行军大总管、宁州（今甘肃宁县）刺史等职。他英勇善战，曾参加唐王朝削平地方割据势力梁师都政权以及与突厥、吐谷浑、薛延陀、高丽等的多次战争，多次以少胜多，屡建战功。贞观后期，唐太宗曾说："当今名将，唯李勣、（李）道宗、（薛）万彻三人而已。"

但由于薛万彻出身军旅，性格粗豪，多年生活在战场、军营，生活作风较随便，以贵族的眼光来看，则不免有些土气。唐太宗就曾对人说：薛附马土里土气。丹阳公主听说后，觉得很丢面子，于是几个月不与薛万彻同床。唐太宗听说此事后哈哈大笑，他知道这是由于自己说薛万彻土气的话伤了丹阳公主的自尊心，于是想了一个巧妙的办法来调解他们的关系。他设了丰盛的酒宴，召丹阳公主和薛万彻来赴宴。宴会上，他与薛万彻玩握槊的游戏，用自己佩带的刀子打赌。他故意输给薛万彻，于是解下自己的刀子，亲手给薛万彻带上。这一下，丹阳公主的自尊心得到了满足，她非常高兴。宴会结束后，不等薛万彻跨上马，丹阳公主就急忙招呼他过来与自己一起坐车回去。

从此以后，丹阳公主与薛万彻和好如初，对他比闹别扭之前更加敬重。唐太宗巧解儿女纠纷之事也被人们传为美谈。

唐太宗与葡萄酒

隋文帝重新统一中国后，经过短暂的过渡，即是唐朝的"贞观之治"及一百多年的盛唐时期。这期间，由于疆土扩大，国力强盛，文化繁荣，喝酒已不再是王公贵族、文人名士的特权，老百姓也普遍饮酒。盛唐时期，社会风气开放，不仅男人喝酒，女人也普遍饮酒。女人丰满是当时公认的美，女人醉酒更是一种美。唐明皇李隆基特别欣赏杨玉环醉韵残妆之美，常常戏称贵胭醉态为“岂妃子醉，是海棠睡未足耳”。当时，女性化妆时，还喜欢在脸上涂上两块红红的姻脂，是那时非常流行的化妆法，叫做“酒晕妆”。近年港台和沿海城市流行的“晒伤妆”，即1000多年前唐朝妇女的“酒晕妆”。

盛唐时期，人们不仅喜欢喝酒，而且喜欢喝葡萄酒。因为到唐朝为止，人们主要是喝低度的米酒，这一时期，烈性的蒸馏白酒是否已出现，还是个争论不休的问题。李时珍《本草纲目》中讲，白酒是直到元朝才出现的。不少学者则争辩，唐诗里就有“烧酒”“白酒”等出现，如白居易在《荔枝楼对酒诗》中有“荔枝新熟鸡冠色，烧酒初开琥璃香”的名句。但反对者说，此“烧酒”非彼“烧酒”也，所以，唐朝时是否有蒸馏白酒还是个有争论的问题。但当时普遍饮用的低度粮食酒，则无论从色、香、味的任何方面，都无法与葡萄酒媲美，这就给葡萄酒的发展提供了市场空间。

当时葡萄酒面临着的真正的发展机遇是：在国力强盛、国家不设酒禁的情况下，唐高祖李渊、唐太宗李世民都十分钟爱葡萄酒，唐太宗还喜欢自己动手酿制葡萄酒。据《太平御览》：“(唐) 高祖 (李渊) 赐群医食于御前，果有蒲萄。侍中陈叔达执而不食，高祖问其故。对曰，医母患口干，求之不能得。高祖曰，卿有母可遗乎。遂流涕呜咽，久之乃止，固赐物百段。”由此可见，在唐初，经过战乱，葡萄种植与酿酒基本已萎缩，连朝中太医的母亲病了想吃葡萄而不可得，只有在皇帝宴请大臣的国宴上方有鲜葡萄。这时葡萄与葡萄酒的价格恐怕不低于汉末的身价。

《太平御览》记载，唐太宗贞观十三年 (公元640年)，唐军在李靖的率领下破高昌国 (今新疆吐鲁番)，唐太宗从高昌国获得马乳葡萄种和葡萄酒法后，不仅在皇宫御苑里大种葡萄，还亲自参与葡萄酒的酿制。酿成的葡萄酒不仅色泽很好，味道也很好，并兼有清酒与红酒的风味，唐太宗自己觉得满意，还用来赐予群医。

盛唐时期社会稳定，人民富庶，由于帝王喜好葡萄酒，民间酿造和饮用也十分普遍，这些都反映在当时的诗歌里。

首开香槟惊慈禧

产于法国香槟地区的法国香槟酒，既是法国名酒，也是世界名酒之一。香槟是一个古老的地名，因出产香槟酒而闻名于世。香槟酒实际上是经过两次发酵的起泡葡萄酒，因产于香槟省而名之。香槟酒在法国酒类生产中产量很少，但其声名远远高于法国其他葡萄酒。香槟酒不但受法国法律保护，而且还受国际法保护。香槟这一名字，除香槟地区使用外，其他地区生产的起泡葡萄酒都不得使用。香槟地区的专家或官员对别人乱用“香槟”为酒命名，常常愤愤然。香槟酒的酿造历史已有300多年，是17世纪法国香槟省修道院的道士首先酿造出来的，很快闻名于世。香槟酒传入中国还有一段轶事呢。据说，清朝同治年间有位访欧官员从法国带回一箱香槟酒，进贡给慈禧太后。慈禧见了这新奇的洋玩意非常喜欢，当即吩咐侍从开瓶品尝。谁知在场的宫女开不开，又找来太监，七手八脚开一阵，只听“砰”的一声，一股强烈的气体把瓶塞冲向上空，酒液也随着响声喷涌而出，慈禧吓了一跳。还没来得及发怒就闻到酒香，垂涎欲滴，没顾得上发脾气，赶快饮了一口，感到别有风味。忙问酒的名字，左右侍者一群无人识法文，老佛爷随即给它起了个中国名说：“就叫它爆塞酒吧！”这才解了宫女和太监之难。

第二章　酒仙毕至盛宴开
——古代贤人、名人与酒

孔子饮酒崇德

孔子为儒学的创始人，也是我国乃至世界最早的、最著名的教育家。孔子出生在春秋末期的鲁国，那时候的酿酒业已经很发达了，现在出土的商周时代的青铜器就是证明。

据说孔子有两大爱好：一是夏天坐着牛车到河里去游泳、玩耍，体验“逝者如斯”的感觉。二是喜欢喝酒，喝了酒添了兴头，去攀登泰山，去爬岱顶，站在山巅之上，看脚下群山苍茫，看天边风起云涌，领略“登泰山而小天下”的境界。

孔子虽然喜酒，但他能控制自己，做到有节有度。他在《论语·乡党》中载有：“唯酒无量，不及量。”意即喝酒的人可以不限量，但不要喝醉了，适可而止。《论语·子罕》中载有：“子曰：‘出则事公卿，入则事父兄，丧事不敢不勉，不为酒困，何有于我哉？’”意思是：在外侍奉国君和大臣，在家孝敬父兄，有丧事努力去操办，喝酒不被酒醉到，这些事对我有什么困难呢？从上例可以看出，孔圣人喝酒时是守规矩的，是非常重视酒德的，这给我们今天喝酒的人树立了榜样。

孔子酒醉枣子集

春秋时期，百家学派蜂拥而起，学术争鸣十分激烈，门户之间的攻讦时有发生。然而，儒学的创始人孔子却没有门户之嫌，老子虽然是与儒学鼎足而立的道派代表，但由于孔子十分仰慕老子的名声和才学，依然和学生子路一道千里迢迢、风尘仆仆地由曲阜学园前往苦县（今鹿邑县，老子的故里）拜见老子。

这天，孔子师徒驱车来到苦县。一进入县境，便有异香频频飘来，孔子大为惊诧，认为一定有上等美酒酿于老子的家乡。疑惑间已经到了枣集村，孔子师徒眼看天色将晚，便在村东的一家客栈寄宿。

夜里，月色空明，晚风习习，枣集村的酒香阵阵袭来，沁人心脾。于是，孔子师徒酒兴大发，心情亢奋不已，辗转不能入寐，孔子随命子路前往打酒。稍顷，子路从枣集村打酒而归，师徒二人如获到宝，便开怀畅饮。因为枣集村的酒酒香宜人，甜美非同一般，师徒二人的酒兴便一发而不可止，直喝到夜阑更深，月沉西天，以致喝得酩酊大醉。

第二天日上三竿时，师徒二人仍然神态朦胧，醉意犹存，但身心却感到异乎寻常的愉快，似乎经过了神明的超度而达到了天人合一的境界，孔子为此大为感叹："美哉！然惟酒无量不及乱。"就连同一向言谨行慎、唯礼是从的孔圣人也没有经得起枣子集美酒的诱惑。孔子酒醉枣子集一事，成为千古佳话。

老子奇闻传千古

有道是："水，为酒之血。"凡天下名酒，无不占有名泉妙水之地利。贵州"茅台"、四川"五粮液"、江苏"洋河"、安徽"古井贡"等均可为证。正所谓"山奇生仙，水妙出酒"。

与黄河、长江这些华夏文明的大动脉相比，静卧在豫东与皖西北交界处的古宋河只能算是一根微血管。然而，河不在大，出酒则名。在这一脉细水上，诞生了安徽的"古井贡酒"和被誉为"中州茅台"的"宋河粮液"，因享用同一水系之利，河南的"林河特曲"也是名传遐迩。

古宋河畔，有许多美丽的传说，古宋河流经的河南省鹿邑县，是我国道家鼻祖老子的故乡。据传，当年老子曾来到鹿邑县内如今枣集镇的地方，以许多的鹿茸兽皮换酒喝。可他只拿了一个小的葫芦作容器，酒作坊老板很奇怪，无可奈何地将小葫芦放进酒缸，可没想到，顷刻之间，一缸酒全装进了葫芦里。老子自己痛饮一顿之后，便将葫芦里剩下的酒倒入宋河之中。顿时，宋河汹涌澎湃，绿波翻滚，老子却骑着青牛飘然而去。自此，用宋河水造出的酒被称为"枣子集酒"，其醇香甜透，甘美无比。后人以"一片绿波飞白鹭，半空紫气下青牛"的诗句，描述了这一生动的故事。如今，外地人来到鹿邑县停留片日，便会发现这里的井水明显地带几丝甘甜，过口后似乎还留下了点什么，显得醇厚、有酒感。

当垆文君《白头吟》

汉朝的大才子司马相如为景帝时武骑常侍，因不得志，称病辞职，回到家乡四川临邛。

有一次，他赴临邛大富豪卓王孙家宴饮。卓王孙有位离婚的女儿，名文后，又名文君，因久仰相如文采，遂从屏风外窥视相如。相如佯作不知，而当受邀抚琴时，便趁机弹了一曲《凤求凰》，以传爱慕之情，因相如亦早闻文君芳名。相如、文君倾心相恋，当夜即携手私奔。相如一贫如洗，文君亦因卓王孙怒其败坏门风而不给她一文钱，两人只好变卖所有东西后回到临邛开了家小酒铺。每日，文君当垆卖酒，相如打杂。后来，卓王孙心疼女儿，又为他俩的真情所感动，就送了百万银钱和百名仆人给他们。司马相如有财、有名后，又受皇帝宠幸，便宿娼纳妾，竟不理会卓文君，文君因作《白头吟》以诀别：

皑如山上雪，皎若云间月。
闻君有两意，故来相决绝。
今日斗酒会，明日沟水头。
躞蹀御沟上，沟水东西流。
凄凄复凄凄，嫁娶不须啼；
愿得一心人，白头不相离。
竹竿何袅袅，鱼尾何徙徙。
男儿重意气，何用钱刀为！
锦水东北流，波荡双鸳鸯。
雄巢汉宫树，雌弄秦草芳。
宁同万死碎绮翼，不忍云间两分张。
此时阿娇正娇妒，独坐长门愁日暮。
但愿君恩顾妾深，岂惜黄金买词赋。
相如作赋得黄金，丈夫好新多异心。
一朝将聘茂陵女，文君因赠白头吟。
东流不作西归水，落花辞条羞故林。
兔丝固无情，随风任倾倒。
谁使女萝枝，而来强萦抱。
两草犹一心，人心不如草。
莫卷龙须席，从他生网丝。
且留琥珀枕，或有梦来时。
覆水再收岂满杯，弃妾已去难重回。
古来得意不相负，只今惟见青陵台。

此诗一经传诵,天下的负心郎皆愧之。

酒八仙豪饮各千秋

酒八仙指唐代嗜酒的八位学者名人，亦称酒中八仙或醉八仙。《新唐书》《李白传》载，李白、贺知章、李适之、汝阳王（李进）、崔宗之、苏晋、张旭、焦遂为“酒八仙人”。杜甫也曾经著有《饮中八仙歌》，略述了八仙的酒事。

一仙贺知章：**知章骑马似乘船，眼花落井水底眠**。此人自号“四明狂客”，诗人，又擅长书法，常醉后狂书。他与李白相见恨晚，两人常常开怀畅饮，一醉方休。他官至秘书监，晚年放诞，每醉后便动笔书写。

二仙汝阳王：**汝阳三斗始朝天，道逢曲车口流涎，恨不移封向酒泉**。皇帝宗室，为李宪之子，封汝阳王。此人不但能喝酒而且善酿酒，自言以酒三斗壮胆。由于这个原因，他自封为“酿王兼曲部尚书”。“汝阳三斗始朝天”说的就是以三斗酒壮胆见皇帝之事。而“道逢麴车口流涎”则说明李进这位管理酒麴酿造的“曲部尚书”确实是酿酒的高手，就连遇到拉酒的车也要馋得流口水。

三仙李适之：**左相日兴费万钱，饮如长鲸吸百川，衔杯乐圣称避贤**。唐宗室大臣，贵为宰相（左相）。他十分好客，饮酒至斗余不乱。杜甫的诗正说明了他的海量。

四仙崔宗之：**宗之潇洒美少年，举觞白眼望青天，皎如玉树临风前**。唐代名士，据说不仅善饮酒而且有风度，曾与李白夜泛采石，作诗饮酒。他在舟中饮酒，身着白锦袍，顾瞻笑傲，旁若无人，有如玉树临风。

五仙苏晋：**苏晋长斋绣佛前，醉中往往爱逃禅**。唐代名人，以文章名于世，喜饮酒，又好谈禅，早年学习佛事，曾得绣佛像一幅，视为珍宝。苏晋、崔宗之的事迹，史书记载不详，他们获得酒仙之名的酒事无考。

六仙李白：**李白一斗诗百篇，长安市上酒家眠。天子呼来不上船，自言臣是酒中仙**。八仙中嗜酒最为著名的当然还是李白。李白在 42 岁时由人推荐到了长安，唐玄宗李隆基命他供奉翰林。有一次李白与酒友醉倒市中，恰巧皇上心有所感，诏李白作乐章，李白援笔即成，婉丽精切，皇上大加赞赏。李白有时还醉倒在御宴上，还曾乘醉让宦臣高力士为他脱靴。这高力士可不是等闲之辈，极受玄宗和贵妃杨玉环的宠信。受到李白的人格污辱，他心里极不痛快，于是就怂恿杨贵妃到玄宗面前进谗言，说李白多么无礼。李白因此渐被疏远，他知道自己不会被重用，于是恳求辞官，开始了浮游四方的人生旅程。

李白爱酒，写下许许多多的酒诗，寄托自己的情怀。诗中有不少传诵千古的名篇，《月下独酌》便是佳作之一：“花间一壶酒，独酌无相亲。举杯邀明月，对影成三人。”一人月下独酌，那种心情，那种感觉，那样的无可奈何，我们在诗中完全可以品味得到。即便是不善饮酒的人，也该可以从这诗中约略体味到李白所说的酒中趣。还有那一曲千古绝唱《将进酒》，评论家们认为宣扬了及时行乐的消极情绪，但它实际上却是诗人心灵深处回荡的一曲痛苦悲歌：“君不见黄河之水天上来/奔流到海不复回/君不见高堂明镜悲白发/朝如青丝暮成雪/人生得意须尽欢/莫使金樽空对月/……古来圣贤皆寂寞/惟有饮者留其名。”“一饮三百杯”“同销万古愁”，李白将自己的愁闷痛楚全都消释在美酒中。传说李白最终因酒而死，那是在他大醉之后，下到采石矶大江中捉月，结果被江水吞没了生命。他爱酒，也爱月，也死于美酒和明月。

七仙张旭：**张旭三杯草圣传，脱帽露顶王公前，挥毫落纸如云烟**。唐代大书法家，官至金吾长史，他精通书道，以草书最知名。每大醉之后，呼叫狂走一气，然后才下笔，或以头发濡墨而书，“逸势奇状，连绵回绕”，醒后自视所书，以为神来之笔，不可复得，世呼为“张颠”。

八仙焦遂：**焦遂五斗方卓然，高谈阔论惊四筵**。唐玄宗时人，生平不详。据说他善饮，但口吃，讲话很不利落，但醉后却话语卓然如流，高谈阔论，这使大家都感到惊奇。

八仙们个个嗜酒且放荡不羁，将中国的酒文化精髓发挥到了极致。可像酒八仙这样的饮酒方式和某些生活态度，我们应该正确看待，取其精华，去其糟粕。他们的豪狂行为与嗜酒方式都产生于特殊的历史时期，并与他们的个人际遇与处境有关，所以才会有那种“日兴费万钱”的奢华、“长鲸吸百川”的狂饮之举及酒后目空一切的心态。

酒仙群英会

除了唐代的酒八仙外，我国古代的好多文人和名人都因为种种原因嗜酒，我们称之为酒仙。

郦食其

食其，陈留高阳乡（今河南杞县）人，少年时就嗜好饮酒，常混迹于酒肆中，自称为高阳酒徒。

一天，刘邦正在洗脚，忽报乡里有位儒生求见。刘邦一向轻儒，曾经拿儒生的帽子当尿盆，以此来污辱儒生。今天忽听有儒生求见，非常愤怒，他说：“我以天下大事为重，没有时间接见读书人。”在外等候已久的郦食其瞪大眼睛，手握利剑，叱骂看门人说：“你再进去对沛公说，我是高阳酒徒，不是读书人！”看门人再报告刘邦，刘邦一听是高阳酒徒，连脚都来不及擦，赶忙起身迎接，赐酒款待。

郦食其见了沛公，只是拱一拱手说：“你不是想要诛暴秦吗？为何用这样傲慢的态度对待长者？你是想助秦攻诸侯呢，还是率领诸侯破秦？”刘邦被责问得不知所措，马上谢罪说：“过去听人说过先生的容貌，今天见面才知先生的来意，不知如何破秦？”郦食其慷慨激昂地说：“你带领的乌合之众还不到一万，现在竟然要攻打强秦，这不过是羊入虎口罢了。陈留这个地方，是天下的要冲，交通四通八达，城中又积了很多粮食。我又认识县令，让我来劝说他投降，如不投降，你可以举兵攻打，我作内应，大事就可成功。”刘邦觉得有理，就采纳了郦食其的建议。

郦食其回到县城，向县令陈说利害，希望他能投降刘邦。县令因惧怕秦法的苛重，不敢贸然从事，予以拒绝。就在当天，郦食其率众杀死了县令，并将县令人头抛到城下，一面又派人报告刘邦。刘邦见大事已成，就引兵攻打县城，并大声疾呼：“将士们赶快投降，你们的县令已被砍头了！要不然，你们也要被砍头的。”城上守军见县令已死，无意再守，遂开城投降。刘邦进城，得到了许多兵器和粮食，投降的士兵也有一万多。这为刘邦西进提供了物质条件，这全是高阳酒徒郦食其的功劳。

公元前204年楚汉相争时，郦食其又建议刘邦说：“楚汉相争久持不下，这样百姓骚动，海内动荡，人心不安。希望你急速进兵，收取荥阳，有了粮食，并且占据了险要地方，天下就归属于你了。”并说自己愿意去说服兵众将广、割据一方的齐王田广。

郦食其到了齐地，向齐王晓以利害，齐王欣然同意。他罢兵守城，天天和郦食其纵酒谈心。这时由于韩信乘机攻齐，为田广所误解，认为这是郦食其出卖了他，遂将郦食其烹杀。临死前，田广对他说：“你能阻止汉军，我就放了你。”郦食其说：“举行大事，就不要顾及细小的事，大的德行我不会推辞，你也不必多说了。”说罢就慷慨就死。郦食其为汉朝立下了汗马功劳，他的名字却往往不为人所知道，但只要一提起“高阳酒徒”，便家喻户晓。

曹参

曹参是西汉著名的贤相，在随刘邦南征北战中屡立战功，功勋卓著。汉初被封为平阳侯，萧何死后，调往朝中为丞相，主管国政。

曹参嗜酒成性到了无以复加的程度。他白天饮酒，夜晚饮酒，常常喝到酩酊大醉。那些公卿大夫以下的官吏和宾客看见他日日饮酒，不理政事，很为焦虑，都想来劝说他。

可是这些人一来，曹参就摆开酒席，请他们喝酒，一直喝到酒醉离去为止，他们没有机会向曹参劝说。

曹参的后园紧靠官吏的宿舍，住在宿舍里的官吏们整日饮酒，并伴以歌唱和叫喊，闹得不亦乐乎。曹参的随从官对此十分恼火，却又无可奈何。有一次，随从官请曹参到后园游玩，好让他听到官吏们的醉歌，并加以处置。可是曹参听了，不但不加制止，反而叫部下也摆开宴席痛饮歌呼，和官吏们相应和。

曹参终日酒醉,不理朝政的行为使惠帝也大为不满。

一天，惠帝对曹参的儿子说："你私下问问你的父亲：'高帝刚刚去世，我又很年轻，他作为相国，整天饮酒，如何能忧虑国家大事呢？'"哪知曹参听了儿子的话，一怒之下，打了儿子二百大板，并且说："赶快进宫侍奉皇帝去，天下大事不是你应当说的。"事后惠帝责备曹参："你为什么要打你儿子？那是我让他劝说你的。"曹参慌忙脱帽谢罪说："请陛下考虑一下，关于圣明英武，陛下能比得上高帝吗？"惠帝说："我怎么敢和先帝相比呀!"曹参又说："陛下看我的才能及得上萧何吗？"惠帝说："你好像不及他。"曹参说："讲得好，高帝和萧何平定了天下，制定了明确的法令，只要我们遵循这些法令去做就行了，这不是很好吗？"惠帝说："说得对。"后来文学家杨雄说：萧也规，曹也随。"萧规曹随"的成语就是从这个典故中来的。

司马迁在《曹相国世家》一文的最后评语是：相国曹参的战功之所以如此之厚，是因为他和淮阴侯韩信在一起。韩信死后，封赏列侯的只有曹参。曹参担任相国，主张清静无为，这合乎道家的学说。百姓脱离了秦朝的酷政以后，很想能休养生息，曹参的主张正好迎合老百姓的需要，所以天下人都称赞他。

由此可见，曹参自己饮酒，也让别人饮酒，其真正目的是为了实现他的"清静无为"的主张，让老百姓过一段太平日子，这在当时有一定的进步意义。

东方朔

东方朔，西汉文学家，字曼倩，平原厌次（今山东惠民）人，武帝时为太中大夫。他性格诙谐滑稽，爱好喝酒。古代隐士，多避世于深山之中，而他却自称是避世于朝廷的隐士。

有关东方朔的传说很多，最有趣的当数他喝“君山不死酒”的故事。

据说，君山上有美酒数斗，如能喝到，可以不死为神仙。武帝得知后，就斋居七天，派了栾巴带童男童女数十人到山上求之，果然得到了仙酒，就带回来给武帝喝。武帝未喝之前，东方朔就偷偷地喝光了。于是武帝大怒，下令推东方朔出去斩首。东方朔就说：“假如酒有灵验，你杀我，我也不死；要是没有灵验，这酒有什么用呢？”武帝想了一下，明白了其中的道理，才笑着把他放了。

东方朔在当太中大夫时，昭平君娶了武帝的女儿夷安公主为妻。这昭平君是武帝妹妹隆虑公主的儿子，平日飞扬跋扈，经常犯罪，所以隆虑公主很不放心。在病重临终前，她拿出金千斤钱千万，为儿子预赎死罪，武帝答应了。

果然，昭平君自母亲死后，更加骄横，竟然醉杀了夷安公主的傅母（古时负责辅导、保育贵族子女的老年妇人）。按汉代法律，应是杀人偿命，但朝中大臣都不敢问斩，因为隆虑公主曾预赎过死罪，而且皇上又是同意了的。于是大臣将此事奏请武帝，由他亲自裁夺。武帝说：“我妹妹已故，只有这么个儿子，死前又嘱托过我。”讲到这里，他泪流满面，叹息良久，又说：“但法令是先帝制定的，我不能因妹妹而违反先帝的法令，否则，我有什么面孔进高庙见祖先？何况还要辜负天下万民。”于是下令让廷尉斩了昭平君。斩了昭平君，武帝十分悲痛，左右大臣也为之伤心。

此时，只有东方朔没有哀伤的表情，反而拿了一杯酒，为武帝祝寿。他说：“我听说圣明的君王治理国政，赏赐不避仇人，杀戮不择骨肉，这就是古书上所说的‘不偏不党，王道荡荡’。这两件事，是武帝所推重的，也是三皇所难以办到的。现在陛下却做到了，这样，天下的老百姓都能各得其所，这是值得庆幸的事。我手捧酒杯，冒死再拜，祝皇上万岁。”武帝没说什么，就起身进入宫内。

到了傍晚，武帝召见东方朔说：“《传》曰：看准时机后再说话，别人不会讨厌。今天先生向我祝贺，认为是看准时机了吗？”东方朔马上脱下帽子，磕头请罪道：“我听说快乐过分就阳溢，哀伤过分就阴损。阴阳变化就心气动荡，心气动荡就精神分散。精神一散，邪气就侵入，消除愁闷最好的是酒。我所以用酒向皇上祝寿，是表明陛下刚正不阿，用它来替皇上止哀的。我不知忌讳，罪该万死。”武帝听了，觉得很有道理。以前，东方朔曾喝醉了酒，闯入宫殿，而且在宫殿中小便，宫中值巡发现了，弹劾他大不敬。武帝就下诏，免去了他的官职。现在，通过这件事，武帝又恢复了他的中郎官职，并且还赏给他一百匹帛。

三曹（曹操、曹丕、曹植）

建安三曹父子三人，都爱饮酒。曹丕在《与吴质书》中说“出则连舆，止则接席……酒酣耳热，仰而赋诗”。曹植也有“置酒高堂上，亲友从我游”“公子敬爱客，终宴不知疲”的诗句。曹操的“对酒当歌，人生几何”“何以解忧？惟有杜康”更是千古流传。

陶渊明

陶渊明，名潜，字元亮，浔阳柴桑（今江西九江）人，是东晋时代的大诗人。

他少年时候，就有高尚的志趣，曾经写了一篇《五柳先生传》，说这位先生不知是何许人，也不知道他的姓名，因住宅旁边种有五棵柳树，故称做五柳先生。他不图名利，不慕虚荣，就是特别喜欢喝酒，可是由于家贫，不能常常买酒喝。亲戚朋友知道了，时常请他喝酒。他一去，总是喝得酩酊大醉。然后回到破旧的屋里，读书写文，生活过得安乐自在。写五柳先生，就是写他自己，这是他本人生活的实录。

陶渊明一生不图名利，不慕虚荣，就是特别喜欢喝酒，可是由于家贫，不能常常买酒喝。亲戚朋友知道了，时常请他喝酒。他一去，总是喝得酩酊大醉。

陶渊明曾担任江州祭酒、彭泽令等小官职。彭泽县令，是他仕途生活中的最后一任官职。这在萧统的《陶渊明传》中叙述得最为详细。陶渊明《传》中说他由于生活所迫，不得不去当彭泽令。他一到任，就令部下种糯米，糯米可以作酒。所以他说：“我常常酒醉，就心满意足了！”他的妻子坚持要种大米。于是，将二顷五十亩田种糯米，五十亩田种大米。

到了年底，郡官派督邮来见他，县吏就叫他穿好衣冠迎接。他叹息说：

"我岂能为五斗米，向乡里小儿折腰！"当天就解去官职，写了一篇《归去来辞》。

陶渊明辞官归隐的真实思想，不仅于此，在《归园田居》诗里，他讲得十分明白。他说，十三年中，几度出仕，深受羁缚；这次坚决脱离官场，归隐田园，就像笼中鸟飞回大自然一样，感到无比自由和愉快。家乡的草屋、田地、树木、炊烟，乃至鸡鸣、犬吠，都是那么的亲切、可爱。作者的这种心情，正反映了他对黑暗官场的憎恶和对大自然的热爱。

关于陶渊明喝酒的传说很多。如他每逢酒熟时，就取下头上的葛巾过滤酒，过滤完毕，仍把葛巾戴在头上。又如陶渊明所居的栗里，有块大石，陶渊明喝醉了，就躺在石上，故名醉石。再如九江境内有陶渊明埋藏的酒。有个农夫凿石到底，发现一只石盒，石盒内有个铜器，有盖，是扁平的酒壶。将盖揭开，壶内都是酒。壶旁边刻着十六个字：语山花，切莫开，待予春酒熟，烦更抱琴来。大家怀疑这酒不能喝，就全都倒在地上，结果是酒香满地，经月不灭。

陶渊明有时一个人独饮，更多的是和乡亲父老对饮，从中得到安慰和乐趣。更重要的是在饮酒中，可以抒发自己不愿和腐朽的统治集团同流合污的心愿。这就是萧统所说的寄酒为迹。

胡毋辅之

胡毋辅之，字彦国，晋泰山奉高（今山东泰安东）人。曾任建武将军，安乐太守等。

他不拘礼法，行为放荡，常与酒徒厮混在一起，日夜酣饮，不理政事。有一次，他与毕卓等人在家里散发裸形，闭门酣饮。恰巧酒友光逸不约而至，但不得入门，只好脱下衣帽，从狗洞里大叫：我要喝酒。胡毋辅之听到后，知是光逸来了，于是赶快请他进来，一起喝酒。后人将这种饮酒方式名之为"犬饮"。

胡毋辅之自己嗜酒成性，放浪形骸，自然结识的朋友也是如此。比如毕卓，任职吏部侍郎，常饮酒废职。有一次听得人家酿熟了酒，就乘夜来到他家的酒瓮间，偷盗酒喝，被守酒人抓住。到天亮一看，见是毕吏部，马上释放。毕卓还没过瘾，就叫来了主人，在酒瓮旁边一起喝，直喝得酩酊大醉而去。这件事被人传为"瓮间盗饮"的佳话。

他的要好朋友叫阮孚的，因为要喝酒而没有钱，竟把金貂（皇帝近臣的一种配饰）换酒钱，被有司弹劾而降职。还有他的知交阮修，出门喝酒，袋里从不带钱，而是把钱挂在杖头，一步步走到酒店，独自喝得大醉后，就拿下杖头的钱付酒账。胡毋辅之就是与这些朋友为伍，时人称之为“八达”和“八伯”。

胡毋辅之自己不拘小节，也放纵儿子不拘小节。他的儿子名叫谦之，才学不及父亲，但骄傲放纵，从不把父亲放在眼里，吃醉酒时，直呼父亲的名字，还骂他年迈无能。胡毋辅之听了，不仅不生气，还招呼儿子一起来喝酒。

但胡毋辅之也有他的特点。根据史书记载，他有知人之鉴，好友王澄评论他说，彦国吐言甚佳，好像是锯木屑，霏霏不绝，的确是后进中的领袖。有一次，胡毋辅之和几个朋友外出旅游，经过河南城门，就在城旁的一条小河边饮酒。大概因为天气寒冷，胡毋辅之就叫坐在旁边的王子博生火取暖。王子博就说：我为什么要受你的差遣？胡毋辅之只好自己生火。此后，他和王子博谈了一席话，知道他才学非浅，就感叹地说:我不及他啊！后来就把王子博推荐给河南尹乐广。乐广接见了王子博，非常赏识他的才能，升他做了工曹。胡毋辅之就是这样推荐、提拔人才的。

晋代的所谓“八达”“八伯”等人，多为名士，由于终日沉湎于酒，始终无所作为，酒误了他们一生。

谢几卿

谢几卿，南朝人，为谢灵运之孙。生于宋，仕齐为太尉晋安王主簿，入梁官至尚书左丞。

谢几卿非常熟悉典章制度，有个仆射叫徐勉的，每次遇有疑难问题,都向他请教，谢几卿都能一一作答，使徐勉满意而归。但是谢的性格却通脱任诞，尤其嗜好饮酒。有一次，他参加乐游苑的宴会，因未醉而返，心中怏怏不乐。车到半途中，见路边有酒店，他就跳下车来，走到酒店里，与自己的马车夫和拉车的马相对而饮。当时，围观的人愈来愈多，大家都感到奇怪，尚书左丞怎么会和马车夫一起喝酒呢？而谢不予理睬，照常饮酒。此事后来传为“与驺对饮”的佳话。

还有一次，他在省署里，夜里穿着无裆套裤，袒胸露体地与学生一起喝酒号呼。喝醉酒后，他把小便溅到了在旁的令史身上。有司知道此事后，向朝廷参了一本，罢免了他的官职，他对此也毫不介意。于是“裸袒酣饮”又成为他的笑话。在他当尚书左丞时，朝中官吏都载着酒到他家里欢饮。他的家里，经常是宾客满座，豪饮纵谈热闹非凡。

庾仲容曾做过尚书左丞，后来被免职，他搏学多才，少年时就有名气。他好酒任性，喜欢高谈阔论，与别人不能相合，独与谢几卿知交。他们两人都是纵酒放诞，意气相投。两人经常乘马车，游历郊野。在车上，他俩边喝边谈话，有时还摇着铃唱歌，时人讥评他们，他们依旧我行我素，毫不理会。

竹林七贤

竹林七贤，指的是三国魏时七位名人嵇康、阮籍、山涛、向秀、刘伶、阮咸、王戎。七人常集于山阳（今河南修武）竹林之下，肆意酣畅，放荡不羁，故世称为竹林七贤。他们大都崇尚老庄之学，不拘礼法，生性放达，而且喜欢饮酒作诗，现选取七贤中几个典型的名人与酒的故事如下：

刘　伶

竹林七贤中最为著名的是酒徒刘伶。刘伶自谓：“天生刘伶，以酒为名，一饮一斛，五斗解酲。”刘伶，字伯伦，沛国（今安徽宿县）人。刘伶身长六尺，貌甚醉悴；不仅人矮小，而且容貌极其丑陋。但是他的性情豪迈，胸襟开阔，不拘小节。他平常不滥与人交往，沉默寡言，对人情世事一点都不关心，只和阮籍、嵇康很投机，遇上了便有说有笑，因此也加入了七贤的行列。

刘伶病酒渴甚，从妇求酒。妇捐酒毁器，涕泣谏曰：“君饮太过，非摄生之道，必宜断之！”伶曰：“甚善。我不能自禁，唯当祝鬼神自誓断之耳。便可具酒肉。”妇曰：“敬闻命。”供酒肉於神前，请伶祝誓。伶跪而祝曰：“天生刘伶，以酒为名；一饮一斛，五斗解酲。妇人之言，慎不可听。”便引酒进肉，醺然已醉矣。（出自《任诞篇》）。

这段话的意思是，有一次，他的酒病又发作得很厉害，要求妻子拿酒，他的妻子哭着把剩余的酒洒在地上，又摔破了酒瓶子，涕泗横流地劝他说：“你酒喝得太多了，这不是养生之道，请你一定戒了吧！”刘伶回答说：“好呀！可是靠我自己的力量是没法戒酒的，必须在神明前发誓，才能戒得掉。就烦你准备酒肉祭神吧。”他的妻子信以为真，听从了他的吩咐。于是刘伶把酒肉供在神桌前，跪下来祝告说：“天生刘伶，以酒为名；一饮一斛，五斗解酲。妇人之言，慎不可听。”说完，取过酒肉，结果又喝得大醉了。

阮 籍

阮籍，三国魏文学家，思想家。字嗣宗，陈留尉氏（今属河南）人。他的父亲阮瑀是著名的建安七子之一。当时，他与嵇康齐名，为竹林七贤之一。

阮籍蔑视礼教，尝以白眼看待礼俗之士；后期变为“口不臧否人物”，常用醉酒的方法，在当时复杂的政治斗争中保全自己。

嘉平元年（公元249年），司马懿杀曹爽，专国政。死后其子司马师、司马昭相继专权。嘉平六年（公元254年），司马师废魏帝曹方，立曹髦。甘露年（公元260年），司马昭杀曹髦，立曹奂。司马昭死后，由其子司马炎代魏称帝，建立晋朝。阮籍就是处在司马氏与曹氏激烈斗争的政治旋涡之中。为了保全自己，他不得不小心翼翼，虚与周旋。

曹爽要请他入幕参军时，他看到曹氏已面临覆灭的危机，就托病谢绝，归田闲居。司马懿掌握曹魏政权后，立即请他入幕为从事中郎，他慑于司马氏的势力，只好低头就范。凡是司马府上有宴会，他是每请必到，到便喝酒，有时真的醉了，有时假装酒醉。以此来掩饰自己。

有一年，他听说缺一名步兵校尉，又听说步兵营里多美酒，营人善酿佳酒，于是请求去那里当校尉。当了校尉后，他就整天泡在酒中，纵情豪饮，一点也不问世事。后人因之称他为阮步兵。

钟会，官至司徒，是司马昭的重要谋士。此人是个投机钻营的卑鄙小人，阮籍对他一向深恶痛绝。他时常来阮籍家，以此来探听阮籍的虚实。阮籍则置酒相待，开怀痛饮，对政事不发一言，钟会只得怏怏而归。

阮籍有一女，容貌秀丽，司马昭想纳为儿媳，几次托媒人登门求婚。阮籍对此进退维谷，左右为难：若答应，有损自己的声誉，还落得个攀附权贵的坏名声；若不答应，得罪了司马昭，会有生命之忧。于是他天天沉醉于酒中，等提亲的人来时，只见他烂醉如泥，不省人事了。这样一连六十多天，他都宿酒未醒。司马昭奈何不得，联姻之事只得作罢。

阮籍嗜酒成性，性格放诞，蔑视礼法。例如，有一年其母新丧，他照常与晋文王吃肉喝酒，旁边在座的司隶何曾实在看不过去，就说：大王是以孝治天下，而阮籍重孝在身，还与大王吃肉喝酒，这是有伤教化的。阮籍听了，只顾自己吃喝，神色自若。

更有甚者，阮家邻居，有一美妇，当垆卖酒，阮籍与朋友常去那里买酒喝。喝醉了，他就躺在美妇身旁睡觉，美妇的丈夫开始怀疑阮籍，观察了许久，见阮籍没有异常行为，才放心了。

阮籍“装醉避祸”

酒既然成为一种“政治饮料”，有的人就将它作为笼络人心、玩弄权术的工具，也有不少人用酒来隐瞒态度，作为逃避政治的籍由。

有名的要数魏晋时代的“竹林七贤”。可以说，酒之由俗升格至雅，“竹林七贤”起着关键的作用。“竹林七贤”所处的时代，可以说是乱世中的乱世—魏晋易代之时。东汉末年，群雄四起，割据天下，曹操“挟天子以令天下”，统一了北方，但他始终没有称帝改朝，直到他的儿子曹丕继位，才建立新王朝，追谥其父为魏武帝。对于曹氏父子奔波转战打下来的天下，改刘姓为曹姓，改汉为魏，士人们多半还能接受。原以为这个新的朝代可以太太平平过安乐日子，可以施展抱负，安邦治国，却没料到后来司马氏集团企图取曹氏而代之，篡夺皇位，曹氏宗室与司马集团斗争激烈，政局险恶。此时的清高之士，在纷繁复杂的政治旋涡中不愿与昏君佞臣同流合污，对政治极度失望，既对腐败的曹氏皇室失去信心，又对野心勃勃的司马氏集团打内心反感，只好采取寄情山林，沉醉酒中的隐逸方式来逃避现实，躲避迫害。其中最著名就是嵇康、阮籍、山涛、向秀、阮咸、刘伶、王戎，后人称之为“竹林七贤”。他们常常在嵇康山阳居所附近的一个竹林中聚会畅饮，以求身心的逍遥脱俗。他们都不在乎什么“法”、“礼”伦常规矩，常常狂饮长醉。他们的醉酒就蕴含着不同司马氏集团同流合污的清高，狂狷中浸透着洁身自好的志趣，所以酒也因之而附上了高雅的内涵。

“竹林七贤”以嗜酒寻求自我保护，用意最明确，要数阮籍了。

《晋书·阮籍传》记载：“籍本有济世志，属魏曹之际，天下多故，名士少有全者，籍由是不与世事，遂酣饮为常。”

有政治抱负又有济世之才，为何不积极入世，相反成天以酒藏身呢？这与当时的社会背景以及阮籍的身世有关。

阮籍的父亲是“建安七子”之一，颇受曹操的器重，官至丞相军师祭酒。阮籍的青少年时代曾有过建功立业、报效王室、匡时济世的大志，且才华横溢，颇有才名。所以，司马氏集团起初是想拉拢他的，但阮籍与司马氏集团却总是若即若离。他也当司马氏集团给他当的官，甚至还“主动”要过两个官：一个是东平太守，一个是步兵校尉。前者他骑驴上任，进了衙门便令拆去隔墙，十几天后又骑驴离开了，好像开一个玩笑似的；至于后一个官，其动机就是看中了步兵营有一位厨师很会做酒，而且营上藏有美酒300斛。他在任上只跟刘伶两人终日饮酒，什么事也不管。《晋史》和《世说新语》里记载他的轶事，如居丧照常饮酒吃肉；有时在邻居酒家女的身边醉倒不起；他成天都在醉乡里，从不发表任何政治见解。这使得司马氏集团对他既无奈又恼火，于是以各种方式逼迫他在政治上明确表态：究竟是紧跟司马氏还是相反。其中有一条办法就是联姻，即司马昭要让阮籍把女儿嫁给自己的儿子司马寅。这对于阮籍确实是一道难题，答应这门亲事，则表示自己已站在司马氏集团这条船上了；不答应这门亲事，则等于与司马氏集团决裂，或许会招致杀身之祸。答应不答应都难，怎么办？阮籍思来想去，其对付的办法就是借酒“沉醉六十日”。成天醉得不省人事，怎能商谈儿女的婚烟大事？司马昭不得不因阮籍的“不得言”而放弃努力。对此，鲁迅先生曾有精辟的见解：“他（指阮籍）的饮酒不独于他的思想，大半倒在环境。其时司马氏已想篡位，而阮籍名声很大，所以，他讲话就极难，只好多饮酒，少讲话，而且即使讲话讲错了，也可以借醉得到原谅”。所以，“乱来唯觉酒多情”，身处黑暗政治中的文人为求精神的超脱，更喜欢与酒结伴，以酒避祸，以酒自慰，以酒来表示自己不受羁绊、不屈服世俗压力的志气。

然而，阮籍不论是真醉也好，是避言论之祸，“口不藏否人物”也好，都不过是退让和回避，终非万全之策。牌最终总是要摊开的，正所谓躲得过初一躲不过十五。司马氏集团正是抓住阮籍想全名节又不像嵇康那样公开对抗的性格弱点，再次进逼，指定让他来写“劝进文”，即“劝”司马昭官进“相国”，为晋公，加九锡。这是司马氏集团篡夺皇权的重要一步。阮籍这一次还是用醉酒的老办法来搪塞可是没能蒙过去。他正在朋友袁孝尼家喝酒，就有专使骑马而来，要其交出文章。阮籍再也无法逃脱，又不敢不写，只好由人扶着当场作文。但这次违心作文，实在干系重大，即便是“醉中”所为，阮籍已不能借酒醉而原谅开脱自己，他内心是十分痛苦的，“痛失名节”，精神从此垮了，不到两个月就去世了。

历史上的“竹林七贤”的中任何一个都未能借酒而真正避世，最后不是被杀，就是被逼妥协了，这是乱世的士人不可能逃避的命运悲剧。但酒却以此成为高洁的象征，为后世崇尚高洁的文人们引为知已。“平生诗与酒，自得会仙家”（王勃《赠李十四》）；“钟鼓馔玉不足贵，但愿长醉不复醒。古来圣贤皆寂寞，惟有饮者留其名”（李白《将进酒》）；“眼前一杯酒，谁论身后名？”（庚信《咏怀》）；对他们来说只有酒才是最可心的伴侣，最多情的朋友！

阮　咸

阮咸，字仲容，河南省陈留尉氏（今河南省开封附近）人，“竹林七贤”之一，阮籍之侄，叔侄二人时人并称为“大小阮”。他历官散骑侍郎，补始平太守。山涛认为他“贞索寡欲，深识清浊，万物不能移。若在官人之职必绝于时”（见《晋书》本传），但晋武帝认为他耽酒浮虚而不为所用。

阮咸有两个很重要的特点：一是任达不拘，一是音韵高手。

他曾与姑母家鲜卑婢女私下要好，母亲死时，按礼姑姑要还家，但阮咸要求把婢女留下，这在当时是不为礼教所容的。后来婢女走了，阮咸借驴骑上追赶，终于把婢女追回来了，并生了一个儿子叫阮孚，为世人所讥。他不随便交朋友，只和亲友知交弦歌酣饮。有一次，他的亲友在一起喝酒，他也来参加，不用酒杯，而是用大盆盛酒，喝得醉醺醺的。当时有一大群猪走来饮酒，阮咸就和猪一起喝酒。他一面饮酒，一面鼓琴，真是不亦乐乎。于是“与豕同饮”就传为笑话。

阮咸妙解音律，善弹琵琶，为当时著名的音乐家。有一种古代琵琶即以“阮咸”为名。他曾与荀勖讨论音律，荀勖自认为远不及阮咸，便极为嫉恨，阮咸也因此被贬为始平太守。阮咸还有著作《律议》传世。

王允之借酒装醉

尽管历史上有些名士想以酒藏身，以求逃脱卷入政治旋涡但未得，但有些人物临时装醉以逃脱杀身之祸，并意外获得了成功。东晋时代的王允之就是一个很好的例子。

王允之是大将军王敦的堂房侄儿，为人聪明机警，王敦在王允之很小时就把他带到身边。王敦阴谋反叛要篡夺晋朝江山，经常与心腹钱凤秘密策划。一次夜饮，王允之知道他们定要密谋，就托醉先睡。王敦果然和钱凤商量反叛的步骤，内容全被王允之听见了。王允之一想不好，倘若被他们察觉了一定会害怕自己去告发，那就非被害不可，于是他在床上大吐，连衣服和脸上都吐得一塌糊涂。钱凤走后，王敦果然想起刚才计议时王允之在隔壁，急忙秉烛去照视，只见他烂醉于地下，吐得不省人事，料想没有问题，就不再疑心。正好王允之的父亲王舒那时任廷尉，王允之请求拜会父亲，王敦毫不介意地批准了，一见到父亲王允之就把王敦、钱凤的密谋告诉父亲，王舒又告诉了宰相王导，一同启奏皇帝，预做准备，使得王敦的计划未能得逞。王允之倘不是急中生智就性命难保了。

同样类似的还有温峤借酒制服钱凤的故事。温峤想拆散王敦和钱凤，以削弱王敦的力量，便向王敦大力推荐钱凤去出任丹阳尹。王敦虽已答应，但温峤还不放心，怕王敦会识破他献计将钱凤调开是有所图谋的，于是在王敦给他饯行的宴会上，起身向座客敬酒，走到钱凤面前干杯以后，钱凤还来不及喝，温峤就伪装酒醉大发脾气，将笏（官员的手版）敲击钱凤的头帻，怒喝道："钱凤什么东西，温太真（温峤字太真）敬酒，竟敢不饮！"王敦真的以为温峤醉了，连忙劝阻双方，令彼此和好。温峤走后，钱凤果然疑心将他调任丹阳尹是别有用心的，于是对王敦说："温峤这人和朝廷关系密切，此人不可信，去丹阳的事以暂缓为好。"王敦道："你这人气量未免太小，昨天温太真喝醉了，稍对你说了几句不客气的话，你就记恨在心，马上来说他的坏话。"因此王敦不信钱凤的话，调走了钱凤，这恰好中了温峤的计。

王　绩

王绩，字无功，太原祁(今山西省祁县）人，是隋唐之际的文学家。

王绩性格放达，不喜俗礼，凡乡下举办婚丧喜事，他都不参加。隋炀帝大业年间，推荐人才时，他被授秘书省正字。因为不喜欢在朝廷做官，所以要求做六合县丞。任职时，他嗜酒不干事，因此被弹劾解职。他叹息说：到处是罗网，还是回家安心。于是他回到家乡河渚间。他有田十六顷，奴婢数人，他和家人种粮食酿酒，还养家畜，采草药，过着自给自足的生活。

有个叫于光的，也是个隐士，他没有妻子，在北渚造了一座房屋，住了30年。他自力更生，不依赖人家。王绩喜欢他的真诚，把家搬过去，和他住在一起。于光是个哑巴，不会交谈，他们在一起对酌时，默默无言，但心情十分畅快。

王绩除了喝酒就是读书,他把《周易》《老子》《庄子》等书放在床头阅读，其他的书很少看。

他曾游历过北山东皋，自称是"东皋子"，他骑着牛四处游荡，遇有酒店，就逗留数天。

高祖武德初，他待诏门下省。当地的官吏，每天给他三升酒喝。有人问他：待诏有什么乐趣呢？他说：有好酒可以作伴啊！侍中陈叔达知道了，就每天给他一斗酒喝，时人都称他为斗酒学士。

贞观初，他因生病被罢职，后又调任有司。当时，他听说太乐署史焦革家善酿佳酒，他就苦求为太乐丞，以便大饱酒福。焦革死了，王绩就采用焦革的制酒法，写成《酒经》，又参考杜康、仪狄以来的酿酒经验，写成《酒谱》，今两书均已失传。当时名流李淳风赞他是“酒家南董”。王绩家居东南面有块磐石，他就用石建立了杜康祠，时常拜祭，尊为老师。他写有《醉乡记》。因他饮酒五斗而不醉，又写就《五斗先生传》。

如有人请他喝酒，他不分贵贱都去赴席。有个刺史叫杜之松，是他的老朋友，请他去讲礼法。他谢绝说：我不能在尊府里谈糟粕，而放弃醇醪啊！他把礼法视为糟粕，把醇酒作为爱好，王绩就是这样一个人。

皮日休与陆龟蒙

皮日休，晚唐文学家，字逸少，又字袭美，襄阳（今属湖北襄樊市）人，出身寒门，早年隐居鹿门山。

皮日休爱好喝酒，愤世嫉俗，自称是“闲气布衣”“醉吟先生”“酒民”“醉士”。据明夏树芳《酒颠》上说，他嗜酒成性，隐居在鹿门山时，每天都饮酒，自称是醉士。后来，在襄阳洞庭湖，他驾着船往来于湖上游赏，一面喝酒，一面赋诗，又自称是酒民。他一生写有许多关于酒的诗文，如《酒箴（并序）》《酒中十咏》《春夕酒醒》《酒病偶作》《〈续酒具诗〉序》等。

他有一个诗酒好友，叫陆龟蒙，他们时常在一起游山玩水，弈棋钓鱼，饮酒吟诗。

陆龟蒙是唐代的诗人，字鲁望，苏州人，居松江甫里，举进士不中，尝为湖州刺史张抟幕僚，辗转于苏湖间，不久便离职归隐。他也十分爱好喝酒。自和皮日休结成诗酒之友后，两人经常以酒诗唱和。

如皮日休写了一首《醉中寄鲁望一壶并一绝》：

门巷寥寥空紫苔，先生应渴解酲杯。
醉中不得亲相倚，故遣青州从事来。

此诗写皮日休一个人喝醉了酒，感到十分寂寥，就想到他的好友陆龟蒙此时可能没有酒喝，就派人送去了美酒，表达了他对陆龟蒙的真挚情谊。鲁望是陆龟蒙的字。酲杯指酒。青州从事是好酒的隐称，典出《世说新语·术解》：桓公（桓温）有主簿善别酒，有酒辄令先尝，好者谓“青州从事”，恶者谓“平原督邮”。

陆龟蒙看到这首诗后十分感动，就写了一首和诗，题目是《和袭美醉中以一壶寄》，其诗曰：

酒痕衣上杂莓台，犹忆红螺一两杯。
正被绕篱荒菊笑，日斜还有白衣来。

此诗写作者正在思渴饮酒的时候，傍晚忽然有人送来了美酒，真是雪中送炭。袭美是皮日休的字。红螺指酒。白衣，原指官府仆役，后常用以指代送酒的使者。

在一个春天的夜半，皮日休酒醉醒来，面对红烛独自彷徨，此时又想起了故友，于是写了一首《春夕酒醒》寄给陆龟蒙。其诗是：

四弦才罢酒蛮奴，醽醁余香在翠炉。
夜半醒来红蜡短，一枝寒泪作珊瑚。

醽醁，古代美酒名，典出南朝盛弘之《荆州记》：渌水出豫章康乐县，其间乌程乡有酒官，取水为酒，酒极甘美。与湘东酃湖酒，年常献之，世称酃渌酒。

陆龟蒙接到诗后，又和了一首《和袭美春夕酒醒》，他写的也是夜里酒后醒来的情景。其诗曰：

几年无事傍江湖，醉倒黄公旧酒起。
觉后不知明月上，满身花影倩人扶。

傍是靠近，傍江湖是说生活于江湖之上。黄公旧酒起，原指晋竹林七贤饮酒处，此处指作者与皮日休仿效竹林七贤的放达纵饮。可见，皮日休和陆龟蒙的友情，是以诗酒作为纽带。

李 成

李成，五代宋初画家，字成熙。五代时，避地北海，遂居青州营丘（今属山东），人称“李营丘”。他擅画山水，初学王维、荆浩画法，后又着意观察自然景物，融会贯通之。画平远寒林尤工，其法用淡墨拖抹，善加剪裁，人称惜墨如金。与长安关同华原范宽号为五代北宋山水画三大宗师。

他因生不逢时，便“放意诗酒，寓兴于画”。评者谓其画峰峦重叠，林木

稠薄，泉流深浅，如就真景，“于时凡称山水者必以成为古今第一”。（《宣和画谱》）

当时，人人都想求得他的画，据史书上说：人欲求者，先为置酒。而李成酒酣落笔，烟云万状，至得意处，殆非笔墨所成。非笔墨所成，当然是靠醇酒的妙力所成。

当时，开封相国寺东有间药铺，老板姓宋，深知李成的爱好，常以美酒款待。李成一到则“醉必累日”，酒酣兴至，挥笔潇洒，不仅在素纸上挥洒，盈满箱箧，而且“铺门两壁，亦为淋漓泼染，识者谓壁画最为神妙”（《枫窗小牍》）。美酒虽给他的事业以很大助力，但“日以酣饮为事”，最后“醉死于客舍”。（《宋史·儒林李成传》）

“醉翁”欧阳修

欧阳修，字永叔，号醉翁，晚年号六一居士，吉州庐陵(今江西吉安)人，24岁中进士，任知制诰、翰林学士、枢密副使、参知政事等。北宋著名的文学家、史学家、政治家，著有《新五代史》《欧阳文忠公文集》等。

欧阳修是众人皆知的醉翁，人们常常说“醉翁之意不在酒”，即典出于其人。欧阳修任滁州太守时，写下了他的名篇《醉翁亭记》。他徜徉山水之间，日子过得像月白风清，很惬意，仕途也很顺利。

欧阳修喜好酒，他的诗文中亦有不少关于酒的描写。一首《渔家傲》中采莲姑娘用荷叶当杯，划船饮酒，写尽了酒给人的生活带来的美好。欧阳修任扬州太守时，每年夏天，都携客到平山堂中，派人采来荷花，插到盆中，叫歌妓取荷花相传，传到谁，谁就摘掉一片花瓣，摘到最后一片时，就饮酒一杯。这样欢宴畅饮，直到深夜而归。

庆历间贾文元任昭文相时，常与欧阳修畅饮。贾文元知欧阳修饮酒时喜欢听曲，所以预先叮嘱一官妓，准备些好曲子来助兴。谁知这官妓闻而不动，再三催促仍旧无动于衷。贾文元感到很无奈。不料在宴席上，这位官妓在向欧阳修敬酒祝寿时，一曲又一曲地献唱。欧阳修侧耳细听，听完一曲饮一大杯酒，心情十分痛快。贾文元感到奇怪，过后一问，才知道官妓所唱的曲，全是欧阳修作的词。

晚年的欧阳修，自称有藏书一万卷，琴一张，棋一盘，酒一壶，陶醉其间，怡然自乐。可见欧阳修与酒须臾不离。

苏　轼

苏轼，字子瞻，号东坡居士，眉州眉山（今四川眉山县）人。宋仁宗嘉佑二年进士，历官福昌县主簿等。神宗时因反对王安石变法，以作诗“谤讪朝廷”罪，被捕入狱，出狱后，贬谪黄州。哲宗时，任翰林学士，曾出知杭州、颍州，官至礼部尚书。后又贬谪惠州、儋州。

苏轼对于诗词赋文、绘画、书法等无所不精，堪称一代宗师，是北宋著名的文学家和书画家，为“唐宋八大家”之一。

苏轼生于一个饮酒世家，祖父、父亲均嗜酒，而他则青出于蓝而胜于蓝。他对人说：我每天要饮酒作乐，倘若没有酒喝，就会疾病缠身。

他爱酒、饮酒、造酒、赞酒，在他的诗、词、赋、散文中，都仿佛飘散着美酒的芳香。如“还来一醉西湖雨，不见跳珠十五年”（《与莫同年雨中饮湖上》）“醉醒醒醉，凭君会滋味，沈斟琥珀香浮蚁”（《醉落魄·咏醉》）“酒勿嫌浊，人当取醇”（《浊醪有妙理赋》）等。

苏轼虽然好饮酒，但酒量并不大。他自己说：我饮酒终日，不超过五杯。天下不能饮酒的，不在我的下面。我喜欢欣赏别人饮酒，看别人举起酒杯，慢慢地喝，我的心胸就广阔无比，似乎也尝到了酒醉的味道，这种味道比饮者本人还强烈。我闲居时，每天都有客人来，客人来了，就得设酒招待。天下好饮酒的，也不在我的上面，常说人生最快乐的是身无病，心无忧。我确实能做到。（《书东皋子传后》）苏轼在《东坡志林》里还说：吾兄子明饮酒不过三蕉叶（形似蕉叶的浅酒杯），吾少时，望见酒盏而醉，今亦能三蕉叶矣。

与中国的大多数文人一样，苏轼的饮酒也往往是借酒浇愁，以酒来自我解脱。

陆　游

陆游，字务观，号放翁，山阴（今浙江绍兴）人，历官镇江、隆兴、夔州通判。乾道八年，入四川宣抚使王炎幕府，投身军旅生活，后官至宝章阁待制。在政治上，他主张坚决抗战，收复失地，但一直受到投降集团的压制。晚年退居家乡，但收复中原的信念始终不渝。他一生创作诗歌甚丰，今存九千多首，多抒发强烈的爱国热情，是南宋著名的爱国诗人。

他一生嗜酒，写了许多有关酒的诗篇。在陆游的饮酒诗篇中，充满着强烈的爱国热情。

陆游身处在民族矛盾异常尖锐的南宋时代，北方的广大人民在女真族统治者的铁蹄下痛苦呻吟，而庸懦的南宋封建统治者偏安江南，过着屈辱而骄奢淫逸的生活。国家的命运、民族的前途深深地压抑着诗人，使他无法排遣，只能在诗中倾吐。

辛弃疾

辛弃疾，字幼安，号稼轩，历城（今山东济南）人。出生时，山东已为金兵所占。21岁参加抗金义军，不久即归南宋，历任湖北、江西、湖南、福建，浙东安抚使等职。他一生坚决主张抗金，提出不少收复失地的建议，由于受投降派的阻挠，均未被采纳。晚年落职闲居在江西上饶一带。他的词以豪放为主，与苏轼并称苏辛，对后世影响很大。

和其他文人一样，辛弃疾非常喜欢喝酒，经常喝得醉醺醺的。有一次，他醉倒在松树旁边，还问松树：我醉得怎么样？松树当然不能回答。在醉眼朦胧中，误以为松树要来扶他，他用手推着松树说：去！酒醒以后，他就挥笔写成《西江月·遣兴》，把这件逗人发笑的事写了进去。

喝醉了酒，不仅误事，而且会损害健康。因此辛弃疾就下决心坚决戒酒，还特地写一首《沁园春》词。在词中，他以古人为例，讲了喝酒如何如何地有害。可是有一天，他在山上游玩，见朋友拿了酒来，又急不可待地喝起来，直至酩酊大醉。事后，他按《沁园春》的韵脚，又写了一首词，说饮酒如何如何地好。可见，辛弃疾的戒酒是假的。

辛弃疾以酒会友的事，被不少人传为美谈。其一是与刘过相会。刘过是南宋有名的词人、诗人，在他的诗词里抒发了抗金的抱负，为一般爱国志士所器重。当时，辛弃疾任浙东安抚使，而刘过则是一个怀才不遇、流落江湖的落魄文人。刘过对辛弃疾十分崇敬，想方设法要结识辛弃疾。

有一天，他来到辛府，因穿着褴褛，被门吏拒之门外。他故意大吵大闹，惊动了正在酣饮的辛弃疾。辛弃疾忙出来迎接，见刘过虽然衣衫破旧，却英气勃勃，不愧是一位爱国文人，于是请他入席饮宴，刘过也不卑不亢地坐着喝酒。酒过三巡，旁边有位宾客对刘过说：听说先生不仅善于词赋，而且还能作诗，是吗？刘过很有分寸地说：诗词之道，略知一二。当时席上正好有一大碗羊腰肾羹，辛弃疾就让他以此为题，赋诗一首。刘过豪爽地说：天气殊冷，当以先酒后诗。辛弃疾即命人为他满满地斟了一碗酒。由于刘过双手已经冻僵，接碗在手，颤抖不止，把碗中的酒流到了胸前的衣襟上，辛弃疾就请他以“流”字为韵。刘过沉吟片刻，马上吟出了一首既切题又符合当时情景的绝句：拔毫已付管城子，烂首曾封关内侯。死后不知身外物，也随樽酒伴风流。拔毫指拔羊毛，管城子指毛笔。煮羊，必先拔羊毛，用羊毛制成毛笔，可供文人使用。烂首指煮烂羊头，因东汉时流传的一首歌谣：烂羊头，关内侯。讽刺小人封侯，专权误国。羊死后，当然不知身外物，但可作为佳肴，和樽酒一起陪伴风流人物，当然风流人物就是辛弃疾等人。

辛弃疾听了，赞赏不已，觉得刘过确是个“奇男子”，马上举杯与他共饮。宴会结束后，辛弃疾还给他许多礼物，从此以后，两人成了莫逆之交。

其二是与陈亮相会。由于主和派的不断打击，辛弃疾感到异常失望，在42岁时就闲居到江西上饶。他在城外买了一块土地，兴建一座庄园叫“带湖新居”。又在铅山县东北，建筑了一所别墅。把附近的一条清泉取名为“瓢泉”。陈亮是辛弃疾的知交，也是一位爱国词人。淳熙十五年冬天，陈亮从他的故乡浙江永康来江西拜访辛弃疾。这时，辛弃疾在小病中，见到陈亮十分高兴。他俩或在瓢泉共饮，或往鹅湖寺游览。他们一边喝酒，一边纵谈国家大事，时而欢笑，时而忧愤。陈亮在铅山住了十天，才告别回去。辛弃疾一程又一程地送他。第二天早晨，辛弃疾又赶马追去，想挽留陈亮多住几天。当他追到鹭鹚林地方，因深雪泥滑，不能前去，才停了下来。那天,他在方村怅然独饮。夜半投宿于吴姓的泉湖四望楼，听到邻人吹笛声，凄然感伤，就写了一首《贺新郎·把酒长亭说》词。词中写自己与陈亮欢饮纵谈的喜悦、对陈亮的敬爱以及对当权者偷安误国的痛心。后来他把这首词寄给了陈亮，陈亮也写了一首和词《贺新郎·老去凭谁说》寄给辛弃疾。

石延年

石延年，字曼卿，宋城（今河南商丘南）人，官至太子中允，是宋代的文学家和书法家。他性格豪放，饮酒过人。相传宋仁宗爱其才而劝其戒酒，后竟酒渴成病，中年早卒。

石延年性格豪放，喜欢豪饮。有个义士叫刘潜的，酒量也很大，喜欢和石延年比酒量。他俩听说京师河行王氏新开一酒店，于是一起到那里对饮。他们从早饮到晚，不发一言。王氏对他俩的酒量十分惊讶，认为他们不是普通人，于是又添加肴果和名酒，恭恭敬敬地在旁服侍。而石延年和刘潜呢，却傲然不顾，继续饮酒，直到夕阳西下，还没有放下手中酒杯，两人的脸上，竟没有一点酒色。第二天，京都的人民都在传说，有两位酒仙到王氏酒

楼喝酒。过了一段时间后，才知道是石延年和刘潜。自此，“酒敌对饮”的佳话就传开了。（事见《宋史·文苑传》）

还有一件怪事，也发生在石、刘身上。相传石延年任海州通判时，有一天酒友刘潜来访。石延年赶忙请他到石闼堰，两人坐在酒桌上，就豪饮起来。一直喝到半夜，眼见酒将要喝光了，但饮兴还没有尽。看见船上有一斗多醋，就把醋全倒入剩酒里，又大喝起来，直到把酒醋喝光为止，此时天已经大亮了。（事见明何良俊《语林》）

说石延年是个酒怪，他确实名符其实。他不仅饮酒超过一般常人，而且别出心裁地创造了多种荒谬怪诞的饮酒方式。例如，他与人痛饮时，蓬乱着头发，赤着脚，还带着枷锁，说这种饮酒方式叫“囚饮”。有时，他与人在树上饮酒，说这是“巢饮”。有时与客豪饮，用稻麦秆束身，伸出头颈，说这是“鳖饮”。有时夜晚不点蜡烛，与客摸黑而饮，说是“鬼饮”。有时与客饮酒时，一忽儿跳到树上，一忽儿跳到地上，说这是“鹤饮”。名堂稀奇古怪，不一而足。（事见宋沈括《梦溪笔谈·人事》）

石延年死后，他的酒友苏舜钦写了一首《哭曼卿》，其诗曰：去年春雨开百花，与君相会欢无涯。高歌长吟插花饮，醉倒不去眠君家。以表示对石延年的怀念之情。

李清照

酒神酒圣酒仙的诗作，千百年传颂，脍炙人口。宋代女词人李清照，同样也借酒抒情，铸就了她隽永清丽的词风。“昨夜雨疏风骤，浓睡不消残酒。试问卷帘人，却道海棠依旧。知否，知否?应是绿肥红瘦。”好个《如梦令》，简洁明了地描述了词人那“浓睡不消残酒”的醉态，以及“应是绿肥红瘦”的情怀。可是一场风雨的洗礼，蜕变已在不知不觉中，怎么可能是“依旧”呢？

“东篱把酒黄昏后，有暗香盈袖。”这首《醉花阴》是词人在落日的黄昏后，把盏倾诉相思的自喻。据说，后三句还曾有一段鲜为人知的故事。她的夫君赵明诚把自己的作品掺着李清照的词不注明作者，送给当时的同道好友品评赏析。结果几十首词里的亮点却是“莫道不消魂，帘卷西风，人比黄花瘦”的佳句。这位被誉为婉约派的女词人，以那闺中淑女深宅思夫、颠簸流沛的情感流露自成风格，把个多情善感、哀怨难诉的“小妇人”，描述得尽在其中。

作诗需有激情，而酒后的真情则是毫无做作的宣泄。“故乡何处是，忘了除非醉。沉木卧时烧，香消酒未消。”这首《菩萨蛮》是作者饱尝了战乱离乡漂泊之苦的叙述。前半阙是冬去春来，阳光虽微，风却柔和了，我换上了夹衫，仍有一丝未尽的寒意，梅已凋残，我的心已破碎，为了逃避思乡之苦只有醉，睡前燃上的炉火沉香已烧尽，而我的酒意却没退。正如素有惊人绝句的女词人所述“学诗谩有惊人句”，道出了一个弱女子只能纸上谈兵空有才气，而眼前却要随世事沉浮。

而她的“寻寻觅觅，冷冷清清，凄凄惨惨戚戚。”的七个叠词，不仅写出了作者无依无傍的孤独境遇，更是诗词史上的空前绝后的佳句。

一杯薄酒论短长，无限深情寄思托。这些个满腹愁肠、欲语还休的语言，怎道得尽词人盼望国泰平安、思念家乡的感受。其实，婉约的词人骨子里却有着不为众人所意想的豪放，“至今思项羽，不肯过江东”便是她的风采。说起李清照与酒的缘分，也正如词人与词的关联，这原本就是心海与情感的交融，生活与生命的欢歌。

嗜酒虽不可取，但正因为有了酒，才有了李清照婉丽清新的词。

曹雪芹嗜酒著宏篇

曹雪芹出身河北丰润县，这里有悠久的酿酒历史。从曹雪芹祖辈起，三代任官，家势显赫，所以曹雪芹自幼生性倔犟，纵酒赋诗，疏狂傲岸。但后因父亲失职获罪，被革职抄家，家道便从此没落。

乾隆二十七年秋天，曹雪芹从西郊来到北京宣武门内的槐园访敦敏。见敦敏还未起床，便拉着敦敏的弟弟敦诚往酒店里跑，两个人在酒店里喝得好不痛快，醉意朦胧，当结账时，两人都没带钱，最后敦诚解下随身所带佩刀抵酒钱才算完事。

曹雪芹有钱沽酒，无钱则到亲朋家中去饮酒。有珍馐美味佐酒当然好，无菜肴下酒，则以清淡佐酒，酒成了曹雪芹生活中的重要内容。也正是醇香的美酒点燃了他创作的灵感，拿起笔来十年寒窗完成了流传百世的佳作《红楼梦》。

附 自古饮者留其名

饮者雅号集

西汉： 高阳酒徒 郦食其

	酒徒	饶宽	
魏：	酒徒	蒋济	
	竹林七贤	嵇康	阮籍
		山涛	向秀
		刘伶	王戎
		阮咸	
晋：	酒狂	裴楷	
刘宋：	上顿	王枕	
唐：	五斗先生	王绩	
	斗酒先生	王绩	
	醉民	元结	
	酿王	（汝南王）李进	
	曲部尚书	（汝南王）李进	
	醉司马	白居易	
	醉尹	白居易	
	醉傅	白居易	
	醉吟先生	白居易	
	醉士	皮日休	
	醉朋	可朋（诗僧）	
	醉髡	可朋（诗僧）	
	醉八仙	贺知章	汝阳王
		李适之	崔宗之
		苏晋	李白
		张旭	焦遂
五代后蜀：	呷大夫	常录修	
北宋隐士：	云溪醉候	种放	
	醉翁	欧阳修	
	酒边居士	向子湮	
明：	曲部尚书	朱国祯	
清：	酒肉道人	傅山	

第三章 酒神品酒酒添彩
——现代名人与酒

郁达夫嗜酒

郁达夫的嗜酒，自己在《自述诗》里还专门作了一首诗自嘲过。那是他16岁到杭州上中学时，与同伴数人在酒家聚饮。毕竟还是少年啊，他喝醉了，迷迷糊糊地就在那里睡熟了。看来他在少年时就有相当的酒量了。看着他这副醉态，同伴们既好笑，又感到惊奇，后来在学生中被传为笑柄。

郁达夫平生是个极认真极沉静的人，即使是一杯接一杯地喝酒的时候，也不曾醉得失态过。有些话好像是乘兴说的，但依然是平静地拿着酒杯一点一点呷酒。

喝酒时的话题，大多是诗，其中有时也有艳冶的话。

他喜欢白乐天的《长恨歌》，爱在口里吟诵。特别是其中“侍儿扶起娇无力”一句，这句描写可以说是到了淫猥的程度，即杨贵妃初蒙玄宗的宠爱后，赐浴于华清池的温泉，她精疲力尽要靠侍从的女官扶助，那浓艳的姿态强烈地散发出肉感的香味。

郁达夫在东京通过毕业考试之后，马上返回祖国，从事教师生涯。暑假，郁达夫来到上海，在民厚南里与郭沫若住在一起。有一天，郁达夫和郭沫若偶然听说泰东书局出版的两千部《创造季刊》大约还有五百部没有卖出去。

当时，两人都还年轻，很自负，所以他们感到这是一个很大的打击。实际上这已经未必不是好成绩了。但两人却觉得同情自己的人实在太少了，何况这时屡屡遭到文学研究会的攻击呢！

“沫若，我们去喝酒去！”郁达夫突然叫着说。

“好，我们去喝酒。”郭沫若马上赞同。

两人一开始是在四马路附近的面馆的楼上饮酒，喝了两壶酒之后，一直没有上菜，只得又叫添酒上菜，可叫了半天怎么也叫不来。一座大楼上空空洞洞的，除他两人之外再无旁人。两人往窗外一看，突然发现酒店招牌上的红字用白纸贴上了。

“什么？这不是有丧事的人家吗？”

因此，二人马上离开了这里，接着又进了一家馆子。这个馆子的堂倌态度也不好，所以喝了三四壶就又出去了。第三家馆子还算凑合，他们就坐下慢慢地喝起来。不知不觉，桌子上的空酒壶越来越多，不一会儿就摆满了一桌子，于是，他们便移到邻近的空桌上去，接着空酒壶又马上摆满了。两个人还是第一次在一起这样痛饮，结果喝得酩酊大醉。一轮明月从窗外照起来，桌上林立的酒壶像小森林一样。此时此景，勾起了两人无限惆怅的思绪。

“到头来，我们只有饿死在首阳山上！”

郭沫若伤怀切齿，郁达夫两只眼睛血红。他叫喊道：

“是的。你是伯夷，我是叔齐！”

两人吵吵嚷嚷，一味地谈论着这些伤心事。

从那里出来，两个人彼此挽着胳膊，相互搀扶着踉踉跄跄地向民厚南里走去。走到了哈同花园附近，静安寺路上，依旧是许许多多西洋人的汽车，在竞相疾驰。两人见此情景，不由得勃然大怒，不管三七二十一地大叫起来。

“这里是中国！”

“你们这些资本主义的畜生！”

“你们这些帝国主义的猪猡！”

“给我滚开！见鬼去吧！”

突然郁达夫一下子从路边跑到街中心，冲着迎面驰来的一辆汽车，用力向前伸出左手，叫道：“我要用手枪打死你们！”

郭沫若连忙跑去抱住他往后拽。汽车紧擦着他俩划出了一条漂亮的曲线，飞驰而过。

那时，郁达夫家有客的时候，王映霞大都不让他们和郁达夫去外边的酒馆，而是尽力自己准备酒食。另外，王映霞还有一个节制达夫饮酒的办法，就是待郁达夫有六七分酒意之时就不再供酒了。有年冬季的一个下大雪的晚上，达夫和王映霞婚后不久，郁达夫和来访的几位朋友出去喝酒，彻夜未归。王映霞很担心，天明赶紧出去探望。刚出门，就看见郁达夫躺在从胡同口通往家门的甬道中间的雪地上。原来，昨天夜里朋友们用汽车把他送到胡同口，可他一进胡同，踉踉跄跄地走了没多远，就栽倒在雪里。自此以后，王映霞对郁达夫就开始严格的酒禁了。

郁达夫来到日本过了些天之后，改造社召开该社发行的《大鲁迅全集》（鲁迅已逝世）的翻译碰头会。郁达夫听说朋友佐藤春夫要去改造社，因想与自己的故旧改造社社长山本实彦会面，就同道而来了。

山本实彦马上打算为郁达夫举行欢迎会。因为很难得有有关研究中国文学的人士聚集一堂，与其定在其他日子，倒不如就定在当天晚上举行欢迎会。于是他马上派人去叫木村毅、林芙美子等郁达夫的旧友，又觉得应该将住在国府台的郭沫若请来，就马上决定派一名职员驱车前往国府台去接郭沫若。

郁达夫还未去拜访郭沫若，所以他就借机同车前往。郁达夫来日之事是已通知了郭沫若，还是突然前去访问，尚不得而知。但不管怎样，他这次访问是意在同郭沫若言归于好。

幸好，郭沫若在家。将近傍晚时分，郁达夫陪着郭沫若再次来到改造社。停留了一会儿，大家就一同到了赤坂饭庄。

郁达夫和郭沫若并排靠壁龛的柱子坐着。整个宴席成一个"䶝"字形，有十几位艺妓在照应。此外，山本还特意从新桥叫来了歌妓喜三代来侍酒助兴。

山本的热情招待，更加上各位到会人士的海量畅饮，使整个宴会充满了热烈的气氛。山本看到宴会已到酒酣兴尽之时，就首先让自己的下属、北海道出身的某出版部部长唱"追分小调"。唱完之后，又请郁达夫、郭沫若唱歌。

郁达夫很干脆，先吟诵古诗"风萧萧兮易水寒"，但有些气量不足，加上节奏单调，说不上吟诵得很好。

接着轮到了郭沫若，他先举杯与山本同干。原想这下该唱歌了吧，但他却又举杯再干了一次。这次总要唱了吧，正准备听，他却仍然没有唱，重又一边微笑，一边举起酒杯。在座的人大都被他这种"表演"感动了。酒过三杯之后，总该拿出节目来了吧，他却也和郁达夫一样朗诵了那首古诗，然其声调激昂，情怀悲切，令人感怀不已。

一阵歌声鼎沸之后，女佣人把几张彩纸放到郁达夫和郭沫若面前。那时已经主客混杂，大家端着酒杯，随意走动，看二人即席赋诗。郁达夫的书法虽独具一格，但决非杰出之作；而郭沫若的书法洒脱奔放，且有古雅之风。

胡适醉打警察进监狱

谁也不曾想到，文化巨子胡适早年在上海曾有过一段浪荡无羁的生活经历。那时年轻的胡适在中国公学求学，偶与一些灰心的浪漫朋友一起陷入轻度的放荡之中。他们饮酒、赌博，也常常光顾灯红酒绿的妓院。胡适后来说：幸而我们都没有钱，所以都只能玩一点穷开心的玩意儿，有时候，整夜的赌，有时候，连日的大醉。他 1909 年的一首诗颇能道出当时的心境：

酒能消万虑，已分醉如泥。
烛泪流干后，更声续断时。
醒来还苦忆，起坐一沉思；
窗外东风峭，星光淡欲垂。

在次年春一个雨丝纷纷的傍晚，在狂饮之后，胡适在回家的路上竟与警察争斗起来，当晚就被抓进监狱蹲了一夜。第二天，当胡适面对镜子打量他那张青肿的脸时，想起了李白名句“天生我才必有用”，懊悔了。于是在朋友的帮助下，胡适关起门来发奋读书。几个月之后，他获得当年庚子赔款奖学金，来到大洋彼岸留学，九年后成为余响至今的中国新文化运动的健将之一。

林语堂鼓励别人喝酒

1965 年 7 月，林语堂夫妇在纽约提前庆祝他们的七十双寿，因为林语堂生于 1985 年，按西洋算法，这一年正好是七十周岁，而廖翠凤比丈夫小一岁，但按中国算法，也是七十岁了，所以叫庆贺“双寿”。

那天，来贺寿的客人坐满了好几桌，都是林氏夫妇的至爱亲朋。在香港任《读者文摘》中文版总编辑的二女儿林太乙，也和丈夫黎明一起，带着孩子从香港飞抵纽约。林语堂全家大团圆，在座的客人也都是生平好友，大家同聚一堂，酒逢知己千杯少。林语堂自己虽然滴酒不沾，他却喜欢看别人喝酒，也鼓励别人喝酒，更喜欢听喝酒的人豁拳行令。他觉得这样才热闹，才有喝酒的情调，所以他就点名叫人对饮或划拳。而廖翠凤的酒量倒不错，亲戚朋友中也有豪量的，林语堂在一旁调兵遣将，鼓励大家较量较量。一时间，觥筹交错，热闹非凡。

鲁迅的小说与酒

《孔乙己》小说的主要场景是鲁镇镇口的咸亨酒店，落拓书生孔乙己的一生，也由酒店的小伙计口中述出。这个鲁镇上的咸亨酒店，不久又出现在小说《明天》里，这一次，故事是发生在酒店隔壁的单四嫂子跟她的病儿身上。从1921年底开始，鲁迅的《阿Q正传》陆续发表，阿Q也是个爱喝酒的人，他喝了酒，才敢去摸小尼姑的头。平常他都要向酒店赊账的，“中兴”后的那一天则很不同，他将满把银的和铜的钱在柜上一扔说：“现钱，打酒来！”绍兴是个产酒的地方，很多故事仿佛都跟酒有联系，而酒又似乎特别能给怯懦的人以勇气、让无聊的人得到消遣。1924年的小说《在酒楼上》，写的就是一个喝了些绍兴酒，“满脸已经微红，似乎很有些醉，但眼光却又消沉下去了”的被生活消磨了意志的人。

对于酒，鲁迅是非常熟悉的，据说他的嗜好之一就是喝酒，啤酒、白干、绍兴酒、洋酒都能喝。他的父亲就是常饮酒的，饮酒过后，有时发脾气。外人的印象是鲁迅嗜酒，天天要喝，酒量也大，有人因此就把他同大酒坛子联系在了一起。不过在家人眼里，尽管他喜欢喝几杯，酒量却并不大，只是跟朋友谈话或者心情不好的时候，才会放任多饮。至于鲁迅本人，他承认自己一度“自暴自弃”地喝酒，那也正是太高兴或太愤懑的时候，而在1925年6月写给许广平的信里，他更表现出对于酒的把握：“酒精中毒是可能有的，但我并不中毒”“我到现在为止，真的醉只有一回半”。

在鲁迅与许广平交往的最初那些日子，酒也曾经是他们两人间的一个话题。鲁迅解释喝醉酒的人的心理说：那发酒疯的人，多是装出来的，因为一切过失可归罪于醉。1926年夏天过后，鲁迅到厦门大学就职，大概也是听了许广平的劝戒，有一段时间，他喝酒少了，并且“睡早而少吃茶烟”，虽然写《范爱农》时，曾忆及两人“醉后常谈些愚不可及的疯话”，但为悼念这位昔日酒友所写的诗，在记忆中居然变得残缺不全。鲁迅很早就有胃病，就在到厦门之前，他的肠胃病又一次发作，多年的胃痛使他得到经验，“我的病，只要有熟人开一个方就好”，于是请人开了方，向药房去配药，有一天买药，因为当场就喝，还被人误以为戒大烟。鲁迅也知道酒精对胃的侵害，他这一时期断断续续地戒酒，一半也是因为身体的缘故。

易君左换酒宣言

第一级：沧州时酒、易州涞酒、四川橘晶酒，以一相赠，则报以新诗屏，或题诗之画轴；

第二级：成都生春酒、郫筒酒、鹅儿酒、桂阳烧酒，各赠以联；

第三级：安徽双沟酒、四川大曲酒、江苏洋河酒、山东馒头酒、山西汾酒，各赠字轴。

这个三级润例，把中国所有的名酒几乎全部包罗无遗，实足显示了当年这位“小四魂”（易君左的笔名）喝酒思吞海的洒脱风度。宣言之末，还斩钉截铁地宣布：“自订此例后，其他酬件，概行谢绝！”这真如郑板桥的润例诗：“任渠话旧论交接，只当春风过耳边。”堪称一绝了。

有人问易君左，绍兴花雕、天津五加皮等为啥不包括在内？他哑然笑答：“我要的是白酒，颜色好酒则好矣，然不够过瘾。”

这个换酒妙闻，瞬即传遍南京。一次，有位报人接到易君左的信，嘱为《半月》写文，此人还以一诗云：“顷闻换酒发宣言，乐煞区区喜欲颠，我亦写文来换酒，五瓶大曲字三千。”

易君左风流倜傥，驰骋文苑多年。关于他，还有 段传闻。

抗战之前，易君左任职于江苏省教育厅，某日往游庚桑、善卷二洞，叹为天下奇景，较之世界各国名洞有过之而无不及，乃作《乾坤双洞歌》，刊于《江苏教育》月刊。

密迩南京的宜兴庚桑、善卷二洞是储南强（简斋）先生发现并独资建设的。储南强先生在晚清末叶曾任南通县宰，性耿介，不善逢迎，且淡于名利，风骨傲然，虽大佬如张季直，储南强先生亦不买账，因此不得上司欢心。归田后，他以全部力量发掘庚桑、善卷二洞，前后历时多年，倾注了大量心血。储南强先生个人的私蓄有限，变卖了房产、书画、古玩、衣饰还是不够，最后乃至多方借贷，并分函吁请各方有力者支援。据说，为了建设这两个古洞，前后共耗资三十多万元，这在米价仅只几元钱一石的当年，是个惊人的数字。此两洞以后名驰国际，为我国争光，储南强先生之功是不可没的。

易君左的《乾坤双洞歌》原文较长，为篇幅所限，此处从略。它的主要内容是描写和介绍此两洞的奇景。对于储南强先生，易君左推崇备至，并建议更名“东储洞”“西储洞”以为纪念。这首歌传诵一时，其后，储南强先生的侄子储安平编辑《中央日报》副刊时，全文转载。于是，两洞之名益著，在南京的学者名流、外使外侨，无不联袂往游。有些环游过世界的外国人，都承认这两个古洞景物的奇异秀丽，在全球都不多见。宜兴道上，各国旅游者遂络绎不绝。

储南强先生读了《乾坤双洞歌》后，感于易君左的支持，乃亲撰自书一联为赠：

何可一日无此君

天下楚人皆尚左

不多久，又另赠一联，并附短简，语甚诙谐，云前赠之联把“易君左”二字摆在足下，诚恐“负担太重”，新联云：

君房言语妙天下
左史文章甲古今

此联语极浑成，对易君左的评价也极高。据说，易君左得此联后狂喜了好多天。

王陆一特制雅集杯

王陆一之所居自题曰“委宛园”，占地虽不广，别具亭台花木之盛。有堂曰：“长勿相忘馆。”王陆一好客，尤其与诗人画家过从，常于期间举行宴集，樽酒不空，座客常满。“长勿相忘馆”中的琴棋、茶具、酒垆，无不精雅绝伦。他更特制了一种雅集杯，式样新奇，杯腹各题高朋之名。每逢集饮，客来则各取题有己名之杯，绝无紊乱，盖含有长勿相忘之意，而卫生尚在其次。但此举并非王陆一的创意，盖取法于满清名臣纪晓岚。康熙间，纪晓岚特制“官僚雅集杯”，凡酒器十具，知友每人各得一具而自守之，以白金作沓杯，十具合重二十八两，外镂花卉，内携姓氏里居，旁刻“官僚雅集”四字，以量之大小分座次，量最小座于末位的是力主神韵之说的名诗人王渔洋。王陆一盖仿其制，变通其式样而已，另外还有一种“沧浪七友杯”，当年名诗人各有题咏，更精致了。

许世友与酒

谈到许世友将军，必然要提到酒，他一生与酒结下不解之缘。在少林寺习武的8年佛家生活里，许世友不仅练就了一身过硬的功夫，还锻炼出与他过硬的武功一样令人惊叹的酒量。许世友一生嗜酒如命，饮酒海量是出了名的，在全军中几乎无人敢与之匹敌。许世友一生中也最看得起在战场不怕死，在饭桌上不怕饮酒、有海量的英雄好汉。一直到晚年因酒患上肝癌逝世，嗜酒之习也未曾改变，可以说酒伴随了许世友的一生。

许世友认为，酒形似水性似火，实属阴阳之物，乾坤之乾，刚柔之刚。长期以来，饮酒者女人为少，男人居多。阳加阳，刚加刚，所以能饮者，都是十分刚强、十分性烈的人。有人曾作过测算，许世友一生喝的酒，如果用大型的卡车装载，至少能装上四卡车，所以人们也称他为“酒神”。但许世友喝酒也不是什么酒都爱喝，他一生最爱喝茅台酒。有一次，军委在京西宾馆开会，会后在京西宾馆吃饭，许世友点名要茅台酒，可不巧当时酒店放茅台酒的柜子锁了，没有钥匙。酒店服务员便私作主张把空的茅台酒瓶灌上了五粮液准备蒙混过关。可没想许世友喝下第一口便扔下酒杯发火，怒吼道：“这是什么酒？糊弄人！”

虽然许世友自己也说：“酒，多喝无益，少喝有利。”但他的“多”和“少”的标准，恐怕只有他自己清楚了。许世友曾说过：“我只有喝多过，没有喝醉过。”可见其酒量真是非常人能比。红军时期，团以上的首长都有挑夫。一般首长的挑夫都是一头挑行李一头挑书报。而许世友的挑夫，担子两头挑的常常都是酒。他身边还有一个姓宋的通信员，专门为他背酒。而且许世友喝酒是经过“特批”的，可以公开喝，而其他人则不行，只能偷偷地喝。当时有人不服气找到红四方面军总部领导，然而这些领导竟都不约而同地回答说：“你有许世友那样的海量？”

在许世友生命中最后几年，他用《我在红军十年》的大部分稿费买了几箱茅台酒，终日在家畅饮。1985 年 10 月初，许世友的肝癌进入了晚期，癌细胞对肌体疯狂吞噬，使得他全身疼痛不止，医生给他加大几倍麻醉剂用量都不能使他安静下来。最后万般无奈之下，守护他的亲属们想起许世友经常说起一句话——酒香能治病，便从家里拿来一瓶茅台酒，用筷子蘸了蘸，朝他的口中滴进二三滴，结果奇迹出现了，许世友立刻安静下来。可见，酒对许世友止痛的效果要比麻醉剂好得多。甚至用茅台酒瓶靠近他的鼻孔，酒的气味都照样能止他的病痛。最后连医生也不得不佩服和惊叹许世友对酒的依恋和酒对他病痛的神奇效果，也允许许世友在最后的生命倒计时在病床上饮酒了。

许世友享年 80 岁，他的葬礼与众不同，根据他生前向中共中央的请示，生前为祖国效忠，死后为母尽孝。他的遗体安置于一口重一吨的楠木棺材里，葬在他父母坟墓的旁边，遗体上覆盖着中国共产党党旗，身体两边放着 1 瓶茅台酒和 1 只玻璃小酒杯。这就是他随葬的所有宝物了，也是最能概括他一生的几件标识物。

总理请客化矛盾　许司令诚服畅饮

许世友这位传奇式的将领，把喝酒作为看人老实不老实、豪爽不豪爽的重要标志之一。特别是盛年时，桌子中间放个大空碗，叫做滴酒罚一碗。他身后立一名卫兵、叫做监酒，不但监视谁耍滑，而且具体执行罚酒任务，和许司令同样级别的上将，卫兵也敢动手得罪，叫做“各为其主”。

一些吃过苦头、被强迫吃罚酒的将军免不了说出去，免不了有人向总理告状诉苦。

周恩来善于处理各种最复杂的矛盾，不同的人用不同的方法。比如许世友，除了毛主席，等闲人说了话他不会老实听，他性烈如火，连全军敬畏的彭德怀都说要让他三分。对于这样的同志，单纯批评不能解决问题，劝说效果也不大，说轻说重也不好把握。但是，周总理心里有数，这种有着特殊经历的义气深重的人，一旦心服，他会说到做到。

于是，当许世友到北京时，周恩来向这位嗜酒的司令员发起了“进攻”。

“许司令哪，晚上没事我请你喝酒。”周恩来亲切邀请。

“没事，我没事。”许世友两眼大放光彩。他本来就崇敬周恩来，本来就喜欢结交酒友，并且也久闻总理善饮。如今听说邀请，真有些“受宠若惊”，他搓着两只大手不知该怎样回报总理，终于冒出一句：“下次我想法给总理打只豹子！”

晚上，许世友满心激动地如约赴宴，周总理已经迎在小餐厅门口，拉住他的手说：“许司令，今天我们是小范围宴请，尽可随便。”

真是小范围。入席一看，只有周总理和他，再无第三人。要说有第三人，那就是上菜的服务员，上来四盘菜就站到一边不动了。

早就听说总理招待客人是四菜一汤，果然不差。许世友不无遗憾：“总理，你到南京我请你吃野味，都是我打的。”

周总理笑着点头，他相信，并且早有耳闻。

“许司令，喝什么酒？”

“总理定。”

“听说你喜欢茅台，我也喜欢茅台……”

“就喝茅台。”

周恩来朝服务员吩咐：“上茅台。”他望着许世友问：“听说南京有四大喝，哪几个呀？”

“王平、江渭清、聂凤智和我。”

“我听说你是排第一的，你们四个到底谁酒量大些？”

许世友憨然一笑：“算我大吧。”

“南京你行，在山东你不行吧？”

“怎么不行？”许世友这一生，怕人激，怕人说不行，谦虚话一句也没有了，“我打遍山东无敌手。”

“你是说打仗吧？”

“打仗打赢了，打进济南府，喝酒也没输过。”

“打仗我信，喝酒我不信。武松18碗酒，山东人豪饮。”

“总理你别不信，”许世友起急了，“喝酒我从来没遇过对手。”

服务员已经上来酒。周恩来不等服务员斟酒，用手接来把酒瓶放桌上，用怀疑的眼神望着许世友笑着说：“许司令是老实人，我听人说，就是喝酒不老实，喜欢吹牛。”

“啊，总理，这是谁说的？妈了个X的我找他……”

周恩来连连作手势，把“一激一跳”的许世友稳住，他笑得平静，说得平静：“现在你去哪儿找啊？这样吧，我们两个人喝，看看许司令能不能比我多……”

“总理，这，这怎么行？”

“连我都喝不过？”

“我怎么喝不过？”许世友着急又为难，“我怎么能跟总理赌酒呢，总理不行，另找个能喝的来……”

“喝酒不论官大小，只论酒量大小。世友同志，你要是喝不过我，那就是吹牛。”

“我要是喝不过总理，我、我……”许世友真被激起来了，脑袋晃动着朝前倾，好像要在桌上寻找什么，终于找来一句话，“我给总理磕三个响头！”

“这不行，我不会磕头。”

许世友好象已经赢定了，粲然一笑：“我哪敢叫总理磕头呀，我只要总理说一句话：‘许世友喝酒无敌手，一点不吹牛。’”

“好，看你吹牛不吹牛。”周恩来亲自给许世友斟酒。

“不要斟酒，”许世友拿过酒瓶，豪气十足，先声夺人，“这瓶是我的了，总理你自便。”

周恩来注视着许世友，微微一笑，转向服务员：“怎么办？再给我拿一瓶吧。”

一瓶对一瓶，服务员帮忙启封开盖。

许世友立起身，像血气方刚的年轻人：“总理，我敬你，立地三杯。”他连干三杯，显示地倾倾空杯，坐下来，竭力显出毫不在意的样子。

周恩来一直平稳安静，好像早忘了赌酒的事，一边吃花生米，一边慢斟慢饮，仔细品尝着酒香，并且不忘聊天。他时而问问部队情况，时而很动感情地回忆往事。

许世友却时刻不忘赌酒的事，这事对他关系重大，关系到吹牛不吹牛，老实不老实。他不会慢斟慢饮，他歇口气，干两杯，再歇歇，再干两杯，并且总是要在周恩来望着他的时候用大幅度动作来完成。一句话，他不仅是喝酒，更是叫周恩来“看酒”，看看许世友是怎样一条汉子！

“总理，干了！”许世友将酒瓶子垂直向下，晃一晃，只晃下一滴酒。杯子垂直倾下，杯子干净了。他响亮地咂一下嘴，将空瓶空杯放桌上，很文明地轻轻放。虽然脸全红了，却尽力不喘大气，轻松地望着周恩来。

“哦，我落后了。”周恩来拿起自己的酒瓶，朝杯里倒酒。这时，许世友忽然吃惊地睁大了眼：那酒瓶居然也成垂直，流出的酒只剩少半杯，又被周恩来不忙不迫津津有味地一吸而尽。

该不是见鬼了？许世友一脸狐疑。他轰轰烈烈喝干一瓶，周恩来不显山不露水，吃着聊着也喝干一瓶。会不会有假？可是千真万确是原装原瓶当场当面启封开盖啊，这还假得了？

许世友像面对大海，突然感到深浅莫测，信心动摇了。

“许司令，用你们练武人的话，咱们点到为止，好不好？”周恩来才是真正的面不改色心不跳。

“不行，总理，喝一半怎么算好？”瞬间，许世友的酒劲涌上来了，豪兴大发地朝服务员嚷嚷，“去，再拿两瓶茅台。”

未老宝刀濯茅台

1979年，中越开战，中央军委任命许世友上将为我军东线前敌指挥。

雄风不减当年的许司令，壮怀激烈地参加了中越边境自卫还击战。在广西前线，他是司令，还须选个副司令。许世友捏着下巴踱步，回想他那些出生入死的战友，一个一个在脑子里过筛，终于想出一个名字。

“刘昌毅现在怎么样？”

“可能快退下来了，听说已经半休……”

“妈拉个×的，这一仗不让他打，以后就打不上了。就请他来！”

许世友虽然点了将，心里也不无犹豫：“但愿他宝刀不老。”

当时，刘昌毅任南京军区副司令，被许世友请来广州，人看上去还是老了，但双目炯炯，心气很高。

“许司令，刘副司令到了。”陈良顺安置好刘副司令，去向许司令报告。“晚上我在家里请客，你多准备些酒。”许世友这样吩咐。

谁也没见过许世友询问刘副司令的身体状况，更没见许世友和他谈谈对于现代战争有什么研究和考虑，只听到让准备酒。

喝掉三瓶茅台，还让上酒。他们开始只是叙旧情，回忆当年的九死一生。喝到后来，两人已是无话不说，敢争敢抬杠。

许世友酒气逼人地问：“酒喝三瓶了，还敢开瓶吗？”刘昌毅豪气冲天地说：“天下没有会喝不会喝的事，只有敢喝不敢喝的人，九死一生过来的人，死都不怕还怕喝酒？许司令喝到哪儿我就喝到哪儿！”这场酒喝下去，许世友云山雾罩，睡了一天，刘副司令醉了两天。

许世友感动地说：“真是好汉一条，不怕死，副司令就是他了！”

不能简单地由此而言“许世友喝酒选将”。那是多方面考虑比较的结果，喝酒只是一个小小的侧面。何况，许世友对此也讲了很有哲理的一段话：学会打仗并不难，难在舍命对敌，可不是随便什么人都能做到的。

选将之后就是出兵。许世友带兵有大将风度。部队向前推进，遇到困难很多，不断有报告来，事多得叫人发毛。许世友不紧张，不着急，甚至根本不操那份心，把报告扔一边。他只管大的军事行动，下达命令让各部队执行，完不成就军法论处。

部队打下谅山后，中央命令撤兵。

许世友望着军用地图沉吟，迟迟不下命令。他伸出小胡萝卜粗的手指头在地图上比画：“全是平原了，坦克大炮正好发挥用场了，不要两小时我就能到河内。”

可是，从整个国际形势来看，我军不无后顾之忧，要防备有人在后面捅一下，因此中央一再下令后撤。

许世友表示服从命令，同时又坚持拖一下：“拱一拱，我再拱一下……”

许世友是希望将越南主力从柬埔寨牵回来。他对部队领导说：“我们再前拱一下，吓唬他们一下子！……”

他派兵出谅山几十公里。当时，越南的政府机关纷纷撤出河内。

接到报告，许世友哈哈大笑，捋起袖子，晃动着粗大的胳膊说：“吓屁了不是？撤了，屁滚尿流！”

战罢凯旋时，许世友阴着脸下令：“我回去不许通知人，不许搞迎接。

谁走漏消息我毙谁!”

可是，一位部队领导想，这么大的事不报告中央怎么行?便将许世友回来的日期报告了中央军委。于是，广东的领导同志都知道了，提前赶到机场热烈欢迎。

许世友乘飞机回广州，刚走到机舱门口就骂出了声，因为他看到了欢迎的人群。

前来欢迎的首长，在20世纪50年代就曾担任过国务院副总理，是位老资格的党政领导人。他满脸是笑，热情地上前迎接，伸出手握手。许世友上前一步，一把握住那只手，猝不及防地用力握去。“哎哟!”那位首长痛苦地叫了一声，几乎要倒下去。“妈的，叫你们欢迎。”许世友大步而去，钻进了汽车。

许世友就是这么一个人。

开庆功大会，中央派王震同志前来参加。派年轻人来不行，许世友不买账，只能派王震这样的元老。许世友倔头巴脑只尊重老同志。

许世友是我军一位有着特殊经历和功绩，又富有个性、特色的传奇式将军，所以，人们对他的某些弱点都能善意地给予谅解。

酒神将军许世友——“不喝酒宁死”

许世友将军面黑多髯，尝习武于少林寺。性格刚烈勇猛，人称之“猛张飞”“活李逵”。他尤好酒，平日不可一日无酒，晚年生肝病，医生劝其戒酒，将军曰：“不喝酒宁死。”

红四方面军曾发《戒酒令》，唯独许世友将军例外：行军，挑夫担酒；打仗，豪饮不误。众将领不服：“他能喝酒，我们为什么不行?”张国焘反诘曰：“你们有许世友的酒量吗?”众人皆哑口无言。

南京军区原党办秘书王宣言说：与许世友将军喝酒，最难应付。将军海量又强词夺理。每宴，必先自己满饮一杯。劝酒时，若你曰：“不会喝。”将军曰：“你怕老婆。”若你曰：“身体不好，医生不让喝。”将军曰：“你怕死。”故你不得不喝。此时，将军又曰：“你明明会喝，弄虚作假，罚酒三杯。”

许世友将军尝谓：“冷酒伤肺，热酒伤肝，没酒伤心。戒饭可以，戒酒不行。”

许世友将军病重期间，常出现肝昏迷，医生想尽办法均无效，然以棉花球蘸茅台酒，轻搽其唇，竟苏醒。

人称许世友为“酒神将军”。“酒神将军”喝酒带有强烈的感情色彩，这一点却鲜为人知，其表现主要在这样几个方面：

有朋友来，喝情谊酒。许世友的老战友、老同事很多，他生性好客，只要有人来看望他，他都热情款待，而且无酒不成席。有一个叫潘召的摄影记者，从胶东一直跟许世友到南京。在南京20多年里，他年年都要去看望许世友一两次，每次都要喝个一醉方休，许世友派车把他送回家。有人问潘召：“你既然酒量不大，何必要喝那么多?”他说：“第一是许司令盛情难却，第二是许司令劝酒有方。虽然是年年如此劝，次次如此劝，老一套，但你情不自禁就得喝。”

许将军还善于用酒来化解同志之间的矛盾。济南战役发起前，中央军委任命许世友为攻城兵团司令员，并调王建安为副司令员。许世友与王建安在红军时期情同手足，生死与共。在“抗大出走事件”中，由于王建安的“举报”，使许世友等人受了处分。许世友为此同王建安翻了脸，拍过桌子骂过娘。许世友为了让毛泽东对他们之间协力指挥攻城放心，主动摆酒为王建安接风。两瓶高粱酒开了瓶塞，一人面前摆一瓶，许世友举瓶对王建安说：“自从延安分手，我俩这是第一次喝酒，酒到意到，过去的都过去了，谁也不再提。我先干了!”说罢，便仰脖把一瓶酒全部喝了下去。王建安被他的真诚和豪爽所感动，也一口气把瓶中的酒喝得一滴不剩。人称此事为“许世友瓶酒释前嫌”。两个人同心协力指挥作战，原打算20天至60天攻下济南府，活捉王耀武，结果仅用了8天，就胜利完成任务。

启功喝酒不贪杯

启功先生于饮食的大不经心，是因为自有主张，他在《古诗二十首·蓬莱旅舍作》其十六首中写道：

人生所需多，饮食居其首。
五鼎与三牲，祀神兼款友。
烹调千万端，讥时方适口。
舌喉寸余地，一咽复何有。

话是如此说，但启功先生也不是丝毫没有口腹之欲，因此他又作一诗道：

吾将壬子年，今年七十九。
年年甘与苦，何必逐一剖。
平生称大幸，衣食不断有。
可耻尚多贪，朝夕两杯酒。

然而毕竟年岁不饶人，启功先生的这两杯酒终于也成了问题，于是启功先生再作一诗：

名酒色同黄，绍兴不去啤。
啤号软面包，可以补吾饥。
绍兴度偏浓，血涨梗心肌。
行当作酒铭，饮酒但饮醨。

张云逸设宴捕熊镐

1929 年 10 月，邓小平和张云逸带领第四大队和领导总队开进百色，使整个右江的气氛为之一变。群众迅速被发动起来，打土豪、分田地、镇压反革命的群众斗争迅猛发展，革命风暴如同从天而落的狂飙，席卷着整个右江沿岸。右江地区的豪绅阶级把群众的革命斗争视为洪水猛兽，恨的要死怕的要命。他们跑到南宁去，请求广西警备第三大队到右江驻防。

第三大队的头目熊镐原是个土匪头子，他手下的 1000 多人原来都是流氓、散匪、兵痞。这支土匪武装原在广西云南边境打家劫舍，残害群众，可谓无恶不作。俞作柏、李明瑞执政时，善于投机的熊镐表示愿意接受收编，把队伍拉到南宁，编为广西警备第三大队。俞、李反蒋失败，桂系军阀李宗仁、黄绍竑卷土重来，熊镐又摇身一变，开始反对俞、李，投靠新的主子。我们党领导的第四大队和教导总队开进右江地区后，熊镐秉承桂系军阀头目的旨意，带领手下 1000 多人尾随第四大队窜到右江，妄图伺机绞杀革命力量。右江地区的革命势力同反革命势力的斗争日益尖锐起来。

邓小平、张云逸等人认真地分析了右江的政治形势，认为革命力量如果不迅速将反革命力量打下去，第三大队就可能同右江的地主、豪绅、恶霸勾结起来，或同南宁方面的反动军队联合起来，向我方发动进攻，后果将是十分严重的。于是他们决定对反革命的第三大队采取果断措施。

正在这时，我方查获了一份桂系军阀头目要熊镐对我军发动突然袭击的密电。

根据面临的严峻形势，邓小平、张云逸马上召开紧急会议，全面分析敌我双方的情况，决定先发制人，歼灭第三大队。

就在这时，自以为聪明的熊镐自动往网里钻。一天，正在思谋歼灭第三大队对策的张云逸忽然收到了熊镐从平马发来的一封信，他要求到百色来同我方"商谈防务"问题。

原来，熊镐正根据主子的命令，加紧实施其消灭我第四大队和教导总队的计划。为此，他准备先到百色来以"商谈防务"为名，摸清我方的情况。

凭熊镐那两下子，又怎是邓小平、张云逸的对手。邓小平、张云逸马上识破了敌人的阴谋，决定抓住这个难得的机会，将计就计，打一个漂亮的歼灭战。于是，张云逸给熊镐复信，同意他来百色"商谈防务"，并准备"设宴"招待他。

10 月 28 日，风和日丽，百色街头人群熙熙攘攘。和往常一样，商店里顾客盈门，生意兴隆，码头上工人们在忙碌地装卸货物，操场上士兵们在进行着正常的操练。整个百色一片和平的景象。

这一天上午，熊镐带着随从人员按照商定的时间，乘汽轮来到百色。土匪出身的熊镐一上岸，那双贼眼就东瞧西望，观察周围的动静。当他看到一切正常、没有什么异常情况时，就大摇大摆地朝着大街上走去。此时的他，由于投靠了新主子，颇有点威风八面的派头。

这时，张云逸和几位负责接待的工作人员也到了，和熊镐一起来到我方选好的"商谈防务"的地点："公兴当铺"。双方坐下交谈了一会后，"招待"熊镐的宴会随即开始。由于邓小平是中央代表，与熊镐也不相识，决定不与熊镐见面，一切由张云逸处置。张云逸及我方官员同熊镐及其主要随从在一席，双方警卫人员的酒席安排在另一个房间里。张云逸首先在宴会上讲话，对熊镐到百色表示"欢迎"，希望他多喝几杯，然后再"商谈防务"。

酒过三巡，熊镐借着酒劲，开始说出自己的如意算盘：

"兄弟的第三大队人多枪多，现有防地太小。希望第四大队把右江地区让出来，到别的地方去驻防。"

张云逸不温不火，显出一派大度，继续劝酒说：

"老兄酒量大，别的暂不说，来来来，再干几杯！"

见酒不要命的熊镐在张云逸连劝带灌下，又喝了几杯。

在另一个房间里，我方警卫人员也已将熊镐的警卫队员灌得酩酊大醉。

正当"宴会"热烈进行、熊镐酒兴正浓的时候，预定歼敌的时间到了。

只听“咣当!”一声响，张云逸将手中的酒杯猛地掷到了地上，这是按原计划发出的擒敌信号。

顿时，我方的“陪客”和“招待人员”，同在宴会厅外面佯装出操的十几个武装人员一起，以迅雷不及掩耳之势扑上前去。只经过短短几分钟搏斗，就将熊镐及其一伙全部生擒活捉。

在同一时间，根据邓小平的部署，智歼第三大队的战斗也在顺利进行。

就在熊镐动身来百色的同时，我党调集的奉议、恩隆、思林等县的农民自卫军，开始悄悄地从四面八方向第三大队驻地平马集结，并分别在指定地点埋伏起来。上午10时，按预定计划，雷经天统一指挥各县农民同第四大队驻平马的部队，向第三大队在平马的三个驻地发动突然袭击，只用了几十分钟，即将平马镇的敌人全部缴械。第二天，张云逸又亲自带队消灭了第三大队驻扎在那坡的反动武装。

在邓小平、张云逸携手运筹下，围歼反动的第三大队的战斗取得了完全胜利，俘敌1000多人，缴枪700多支。智歼第三大队计划的实现，粉碎了敌人的反革命阴谋，为举行百色起义清扫了障碍。

王骆宾借酒启心灵之唱

1939年，新疆有个车队运送苏联援助的抗战物资去延安时经过兰州，抗战剧团组织联欢会，慰劳车队的工友们。

就在这个联欢会上，一个头戴小花帽、上唇留着胡子的维吾尔族司机唱着维吾尔族民歌，他唱得并不怎么出色，显得局促，带着几分羞涩，歌声也不连贯，是用维吾尔语演唱的，谁也没听懂他唱的什么。因此，人们并不在意。

但是，王骆宾敏锐的音乐神经被触动了。他从那零乱不规则的歌唱中听到了一种从来没有听到过的曲调、节奏和韵味。强烈的新鲜感刺激着他，那些活泼泼的音符像精灵一样在他的思维空间舞蹈。他似乎感觉到了某种音乐华彩，一种神奇的魔力驱使他去捕捉，去编织。

他追踪到新疆车队住宿的车马店，寻访那位维吾尔族司机。王骆宾在兰州这一年多，有意识地结识了几个位维吾尔族商人，在与他们交往中学会了几句维吾尔人的礼貌用语，诸如“牙尔达西”（朋友）、“牙克西”（你好）等。当他访问那位唱歌的司机的时候，便把这些维语单词不管是否准确统统倒给对方。

那位司机被这个汉族青年反复不停的“牙克西”搞得不知所措，也跟着连声“牙克西”。

“牙克西！”“牙克西！”两人像演喜剧一样，你来我往，相互对应。“牙克西”了许久，还不知道究竟是为何来。

那司机也许是出于职业的原因，为了应付行途中经常碰到的情况，也会说几句汉语。这时，他贸然说了一声“不行！”他把王骆宾当成了要求搭便车的人。

王骆宾急了，放声唱了起来，连说带划，请求司机唱歌。

那司机终于明白了，可又呵呵大笑，连说“布买道”“布买道！”。王骆宾急了，他知道“布买道”的词义正与“牙克西”相反，是说不好，不行。他情急生智，挽起那司机的臂膀，“牙尔达西！走！喝酒！”不由分说，拽起他就走。

维族司机被王骆宾逗乐了。为了让他唱歌，请他喝酒，这个汉族人真够朋友。他也斜着眼睛扫了一眼王骆宾，见他身穿西装，足蹬皮鞋，看不出有什么可疑之处，这才跟着走进一家清真饭馆。

司机用非常生硬的汉语断断续续地告诉王骆宾，在新疆，确实人人都爱唱歌，结婚、送葬、生小孩，都要唱歌。可他自己天生是大笨蛋，偏偏唱歌不如人。开车跑长途，为了不打瞌睡，自己瞎编着胡唱，把歌声丢在戈壁滩上，不怕戈壁滩上的石头笑话。

王骆宾一边和他喝酒，一边极其艰难地向他说明：自己是个音乐工作者，知道新疆人能歌善舞，可惜去不了新疆。听他在联欢会上唱的新疆歌，专门来求教。又对那司机说，你就把我当成戈壁滩上的石头，想怎么唱就怎么唱。

几杯酒下肚，司机就情不自禁地唱起来。他确实不是善歌之人，高低快慢没个定准，全凭他的情绪任意变换，实际上属于即兴歌唱，渐渐地带着几分醉意，离凳而起，手舞足蹈了起来。他眼睛里闪动着野火般的激情，尽情宣泄，完全是打趣逗乐、诙谐戏谑的情调。

王骆宾一边跟着哼唱，一边在笔记簿上匆匆忙忙地记录着乐谱。那年代没有录音机，全靠音乐家的耳朵听觉和记谱能力，这也是对音乐家基本功的考验和锻炼。王骆宾尽可能把司机唱的每一句都记下来，不管是否连贯和完整，每一个原始的乐句他都不肯舍弃。而那司机没有唱出一句相同的曲调，即使请他重复，他也绝对地会有差异。一首歌，王骆宾就记满了十多页乐谱。歌曲离不了歌词，但记歌词却异常地艰难。司机会说的几句汉语，无法表述他歌唱的内容。王骆宾懂得的几个维语单词，更无法理解他唱的是什么意思。一条无形的大河，割断了彼此的往来，需要一座桥梁。

王骆宾匆匆跑去找来了自己的维族朋友卡得尔。

卡得尔听完司机的歌唱，眨巴着眼睛向王骆宾翻译：新疆有个达坂城，开司巴朗漂亮的很！"开司巴朗"就是"丫头"。丫头漂亮，他想娶她做老婆，还要她的妹妹和嫁妆，赶着马车去娶亲。完了，就这些。

天哪！这算什么歌词？

这不能怪卡得尔。他是个在兰州经销葡萄干、哈密瓜干的小商人，不是翻译，更不懂文学翻译。他在汉族地区住久了，只学会民间一般的口头语言，只能用地方口语翻译出内容梗概。

王骆宾就得到了这么多。

一个中年女人由伊犁河谷来看他。那是他十多年前的一个声乐学生。学生早就听说老师死了，连续几年清明节，她都去荒郊野外，悄悄地献一束花，洒一杯酒，祭奠老师的亡魂。

她得知王骆宾活在人世释放出狱的消息，千里迢迢来探望。几经周折寻见王骆宾，痛哭着扑向他的怀抱。临别，把一个纸包放进王骆宾的口袋。

在这个世界上，还有人想念着自己！王骆宾打开那个小纸包，是一小瓶白兰地——那种从前出口的容量200克的小扁瓶。纯净透明的液体，飘溢着圣洁的芳香。他把小酒瓶贴在胸口，感受着一颗爱心。融融暖流，使他陶醉。

白兰地唤醒了他的生命意识，唤醒了他的音乐灵感。一首歌，《我亲爱的白兰地》，由词到曲。一气呵成：

不管是走路还是休息
我的手总放在口袋里
不管是早晨还是黑夜
我的心总钻在口袋里
我的手抚摸着生命的芳香
我的心细爵着思念的情意
亲爱的朋友告诉你
口袋里装的是白兰地
最香的最醇的最甜的
最亲最亲最最亲的白兰地！

王骆宾的生命就是音乐。有了音乐，就有了生命。他自己也分辨不清，他是为了音乐而活着，还是因为活着而要唱歌。

小小一瓶白兰地，给了一个人活下去的勇气和力量。这对有些人来说，永远也不可思议。

王骆宾每天晚间去一家“丰美”小饭馆吃那四角钱一碗的面条。日子久了，他和饭馆老板成了朋友。老板每天晚间迟迟打烊，专门等着做王骆宾的四角钱的生意。

这天晚间，王骆宾照例来到“丰美”饭馆。刚领了酬金，他买一瓶白干痛饮。这是他唯一一次“挥霍”，但也不要下酒菜，只是干喝，买个半醉而已。

老板炒了一碟羊肝，送给王骆宾下酒。

几杯酒下肚，王骆宾信口唱将起来：“丰美！丰美！丰美的饭菜真丰美！面条拉的细又长，由北门拉到飞机场……”

后来，王骆宾将这首信口唱成的歌录了磁带送给老板，老板日日播放，招徕顾客，做了生动活泼的音乐广告。“丰美”的生意越做越红火。

王骆宾为朋友三毛的“订婚”由衷地高兴。他寄去了最诚挚、最亲切、最热烈的祝福，彼此的心理似乎由此得到了平衡。王骆宾自三毛走后久久空悬的心，也踏实地放了下来。

1991年1月5日凌晨，袖珍收音机一声霹雳，猝然击倒了王骆宾：三毛自杀身亡。恶梦醒来，不得不接受那个惨痛的事实。人总是重复同样的错误，失去了才懂得宝贵，失去了才开始痛惜和悔恨。

他开始整瓶地喝酒，麻醉自己。他不想清醒，不敢清醒，但愿永远在梦中。

正如太白所咏：借酒浇愁愁更愁，抽刀断水水更流。原以为可以斩断的情丝，却缕缕不绝，缠绕在心头。

陈毅、黄炎培与茅台酒

抗日战争时期，陈毅在延安杨家岭毛主席居住的窑洞里，曾观赏过挂在墙壁上的一副画。这是沈钧儒先生的次子沈叔羊于1943年所作，画面上是一把酒壶，上书茅台二字，壶旁有几只酒杯，画上有黄炎培先生所题《茅台酒歌》：

相传有客过茅台，酿酒池中洗脚来。
是真是假我不管，天寒且饮两三杯。

原来，1935年3月，红军长征渡赤水时，路过茅台村，群众以醇香的茅台酒来犒劳子弟兵。战士们舍不得喝，把它当做宝贵的医疗用品，用来擦治脚伤。亲人的深情和美酒给红军战士以很大的鼓舞。然而，这段军民鱼水情的佳话却被国民党反动派别有用心地作了歪曲宣传，造谣说红军战士在酿酒池中洗脚，沈叔羊作此画时，正值国民党反动派猖獗反共之际，黄炎培先生即以此谣传作引子为该画题词。他仗义执言，借诗言志，表达了对中国共产党的同情。同年，应毛泽东的邀请，黄炎培以国民党参政员的身份访问延安时，见到这幅画挂在中共领袖的窑洞里，深感共产党团结抗战之诚意，访问期间，陈毅和黄炎培也曾相见。

1952 年，时任上海市市长的陈毅和政务院副总理黄炎培在南京重逢，陈毅以茅台酒款待黄炎培。席间，他们重提起那幅国画和《茅台酒歌》，倍感亲切和兴奋。于是，二人对酒赋诗，以酒助兴。陈毅先赋诗两首，其中一首：

金陵重逢饮茅台，万里长征洗脚来。
深谢诗章传韵事，雪压江南饮一杯。

黄炎培随即和诗一首：

万人血泪雨茅台，沧海桑田客去来。
消灭江山龙虎气，为人服务共一杯。

肖华赴宴斗枭雄

1938 年 11 月底，八路军总部以抗日大局为重，指示“挺纵”做好统一战线工作，尽量争取沈鸿烈共同抗日。肖华司令员根据总部指示，决定亲赴惠民。一天，他带着侦察科长刘友芝和一个骑兵班，偕同牟宜之，轻骑简从，去见沈鸿烈。进了惠民城，适逢冀鲁边各县的国民党地方官员和地主民团、土匪武装头子来向沈鸿烈拜贺接风。沈鸿烈素以坚决反共而臭名昭著，他的到来，使这些乌七八糟的头头脑脑感到有了靠山，顿时神气起来，气焰十分嚣张。他们为了讨得沈鸿烈的青睐，有的携金银珠宝，有的裹绫罗绸缎，有的抬山珍海味，纷纷前来沈府进贡。那天，沈府大院的戏楼上正在演出《天官赐福》，这些牛毛司令坐在观众席上，都打着标明自己姓氏的旗号，张王李赵相杂，蓝黄黑白相间，煞是热闹。肖华看到这些打着“抗日”“救国”旗号而各怀鬼胎的乌合之众，脸上露出了鄙夷的神色。

沈鸿烈听说“挺纵”司令员肖华来访，脸上掠过一缕惊慌神色，继而镇静下来：我沈某乱世闯荡多年，什么样对手没碰上过，还怕一个娃娃？于是，沈鸿烈吩咐手下：“以上宾相待。”

肖华被迎进客厅，筵席早已摆好。他微微扫视四周，朱门绣阁，很是阔绰，在这僻陋之壤，竟有地毯铺地。再看桌上，四盘八碗，燕窝鱼翅，很是丰盛。联想起沈鸿烈来到惠民后，赌博、嫖妓、吸鸦片之风如瘟病发作，而广大沦陷区的人民正在水深火热之中受苦受难，肖华不禁有些愤愤然。不过，他清楚自己这次来的任务，没有表露愠色。

沈鸿烈上前迎过肖华。沈鸿烈是湖北天门人，清末秀才，日本海军学校毕业，曾任张作霖的东北海防舰队中将司令，后又任青岛市长，阅历颇深，诡计很多，尤其擅于辞令，是个老奸巨猾的家伙，很难对付。单看他那脸上的松皮虚肉和游动的眼光，就知道他的脑袋里装的全是阴谋和狡诈。肖华当时只有 23 岁，着军装，穿草鞋，中等个头，膀阔腰细，白白净净，文雅和气。沈鸿烈见到肖华英气勃勃，知道对手精明强干，忙让到上座，他的秘书长等人作陪。沈鸿烈拿起一杯酒，干咳一声，慢条斯理地说：“肖司令年轻英俊，气质文雅，不失儒将风度。兄弟早在肖司令任红军少共国际师政委时就闻过大名，今日晤面，实为荣幸。来，为肖司令诸事如意干杯！”

肖华也谦虚地答道：“我也早闻沈主席大名，今日专程来访，共商抗日大计。我提议，为国共两党团结抗日干杯！”

在座的都应声起立，沈鸿烈面部肌肉抽动了两下，还是慢慢地举起酒杯：“嘿嘿，共商抗日大计不敢当，然而沈某倒想看看贵党贵军的抗日战绩，听听肖司令的良计妙策！”

听着沈鸿烈这种酸溜溜的话，肖华感觉很不是滋味。但他很冷静，喝干了杯中的酒，缓缓坐下，清了清嗓子，说：“沈主席客气，我们应该领教你的高见。至于战绩，我可以马上派人造表通报。目前，我们在津浦一线开展了破袭战，配合正面主力作战，还广泛发动群众，建立了根据地，为坚持持久抗战准备了条件。”

沈鸿烈话锋一转说：“贵军防区在山西、河北一线，如今进入山东，恐多不便。山东近年多灾，百姓负担很重，贵军军饷很难筹措，还须请往河北征粮派款……”

肖华不等沈鸿烈说完，便截断他的话：“沈主席，蒋委员长曾经在庐山号令全国：‘如果战端一开，那就地无分南北，人无分老幼，无论何人皆有守土抗战之责任。’事隔一年，沈主席不见得就如此健忘吧？”

沈鸿烈无言以对，拿着手巾直擦头上渗出的虚汗。肖华淡淡一笑，又说：“在这民族危亡之际，炎黄子孙应该携起手来，共同对敌。我党的抗日民族统一战线的主张，已经得到了越来越多的人拥护。"

沈鸿烈脸拉得老长，冷笑了一声说："统一，该不是把各路人马都统一到你八路军的麾下吧？"

肖华强压着怒火，正色问道："沈主席，这话是什么意思？"

沈鸿烈朝他的秘书长使了个眼色。秘书长狡黠地笑笑说："听说，贵军吃掉了一些地方部队……"

肖华爽朗地说，"对于破坏抗日的汉奸武装，对于助纣为虐的害群之马，理应锄之！"

一直没有说话的牟宜之也忍不住了，在旁开了腔："是呀，那些汉奸土匪不打日本人，光知道鱼肉乡里，老百姓谁不恨得咬牙切齿。八路军兴义师，锄奸逆，所到之处，民众无不箪食壶浆，迎接……"。"来，上酒！"沈鸿烈一声吆喝，打断了牟宜之的话。他呷了一口酒，骄横地说："倘若有人借用抗日名义，私自积蓄兵力，扩张地盘，那又居心何在呢？"

肖华昂然回答："沈主席大可放心，我党我军光明磊落，诚心奉行国共合作方针，一切皆从抗日出发。我们收复之地，都是'国军'遗弃、日本侵略者占领的地方，收复这些失地，是每一个中国人的神圣职责，决无其他图谋，天日可鉴。"

沈鸿烈冷笑道："既然愿意接受国民政府统一领导，即宜卷甲收戈，静听调遣。乃人不散队，械不去身，分食于地，资货于商，据陆而复问水，市马而复造舟，其间能说终无异志？"

肖华对沈鸿烈的蛮横和无赖，实在不想多费时间去驳斥，只是恳切地告诉对方："沈主席，眼下大敌当前，民族危亡之际，我们彼此都应去掉成见，精诚团结。太平天国的干王洪仁轩曾经说过：'倘邦中人不自爱惜，则鹬蚌相争，转为渔人之利，那时始悟兄弟不和外人欺，国人不和外邦欺。'"

沈鸿烈眼皮一耷拉，摆出了省主席的架子："不管怎么说，乐陵是敝人治下，还望肖司令不要染指乐陵政务，使省府为难。"

肖华坦然笑道："我军为抗日进驻乐陵，同全县父老风雨同舟，患难与共，得到了各界民众的赞扬和拥护。牟县长，我们该没有什么使你感到不便的地方吧？"

牟宜之连连摆着手说："肖司令，哪里话，哪里话。"

话不投机，大家都无心用酒，只一个小时就散了席。散席后，沈鸿烈又留牟宜之单独谈了好久。

在返回乐陵的路上，牟宜之对肖华说："沈鸿烈为了拉拢我，玩弄手腕，私下以高官相许，说让我当专员，这是明升暗降，要削掉我这个县长的实权嘛。我婉言辞谢了。”

肖华笑了笑，说道：“沈鸿烈这是‘项庄舞剑，意在沛公’哟。他的真正目的是孤立、打击八路军，矛头是指向我们挺进纵队的。”

牟宜之望着肖华，钦佩地点了点头。

新凤霞与酒二三事

新凤霞原名杨淑敏，祖籍天津，13 岁拜师学艺，1951 年参加解放军总政文工团，曾任总政评剧团团长，主演剧目有《花为媒》《小二黑结婚》《玉堂春》《白蛇传》《刘巧儿》《白毛女》《春香传》等，著有《新凤霞回忆录》。

七岁“在礼”不动酒

据新凤霞回忆，她 7 岁时，曾由父亲带领，按天津风俗，在家里供奉的观音菩萨前磕头“在礼”，表示从此不沾烟酒，认认真真做事。一次过春节，因观音、关公瓷像沾上油污，同院大妈告诉她，瓷像用酒擦又新又亮。于是她特地买了一两酒擦洗神像。即将完工时，被吃素念佛的大姑妈看见了，认为她破了戒，竟用鸡毛掸子狠狠地把她打得满身是血红道子。小凤霞百思不解，自己动酒又不是吃酒，再说把佛像擦洗干净也是敬佛，怎能算是破戒呢？直到天津解放时，她们家才换下观音、关公神像，贴上了毛泽东主席像，全家才破戒喝酒。

难忘交杯酒

新凤霞真正喜欢酒应是 1949 年新中国成立后受聘到北京演戏。那天她和几十名演员在天安门前敲锣打鼓扭秧歌，演完戏她很兴奋，提议今天不分份子钱（工资），买酒庆祝解放。就这样，她们喝完了一大铜壶又去买，连续热闹了三四天。新凤霞第一次体会到“喝酒能喝亲”，同时感到喝酒并不可怕，通过喝酒能认识人、品味人。

最令新凤霞难忘的是她和吴祖光结婚时的鸡尾酒会，她说永远忘不了 1951 年那个美好的仲夏之夜。在北京南河沿欧美同学会旧址一个漂亮的大厅里，有 200 多嘉宾参加了他们的婚礼。她说她和吴祖光那时不善饮酒，但那么多人敬酒怎能不喝，夫妻俩人逢喜事精神爽，来者不拒。尤其是新凤霞，白酒、红酒不知喝了多少，酒会上喝，回到新房她还与吴祖光饮了交杯酒。新凤霞说她一直在兴奋中喝酒，奇怪的是，喝了这么多酒并没有不舒服之感，从此她认识了自己喝酒的潜力。

患难酒解忧

新凤霞、吴祖光伉俪一生多磨难，吴祖光 1957 年被打成右派，充军北大荒，“十年内乱”期间又进了牛棚。患难之中，新凤霞对喝的酒印象更深。

1958 年吴祖光被打成右派的第二年，新凤霞随团去西南巡回演出，到贵州茅台酒厂，主人用陈年佳酿招待嘉宾，很多演员都在畅饮茅台，新凤霞因夫君受难，情绪低落。当酒厂厂长获悉缘由后，非常同情她，在团领导不在时劝慰她要自我解脱，愉快生活，这样远在北大荒的吴祖光也会高兴，如果郁郁寡欢，他也会担心的。厂长的话犹如“开心丹”，让新凤霞放下了思想包袱，她感谢厂长对她的理解，痛痛快快地喝了开坛茅台。

此后，她一看到茅台酒，便会想起这位茅台酒厂的老厂长。

苏曼殊酒醉按剑高歌

这年冬天，苏曼殊经朋友介绍，到南京陆军学堂任教，从而结识了青年革命家赵声。在他的《燕子龛随笔》中有一段话，描述了他俩的革命情谊，文中写道：“赵伯先少有澄清天下之志，余教习江南陆军小学时，伯先为第三标标统（相当于团长），始与相识，余叹为将才也。每次过从，必命兵士购板鸭黄酒。伯先豪于饮，余亦雄于食，既醉，则按剑高歌于微风细柳之下，或相与驰骋于龙蟠虎踞之间，至乐！”并为赵声作画一幅，题诗一首：

绝域从军计惘然，东南幽恨满词笺。
一箫一剑平生意，负尽狂名十五年。

由此可以看出，苏曼殊是如此衷情革命，豪侠本色表露无遗。

“子谷其行似狂，其志实狷。今之人洁白如子谷者，诚不多觏也。不甚解世事。一日，余赴友人酒食之约，路遇子谷。余问曰：‘君何往？’子谷曰：‘赴友饮。’问：‘何处？’曰：‘不知。’问：‘何人招？’亦曰：‘不知。’子谷复问余：‘何往？’余曰：‘亦赴友饮。’子谷曰：‘然则同行耳。乃至啖，亦不问主人，实则余友并未招子谷，招子谷者另有人也。”由此可以看出，苏曼殊是那样纯真，简直像个孩子。他也不问清楚，就跟着朋友，到朋友的朋友家去大吃大喝。事实上，人家没有请他，而请他的却另有其人，可是记不清楚了，这神糊涂和憨相让人觉得可爱。这就是苏曼殊。

李苦禅喝酒骂街

李苦禅先生出生在山东高唐李奇庄，打小干农活，是个贫雇农苦出身，一口浓重的山东乡音，为人厚道率真豪放任侠。

书如其人画如其人，他一生没有教授派头，更不喜当今某些“家”们的做戏一样的外包装。走在街上，他也就是普通的人罢了。

解放初期中央美术学院没有国画系，只有个彩墨画系。李苦禅先生那时只是教水彩画课。文人画被说成是没落阶级文人士大夫的颓废玩艺儿，大写意画那是不可能列入教学的，八大山人的冷逸、狂怪，当然与革命的主题性绘画格格不入。

大气候如此，再加上小环境之内的某些人的推波助澜，李苦禅先生给弄到美术学院工会里边去了，具体任务是卖电影票。他月薪人民币 18 元，既无奖金，也无红包。

那些年李苦禅先生经常喝酒。所喝之酒，只不过是些廉价的二锅头或老白干之类。

等到喝得脸红红的、一脑门子汗之时，这嘴可就没把门儿的了。他的嘴平常也就没把门儿的，该说就说，该骂就骂。他不设防，天真直率，那是秉承了老山东李逵们的天性和传统。记得 1972 年夏天，他从乡下回到北京，一个朋友去他家问候起居，家中只他一人，夫人与孩子还在乡下参加运动或插队。他定要朋友一块去喝酒，朋友跟他去了灯市东口路北的小酒馆。三杯水酒下肚，他便骂开了。讲起“文革”风暴乍起之时，他是首批被揪出来挨批斗遭毒打的，居然抗住了毒打。他说是“打我时候，我用气功”（天真之极）！大骂“×××王八蛋、落井下石”，旁若无人，口如悬河。

好在小酒馆里的吃客们多是干苦力拉排子车的普通大众，还有几个有酒独斟的失意“老九”，各喝各的酒，各骂各的街。胖胖的堂倌用小胖手托着胖下巴，满有兴致地听着酒徒们的龙门阵，抿嘴一乐那个劲儿很像是好兵帅克。嘈杂的小酒馆像个“裴多菲俱乐部”。所幸“左派”疏漏，不然麻烦也就大了。

附一 红军与茅台酒的故事

茅台酒历史悠久，具有很浓厚的历史文化。早在 1915 年，茅台酒就荣获了巴拿马国际博览会金奖，因此扬名天下。

1935 年 6 月 16 日，红军不战而胜占领了仁怀县城和茅台渡口。红军将士在那里有幸享用了历史悠久的茅台酒。红军长征路过茅台，曾以茅台酒解乏、疗伤，所以，茅台酒在某种程度上也支援了红军。许多老红军战士在他们所写的回忆录中，对茅台酒仍然印象深刻，记忆犹新。

聂荣臻元帅回忆："在茅台休息的时候，为了欣赏一下举世闻名的茅台酒，我和罗瑞卿同志叫警卫员去买些来尝尝。酒刚买来，敌机就来轰炸。于是，我们又赶紧转移。"

曾三将军回忆："在长征路上，我深深感到脚的重要。道理很简单：长征是要走路的，没有脚就不能行军，没有脚就不能战斗。大家不是听说过'红军过茅台，用酒洗双脚'的故事吗？这不是假的，因为用酒擦洗是最好的保护脚的办法。"

耿飚将军回忆："这里是举世闻名的茅台酒的产地，到处是烧锅酒坊，空气中弥漫着一阵阵醇酒的酱香。尽管戎马倥偬，指战员还是向老乡买来茅台酒，会喝酒的组织品尝，不会喝的装在水壶里，行军中用来擦腿搓脚，舒筋活血。"

萧劲光将军回忆："茅台镇很小，茅台酒却驰名中外。我们在茅台驻扎了三天，我和一些同志去参观了一家酒厂，有很大的酒池，还有一排排的酒桶。我们品尝了这种名酒，芳香甘甜，沁人心肺，真是一种莫大的享受。有些同志还买了些，用水壶装着，留在路上擦脚解乏。"

杨成武将军回忆："奉命转移到茅台镇，著名的茅台酒就产在这里。土豪家里坛坛罐罐都盛满了茅台酒。我们把从土豪家里没收来的财物、粮食和茅台酒，除部队留了一些外，全部分给了群众。这时候，我们指战员里会喝酒的，都喝足了瘾，不会喝的，也都装上一壶，留下来洗脚活血，舒舒筋骨。"

成仿吾将军回忆："茅台镇是茅台酒的家乡，紧靠赤水河边，有好几个酒厂和作坊。政治部出了布告，不让人进入这些私人企业，门都关着。大家从门缝里看，见有一些很大的木桶和成排的水缸。酒香扑鼻而来，熏人欲醉。地主豪绅家都有很多大缸盛着茅台酒，有的还密封着，大概是多年的陈酒。我们有些人本来喜欢喝几杯，但军情紧急，不敢多饮，主要是弄来擦脚，恢复行路的疲劳，而茅台酒擦脚确有奇效，大家莫不称赞。"

看来，茅台酒的确帮了红军很大的忙。当时，国民党在报刊上发表文章，污蔑红军在茅台酒的酿酒池里洗脚。时任国民参议员的黄炎培先生看过后，仗义执言，挥笔写下一首《茅台酒》，来嘲笑国民党反动派的无知。诗如下：

喧传有客过茅台，酿酒池里洗脚来。
是真是假吾不管，天寒且饮三两杯。

1945年，黄炎培等人去延安访问时，他把这首诗抄给毛泽东、周恩来和陈毅看，受到大家一致的好评。解放以后，黄炎培先生担任中央人民政府委员、政务院副总理，他去南京时，曾受到上海市市长陈毅设宴款待，席间饮茅台酒。当时，陈毅提起旧话，赞佩黄先生当年的诗实在是大快人心，于是退席成诗两首：

金陵重逢饮茅台，万里长征洗脚来。
深谢诗章传韵事，雪压江南饮几杯。

金陵重逢饮茅台，为有嘉宾冒雪来。
服务人民数十载，共祝胜利饮一杯。

附二　台海破冰酒令生

1987年9月15日，台湾《自立晚报》记者李永得、徐璐辗转日本东京抵达北京，完成了分隔38年后的第一次新闻采访跨越。这一事件震动了台湾，震惊了海峡两岸。据台湾媒体报道，当时，在台北的一些酒馆里，甚至出现一种“返乡猜拳酒令”，叫做“一国、两制、三通、四流、六万（旅费）、七天（签证）、八件（三大五小礼物）、九别（重逢）、十全（全家团圆）”。

海棠花形滑石杯

第四章　名酒传说诱人醉

茅台酒的传说

茅台酒产于贵州仁怀县茅台镇，处在赤水河中游地段，是一个不大显眼的小山沟。但是，茅台酒却是我国历史悠久的名酒。传说在两千年前春秋时代，仁怀所属的巴国，其酿酒十分发达，出产的“巴乡村酒”闻名于世。汉武帝建元六年（公元前135年），令唐蒙出使南越（今广州），在宴会上饮枸酱（仁怀一带出的低度甜酒），后供奉汉皇室，受到称赞。

茅台酒厂所在地——茅台镇杨柳湾，有个动人的传说：有一年除夕，下了一场鹅毛大雪，有位年老的妇人衣衫褴褛，提着一只破竹篮子，向一个年轻后生家乞讨。这年轻后生见老妇人十分可怜，便把她搀进屋中，端上饭菜给她吃，然后安排她在屋里仅有的一张床上歇息，后生自己睡在炉火旁。突然，天上飘来一位美丽的姑娘，肩披两条大红丝带，手捧盛着美酒的酒杯，把酒往赤水河里一泼，又对年轻后生说：“好人记住，每年九月九日，到赤水河能酿成美酒。”话说完，人也不见了。从此以后，每年九月九日，赤水河水格外纯净，所以到现在茅台酒也是“重阳下沙”。而茅台镇的人们为了怀念这位“仙女”，便将“仙女捧杯”作为茅台酒的注册商标，并特意在瓶颈上系两条红绸带子，以象征仙女披在肩上的红飘带。

汾酒的传说

汾酒产于山西省汾阳县杏花村，是驰名中外的名酒。

汾酒始于魏晋南北朝时期，据《北齐书》云：“帝在晋阳，手敕之曰：‘吾饮汾清二杯，劝汝于邺酌两杯。’”汾清是当时汾酒的名称。

唐代，农业、手工业迅速发展，山西晋中一带是当时经济、文化发展较快的地区，被誉为“甘泉佳酿”的汾酒也有了较大发展。

明末，李自成率农民起义军进攻北京，路过杏花村，传说当地老百姓十分欢迎他，起义军驻留三天，村民把汾酒献给起义军，李自成饮后，认为汾酒是尽善尽美，遂把杏花村改为“尽善村”。1953年人民政府决定，恢复杏花村的原名。

汾酒的神话传说，少不了醉仙居酒楼。醉仙居是有名的酒楼，以酒的质量上乘闻名于世。店主人殷勤接待八方来客，前来酒楼饮酒的人络绎不绝。有一天，有一位老者来喝酒，口称没钱但要喝酒。店主人对他十分热情，端上了好酒。老者喝了不少酒，似乎有点醉意，拉住店主人的手，走到院里的井旁，说："这是做酒的水井吗？"店主人说声"是"，话声刚完，不料老者哇地一声，将肚子里的酒全吐到井里去了。从此，井水变得芬芳郁冽，这就是"古泉井"。

杏花村的古泉井，群众称为"仙井"。至今古井亭上还有山西戏曲作家傅山题字匾："得造花香。"旁有"申明亭酒泉记"，云："近卜山之麓有井泉焉，其味如醴，河东桑落不足比其甘馨，禄俗梨春不足方其清冽。"称赞井水水质之好。

洋河大曲的传说

古时候，苏北洋河镇有一位叫阿美的姑娘，因为家里很穷，只好为一个有钱的乡绅当佣人来维持生活。有一次，她把乡绅给她去买酒的钱，送给了一个穷人，因无钱买酒，只好舀了壶泉水当酒。万万没料到，乡绅很喜欢这甘美异常的"酒"，从此，阿美把乡绅给她去买酒的钱都送给了穷乡亲，然后用泉水去交差。后来，这件事被乡绅发现，把阿美推到泉水里。这么一来，泉水变得更加酒香四溢了。阿美则成了洋河的酒神，受到当地酿酒业的供奉。洋河镇成了洋河大曲的故乡。

传说是康熙帝南巡，曾两次在洋河品尝洋河大曲酒。后来，乾隆帝第一次下江南，在宿迁喝了洋河大曲后，挥笔写了"洋河大曲酒味香醇，真佳酒也"的赞语，说明洋河大曲是具有三百多年历史的名酒了。

董酒的传说

相传很久以前，贵州遵义城外的董公祠有一酿酒作坊，主人有一个儿子叫醇，聪明好学，一心扑在酿酒技术上。为此，他奶奶对他说："在酒故乡，有一座美丽的大花园，园里有一位酒花仙子，精通各种造酒技能。求教她时，千万小心，因为她是非常圣洁的，不可冒犯，否则将一无所得。"醇17岁时，长成一位十分英俊的小伙子，向往到酒乡花园会见酒花仙子。一天傍晚，醇在郊外散步，天降大雨，他迷失了方向，却走到了酒乡花园，巧遇美丽的酒花仙子。两人一见钟情，产生了爱情。酒花仙子设宴招待醇，谈话间教了他酿造好酒的方法。喝了一会，双方都有点醉了。酒花仙子满面晕红，昏昏欲睡。而醇稍有醉意，面对酒花仙子的娇姿醉态心有所动，这时忽想起奶奶的教诲，顿时驱散邪念，静卧在酒花仙子身旁。第二天醇醒过来时，发现自己躺在小溪边，他回想起向酒花仙子求教的酿酒方法，就用小溪水酿酒，便酿成了酒香醇厚、回味香甜的好酒。著名的董酒就由此产生了。

西凤酒的传说

西凤酒产于陕西凤翔县柳林镇，醇香优雅，甘润清爽，香甜可口，为我国名酒之一。

传说唐仪凤年间，吏部侍郎裴行俭送波斯王子回国，到了雍县（凤翔）城西十里长亭，时值暮春，裴行俭看到路上落满蜜蜂、彩蝶，经查系柳林镇一家酒作坊，刚从地下挖出一坛窖藏多年的陈酒，气味芳香，飘到十里之外，蜂蝶皆醉而落地。宋代苏轼曾任凤翔府签书判官，他写道："柳林酒，东湖柳，妇人手。"认为这是当地三绝（妇人手，指女人编的精巧工艺品）。

古井贡酒的传说

古井贡酒产于安徽亳县，历史悠久，是我国名酒之一。亳县是著名军事家曹操的家乡，相传曹操用"九投法"酿出了九酝春酒，说明亳县酿酒自有渊源。

南朝梁武帝萧衍在大通四年（公元532年）攻濮城（亳县），北魏守将独孤拒敌战死，后人为纪念他，在战地修一座庙，掘井二十眼。后来大多数井被堵塞，仅存四眼，其中一眼水质甘甜，适宜酿酒。一千多年来，人们都取这口井水酿酒，遂以"古井酒"为名。明清两代，古井酒被列为贡品，故称为古井贡酒。

兰陵美酒的传说

相传天宫瑶池王母娘娘得知兰陵美酒天下无以伦比，十分垂涎，便派酿酒仙姑下凡学习其酿造法，准备来年用此酒在蟠桃会上宴请各路神仙。

酿酒仙姑下凡到兰陵镇，投胎于本镇酒坊主人张员外家。张家儿媳怀孕后生下一女，取名张美九。光阴荏苒，美九长大成人，心灵手巧，又很勤快，常到自家酒坊同酒工们一起酿酒，很快学得一手酿酒绝技。经她酿出的酒，比原先更加香醇。于是张家酒店生意兴隆，远近闻名。

兰陵镇上有个无赖叫“坏三水”，有一天找到张家酒坊门前，连哭带骂，硬说他老娘喝了张家的酒中毒身亡，哭闹着要讨人命，打官司。原来这“坏三水”是个赌徒，家当都赌光输尽，连老娘省吃俭用攒下给他娶媳妇的钱，也被他当赌注输掉了。老娘见状，气恨交加，不多时，两眼一闭，便断了气。“坏三水”无钱装殓，便心生歹计，想讹诈张家酒坊。他到街上的郁金老汉的药摊买了些郁金根时来煎熬，又用张家兰陵酒作引子，兑在一起灌进老娘嘴里，然后哭嚷着说老娘是饮张家兰陵酒中毒身亡的，直奔县衙击鼓告状。

县令急差衙役传张员外和郁金老汉到公堂受审。这时，公堂上突然闯进两个女子，他俩是张美九和郁金老汉的女儿郁金香。两个人申辩说理，肯定兰陵酒无毒，要求验尸定案。

县令差人立刻去“坏三水”家验尸。不多时差人回禀，说“坏三水”的老娘又活了。其实，那老娘并未真死，只因当时气极，怒火一时攻心昏厥过去。这是“坏三水”意料不到的，他的讹诈落了空。更没有料到的是，养生滋补的兰陵酒，配上那凉心血、散肝郁、行滞气的郁金香药，竟生奇效，使老娘“死”而复生。真相大白，县令当堂将“坏三水”重打四十大板，轰下堂去。

张美九与郁金香二人结为姐妹，张员外认郁金香为义女。张美九带着酒曲和郁金香草药回返瑶池，为王母娘娘酿造郁金香酒去了。

衡水老白干的传说

相传在二千多年以前，滏阳河畔有一小村，村口有家酒店。主人是个寡妇，人称薛二嫂，她为人厚道热情，酒酿得味道也好，因此，酒店生意兴隆。

某年冬天，一个银须飘洒的老石匠来喝酒，二嫂殷勤招待。老石匠端起酒杯打量一下，对二嫂说：“店主家，有句丑说在前，我是有嘴喝酒，无钱结账。”二嫂听后笑着说：“老师傅尽管放心，俺这酒店，有钱人不让喝醉，没钱的也能喝酒。俺不图发财，够吃够喝就行。”老石匠说：“那我就不客气了。”

如此日复一日，老石匠只赊酒喝，二嫂照常热情接待。一天，老石匠又来喝酒，三壶过后问二嫂："你家井在哪里？"二嫂答道："守着滏阳河，没有井。"老石匠说："酿造美酒，井泉水最好，你没水井，我来打一口，以谢你长期赊酒之德。"说罢，取出锤凿，选好吉地，开始凿井。数日后，一口水井便凿成功。

二嫂喜上眉梢，想宴请老石匠表示感谢时，却见老石匠昏厥在井旁。二嫂见此情景，非常难受，想扶他起来，谁知一眨间，老石匠化作一团青气飘然而去。二嫂低头看井，只见井中泉水汩汩，不断上涌。汲上一桶，竟然是清冽的甘泉水。用此水酿酒，味美醇香可口。自此以后，客商来喝酒的人一日多似一日。

光阴似箭，斗转星移。数百年过去，小村庄变成了衡水城。到了明代，衡水城已有十八家酒店，其中最大一家，要算世代相传的薛二嫂家的"德源涌"酒店了。

为什么那时的"德源涌白酒"被取名为"老白干"？说法有种种，但比较贴切的说法是："老"，指生产历史古老了；"白"，指酒液无色透明；"干"，指该酒用火点燃不剩水分，酒精度高。

郎酒的传说

郎酒产于四川省古蔺县二郎滩，故名。传说二郎滩有一英俊纯朴的小伙子，名叫李二郎，爱上了美丽的赤妹子，要娶她为妻。但赤妹子父母提出要一百坛美酒作聘礼，才许亲事。为了娶赤妹子过美满生活，听从仙人的点化，李二郎在芒滩上找泉水，挖断了九十九把锄头，铲断了九十九把铁铲，才挖出泉水，酿出了美酒。人们便把李二郎开挖的泉水叫"郎泉"，酿出的酒叫"郎酒"了。

习酒的传说

习酒产在贵州省习水县的二郎滩。习酒的历史较长，传说原为古习国国王的专用品，又传说习国国王有一个十分漂亮的女儿叫习寻，却爱上一个在二郎滩靠撑船过活的郎哥，习妹经常把她父亲专用的习酒送给郎哥，作暖身驱寒之用。这件事被国王发现了，认为这有碍于自己的尊严，习妹被视为大逆不道。于是，国王将习妹禁锢在屋子里，把郎哥关进死囚牢。元宵之夜，习妹偷偷跑出宫廷，又从死囚牢里救出郎哥，并在赤水河边共饮习酒，参天拜地，结为夫妻，然后二人抱在一起，投赤水河殉情自尽了。

湄窖酒的传说

湄窖酒，产于贵州遵义地区湄潭县，因用湄江水酿成佳酿，驰名中外。当地流传着这样一个故事：很久以前，湄江边住着一个贪得无厌的大财主，把这里的百姓当做牛马驱使，长工们都积劳成疾，痛苦不堪。有一个长工的女儿叫阿妹子，是个美丽善良的姑娘，许多小伙子都想娶她为妻，但阿妹子一心想治好长工们的疾病，于是向小伙子们宣布，谁能解除长工们的痛苦，就嫁给谁为妻。湄江边有一个龙潭湖，住着一个以酿酒为生的英俊小伙子，他目睹了长工们的痛苦，经常送酒给他们喝，但却解除不了他们的疾病。一天，他正看酿酒，从天上来了一位仙人，传授给他酿酒的方法。他照法酿酒，果然酿出一香味浓郁，又有舒筋活血功能的好酒，解除了长工们的痛苦。于是，阿妹子就嫁给了他。

张弓酒的传说

张弓酒产于河南宁陵县，因酒厂在张弓镇而得名。张弓酒已有两千多年的历史。传说西汉末年，刘秀被王莽追捕，逃到张弓镇，筋疲力尽，实在走不动了。正在这时，忽然闻到酒香，即沽酒自饮，赋诗云：“香远兮随风，酒仙兮镇中，佳酿兮解口（“口”字改为“渴”或“馋”为宜——编者），壮志兮填胸。”他写完诗后，东行三十里到落虎桥上，酒气上涌，酒香盈口，不由拨转马头，回头望张弓，恋恋不舍，诗兴大发，又吟道：“勒马回头望张弓，喜谢酒仙饶吾行。如梦翔云三十里，浓香酒味阵阵冲。”从此，张弓酒便远近闻名。

绍兴酒的传说

绍兴酒，又叫老酒，或除去酒字直呼绍兴。它起源很早，《水经注》云：“越王之栖于会稽也，有酒投江，民饮其流，而战气百倍。”《会稽县志》云："箪醪河在县南……勾践出师之日，有献箪醪者，投之上流，与士卒共饮，战气百倍。今河中有泉，虽旱未尝涸。"醪，系指汁滓混合的酒，可见绍兴酒的历史很久了。

在公元6世纪的梁代，绍兴酒就行销各地，尤其银瓶装的山阴甜酒很有名气。梁元帝萧绎《金缕子》中有一段记载：他小时侯，有一银瓶，贮山阴甜酒放在身边，一边读书一边饮酒。唐代，绍兴酒和蓬莱酒都被收入《酒经》中，而绍兴香雪酒则是"贡品"。宋·朱翼中《北山酒经》有"东浦产最良酒"，就是指绍兴酒。

绍兴酒之所以又叫老酒，因其越陈越香，越藏越美，故名。另外绍兴酒有种叫"花雕"的，又叫"女儿酒"。房千里《投荒录》云："南方人有女，数岁，即大酿酒，侯水间，置壶其中，密固其上。侯女出嫁，决水取之供客，谓之女儿酒。味绝美，居常不可致也。"从前绍兴风俗，女儿满月，做女儿酒，并在坛上绘上彩花，所以叫"花雕"。到女儿出嫁时，取出招待亲友，或放在花轿上，吹吹打打送到男方家。

全兴大曲酒的传说

全兴大曲酒产于四川省成都市，是我国名酒之一，历史悠久，别有风韵，为人称道。早在秦代，四川酿酒兴盛，有佳酿"清酒"。西晋左思《蜀都赋》云："吉日良辰，置酒高堂，以御嘉宾，金垒中坐，肴四陈，觞以清醥。"形容当时饮酒的状况，喝的清醥则是历史上有名的佳酿清酒。

成都城南有一条绵江，又名府河。传说在江南岸有一家叫锦江的作坊，挖了一口水质好、旱不涸、涝不溢的井，大家都叫它"薛涛井"，寓有酒美人更美、幽情缠绵之意。

薛涛出生宦门，才情很高。幼随父到成都，父早逝，沦为歌乐妓。她住在望江楼下，门前有清泉一眼，常汲水磨墨，写字吟诗，积成诗笺。后有人取水酿酒，名扬四方。薛涛去世后，人们在附近修了望江公园，园中有吟诗楼，有楹联，下联为："天地间多少韵事，对此名笺旨酒，半江明月放酣歌。"其中"旨酒"，即指用薛门前井水酿成的美酒。

从上所述，可见酒的历史是漫长的。在中华民族五千年的文明史中，酒的醇香沁人心肺，令人陶醉，誉满五洲，名扬天下，是份珍贵的文化遗产，非常值得继承、发扬光大。名酒的传说蕴涵着中华文化的精华，是文

化长期积淀、浓缩而成的瑰宝，是劳动人民智慧的结晶，是中国酒历史文化光辉的一页。

附一 神话传说中的酒神仙

世界上任何一个民族，都有自己的神话传说，其中或多或少地涉及酒文化。神话的特点是人神混杂，以神为载体，用艺术手段去表现人的意识，构成了虚幻与现实的独特结合。而民间传说则有较大的变异性，因为每个传说的形成，几乎都有一个演化过程，在这个过程中，传说的内容、形式都在随着历史的进程而不断地变化。从许多文字著录和民间流传的有关酒的神话传说中可以看出来，它们多以传述历史的视角，而又在某种程度上曲折地反映了社会生活的真实，只不过披上传奇色彩很浓的外衣罢了。

中国的神话传说没有辑录成书的专著，散见于各种古藉之中。而作为与酒有关联并带有浓郁神话色彩的故事，是西晋咸宁五年（公元279年）在今河南汲县战国中期魏襄王墓中发现的竹简《穆天子传》。它记述了周穆王姬满驾八匹马从都城成周出发，渡河西行，翻山越岭，经过昆仑山，辗转迂徊，远行千万里，终于抵达"西王母之帮"。途中，穆王一行遇到暴风、雨雪、严寒，不少人被冻死，穆王因作《我租黄竹》诗三章表示哀掉。西王母迎周穆王于瑶池上，与他开怀畅饮。席间，西王母问他："道里悠远，山川间之，将子无死，尚能复来？"穆天子答道："比及三年，将复尔野。"表示将不避险阻，再次来访。

唐代诗人李商隐的《瑶池》诗："瑶池阿母绮窗开，黄竹歌声动地哀。八骏日行三万里，穆王何事不重来！"写的就是穆天子"觞西王母于瑶池之上"的动人故事。

周穆王畅饮瑶池的故事，诱发了诗人们的浓厚兴味，把它作为素材写成了瑰丽的诗篇，甚至有人梦幻登上了昆仑参加瑶池宴饮，如唐诗人许浑有诗写道："晓入瑶池露气清，庭中惟有许飞琼。尘飞未动俗缘在，十里空山下月明。"

这个绮丽动人的神话故事，也给了小说家创作的灵感，把它演译得更加神奇幻异，"西王母之邦"的主人，连同瑶池一起移居天界，掌管"玉帝"后宫，被尊为"王母娘娘"。这位神仙娘娘每年三月初三，备美酒仙桃于瑶池之上，宴请各路神仙，名曰"蟠桃会"。在《西游记》中，又衍化成只因未邀“齐天大圣”，惹得猴王性起，大闹天宫，搅散了蟠桃盛会。

在酒的神话故事中，除了酒神以外，还有酒仙“八仙上寿”，讲的就是八位仙人赴蟠桃会为王母庆寿的故事。“八仙”中有几位是嗜酒贪杯的。请看这几位仙人：

张珍妈，字宋，俗名果老，唐朝人。他隐居恒州中条山中，相传唐玄宗李隆基曾召见过他，封他为“银青光禄大夫”，号“元通先生”。《唐书》说他“善息气，能累日不食”，只是“数御美酒”。天宝年间，得道成仙飞升而去。传说他常“倒骑驴”，可能是喝酒太多，辨不清前后方向了。

唐时还有一位隐士蓝采和，经常穿着破衣烂衫，冬天衣里加棉絮卧于雪上。好饮酒，醉后就在长安街市唱《踏踏歌》：

踏踏歌，蓝采和，世界能几何？
红颜一春树，流光一掷梭。
古人混沌去不返，今人纷纷来理多。
朝骑鸾，到碧落，暮见桑田生白波。
长景明晕在空际，金银宫阙高嵯峨。

传说他在安徽凤阳一带的酒楼上酣饮大醉，然后乘鹤飞入云霄。

再一位叫韩湘，俗称韩湘子。据宋人《青锁高议》说：“韩湘字清夫，唐韩愈之侄，幼养于文公门下。落拓不羁，不读书，好饮酒，醉则高歌。一日，韩愈责其不学，何以立身。湘答：“湘之所学，非公所知。”韩愈命他写诗言志。湘执笔不加思索，一挥而就。诗曰：

青山云水窟，此地是我家。
后夜流琼液，凌晨散绛霞。
琴弹碧玉调，炉养白朱砂。
宝鼎存金虎，丹田养白鸦。
一壶藏世界，能开顷刻花。
有人能学我，同其看花葩。

另据《韩仙传》说，韩愈朝廷拜为部侍郎，同僚前去庆贺，湘子也去赴宴。席间，湘子取出寸许葫芦为座客酌酒，取之不尽。又在火盆中栽莲，顷刻间开放出十几朵莲花，花上有字成联：“云横秦岭家何在，雪拥蓝关马不前。”后韩愈因谏迎佛骨事被贬为潮州刺史。赴任途中，经蓝关遇大雪，马疲不得前，这正印证了当初莲花上的联语。

“八仙”中与酒最亲的莫过于铁拐李。相传他姓李名玄，曾遇太上老君得道。李玄本来颇有丰采，岂料在他神游时，他的徒弟以为他已死去，于是将其肉身火化，他的游魂无所归依，正巧有一个饿死的人，他的游魂不得已，只好附着这个尸身而起，变得蓬首垢面，坦腹跛足。他又用水喷倚身的竹杖，把它变成铁拐，故称铁拐李。关于他的民间传说很多，且看一段：

古时候，武夷山九曲溪住着位老农，他酿造的酒味美醇厚，只要把酒坛打开，武夷山四周就会飘逸着酒香。种田人喝过老农的酒，干起活来分外有劲儿。过往客商喝了他的酒，走多长的路也不觉得累。因此，人们对他格外尊敬，称他为“田父”。

有一天，八仙游名山逛大川，来到武夷山，立刻便闻到酒香扑鼻。铁拐李见酒没命，有点口馋，嚷嚷道：“错过了这么好的酒不喝，真是枉为神仙一世。我可要找好酒去了！”

田父十分热情地接待众位仙人，拿出好酒给他们喝。八仙连声称赞好酒，真是天上没有，地上难寻。大家一商量，不到别处去了，就暂时住在武夷山。特别是铁拐李，天天一瘸一拐地到田父酒店喝个酩酊大醉。一天，铁拐李又来喝酒，三杯过后，问田父用什么方法酿出这么好的酒来？田父指着远处的丹山说，造酒的原料用的是武夷山出产的稻米。铁铁拐李又问有什么？田父又指着门前的碧水说，酒是用九曲溪里的水酿的。铁拐李追问还有什么？田父又指旁边的酒坛说，这是御林窑烧瓷坛，贮酒味特美。铁拐李听完，十分高兴地说：“这三样都是武夷山的奇珍异宝，难怪你能酿出美酒来！”夸来夸去他却忘了与众仙约好去赴王母娘娘的蟠桃会。

众仙人赶忙找到铁拐李，连拉带扯把他从田父酒店架走。到了蟠桃会上，宴会已经开始了。桌上摆满了仙桃，诸位仙人面前也都斟满了仙酒，杯觥交错，大家都喝得起劲。铁拐李入座也端起酒杯，刚一沾唇，便嚷叫起来：“这算什么琼浆玉液，哪里比得上田父的酒！”说来也巧，就在这时，从凡间飘来一股醇香的酒味，萦绕在宴席上。铁拐李忙说：“这就是田父的酒香！”王母娘娘也闻到了酒香，就责备酿酒仙人所酿的酒比不上这酒香。见到这种情景，铁拐李向王母娘娘建议说：“我与酿酒仙人一同去买一坛田父做得酒，让诸位大仙品尝品尝怎样？”这正合王母娘娘心意，便派他们去了。

二位仙人脚驾祥云，不大一会儿就到了田父酒店。铁拐李说明来意，田父十分高兴，说我白送一坛酒就是了。铁拐李连声谢谢，抱着这坛酒，一阵风回到了瑶池。酿酒大仙抢先一步，把酒坛交给了王母娘娘，王母娘娘吩咐分给众仙品尝，众仙连声称赞不已。铁拐李腿不得劲，来迟了一步，酒坛的酒所剩不多。铁拐李本想多喝儿口，一见这样，火冒三丈，把气全集中到酿酒大仙身上，抬手举铁拐朝酿酒仙人头上砸去。酿酒大仙慌忙躲开，人没打着，不偏不斜，正打在酒坛子上，哐啷一声，酒坛子一滚，竟落在人间，而且又回到武夷山中。酒坛子被打了一个口子，坛里的酒流入九曲溪中。那酒坛子则变成武夷山中的一座奇峰，像擎天柱，又像一个大酒坛子耸立在群山之中，十分壮观，大家都叫它“天柱峰”，又叫“酒坛峰”。九曲溪水日夜不断地流着，用这溪水酿的酒芳香扑鼻，大家给它起了个美丽的名字，叫“武夷流香酒”。

还有一位吕洞宾，也是传说八仙之一。道家尊称为吕祖、孚佑帝君。他有五绺长须，手执拭尘，身背宝剑，仙风道骨。他原名岩，字洞宾，又字希云，别号纯阳子，唐蒲州永乐县人。吕洞宾经常为百姓消灾灭妖，但却好酒贪杯，又寓幽默于世俗中，深受百姓崇敬。

吕洞宾少年时，出口成章，下笔万言，但两次考进士不中，心里烦闷，经常到酒店喝个大醉。有一次他在长安酒肆喝酒，遇到一位道士，在酒店的白色粉墙上提笔即兴写了三首绝句。吕洞宾看后十分惊讶，忙上前拜见，道士也请他在墙上写诗一首。他写道：

生在儒家遇太平，悬缨重滞布衣轻。
谁能世上争名利，欲事天皇上玉清。

道士从诗中看出吕洞宾的心意，便对他说：“我叫云房先生，居住在终南鹤岭，你随我出游好吗？”吕洞宾欣然同意。这时，云房先生烧火做饭，吕洞宾醉后就枕昏睡，很快进入了梦乡。在梦中，他进京考试，中了状元，从此官运亨通，娶了两房妻妾，都是富贵人家的千金小姐，几年后，娇儿绕膝，家业兴旺，又被朝廷拜为宰相，为相十年，独掌朝政，权势显赫一时。但好景不长，他获罪被抄家，妻离子散，困苦不堪。就在他独立风雪中慨叹人间沧桑时，猛然被惊醒。云房先生在旁笑吟道：“黄粱犹未熟，一梦到华胥。”吕洞宾大惑不解地问道：“您知道我做过的梦吗？”云房先生说：“你的梦千变万化，五十年的荣华富贵、苦辣酸甜都在里面。得不足喜，失何足悲。只有大觉，才知人世间不过是一场梦。”吕洞宾感悟，遂拜云房先生为师，从此出家学道。

在许多酒故事中，有人饮酒成仙，也有人卖酒成仙。《列仙传》里记载这样一个故事：京城有位卖酒的老太太，遇到一位老者常来饮酒。忽有一天，老者让卖酒老太太准备装束，说有要紧的事。当夜果然来了一位仙人，手持两只“茅狗”，让两人骑上，突然间“茅狗”化作青龙，腾空而去。卖酒老太太被仙人引到了华山，也成了仙人。

附二 酒行业的崇拜神

行业神，又称行业保护神、守护神，是行业中从业者供奉用来保佑自己和本行业利益的神祇。酒行业也有自己的行业神，即本行业的祖师。

仪狄、杜康、刘白堕、焦革被奉为酒业祖师，见明·袁宏道《觞政》：“仪狄、杜康、刘白堕、焦革，皆以酝法得，无关饮徒，姑祠之门坦，以旌酿客，亦犹校宫之有土主，梵宇之有伽蓝也。”

先说仪狄。传说仪狄是造酒始祖，见于《世本》“仪狄始作酒醪”。(按：《世本》作于何年迄无定论，有人认为作于战国，有人主张作于西汉，但公元前2世纪的《吕氏春秋》云“仪狄作酒”，未用始字。)《战国策·魏策》云：“昔昔，帝妇女令仪狄作酒而美。进之禹，禹饮而甘之，遂疏仪狄，绝旨酒。曰：‘后世必有以酒亡其国者。’”而《文选·曹植（七启）》注引《战国策》这段话时，将“帝妇女令仪狄”变成“帝女仪狄”这样，仪狄则成了大禹的女儿了。这种说法影响了小说《镜花缘》，在第九十七回中写文在酒店吃酒，问女店主何姓，何时营业？女主人答道：“小婢姓仪。此店自夏朝开设至今，将近三千年了。”女店主姓仪，酒店从夏朝开业，无非是说酒店在夏禹时就有了，主人又是造酒祖师仪狄的嫡传，称得起是地地道道的“老字号”了。

仪狄被奉为酒业祖师，应该说与传说中的造酒有关。雍正《朔州志》卷十二蔚奎《建酒仙庙碑记》：“盖闻仪狄作酒，神禹疏之，其为万世虑至深远也……夫创始者为圣为祖，建庙立祠，凡以崇德报功不忘本也。”说得十分明白。

杜康也是传说中的酿酒人，又是酒业供奉较为普遍的祖师神。《博物志》云：“杜康造酒。”《会客论略》云：“杜康善造酒，以酉日死，故酉日不饮酒。”至于杜康是什么时代的人，何许人也，众说纷纭。如宋·高承《事物纪原》云：“不知杜康何世人，而古今多言其酒也。”而《说文解字·巾部》确认杜康就是少康：“古者少康初作箕帚、秫酒。少康，杜康也。”少康是夏朝第五代君王。也有说杜康是汉代酒泉太守，或者说是黄帝的管粮官的，多不足信。

据文献记载，至迟在唐代酒业已供奉杜康了。唐·李肇《唐国史补》卷下，记甘刺史巡窥江南驿务，“初见一室，署云酒庠，诸酝毕熟，其外画一神。刺史问何也？”。宋代手工业发展很快，各种行业应运而生。元丰二年(公元1079年)，苏州酿酒业建立行会，并在横金镇建立了酒仙庙，供奉杜康。明·谢肇《文海披沙》卷七“祭古人”条云：“造酒者祭杜康。”酒业普遍祀祭杜康，主要是因为他是造酒祖师。故《礼俗调查·民间信仰》中“记东北人”条云：“杜康真人，烧酒者所供之神也。”乾隆时，长沙糟坊业建杜康庙，祀之。山东酒业在重阳节祭祀缸神——杜康。传说杜康为河南汝阳人，当地有杜康庙，酿酒行业定期赴庙祭祀这位造酒大师。据《中国民俗采英录》记载，从前的茅台酒坊每当初酒时，酒坊老板要在酒坊里贴供“杜康先师之神位”的地方，点烛焚香，上供品公鸡一只，猪肉一块，祈祷酿酒顺顺当当。另外浙江绍兴镇上每年正月，酒业行会和商会举行各种各样祭祀杜康的庙会。

无锡酒业行会也有祀酒仙的活动。据窦镇《锡金续识小录》卷三云：“酒仙殿在东门外迤北，创始已久，其时代不详。咸丰庚申毁，光绪间酒业复集资营建。”而这位酒仙是谁，伟说周朝有位天子封杜康为酒仙，其家乡赐号“杜康仙庄”。据此推断，无锡酒仙殿所供奉的酒仙，当是杜康。还有传说，杜康死后被玉皇大帝召至天庭，封为酒谪仙，掌管天上酿酒之事，自然就是酒仙了。

焦革的史料较少，一些有关酒文化的著作云“焦革俟考”。但还是有一些线索，如明·夏树芳《酒颠》卷上“祠杜配焦”条云：“杜康善酿酒。王无功祀杜康，以大乐令焦革配飨，故曰：‘祀杜配焦。’”又《醉仙图记》云：“有府史焦革，家善酿酒，冠绝当时。为《酒谱》一卷，李淳风见而悦之。”可见将焦革列为酒仙也是有根据的。

再说刘白堕。刘白堕与杜康并称为“刘杜缸神”，言其善酿酒。北魏杨衒之《洛阳伽蓝记》卷四云：“河东人刘白堕善酿酒，季夏六月，时暑赫晞，以罂贮酒，曝于日中，经一旬其味不动。饮之香美，醉而经月不醒……启熙年中，南青州刺史毛鸿赍酒之藩，路逢贼盗，饮之即醉，皆被擒获。因此复名‘擒奸酒’。游侠语曰：‘不畏张弓拔刀，唯畏白堕在醪。’”故事虽有些夸张，但也说明了刘白堕酿酒的技艺高超。

最后一位酒业祖师，一些有关酒文化的书称之为“葛仙”，而未言其姓名。今据《神仙传》知其叫葛元，说葛仙翁“斩皂荚树为杯，以盛酒，酒味益妙”。又云：“葛元为客致酒，无人传杯，杯自至人前。或饮不尽，杯亦不去。尝从帝行舟遇大风，百官船无大小，多濡没，元躺也沦失所在。帝曰：‘易公有道，也不能免此乎！’乃登四望山，使人钩船。船没已经宿，忽见地从水上来。既至，卒不得舍去，烦劳至尊，暴露水次。元每行，卒逢所亲，要于道间树下，折草刺树，以怀器盛之，法流出泉，杯满即止，饮之皆如好酒。又取土石草木以下酒，入口皆是鹿脯。其所刺树，以杯承之，杯至即法出，杯满即止，他人取之，终不出也。”

九月十八日为葛元生日，“酿酒家祭仙翁神于大魁阁上层，种蓝家祭仙翁神于红阁下层”。(《晋祠志》卷八冯友兰先生《三松堂文集》在《孔子在中国历史中之地位》一文中称士子尊孔子“犹木匠之拜鲁班，酒家之奉葛仙”可佐证。)

附三 杜康酒树

《中州杂俎》及《直隶汝州全志》记载，河南汝阳杜康村的酒泉沟有一棵老桑树，这便是杜康发明酒的地方。

杜康小时候牧羊，每天日出，就把羊赶往山坡放牧。晌午，就到酒泉沟吃饭、看书、习字。

酒泉沟古时称空桑涧，桑树丛生，一股清泉穿林而过，蜿蜒而逝。泉边有棵老桑树，年深代久，虽枝繁叶茂，树身已空。杜康在此树下，拂习习凉风，听叮咚泉水，常缅怀祖先，饭难下咽。他把剩下的饭扔进桑树洞里，日积月累，桑树洞里的剩饭积了二尺余厚。杜康不思饮食，日渐消瘦，为了让他消郁化积，亲邻给他送来了曲粉，无意中，他又将曲粉扔进了树洞。

秋去春来，老桑树洞里的饭曲发酵变成了酒。杜康饮了此酒，才知道酒能为他解忧助兴。他认真总结了“空桑秽饭”“加曲发酵”的道理，从此以酿酒为业。因为杜康在老桑村下发明了酒，人们就把那棵老桑树唤作“酒树”。晋江统《酒诰》：“酒之所兴，肇自上皇。或云仪狄，一曰杜康；有饭不尽，委余空桑；本出于此，不由奇方。”

第五章　酒界名流聚贤庄

李书滨——划时代的经销商

“五粮液的盘子能做到今天这么大，有两个人功不可没。一个是一帆风顺的庄鹏，他把五粮液提升到了一个新的高度；一个是李书滨，他开创了五粮液子品牌之先河。这是划时代的。”五粮液集团董事长王国春如是说。

提到李书滨的名字，可能知道的人不多，可是说到“五粮醇”“大展宏图”“小开心”“千家福”等这些人们耳熟能详的品牌，相信没有几个人会不知道。而这些品牌背后的操盘者就是李书滨。

李书滨，中国酒界子品牌产品开发第一人，是五粮液总裁王国春口中“划时代的经销商”。

乍见李书滨曾有片刻的疑惑，高大的身形，黝黑的脸膛，厚实的镜片却隐藏不住精睿的眼神，一口略带福建口音的普通话，很是随和平易近人。人们不禁寻思：这个邻家大叔模样儿的人就是中国酒子品牌第一人，如今红叶庄园的“庄主”？但他一开口，人们立即确定他就是那个传奇人物。

人生际遇无比奇妙，李书滨做梦也没想到，他这辈子会踏入酒行业，且还能折腾出名堂来。1986 年，一个偶然的机会，对酒没有特别爱好的他一脚踏入邵武糖酒公司，开始了他的酒国生涯，体验着岁月更迭中酒类市场的千变万化。

求　索

1993 年，李书滨在看到白酒市场严重两极分化，“不是尖庄，就是五粮液”这个情况后，时身为福建邵武市糖酒公司副经理的李书滨敏锐地感觉到，单一的白酒市场已无法满足消费者日益多样化的需求，市场亟需一些新产品填充空白。

“何不开发一款酒度较低、价格适中、适合普通消费的一款‘中间地带’的产品，来满足消费需求？”他这么想，并立即行动了。他全身心投入市场，埋头做了整整一年的市场调研，经仔细分析，认真研究，而后得出结论：中档产品存在很大的市场空间。他再次迅速行动。

1994 年，他先后到剑南春、茅台寻求合作，一一遭拒。理由是人家的酒还供不应求哩，何需新品问路。

"难道自己这个想法就行不通了？"他不信。

抱着试试看的心态到了五粮液，接受前两次"口述遭拒"的教训，这次他准备了一份简洁的书面材料——《当今白酒市场的特点以及几条合理化建议》。他知道这次去也一样面临着严峻的考验。要知道，五粮液当时非常流行，卖得非常好，一个经销商跟名气大大的五粮液谈合作谈开发，谈何容易！果真，一开口，立即招致反对声一片——

市场部："五粮液在市场上哪缺过消费者，还需要他给我们另辟新的消费领域？笑话！"

产品研发部："他懂酒吗？他知道什么是好酒吗？他倒是要给我们研发部定标准了？他提的这个要求我们没法做！"

质量部："这么低的酒度，如何保质？"

……

李书滨："只要给我做，我一定会做成功的。"

一日，二日，三日，僵持不下。

就在李书滨快要泄气的时候，没想到峰回路转，正是那份提纲式的报告帮了他的大忙。

一天，五粮液徐克强厂长看到了这份材料，当徐克强看到李书滨书面材料中陈述的"我认为，市场的多样化需求，不应该只有五粮液、尖庄，还应该有中间档次、中等价位的产品来补充"的时候，他跟李书滨一样陷入了沉思："五粮液只有两三种酒如何满足市场需求？"

徐克强直觉这是一个机会——对双方来说都是绝佳的发展机会。他一刻也没有停留，立即把这份材料送到王国春面前。

同样，王国春对此合理化建议给出了高度评价："这是一个有头脑、有眼光、有思路、有魄力的经销商！"

马上安排会见！

希　望

"这是一次历史性的会面，正是这次会面详谈，才有了'五粮醇'的问世，才有了五粮醇当年销1000多吨，次年销3000多吨，第三年销量逾万吨的一个酒界神话。"憨厚的李书滨谈到此节笑得颇有些得意。

"谈谈你的具体想法吧。"没有客套，没有寒暄，王国春直奔主题。

李书滨："我是这么想的，酒水市场的需求是多样化的，消费者的需求存在个性差异，五粮液、尖庄能够满足市场多样化、个性化的需要么？五粮液能够进入宾馆酒家，但是进不了寻常百姓家，尖庄进得了寻常百姓家但进不了宾馆酒家，能不能开发一款既进得了宾馆酒家也进得了寻常百姓家的酒，价格比五粮液低比尖庄高点的产品来满足市场需求？所以，我来了。”李书滨侃侃而谈。

王国春默不作声。听完李书滨的汇报，王国春只说了一句话：“三天后给你答复”。

三天，在常人眼里不过是转瞬而过，可对于李书滨来说，却是坐卧不宁、寝食难安，度日如年。五粮液内部又何尝不是？他们在紧张地商议着，这毕竟在中国的酒行业中还是一个无人尝试的创举，天人交战，成功当然会使五粮液登峰造极，可失败了呢？

王国春陷入了深深的沉思，三天，短短的三天，漫长的三天。

终于，第四天一早，李书滨被请到了王国春的办公室。李书滨一到办公室就发现，五粮液是严阵以待。他们的厂长、副厂长、销售经理、生产经理、品牌部、质检部、市场部、销售部……各部门领导一个不少统统在座。

考验李书滨的时候到了！他知道说服一个人容易，要说服这么多人他没有把握，第一次，李书滨手心冒汗了。

“经过缜密的市场调研发现，市场亟需一款中间产品填补高、低两极的市场空白。”他先抛出了自己的主张，接着就当前市场形势深入浅出地剖析了一番。

他讲得很兴奋。但再一次遭到了这些高管们的反对，他们觉得李书滨的梦想是狂妄不可及的。

这个场面早在王国春的预料之中。王国春是位极具前瞻性的领导，他很明白这意味着什么，王国春鼓励李书滨讲下去。

“我们来承担风险，提前打货款给你们。”李书滨铿锵而言。

“你开发的新产品冲击到我的尖庄怎么办？”五粮液的高管提出了大家心中的疑问。

“冲击是好事啊！”李书滨回答得云淡风清。

“冲击怎么能是好事呢？”要知道当时的尖庄非常好卖，供不应求，五粮液套尖庄当时是需要批条的。

“五粮液必须有危机感，如果我开发出来的新产品能够冲击尖庄，对你们来说是一件好事，要知道，事物都是在否定与被否定中向前发展的，你不否定自己就会被别人否定，如果你不开发新产品冲击尖庄，总有一天会有别的产品出来否定尖庄，你怎么办？”李书滨不急不徐，坦然以对，眼里透露出自信的光芒。

李书滨在酒水市场摸爬滚打了8年，对于市场可谓了若指掌，他望着五粮液主管销售的经理的眼睛诚恳地讲：“‘春江水暖鸭先知’，我们毕竟是在河里游泳，你们是在岸上，市场变化我们知道，消费者需要什么产品，经销商该销售什么产品，我们知道，我们了解市场情况，所以我们愿意承担风险，先打100万的款子给你们。”

反对声渐稀，人们更多的是想要看李书滨能演一出什么好戏。

障 碍

初到厂里，各部门都不是很配合，一个经销商到厂里指手画脚算什么？在五粮液厂里，他跑了很多部门，各部门都给你设障碍，都给你脸色看，这个不行那个不行，着实难弄。无奈之余，李书滨只好找到王国春厂长反映情况。

“明天开个会吧！”王厂长认真地对李书滨说。

“开个会就有用么？”李书滨很是怀疑，毕竟那关系着新产品的命运啊。

“试试吧！”王浅笑而不语。

第二天，五粮液各个部门，包括研发、生产、勾调、设计、包装……中层领导被召集到一起，王国春当着所有人的面说了三句话：“第一，新产品开发是我们厂发展的需要；第二，一切都要为新产品开发让路；第三，谁挡住了新产品的开发，谁就要负全责。”

之后再到厂里，一切都变得不一样了。而这都证明了王国春厂长是个极具眼光的领导。

当时的开发，包括整个创意、设计、口感都是双方一起研制出来的，整个过程，依然问题多多，矛盾重重。口感上双方就存在很大的差异：李书滨根据南方人的口感喜好，要求五粮液按照其要求调制“香绵醇甜”的口感，专家觉得不行，而调酒师、工程师勾调出来的口感又不被李认可，李书滨只说了一句话：我的酒不是卖给专家喝的，是普通消费者喝的，我就是普通消费者。双方再次僵持不下。最后，酒厂的专家调了十几个酒样编号征求意见，选定了1号、2号两个酒样，1号是南方喜欢的——纯绵香甜，2号是北方喜欢的——比较冲一点。最后李书滨坚决地选择了一号。

标 准

“这个酒我们所有的调酒师都觉得不行。”当时主管生产的刘沛龙说。

“你就按照这个给我做，什么是好酒的标准？经销商能卖出去的才是好酒，消费者喜欢的就是好酒的标准。”李书滨坚持。

经过了大约半年的时间才把酒样定下来，随之而来的是又一个难题：当时定的是35度酒，而国家低度酒是38度，没有35度的标准。怎么办？大家都陷入了沉思当中，要知道，酒样的制定包含了双方无数的心血，为了能制定出双方都满意的酒，大家争论过，否定过，夙兴夜寐，但目的只有一个，就是制定出完美的样酒，而现在这样的问题该怎么解决？厂家的专家亦是无言。

“那就定一个企业标准。我们先卖，等卖起来了你们再对它进行理化分析，制定出理化指标，上报国家标准。”李书滨对厂方的负责人说道。这次，双方意见空前一致。

包装设计方面，当时很多专家都认为李书滨提供的设计方案不行，但是按照李书滨的设计投放市场效果很好，最后他们也渐渐认可了。

否极泰来

不知道是不是上天真的喜欢和有志者过意不去，问题好像永远都解决不完。当一切柳暗花明后，李书滨又一次陷入了山重水复当中。紧要关头，酒的质量又出现了问题，因为当时没有生产35度低度酒的经验，不知什么原因，在低温情况下新酒会出现混浊，但是温度一高就没事了，说句实在话，这样的现象即便是在现在，有些品牌产品也在所难免，但由于五粮液对于质量近乎苛刻的要求，这种情况是绝对不能发生的。厂方要求所有已装好的产品统统开塞重新过滤。但是当时离春节已经很近了，很多客户要这个酒，李书滨当时已经把样品定出去了，怎么办？怎么办？这次李书滨真的没了主意，无计可施了！从1994年开始研发，1995年1月上市的计划恐怕真的要落空了。此时的李书滨真的感觉到了穷途末路的地步，失败仿佛已经扼住他了，那种绝望的感觉是那么的清晰。过了11年之后，李树滨依然记得那种近乎绝望的感觉。

紧急关头，又是五粮液的王国春厂长站了出来，他这样对李书滨说：“老李，我们厂里的质量是绝对不能有丝毫马虎的，只要质量有问题的情况下，无论什么原因产品都绝不能出厂。”王国春厂长再一次申明五粮液这一铁打不动的定律。“不过，你放心，我们加班加点连夜赶工，绝对不会耽误交货的时间，春节货运繁忙，到时我们厂里派汽车给你送货……”王厂长握着李书滨的手，坚定的眼神给了李书滨无限的希望。

即便汽车运费要高于火车运费很多，但是厂家还是按时将货送到了市场。李书滨每想到此，眼里还是充满了无限的感慨以及莫名的感动，或许这就是他与五粮液携手14年的真正原因吧！

天 道

苦心人天不负。历经了无数的曲折之后，五粮醇如期进入到市场。五粮醇一投放市场行情就非常好，3个月就卖爆了。1995年1月份投放市场，当年就卖了1000多吨，1996年，销售了3000多吨，1997年卖了10000多吨。1996年他们就在白酒年会上了写了一篇论文《白酒质量要由消费者来定》。之前的社会调查已经证明口感、包装都是符合市场需求了，这又再次验证了李书滨当初的想法：厂家要根据市场需求来开发产品，产品就是为了满足市场需求，离开市场需求开发产品是站不住脚的。以前五粮液生产任务是由生产部下，不是由销售部下，不能以生产为导向，应该以市场为导向。

五粮醇的成功开发使五粮液第一年增加利税1000多万，第二年增加了6000万，第三年增了1个多亿，五粮醇的开发带动了其他酒的开发，同时也带动了全国其他厂家跟着做，开创了子品牌之先河，也就为以后子品牌买断产品奠定了扎实的基础。

结局？开始？

或许真的是花无百日好，五粮醇卖火了，李书滨成功了，但反对声浪鹊起：宜宾市政府的领导、经销商都反对厂家继续跟李书滨合作，理由是："这么好的产品怎么能给一个外省的小经销商呢？"

厂里的中层干部也反对："这么好的产品给一个小小的县级经销商怎么能做全国市场呢？"甚至通过一个副厂长写一份报告给王国春厂长，要求取消李书滨的经营权。在这样的情况下，已不是李书滨能够把握的了，要知道，五粮醇是李书滨一点一点打磨出来，如同自己的孩子，从无到有，从有到红遍全国，这包含了他无数的心血和感情，可是终不是他所能决定的。

"第一个经销商和我们合作，我们不讲信誉，以后谁还和我们合作，按原合同协议办。"紧要关头，又是王国春厂长挺肩力扛。

以后类似的事情也曾往复数次，但都被五粮液的王厂长压了下来，由此也看出了五粮液的龙头老大的魄力，做强做大有因可循。

不过当时邵武糖酒公司运作了五粮醇只3年，距合同期还有半年。1997年底，来自于各界的压力，终于让王国春也吃不消了，一天他歉意地致电李书滨："老李，这次我是真的帮不了你了，上下的压力，我快成夹心饼了……"言语中透露了无限的感慨与无奈。

李书滨只说了三个字："我明白！"

1998年，在五粮醇的销售权被取消当天，李书滨成立了宜宾春秋酒业，继续与五粮液合作，开发“大展宏图”“小开心”等一系列产品，并于当年，毅然决然地来到沙城购房置地，建起了葡萄酒庄，也就是今天拥有全亚洲最大菱形穹顶建筑厂房的红叶庄园。

又是8年过去了，如今的红叶酒庄储酒已达数千吨，年生产能力也达到了千余吨。徜徉在1500余亩的葡萄园内，看着郁郁葱葱的葡萄林，听着李书滨兴奋地介绍他的红叶酒庄，用心讲解桑干河谷的传奇，人们相信，红叶酒庄一定会成为传奇，就像当年的五粮醇一样，因为李书滨就是传奇。诚如五粮液老总王国春所言：不论李书滨酒卖得怎么样，他都是五粮液划时代的经销商。

刘敏——白酒界“西北少帅” 领衔“鲁酒复兴”运动

刘敏简介

陕北大汉刘敏，业内称其为中国白酒界的“西北少帅”。从1986年起，他历任原宝鸡啤酒厂技术科科长、总工程师、经营厂长等职，1998年8月出任陕西西凤酒股份有限公司总经理，2003年1月被免职。2003年受聘深圳万基集团酒类事业部总经理，山东孔府家CEO。

2004年，刘敏在齐鲁大地掀起了一阵经久不息的鲁酒旋风。只用一年时间，他已经带领昔日鲁酒四大名旦之一——孔府家集团冲出沼泽，并领衔“鲁酒复兴”运动。

重提“勾兑事件”再戳鲁酒深处的痛

经济导报：自从1997年的“勾兑事件”之后，曾经在国内白酒市场上风靡一时的鲁酒突然堕入了一个长达数年的低迷期。虽然从2003年开始，鲁酒出现了一些复苏的迹象，“复兴鲁酒”的呼声也一直在鲁酒业内传响，但是，我们至今仍未看到哪家鲁酒企业真正重出江湖，再现当年风行华夏的盛况。“复兴鲁酒”为什么如此任重道远？

刘敏：我认为这要结合中国白酒产业的特点，把“复兴鲁酒”放在中国白酒业近几十年的发展进程中来认识。

中国是一个疆域辽阔的大国，白酒产业群分布广泛，历史上因为交通不便，加之中国人地域认同观念强等特殊的历史渊源，大部分品牌都是地域性极强的中小品牌，区域性消费的特点十分明显。而为数不多的几个全国性的高端品牌，则多是因为特殊的机缘形成的。如原来只是区域性特产的茅台酒，因为与中国革命历史的特殊渊源，在国家采取赎买政策后，从无到有，最终成为国酒“茅台”；再如各地因为封建时代进贡朝廷而闻名的各种贡酒。在包括新中国成立后的40多年在内的很长一段时间里，这些高端品牌是享受着一种近乎顶礼膜拜的待遇。

这种高端品牌一骑绝尘的情形，一直维持到中国白酒市场和价格的彻底放开。此后，一些实力稍显不错而且小有名气的中小品牌，面对一个巨大的弹跳上升空间和丰厚利润的强烈诱惑，自然而然地产生了强烈的扩张冲动。鲁酒企业作为中国白酒产业最先觉醒的一个企业军团，较早地认识到了白酒品牌营销的价值，于是就有了秦池、孔府家、孔府宴等一大批鲁酒企业先后在央视黄金时段争当“标王”的壮举，从而创造了“鲁酒勃兴”的奇迹。

但是，历史总是会捉弄那些先行者。由于白酒市场不够成熟，国家产业政策也在不断变动，加上鲁酒企业的一些天生的弱点，最终导致了鲁酒在一场突如其来的危机面前一败涂地。在我看来，作为一个阶段的悲剧英雄，鲁酒的勃兴和急速败落都是必然的，后来其他省份白酒产业的兴衰基本上也是遵循了同样的规律。

经济导报：虽然如此，鲁酒开创的白酒品牌营销模式仍在被中国大多数白酒企业延用着、效仿着。比如市场前端的大规模广告造势，概念炒作，终端以返利为主要手段的实惠促销等。

刘敏：这没有什么奇怪的，谁让中国的白酒营销无成功经验呢！有效才是硬道理。因为这些中小品牌在一个覆盖全国的目标市场上缺乏足够的号召力，烧钱几乎是做大品牌的唯一也是最有效的手段。

品牌营销成功与否的关键，取决于多种因素。首先取决于钱的多少，其次是企业运行机制是否健康，另外还有企业危机公关的能力，当然还有企业决策者的个人素质。可惜的是，上个世纪末的大部分鲁酒企业在上述各个方面均得分不高。在很长一段时间里，山东白酒产业大部分掌握在政府或者准政府机构手中，成为当地政府财政收入的“蓄水池”，酒厂的领导往往由政府官员兼任。这就决定了企业进行品牌营销时多方面受制于政府：首先花多少钱并不完全由企业自己决定，当企业的“婆婆”觉得花那么多钱不值得时，企业的品牌营销步伐就必须停止。其次正常的经营行为也往往受制于政府，机制上的缺陷致使企业无法正常运行，这造成了许多白酒企业内功严重不足，管理成本居高不下。

由于山东同时又是一个白酒消费大省，大部分白酒产品长期地产地销，企业严重缺乏市场营销方面的人才和经验，品牌营销只能摸着石头过河，或者照猫画虎；鲁酒企业决策者普遍缺乏应对市场危机和公关危机的经验和手段，在关键的时候往往不能通过与媒体的良性互动获得支持；另外，白酒消费市场不成熟及消费者对白酒消费知识理解的浮浅，导致对“勾兑”工艺的严重误导和误读，最终引发了“鲁酒奇迹”的“崩溃”。

把脉鲁酒复兴的兴奋点是文化

经济导报：我这里有一组2003年关于鲁酒产业的统计数字：产量57万吨，连续多年保持全国第一；实现销售收入70亿元，并出现小幅盈利。相信这是业内喊出“鲁酒复兴”呼声的底气所在，不知您如何看待这组数字。

刘敏：我从有关资料中也看到过这组数字。但是我认为，仅从这组统计数字出发，就认为“鲁酒复兴”有望还为时过早。

这涉及对“鲁酒复兴”这一概念的理解问题。何谓复兴？复兴到何种程度算是复兴？按我的理解，至少应该有数家领军式企业，能够在对鲁酒概念高度认同的前提下，抱团运作市场，数家企业共同崛起，企业的市场综合竞争能力明显增强，企业产品结构趋于合理，企业盈利能力明显得到提高，形成一个具有一定品牌特点和市场优势的品牌群，就如同四川的“六朵金花”、安徽的以古井贡口子窖、东北的黑土地等一样的优势品牌群，在消费者中树立良好的口碑，以可观的销售额和利润在国内同行中赢得应有的尊重。以孔府家集团为例，当年最高峰的年份的年销售额曾达到9.7亿元，实现利税3.9亿元，而同一时期的秦池和孔府宴也取得过不错的业绩。但是这两年，还没有哪家鲁酒企业能够取得这样的业绩。也没有在全国市场上形成鲁酒的品牌优势，鲁酒在广大消费者中的形象还没有得到彻底的改变。

经济导报：毕竟，中国白酒业的市场化营销历史还很短，小品牌美誉度和知名度的建立往往都诉诸挖掘某些社会热点、激发消费者的兴奋点等手段，鲁酒当年的勃兴多有赖于此，如“秦池”是利用了人们回归自然、追求绿色的心理诉求；“孔府家”是以孔府文化为底色，用当年热播的《北京人在纽约》中的女主角王姬和《水浒》的主题歌演唱者刘欢作代言人来点染等，此后的东北酒也是借了东北题材影视作品热播的东风趁势而上的。对于曾经沧海、目前正谋求复兴的鲁酒来说，还有什么品牌资源可以利用呢？

刘敏：白酒产业的灵魂是文化，没有文化背景的白酒注定在市场上走不远。川酒近年来在白酒市场上的一路走红，与其基于历史悠久的巴蜀文化的美誉度是分不开的，而且早在白酒市场放开之前，四川的“六朵金花”因为质量上乘，且在国内多次评比中屡获大奖，很快形成品牌之间的联动优势，因而很早就在国内十分畅销，这些品牌资源是包括山东在内的其他省份白酒企业无法奢望的。在白酒市场放开之前，由于地理环境的限制，山东白酒质量上比川酒稍逊一筹。但是经过近十几年的努力，鲁酒的质量已经有了大幅度提高，这一点国内白酒业是认同的。但是鲁酒生不逢时，当鲁酒还没有做大做强时，整个山东只有两个国家优质酒，没有一个国家名酒，当做大做强以后恰巧此时国家不再评定名酒，鲁酒失去了一条赖以整合品牌资源的有效途径，向内挖潜，通过开发自身的文化资源营造品牌效应成为必然的选择。当然，当年鲁酒的窝里斗也是影响发展的一个原因。

其实，山东作为一个文化大省，有足够的文化题材可供鲁酒企业深度挖掘，如孔子、孟子、孙子，还有五岳之首泰山、母亲河黄河、“天下第一泉”趵突泉等。万基集团收购孔府家集团，看中的正是孔府家的品牌价值。我们认为，依托博大精深的孔子文化，孔府家酒有一种与生俱来的豪门气质，对于主要靠文化支撑概念营销的白酒产业来说，这种知名度和美誉度是许多白酒企业花大价钱都买不来的，而且这种资源不会因为“勾兑”事件的发生而遭到破坏，直到现在孔府家酒在东南亚市场上一直畅销不衰，就是一个很好的例证。

盘点鲁酒复兴要练基本功

经济导报：自从上个世纪末鲁酒从盘踞了数年的央视标王宝座上仓皇谢幕之后，白酒产品便基本上从一年一度的标王争夺战中销声匿迹了，但中国的白酒市场却从未宁静过，皖酒、东北酒、川酒、湘酒、黔酒“军团”轮番上阵，上演了一幕幕好戏，只是这些热闹已经不再属于鲁酒。

刘敏：从中你不难发现一个规律，那就是：在中国白酒业内，以地域为板块，众多白酒荣辱与共是一条被近二十年的产业发展史所不断验证的规律，而在每个酒业板块的起起落落的过程中，总有一两个企业会成为旗手式企业，如鲁酒中的孔府家、孔府宴、秦池，皖酒中的口子窖，东北酒中的黑土地、刘老根，川酒中的六朵金花和黔酒中的茅台。目前鲁酒企业都有复兴的愿望，但除了孔府家之外，始终未见再有企业站出来振臂一呼，与孔府家形成呼应。也没有在省外市场形成联动，目前在广东市场鲁酒只有孔府家和泰山有一定销量，其他的只是一些仿冒的跟风者。

经济导报：据我观察和大体计算，鲁酒复兴的乏力似乎与价格体系有关。以 2003 年的数据为例，57 万吨的产量和 70 亿元的销售收入，意味着鲁酒的平均销售价格只有每 500 克 6 元多一点。而据我了解，同年川酒的平均销售价格却高达 22 元。扣除川酒广告投入及流通环节的交易成本，川酒的利润率肯定仍然还会比鲁酒高出许多。

刘敏：目前业内公认的白酒盈亏平衡点为每 500 毫升 8 元，这就不难解释为什么鲁酒产量一直全国第一，而整体效益却一直不高。鲁酒的低价背后是产品线设计观念的落后，山东白酒业一向奉行的是低价位战略，直到现在仍然有许多酒的价格不超过 10 元钱，而且这类低价产品目前仍然是鲁酒的主力产品。而在经济相对落后的陕西，即便是最便宜的酒也早在 10 年前就达到了10多元钱。那时我正好在西凤酒厂任总经理，亲眼目睹了皖酒把陕西白酒市场的整体价位生生地提高了几十元钱并被市场接受的过程。说实话，也正是借这次提价契机，我们全面提升西凤酒的档次和价位，才把一个原本效益不佳的西凤带出了低谷。没有科学合理的产品线设计理念来确保足够高的利润，无论怎么谈“鲁酒复兴”都将是虚妄的。

经济导报：目前白酒业市场营销战略给人的一种感觉似乎是，某一酒业板块的勃兴都以大规模进军全国市场为标志。“鲁酒复兴”是否还要重复这种模式呢？

刘敏：前几年的“勾兑事件”的确曾经让鲁酒大伤元气，但这不应成为鲁酒企业困守家门、委靡不振的理由，至少在江、浙、沪、闽、粤、港、澳等当地无强势白酒品牌的地区，鲁酒还是可以有所作为的。近年来一直在坚持“走出去”的泰山特曲和孔府家酒，取得的业绩也还算不错，前者是年销售额1亿多元，后者是7000多万元。当然，是走出去做外地市场，还是留下来做本地市场，要视各企业的具体情况而定，而且要审慎取舍。对于是否走出去，我的看法是：走出去能否成功，更多地取决于产品利润率的高低，而并不取决于企业有多少钱，如果没有稳定而丰厚的利润为支撑，再多的钱也有烧完的时候。薄利多销的说法固然有道理，但白酒毕竟不是啤酒，更不是饮料，消费量总是有限的。

对于原产地经济欠发达的白酒企业而言，要想做强做大，进军全国市场不失为明智的选择，从这个角度讲，皖酒、东北酒、川酒、湘酒、黔酒选择大规模的境外扩张战略无疑是正确的。但是，在中国经济历经几番风雨之后，如果说保健品等新兴产业还会有一夜成名的神话的话，我敢断言，中国白酒的地方性品牌无论如何折腾，短时间进入由五粮液、泸州老窖、郎酒、茅台等传统名牌组成的“第一军团”的希望并不是很大，更多的地方性酒类品牌还必须学会长期的隐忍，甘于做第二梯队的“寂寞高手”。

对于地处经济相对发达的山东，同时面对着一个巨大的白酒消费市场的大部分鲁酒企业而言，一定要摒弃过去那种小富即安、不求进取的心态，振作起精神，从区域性市场做起，苦修企业内功，打理好自己的产品线，制订合理的价格战略，打造一支得力的营销团队，力争利润率、知名度、美誉度等方面的指标在当地成为绝对的第一品牌，将是今后很长一段时间内必须要认真做好的基础功课，这将是包括孔府家集团重振雄风的出路所在。

经济导报：其实即使是做本地市场，山东也有做得很成功的范例，如淄博的中轩集团，这家企业一向不显山露水，一直以价位在100元以上的三蕉叶酒为主力产品，走中高档白酒路线，企业效益始终不错，集团全年数亿元的利润，有近2个亿的利润是由白酒贡献的，这家企业被称为“中国白酒业人均利润最高的企业”。

在“复兴鲁酒”的口号已经让我们兴奋了好几年之后，众多鲁酒企业仍然在为寻找“复兴鲁酒”的突破口而苦苦探索之际，孔府家酒、泰山特曲和三蕉叶的思路值得大家借鉴。

张兴海——醇雕探路

兴月海商贸有限公司是一家拥有多年营销黄酒经验的综合型贸易公司，自2000年成立以来就一直秉持“诚信第一”的经营理念，为广大消费者提供“醇雕”系列酒类为代表的各种优质产品。

根据事先的约定，这天在家中见到了北京兴月海商贸有限公司总经理张兴海先生。

言谈中，从事酒销售行业十余年之往事，历数起来犹如昨日。1996年初，张月海来京开始从事黄酒销售，所持资金还是从浙江老家贷来的50万元。当时北京的黄酒市场，仅有数家企业来打探一下市场。

“我就是浙江人，对绍兴黄酒文化非常了解，我更希望把这种民族文化发扬起来，让绍兴黄酒走进千千万万个家庭——黄酒是营养健康的‘液体蛋糕’。你想它既然能作为我们的国粹，就不应该只在南方有销量、有市场，所以我坚信在北方也能打开销路！”

面对一个陌生市场，刚开始的路肯定是艰辛的。首先要采用各种手段让消费者了解黄酒，接受黄酒，喜爱黄酒。比如，定期举办黄酒消费知识讲座，向消费者普及黄酒知识；让利于消费者，举办买一赠一、有奖销售等活动，增加消费者购买欲望；服务也一定要跟上，客户需要就直接送货上门……就这样，兴月海商贸逐渐发展起来，取得了老百姓的认同，也和各大商场超市建立了稳固的合作关系。这个阶段，为推广黄酒而极大让利于消费者，利润是很低的。而其他一些厂家找上门来，许以丰厚回报希望合作时，都被婉言谢绝了。

2000年起，黄酒在京城百姓心中的认知度日益提高，消费群体也不断扩大，一时间各大黄酒品牌纷纷进京寻求发展。绍兴黄酒品牌开始作为一个整体亮相京城，集体接受消费者的选择。对于这种局面，张兴海非常欣慰：“作生意讲的就是成行成市，一花独开不是春，我非常欢迎各黄酒品牌进京发展，并希望和他们一道，把绍兴黄酒作大作强。”

为了给京城百姓提供更优质的绍兴黄酒，也为了树立真正的绍兴黄酒品牌，满足消费者的需求，2002年5月，张兴海成立了绍兴醇雕酒业有限公司，注册了“醇雕牌”黄酒。因为有了多年经验和扎实的基础以及良好的网络渠道关系，通过三年来的努力，目前醇雕酒在北京各大商场超市渠道销售网点比较全面，如京客隆、超市发、天客隆、物美、旺市百利等上百家超市。醇雕酒的销售自2002年起连续三年每年以20%速度递增，目前，醇雕酒的销售占北京黄酒20%的市场份额。(这还不是张兴海心中的理想状态。)

“北京的黄酒市场，潜力还很大。近年消费者越来越重视健康问题，特别是中老年消费者，所以黄酒越来越受欢迎……还有像我们这些在北方的南方人当然也是首选黄酒了！所以今后的醇雕酒，一定能打开更大的销路！”

看得出，张兴海运筹帷幄、踌躇满志。离开的时候，张兴海告诉记者：“以人为本、以德为本，与经销商诚信合作，为消费者提供优质的产品和服务；发展黄酒、振兴黄酒，弘扬中华国粹，以实际行动报效祖国，爱我中华。”绍兴醇雕酒将秉持这一宗旨，拼搏进取，努力创新，迎接中国黄酒新的辉煌！

陈肖兴——一位老葡萄酒专家的执著与困惑

4月19日，一个春风轻拂、阳光和煦的日子。《华夏酒报》记者在山东烟台科裕酒业有限公司的葡萄园里，见到了正和工人一起下地忙活的陈肖兴总经理。如果不是陈肖兴主动和我们握手，简直无法相信眼前这位手上沾满泥土的耄耋老人就是这片葡园的CEO。

烟台科裕酒业有限公司坐落于山东省烟台市高新技术开发区的一个小山坡上，公司的四周是葡萄种植基地。陈肖兴迈着蹒跚的步伐，热情地带着我们沿着葡萄园间的小路，边走边述说着他创业的宏伟蓝图和串串辛酸困惑……

葡萄酒事业=我的生命

1955年1月，陈肖兴毕业于广州化工学校酿造系，毕业后被分配到烟台张裕葡萄酿酒有限公司工作，1965年开始负责张裕葡萄酒的生产工艺技术，1992年退休。退休不退志，抱着对葡萄酒的无限热爱，1994年，64岁的他开始了自己生产葡萄酒的创业之路。

陈肖兴根据多年的酿酒经验和对葡萄种植的了解，选择了一个阳光照射充足、坡度趋缓的小山坡，与当地镇政府和村里签订了土地租赁合同，土地面积260多亩，期限50年。他的第一步是先建葡萄园，因为他知道，葡萄酒是种植加工一体化的产业，葡萄的质量决定着葡萄酒的品质。同时他借鉴了国外酒庄的建造模式，从葡萄生产基地入手，亲手指导葡萄园工人种植，引进了蛇龙珠、赤霞珠、烟73、烟74等优质葡萄品种。经过3年的辛勤劳作，陈肖兴靠自己的规划设计，建起了一个现代化的葡萄生产基地。同时他不惜投资，在葡萄园中盖了3栋瓦房，解决了30多个种植葡萄工人的住宿和吃饭问题，为他们解除了后顾之忧，提高了工人的生产积极性和工作效率。1996年，科裕酒业有限公司正式开始生产。

为了确保葡萄酒的高品质，陈肖兴非常重视化验室的建设，花重金购买了先进的仪器设备，培养出了一批专业化的技术骨干，在生产工艺上各个细节的处理，均需要化验室严格试验以制定周密的实施方案，特别是每个具体工艺阶段的辅料应用，他都考虑得很细致、周全。经国内权威专家一致鉴定，科裕牌葡萄酒滋味醇厚、酒体丰满、微酸适口，产品定为优质。

不盲目追求葡萄亩产量，最大限度地提升葡萄酒品质，是他多年来的酿酒原则。为此，他严格控制亩产葡萄量在1500公斤以内，由于采摘时对葡萄成熟度的掌握，从根本上决定了干红葡萄酒的色度、酒精度和酒体结构，只要一到葡萄收获的季节，陈肖兴总是穿梭于葡萄园间指导工人采摘葡萄。

言谈间，品着自己酿造的葡萄酒，陈肖兴不时透露出创业的无限快乐。

创业快乐也多困惑

好酒生产出来了，怎样才能端到消费者的餐桌上，成了陈肖兴面临的最大困难。

烟台是亚洲知名的葡萄酒城，地处胶东半岛，良好的气候条件非常适合葡萄种植，同时也吸引了国内外众多葡萄酒企投资建厂。无论是品牌效应还是规模实力，科裕酒业与之比起来都显得非常渺小。陈肖兴长期战斗在葡萄酒酿造技术岗位，忽略了销售队伍的建设，他深知酒香也怕巷子深，好酒也要勤吆喝，但是，由于对酒类市场营销操作不力，造成品牌推广迟缓，产品出现积压，公司经济运行曾一度举步维艰。

企业要生存，工人要发工资，陈肖兴面临着巨大的资金压力。年迈的他在烟台各大银行间奔波了很长时间，结果是竹篮打水一场空，一分钱都没有贷到。无奈之下，他接受了前来洽谈“贴牌”客商的合作，给别人“贴牌”生产葡萄酒。看着自己亲手酿制的优质葡萄酒冠上别人的名字，自己辛苦建起来的葡萄园和工厂却给别人做了嫁衣，他的心里充满了困惑和无奈。“就在那几年，我老得特别快。”陈肖兴说，“现在背有点驼了，但我脑子还非常清楚，我要把我的酒卖出去。”陈肖兴在困境中坚持酿造优质葡萄酒的信念，丝毫没有放松对葡萄酒质量的要求，他坚信有一天，他的葡萄酒会销往全国。

多年的贴牌生产，并未给科裕公司带来多少利润。此时的陈肖兴明白，如果继续这样走下去，自己多年的心血会付之东流，成立营销公司已势在必行。2006 年底，在朋友的牵线下，陈肖兴与有多年营销经验的营销公司探讨合作，准备成立独立的营销公司，全力推广自己的品牌。陈肖兴说，有了营销公司，自己的全部精力就可以放在提高葡萄酒的质量上了，他坚信自己酿造的酒会得到广大消费者的认可。

采访中，对葡萄酒发展未来充满信心的陈肖兴发出如此感慨：无论今后是成是败，他都要坚持做下去，因为他的一生属于葡萄酒事业。

相关链接：

陈肖兴简介：

国家级葡果酒评委，高级工程师，现任烟台科裕酒业有限公司董事长、总经理。

1954 年 12 月，陈肖兴毕业于轻工部广州化工学校酒精和酒类工艺专业。

1955年1月，他被分配到张裕葡萄酿酒公司。1989年任烟台张裕公司科协副主席，1992年4月退休。陈肖兴多年来积累了丰富的经验，也取得了可喜的成绩。

1956年他参与解决葡萄酒沉淀问题的试验，在朱梅等老一代专家指导下，提出了“葡萄酒破败病的发生、治疗和预防”的新方法。

1956年至1976年间，他又在实践中摸索出窖上贮存、人工老熟、新老酒勾兑等白兰地酒的新方法新工艺，为提高张裕白兰地的质量、扩大产量发挥了积极的作用。

在40多年的酿造生涯中，陈肖兴参与江苏宿迁葡萄酒厂、山东荷泽葡萄酒厂、潍坊山楂酒厂等十几个工厂和项目的论证设计工作，主持完成了苹果香槟酒等的试制和生产，其中“苹果香槟酒的试制与生产”项目获省科技进步二等奖，“新工艺瓶内发酵香槟酒”被评为轻工部优秀新产品。

张治——软件工程师品成红酒行家

学理工出身、专业是卫星通讯的张治，自从迷上红酒的香气之后，六七年来，研究红酒的心得累计成四五本厚厚的笔记，以及《明日报》上一个新闻专栏，张治品味着充满葡萄酒香的人生。

见到张治以前，以为对红酒有极高鉴赏力的行家，必定是坐拥豪宅名车的大老板。可是，张治从办公室走出来，一身简朴的POLO衫、休闲裤，年近40的他，给人的第一印象就是工程背景出身的上班族，跟以往红酒行家全身品味嗅得出“财力”的印象，有着差距。软件工程师出身，目前是台亚卫星通讯公司协理（台湾），张治的职业生涯跟大多数工科毕业生走的路没有太大的差异，不过，一个平凡的上班族，嗜好是品嗜、收藏红酒，背后的原因的确让人好奇。

“红酒不一定是昂贵的，超级市场特价二三百的红酒，也有不错的。”张治点破了红酒昂贵的密思。

把红酒当学问研究

张治接触红酒已六七年，在一次家庭聚会上，弟弟带回家的红酒让他发现红酒的迷人。之后他自己到超市买了1瓶200多元的红酒，在餐前佐上一点美酒，不但开胃，且让食物美味加倍，于是喜爱美食的他一头栽进了红酒的世界。

向来对事物喜欢追根问底，当红酒进入生活后，张治也卯起劲来了解红酒。一瓶几百块到几万，红酒的价差引起他的好奇，原来无论产地、葡萄品种，甚至产地土壤的酸碱度等，都是影响葡萄酒品质和价格的因素。从单纯品酒的乐趣，因为好奇而引发的求知欲，张治开始把红酒当学问研究。

这些年来，张治累计了四五本厚厚的笔记，里头记录了各种红酒的口感、年份以及他对酒的评价，从超市的平价红酒到上万元的名酒，都列在张治的笔记本上，几年下来，他品过的酒已经超过千种。

笔记本的厚度、品过的种类，都显示张治与酒接触的频繁度，入口的酒这么多，爱喝红酒的他是否已经成为酒国瘾君子？“懂得喝红酒，都是一口、一杯的品味，单纯去体会酒的气味，而非酗酒。”张治解释说，自己的酒量并不算好。

品红酒的代价高不高？还以为他大半收入大概都奉献给了红酒，“一个月差不多花上三五千元”，张治投资在红酒上的金额，居然只跟女人每个月花在衣服、化妆品上的钱差不多。

“当专业知识越多时，花的冤枉钱就少很多。”张治略带专家的口吻说，勤一点到超市、大卖场找酒，常常可以特价买到国外红酒杂志上推荐的极品，台币几百元的特价酒，价格上甚至比原产地还低。

除了独自品酒，张治还喜欢与人分享，因此他在《明日报》开了《Thomas 葡萄酒漫谈》专栏，公开他品味红酒的心得、他对各种红酒的评价，以及最近哪家店有值得选购的好酒情报。从他的推荐名单可以发现，他挑选的都是物所超值的种类。每一种酒的年份、产地、酒庄背景，在张治的栏目上列得清清楚楚，即便是刚入门的人，都能按着他的步骤买到好酒。

生活、视野因而开阔

专业是卫星通讯的张治，俨然已经将红酒当成了他的第二专业，但是他却不曾想要把红酒兴趣转成专职的工作。张治的想法很务实，“红酒专业在台湾没有商业价值”，纯粹当兴趣去钻研背后的学问，“可以平衡生活”，张治坚信，喜欢红酒让他的生活更丰富。

张治不只品酒、大量阅读红酒方面专业知识，他也参加红酒俱乐部，通过不定期的俱乐部活动，红酒同好会带自己的藏酒来分享，无形中增加了品酒的种类。欧美各国都产葡萄酒，光法国就有几百个酒庄、几千种葡萄酒，穷一己之力很难摸透所有酒性，聚会时分享各自累积的红酒专长，视野、知识都跟着开阔。

张治连出国旅游都是跟红酒同好组成酒庄寻访团，造访欧洲各地的酒庄。不仅如此，为了红酒，张治还去学了法文，理由很简单，他眼神一亮说着：“要喝红酒，至少要把酒瓶上的标签看懂，酒名念对吧！”。

反正，一提到红酒，内敛的张治便滔滔不绝，虽然从不强迫周遭的人跟他一样爱红酒，然而看着他评论红酒的样子，就有到超市买瓶红酒的冲动，想尝尝是否如他所言：“美食和美酒是不可分的，是一种享受生活的品味。”

金炜——葡萄酒企业家的微醺之旅

最近金炜在写一本叫《老金的微醺之旅》的图文并茂书，将自己这四年来的品酒心得和葡萄酒的一些心得故事记录在册。

无论是以前掌管新天国际，还是现在运作长白山酒业的冰酒，担任华夏五千年葡萄酒公司执行董事，金炜始终在向市场和世界证明着中国也能做出非常有特色的葡萄酒，所有消费者都能体验到中国的葡萄酒。

金炜认为，或许白酒追求的是酩酊大醉的气氛，但葡萄酒绝对是一个精神层面的享受，是在微醺当中寻找着一种极致的享受。

入行4年：第一年品了400多种酒

2003年，金炜从服装行业挺身进入葡萄酒行业的市场运作，成为新天国际的副总。金炜解释说，一个做品牌的人，看中的是一个品牌的市场潜力和它的塑造空间，葡萄酒就是这样一个值得花时间去经营的产业。因此，他乐此不疲地将全部的精力都倾注在了葡萄酒行业中。

初次涉足葡萄酒行业，第一年，金炜几乎将所有时间都花在了品酒、学习和研究市场上。那一年，金炜一共喝了400多种葡萄酒，无论是买的、别人送的，还是外出考察学习遇到的葡萄酒，金炜均一一细细品尝，并将心得体会记录在册。这一年时间的知识积累为今后金炜在葡萄酒行业声名大噪打下了坚实的基础。

因为在营销人员当中，能对葡萄酒工艺有所了解并且直接参与品种开发的人并不多，凭借着不断积累下来的经验，金炜成为了其中为数不多的一个。“不了解葡萄酒的口感、工艺等，很难做好整个品牌的市场营销和规划。”金炜也特别珍惜第一年时间里的知识积累。

营销推手：掀起中国红酒“平民化”运动

“在国际葡萄酒市场，葡萄酒是大众消费品，但在中国则是一个比较神秘的产品，在精神境界上，它带着贵族的气质，但在消费层面上，它则应该走平民化的道路，让更多的消费者了解它。”带着这个信念，金炜这四年来一直在“葡萄酒的平民化运动”之路上越走越远。

在新天期间，金炜制定了“百城万店”计划，将重点放在商超渠道，使新天终端销售数量猛增4倍。并且全面推动“体验风暴”，采用低价、试饮、赠送等手段，鼓励消费者去体验红酒，这些平民化运动也令新天知名度直线提升，单品销售达到了第一位。

现在，金炜在操作长白山冰酒的“全球十万精英领袖品鉴专享计划”，将在世界100座城市启动。金炜对这个计划已经走了12站奢华旅程活动非常自豪，他表示：“中国的葡萄酒是世界的，我们在向世界证明中国也有非常独特的原料，也能做出被世界和全球消费者认可的产品。”

同时，金炜担任华夏五千年执行董事，又在乐此不疲地启动一项名为“名品世家U9-MWP工程”的连锁项目，MWP，即Micro Wine Port的缩写，意为微型连锁国际酒廊，U9则是指全球著名产区9个酒庄的合作。该项目试图在葡萄酒消费的成熟区域，建立起红酒销售微型连锁终端，推出具有代表性的物美价廉的产区葡萄酒。

华夏五千年推出这项工程，目的是要在中国掀起一场“红酒贵族消费的平民化运动”。

“我国葡萄酒市场新一轮的终端布局潮流中，已有骏德酒业、富隆酒窖以及吉马国际酒廊等先行一步，这些高档次的酒廊终端主要以专业人士为对象，应该说做得非常成功。华夏五千年酒业启动的项目则以微型终端为特色的，以大众消费者为目标受众，打造中国人自己的葡萄酒文化，使红酒从贵族消费趋向平民化。在这种连锁终端，我们不仅销售华夏五千年，也销售国内外著名产区的产品，让消费者能接触到各种层面的葡萄酒。”金炜自豪地讲述着他的又一得意之作。

痴迷红酒：微醺是雅致也是极致享受

一直专注于红酒“平民化运动”的金炜，其实也是一名葡萄酒痴迷者，闲暇之余独自品上一杯葡萄酒已经成了他生活中精彩的点缀。

“法国有一句谚语：打开一瓶葡萄酒，就像打开一本书。在品尝红酒的时候，红酒的工艺、文化和品牌内涵均在脑海中一一浮现，让人对葡萄酒的认识更加感性而深刻，而这种理解又将使我在运作葡萄酒品牌的时候迸发出更多独特的角度。”

金炜坦言，葡萄酒已经成了他的事业，但同时也是他生活的一种享受。在商务应酬场合，他通常都会充当葡萄酒文化的布道者，向身边的朋友们努力推介葡萄酒文化。而在日常生活，他更愿意沉醉在“体验者”的角色当中。有时候自己会买一瓶葡萄酒品尝，不一定是名酒，只在乎喝的感觉和精神层面的享受。

也只有这种独自品尝佳酿的时候，他才能真正感受到红酒的精髓所在。“独自品酒之时，方可真正体会品酒观色、闻香、品味的乐趣。方能沉醉于葡萄酒柔和的色泽当中，方能体验到动态香、静态香之间微妙的区别。顿时脑海中浮现出葡萄酒原产地的无限风光，葡萄酒的酸、甜、涩刹那间一层一层被味蕾挖掘出来。”

这样一种享受是极其美妙的，每次喝完葡萄酒，金炜总会习惯性地拿出相机，借着微微的酒意，将当时的人、气氛、酒永远定格下来。

品酒反思：让浮躁沉寂下来

和众多成功的企业家一样，金炜十分享受忙里偷闲的片刻。即使在工作当中，也可以在红酒的世界里卸下工作的繁重。很多时候，金炜喜欢将红酒自然融入工作当中，他约合作伙伴吃饭聊事，更喜欢带上一瓶钟爱的红酒，有时候也会带上自己的杯子，在柔和的气氛当中，一边聊公事，一边也能在繁忙中寻得片刻轻松。

有空的时候，金炜会选择在午后温暖的阳光里，选一个路边的咖啡馆，一边享受阳光的无限柔和，一边品一杯红酒，此情此景，工作和生活的浮躁顿时沉寂下来，此时也是反思工作和生活点点滴滴的最佳时刻。

“每个人都不可能做到脱俗，此时我们需要一个空间来静静地反思，对于企业家来说，这种反思尤其重要。因此，我推荐大家静静地品上一杯红酒，让躁动的心平静下来，理清自己的思绪。”

赵凡——愿做酒痴，品味酒中故事

赵玻葡萄酒教育者、多家时尚杂志与葡萄酒专栏作家、品酒专家。狂恋充满酿造师热情的勃艮地黑比诺干红，坚信葡萄酒教育是为了给人创造品酒机会。

赵凡在城市宾馆的澳美酒业酒屋接受采访。不时有人走过来与他打招呼，足以看出他在这个圈子的活跃和知名度。很容易从赵凡身上看出他的“酒痴”身份，张嘴就来的各款葡萄酒历史和口感，每周出席不同的酒会品上 30 多款酒，即使一个人在家拖地也能喝完一瓶上好的冰镇白葡萄酒。

一瓶干红推开葡萄酒大门

赵凡本职原是航空销售，通俗说就是卖飞机的。他经常飞往世界各地，接触到葡萄酒的场合也很多。在一次旅途中，赵凡邂逅了一瓶产自意大利经典的干红，现在已经不能准确地记起它的名字，只依稀记得是 1994 年产，那瓶酒在他舌尖留下了丰富绵延的欢愉，也推开了那扇葡萄酒大门。

品酒要品出酿酒人的心情

作为一个资深的品酒大师，赵凡品酒品的不一定是香气和味道，而是通过酒了解酿酒人的心情。

一次在南非与人品酒，另两位品酒师喝完说了一大堆平衡、饱满、结构感好等美好词汇。赵凡说，从任何一个方面去评价，它都是一款很完美的酒，可以得高分，但是你们喜欢吗？大家都摇头，因为那完美的平衡感仿佛一堵厚墙，让人看不清墙里酿酒师的心情，不知道他用的什么技巧，用的是开口的还是封口的橡木桶。

“品酒的目的不是要分辨它的香气，而是要理解这一款酒，品出背后所藏着的酿造师的热情。”真正的好酒是透过精湛的酿酒技术和对葡萄酒深刻的理解，将葡萄、气候、土壤的内涵化为令人叹为观止的香气和口感。

世界上没有最美味的葡萄酒

很多人品完某款顶级酒可能会大叹，这是世界上最美味的葡萄酒，但是已经品过上万种酒的赵凡说，他从来不敢这样说。葡萄酒的世界无限宽广，没有尽头，又哪来最好的酒呢？

品酒师是不是味蕾刁钻到只狂热于某种唯一的酒呢？其实不然，赵凡说品酒没有固定的东西，不同的场合，不同的温度，不同的心情，不同的伙伴，不同的饭菜，都要斟酌细节。与人共饮或是欢愉的氛围，可能会选择欢快爽口的起泡酒；一个人静下来，又会倾向于开一瓶上好的醇厚干红。“酒是有生命力的，这一秒是什么感觉，下一秒又会有微妙的变幻。”赵凡说，“在某种程度上葡萄酒是奢侈品，但是也并不是很少受众，必须有广大人民的基础才会有慢慢积累上去的塔尖上的东西。”

陶渊明携酒

劲酒通调

第一章　汤头歌诀酒来和

——含酒的汤头歌诀

清热解毒剂

仙方活命饮

宋·陈自明《妇人良方》

【趣记】**仙方活命药　相当金凤草　末臣就备花假制造**

赤　　　　　　　　　　穿
芍　乳　防甘　　　　　山白
仙方活命药　香当金凤草　没陈酒贝花甲芷皂
(饮)　归银　　药皮　母粉　　角
　　　　花　　　　　　　　　刺

【情节】荒淫无度的皇帝想长生不老，到处搜集延年益寿的秘方。听说有一种活命的仙方草药叫金凤草，是用金色凤凰的唾液灌育的。皇帝便命臣子去找，末臣微将们又去哪么但是寻找？哪里有什么金色的凤凰？更不要说金凤草了。臣僚们一合计，干脆找来了些奇花异草，以造假应付了皇差。

【汤歌】仙方活命用银花，防芷归陈草芍加，贝母花粉兼乳没，山甲皂刺酒煎佳。

【组成】14 味：赤芍药 6、乳香 6、当归 6、金银花 15、防风 6、甘草 6、没药 6、陈皮 9、酒 1 杯、贝母 6、花粉 15、穿山甲 6、白芷 6、皂角刺 6。

【用法】加酒一杯，水煎服。

【功效】清热解毒，和营消肿，活血止痛。

【应用】主治：疮疡肿毒初起，热毒壅遏，营卫阻滞，红、肿、热、痛属阳证者。

用于一般化脓性炎症。脓未成者服之消散，脓已成者服之促使外溃。除内服外，药渣捣烂可外敷。

【注意】疮痈溃后，不可再服。阴症忌用此方。

清泻肝胆剂

龙胆泻肝汤

清·汪　昂《医方集解》

【趣记】胧旦卸干柴草　至暮亲弟则单车归

　　甘　　黄生　龙　当
龙胆泻肝柴草　栀木芩地泽胆车归
(汤)胡　　子通　　泻草前
　　　　　　　　　　子

【情节】某农家，姐弟二人相依为命。晨旦，天色尚朦胧，弟弟就推车进城卖干柴草。在送往买主家的途中，车轮错了轴位。姐姐从晌午就倚门翘盼，至暮色深时，才见弟弟推着单轮车子归来。

【汤歌】龙胆泻肝栀芩柴，木通车前泽泻偕，生地当归甘草配，肝经湿热力能排。

【组成】10味：柴胡9、甘草3、栀子9、木通9、黄芩（酒炒）12、生地（酒炒）15、泽泻15、龙胆草（酒炒）9、车前子12、当归（酒炒）9。

【用法】水煎服。

【功效】清泻肝火，利水渗湿。

【应用】主治肝胆实火上扰，肝经湿热下注。症见：头痛耳肿，目赤口苦，胁痛，心胸烦热，尿浊，阴痒阴肿，带下臭秽稠粘，舌红苔黄，脉弦数。

加减：头痛晕胀，加钩藤、牡蛎平肝潜阳，或加牛膝引血下行；目赤肿痛，加桑叶、菊花疏散风热，加千里光、连翘清热解毒；热盛者加大黄釜底抽薪；阴痒阴肿，加地肤子、白藓皮祛风除湿；小便淋涩，重用柴胡并加解毒药物。现代常用于急性胆囊炎，肝炎，急性中耳炎，膀胱炎，尿道炎，肾盂肾炎等属肝胆实火者。

气血双补剂

炙甘草汤

汉·张仲景《伤寒论》

【趣记】 **侄赶嘈鹅　早操麻枝　就将身晃动**

　　　　　　　　炙　　　　　　生
　　　　　　　　大甘　桂　　　生人地麦
炙甘草阿　枣草麻枝　酒姜参黄冬
（汤）胶　　　　仁

【情节】 清晨，小侄儿的第一桩事就是操起一根麻枝杆，将早就嘎嘎吵叫的几只白鹅赶往池塘。白鹅摇摇摆摆，小侄儿跳跳蹦蹦，身影随着麻枝的起落而晃动着。这真是一幅有趣的“牧鹅图”。

【汤歌】 炙甘草汤参桂姜，麦地胶枣麻仁香，心动悸兮脉结代，虚劳肺痿俱可尝。

【组成】 10味：阿胶6、大枣6枚、炙甘草15、麻仁10、桂枝9、酒（适量）、生姜9、人参6、生地黄30、麦冬10。

【用法】 阿胶炖化，其余诸药以清酒、水合煎，去渣取汁，纳阿胶。

【功效】 益气养血，滋阴复脉。

【应用】 主治气血虚弱，心失所养。症见：心动悸，脉结代，舌体嫩红不鲜，苔光少津。

加减：心动悸，脉结代，若偏于心气不足，以炙甘草为主，重用人参，若偏于阴血虚损，以地黄、麦冬为君；心悸甚者，加龙齿、朱砂、磁石等重镇安神。

现代用于心律失常、心绞痛、肺结核等属气血不足者。

【注意】 阴虚火旺者不宜用。

活血祛瘀剂

生化汤

清·傅　山《傅青主女科》

【趣记】 **甥画　“江龟串甘桃”**

炮当　炙
生化　姜归川甘桃
(汤)　　芎草仁

【情节】 外甥酷爱作画，常遭家人反对，只有舅父关心支持他。当舅父六十大寿时，外甥借此机会献上一幅画，画着一只硕壮的江龟和一串甘美的鲜桃。这画既表达了敬祝老人长寿之意，又显示了他多年学画的功底。

【汤歌】 生化汤宜产后尝，归芎桃草酒炮姜，消瘀活血功偏擅，止痛温经效亦彰。

【组成】 5味：炮姜2、当归24、川芎10、炙甘草2、桃仁6。

【用法】 水煎服，或酌加黄酒同煎。

【功效】 活血化瘀，温经止痛。

【应用】 主治产后恶露不行，小腹冷痛。症见：产后恶露不行，少腹疼痛拒按，有冷感，脉弦或涩。

加减：若瘀块留阻，腹痛甚者，可加蒲黄、五灵脂、延胡索等；如属血寒较甚、下腹冷痛重者，可加肉桂。

【注意】 （1）本方以产后少腹痛而属寒凝血瘀者为宜，不可视为产后养血调经必用之剂。（2）本方药性温燥，如血热挟瘀者忌用。

疏散外风剂

牵正散

宋·杨　倓《杨氏家藏方》

【趣记】潜症久　蚕妇歇

僵白全
牵正酒　蚕附蝎
（散）　　子

【情节】江南之春，桑叶萌发，正是养蚕好时节。素以养蚕为生的大嫂，不辞辛苦，日夜操劳。一天，养蚕大嫂突感口面不适，请来郎中曰“积劳成疾乃潜症之患，宜调养数日”，大嫂此时不得不放下手中的活计，歇息几日了。

【汤歌】牵正散治口眼斜，白附僵蚕全蝎加，混合研细酒调服，风痰阻络效力佳。

【组成】4 味：热酒（适量）、僵蚕、白附子、全蝎各等份。

【用法】生用，为细末，每次 3 克，热酒送下。亦可水煎服，用量按原方加减。

【功效】祛风化痰止痉。

【应用】主治：中风，口眼歪斜。

用本方时可酌加蜈蚣、天麻；初起兼表证，加头羌活、防风、白芷；慢性期兼见气血不足，加黄芪、当归、地龙、川芎等。

现代常用本方治疗面神经麻痹，三叉神经痛属风痰阻络者。

【注意】（1）本方药性辛燥，风痰而偏于寒湿者较宜。如气虚血瘀或肝风内动而引起的口眼歪斜，并出现半身不遂等症者，本方不宜单独使用。（2）方中白附子、全蝎有毒，用量不宜过大。

疏散外风剂

小活络丹

宋·陈师文《太平惠民和剂局方》

【趣记】 **小活螺隆兴　人没匀川草**

制
天
地南　　陈制制

小活络龙星　乳没酒川草

(丹)　香药　乌乌

【情节】 小侄听过“田螺姑娘”的故事，对小活螺产生了兴趣，常常一个人蹲在池塘边，瞧着在川草间出没的田螺，一个个异常隆兴，探出软软的触角，蠕动着肉身，顶着螺壳，在草叶上聚集爬行。小侄看得呆了，他在想，哪一个会是田螺姑娘？

【汤歌】 小活络丹用地龙，二乌乳没并胆星，中风手足皆麻木，风痰瘀血闭在经。

【组成】 7味：地龙180、制天南星180、乳香60、没药60、陈酒（适量）、制川乌180、制草乌180。

【用法】 为丸，每次1丸，每日1-2次，空腹用陈酒或温开水送服。

【功效】 祛风除湿，化痰通络，活血止痛。

【应用】 主治：(1) 痹证。症见：肢体筋脉挛痛，屈伸不利或疼痛游走不定。(2) 中风，手足不仁证。症见：手足麻木不仁，日久不愈。或经络中有湿痰死血，而见腰腿沉重，或腿臂间作痛。

加减：偏于寒盛者，重用川乌、草乌；偏于湿盛者，加苍术、防已。

现代常用本方治疗脑溢血后遗症的半身不遂和风湿性关节炎的关节疼痛而有上述特征者。

【注意】 (1) 本方药力峻猛，以体质壮实者为宜，体虚者不宜单独使用。孕妇忌用。(2) 本方药性偏于辛燥，阴虚有热及血虚者慎用，以免助火伤阴。

清热化痰剂

滚痰丸

明·张介宾《景岳全书》

【趣记】**滚弹琴　簧猛响**

　　黄　大　沉
滚痰芩　黄礞香
(丸)　　石

【情节】一位颇有风姿的歌女，奏琴技艺高超。特别擅长滚弹技法，滚弹之时，簧弦骤然猛响，大有“银瓶乍破水浆迸，铁骑突出刀枪鸣”之势，闻者无不赞叹。

【汤歌】滚痰丸是逐痰方，礞石黄芩及大黄，少佐沉香为引导，实热顽痰一扫光。

【组成】4味：黄芩（酒洗净）240、大黄（酒蒸）240、礞石30（捣碎用焰硝30克放入小砂罐内盖之，铁线缚定，盐泥固济，晒干，炎煅红，候冷取出）、沉香15。

【用法】水泛小丸，每服6-9克，每日2次，温开水送服。

【功效】降火逐痰。

【应用】主治：实热老痰，发为癫狂惊悸，或怔忡昏迷，或咳喘痰稠，或胸脘痞闷，或眩晕痰多，大便秘结，舌苔黄厚而腻，脉滑数有力者。

现代常用本方治疗癫痫，精神分裂症，高热惊厥；亦用于慢性气管炎，肺气肿合并感染，慢性胃肠炎，消化不良属实热者。

【注意】（1）一般的热痰证少用。（2）体虚及孕妇均不可轻投，以免损伤正气。（3）小儿虚寒成惊者忌用。

镇痛剂

失笑散

宋·陈师文《太平惠民和剂局方》

【趣记】时晓　扑蛉

　　　　　五
失笑　蒲灵
(散)　黄脂

【情节】拂晓时分，少妇在和煦微风中早早地来到田间，只见夕眠花丛，朝食蚜虫的飞蛉翩翩起舞，透明的羽翅映着初升的阳光，闪闪发亮，发出了珍珠般的光彩。少妇一时童心骤起，不顾农活竟捕捉起飞蛉来了。

【汤歌】失笑灵脂共蒲黄，等分为散醋煎尝，瘀滞少腹时作痛，祛瘀止痛效非常。

【组成】2 味：蒲黄、五灵脂各等份。

【用法】共为细末，每服 6 克，用黄酒或醋冲服；亦可水煎作汤剂，用量酌定。

【功效】活血祛瘀散结止痛。

【应用】主治瘀血停滞。症见：心腹剧痛，或月经不调，少腹急痛以及产后恶露不行。

加减：气滞较重者，可合金铃子散，以行气止痛；兼寒者加炮姜、艾叶、小茴香之类以温经散寒；若血滞，又见血虚的月经不调节，可与四物汤合用，以加强养血调经之功。

现代常用本方加减治疗心绞痛及宫外孕等属瘀血停滞者。

【注意】本方孕妇禁用；五灵脂伤胃，故胃弱者慎用。

镇痛剂

金铃子散

金·刘完素《素问病机气宜保命集》

【趣记】**今令子鬏悬铃**

金

金铃子酒玄铃

（散）胡子

【情节】某乡绅教子习书，其子贪玩，不能安心坐读。乡绅便用古人头悬梁、锥刺股的学习精神开导他，并令其子头上悬挂一铃铛，只要一活动就会牵动铃铛响，以示警戒。从此其子聚精会神，一心向学。

【汤歌】金铃延胡等分研，用酒调服或水煎，脘腹诸痛因肝郁，开郁泄热痛自蠲。

【组成】3味：酒（适量）、玄胡、金铃子各30。

【用法】为散，每服9克，酒或开水送下。亦常按原方用量，单独或同其他方药煎服。

【功效】疏肝泄热，行气止痛。

【应用】主治肝郁化火。症见：心腹胁肋诸痛，时发时止，口苦，舌红苔黄，脉弦数。

加减：气郁甚加枳壳、青皮；郁热甚加龙胆草、栀子。

现常用本方加减治疗肝郁气滞偏热的胃及十二指肠溃疡、慢性胃炎、胆囊炎等所致的脘腹胁肋诸痛。

【注意】本方孕妇慎用。

健身剂

青蛾丸

宋·陈师文 《太平惠民和剂局方》

【趣记】 **卿饿肚　沽酸桃酒**

补大胡

青蛾杜　骨蒜桃酒

(丸) 仲　脂　肉

【情节】 某人匆匆赶路，走得饥渴难忍，行至一个小村口处，只见酒招高挑，急忙走到酒铺。沽上一斤酒，只尝了一口，那浓郁的甜香，直沁肺腑，连忙向店主打听这是什么酒，原来这是此地独酿的酸桃酒。

【汤歌】 青娥胡桃与大蒜，杜仲补骨蜜盐丸，补肾药与辛通配，肾亏腰痛效可观。

【组成】 5味：杜仲（姜汁炒）500、补骨脂（酒浸炒）250、大蒜（熬膏）120、胡桃肉400、酒（适量）。

【用法】 为细末，蒜膏为丸每次服5克，温酒送下，或盐汤送下。

【功效】 补肾强腰。

【应用】 主治：肾虚腰痛，绵绵不断，腿膝无力，过劳更甚，卧则减轻，小腹拘急，面色㿠白，舌淡口和，手足不温，脉沉细。

加减：若肾阳不足，阴寒内盛较重者，加巴戟天、仙茅、小茴香等温肾散寒；若脾肾阳虚者，加党参、白术、炮姜等温中补虚。

【注意】 阴虚火盛之腰痛症忌服。

解表散邪剂

保安万灵丹

明·陈实功 《外科正宗》

【趣记】抱鞍挽领　胸藏酒壶　斜穿稀草荒沙境　当天强风呜呜呜

炙　　　　　　　　　　制制何

白石　全　　甘麻朱　　　　　　防川草首

保安万灵　雄苍酒斛　蝎川细草黄砂荆　当天羌风乌乌乌

（丹）　黄术　　　　　芎辛　　　芥　　归麻活

【情节】 张骞通使西域，被匈奴捉获，扣押了十余年，但他没有忘记自己的任务。一日趁匈奴人不备，他带上干粮，身藏酒壶，挽好衣领，抱紧马鞍，骑上一匹快马上路。稀落的棘草，怒号的朔风，荒凉的沙漠，也没有动摇他的决心，张骞终于到了大宛及大月氏等国，开通了世界闻名的“线绸之路”。

【汤歌】 万灵丹治风寒疡，荆防羌辛蝎麻黄，三乌苍术归芎草，石斛天麻共雄黄。

【组成】 18 味：雄黄 18、苍术 240、白酒（适量）、石斛 30、全蝎 30、川芎 30、细辛 3、炙甘草 30、麻黄 30、朱砂（适量）、荆芥 30、当归 30、天麻 30、羌活 30、防风 30、制川乌 30、制草乌 30、何首乌 30。

【用法】 共研细末，炼蜜为丸，朱砂为衣，每丸重 6 克。每服 1 丸，葱白 9 根煎汤或温酒送下，覆盖衣被，以汗出病瘥为度。

【功效】 解表祛湿，温通经络。

【应用】 主治风寒湿毒壅滞经络所致之痈疽、疔疮、对口发颐、痹证、流注、附骨疽、鹤膝风、中风瘫痪、破伤风等。症见：恶寒发热，头身走痛，或口眼歪斜，半身不遂；或牙关紧闭，肢体麻木；苔白腻，脉浮紧。

现代常用于治疗皮肤肌肉化脓性疾病、风湿性关节炎、类风湿性关节炎、慢性骨髓炎等属风寒湿邪凝滞经脉者。

【注意】 疮疡溃后，正虚不敛，即使见有表证，亦不可用本方妄汗，以免伤津耗气而痉厥亡阳。

解毒消肿剂

连翘归尾煎

明·张介宾《景岳全书》

【趣记】 **连敲龟尾疼　草龟就隐壳**

红　甘　连

连翘归尾藤　草归酒银翘

（煎）　尾　花

【情节】 顽童在沙滩上见到一只小草龟在慢慢地爬行，一时童心大炽，便举起手中的小木棍，连连敲击草龟的尾巴。草龟疼痛，很快将头尾缩在坚硬的壳内，一动不动。顽童望着龟壳，但龟好久也不伸出头来，无可奈何，他只好败兴地走了。

【汤歌】 景岳连翘归尾煎，银花红藤草酒添，清热解毒消肿痛，热毒阳痈效可见。

【组成】 6味：红藤15、甘草3、归尾9、白酒（适量）、银花15、连翘24。

【用法】 水酒煎服。

【功效】 清热解毒，活血消肿。

【应用】 主治热毒壅结之痈疡、丹毒、流注等。症见：痈疡肿硬，焮红灼热，刺痛跳痛，口渴饮冷，便干溲赤，舌红苔黄，脉滑数。

加减：热盛烦渴，加花粉、石斛；便秘腹胀，加酒大黄、枳实；跳痛剧烈，加山甲、皂刺；挟湿，加苡仁、佩兰；兼风热表症，加蝉衣、牛蒡子；红肿灼热，加蒲公英、地丁。

现代常用于治疗颈淋巴腺炎、腮腺炎、乳腺炎、冠周炎等酿脓期热毒壅盛者。

温里散寒剂

回阳三建汤

明·陈实功《外科正宗》

【趣记】**毁羊三煎服　烘猪气够香　活鱼当零饪　兄自后干陈酒浆**
　　　　制　　苍黄　木　　独山　茯　　　川　　　　　煨
　　　　回阳三建附　红术芪枸香　活萸当苓人　芎紫厚甘陈酒姜
　　　　（汤）子　　花　　杞　　　肉归　参　　　草朴草皮

【情节】名噪一时的美食家文老先生，雅号“老饕兄”。他常创些新奇菜肴，满足口腹之欲，如毁杀活羊，割其唇，洗净烹饪入馔服用，美其名为“煮煎猩唇”；母猪未生胎作烘烧，取名为“烧豹胎”。那气味鲜香的“烹龙肝”，其实是红烧鲤鱼之肝，大约又是依鲤鱼跳龙门、化而成龙的传说精心制作而成，堪称奇肴。再干几杯陈酿老酒，鲜香之味久留齿颊，回味无穷。

【汤歌】回阳三建姜附芪，参苓草杞归芎萸；红紫独香苍陈朴，阴疽转阳得安宁。

【组成】18味：制附子3、红花2、苍术3、黄芪3、枸杞3、木香2、独活2、山萸肉3、当归3、茯苓3、人参3、川芎3、紫草2、厚朴2、甘草2、陈皮3、酒（适量）、煨姜9。

【用法】水煎加酒服、或入皂角树根皮同煎。

【功效】温补气血，散寒通滞。

【应用】主治阴阳气血亏虚，寒湿凝滞经脉之阴疽发背。症见：阴疽初起，温肿不痛，不红不热，坚硬难腐；或软陷无脓，手热身凉，肢体倦怠，脉细涩。

温里散寒剂

虎挣散

现　代《中医外科学讲义》

【趣记】互争　就付船钱

黄　马
虎挣　酒附穿钱
(散)　子山子
甲

【情节】 两个商人路上相遇谈得投机，大有相见恨晚之意，便结伴而行来到渡口。乘上渡船，二人见“艄公”是一位眉清目秀的少女，便互相争着付船钱，你推我让的足有半个时辰。女“艄公”着急地说：“你们不必争付，还是各付各的吧。只要在生意场上别相互下绊子就好。”说得二人面面相觑。

【汤歌】 虎挣散本效力雄，附子山甲马钱充，白酒温通消肿痛，阴疽为患此方宗。

【组成】 4 味：黄酒（适量）、附子 60、穿山甲 60、马钱子 500。

【用法】 马钱子用清水浸泡 15 日，夏季隔日换水 1 次，冬季用温水浸之，1 周换水 1 次，刮净皮毛，油炸土炒 3 次，研细。穿山甲土炒研细。附子水浸 3 天，每日换水 1 次，晒干研细。三味合研细末，并根据年龄体质不同用药。1–12 岁小儿，每服 0.06–0.3 克，随年龄每岁递增 0.01 克；成人每服 0.3–0.6 克，饭后 1 小时黄酒送服，虚者酌减。

【功效】 温经通络，消肿止痛。

【应用】 主治阳虚寒凝所致之阴疽。症见：漫肿隐痛，甚则疼痛彻骨，不红不热，口中不渴，成脓未溃或溃后成瘘，舌淡苔白，脉沉涩。现代常用于治疗骨髓炎、骨关节结核、骨肉瘤、风湿性关节炎等属阳虚寒凝者。

行气和营剂

神应养真丹

明·陈实功《外科正宗》

【趣记】**身映鸯枕闺惑　少兄私递瓜甜**

当羌　白川菟熟木
神应养真归活　芍芎丝地瓜天
(丹)　　　　子　麻

【情节】少女病怏怏地卧在床上，鸳鸯枕、绫罗被零乱地抛在一旁。她正似睡非睡时，觉得有人递了一块瓜给她。朦胧中，她咬了一口，甜甜的瓜汁使她清醒了一些，疑惑之中，睁眼一看，原来是表兄立在一旁，顿时她的脸羞红了。

【汤歌】神应养真用木瓜，归芎芍地共天麻，羌活菟丝蜜为丸，盐水酒送油风佳。

【组成】8味：当归、羌活、白芍、川芎、菟丝子、熟地、木瓜、天麻（各等份）。

【用法】共为细末，入地黄膏加蜜，丸如梧桐子大，每服100丸，空腹温酒或盐汤送下，或水煎服。

【功效】养血活络，祛风荣发。

【应用】主治风袭阳络，血虚失荣之油风。症见：眉发脱落，皮肤光亮，秀而成斑；或头发稀疏，头皮瘙痒，失眠头晕，手足心热，舌淡红，苔薄白，脉弦细涩。

加减：若精血亏损，失眠脱发者，加首乌、黑芝麻；风湿阻络，日久不愈，加鸡血藤、丹参、红花、桑枝；风热上扰，头痛瘙痒者，酌加菊花、薄荷、防风、荆介、蔓荆子。

现代常用于治疗斑秃属风胜血虚者。

托里透脓剂

透 脓 散

清·程国彭《医学心悟》

【趣记】**投侬绑桂花　早就知兄期嫁**

　　　　　　　　　　　　穿

　　　牛当银　　白白川黄山

透脓蒡归花　皂酒芷芎芪甲

（散）子　　　刺

【情节】青年男女有情时，常常互赠信物表达情爱。正像诗中所描述的“扔给我一个木瓜，回报你一块美玉，不是为了报答呀，而是表示永远相亲相爱！”。一次，小伙赠给姑娘一束桂花，姑娘羞红了脸：“情哥哥，我知道你期望我早些嫁给你，可是你为什么还不遣媒人登门呢？”

【汤歌】程氏透脓皂甲芷，归芎黄芪银蒡施，透脓溃坚又托毒，正气不支邪毒实。

【组成】9味：牛蒡子3、当归3、银花2、皂刺3、白酒（适量）、白芷2、川芎3、黄芪12、穿山甲9。

【用法】酒水各半煎服。

【功效】透脓溃坚，托毒消痈。

【应用】主治肿疡酿脓或脓成难溃之实证。症见：痈疡漫肿，不能成脓；或红肿热痛，不易外溃，溃则脓水黄稠腥臭，脓出不畅，舌红苔黄，脉滑数有力。

加减：热毒炽盛，红肿热痛者，加公英、地丁；脓甚胀痛者，加桔梗、苡仁、冬瓜仁；内脓尚未成熟，肿块较硬者，加丹参、赤芍；瘀热内郁，脓血难透者，加丹皮、紫草。

现代用于治疗体表急性化脓性疾患属邪实正虚，酿脓难溃者。

攻下逐瘀剂

鸡鸣散

清·钱秀昌《伤科补要》

【趣记】鸡鸣　闺套鬏晃

　　　　　　　当　　大

　　　鸡鸣　归桃酒黄

　　　(散)　尾仁

【情节】鸡鸣即起的少女，第一件事就是梳妆。古代女人的发型林林总总，除鬈、鬏、鬘外，还有什么双髻、侧髻、高髻、低髻等。千姿百态的发型配上丰富多彩的发饰，可谓锦上添花，煞是好看。插饰有梳簪、钗翠翘、珠翠金钿等，真是："云鬓花冠金步摇，鬏晃梳斜百媚生。"

【汤歌】鸡鸣散中用大黄，归尾桃仁酒煎汤，胸腹挫伤痛难忍，攻下逐瘀是良方。

【组成】4味：当归尾15、桃仁10、酒（适量）、大黄30。

【用法】加酒水煎，鸡鸣时服，至天明攻下瘀血即愈。

【功效】攻下逐瘀。

【应用】主治胸腹挫作伤，瘀血内停，疼痛难忍，并见大便内结。治锁骨骨折先经手法复位后，内服本方，外贴五香膏。

【注意】孕妇慎用。

攻下逐瘀剂

夺命丹

清·钱秀昌《伤科补要》

【趣记】 **多螟　虫蠕桃碎花竭　株杈同晃莫当蛇绞**

地　　　　　　　　自　　　　黄
鳖　骨红血　　儿然大　　　明
夺命　虫乳桃碎花竭　朱茶铜黄没当麝胶
(丹)　　香仁补　　　砂　　药归香
　　　　　　　　　　　　　尾

【情节】 某地大旱遭了虫灾，只见成片的园林内暝虫飞舞。被虫子蛀过的树木花枝枯竭，小小的青桃也破碎不堪。密密麻麻的虫子在枝椏上蠕动着，连株杈都跟着晃动起来，远远看去好些枝椏仿佛是许多褐色的蛇绞缠在一起。

【汤歌】 夺命丹中地鳖虫，儿茶乳没自然铜，归尾血竭骨碎补，大黄朱砂麝桃红。

【组成】 14味：地鳖虫30、乳香10、桃仁30、骨碎补10、红花5、血竭5、朱砂5、儿茶5、自然铜20、大黄30、没药10、当归尾30、麝香0.5、黄明胶（适量）。

【用法】 共为细末，用黄明胶溶化为丸，朱砂为衣，每丸重2.4克，陈酒或温开水化服，每服10－15克，日服3－4次。

【功效】 祛瘀宣窍。

【应用】 主治一切重伤险症，窍闭神昏，及筋断骨折的早、中期。

现代常用本方加减治疗头部内伤脑震荡昏迷及骨折的早、中期。

行气活血剂

小金丹

清·王维德 《外科全生集》

【趣记】晓近　墨雾没郊岭　别当赳龙涉入

制

香草　白五　木　陈地

小金　墨乌没胶灵　鳖当酒龙麝乳

(丹)　药香脂　子归　香香

【情节】 苏州城外，有座虎丘山，这一带地肥水清，风景优美。有一天，临近拂晓，天乌蒙蒙的，黑得伸手不见五指，连郊外山岭俱笼罩在黑雾中，接着电闪雷鸣，来了一场狂风暴雨，人们还听到一声轰隆巨响，以为是有龙涉入。等风停雨止，大家出站一看，哪里有什么龙，只见虎丘山上凭添了一座宝塔。从此以后，虎丘山上的风景更加美丽诱人。

【汤歌】 小金丹墨白胶香，草乌木鳖归麝香，乳没灵脂地龙配，破瘀消肿功效彰。

【组成】 11味：香墨12、制草乌150、没药75、白胶香150、五灵脂150、木鳖子（去壳，去油）150、当归75、陈酒（适量）、地龙150、麝香30、乳香75。

【用法】 碾为末，用糯米粉和糊打千捶，待融合后，为丸如芡实大，每服1丸，陈酒送下，每日2次，小儿酌减。

【功效】 破瘀通络，消肿止痛。

【应用】 主治寒湿痰瘀，阻滞凝结症。如流注、痰核、瘰疬、乳癌、骨肿瘤等初起皮色不变，肿硬作痛者。

现代用于治疗骨肿瘤乳癌、骨与关节结核、性病腹股沟淋巴结肿大等属阴疽证者。

【注意】本方药力峻猛，孕妇忌用；方中五灵脂反人参，故忌与参剂同服；体弱者慎用。

和营止痛剂

定痛和营汤

现　代《林如高骨伤验方》

【趣记】 **叮嗵和应嘀当响　傻姐操勺戏煮粟　花钏三晃敲酒壶**

怀

生　乳　血甘赤牛　红　大枳

定痛和营地当香　砂竭草芍膝朱苏　花川三黄壳酒琥

（汤）归　仁　砂木　芎七　珀

【情节】 一位有些傻气的大姐，受雇于人。主人让她煮一锅粟粥，她往锅里倒上粟米后，便操起饭勺叮叮当当敲了一阵，仿佛通知主人，她已开始做饭了。隔了一会儿，她又高举手臂敲起酒壶，连她手臂上带的花钏也跟着晃来晃去，主人以为饭熟，跑来一看，不由得火冒三丈，原来她连火还没生呢？

【汤歌】 定痛和营七竭木，红乳四物朱珀酒，大黄枳膝草砂仁，活血祛瘀功效著。

【组成】 17味：生地9、当归9、乳香3、砂仁4.5、血竭6、甘草3、赤芍9、怀牛膝9、朱砂6、苏木6、红花3、川芎6、三七6、大黄6、枳壳6、酒（适量）、琥珀3。

【用法】 水、酒各半煎服。

【功效】 和营定痛，活血祛瘀。

【应用】 主治新伤气滞血瘀。症见：局部肿胀、筋骨痿软，时有作痛。加减：（1）本方春季加泽泻、续断、甘草，酒水各半煎服。（2）夏季加冰糖、五味子、黄芩，酒水各半煎服。（3）冬季加破故纸、续断、紫苏，酒煎服。

接骨续筋剂

朱氏接骨丹

现　代《临代床正骨学》

【趣记】 **主事杰姑　骑马人陌　断溪堵路前**

三　　　续牛　马

朱氏接骨　七麻乳没　断膝杜鹿钱

(丹)　黄香药　　仲茸子

【情节】 郑成功的后代郑杰姑，带领一支女精兵抗击倭寇，杀得敌人鬼哭狼嚎。不幸在大甲溪与敌血战时，弹尽粮绝。杰姑走马踏入林间小路，诱敌深入，不料断溪横在面前，堵住去路，她反身冲入敌群，劈翻数人，壮烈牺牲。那红红的溪石，至今仍呈现出胭脂般的鲜艳。

【汤歌】 朱氏接骨丹马钱，续杜麻黄鹿牛三，乳没为末疗骨折，损伤脱位亦可痊。

【组成】 9味：三七（童便炒）30、麻黄120、乳香60、没药60、续断120、牛膝120、杜仲120、鹿茸15、马钱子（土炒红色）150。

【用法】 碾为细末，装瓶备用；或用黄酒制成丸剂，开水冲服。成人每次0.18-0.24克，小孩按年龄酌减。

【功效】 行瘀止痛，止血生肌，补益肝肾，续筋接骨。

【应用】 主治骨折脱位、筋肉闪挫扭伤、神经麻痹等。

现代用于治疗骨折、脱位、软组织损伤、风湿关节痛及腰椎间盘突出症等。

【注意】 本品中马钱子有剧毒，使用时必须严格控制剂量，以防中毒。孕妇忌服。

外治剂

腾洗方

现　代《刘寿山正骨经验》

【趣记】**疼惜胭脂当莫久挂　　花随妖凤香透断墙**

　　　　大　　　黄
　　　　青白　　白木　　红骨花防乳　续
　　　　腾洗盐芷当没酒瓜　　花碎椒风香透断羌
　　　　（方）归药　　　　补　　　骨　活
　　　　　　　　　　　　　　　　　草

【情节】一位少妇面对铜镜梳妆，先施粉，又以胭脂晕掌中，再抹于两颊，成为桃花妆。然而脂粉却不能永久挂留在脸上，早晚还得露出其苍白本色。少妇十分伤感：娇风能将花香、脂气吹透断垣残墙，但飞逝的青春靠脂粉是留不住的。

【汤歌】腾洗温通消肿痛，归红乳没羌防风，芷椒木瓜透骨草，骨碎续断盐酒冲。

【组成】14味：大青盐30、白酒30、白芷、当归、没药、黄木瓜、红花、骨碎补、花椒、防风、乳香、透骨草、续断、羌活（各等份）。

【用法】共研细末，每日120克加入大青盐、白酒各30克拌匀，装入布袋内缝妥备用。洗用：水煎熏洗患处，每日2次，翌日仍用原汤煎洗，如此复煎，可用数日。腾用（即热熨）：用药两袋，干蒸热后轮换敷于患处，每次持续1小时，每日2次，用毕药挂在通风阴凉处，翌日再用时，在布袋上洒少许白酒，每袋可用4–7天。

【功效】温经活血，舒筋通络，接骨续损，消肿止痛。

【应用】主治骨折、脱位、筋伤及痹证等适宜熏洗者。

【注意】在应用时，要注意局部和

全身的保暖，特别是在用药后，更要慎避风寒，以免引起感冒，或局部发生皮疹。温度一定要调配适当，温度太低不能发挥药效，温度过高则会烫伤皮肤。忌用于皮肉有破伤，或新近损伤而红、肿、热、痛严重者。

滋肾补肾剂

毓麟珠

明·张介宾《景岳全书》

【趣记】 **雨淋归途赶猪人　路浇么兄岭地中**

当　炙白　　川芎川茯熟杜

毓麟归菟甘术人　鹿椒药芎苓地仲

(珠)　丝草　参　角　　黄

子　　　霜

【情节】 很早以前，有一对结拜兄弟，哥哥家里穷，父母去世早，学个杀猪手艺。一天，在赶猪途中，碰上一场大雨，把这位老哥淋得无处藏身。恰在此时，对面来一个举着大荷叶、带着扁竹盒的人，仔细一瞧，正是弟弟。荷叶、竹盒成了他们避雨的用具，也是他们友好的象征。后来这兄弟俩都作了和尚，人们便称他们是“和合二仙”。

【汤歌】 毓麟珠乃景岳方，八珍椒菟杜鹿霜，温肾养血治不孕，冲任虚衰此方良。

【组成】 12 味：当归 120、菟丝子 120、炙甘草 30、白术（土炒）60、人参 60、鹿角霜 60、川椒 60、芍药（酒炒）60、川芎 30、茯苓 60、熟地黄 120、杜仲（酒炒）60。

【用法】 蜜丸，每丸 10 克，每服 1–2 丸，空腹嚼服，或酒或白水送下。

【功效】 温肾养血调经。

【应用】 主治肾阳不足，血海空虚。症见：经行量少，血色晦暗，精神疲惫，腰竣肢软，或肾虚不孕，舌淡，脉沉迟。

加减：女人经迟，腹痛,宜加酒炒补骨脂、肉桂，甚者加吴茱萸；带多腹痛，加补骨脂、五味子，或加醋煅龙骨。

现代常用本方加减治疗月经不调、不孕、习惯性流产、更年期综合症而见上述用方指症者。

【注意】 凡因痰阻血瘀而致不孕或月经不调者，不宜用本方。

疏肝养肝剂

宣郁通经汤

清·傅　山《傅青主女科》

【趣记】 **悬鱼桶净　少闺只担草鱼　勤呼街巷**

　　　　　　　　　　生
　　　白当　　甘　　黄柴白
宣郁通经　芍归栀丹草郁　芩胡芥香
（汤）　　子皮　金　　子附

【情节】 传说，清朝有一亲王特别喜食鱼肴，但又嫌吐刺麻烦。一位渔家少妇得知，便挑着鱼担，在桶旁悬挂草鱼走街串巷地叫卖，并声称会做一手好鱼菜，便被差人请到王府。她将鱼去骨取肉，剁成肉泥，掺入米粉、盐等调料，蒸成鱼糕，果然鱼香扑鼻，鲜嫩爽滑，大受亲王赞赏。

【汤歌】 经前腹痛紫块行，宣郁通经川郁金，丹栀归芍生甘草，白芥柴胡香附芩。

【组成】 10味：白芍（酒炒）15、当归（酒炒）15、栀子（炒）10、丹皮15、生甘草3、郁金（醋炒）3、黄芩（酒炒）3、柴胡3、白芥子（炒）6、香附（酒炒）3。

【用法】 水煎服。

【功效】 疏肝养血，清热调经。

【应用】 主治肝郁化火，经前腹痛。症见：经前腹痛，经血紫黑有块，胸胁乳房胀前，心烦易怒，口苦咽干，脉弦数。
现代常用本方加减治疗月经不调、功能性子宫出血、慢性盆腔炎、子宫内膜异位症等而见上述症候者。

【注意】 凡冲任虚寒而致的痛经、月经不调者不宜用。

温经散寒剂

艾附暖宫丸

清·沈金鳌《沈氏尊生书》

【趣记】**爱夫暖觥雄关地　少妻夜想须臾归**

吴
川　　　白黄艾　　茱当
艾附暖宫芎官地　芍芪叶香续萸归
（丸）　桂黄　　　　附断

【情节】夫妻共同驻守在雄伟的边关，每当夜晚其亲爱的丈夫出外巡营时，妻子总是亲自下厨，做好夜宵，并为其夫烫好酒，暖好酒具，守在炉边，期望着丈夫一会儿的工夫就会回来，共同度过这边关的良宵。

【汤歌】艾附暖宫用四物，吴萸官桂加芪续，米醋糊丸醋汤下，专治带下痛在腹。

【组成】10味：川芎90、官桂15、地黄（酒蒸）30、白芍（酒炒）90、黄芪90、艾叶90、香附（醋制）180、续断4.5、吴茱萸90、当归（酒洗）90。

【用法】为细末，米醋汤食后送下。

【功效】温经暖宫，调补冲任。

【应用】主治阳虚寒盛，冲任失养。症见：宫寒经闭，不孕，白带多，或经期后延，量少色淡质稀，小腹隐痛，喜温喜按，溲清便溏，舌淡苔白，脉沉迟或细弱。加减：香附芎归汤（《妇科玉尺》），即原方减黄芪、肉桂、续断、吴茱萸，加杜仲、麦冬、青蒿、橘红、甘草组成。功效温经养血，调经止痛。用于血虚有寒，经期后延，行经腹痛。
现代常用本方加减治疗痛经、闭经、功能性子宫出血、慢性附件炎、慢性盆腔炎、不孕等以及上述症状者。

【注意】本方药性偏温，故病属阴虚有热者不宜用。

清热利湿剂

清肝渗湿汤

清·吴 谦《医宗金鉴》

【趣记】卿感身世　花谢草底柴少　暮归喘寝只灯单

　　　　　　　　泽甘生　白　　当　黄生　龙
清肝渗湿　花泻草地柴芍　木归川芩栀灯胆
（汤）　　粉　　胡　　通　芎　子芯草

【情节】 清代画家郑板桥，凭着自己的才学，科试中举，曾做过百姓的“父母官”。他耳闻目睹了官场贪赃枉法和百姓的凄苦，遇事敢为民请命，常以画竹寄托自己的清正高洁。可是，朝政腐败黑暗，仅凭个人的清廉又怎能扭转乾坤？他忧心忡忡辞官而去，每逢花枯草少或夜降灯昏之时，更是对身世感慨万千，曾书一联“难得糊涂”，留给世人寻味。

【汤歌】 清肝渗湿汤栀芩，当地粉灯龙胆群，芎芍柴草泽木通，湿热下注此方珍。

【组成】 13味：花粉3、泽泻1.5、甘草1.5、生地3、柴胡3、白芍（酒炒）3、木通1.5、当归3、川芎3、黄芩3、生栀子3、灯芯50寸、龙胆草（酒炒）3。

【用法】 水煎，食前服。

【功效】 清利湿热，疏肝养血。

【应用】 主治肝肾湿热下注之肾囊痈。症见：肾囊红肿，焮热疼痛。身发寒热，口干欲冷，舌红苔黄腻，脉弦滑。

现代可用本方治疗胆囊炎、阴囊湿疹等属肝肾湿热下注者。

【注意】 临诊时可外用生大黄研末调敷，内外兼治疗效更佳。

行气止痛剂

橘核丸

宋·严用和《济生方》

【趣记】居鹤喉噪讨相如　鹤恋弧步待同归

　　　　海　木　　　橘川元昆海木

橘核厚藻桃香枳　核楝胡布带通桂

（丸）朴　仁　实　　　子　　　　心

【情节】一对居于鄱阳湖边的白鹤，形影不离。不幸公鹤被人所伤，母鹤哀鸣不止。那只伤鹤被小童收养，母鹤不见伴侣，成日扯喉噪叫。当那相知相恋的公鹤出现在母鹤面前时，它欢喜若狂，翩翩起舞，迈着弧步相迎，惹得小童也不觉学舞。公鹤待母鹤靠近时，一同遨游于湖面上。小童举目张望，不知双鹤欲同归何方。

【汤歌】橘核丸是济生方，癞疝顽痛正堪尝，朴枳沿胡昆带藻，桂楝桃香木通囊。

【组成】12 味：厚朴 15、海藻 30、桃仁 30、木香 15、枳实 15、橘核 30 川楝子 30、元胡 15、昆布 30、海带 30、木通 15、桂心 15。

【用法】共研细末，酒糊为丸，如梧子大，每次 6 克，每日 2–3 次。空腹淡盐汤送下；亦可水煎服。

【功效】行气止痛，软坚散结。

【应用】主治寒湿之癞疝。症见：睾丸肿胀偏坠，痛引脐腹，或坚硬如石，阴囊肿大，或渗出黄水，甚者成痈溃烂。

加减：若寒湿化热，阴囊红肿湿痒，或流黄水，去桂心，加土茯苓、车前子、泽泻以清热利湿；热甚者，可加龙胆草、黄柏以清热解毒燥湿。

现代可用本方加减治疗睾丸鞘膜积液、睾丸炎、附睾炎等症属寒湿侵犯厥阴，肝经气血不和所致者。

【注意】若已成疮痈，或已溃疡，宜本方配合外治法，不可单用本方，贻误病机。

行气止痛剂

天台乌药散

金·李　杲《医学发明》

【趣记】天台雾飘　把酒会情郎　相恋两悟

小　槟　木川

天台乌药　巴酒茴青榔　香楝良乌

（散）　豆　香皮　子姜药

【情节】古时，一贤惠的姑娘刘兰芝，嫁与庐江小吏焦仲卿，夫妻十分恩爱，唯焦母不满兰芝，强迫仲卿休妻。仲卿、兰芝忍痛离异。只在夜雾飘飘之际，相会于天台，把酒述说相恋之苦，相约各不嫁娶。兰芝回娘家后，兄长逼其改嫁。为了反抗封建家法，表示对爱情的忠贞，兰芝、仲卿这对苦难情侣只有以身殉情。

【汤歌】天台乌药木茴香，青楝巴豆槟良姜，行气疏肝止疼痛，寒疝腹痛是验方。

【组成】9味：巴豆70粒、酒（适量）、小茴香（炒）15、青皮15、槟榔6、木香15、川楝子9、良姜（炒）15、乌药15。

【用法】先将巴豆打破，同川楝子用麸皮炒黑，去巴豆及麸皮不用，与其余药共研细末，每服3克，温黄酒送下，痛甚者，改用生姜热酒下亦可；若作汤剂，去巴豆，加酒适量，水煎服。

【功效】行气疏肝，散寒止痛。

【应用】主治寒凝气滞之小肠疝气。症见：少腹疼痛，痛引睾丸，喜暖畏寒，舌淡苔白，脉沉迟或弦。

加减：临诊时，加橘核、荔枝核等治疝药则效果更佳；若寒邪较甚者，可加吴萸、肉桂以增强温里散寒之力。

现代可用于本方加减治疗阴囊内丝虫病、腹股沟疝气等属寒凝气滞，肝脉失和所致者。

【注意】疝有七，本方适用于寒疝、气疝，其他水、筋、血、狐、癫疝非本方所宜。

收敛固涩剂

经进萃仙丸

清·张　璐《张氏医通》

【趣记】**景锦翠鲜喷千莲　玉肌襟端丝起**

山沙
覆　白　　茱苑　川菟枸
经进萃仙盆芡莲　萸蒺金断丝杞
（丸）子实蕊　　藜樱　　子子
子

【情节】亡国之君越王勾践一心复仇雪耻，使用美人计，将浣纱美女西施献给了吴王。吴王得了美女，整日厮守，不理国事，并在象山造馆娃宫及御花园，宫园内花簇锦锈，池塘中层层翠叶衬出千朵莲花，景致如画。西施常在塘畔沉思，微风吹透她的衣襟，吹皱她的玉肌，她全然不觉，只有国仇家恨及对意中人范蠡的思念，占据她整个心房。不久，越国战胜了吴国，立了功劳的西施终于与范大夫泛舟而去。

【汤歌】经进萃仙丸蒺藜，莲蕊芡实四子入，再加茱萸与川断，脾肾两虚精关固。

【组成】9味：覆盆子60、芡实120、白莲蕊120、山茱萸（酒蒸）120、沙苑蒺藜240、菟丝子60、枸杞子120、金樱子60、川断60。

【用法】为细末，取蒺藜粗末120克同金樱子熬膏，再入余药末拌匀，加炼白蜜为丸，如梧子大，每服9克，每日2次，空腹淡盐汤送下。

【功效】平补脾肾，收涩固精。

【应用】主治脾肾两虚，精关不固。症见：梦遗泄精，腰酸足软，头晕乏力，尺脉虚弱。

【注意】湿热遗精者忌用。

收敛固涩剂

秘真丸

元·朱震亨《丹溪心法》

【趣记】**密针操就百下　服领连衣**

炙
甘　黄半　白猪
秘真草酒柏夏　茯苓莲益
（丸）　　　苓　蕊智
仁

【情节】有人说，入夜天幕上的星星是针神绣出来的，这也是对“巧夺天工”的赞誉吧。且不知魏文帝所宠的美人儿薛夜来，在深帷重幄之内，不用灯火之光，也能裁制缝纫，而且妙之无比。一夜，她制了一件袍衣，龙纹云绣，十分华丽，又穿针引线仅百余下，就使衣领缀连袍上，宫中的人见了，无不为之叹服，称她为针神。

【汤歌】秘真丸内半莲蕊，益智二苓柏草从，降火涩精固真元，遗精早泄此方良。

【组成】8味：炙甘草60、酒（适量）、黄柏（酒炒）60、半夏30、白茯苓15、猪苓15、莲蕊30、益智仁30。

【用法】为末，水浸，蒸饼丸，梧子大，每服6克，每日2次，空腹酒下。

【功效】秘固真元，降火涩精。

【应用】主治阴虚火旺。症见：烦躁不宁，头晕耳鸣，口干咽燥，手足心热，腰酸腿软，遗精早泄，舌红少苔，脉细数。

收敛固涩剂

秘精丸

明·王肯堂《证治准绳》

【趣记】秘境伏膝匆祭龙

大牛肉巴

秘精附膝苁戟龙

（丸） 子 蓉 骨

【情节】 相传，渤海有一处神秘的海滩，每逢腊月二十八这天半夜，就有一条神龙从海上游来，把鲜鱼送到孤儿寡母、老弱病残的人家，作为过年的礼物。平民不忘神龙，为它造了一座石像。从此以后，穷苦的人几乎每天都会受到龙的接济。一天，一位当年就靠龙的恩赐长大的孤儿，在他乡听说神龙被一个红毛贼所害，便费时八载，终于找到贼首并杀了他。归来后，他伏身跪膝，拜祭神龙。

【汤歌】 证治准绳秘精丸，附子龙骨肉苁蓉，牛膝巴戟五药从，温肾涩精医遗精。

【组成】 5 味：大附子（炮）、牛膝（酒浸）、肉苁蓉（酒浸一宿）、巴戟（去心）、龙骨（煅通赤）各 50。

【用法】 共研细末，炼蜜为丸，如梧桐子大，每服 39 丸，空腹盐酒或盐汤送服。

【功效】 温肾涩精。

【应用】 主治元气不固，遗精梦泄，腰酸足软，畏寒肢凉，舌胖，脉沉迟微弱。

现代常用本方治疗遗精证属肾阳不足者。

【注意】 如阴虚而封藏失职者，本方并不合适，当选九龙丹之类。阴虚有火者忌用。

收敛固涩剂

九龙丹

明·王肯堂《证治准绳》

【趣记】**九笼 鲢鱼十斤龟抵七幅画**

山芡　当熟枸白莲
九龙 莲萸实金归地杞茯花
(丹) 肉肉　樱　黄子苓须
子

【情节】集市，历来都是以物易物，做买卖生意的场所。渔行的小老板与抱画轴的酸秀才，一个愿得到装点铺面的书画条幅，一个想出卖自己的书画大作，换几个喝酒钱。两人一见面，小老板就拍定用九笼鲢鱼外加一只十斤重的龟，换秀才手中的七幅书画。价值多少，两不计较，交易就这样做成了。

【汤歌】证治准绳九龙丹，枸杞金樱莲花须，芡实莲萸归地苓，收敛涩精养肾阴。

【组成】9味：莲肉、山萸肉、芡实（去壳）、金樱子（去核）、当归（酒洗）、熟地黄（酒蒸，另研）、枸杞子、白茯苓、莲花须（各100）。

【用法】共研细末，酒糊为丸，如梧桐子大，每服百丸，或酒或盐汤送下。

【功效】收敛涩精，养阴补肾。

【应用】主治滑精，头晕，眼花，腰膝酸软，困倦无力，脉软细弱。现代常用本方治疗滑精属肾阴虚者。

补肾壮阳剂

赞 育 丹

明·张介宾《景岳全书》

【趣记】赞誉　白蛇玉肌妻仙容　柔跪府中就缔姻

　　　　　　山　　　肉
　　　　　　茱巴枸　苁　　当　杜　熟
赞育　白蛇萸戟杞仙蓉　肉归附仲韭地淫
(丹)　术床　肉　茅　　桂　子　子　羊
　　　子　　　　　　　　　　　　藿

【情节】相传杭州一药店主管许仙，于西湖遇见玉肌仙容的白娘子，同舟避雨，两相钟情。婚后，恩恩爱爱，很受世人赞誉。不料消息传到金山寺法海耳里，为破坏这桩婚姻，他送一钵盂给许仙，让他罩其妻。许仙做后，妻现形，原是一条修炼千年成道的白蛇。许仙的背义，使这位倾心的白娘子含恨而去。

【汤歌】赞育附桂与茱萸，术羊枸蛇仙当地，杜仲巴戟韭苁蓉，阳萎不育功效奇。

【组成】14 味：白术 400、蛇床子（微炒）100、山茱萸 400、巴戟肉（天甘草汤炒）400、枸杞 300、仙茅（酒煮）400、肉苁蓉（酒洗）400、肉桂 100、当归 300、附子（自制）100、杜仲（酒炒）400、韭子（炒黄）400、熟地 400、淫羊藿（羊脂拌炒）400。

【用法】上药研细末，炼蜜为丸，每服 6 克，每日 2 次。

【功效】补肾壮阳。

【应用】主治命门火衰，精气虚冷。症见：面色恍白，腰膝酸软，阳痿不育，舌淡苔白，脉沉细。

补肾壮阳剂

五 精 丸

明·朱　橚《普济方》

【趣记】**武精九路　师傅扬衫**

　　　　　　　秋
五精酒鹿　石茯阳山
（丸）角　　苓起药
　　　霜　　　石

【情节】某天，一位身披长衫的大汉来到武术之乡江苏沛县，在一家客栈住下。每天清晨，他独自一人专选僻静之地习武。时间一长，他的行踪被人发现，通晓武术拳路的沛县人，无不为大汉的路路拳脚拍手叫好，特别是他那扬衫如舞鞭的一招一式刚健有力，节奏明快，故有许多小伙子拜他为师。原来他是三国猛张飞的后裔。

【汤歌】五精丸秋石茯苓，山药起石鹿角霜，益肾壮阳酒和丸，阳痿遗滑奇功强。

【组成】6味：酒（适量）、鹿角霜、秋石、茯苓、阳起石、山药（各等份）。

【用法】共研细末，酒和丸，如梧桐子大，每次空腹服50丸。

【功效】温肾益精，壮阳起痿。

【应用】主治肾气虚惫。症见：阳痿不举，遗精滑泄，羸瘦神疲，面色白，腰膝酸软。亦可加减用于肾阳不足，尿频遗尿等症。

【注意】若阳痿遗滑由阴虚火旺，或湿热炽盛引起者，本方禁用。

补肾壮阳剂

斑 龙 丸

宋·王　璆《是斋百一选方》

【趣记】扮龙拜兔弟脚露

　　　熟鹿
斑龙柏菟地角鹿
(丸) 子丝黄胶角
　　仁子　　霜

【情节】兔年一过龙年将至，除夕之夜，烛明香绕。属龙的小弟弟，他装扮一新，兴高采烈地举起龙灯，只见他脚步欢跃，时隐时露，龙头也随之时仰时俯，不时对着一盏美丽的兔灯笼频频点头示意，以示告别，正如春联所写“爆竹声声送玉兔，花灯盏盏迎金龙”。

【汤歌】斑龙丸中柏子仁，菟丝熟地鹿角胶，加之鹿霜酒为丸，补益元阳治火衰。

【组成】5 味：柏子仁（另研）、菟丝子（酒浸两宿，蒸，研）、熟地黄（酒浸，蒸，煮，焙）、鹿角胶（酒浸数日）、鹿角霜（研为细末）各 500。

【用法】先焙鹿角胶、菟丝子、地黄，研为细末，加入柏子仁在众药内研，再将鹿角胶入酒制成丸，每次 50-100 丸，逐日早晚服，盐汤或酒下。

【功效】补益元阳。

【应用】主治肾亏，真阳不足。症见：腰膝冷痛，阳痿早泄，或小便增多，耳鸣，体倦心烦，或老年阳虚，时常畏寒，气力衰微，舌淡而胖，脉微。常服益寿延年。本方峻补元阳，对肾阳不足诸证用之多效。

【注意】真阴亏损，虚火上乘，口干咽燥者忌用。

补肾壮阳剂

菟丝子丸

宋·陈师文《太平惠民和剂局方》

【趣记】吐丝孜孜几喷绒　陆续纺细桑地中　玲珑乡姑愉且舞　跪九伏则沉胸

菟　　肉　　　　　　　　　　　　山萆

丝巴覆苁　　　牛　　熟杜 茯石茴补茱澄　　肉　　　川

菟丝子子戟盆蓉 鹿续防膝桑地仲 苓龙香骨萸茄五 石桂酒附泽沉芎

(丸)　　子　　茸断风　螵　　　　芮　脂　　味斛　　子泻香

　　　　　　　　　　蛸　　　　　　　　　子

【情节】 春蚕，食桑叶吐丝绒，孜孜不倦，默默奉献。“春蚕到死丝方尽”，便是诗人李商隐对春蚕的歌颂。有位乡下姑娘，不仅是养蚕能手，而且也能歌善舞，她揣摩着蚕纺丝的样子，编排着“春蚕舞”，用欢愉婀娜的舞姿，向人们展示“春蚕精神”。

【汤歌】 菟丝子丸用二香，附桂泻杜防断地，二石茄苓萸脂味，芎鹿巴蓉螵覆膝。

【组成】 25味：菟丝子（酒浸）50、巴戟15、覆盆子25、肉苁蓉（酒浸）15、鹿茸（酥炙）50、续断15、防风15、牛膝（酒浸）15、桑螵蛸（酒浸，炒）25、熟地15、杜仲（炒）15、茯苓15、石龙芮50、茴香（炒）15、补骨脂（酒炒）15、山茱萸15、毕澄茄15、五味子25、石斛15、肉桂50、酒（适量）、附子50、泽泻50、沉香15、川芎25。

【用法】 碾为细末，以酒煮，面糊为丸，如梧桐子大，每服20丸，温酒或盐汤下，空腹服。

【功效】 温补肾气，填精壮骨，固摄下元。

【应用】主治肾气虚损，元气不足。症见：腰膝酸软少力，阳痿遗精，小便频数或尿有余沥，或腰欠温暖，舌淡苔白，脉细弱。

【注意】本方为温补元阳，强壮固摄之剂，若肾阴不足，虚阳独亢者忌用。

滋阴养血剂

五子衍宗丸

清·王世神《医学入门》

【趣记】五子衍宗　为图福钱齐

五　车枸

五子衍宗　味菟覆前杞

（丸）　子丝盆子子

子子

【情节】“多子多福”“儿孙满堂”是中国几千年来的传统观念，民间年画上，常有“麒麟送子”“福钱拴娃”等。一幅对联就这样说：“祥麟不祚无缘嗣，威凤偏临积善家。”人们往往崇拜有百子的周文王，认为他是最有福气的人，不仅有子嗣繁衍后代，更能五子登科，光宗耀祖，图得福运，钱财一齐拥有。

【汤歌】五子衍宗丸菟丝，枸杞覆盆五味子，更加车前子一对，补肾益精有后嗣。

【组成】5味：五味子30、菟丝子250、覆盆子125、车前子60、枸杞子250。

【用法】共为细末，炼蜜为丸，梧桐子大，每服9克，每日3次，温水或黄酒送服。亦可水煎服。

【功效】补肾益精。

【应用】主治肾阴不足，阴损及阳。症见：阳痿早泄，遗精，精冷，久不生育，腰痛，尿后余沥，须发早白，舌淡苔薄，脉沉细。

加减：习惯性遗精者，减车前子，加莲子、金樱子；若加熟地、制首乌、当归、肉苁蓉等则效果更佳；若加鹿茸、桑螵蛸，对于精虫异常、成活率低影响生育者，确有疗效。

滋阴养血剂

二至丸

清·汪　昂《医方集解》

【趣记】 **儿志　练针灸**

旱女
二至　莲贞酒
(丸)　草子

【情节】 清嘉庆年间，吏治败坏，民不聊生，仅北京城里，就有乞丐十万人，各地农民纷纷起义。一位开明的满族医家之子，不平百姓疾苦，立志学习针灸医术，他研读《甲乙针经》，苦究经络学说，熟练补泻针法，又用纸浆塑人身，以牢记穴位。功成之后，他深入到缺医少药的乡里，以高尚的医德和精湛的医术为民治病。因他善用阿是穴，往往针到病除，人们都称他“神针阿四”。

【汤歌】 医方集解二至丸，女贞旱莲各等加，肝肾阴虚酒服尝，滋阴养血效更佳。

【组成】 3味：旱莲草、女贞子（各等份）、酒（适量）。

【用法】 为末，炼蜜为丸，临卧酒服。

【应用】 主治肝肾阴虚。症见：头昏目眩，腰酸足软，失眠多梦，遗精滑泄，早年白发，两目干涩，舌红苔薄，脉细弱。

加减：加桑椹干为末成丸，则补肾养血之力更佳。

现代常用本方治疗贫血，神经衰弱、高血压、慢性肝炎、肺结核咳血等疾病而见上述症状者。

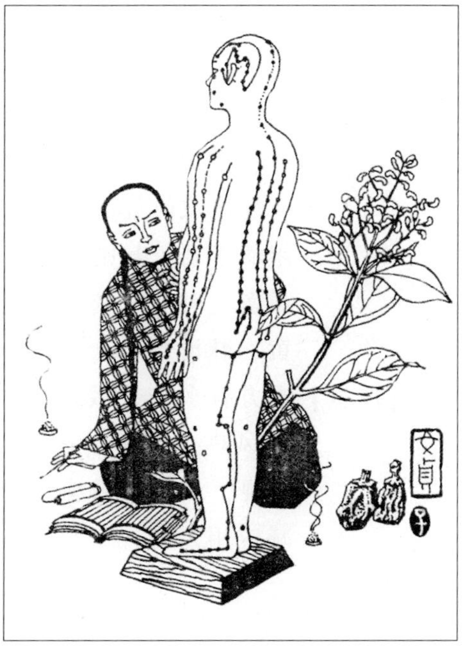

清热泻火剂

普济消毒饮

元·罗天益《卫生宝鉴》

【趣记】 **仆伎小丑琴弦　脸憔鬓拆膀沉　操拨合声更惨**

　　　黄　　黄连板　牛　　甘马薄　桔僵
普济消毒芩玄　连翘蓝柴蒡陈　草勃荷升梗蚕
　(饮)　参　　　根胡子皮　　　麻

【情节】 一位王公仆人的女儿，被掳进府中做了歌伎，夜夜在王府弹唱歌舞，以娱王公贵族，这位姑娘想到生活在大漠的父母，骨肉的离散怎不叫她脸儿憔悴？她长发散乱，臂膀沉沉难以抬起。但作为一只任人宰割的羔羊，她只能无力地敲点琴弦，发出凄惨的哀鸣，倾述自己的心声。

【汤歌】 普济消毒宝鉴方，黄芩连翘柴胡玄，板蓝陈皮蒡子草，马薄升麻梗僵蚕。

【组成】 14味：黄芩（酒炒）1.5、玄参10、黄连（酒炒）15、连翘15、板蓝根15、柴胡6、牛蒡子10、陈皮6、甘草6、马勃10、薄荷10、升麻2、桔梗10、僵蚕10。

【用法】 水煎服。

【功效】 清热解毒，软坚消肿。

【应用】 主治风热疫毒痄腮重症。症见：发热，恶寒，头痛，哎吐，口渴喜冷饮，耳下腮颊一侧或双侧红肿热痛，拒按，咀嚼不利；甚则抽搐，昏迷，或睾丸肿胀，疼痛。舌红苔黄，脉滑数。

【注意】 本方有多味升散苦燥之品，唯风热挟湿者适宜。若纯热无湿，或湿热俱盛，则应加减应用。

疏风明目剂

驱风散热饮

明·傅仁宇《审视瑶函》

【趣记】 **娶逢三热　凤和俏凰　少闺赶织牛兄强**

　　　　　　防薄连大　赤　　炒　川

驱风散热　风荷翘黄　芍归甘栀牛芎羌

　（饮）　　　　　　　尾草子蒡　活

　　　　　　　　　　　　　子

【情节】 一位勤于耕作的农夫与一位善织的村姑互相爱慕，他们不顾父母之命，媒妁之言，终于在三夏盛热时节结为伴侣。从此，二人仿效牛郎织女，男耕女织，你敬我爱，和和睦睦，小日子过得红红火火。

【汤歌】 驱风散热饮归芍，羌防薄荷蒡连翘，大黄甘草共芎栀，祛风泄热目亦消。

【组成】 11味：防风10、薄荷5、连翘10、大黄（酒浸）6、赤芍10、归尾10、甘草3、炒栀子10、牛蒡子10、川芎10、羌活10。

【用法】 水煎。去渣食远热服。

【功效】 疏风泻热，活血止痛。

【应用】 主治天行赤眼病。症见：初起眼忽赤肿，疼痒交作，怕热羞明，流泪难睁，继则眼眵粘稠，有先患一眼而累及两眼的，有两眼齐发者，病程缠绵，日久不愈者易并发星翳。

加减：肿痛难开，烦躁口渴，尿赤便秘者，加黄连、龙胆草、生地泻火通腑；胞肿头痛，眵多粘连，为病毒内侵，加银花、地丁、生地、丹皮凉血解毒，或用薄公英煎汤服，同时熏洗。

现代常用本方治疗急性卡他性结膜炎、膜炎、角膜溃疡早期，以及麦粒肿红肿期。

第二章　补益健身酒作引
——药酒简介

补益健身

神仙延寿酒

【主治】老年体弱、阴阳两虚所致神疲乏力，面色萎黄，消瘦气短，心悸怔忡，腰膝酸软，阳萎遗精，女子不孕等症。

【功效】益肾补元，壮阳补阴，补气养血，延缓衰老。

【配方】生地30克、熟地30克、天冬30克、麦冬30克、当归30克、牛膝30克、杜仲30克、杞子30克、木香15克、白芍30克、茯苓30克、苁蓉30克、小茴香30克、砂仁15克、人参15克、黄柏30克、巴戟天30克、补骨脂30克、川芎30克、白术15克、知母30克、远志15克、柏子仁15克、石菖蒲15克、白酒3000毫升。

【制作】将上药切成小片，装小布袋，再与白酒共入坛内密封浸泡15天后，取酒饮用。

【用法】每日2次，每次10毫升。

【方剂来源】《万病回春》

固本遐龄酒

【主治】身体虚羸，神疲乏力，腰膝酸软，畏寒肢冷，头晕耳鸣，阳痿早泄等症。

【功效】益肾补元，温阳补腰，填精壮阳，延缓衰老。

【配方】当归25克、杜仲20克、小茴香20克、青盐20克、石斛20克、陈皮20克、牛膝20克、枸杞子30克、白豆蔻5克、大茴香10克、巴戟天20克、人参20克、补骨脂20克、木通20克、天冬20克、狗脊20克、枣仁20克、川椒10克、木香5克、益智仁10克、淫羊藿60克、肉苁蓉20克、沉香20克、石菖蒲20克、山茱萸20克、熟地20克、菟丝子30克、覆盆子30克、神曲60克、砂仁15克、乳香15克、大枣500克、鲜山药20克、生姜30克、远志20克、糯米500克、蜜糖60克、白酒10000毫升。

【制作】先将糯米、大枣同蒸煮成饭，将山药、生姜压取汁水，其他药味研成粗末，再将药末、山药汁、生姜、蜜糖、米饭一起和匀，装入布袋，再与白酒一起置入酒坛，密封浸泡20天后即可取酒饮用。

【用法】每日2次，每次15毫升。

【方剂来源】《万病回春》

一醉不老酒

【主治】老年体虚所致之筋骨酸痛、腰膝酸软、白发秃发、尿意频急等症。

【功效】益肾固精，强筋健骨，乌须黑发。

【配方】莲花蕊50克、生地50克、槐子50克、五加皮50克、没食子6个、白酒2000毫升。

【制作】将上药切碎，装入布袋内，置于酒罐再注入白酒，密封浸泡，隔30天后，取酒饮用。

【用法】每日2次，每次服5-10毫升。

【方剂来源】《医鉴》

耐老酒

【主治】因肝肾不足引起的头晕目眩，须发早白，腰膝酸软。

【功效】滋肝肾，补精髓。

【配方】生地黄25克、枸杞子250克、滁菊花250克、糯米2.5千克、细曲200克。

【制作】先将生地黄、枸杞子、滁菊花捣成碎末，置于药锅中加水5升，煎取一半，倒入净器中，等冷备用。再将细曲捣成细末。糯米洗净蒸煮，沥半干，待冷后和入细曲末，然后倒入净器中，与药汁搅拌均匀，加盖密封，置保温处发酵，21日后滤去糟渣，装瓶备用。

【用法】每日 3 次，每次 20 毫升，早、午、晚空腹温饮。

【方剂来源】《圣惠方》

丹参杜仲酒

【主治】腰腿酸痛。

【功效】补肾益肝、活血通络。

【配方】杜仲 30 克、丹参 30 克、川芎 20 克、江米酒 0.75 升。

【制作】将上药共碎细，用白纱布袋盛之，置于净器中。入酒浸泡，密封，5 日后开启，去掉药袋，过滤装瓶备用。

【用法】不拘时，随量温饮。

【方剂来源】《普济方》

复方杜仲酒

【主治】高血压。

【功效】镇静、降压。

【配方】生杜仲 100 克、通草 5 克、寄生 100 克、当归 50 克、红药 1 克、黄芩 100 克、双花 100 克、米酒 10 升、粮白酒适量。

【制作】将上药洗净，共捣碎，用白纱布袋盛之，置净器中，入米酒浸渍，密封，7–14 日开启，去掉药袋，过滤，补加粮白酒至 10 升即得。

【用法】口服。成人每次 15–20 毫升，每日 2 次，小儿酌减。果蔬过口。

【方剂来源】《常用药物制剂》

枸杞酒

【主治】目眩昏暗，肾虚腰痛。

【功效】补肾益精，养肝明目。

【配方】枸杞子 50 克、白酒 500 毫升。

【制作】枸杞子入酒浸泡 7 天后服用。

【用法】每晚随量。

【方剂来源】民间验方

杜 仲 酒

【主治】老年人肝肾两亏、筋骨俱虚所致之腰背酸楚，腿膝无力，四肢麻木等症。

【功效】补肝益肾，活血通络。

【配方】杜仲 100 克、丹参 20 克、川芎 50 克、白酒 1000 毫升。

【制作】将上药切成小块，用纱布包好与白酒同置入容器中，密封浸泡 20 天后，取酒饮用。

【用法】每日 2 次，每次 10 毫升。

【方剂来源】《外台秘要》

还 童 酒

【主治】老年体弱者肝肾二虚、筋骨不利所致之四肢酸痛，腰膝酸软，活动不利，肢节麻木等症。

【功效】补肾养肝，强筋健骨，祛风化湿，散寒通络。

【配方】当归 20 克、生地 20 克、熟地 20 克、杞子 30 克、五加皮 30 克、乌药 15 克、陈皮 15 克、牛膝 15 克、丹皮 15 克、桂皮 10 克、川断 15 克、秦艽 15 克、羌活 15 克、麦冬 30 克、苍术 15 克、独活 15 克、小茴香 15 克、木瓜 15 克、白酒 2000 毫升。

【制作】将上药切成碎块，与酒共置于酒坛内，以泥封口，浸泡 20 天后，取酒饮用。

【用法】每日 2 次，每次服 15 毫升。

【方剂来源】《回生集》

菟丝子酒

【主治】眼目昏盲，颜面不荣。

【功效】补肝明目。

【配方】菟丝子 300 克、白酒 3 升。

【制作】将菟丝子捣成碎末，用白纱布袋盛之，置于净器中，入白酒浸泡，封口，21 日后开取，去掉药袋，即可饮用。

【用法】每日 2 次，每次 10 毫升，空腹温饮。

【方剂来源】《普济方》

千口一杯酒

【主治】气血两亏，肝肾不足，年老体弱所致之头晕目花，神疲乏力，腰膝酸软，面色萎黄等。

【功效】益气补血，养阴壮阳,益肾补肝。

【配方】人参 30 克、熟地 20 克、枸杞子 20 克、沙苑蒺藜 20 克、仙灵脾 10 克、远志 10 克、母丁香 10 克、沉香 5 克、荔枝肉 10 个、白酒 1000 毫升。

【制作】将上药置入酒坛，加入白酒密封，浸泡 15 天后，取酒饮用。

【用法】每日 2 次，每次服 5 毫升。

【方剂来源】《集验良方》

周公百岁酒

【主治】年老体衰，气血两亏，阴阳两虚所致之身体虚弱，神疲乏力，畏寒恶热，面黄少华，头晕气短，耳鸣目花，腰膝酸软，秃发，白发，四肢无力等症。

【功效】益气补血，温阳滋阴，益肾养肝，健脾补心，和血行气。

【配方】炙黄芪 60 克、茯神 60 克、当归 36 克、生地 36 克、熟地 36 克、党参 30 克、白术 30 克、麦冬 30 克、茯苓 30 克、陈皮 30 克、山茱萸 30 克、枸杞子 30 克、川芎 30 克、防风 30 克、龟版胶 30 克、五味子 24 克、羌活 24 克、肉桂 18 克、红枣 500 克、冰糖 1000 克、白酒 10 升。

【制作】将上药切成小块装入布袋，扎紧袋口置入酒坛，再放入冰糖、白酒，密封后蒸煮约 30 分钟，再浸泡 10 天，去渣滤清后饮用。

【用法】每日 2 次，每次服 10 毫升。

【方剂来源】《中国医学大辞典》

延寿酒

【主治】老年体虚所致之身体虚亏，神疲乏力，头晕气短，目花耳鸣，腰膝酸软等症。

【功效】益肾补肝，健脾养肺，益气养阴，填精补元。

【配方】黄精 150 克、天冬 50 克、苍术 50 克、松叶 100 克、枸杞子 100 克、白酒 2000 毫升。

【制作】将黄精、天冬、苍术、松叶共研为粗末，与枸杞子一起装入纱布袋，置入酒坛，再灌入白酒，密封浸泡 15 天后取酒饮用。

【用法】每日 2 次，每次服 5-10 毫升。

【方剂来源】《中藏经》

春寿酒

【主治】老年人心肾阴虚所致之神疲乏力、头晕耳鸣、目花失眠、心悸多梦等症。

【功效】益肾养阴，健脾养心。

【配方】天冬 50 克、麦冬 50 克、生地 50 克、熟地 50 克、山药 50 克、莲子 50 克、红枣 50 克、白酒 2000 毫升。

【制作】将上药切成小片，与白酒共入酒坛，密封浸泡 20 天，取酒饮用。

【用法】每日 2 次，每次服 5-10 毫升。

【方剂来源】《养生四要》

万寿药酒

【主治】老年血虚、气血瘀滞所致之面色萎黄、筋骨酸痛、心悸多梦、胸闷胁痛等症。

【功效】补血活血，理气解郁，养心安神。

【配方】当归 100 克、石菖蒲 50 克、郁金 50 克、五加皮 50 克、麦冬 50 克、陈皮 50 克、茯神 50 克、红花 30 克、川牛膝 30 克、大枣 500 克、白酒 10 升。

【制作】将上药切成小片装入布袋，置入酒坛，再加入白酒，浸泡 10 天，取酒饮用。

【用法】每日 2 次，每次服 20 毫升。

【方剂来源】《寄方类编》

生石斛酒

【主治】老年肾阴亏损、血不养筋所致之腰膝酸痛、下肢痿软、活动不利、肌肤干燥等症。

【功效】益肾养阴，壮腰和血。

【配方】生石斛 100 克、生地 100 克、牛膝 30 克、杜仲 15 克、丹参 15 克、白酒1000 毫升。

【制作】将上药装入纱布袋，与白酒一同置入酒坛，密封浸泡 15 日后取酒饮用。

【用法】每日 2 次，每次 10 毫升。

【方剂来源】《外台秘要》

天门冬酒

【主治】因肺、肾阴虚所致的劳咳咯血、口燥咽红，便秘，肢体、肌肉酸痛麻木症。

【功效】润肺滋肾，调整血脉。

【配方】天门冬 40 克、高粱酒 0.5 升。

【制作】先将天门冬用竹刀剖去心之后，与水 300 毫升同入沙锅煎煮，约 40 分钟后，去渣取液，兑入高粱酒中，装入瓶密封待用。

【用法】每日 1 次，每次10–30 毫升，以午后服为宜。

【宜忌】阳虚阴盛，脾胃虚寒，有食少便糖症状者，不宜饮用此酒。

【方剂来源】《本草纲目》

虫草酒

【主治】虚劳咳嗽，气喘痰血。

【功效】滋肺益肾。

【配方】冬虫夏草 2 只、酒 1000 毫升。
【制作】冬虫夏草浸泡酒中，10 日后可服用。
【用法】早晚各 1 小盅。
【方剂来源】民间验方

胡桃参杏酒

【主治】喘咳日久不止。
【功效】补肾，温肺止咳喘。
【配方】胡桃肉 90 克、杏仁 60 克、人参 30 克、黄酒 1.5 升。
【制作】将上药捣成细末，用白纱布袋盛之，置入净器中，入黄酒浸泡，封口，21 日后开启，过滤去渣，装瓶备用。
【用法】每日 2 次，每次10–20 毫升，早晚空腹温饮。
【宜忌】阳虚火旺者忌服。
【方剂来源】《本草纲目》

龟 肉 酒

【主治】经年咳嗽不愈，中风缓急，四肢拘挛，日久瘫痪不收。
【功效】补肺肾，祛风，止咳。
【配方】龟肉 1000 克、曲 300 克、糯米 7.5 千克。
【制作】将龟肉切碎，加水适量，煮烂，备用；曲研细末备用；糯米洗净，上笼蒸至半熟，沥半干，备用。然后将龟肉连汁和曲与糯米同置于缸内，用柳枝搅拌匀，密封，放置保温处，21 日后开启，滤去糟渣，过滤贮瓶备用。
【用法】每日 3 次，每次 10–30 毫升，饭后温饮。
【方剂来源】《本草纲目》

胡 麻 酒

【主治】体虚肌瘦，精血亏损，头晕目眩，须发早白，大便秘结等症。
【功效】补肝肾，益气血，强筋骨，润肠通便，延年益寿。

【配方】胡麻仁 40 克、黄酒 1 升。

【制作】先将胡麻仁曝干，上火炒微香，然后置乳钵中捣成泥状后，放入净器中，再入黄酒浸泡，搅匀密封。7 日后开启，澄清后即可饮用。

【用法】随意饮用。

【方剂来源】《普济方》

火麻仁酒

【主治】老年人和妇女产后及热性病后血亏津液少的肠燥、大便秘结和小腹胀满疼痛。

【功效】润肠通便，兼补中虚。

【配方】火麻仁 160 克、白酒 0.5 升。

【制作】将火麻仁炒香后捣碎，置于净瓶中，入好酒浸泡，封口；3 日后开启，过滤后备用。

【用法】每次饭前，随量温饮。

【宜忌】切勿过量致酒醉。

【方剂来源】《太平圣惠方》

清热解毒

还睛神明酒

【主治】火目急痛，目干涩痛，视物不明，目生翳障，或内，外障导致之视力减退等目疾。

【功效】清肝明目，清热去翳。

【配方】黄连 80 克、石决明 50 克、草决明 50 克、生姜 50 克、石膏 50 克、硝石 50 克、玉竹 50 克、秦皮 50 克、山莱萸 50 克、当归 50 克、黄芩 50 克、沙参 50 克、朴硝 50 克、炙甘草 50 克、芍药 50 克、泽泻 50 克、肉桂 50 克、栀子 50 克、车前子 50 克、淡竹叶 50 克、柏子仁 50 克、防风 50 克、乌头 50 克、辛夷 50 克、人参 50 克、川芎 50 克、白芷 50 克、瞿麦穗 50 克、桃仁

50克、细辛50克、地肤子50克、龙脑5克、丁香3克、珍珠13颗、白酒10升。

【制作】将上药研为粗末，装入布袋，与白酒共置于酒坛内，密封浸泡15日后，取酒饮用。

【用法】每日1次，每次10毫升。

【方剂来源】《圣济总录》

黄连酒

【主治】阴虚内热者所致之口苦、咽干、目赤、胃呆等症。

【功效】清热泻火，清胃健脾，利湿明目。

【配方】黄连10克、绿豆10克、枸杞子30克、白酒500毫升。

【制作】先将黄连、绿豆研成粗末，装入纱布袋内，再与枸杞子、酒一起置入酒瓶，密封浸泡15天后，即可饮用。

【用法】每日2次，每次10毫升。

【方剂来源】《寿世青编》

绿豆酒

【主治】阴虚内热所致之五心烦热，潮热盗汗，咽痛口干，大便秘结等症。

【功效】养阴补血，清热降火。

【配方】绿豆50克、淮山药50克、黄柏50克、牛膝50克、玄参50克、沙参50克、白芍50克、山栀50克、天门冬50克、麦门冬50克、当归50克、甘草10克、白酒3000毫升。

【制作】将上述药物与酒一同放入酒坛内密封浸泡20天后，滤去其渣即可饮用。

【用法】每日2次，每次10–20毫升。

【方剂来源】《寿世青编》

青苔酒

【主治】黄疸心烦，咳逆血气，暴热在肠胃，暴风口噤，金疮内陷。

【功效】解热毒，散郁结。

【配方】青苔适当、酒适量。

【制作】取古墙北阴青苔衣，洗净，酒渍。

【用法】饮用适量。

【方剂来源】《本草纲目》

竹叶酒

【主治】风热病，口烦心渴，小便赤涩，口舌生疮等。

【功效】清热利尿，清心降火。

【配方】淡竹叶150克、糯米1000克、曲适量。

【制作】先将淡竹叶煎汁，再将糯米煮蒸熟，沥半干，曲研细末。最后将3者共置入酒坛内，搅拌匀，密封，置保温处；21日后开封，压榨去糟渣，即可饮用。

【用法】每日1–2次，每次20毫升，徐徐饮之。

【宜忌】孕妇勿饮此酒。

【方剂来源】《本草纲目》

青蒿酒

【主治】骨蒸潮热，无汗，夜热早凉，鼻衄，夏日感冒，疟疾，寒热往来，寒轻热重，胸痞呕恶，黄疸疸小便不利。

【功效】清热凉血，解暑，退虚热。

【配方】青蒿2.5千克、糯米54克、曲250克。

【制作】将青蒿切碎加水煎汁，糯米炊熟，曲研细；3者共入缸中，用柳枝搅拌均匀，密封，置保温处；14日后开取，去渣装瓶备用。

【用法】每日不拘量，徐徐饮之，以愈为度。

【方剂来源】《本草纲目》

散瘿消瘤

玄 参 酒

【主治】瘿瘤。

【功效】治暴结热，散瘤瘘痈肿。

【配方】玄参 50 克、酒 2 升。

【制作】玄参浸酒，7 日后去渣留酒。

【用法】随量日日饮之。

【方剂来源】《开宝本草》

半夏人参酒

【主治】胃气不和，寒热互结，心下痞硬，呕恶上逆，肠鸣下利，不思饮食，倦怠乏力。

【功效】和胃降逆，开结散痞。

【配方】半夏 30 克、黄芩 30 克、干姜 20 克、人参 20 克、炙甘草 20 克、黄连 6 克、大枣 10 克、白酒 0.7 升。

【制作】上药共捣碎，入布包，浸于酒中，5 日后，再加冷白开水 500毫升和匀，去渣备用。

【用法】每日 2 次，每次 20 毫升，早晚温饮。

【方剂来源】《伤寒论》

黄药子酒（一）

【主治】颈瘿。

【功效】凉血降火，消瘿解毒。

【配方】黄药子 50 克、酒 5 升。

【制作】黄药子洗净研末，浸酒中。5 日后滤清。

【用法】每日早、晚，常服 1 盏。

【宜忌】戒怒。

【方剂来源】《斗门方》

黄药子酒（二）

【主治】瘿肿（甲状腺瘤，淋巴结肿大）。

【功效】散结消瘿，清热解毒。

【配方】黄药子 500 克、无灰酒 2.5 升。

【制作】把黄药子与无灰酒共入净瓶中，封口，以糠火烧 1 小时，用火时不可多，唯烧至酒气香味出，瓶口有津出即停火，候酒冷，过滤去渣，即可饮用。

【用法】每日 2 次，每次 10 毫升。勿绝酒气，经 3–5 日自觉肿消停饮。

【宜忌】孕妇忌饮此酒。

【方剂来源】《本草纲目》

海藻酒（一）

【主治】瘿症（地方性甲状腺肿）、颈淋巴结核等。

【功效】软坚散结，化痰消瘿。

【配方】海藻 300 克、白酒 1000 毫升。

【制作】将海藻切碎，与白酒共置入容器中，密封浸泡 15 天后，取酒饮用。

【用法】每日 1 次，每次 5–10 毫升。

【方剂来源】《肘后备急方》

海藻酒（二）

【主治】瘿瘤，瘰疬疝气，如淋巴结核，甲状腺肿大，甲状腺瘤，睾丸结核等。

【功效】消痰结，散瘿瘤。

【配方】海藻 500 克、黄酒 1.5 升。

【制作】将海藻洗净，置于净器中，用黄酒浸泡 24 小时，过滤后即可饮用。

【用法】每次饭后取海藻酒30毫升饮之。酒尽将海藻爆干，捣为末，酒调3克服之，每日3次，以瘥为度。

【方剂来源】《本草纲目》

温中散寒

香楝酒

【主治】小腹冷痛、疝气疼痛等症。

【功效】温中散寒，行所止痛。

【配方】南木香10克、小茴香10克、大茴香10克、川楝肉10克、白酒200毫升。

【制作】将上述药物研成粗末后，投入锅中炒香后，加入连须葱白5根，再加水一碗。煎至半碗水后去渣，与酒相合，再调入少许盐，即可饮用。

【用法】每日2次，每次10毫升。

【方剂来源】《万病回春》

花椒酒

【主治】吞酸反胃，胃寒等疾。

【配方】汉花椒150克、石硫黄75克、诃子24个、白酒6升。

【制作】上药轧碎，各以白生丝袋盛之，与白酒共置坛内，密封浸渍7日。

【用法】不拘时，饮1杯，即加1杯生酒在内，花椒90日一换，诃子72日一换，硫黄则长用。

【方剂来源】《经验秘方》

芥子酒

【主治】痰饮咳喘，胸胁胀满疼痛，反胃呕吐，中风不语，肢体痹痛麻木等症。

【功效】温中散寒，利气豁痰。

【配方】白芥子250克、白酒1升、黄酒2-3升。

【制作】将白芥子研成粗末，用白纱布袋盛之，置于净器中，入白酒浸泡3日，再入黄酒或米甜酒2-3升，再浸泡3日，去掉药袋，澄清后即可饮用。

【用法】每日3次，每次20-50毫升，空腹温饮。

【方剂来源】《本草纲目》

吴萸酒

【主治】中恶心痛，心腹冷痛。

【功效】温中止痛，理气燥湿。

【配方】吴茱萸50克、黄酒1升。

【制作】取吴茱萸（色绿、饱满者为佳）研为碎末，置于瓶中，入黄酒浸泡，密封，3-5日后开启，过滤后即可饮用。

【用法】每日3次，每次10毫升，空腹饮用。

【宜忌】阴虚火旺者忌此酒。

【方剂来源】《本草纲目》

治风祛湿

细辛独活酒

【主治】牙齿肿痛。

【功效】祛风，止痛，消肿。

【配方】独活15克、莽草15克、防风15克、细辛15克、制附子6克、酒0.25升。

【制作】将上药碎细，用酒煎药数十沸，去渣。

【用法】热漱，以愈为止。

【方剂来源】《圣济总录》

大 豆 酒

【主治】头风头痛。

【功效】怯风止痛。

【配方】大豆 300 克、白酒 5 升。

【制作】大豆炒熟，至烟出，浸酒中，密封 7 日，开封，即可饮用。

【用法】每日早晚各 1 次，适量，温服。

【方剂来源】《千金方》

五加皮酒（一）

【主治】风湿麻痹，四肢拘挛，腰腿软而无力，或膝痛不可屈者。

【功效】散风除湿，强筋壮骨。

【配方】五加皮 50 克、当归 45 克、牛膝 75 克、高粱米酒 1 升。

【制作】先将五加皮洗净，刮去骨，和当归、牛膝共入沙锅同煎 40 分钟，然后去渣取汁，兑入高粱米酒中。

【用法】每日 2 次，每次 10-30 毫升，早晚温服。

【方剂来源】《本草纲目》

五加皮酒（二）

【主治】湿邪偏胜，下肢痿弱，脚气浮肿。腰膝酸痛，骨节拘挛，阳痿精寒，皮水肿满，小便不利。

【功效】祛风化湿，强筋通络。

【配方】五加皮 150 克、当归 100 克、地榆 30 克、川牛膝 60 克、曲 200 克、糯米 5500 克。

【制作】将五加皮煎汁，和曲、米如常法酿成酒，再把当归、川牛膝、地榆浸酒中煮数百沸，去渣，过滤后装瓶备用。

【用法】每日 3 次，每次饮 15-20 毫升。

【宜忌】阴虚火旺者不宜用。

【方剂来源】《本草纲目》

五加皮酒（三）

【主治】筋痹，多悲思，面色苍白，四肢不营，诸筋拘挛，伸动缩急，腹中转痛。

【配方】五加皮300克、枳壳（炒）300克、入地金牛根皮300克、丹参300克、川芎穷187克、炮干姜187克、白藓皮150克、秦花椒（炒出汗）15克、木通150克、天雄（炮、去皮脐）150克、炙甘草150克、薏苡仁300克、火麻仁300克、肉桂（去粗皮）112克、当归112克。

【制作】上药轧碎，白丝袋盛之，用黄酒30升，共置坛内，密封浸渍，春夏4日，秋冬7日。

【用法】初饮200毫升，稍稍加之，以量为度。

【方剂来源】《奇效良方》

大豆乌蛇酒

【主治】热毒风肿，日夜焮痛。

【功效】祛风通络，攻毒，消肿止痛。

【配方】大豆100克、麻子仁100克、乌蛇（去头尾皮骨）12克、白酒1.5升。

【制作】将以上3味药，相和令匀，放甑内蒸，待熟后，去掉甑底物，用酒就甑中淋，候酒热再淋，凡此淋7–8遍，将酒入瓷瓶中密封，候冷，备用。

【用法】不拘时候，量性饮之，常带酒气为好。

【方剂来源】《普济方》

濒湖白花蛇酒

【主治】中风伤湿，半身不遂，口目歪斜，肌肉麻木，骨节疼痛，及年久疥癣、恶疮、风癞诸症。

【功效】祛风活络，解毒止痛。

【配方】白花蛇（1条，洗净，取肉）150克、真羌活75克、当归身75

克、真天麻75克、真秦艽75克、五加皮75克、防风37克、金华酒适量、糯米酒5升。

【制作】 以上7味药，各锉匀，以生绢袋盛之，与金华酒同置于坛内。入糯米生酒醅浸药袋，箬叶密封。安坛于大锅内，水煮1日，取起，埋阴地7日取出（出火毒），即得。另以滓晒干碾末，酒糊丸梧子大、装瓶备用。

【用法】 每日1–2次。每次饮药酒15–30毫升；服药丸50粒（用煮酒吞下）。

【宜忌】 切忌见风犯欲，及鱼、羊、鹅等发风之物。

【方剂来源】 《本草纲目》

白石英酒

【主治】 风湿性全身疼痛，肢节肿痛，不可持物，行动无力，耳聋及肾脏虚损。

【功效】 祛风湿，利关节，安神聪耳。

【配方】 白石英（碎如大麻粒）30克、磁石（火煅令赤，醋淬，如此5遍）30克、酒0.5升。

【制作】 将药捣碎为粗末，用生白布袋盛之，置于净器中，入酒浸泡，密封，6日后开启。

【用法】 不计时，随量温饮。服将尽，可更添酒。

【方剂来源】 《本草纲目》

石英磁石酒

【主治】 手足痹弱，不可持物，行动无力，及耳聋、肾脏虚损。

【配方】 白石英315克、磁石315克。

【制作】 上药轧碎，以水浮去浊汁，白生丝袋盛之，用好酒9升，共置坛内，密封浸渍5日。

【用法】 不拘时，随量温饮，酒尽渐添。

【方剂来源】 《食医心鉴》

楠藤酒

【主治】风虚，逐冷气，除痹痛，强腰脚。

【配方】石楠藤 1000 克。

【制作】上药以水煎取汁，候凉，用糯米 10 升，淘净，蒸熟，候冷，加曲，和药汁拌匀酿酒。

【用法】一日 3 次，每次饮一二盅。

【方剂来源】《本草纲目》

松风酒

【主治】口眼歪斜，语声不出，关节不利。

【功效】祛风燥湿。

【配方】青松叶 250 克、防风 250 克、白酒 1.5 升。

【制作】先将青松叶捣令出汁，与防风用布包之，置于净器中，用白酒浸 2 日，近火煨 1 日，去渣即可饮用。

【用法】初服 20 毫升，渐加至 30 毫升，不拘时，以头面出汗为度。

【宜忌】服药期避风。

【方剂来源】《圣济总录》

独活当归酒

【主治】风湿性腰腿疼痛。

【功效】祛风湿，舒关节。

【配方】独活 30 克、杜仲 30 克、当归 30 克、川芎 30 克、熟地 30 克、丹参 30 克、酒 1 升。

【制作】将上药碎细，置于净器中，入酒浸泡，密封，近火煨，1 日后候冷，过滤去渣装瓶备用。

【用法】不拘时温饮之，随量，常令有酒气。

【方剂来源】《圣济总录》

牛膝石斛酒

【主治】因风寒湿气痹阻络而致的腰脚沉重，肢体软弱无力，麻木不仁。

【功效】祛风除湿，补肾强腰，强筋壮骨。

【配方】石斛 85 克、怀牛膝 15 克、杜仲 120 克、丹参 90 克、熟地黄 150 克、肉桂 60 克、白酒 2 升。

【制作】将上药捣成粗末，用白纱布袋盛之，与白酒一起置于瓷坛中，加盖，将瓷坛放在锅中，隔水煮数百沸，取出候冷，密封，静置 5 日后开封，去掉药袋，过滤后即可饮用。

【用法】每次 20-30 毫升，不拘时饮用，常令如微醉即可。

【方剂来源】《圣济总录》

发散解表

白菊花酒

【主治】外感风邪所致之头痛鼻塞及肝风上盛所致头痛目重，视物昏花症。

【功效】祛风解表，清肝明目。

【配方】白菊花 200 克、白酒 2000 毫升。

【制作】将菊花装入纱布袋内与白酒一起置入酒坛内，密封浸泡 10 日，即可取酒饮用。

【用法】每日 2 次，每次 10-15 毫升。

【方剂来源】《苏颂首经》

葱豉酒

【主治】外感初起，恶寒发热，无汗，头痛鼻塞，身疼而烦，冷痢腹痛。

【功效】宣通卫气，发散风寒。

【配方】葱白根 3 根、豆豉 15 克、白酒 0.3 升。

【制作】将葱白根、豆豉与白酒入锅内同煮，煎取至半，候温，过滤去渣，即可饮用。

【用法】早晚分 2 次温服。

【方剂来源】《本草纲目》

麻黄醇酒

【主治】伤寒热出表发黄疸。

【配方】麻黄 10 克。

【制作】将麻黄轧碎，用醇酒 3 升，煮取 800 毫升。

【用法】一日温饮，汗出即愈。

【注意】冬月寒冷时用黄酒，春月宜用水。

【方剂来源】《备急千金要方》

豉　酒

【主治】伤寒热病，寒热头痛，烦躁，胸闷，阴虚盗汗。

【功效】止汗除烦。

【配方】豆豉 200 克、黄酒 1 升。

【制作】将豆豉炒至微香，趁热投入清酒中，浸泡 3 日，即可饮用。

【用法】每日 3 次，每次 10–20 毫升，空腹温饮。

【方剂来源】《本草纲目》

松 叶 酒

【主治】风疹瘾疹。

【功效】祛风，止痒，解毒。

【配方】松叶 500 克、白酒 1 升。

【制作】将松叶切碎，与酒同煎，煮取 300 毫升，候温备用。

【用法】日夜服尽，处温室中，衣盖出汗即愈。

【方剂来源】《普济方》

理气活血

橘 红 酒

【主治】肺脾不和，湿痰久蕴所致的食欲不振，腹胀嗳气，恶心呕吐，咳嗽喘哮等症。

【功效】化痰止嗽，理气散寒。

【配方】化橘红 50 克、白酒 0.5 升。

【制作】将化橘红浸入酒中，封固，浸泡 1 周后启用。

【用法】每日 1 次，每次 10–30 毫升，临睡前饮用为佳。

【方剂来源】《饮食辨录》

白 前 酒

【主治】肺实喘满期，咳嗽，多痰。胃脘疼痛。

【功效】泻肺降气，下痰止嗽。

【配方】白前 100 克、白酒 0.5 升。

【制作】将白前捣成粗末，用白纱布袋盛之，置于净器中，入白酒浸泡，封口；7 日后开启，去掉药袋，澄清备用。

【用法】每日 3 次，每次 10–15 毫升，空心温饮。

【方剂来源】《肘后备急方》

荸 荠 酒

【主治】噎膈反胃，恶心呕吐，脘腹作胀，胃呆纳减等症。

【功效】理气畅中，化痰解郁。

【配方】荸荠 120 克、厚朴（姜炒）30 克、桔饼 30 克、陈皮 30 克、白蔻仁（炒）30 克、蜜糖 60 克、白酒 2000 毫升。

【制作】将荸荠洗净后捣碎，其他药物加工成粗末，与白糖、白酒一起置入酒坛内，密封浸泡 14 日后，取酒饮用。

【用法】每日 1–2 次，每次 10 毫升。

【方剂来源】《奇方类编》

缩 砂 酒

【主治】胸腹胀满，消化不良，呕恶胃痛，泄泻，痢疾，疝气等。

【功效】行气和中，开胃消食。

【配方】缩砂仁 30 克、黄酒 0.5 升。

【制作】将缩砂仁炒后研末，用白袋盛之，置于净器中，入黄酒浸泡，封口；3–5 日后开封，去掉药袋，澄清后饮用。

【用法】每日 3 次，每次 30–50 毫升，空腹温饮。

【宜忌】阴虚有实热者不宜饮此酒。

【方剂来源】《本草纲目》

胡 玄 酒

【主治】疝痛。

【功效】散气开郁。

【配方】胡椒 6 克、玄胡索 6 克、茴香 6 克、酒 0.5 升。

【制作】将上药捣为细末，用白纱布袋盛之，置净器中，入酒浸泡，密封，2–3 日后开启，去掉药袋，滤过装瓶备用。

【用法】每日 1–2 次，每次 50 毫升，饭前温服。

【宜忌】孕妇忌服。

【方剂来源】《三因方》

凌霄花酒

【主治】便后有血。

【功效】收敛凉血。

【配方】凌霄花不拘多少、酒 1 升。

【制作】凌霄花浸酒，7 日后去花留酒。

【用法】随意频饮之。

【方剂来源】《普剂方》

桃仁生地酒

【主治】跌仆损伤经脉。

【功效】疏通脉络，活血祛瘀。

【配方】桃仁 30 克、生地黄汁 500 毫升、白酒 500 毫升。

【制作】先将桃仁去皮尖，捣成膏状备用，再将地黄汁与白酒入锅中煮煎令沸，下桃仁膏再煎数沸，候温，过滤去渣备用。

【用法】每次温饮 10-15 毫升，不拘时服。

【宜忌】孕妇忌饮此酒。

【方剂来源】《圣济总录》

桃 仁 酒

【主治】肿毒疼痛，或游走不定。

【功效】破血行瘀，消肿止痛。

【配方】桃仁 80 克、白酒 0.25 升。

【制作】先将桃仁炒热，乘热捣如膏状，分数次渐渐倒入酒中，研搅，然后过滤去渣，收瓶备用。

【用法】每服 10-20 毫升，空腹临睡前服用。

【方剂来源】《圣济总录》

妇科杂症

红蓝花酒

【主治】妇女中风症，风寒容于胞内，血凝气滞所致腹中刺痛。

【功效】行血，润燥，消肿，止痛。

【配方】红蓝花 20 克、白酒 0.2 升。

【制作】把红蓝花与白酒同入锅中，煎减至半，去渣，候冷，即可饮用。

【用法】每次服 50 毫升，不止再服。

【宜忌】孕妇忌饮此酒。

【方剂来源】《金匮要略》

升 麻 酒

【主治】产后恶血不止，或经月，半年，一年。

【功效】益气止血。

【配方】升麻 100 克、清酒 1 升。

【制作】把升麻与清酒置锅内，武火煮沸，文火煎至一半，过滤去渣，收起备用。

【用法】每日 2 次，每次 30–50 毫升，空腹温服。服后当吐下恶物，勿怪。

【方剂来源】《千金翼方》

竹 胶 酒

【主治】妊娠失坠，胎损腹痛，下血。

【功效】解痛，舒经，止血，安胎。

【配方】青竹茹 50 克、阿胶 20 克、黄酒 0.4 升。

【制作】将青竹茹切碎，与阿胶一同入黄酒中，上火煮数 10 沸，待阿胶烊化，去渣候冷备用。

【用法】分为 3 服，早、午、晚各饮 1 服，即安。

【方剂来源】《太平圣惠方》

丹 参 酒

【主治】崩中去血及产后余疾。

【配方】丹参 500 克、艾叶 500 克、地黄 500 克、忍冬藤 500 克、地榆 500 克。

【制作】上药轧碎，以水浸渍三日，压去渣，再用黍米 30 升，淘净，蒸熟，和药汁拌匀，加曲酿酒，酒熟去渣澄清。

【用法】不拘时，初饮200毫升，稍稍加之。

【方剂来源】《备急千金要方》

蓟根酒

【主治】妇人暴崩中，去血不止。

【配方】大蓟500克、小蓟500克。

【制作】上药轧碎，用酒6升，共置坛内，密封浸渍5日。

【用法】不拘时，随量饮之。

【方剂来源】《千金翼方》

竹茹酒

【主治】妊娠误有失坠损血，胎损疼痛。

【配方】竹茹15克。

【制作】用好酒1升，煮竹茹二三沸，去渣。

【用法】分3次饮，即安。

【方剂来源】《证治准绳》

鸡子酒

【主治】妊娠血不止。

【配方】鸡子5枚，取黄。

【制作】用好酒一杯，与蛋黄同煎如稀汤。

【用法】顿饮之，未瘥，再制，以瘥为度。

【方剂来源】《寿亲养老书》

麻子酒

【主治】产后恶血不去。

【配方】火麻仁30克。

【制作】上药捣碎，用酒6升浸渍一宿，明旦去渣。

【用法】每于饭后温饮500毫升，不瘥，夜间再温饮500毫升。

【宜忌】忌房事1个月，将养如初产法。

【方剂来源】《备急千金要方》

地黄酒

【主治】产后崩中，下血不止，心神烦乱。

【配方】鲜地黄汁半杯、鲜益母草汁半杯。

【制作】上药入酒一杯相和，煎三五沸即成。

【用法】分3次饮，频频饮之有效。

【方剂来源】《太平圣惠方》

石斛酒

【主治】产后中风，四肢缓弱，举体不仁。

【配方】石斛75克、附子（炮）37克、牛膝37克、茵芋37克、肉桂37克、芎穷37克、羌活37克、当归（微炒）37克、熟地黄37克。

【制作】上药轧碎，白丝袋盛之，用黄酒7升，共置坛内，密封浸渍5日。

【用法】不拘时，每温饮一杯。

【方剂来源】《太平圣惠方》

黄芪酒

【主治】产后中风偏枯，半身不遂，言语不利，疼痛无力。

【配方】黄芪112克、川花椒（炒出汗）112克、独活112克、肉桂112克、白术112克、牛膝112克、葛根112克、防风150克、芎穷112克、甘草（炙）75克、细辛75克、山茱萸75克、附子（炮）75克、秦艽75克、炮干姜75克、当归75克、乌头（炮）75克、人参75克。

【制作】上药轧碎，白生丝袋盛之，用黄酒26升，共置坛内，密封浸渍5日。

【用法】不拘时，每温饮 1 杯。

【方剂来源】《圣济总录》

白术酒

【主治】妊娠中风，口噤不语。

【配方】白术 56 克、独活 37 克、黑大豆 10 克。

【制作】上药轧碎，用酒 2 升，煎取 1 升，去渣。

【用法】分 4 次温饮，拗口灌之，得汗即瘥。

【方剂来源】《太平圣惠方》

大豆酒

【主治】产后中风烦热，苦渴，腰背强痛，头身皆重。

【配方】大黑豆 35 克。

【制作】豆炒令烟出，用酒 650 毫升投之，密盖令温，去豆。

【用法】日夜数剂，卧取微汗，避风。

【方剂来源】《妇人大全良方》

鲫鱼酒

【主治】产后乳汁不下。

【配方】鲫鱼 1 条（如食法）猪脂膏 75 克、漏芦 37 克、钟乳粉 37 克。

【制作】上药用酒 3 大杯，煮取 1 杯半，去渣。

【用法】不拘时，分 3 次饮。

【方剂来源】《太平圣惠方》

蒲公英酒

【主治】乳痈、乳吹，不问已成未成皆用。

【配方】鲜蒲公英 75 克。

【制作】将药捣烂，入酒半杯，浸渍。

【用法】取酒一次温饮，渣贴患处。甚者不过三五剂即愈。

【方剂来源】《景岳全书》

槐 花 酒

【主治】乳癌，硬如石者。

【功效】解毒化瘤。

【配方】槐花（炒）90 克、黄酒 0.5 升。

【制作】将槐花炒黄为末，每取 9 克，以黄酒 50 毫升冲服。

【用法】每日 1–2 次，顿服之。

【方剂来源】《串雅内编选注》

通 草 酒

【主治】乳汁不行。

【功效】通乳。

【配方】通草 30 克、石钟乳 60 克、米酒 0.4 升。

【制作】将通草切碎，石钟乳捣研成细末。然后二者与米酒一同置于瓶中，放在近火处煨三昼夜后，过滤去渣，即可饮用。

【用法】不拘时，频频饮之。

【方剂来源】《千金方》

蒲公英酒

【主治】乳汁不通，急性乳腺炎初期及疮疡肿毒初期。

【功效】清热解毒，消痈通乳。

【配方】蒲公英 40 克、白酒 500 毫升。

【制作】将蒲公英洗净，切碎，与白酒共置于酒坛内，密封浸泡 10 天后，取酒饮用。

【用法】每日 2 次，每次 10 毫升。

【方剂来源】《本草纲目》

男科杂症

雪 莲 酒

【主治】腰膝软弱，阳痿，风湿性关节痛，妇女月经不调，赤白带下，小腹冷痛等症。

【功效】补肾壮阳，温经散寒，祛风除湿。

【配方】雪莲 60 克、白酒 0.5 升。

【制作】将雪莲切碎，用白纱布袋盛之，与酒同置入瓶中，密封浸泡 7 日后即可饮用。

【用法】每日 2 次，每次 10-20 毫升，早晚空腹温饮。

【宜忌】孕妇忌饮此酒。

【方剂来源】《本草纲目拾遗》

海狗肾酒

【主治】肾虚阳痿、性欲减退，体弱畏冷，腰膝酸软。

【功效】壮阳暖肾，益精补髓。

【配方】海狗肾 2 个、曲 200 克、糯米 5000 克。

【制作】将海狗肾酒浸捣烂，和曲、米，如常法酿酒。亦可将海狗肾入白酒中，浸泡 7 日后饮用。

【用法】每日 3 次，每次 5-10 毫升，空腹饮用。

【方剂来源】《本草纲目》

鹿 茸 酒

【主治】阳痿遗精，腰膝痿弱。

【功效】补精髓，助肾阳，强筋骨。

【配方】鹿茸 10 克、白酒 500 毫升。

【制作】鹿茸浸泡酒中，10 日后可服。

【用法】每晚服50毫升。

【方剂来源】民间验方

明虾酒

【主治】久病体虚，阳痿不举，气短乏力，面黄羸瘦，饮食不振等症。

【功效】补肾壮阳，益气开胃，散寒止痛。

【配方】明虾6只、白酒0.5升。

【制作】将明虾用清水洗净，拍烂，用纱布袋盛之，与酒一同置入净器中，密封浸泡5日后即可饮用。

【用法】每日3次，每次10–20毫升，药渣可炒食佐餐，或配酒服食。

【宜忌】阴虚火旺者忌饮用此酒。

【方剂来源】《本草纲目拾遗》

仙灵脾酒

【主治】阳痿，尿频，腰膝无力，四肢麻木，肌肤失仁，以及女子性欲减退，久不受孕。

【功效】温肾壮阳，祛寒除湿。

【配方】仙茅120克、酒0.65升。

【制作】将仙茅九蒸九晒后，置于净器中，入酒浸泡，密封7日后开启，过滤后去渣装瓶备用。

【用法】每日早、晚各空腹饮15–20毫升。

【宜忌】相火旺盛者不宜用。

【方剂来源】《本草纲目》

戊戌酒

【主治】脾肾阳虚，少腹冷痛，男子阳痿，遗精滑泄，腰膝冷痛，女子宫寒不孕等症。

【功效】补肾阳，健脾胃。

【配方】小黄狗1条、曲30克、糯米7500克。

【制作】将小黄狗捕杀，去内脏，洗净，煮烂，连汁和曲、糯米如常法酿酒。

【用法】每日 3 次，每次 10–30 毫升，空腹饮用。

【方剂来源】《本草纲目》

延寿获嗣酒

【主治】肾阳虚亏，肾阴不足所致之筋骨酸软，腰膝无力，阳痿不育，遗精早泄，小便清长，白发秃发，耳鸣目花及妇女不孕等症。

【功效】壮阳温肾，填精助育，壮腰健骨，延年益寿。

【配方】生地 500 克、覆盆子 100 克、山药 100 克、芡实 100 克、茯神 100 克、柏子仁 100 克、沙苑子 100 克、山萸肉 100 克、肉苁蓉 200 克、麦冬 200 克、川牛膝 120 克、鹿茸 150 克、桂圆肉 300 克、核桃肉 200 克、益智仁 60 克、白酒 10 升。

【制作】将生地蒸 60 分钟，取生地及其他各药置入容器内，加白酒浸泡，10 天后即可取酒饮用。

【用法】每日晚饮用 20 毫升。

【方剂来源】《惠直堂经验方》

毓 麟 酒

【主治】肾阳虚亏所致之阳痿早泄，腰酸不育等症。

【功效】益肾壮阳，固精助育。

【配方】桑椹 50 克、枸杞子 50 克、山萸肉 50 克、补骨脂 50 克、牛膝 50 克、菟丝子 50 克、韭菜籽 50 克、楮实子 50 克、肉苁蓉 60 克、覆盆子 60 克、蛇床子 15 克、莲须 30 克、巴戟天 50 克、淮山药 30 克、木香 30 克、白酒 3000 毫升。

【制作】将上药研成粗末，装入纱布袋，与白酒共置入容器，密封浸泡 15 天，即可取酒饮用。

【用法】每日 2 次，每次服 10 毫升。

【方剂来源】《奇方类编》

鹿茸酒

【主治】肾阳虚亏所致之腰膝酸软，阳痿早泄及不育症、贫血等症。

【功效】温肾壮阳，填精助育。

【配方】鹿茸 15 克、淮山药 50 克、白酒 500 毫升。

【制作】将鹿茸、淮山药与白酒共置于酒坛内，密封浸泡 10 日后，即可取酒饮用。

【用法】每日 1 次，每次 10 毫升。

【方剂来源】《普济方》

磁石酒

【主治】肾阳虚亏所致之腰脊酸痛、畏寒怕冷、肢节疼痛、尿频阳萎等症。

【功效】温阳补肾，散寒通络。

【配方】磁石 200 克、石斛 100 克、泽泻 100 克、防风 100 克、杜仲 100 克、肉桂 100 克、天雄 80 克、桑寄生 80 克、天门冬 80 克、黄芪 80 克、石楠叶 60 克、狗脊 200 克、白酒 4000 毫升。

【制作】将上述药物研成粗末，放入纱布袋内，再与白酒一直置入酒坛，密封浸泡 15 天后，取酒饮用。

【用法】每日 2 次，每次 10 毫升。

【方剂来源】《千金方》

巴戟天酒

【主治】肾阳虚亏所致之腰膝酸较，筋骨不利，阳痿早泄，神疲乏力等症。

【功效】补肾壮阳，壮骨通络，益气和阴。

【配方】巴戟天 100 克、生地 50 克、黄芪 25 克、肉苁蓉 25 克、麦箭冬 50 克、地骨皮 25 克、防风 25 克、牛膝 100 克、五味子 25 克、甘草 10 克、白酒 2000 毫升。

【制作】将上药切成小块，装入纱布袋内，将布袋置入酒罐内，再加入白酒密封，浸泡 15 天，取酒饮用。

【用法】每日 2 次，每次 10 毫升。

【方剂来源】《备急千金要方》

淫羊藿酒

【主治】肾阳虚亏所致之阳痿早泄，腰酸脚软，畏寒乏力及不育等症。

【功效】益肾壮阳。

【配方】淫羊藿 250 克、白酒 2000 毫升。

【制作】将淫羊藿切成碎片，放入纱布袋内与白酒一起置入酒坛，密封浸泡 10 日后取酒饮用。

【用法】每日 2 次，每次 10-20 毫升。

【方剂来源】《食医心镜》

胡桃酒

【主治】肾阳虚亏所致之畏寒肢冷、腰膝酸软、头晕耳鸣、阳痿早泄、尿急尿频等症。

【功效】益肾壮阳，补腰固本。

【配方】胡桃仁 100 克、小茴香 25 克、补骨脂 50 克、杜仲 50 克、白酒 2000 毫升。

【制作】将上药切成小块，放入纱布袋，，再与白酒置入酒坛，密封 15 天后取酒饮用。

【用法】每日 2 次，每次 10-20 毫升。

【方剂来源】《寿世青编》

茴香酒

【主治】寒疝少腹痛，睾丸偏坠牵引腹痛，妇女带下，脘腹疼痛胀闷，不思饮食，呕吐。

【功效】散寒止痛，开胃进食。

【配方】小茴香（炒黄）120 克、黄酒 0.5 升。

【制作】将上药与黄酒同置干净器中，上火，煮数沸，候凉，收瓶备用。

【用法】每日 3 次，每次 10-20 毫升，饭前温饮。

【方剂来源】《本草纲目》

其他杂症

治怔忡药酒

【主治】心血不足所致之心悸怔忡、失眠多梦、神疲乏力、面少华色等症。

【功效】滋阴补血，养心安神。

【配方】茯苓50克、柏子仁50克、当归50克、麦冬50克、生地50克、枣仁30克、龙眼肉50克、白酒3000毫升。

【制作】将上述药研成粗末，再与龙眼肉一起装于纱布袋内，与白酒一起放入酒坛内，密封浸泡15日，即可取酒饮用。

【用法】每日2次，每次10毫升。

【方剂来源】《神验良方集要》

阿魏酒

【主治】胃疟。

【配方】阿魏（研成粉）1克半夏（研末生姜汁作饼，晒干，再捣取）0.5克。

【制作】上药用酒一杯调制。

【用法】未发时温饮。

【方剂来源】《圣济总录》

菖蒲酒

【主治】心脾两虚、痰湿中阻所致之头晕胸闷，胃呆纳减，健忘心悸，精神不佳等症。

【功效】健脾化湿，化痰开窍。

【配方】石菖蒲100克、白术100克、白酒1000毫升。

【制作】将石菖蒲切细，放入酒坛内，再加入白酒一起浸泡15天，取酒饮用。

【用法】每日2次，每次10毫升。

【方剂来源】《太平圣惠方》

茱萸根酒

【主治】脾胃虚热，令人呕吐，出虫。

【功效】除虫。

【配方】吴茱萸根 50 克、大麻仁 50 克、陈皮 25 克、黄酒 1 升。

【制作】以上三味药，共捣为粗末，置于瓶中，入黄酒浸泡，24 小时后，微火热之，候温，滤去渣，澄清备用。

【用法】每日早晨空腹饮 10~20 毫升，晚饭前再饮一次，以下尽虫为度。

【方剂来源】《太平圣惠方》

吴茱萸酒

【主治】脾劳热，令人好呕。有蛔虫在脾为病。

【配方】吴茱萸根 30 厘米（锉成粉）、火麻仁 8 克、陈皮 75 克。

【制作】先捣碎陈皮、火麻仁如泥，拌吴茱萸根粉，用好酒 10 升，共置坛内，密封浸渍一宿，再文火微煎，滤去渣。

【用法】将酒分成 5 份，每空腹温饮 1 份，虫即下。

【方剂来源】《奇效良方》

薏苡仁酒

【主治】疟疾。

【功效】补肺清热，祛风胜湿。

【配方】薏苡仁 50 克、好酒 1 升。

【制作】薏苡仁入酒，同煮，露一宿，次晨热透，去薏苡仁。

【用法】趁热服一次，神效。

【方剂来源】《圣济总录》

松节酒

【主治】风毒脚气，痹挛掣痛。

【配方】肥松节 597 克、生地黄 112 克、肉桂 37 克、丹参 75 克、萆薢 75 克、火麻仁 65 克、牛膝 112 克、朱蒡根（刮去皮土）112 克。

【制作】上药轧碎，白生丝袋盛之，用好酒 13 升，共置坛内，密封浸渍 7 日。

【用法】一日 3 次，饭前温饮一杯。

【方剂来源】《太平圣惠方》

白杨酒

【主治】脚气。

【功效】祛风、宿血。

【配方】白杨皮 500 克、酒 2 升。

【制作】白杨皮切片，入酒浸 10 日，去皮留酒。

【用法】随量频饮。

【方剂来源】《本草纲目》

地牛酒

【主治】脚气，肿满，烦疼少力。

【配方】生地黄 600 克、杉木节 187 克、牛蒡根 600 克、丹参 112 克、牛膝 187 克、火麻仁 300 克、防风 112 克、独活 112 克、地骨皮 112 克。

【制作】上药轧碎，白丝袋盛之，用好酒 13 升，共置坛内，密封浸渍14 日。

【用法】每于饭前，随量温饮。

【方剂来源】《太平圣惠方》

对酒当歌

第一章　名山胜川留酒痕

神州大地，幅员辽阔，山川壮丽，群山耸立，江河如网，其自然风光，真是千姿百态，美不胜收。孔子曾说：“智者乐水，仁者乐山。”南朝陶弘景也说：“山水之美，古来共谈。”除了这种自然景观之外，由于中国历史悠久，更有数不清的人文景观，这种人文景观更显示了中华民族的智慧和文明。

在这些人文景观中，与酒有关的名胜古迹，也占据着一个重要地位，这是中国人文景观的一个不容忽视的组成部分。

在这类名胜古迹中，最引人注目的大概要数诗人们留下的酒痕遗迹了。歙县太白楼有一副对联：“公昔登临，想诗境满怀，酒杯在手；我来依旧，见青山对面，明月当头。”是的，诗人们对着青山明月，自然要酒瘾大发，诗兴大作，由是，留下了说不完道不尽的轶闻趣事。这些文人雅士，早已仙逝，但是“翁去八百载，醉乡犹在”，他们却留下了很多令人神往的遗迹。以李白为例，在四川江油，就留下了太白故里、匡山书院、太白楼、月爱寺等一连串古迹，构成了以李白为中心的一批文化景点。在安徽马鞍山，又留下了捉月台、李白衣冠冢、顾白楼的古迹，还流传着李白醉后捞月的故事。

另一类名胜古迹，与流传在世有名的故事共传颂。如甘肃酒泉，是霍去病击匈奴，汉武帝赐御酒劳军的故事。由于汉武帝所赐御酒仅一坛，霍去病将酒倾注到泉中，与将士共饮，这个故事，表现了霍去病与士卒同甘苦的作风。又如江西南昌滕王阁，就因一次文人的盛会，畅饮中，年少气盛的王勃一口气书下了脍炙人口的“滕王阁序”，其中名句：秋水共长天一色，落霞与孤鹜齐飞，传为千古文坛佳话。谁不想亲临其境赏秋水长天，落霞孤鹜呢？在陕西临潼鸿门，只留下了一点遗址，但面对鸿门遗址，也不禁使我们感觉到当年鸿门宴上的紧张气氛。

在民间，流传着极其丰富的神话传说，这些神话传说，也伴名胜古迹留传下来。如湖南的江南第一楼岳阳楼，就留下了吕洞宾三醉岳阳楼的传说，反过来，传说又给这座名楼平添了几分神秘的色彩。传说吕洞宾有诗：“三醉岳阳人不识，朗吟飞过洞庭湖。”在岳阳楼的楹联中，也有不少写吕洞宾三醉的。如“修到神仙，看三醉飞来，也要几杯绿酒；托生人世，笑百般好处，都成一枕黄粱”。

在这些景观中，有的融自然景观与人文景观于一体，相得益彰，使自然景观的内涵更加丰富。如湖南的岳阳楼、滁州醉翁亭、当涂采石矶、苏州沧浪亭、黄州东坡赤壁等等。这些名胜古迹，本来就景色宜人，具有极高的观赏价值，而由于有了这些酒人酒诗酒文的点缀，就更加使人留连忘返了。这些文化名胜古迹，也昭示着丰厚的中华民族文化积淀。

也有一些名胜古迹，由于历史久远，或由于天灾人祸，已经毁坏殆尽，或仅留遗址，或连遗址也被淹没，可是，由于这些故事早已深入人心，所以人们仍然怀念它，凭吊它。即使仅余一木一石，人们也极视为珍贵。正所谓“山不在高，有仙则名；水不在深，有龙则灵”。

这里，仅选与酒有关的名胜古迹数十处介绍给读者。

北京市

[沁秋亭] 也叫流杯亭，在恭王府萃锦园东南部。

恭王府是清道光皇帝第六子恭忠亲王奕䜣的府第。在这之前是乾隆时大学士和珅的住宅。恭王府后面有花园，称为萃锦园，俗称恭王府花园。花园设计富丽堂皇，斋室轩院曲折变幻，传称是《红楼梦》里的荣国府及大观园的原型。沁秋亭在此园中。亭内有流杯渠，从山上注井水入渠，效法晋人修禊曲水流觞的故事。

[猗轩亭] 俗称流杯亭。在潭拓寺的东院。亭子为方形，琉璃瓦四角攒尖顶，四周有坐凳栏杆，地面为汉白玉石砌，地面上凿上蟠龙形水渠，引水入渠，以耳杯（羽觞）盛酒，放置水渠入口的地方，耳杯顺水飘流，文人雅士于春日列坐渠旁，取杯饮酒。这是仿汉魏时曲水流觞的习俗，取修禊禳灾之意。

河北省·承德市

[萍香泮] 在避暑山庄万树园的东南。清康熙帝题名，乾隆时列为三十六景之十九景。萍香泮位于热河泉北岸，南临澄湖，东接东船坞，是御舟停泊处。盛夏之际，浮萍点点，洒满湖面，清香阵阵，沁人心脾。康、乾两帝泛舟赏荷，同时流杯赐宴，在此停息。

易　县

[燕下都遗址] 在易县城东南，北易水和中易水之间。燕国故都之一，其营造年代不晚于战国中期燕昭王时。燕太子丹送别荆轲即在此处。荆轲前往秦国行刺，必无生还，送别者均明白，举杯高歌，慷慨激昂，十分悲壮。

邯郸市

［卢生殿］位于邯郸市王化堡吕祖殿之后，殿内有卢生石卧像，醉卧床上，头枕方枕，两腿微曲，面目清秀，双目微闭，神态悠然。殿中有联曰：“修到神仙，看三醉归来，也要几杯绿酒；托生人世，笑百般好处，都成一枕黄粱。”

山西省·汾阳县

［杏花村］位于汾阳县城北十五公里处。村中有一口古井，人们称之为神井，古井上有一亭，名为申明亭。据古碑文记载，井水“味如醴，甘馨清冽”，取水酿酒，馥郁芬芳，香醇可口。自北魏开始用此井水酿酒，到现在已有一千五百多年的历史了，历代的文人墨客，题诗刻碑，对此酒大加赞誉。中国名酒汾酒和竹叶青之水源，也来自此井。

杏花村古井所以也叫神井，是因为神话传说中这里有一个酒店叫做“醉仙居”，有一个老道，穿得破衣烂衫，来到酒店喝酒，分文没有。酒店主人还是客客气气地招待了他。就这样来了三次。最后，老道对店主人说，我喝酒你没有要钱，我就报答你一下吧。说完，取井水吹了口香气，再倒入井中，于是井水都变成香醇醉人的酒了。于是这口井就变成了神井。

芮城县

［永乐宫·纯阳殿］永乐宫原名大纯阳万寿宫。在芮城北三公里龙泉村东。据有关典籍记载，八仙之一的吕洞宾诞生在这里。吕氏死后，乡人将其故居改为吕公祠。金末，随吕洞宾神话故事的流传，祀奉者日多，于元太宗四年（1232年），营建此宫，历时十五年主体建筑建成。又经近百年，始全部完工。其中纯阳殿又名混成殿、吕祖殿，殿内四壁和扇面墙上布满吕洞宾的神话故事的壁画，从其出生到成仙，其五十二幅。画面有亭台楼阁、酒肆茶馆及各色人等。其中，对吕洞宾饮酒轶事也有生动描绘。

上海市

［醉白池］位于上海松江县松江镇西南。是清顺治年间工部主事顾大申所建。顾大申工诗善画。此池之名取于苏东坡《醉白堂记》，宋代宰相韩琦慕白居易晚年以饮酒赋诗为乐，因建“醉白堂”。顾大申亦慕白居易之乐而以“醉白”名池。该建筑以池为主，环池三面皆曲廊亭榭，晴雨皆可凭栏赏景，饮酒赋诗。

江苏省·扬州市

[平山堂] 在瘦西湖畔蜀岗中峰上，大明寺西侧。平山堂是欧阳修任扬州太守时营建。他经常在此宴饮宾客，谈文赋诗。因坐在堂内南望远山，与栏干相平，故名平山堂，现在之平山堂系清同治年间重建。平山堂有联曰：登堂如见其人，我曾经泰岱黄河，举酒遥生千古感；饮水当同此味，且莫道峨嵋太白，隔江喜看六朝山。

[谷林堂] 在瘦西湖平山堂北。是苏轼在扬州做官时，为纪念其师欧阳修而建。苏轼常在谷林堂饮酒，读书，作诗。堂中有一联："遗址在西霞，雅竹老槐，风景模糊今异昔；开轩借真赏，焚香酹酒，仙踪庾上弟从师。"传为欧阳修作。

南 京 市

[秦淮河] 横贯南京，流入长江，在南京市中华门内夫子庙一带，历朝为歌馆酒楼云集之地，近年再次翻修，成为旅游景点之一。唐·杜牧有《夜泊秦淮》诗曰："烟笼寒水月笼沙，夜泊秦淮近酒家。商女不知亡国恨，隔江犹唱后庭花。"

常 熟 市

[草圣祠] 原在常熟大成门之右，今仅余遗址，祠已不存。草圣即唐代大书法家张旭。张旭曾任常熟县尉，善草书，人称草圣。相传张旭嗜酒，每次大醉，都要狂呼而走，这才执笔作书。草圣祠有联写道："书道入神明，落纸云烟，今古竟传八法；酒狂称草圣，满堂风雨，岁时宣奠三杯。"

浙江省·绍兴市

[兰亭] 在绍兴市西南12.5公里白兰渚山下，东晋大书法家王羲之撰书的《兰亭集序》记叙永和九年三月三日，他与友好在此修禊的盛况。亭有小溪经过，称曲水，临溪有流觞亭。亭西有王右军祠，祠中正殿有王羲之像，殿前有墨华池，池中建墨华亭，两廊墙上嵌有唐宋以来名书法家临摹的《兰亭集序》十余种。

[沈园] 为南宋时名园，在今绍兴市延安路洋河弄三号。现仅存一角。园中有小池如葫芦，名葫芦池，上有石板小桥，连同池边假山、水井，均当年旧物。南宋诗人陆游初婚唐琬，后被迫离异。绍兴二十五年二人在沈园邂逅。时二人均已再婚。陆游感慨不已，在园壁题《钗头凤》云："红酥手，

黄縢酒，满城春色宫墙柳。东风恶，欢情薄，一怀愁绪，几年离索。错，错，错！”极言痛苦之情。唐琬亦和一阙，内有“怕人寻问，咽泪装欢。瞒，瞒，瞒！”之句。不久悒郁而死。陆游八十岁时再游沈园，仍有诗追念往事。

[鉴湖] 也叫长湖、太湖、庆湖、镜湖。在绍兴南 1.5 公里外。东汉永和五年（140 年），会稽太守马臻引山阴、会稽两县三十六源之水为湖。东至曹娥河，西至钱塘江，百姓大得其利，但却遭豪绅嫉恨，遂被诬陷致死。唐中叶以后，日渐淤积，北宋时又因填湖造堤堰，湖面进一步缩小。今之湖塘、容山湖、坝石湖、白塔萍等，仅存遗迹而已。虽然如此，湖上堤桥随设，晚舟时见，青山为屏，碧水为镜，实江南水乡之胜境。恰如王羲之所说：“山阴道上行，如在镜中游。”贺知章、陆游都爱这“湖山奇觞”而终老此乡。鉴湖水质特佳，驰名中外的绍兴酒，即用鉴湖水酿造。

金 华 市

[八咏楼] 原名元畅楼，位于金华南隅，面临婺江。南朝齐隆昌元年（494 年）沈约为东阳太守时建。沈约赋《登元畅楼》诗说：“危峰带北阜，高顶出南岭。中有凌风榭，四望川之阴。”又写长歌八篇，广为传诵。后人遂把元畅楼改为八咏楼。崔融、崔颢、严维、李清照、陆游等，均曾登楼揽胜，把酒赋诗，留下不少名篇。宋元以来数次毁建，现存八咏楼为清代重建。

安徽省·马鞍山市

[太白楼] 又名谪仙楼、太白祠、青莲祠。位于采石矶。是后人为纪念李白而建于元和年间。宋、元、明、清数次毁于兵火，现存之楼是清光绪年间重建。太白楼依山而建气势雄伟，楼有三进，左右四廊，青石台阶，拾阶而上。大门两侧嵌有重修太白楼碑记及太白生平碑文。进门，迎面可见绘有太白漫游采石矶画的巨大屏风，壁上挂太白游迹图。楼上有黄杨木雕的太白像和太白手书拓本。楼有楹联曰：“醉来天子不能呼；狂到世人皆欲杀。”又有联曰：“江上清风楼上月；诗中才子酒中仙。”

[捉月台] 原名舍身崖，又称联壁台，在采石矶。台嵌于葱郁陡峭之绝壁间，翘首展翅，突兀江干，十分险峻。传说李白醉后，从这里跳入江中捉月，故名捉月台。宋代诗人梅尧臣有诗曰：“采石月下逢谪仙，夜披锦袍坐钓船。醉中爱月江底悬，以手弄月身翻然。不应暴落饮蛟涎，便当骑鲸上青天。”另捉月台有联曰：“到处风涛总是诗；千年醒眼何尽醉。”

[李白衣冠冢] 位于马鞍山翠螺山山腰。冢基用青石垒砌，高约 2 米，

前有白色大理石碑，镌刻“唐大诗人李白衣冠冢”。相传李白酒醉跳江捉月溺死，衣冠落入江中，被渔民捞起后，起初葬在当涂采石镇（今马鞍山市）古神霄宫，后迁到此处。白居易《李白墓》诗有“采石江边李白坟，绕田无限草连云”之句。

黄 山 市

[醉石] 在黄山圣泉峰下，为一巨石。传说诗人李白在此处饮酒听泉，不知不觉醉倒在石上，或说李白在此把酒吟诗，酒醉之后，绕石三呼，故名。又石旁有洗杯泉，相传李白在此泉洗盏更酌。石上有明嘉靖题刻。

滁 州 市

[醉翁亭] 在琅玡山中。北宋庆历六年（1046年），欧阳修知滁州时，山僧智仙建亭于酿泉旁，以为游息之所，欧阳修登亭饮酒，“饮少辄醉”，故名醉翁亭，自号“醉翁”，并撰写脍炙人口的不朽名文《醉翁亭记》以记其事。亭之布局小巧，曲折幽深，富有诗情画意。亭周围有二贤堂、冯公祠、古梅亭、怡亭、意在亭、九曲流觞、醒园等胜迹。醉翁亭有联曰：“人生百年，把几多风月琴樽，等闲抛却；是翁千古，问尔许英雄豪杰，哪个醒来。”

[酿泉] 一名让泉，原名玻璃泉，在琅玡山醉翁亭下。欧阳修《题滁州醉翁亭》中，赞酿泉曰：“声如自空落，泻向两檐前。流入岩下溪，幽泉助涓涓。响不乱人语，其清非管弦。岂不美绿竹？绿竹不胜繁。”泉水清澈寒冽，甘醇可口，四季不竭。“酿泉秋月”现为滁州十二景之一。

[丰乐亭] 位于滁州西丰山下。建于北宋庆历六年（1046年），欧阳修知滁州时，感到太平已久，物阜年丰，人民安乐，就辟地建亭，名为“丰乐亭”。欧阳修常与滁人游其间，并作《丰乐亭记》。苏轼手书之《丰乐亭记》碑记与《醉翁亭记》碑记齐名。均在亭中。欧阳修游丰乐亭时，有《丰乐亭游湖三首》诗记之，其一曰：

绿树交加山鸟啼，晴风荡漾荷花飞。
鸟歌花舞太守醉，明日酒醒春已归。

歙 县

[太白楼] 位于歙县练江南岸，楼始建于唐，屡圮屡兴。楼有前后两进，

依山傍水，古雅飘逸。相传歙州名士许宣平，在此饮酒赋诗。许宣平有题壁诗云：“险居三十载，筑室南山巅。……乐矣不知老，都忘甲子年。”天宝年间，李白见此诗，叹曰：“此仙人诗也！”于是前来拜访，但未遇，留《题许宣平庵诗》：“我吟传舍诗，来访真人居。”“应化辽天鹤，归当千岁余。”太白楼有联云：公昔登临，想诗境满怀，酒杯在手；我来依旧，见青山对面，明月当头。

贵 池 市

[杏花村] 位于贵池市西郊。古有酒肆，产名酒。唐代诗人杜牧《清明》诗云：

清明时节雨纷纷，路上行人欲断魂。
借问酒家何处有？牧童遥指杏花村。

诗中所咏即此杏花村，此后，杏花村成为家喻户晓的地方。《池州府志》记，杏花村“旧有黄公酒垆，后废，余井圈在民田内，上刻：黄公广润泉字”。杏花村酒的成名历久不衰，古井仍存，井水清冽，俗称“香泉似酒，汲之不竭”。

江西省·南昌市

[滕王阁] 座落于赣江边沿江路。唐显庆四年（659年），太宗之弟，滕王李元婴都督洪州（今南昌）时营建，阁以其封号命名。上元二年（675年）九月九日，重修滕王阁成，洪州都督阎伯玙在此大宴宾客，原拟由其婿撰写阁序以之夸客。王勃省父，过此，席间作《滕王阁序》，成为千古传诵名篇。滕王阁上层前楼额曰：“西江第一楼”，后楼小篆韩愈记：“江南多临观之美，而滕王阁独为第一，有瑰丽特绝之称。”匾曰：“仙人旧馆。”阁中，咏阁的诗文、碑拓、图画，历代不绝。文人雅士，来此临轩饮酒，赏景赋诗者代不绝人。正如滕王阁联所说：

鸣莺昼静，画蝶春融，当年文采风流，雨卷云飞余胜赏；
乘鹤楼高，燃犀渚回，是处江山辉映，诗成酒熟待才人。

九 江 市

[烟水亭] 原名浸月亭。在九江甘棠湖中。建于唐元和十一至十三年

(816–818年)。相传为三国时东吴都督周瑜点将台旧址。唐诗人白居易贬为江州(今九江市)司马时，建亭于其上。后人因其《琵琶行》中有“别时茫茫江浸月”之句，遂命名为浸月亭。北宋理学家周敦颐来九江讲学，其子在甘棠湖上建亭，取“山头水色薄笼烟”之意，名之为烟水亭。明时两亭俱毁，明末在浸月亭旧址重建，名为烟水亭。烟水亭上，文人雅士常来饮酒赋诗。今亭有联云：

世道可平乎？什么达官，什么名卿，又什么才子仙姝，极目古今愁，云散风流，都付春风一梦；

人生行乐耳。有此夕阳，有此芳草，更有此湖光山色，放怀天地阔，高歌长啸，何妨沽酒三杯。

[陶渊明墓] 位于九江马四岭西阳山。陶渊明，名潜，字元亮，浔阳柴桑(今九江县)人。为晋代最杰出的诗人，曾当过彭泽令一类的小官，四十一岁即退隐归田，回到故里。归隐之后，写出大量优秀诗篇，《归去来辞》、《桃花源记》，脍炙人口。退隐之后，除耕作外，经常饮酒，写出了许多关于酒的诗歌，如“不觉知有我，安知物为贵？悠悠迷所留，酒中有深味”等。又，有“靖节祠”也在此处，近年始迁建于县城沙河街。

山东省·蓬莱县

[蓬莱阁] 位于蓬莱县城北丹崖山巅。下临大海，殿阁凌空，云烟缭绕，素有仙境之称。古代传说蓬莱、方丈、瀛洲为海上三仙山，上有仙人及长生不老药。秦皇、汉武都曾为求仙觅药先后到此。方士徐市(又名徐福)受始皇之命求仙，传即由此乘舟入海。神话“八仙过海”也在这里。蓬莱阁自古为文人学士雅集之地，观海述景，把酒吟诗，题咏二百余石，翰墨流芳，为海天增色。

[太白楼] 座落济宁市南部旧城墙上。传为唐代大诗人李白客游任城(今济宁市)饮酒处。二楼内有“诗酒英豪”匾额，壁嵌李白、杜甫、贺知章阴线浅刻画像。外壁有各代碣石四十余块，有“太白一去不复留，任城尚有崖巍楼”之语。另，太白楼联有：“我辈此中宜饮酒；先生在上莫题诗”句。

阳 谷 县

[景阳岗] 位于阳谷县城东南17.5公里处，传为《水浒传》故事中梁山

英雄武松打虎的地方。当年这里岗阜起伏，怪石突兀，草密林茂，人烟稀少。武松酒醉上岗，打死猛虎为民除害。现在岗上新立“景阳岗”石碑，由当代名书法家舒同手书。另建有武松庙及打虎塑像，旁建碑亭，碑上镌刻有“武松打虎处”五字。

[龟蒙顶] 在蒙阴、平邑两县交界处。为蒙山主峰，海拔 1156 米。峰顶平坦，形似爬行的大龟，故名“龟蒙顶”。南麓有古颛臾国遗址。上行约一公里，涧间有断桥，桥头立“迎仙桥”石碑。再上为桃花峪，传为战国时军事家孙膑师事鬼谷子处，鬼谷子曾令其看守桃园，今遗迹犹存。登蒙顶俯瞰群峰，无不匍匐膝下，万壑流云，烟霞明灭，景色极为壮观。相传孔子来此曾感慨说：“登山而小鲁”，旧有“孔子小鲁碑”，已佚。李白、杜甫两位伟大的诗人在河南相遇以后，又在山东与高适相逢，三人在一起度过一个秋天。之后，高适南游楚地，杜甫、李白又同到齐州（济南）。之后，二人同上蒙山，白天携手同行，醉时共被酣睡，有时守着一杯酒，饮酒谈文。最后在石门分手。杜甫在《赠李白》中说：“痛饮狂歌空度日，飞扬跋扈为谁雄?”李白在《鲁郡东石门送杜甫》中说：“飞蓬各自远，且尽手中杯。”苏东坡也登蒙山并题诗曰：“不惊渤海桑田变，来看龟蒙漏泽春。”

河南省·登封县

[石淙会饮] 位于登封告成镇东约 3 公里处。石综河汇聚成潭，两岸崖石陡峭险峻，崖下潭水深不可测。潭南有巨石突立水中，石顶平整，可容数十人，世称泉台。河水至此两分。北岸有一天然石洞，洞内有一平方石板，传说武则天到此游览，常宿此处，故称娘娘洞、娘娘坑。洞北有一洞穴，临洞口可观赏鱼跃，俗称观鱼洞。北崖刻有周久视元年（700 年）武则天在这里大宴群臣时的诗作十七首，南崖上刻有张易之撰写的《秋日宴石淙序》。因武则天在这里大宴群臣饮酒赋诗，观赏秋景，故名“石淙会饮”，现为中岳嵩山名景之一。

洛 阳 市

[白居易墓] 在龙门香山琵琶峰上。白居易晚年寓居香山，自号香山居士，流连山水，饮酒赋诗，死后即葬于此。墓前有碑曰：“为生民忧，真言极谏；得山水乐，饮酒赋诗。”

汝 阳 县

[杜康村] 在汝阳县城北25公里处。相传为杜康造酒处。杜康为传说中的酿酒的发明者，所酿之酒名杜康酒，已有二千五百年的历史。杜康常被用来作为佳酿的代称。曹操在《短歌行》中曾有“慨当以慷，忧思难忘；何以解忧，唯有杜康”的诗句。杜康造酒刘伶醉已被传为美谈。

湖北省·武汉市

[黄鹤楼] 在武汉蛇山黄鹤矶头。相传三国吴黄武二年（223年）所建，后各代屡毁屡建，以至于“楼之兴废，更莫能记”。黄鹤楼高标崚嶒，层楼连庑，轩昂宏伟，峥嵘漂渺，宛若仙宫。黄鹤楼的传说也甚多，如王子安乘鹤来此楼；费文伟驾鹤返憩于楼上，等等。还有一个传说，是辛氏在黄鹤楼卖酒，一道士常来酌饮，辛氏不收酒资，道士走时以橘皮在壁上画一黄鹤，对辛氏说：有客来即拍手，鹤即下壁飞舞，辛氏如其言，有客来则拍手，鹤从壁上下来，飞舞助兴。于是辛氏大富起来。十年以后，道士又来，取出笛子一吹，黄鹤下来，道士跨鹤直上云天，不复来。辛氏遂建此楼。历史名人也来此观景抒怀。尤以唐人崔颢所题《黄鹤楼》一诗，成为千古绝唱。黄鹤楼楹联颇多，今录其一：

心远天地宽，把酒凭栏，听玉笛梅花，此时落否？
我辞江汉去，推窗寄慨，问仙人黄鹤，何日归来？

襄 樊 市

[习家池] 别名商阳池馆。在襄阳城南5公里处。东汉初年襄阳侯习郁在此建造府第，引白马泉凿池养鱼，池中筑钓台，池侧建馆舍，以为游宴之所。西晋永嘉年间，山简镇守襄阳时，常在此饮宴，并取汉初郦食其自号“高阳酒徒”之意，改习家池为“高阳池馆”。该馆背倚岘山，群峰环抱，前望汉水，风帆隐现。园内楼馆台榭，参差栉比，流水潺潺，垂杨依依，景色宜人。

湖南省·长沙市

[白沙古井] 长沙市内天心阁南廻龙山下，该井历史悠久。清《一统志》载：“井在县东南二里，广仅尺许，最甘冽，汲久不竭。”誉为长沙第一井。现有井穴四个，各二尺见方，甘露涌出，终年不断，民谚说：“常德德山山有德；长沙沙水水无沙。”名酒白沙液即由此井水所酿。毛泽东词：《水调

歌头·游泳》词中“才饮长沙水，又食武昌鱼……”此处所指水即指此井水。

岳 阳 市

[岳阳楼] 位于洞庭湖畔，岳阳西门城墙上。为我国江南三大名楼之一。历有“洞庭天下水，岳阳天下楼”的盛誉。相传是三国时吴国鲁肃训练水师的阅兵台。唐开元四年（716年）中书令张说谪守岳州时建。楼，正式定名为岳阳楼。杜甫有《登岳阳楼》诗：“昔闻洞庭水，今上岳阳楼。吴楚东南坼，乾坤日夜浮。”宋·范仲淹撰《岳阳楼记》，于是名益振。主楼右有“三醉亭”，因吕洞宾三醉岳阳楼而得名。岳阳楼楹联中多有题咏吕洞宾三醉岳阳楼传说者，如“吕祖醉而仙，大醉非醉；君山流不去，狂流自流”。在楹联中，更有对杜诗、范文和吕洞宾三醉并加咏叹的：

一楼何奇，杜少陵五言绝唱，范希文两字关情，滕子京百废俱兴，吕纯阳三过必醉：诗耶、儒耶、吏耶、仙耶，前不见古人，使我怆然涕下；

诸君试看，洞庭湖南极潇湘，扬子江北通巫峡，巴陵山西来爽气，岳州城东道岩疆：潴者、流者、峙者、镇者，此中有真意，问谁领会得来。

永 州 市

[怀素千字文碑] 在永州市绿天庵遗址附近。原有八块，现仅存清代摹刻怀素千字文石碑一方，字迹似疾风骤雨，又如飞龙走蛇，刚劲雄伟，潇洒淋漓。怀素字藏真，露陵，幼年出家，酷爱书法。饮酒后，醉书狂草，无人出其右。李白诗曰：“吾师醉后倚麻床，须臾扫尽数千张。飘风骤雨惊飒飒，落花飞雪何茫茫。”

海南省·儋县

[载酒堂] 儋县城东40公里东坡书院内。是苏东坡贬海南时住所的遗迹。东坡贬儋县的第二年，儋县守官张中与苏东坡有诗酒往来，遂营造此堂，成为海南各地人士与东坡雅集的场所。堂名出自《汉书·扬雄传》载酒问字的典故。

四川省·成都市

[杜甫草堂] 成都市西郊浣花溪畔，是唐代伟大诗人杜甫的故宅旧址。原宅中唐以后已不复存在，北宋元丰年间，始重建茅屋，立祠宇。元、明、清历代均曾改建修葺。明弘治十三年（1500年）及清嘉庆十六年（1811年）的两次修建，奠定了今日草堂规模。杜甫在成都草堂期间，写了大量脍炙人

口的诗歌，其中《茅屋为秋风所破歌》是广为流传的名作。在草堂期间，杜甫也经常饮酒赋诗，如“读书难字过，对酒满壶频”；“邻里喜我归，沽酒携葫芦”。反映了他这方面的生活。现在的草堂梅园楠林，翠竹千竿，溪流小桥交错，回廊大厮相连，已成为中外游人仰慕的胜景。

邛 崃 县

[文君井] 邛崃县城内。相传为司马相如和卓文君设“临邛酒肆”时的遗物。西汉司马相如与邛崃富商卓王孙之女文君相爱，文君夜奔相如，结为夫妇。婚后开酒店于临邛（今邛崃县）市上，“文君当垆，相如涤器”传为千古佳话。相传，此井即相如、文君当年汲水之所。后人遂题名为“文君井”，杜甫流寓成都时作《琴台》诗，有“酒肆人间世，琴台日慕云”，即凭吊遗迹之作。文君井庭园约有十余亩，井旁有琴台，台前有月池、假山，园林小巧，别具一格。

宜 宾 市

[流杯池] 在宜宾市郊岷江北岸，江北公园内。为北宋诗人黄庭坚于元符年间，谪居宜宾时所凿。入园不远处，巨石嵯峨，平地拔起，裂石中开，一道天然峡谷，长给数十米，即池之所在。古人谓“曲水流觞”，用以饮酒酬唱。夹道石壁有历代名人题刻。张大千题曰：“山水何灵，得名贤履迹所经，便流传八百年后；裙履杂坐，爱此地流杯共酌，且约两三个人来。”

贵州省·仁怀市

[茅台镇] 在仁怀市赤水河畔。群山环峙，形势险要。当地生产茅台酒，历史悠久，十八世纪中叶即有酒坊二十家。

陕 西 省

[西渭桥] 在西安三桥镇西北沣河入渭处。建于汉建元三年（138年）。又名便桥或便门桥。西渭桥是汉唐时通往西域的交通要道，杜甫《兵车行》诗：“爷娘妻子走相送，尘埃不见咸阳桥”即指此。唐代，西渭桥也是送客惜别之地，王维《渭城曲》：“渭城朝雨浥轻尘，客舍青青柳色新。劝君更尽一杯酒，西出阳关无故人。”即指此桥。

临 潼 县

[鸿门] 临潼县城东约5公里鸿门堡村。东接戏水，南靠高原，北临渭

河。两千年前，这里是通往古新丰的大道，由于雨水冲刷，形成鸿沟，在北端出口处，形似门道，故称鸿门。秦二世三年（公元前207年）项羽在钜鹿歼灭秦主力军，率军入关，在此宴请刘邦，欲借机杀之。后汉将樊哙持剑带盾而入，刘借故如厕，由樊哙护送，从骊山抄小路返回霸上。此次宴会即著名的“鸿门宴”。

甘肃省·酒泉市

[酒泉] 原名金泉。酒泉市东关酒泉公园内。泉清澈见底，澄碧如酒，旁立“西汉胜迹”碑一通。《酒泉县志》记载：古酒泉原有泉三眼，水流二十里，灌溉农田十五顷。相传汉骠骑将军霍去病出征匈奴获胜，驻军河西一带，汉武帝颁赐御酒一坛，霍去病倾酒于泉中，与众同饮。后人因改金泉为酒泉。左宗棠题酒泉联曰：

中圣人之清，有如此水；
取醉翁之意，以名吾亭。

第二章　佳节同乐宜畅饮
——传统节日与酒

送旧迎新酒如春

大年三十、农历正月初一春节，是中华民族最悠久、最隆重、最富有民族特色的节日；在春节期间的众多习俗中，饮酒又是非常重要的。

早在西周时期，人们为庆祝一年的丰收和新一年的到来，就捧上美酒，抬着羔羊，聚在一起，高举牛角杯，共同祝贺。到了汉代，“年”作为一个重大节日逐渐定型。到了这一天，家人放过爆竹后欢聚一堂饮椒柏酒，而且是让年龄最小的先饮。东汉时期，初一（又叫元旦）黎明时，各级官吏都要到朝廷给皇帝行贺年之礼，皇帝也兴致勃勃地接受群臣的朝贺，名曰“正朝”。汉制规定，群臣入宫朝拜需根据品位的高低带不同的礼品，皇帝也要设宴款待群臣，两千石以上的官员都可以参加御宴。这种朝贺之风往后愈演愈烈，曹植在诗中描写曹魏时期的盛况说：

> 初岁元祚，吉日惟良。乃为佳会，宴此高堂，尊卑列叙，典而有章。衣裳鲜活，黻黻玄黄，清酤盈爵，中坐腾光。珍膳杂沓，充溢圆方。笙碧既设，筝瑟俱张。悲歌厉响，咀爵清商。俯视文轩，仰瞻华梁。愿保慈喜，千载为常。欢笑为娱，乐哉未央！皇家荣贵，寿考无疆。

傅玄的《朝会赋》描写晋时情况更加生动形象，读之让人如临其境。元、清两朝的蒙、满两族入主中原后，也都积极汲取汉文化，极重元旦朝贺之礼，把赐宴当作拢络人心的有效手段。元诗人萨都剌《都门元日》一诗写道：

> 元日都门瑞气新，层层冠盖羽林陈。
> 云边鹄立千官晓，天上龙飞万国春。
> 宫殿日高腾紫霭，萧韶风细入青霄。
> 太平天子恩如海，亦遣椒觞到小臣。

汉民族向有“守岁”的风俗，除夕达旦不眠，谓之守岁。唐代宫中守岁，常常大摆宴席，让侍臣应制作诗，歌舞升平。初唐诗人杜审言的《守岁侍宴应制》诗写道：

季冬除夜迎新年，帝子王臣捧筵。
宫阙星河低拂树，殿庭灯烛上天。
弹琴奏即梅风入，对局深钩柏传。
欲向正元歌万寿，暂留欢赏寄前。

皇帝大臣如此，一般的骚人墨客是夜也往往饮酒赋诗，不过他们多是有感而发，与御用诗人的一味歌舞升平大不相同。贾岛一生以“苦吟”自诩，闻名于世，除夕守岁时，常把一年所作之诗全部置于几案之上，以酒肉为祭，焚香祷告道：“此吾终年苦心也。”祭毕举杯痛饮，长歌度岁。韦庄则痛感韶华易逝，游子飘零：

我惜今宵促，君愁玉漏频。岂知新岁酒，犹作异乡身。
雪向寅前冻，花从子后春。到明追此会，俱是隔乡人。

宋时不仅“守岁”，还有“馈岁”、“别岁”等花样，样样都离不开酒，“士庶不论贫富，围炉团座，酌酒喝歌”；“守岁之事，虽近儿戏，然而父子团圆把酒，笑歌相与，竟夕不眠，正人家所乐也。当然，也有几家欢乐几家愁，几家高楼饮美酒，几家挨冻在荒丘，几家寒冬遭饥饿，几家朱门酒肉臭”。南宋民族英雄文天祥，兵败被俘之后，除夕夜想起昔日此时阖家团圆饮屠苏酒的欢乐，再看看现在身陷囹圄、孤灯残照的凄凉，感概油然而生：

乾坤空落落，岁月去堂堂。末路惊风雨，空边饱雪霜。
命随年欲尽，身与世俱忘。无复屠苏梦，挑灯夜未央。

王安石客居他乡，佳节思亲，也难免生“断肠人在天涯”的感伤：

一樽聊有天涯意，百感翻然醉里眠。
酒醒灯前犹是客，梦回江北已经年。
佳时流落真可得，胜事蹉跎只可怜。
唯有到家寒食在，春风东泛濒溪船。

与文天祥的沉痛苍凉迥然有别，也与王安石的淡淡哀伤很不相同，词人杨无咎的除夕之作则表达了对新一年的美好愿望和欢度除夕的悠闲情调：

劝君今夕不须眠，目满满，泛觥船。大家沉醉对芳筵，愿新年胜旧年。

祭祀踏青酒常绿

清明，大约在阳历四月五日（农历三月）前后。这里的清明包括两层意思：一是指节气，二是指节日。从节气来说，清明是二十四节气之一。从节日来说，它因与寒食相近（只差一天），往往两者并称，有禁火寒食、上坟扫墓、踏青春游等风俗活动。这是二十四节气中唯一的一个民俗演绎为节日的节气，与酒的关系也很密切。上坟扫墓是清明节最重要的活动，这一活动必须有酒。

《帝京景物略》云："三月清明日，男女扫墓，担提尊榼，轿马后挂楮锭，粲粲然满道也。拜者、酹者、哭者、为墓除草添土者，焚楮锭次，以纸钱置坟头。望中无纸钱，则孤坟矣。哭罢，不归也，趋芳树，择园圃，列坐尽醉。"北宋词人柳永仕途困顿，一生浪迹于花街柳巷、青楼红粉之间，所作多"低吟浅唱"、"偎红倚翠"之词，深得歌妓舞姬的喜爱。相传他客死襄阳后，家徒四壁，一贫如洗，靠与他私交甚笃的妓女集资才得以入土。后来每到清明，她们都携酒带菜，赴其坟地祭扫，相沿成习，识与不识者纷纷前往，乡民们称之清明"吊柳七"或"吊柳会"。

水落浑黄风晦冥，不知节物是清明。
道帝新冢悲欢尽，柳下长亭聚散轻。
门静鞭鞑归燕逐，沙寒令省过渔惊。
河南禁酒河阳饮，醉醒相看总有情。

扫坟祭祖表达的是生者对死者的怀念和追忆，但死者虽已矣，存者仍须生。那堆堆坟茔怎能不触发生者岁月无情、人生有限的种种感概呢？

曾云归去总天涯，三尺荒坟万古家。
若个年年吊寒食，半瓢清酒滴桃花

清·陆元泓《过河北刘滕庵先生墓》。相识者的古墓也好，不识者的新坟也罢，在诗人心中激起的都是无限的凄楚和感伤。也有人比较达观，认为死者虽去，来者更多，长江后浪推前浪。

清明今日是，原上一经过。新蔽冢无数，未来人更多。
此生曾悟否，樽前且醉歌。
死者前去，后者更多，死者今日乃后来者之明日。
雨中禁火空斋冷，江上流莺独坐听。把酒看花想诸弟，杜陵寒食草青青。

祖宗坟茔是一个人根之所系，倘若清明日异乡飘零，不能前往祭扫，便会顿生断肠天涯之情，思乡怀人之意，觉得自己是断了线的风筝，迷了航的孤舟，没有归宿，心头惆怅。韦应物的《寒食寄京师诸弟》很好地表达了这种感情。

清明时节雨纷纷，路上行人欲断魂。
借问酒家何处有，牧童遥指杏花村。

此时此刻，大概只有酒可抚慰那孤寂的心、忧郁的魂了。

清明节是个有着两种感情色彩各异的节日，不仅有上坟扫墓生别死离的悲酸泪，也有踏青游赏纵情玩乐的欢笑声。

南北山头多墓田，清明祭扫各纷然。
纸灰飞作白蝴蝶，泪血染成红杜鹃。
日落狐狸眠冢上，夜归儿女哭灯前。
人生有酒须当醉，一滴何曾到九泉。

唐高翥清明对酒诗较好地描述了祭祀踏青的人们的活动及心理。酒终归还是被后人喝了，一滴未到九泉，只是寄托后人的哀思罢了。

龙舟竞渡酒似江

农历五月五日端午节，是我国的传统节日。“仲夏端午。端者，初也。”清·宝廷《五日读〈离骚〉》端即初始，午乃十二地支之一。原来端午只意味着每月初五日。由于“五”与“午”同音，因此，端五又叫“端午”，后来特别将五月五日称为端五。唐时为避玄宗生日（五月五日）之讳，特将“端五”改为“端午”。从此，端午节的名字就固定了下来。

端午节的含义主要是：悼屈原，辟邪恶。屈原是我国文学史上第一位伟大的爱国主义诗人，他正道直行，刚直不阿，为实现“美政”理想同奸佞群小进行了不屈不挠的斗争，以死进行了最后的抗争，谱写了一曲为国尽忠，为民尽责的凄美壮丽之歌。相传他是在公元前278年农历五月五日投江自杀的，江中的渔夫闻讯赶来打捞，费尽周折也未见到他的尸体。一个渔夫只好拿出为屈原准备的粽子等扔进江中，一个老郎中则拿出一坛子雄黄酒倒进江里，说是这样可以保护屈原的尸体不为蛟龙水兽所害。因而，后世就借用五月五日这天来悼念屈原时就多与酒发生了联系，甚至把他的《离骚》当成了与酒一样须臾不可离的宝物。《世说·任诞篇》云：“王孝伯言名士不必须奇才，但使常得无事，痛饮酒，熟读《离骚》，便可成名士。”清人屈绍隆提出和酒读《离骚》：“一叶《离骚》酒一杯，滩声空助故臣哀。”宝廷更认为以《离骚》佐酒远胜佳肴美馔：“《离骚》少所喜，年来久未温。姑作下酒物，绝胜肴馔陈。愈读饮愈豪，酒尽杯空存。”

当然，仅喝点酒、读读《离骚》是远未得屈原精神的真髓的，真正的有识之士都只把酒当成形式，把屈原的忧患意识和爱国情肠当成悼念的实质内容。宋人徐渭的《端午寄酒庶回都官》一诗，也表达了对屈原的钦佩和哀悼：

龙舟争快楚江滨，吊屈谁知特怆神！
家酿寄君须酩酊，古人犹见独醒人。

“饮了雄黄酒，百病都远走。”旧时，每逢端午，不少地区都有饮雄黄酒以驱疾除病的习惯。当然，千里不同风，百里不同俗，也有不少地方（尤其是北方）并不把端午当成“恶日”，相反还把它当成喜庆之节来看待。

千里婵娟酒与共

农历八月十五，是我国旧俗中仅次于春节的重大节日：中秋节。

中秋节以赏月、拜月、玩月为主，又称“月节”或“月夕”。之所以选择八月十五这天赏月，是因为一年之中这一天的月色最皎洁。

月与酒自古就有着不解之缘，不少诗人既嗜酒如命，又以月为魂。在月光明媚、清辉遍洒的中秋之夜，二三学子载酒赏月，吟诗作赋是最让骚人墨客心驰神往的。北宋诗人李朴诗云：

皓魄当空宝镜升，云间仙籁寂无声。
平分秋色一轮满，长伴云衢千里明。

中秋月，不仅是仕途畅达者的朋友，更是人生困顿者的知己。贞元十四年，天旱民饥，当时任监察御史的韩愈和张署，直言劝戒唐德宗减免关中徭役，因而触怒龙颜，同时被贬，韩愈任阳山（今广东阳山）令，张署任临武（今湖南临武）令。后来，韩愈改任江陵府（今湖北江陵）法曹参军，张署改官江陵府功曹参军。在此情景下，中秋之酒就成了安慰他们痛苦的灵魂、缓解他们郁结的情怀的灵丹妙药。月与酒的双重效应，使他们始于沉痛，终于旷达：

纤云四卷天无河，清风吹空月舒波。
沙平水息声影绝，一杯相属君相歌。
君歌声酸辞且苦，不能听终泪如雨。
君歌且休听我歌，我歌今与君殊科。
一年月明今宵多，人生由命非由他，有酒不饮奈明何！

这种把酒赏月、吟诗作赋的习俗，唐以后的骚人墨客也都非常欣赏，视为雅事。苏轼著名的《水调歌头·明月几时有》就写于中秋夜通宵长饮之后。清诗人陈澧也写出了中秋夜饮的清兴：

中秋一醉不嫌迟，莫负今朝把酒卮。
人有幽怀爱深夜，天将明月答新诗。
四山雨气全成水，一桁楼荫倒入池。
野鹤闲鸥都睡了，此时清兴有谁知。

诗人们太喜欢中秋明月把酒吟诗的雅举了，以至于即使中秋无月，也要照饮照写，仿佛不如此就有愧于佳节良辰似的。早在汉代，中秋无月时就有人写古乐府曲《霜娥怨》弹琴宴饮。宋时，王琪为迎中秋早早备好了宴席，不巧碰上了阴天，但心胸开阔，意境幽远，眼光犀利，自然可以透破凝云看到一轮明月。他还是兴致勃勃地朗诵着“只在浮云最深处，试凭弦管一吹开”的诗句去找好友晏殊。晏殊正为中秋无月而闷闷不乐，闻之喜，立即穿衣起床，与他“相与乐饮达旦”。大文豪欧阳修，一次与诗友王君玉备好酒席唤来歌女共迎中秋，不巧碰上一场大雨，“池上虽然无皓魄，樽前殊未减清欢”,仍饮酒赋诗自娱，长夜不倦。

明成祖有一次中秋开宴赏月，结果月为浓阴遮盖，郁郁不乐。在旁待宴的大才子、翰林学士解缙见状，口占《落梅风》词一首：

嫦娥面，今夜圆。下云帘，不著臣见。
拚今宵，倚栏不去眠，看谁过广寒宫殿。

明成祖朱棣一听笑逐颜开，端起了酒杯，解缙又即席赋《中秋不见月》长短诗一首呈览：

吾闻广寒八万三千修月斧，暗处生明缺处补。
不知七室何以修合成，孤光洞彻万万古。
三秋正中夜当午，佳期不拟嫦娥误。
酒杯狼籍烛无辉，天上人间隔风雨……

成祖览后大喜，与群臣边饮边聊，夜半后明月复出，清辉遍地。不由称赞道："解缙真才子，夺天手也。"命宫人"添酒回灯重开宴"尽欢而散。

登高赏菊酒绵长

农历九月九日是重阳节。《易经》云："以阳爻为九"，将"九"定为阳数，两九相重为"重九"，日月并阳，两阳相重，故名重阳。

如果说中秋是赏月、饮酒、吟诗的三重奏，那么重阳节则是登高、赏菊、饮酒、吟诗的好时节。登高的习俗始于西汉，"三月上巳，九月重阳，士女游戏，就此祓禊登高"。东汉时，这一活动又添上一层神秘色彩：汝南人桓景，为战胜瘟疫，为民除害，拜方士费长房为师，潜心学习道术。一年后九月的一天，桓景正在院中练剑，费长房把他叫到跟前说："九月九日，汝南瘟魔又要出来，你赶紧回去为民除害，普渡众生。我给你茱萸叶子一包，菊花酒一瓶，让你家乡的父老登高避祸。"桓景遵命而行，刚把众乡亲在一座山上安顿好，瘟魔就猖狂扑来，但慑于刺鼻的酒气不敢近前，只在山下徘徊。桓景趁机抽出师傅所赠宝剑，挺身上前除杀瘟魔。从此，每逢九月九日，人们就纷纷带上菊花酒外出登高避难。

魏晋以后，登高的迷信色彩淡化了，但登高饮酒的习俗却作为一项节日的重要形式保存了下来。据《荆楚岁时记》记载：九月九日，士农工商各行业的人都到郊外登高，设宴饮酒。骚人墨客更是以此为雅事，在诗中多有记述。正在边关战场的岑参有诗写道：

强欲登高去，无人送酒来，遥怜故园菊，应傍战场开。

登高饮酒，更思念故土亲人，征战千里之外，企盼有人送酒，明知是不可能，更增添了对故土、家乡、京师的思念，无菊赏或者此菊并非彼菊，只思念故园菊开在边关，好尽情欣赏，将思念寄托于酣饮及赏慕山水，增添了强烈的思乡怀土之情。

重阳独酌杯中酒，抱病起登江上台。
竹叶于人既无分，菊花从此不须开。
殊方日落玄猿哭，旧国霜前白雁来。
弟妹萧条各何在，干戈衰谢两相催。

杜甫老年身处时难年荒之中，诗人飘零异乡，九日登高，抱病独酌，不能不倍加思念他久无音讯的亲人。

江涵秋影雁初飞，与客携壶上翠微。
尘世难逢开口笑，菊花须插满头归。
但将酩酊酬佳节，不用登临恨落晖。
古往今来只如此，牛山何必独沾衣。

杜牧用纵情饮酒的乐观态度来待极易让人伤感的九日之饮，并对春秋时齐景公游牛山而落泪的的小女儿表示不满，这又见重阳诗人的一种旷达超脱的情趣。

提到重阳节的诗与酒，我们不能不特别提到陶渊明和他的外祖父孟嘉。陶渊明的重阳饮酒佳话很多文章都有提及,而孟嘉的趣谈似乎还鲜为人知。孟嘉少有才名，颇受征西大将军桓温的赏识。有一年重阳节，桓温在龙山大宴宾客，吟诗作赋，啸咏骋怀，孟嘉也在其列。饮得正酣之际，突然一阵风起，把他的官帽吹落了。而他忙于饮酒，竟然没有察觉，还是桓温看不过去，命人提醒他，他才算把官帽戴上。在“君子死，冠不可免”（子路就因为捡帽子而丧生）的古代中国，孟嘉此举确实放达不羁，“孟嘉落帽”也就成了一个专门术语，用来指不拘小节的文人纵情诗酒娱乐的神态。宋·杨万里写重阳酒更为有趣，“老夫渴急月更急，酒落杯中月光入”。把月写活了，月与人争杯中之酒。

何当载酒来，共醉重阳节。
待到重阳日，还来就菊花。

孟浩然更是渴饮之情溢于言表，要求朋友载酒来，而不是拎、提、担的方式。是车载马拉，重阳就菊花而一醉。

秋风叶正飞，江上逢重九。人世几登高？寂寞黄花酒。

三载重阳酒，开时不在家。何期今日酒，忽对故园花。

野旷云连树，天寒雁聚沙。登临无限意，何处望京华。

此诗特色就在于用情抒发刻画自己的不佳意境、人生境遇及忧国忧民思想。重九本宜登高，偏偏在江舟之上行途中。回顾人生没有几次登高，都是在平常的孤寂中面对黄菊饮闷酒。有三年的重阳节，菊花开时，不要说登高，连菊花都不曾观赏到，均在旅途之中。不期今年这重阳酒是面对故园菊花了。但远看云树，渐寒归雁，心头不免向京城眺望，无限深情牵挂着朝廷政事。把作者"江湖——庙堂"的那种忧虑写得恰到好处。

清朝，两位在台湾澎湖厅为官的人物，一位是广西柳州的陈士荣、一位是湖北黄安的吴性城，重九登楼另是一番滋味。

陈曰："敢谓独醒拼一醉，笙歌宴罢漏敲三。"

吴曰："忘情名利身还健，不饮茱萸酒独醒。"

第三章　民族和谐酒醞醇
——少数民族与酒

酿酒的主要原料是粮食。小麦在中国是天山南麓的古代民族最先种植的；大麦是青藏高原的古代民族培育出来的；稻谷是长江下游的古代民族（“东夷”中的一部分）最早种植的；高粱最早产生于中国西南的少数民族地区，青稞是青藏高原的古代民族培育出来的。

葡萄是西汉张骞出使西域带回内地后，才开始在国内广泛引种的。葡萄酒的配制法，于唐太宗时由西域传入长安。后人传说来自西域高昌国。高昌在唐代的辖地西包库车，东抵哈密东境，北越天山，南接于阗，几乎囊括今日的整个新疆地区。高昌国是今维吾尔族的先祖回鹘人的一支西迁所建。《南部新书·丙卷》记载，唐廷“收马乳蒲萄种于苑，并得酒法仍自损益之，造酒成绿色，芳香酷烈，味兼醍醐，长安始识其味也”。晋张华《博物志》称：“西域有葡萄酒，积年不败。彼俗云：可十年饮之，醉弥月乃解。”《隋书》和旧、新《唐书》都说西域高昌国盛产葡萄酒。当时汉族人中，只有与西域毗连的凉州（今甘肃西部）才仿造葡萄酒。北宋末年朱翼中所著的《北山酒经》中所说的葡萄酒，只是以葡萄酒酿造法为工艺，以粮食为主料，以葡萄和杏仁为辅助香料制成的酒。直到明代，纯粹的葡萄酒才在内地广泛酿造。

烧酒原本是阿拉伯人创造的，元代经西域民族地区传入中原，成为中国人传统的主要的烈性饮料。

奶酒又称乳酒，是中国北方蒙古、哈萨克等牧业（过去主要是游牧）民族的传统饮料，以马、牛、羊的乳汁发酵加工而成。自然发酵而成的奶酒度数不高，不易醉；以蒸馏法制成的奶酒浓度高，酒劲大。奶酒最初产生于古代北方游牧民族。他们以皮囊盛奶，在游牧颠簸的过程中乳汁变酸发酵成奶酒，被牧民发现而利用并进一步加工，流传至今。匈奴人饮的酒，除汉王朝送的以外，主要是乳酒。蒙古人饮用马奶酒的记载，最早见于《蒙古秘史》，该书说成吉思汗第十一代先祖布旦察尔，曾在通戈格河畔游牧的一个部落中饮用过类似于马奶酒的“额速克”。《马可波罗游记》中也有“鞑靼人饮马乳，其色类白葡萄酒，而其味佳，其名曰‘忽迷思’的记述”。“忽迷思”即马奶酒。清·基城主人《出塞集·塞外竹枝词》注说，蒙古人“以马乳酿酒，每饮必烂醉而后已”。可见马奶酒不仅多，而且好喝，否则不可能“每饮必烂醉”。据实践和科学研究证明，马奶酒确有丰富的营养成分，不仅能促进人体的新陈代谢、补肾活血、助消化，而且对胃病、气管炎、神经衰弱和肺结核等疾病有明显疗效。在元代，马奶酒已成为宫廷国宴的饮料，至现代，蒙古族男女老幼皆喜饮马奶酒。

鄂伦春族、达斡尔族和鄂温克族民间，也有用马奶或牛奶制乳酒的。

用酒曲酿酒的技术，最早产生于中国。相传为孔子编定的《尚书》中，记有商王武丁和他的大臣谈话时提到“若作酒醴，尔惟曲蘖”。曲蘖指的就是酒曲。武丁王约为公元前十二三世纪在位。法国人利用酒曲生产酒精，已是公元 19 世纪末的事了。他们过去造酒，是利用麦芽淀粉糖化的方法。中国人用酒曲造酒比欧洲人早 3000 多年，这当然与中国悠久的农业文明史有关。但是以麦酿酒，却出现较晚。《唐书·党项羌传》载，党项人求大麦酿以为酒，是中国北方有麦酒的最初记载。

中国南方少数民族以稻谷、糯米和秫黍等粮食酿酒的历史起源无可考证，但其他杂色酒的记载却不少，其中较著名的有：椰子酒、甘蔗酒、槟榔酒等。唐人樊绰的《蛮书》里有南诏人制椰子酒的记载。南诏在今云南省境，是唐代以乌蛮为主体，包括白蛮等族建立的奴隶制政权。乌蛮与今彝、纳西、傈僳等族有渊源关系；白蛮与今白族有亲缘关系。甘蔗酒最早见于《隋书·赤土国传》：“赤土国以甘蔗酿酒，杂以紫瓜根，酒色赤黄，味亦香美。”赤土国其地不详，但宋人笔记中说，岭南、桂海等地都以甘蔗酿酒(岭南指五岭以南地区；桂海主要指今广西地区)。宋代范成大《桂海虞衡志》说，岭南有以槟榔为酒者。土家族的酿酒历史亦很悠久，可以追溯到他们的先民古代巴人。史称他们蒸的酒为“清酒”。秦昭襄王与他们签订协约，规定巴人若侵犯了秦国，就“输酒一钟”，可见巴人酒之名贵。土家族民间不仅能以五谷酿酒，而且还能以果品、竹根、茅香根、茯苓、葛根及多种药材酿酒。当今中国名酒“茅台酒”和“五粮液”都源于古代少数民族地区。

总的来说，中国 55 个少数民族中，没有不饮酒的，只是饮酒者在民族人口中占的比例、饮酒场合的多少及耗酒量的大小不同而已。换言之，各民族都有自己的酒文化，且从总体上呈现出丰富多彩的特点。

少数民族饮酒的场合与汉族大致相同，除日常生活饮食中用酒外，主要是节日、祭祀、婚丧、人生礼仪及社交活动中用酒。

从酒的生产酿造情况看，少数民族过去主要饮用的是家酿酒，这种情况目前在南方少数民族农村中仍相当普遍。

在许多少数民族群众中，“吃在酒上”是他们生活消费方式的特点。有些群众认为“饭可以不吃，酒非喝不可”，“无酒不成礼”，“有肉没酒不算请客”，“不醉倒几个不算喝酒”，“喝完酒地不湿等于没喝”（敬酒、罚酒时洒的酒要把地弄湿才行），“能喝到一块儿，才能说到一块儿”。

少数民族对酒文化的历史贡献应充分肯定。

民族繁多礼仪同

节日是具有群众性、周期性和基本稳定的活动内容的特殊日子，节日是综合表现物质文化与精神文化的文化现象。

中国是世界上节日最多的国家之一，从古到今，56个民族的传统节日和新生节日共有2000来个，其中约三分之二是少数民族节日。

中国的节日按主要活动内容，大致可分为六类：宗教类、农业类（包括农、林、牧、渔、猎）、商贸类、文体类、社交类和纪念庆祝类。

在节日活动中比较重视饮食，是中国节日的普遍特点，酒作为高级饮料，与节日的关系自然就甚为密切。节日用酒大致有五项：祭祀、饮宴、奖赏、赠礼和特殊的节俗讲究。

节日祭祀用酒。在比较重大的传统节日中，都有祭祀内容。例如在各族的年节、清明节和七月十五，多有祭祖和追荐亡灵的活动。蒙古族过小年时祭火，在灶前或火塘前摆供品，点燃一捆柴草，把黄油、白酒、牛羊肉投入火堆中表示祭祀。过年时要专摆酒肉及乳制品祭祖。达斡尔族除夕夜吃手抓肉（带骨头的牛、羊、猪或狍子肉）时，先由家中最年长者割一块尻背肉，举起斟满酒的杯（碗），用食指沾点酒，向右上方弹三次，口念颂祝神灵与祖先的吉祥词，吃下肉，喝干酒。接着，全家才能吃喝。吃完后，全家又专门祭祖和祭神佛。四川凉山彝族过年三天，每天都有数项活动内容，而祭祖祈年是天天必有的项目。第一天杀猪之后，先切几块猪肝、两个猪腰子、几块猪头和猪腿肉，在屋内火塘中烧熟，盛在一高脚木漆盘中，撒上盐，然后取一块在火塘中烧红了的小石头，浇水，冒蒸气，端肉盘在蒸气上绕3圈，供于灵台，再斟酒一杯献在灵台上，口中念诵感谢和祈求祖灵保佑全家平安，人寿年丰的祝词。吃年饭前也要以酒肉烟来敬祭神灵。第三天天亮前要祭祖送年。普米族大年除夕夜的第一项活动是祭祀，家长先往火塘中加一把松柏枝干柴，然后左手端满碗清酒，右手拿一根松树枝叶，以松枝蘸碗中酒，洒向火塘和火塘上的铁三脚架，再放点肉、饭、菜和酒在三脚架上作祭品。祭毕，每人喝一小碗黄酒，吃一块猪肉，然后才开始除夕家宴。

少数民族的节日宴饮丰富多彩，特点突出。清代在宫廷中，皇帝于除夕夜举行家宴。未时，汤膳之后是“转宴大席”，即将宴席上的各种膳品和陈设（花瓶、筷子、叉子、果盒除外），自皇帝桌前开始，在陪桌上转一遍，意为全家共同享用。转宴之后摆酒宴，皇帝酒膳一桌分五路共四十品，后妃酒膳每桌十五品。皇帝在丹升大东乐声中进第一杯酒，尔后后妃依次一一进酒。酒后进果茶，接着后妃起座，皇帝离宴，奏祝颂之乐，家宴结束，完全是钟鸣鼎食的侈靡派场。

节日饮宴用酒。少数民族民间节日饮宴，注重亲朋及乡里邻居间的欢乐融洽、亲密友好，因而酒的兴奋作用和亲和作用发挥得淋漓尽致。哈尼族最大的传统节日是“札勒特”（十月年）。节日里不论谁到哈尼村寨，也不论他进谁的家，都能受到热情接待。女主人首先捧给客人的便是一碗香甜的“焖锅酒”。最有同乡亲情的是“资八多”宴，它的直译是“轮流喝酒”，它的意译应是“全寨联席宴”。小村寨是全寨男女老少共聚同饮，各家都做一桌酒席，餐桌连接排列在村寨的主要街道上，从这一头一直排到那一头。大的村寨分为两三片，各片轮流做东，因此要聚宴两三天。人们分坐在长龙宴席的两旁，年轻人靠近年轻人，老年人挨着老年人，没有男女界限，都兴高采烈，喜气洋洋。席间晚辈向长辈敬酒，老人忘情地欢唱古老的民歌，人们不断发出“唆！唆！”的欢呼声为豪饮高歌者喝彩助兴。天黑后年轻人又到宽敞的平坝上点起篝火，歌舞娱乐。

贵州丹寨县苗族过苗年时，初一清早各户在鞭炮声中与亲戚围着火塘吃团年酒饭。早饭后便各家轮流请酒，不论谁家的客人，都会被各家请去欢聚一番。

云南西双版纳地区的拉祜族在大年初三，全村人要集中起来吃团结饭。先到和尚“安占”家聚餐，然后再到铁匠家吃喝。去时每人带一包饭、一罐菜、一瓶酒和一些肉。就餐时分两大席，男左女右分桌入座。先由安占举杯向桌四角滴水祭祀祷告神灵，然后众人尽情宴饮。

景颇族在正月初一全寨人欢聚会餐，参加聚餐者每人要带些酒肉佳肴。

门巴族在藏历十一月初一过小年。初二，各家各户要请客，席间多有敬酒祝福。年节的夜晚，全村人集聚在广场上，点起篝火，唱“萨玛”酒歌和“加鲁”情歌，同时畅饮节前早就酿好的青稞酒、米酒、玉米酒和鸡爪谷酒。

京族村子在每年哈节期间要举行乡饮，被轮到当“哈头”的人家要多出糯米、米酒、香烛和坐席等。

畲族在正月十五夜，由头年家中有添子婚嫁等喜事的人家出酒，全村各家出食物，举行聚餐乡饮，歌舞、赛拳（畲族武术很有名），欢庆通宵。

普米族在大年初一早上，先在家中做好饭菜，然后就提着黄酒到村口路上等候过客。见到行人，先敬一碗黄酒，接着就盛情相邀，请客人到家中赴宴。往往会出现数家人争邀一个客人，谁也不肯轻易相让的情形。谁能请到村中的第一位来客，是很荣耀和自豪的。若当天请不到行人。就把村寨中公认的正派人、待人接物很礼貌的人或德高望重的人请到家中做客。被请的本村贵宾要带点礼物赴宴，进门前向主人祝福。客人酒足饭饱告辞时，主人要赠送糯米粑粑、猪头肉和黄酒给客人带走。民间习俗认为，大年初一能招待客人是家业兴旺的好兆头。

湘桂黔毗邻的侗族地区，在重大的节日（春节、打侗年、斗牛节、三月三）里，相邻的各村寨间要相互邀请赛大歌（侗族的一种民歌，一人领唱、众人应和，有齐唱和多声部合唱两种形式）、赛芦笙、斗牛等。当客队到来时，作为主人的村寨都要敲锣打鼓吹芦笙，前呼后拥地迎进村寨。先是双方歌手及姑娘们以盘歌问答，接着是芦笙队吹奏，主寨先奏欢迎曲，客寨再奏感谢曲与见礼调，然后共同入席进餐，饮交臂酒，吃合拢饭（菜肴及酒是全寨各户凑起来的，大家合拢在一起吃喝）。第二天踩歌堂（在专供赛歌、赛舞、赛芦笙的场地上歌舞娱乐），进行芦笙比赛。在斗牛节中，败方的仪仗彩旗被胜方的姑娘们全部夺走。数天之后，胜方姑娘们成群结队去给败方村寨还彩旗，败方的小伙子们必得合伙设酒宴款待这些姑娘，还要陪唱大歌，赠送赎旗彩礼。

凉山彝族在年节的第二天，全村寨的男人们自动集结成队伍，挨家挨户去搜酒喝，队伍中的人越来越少，因为烂醉如泥者不得不落伍退出“过年搜酒”队伍，队伍走到哪儿喝到哪儿唱到哪儿，为村寨的年节增添了许多欢乐和热闹的气氛。拜年一般在初三，路远的可初二出发。在去拜年的路上碰到相识的人，要打开酒瓶请他喝“开口酒”。他喝了酒后要给点回礼，并要赞美一番拜年者所背的猪肉等礼物才能告别。晚辈去给长辈拜年，要到处叫喊村寨的人来喝拜年酒；小伙子到未婚妻家拜年，那里的姑娘们要联合起来与他对歌唱诗饮酒，小伙子若没这方面的本事就会被抹锅底灰，泼冷水，闹得很狼狈，但心底很高兴；姑娘来拜年，主人寨子的小伙子们又争着去献殷勤，凑热闹。年节的彝寨，充满欢笑，充满歌声，到处飘着酒香。

羌族过年必有聚饮“咂酒”和跳沙朗（锅庄舞）的活动。初五各家出一名男性代表出行，每人都带着酒、肉、馍馍和香，到占卡所指的方向找块平坝祭天、烤肉、聚饮。不出行的人举行射靶比赛，靶子是用面粉蒸的熊或猪仔形馍馍。赛毕即聚饮歌舞。春节期间一家人还得到自己家调房顶上去给象征祖神的白石献酒、肉、饭。

节日必须用酒。有些民族节日中酒是必不可少的，较典型的例子就是端午节。除汉族之外，过端午节的还有蒙古、回、藏、苗、彝、壮、布依、朝鲜、侗、瑶、白、哈尼、土家、畲、拉祜、水、纳西、达斡尔、仫佬、羌、仡佬、锡伯、普米、鄂温克、裕固、鄂伦春、京、毛南等兄弟民族。节日里一般都要饮雄黄酒，有的还以酒洒屋内墙角防虫，有的还要到野外采草药来泡酒。

朝鲜族在大年初一要喝屠苏酒，认为元日喝这种酒可避邪延年，故又称“长生酒”。朝鲜族在正月十五上元节清晨要空腹喝点酒，以为如此可使人耳聪目明，一年不得耳病，常能听到喜讯，所以将此时喝的酒叫“聪耳酒”。在老人节（黑龙江省是六月二十日或二十四日；延边朝鲜族自治州自1984年起定节期为农历八月十五日；14世纪至20世纪的朝鲜李氏王朝以农历九月九日为老人安慰日）的“花甲宴席”上，从长子夫妇起，到孙辈止，要依次斟酒向老人跪拜祝福，感谢老人的辛苦操劳及养育之恩。政府专门组织祝寿大会，请60岁以上的老人坐在台上，为他们献花敬酒，请他们与年轻人同歌舞，到处回荡着《妈妈，祝您长寿》的歌曲。

以饮酒游乐为主要活动内容之一的民族节日亦不少，如藏族的沐浴节、林节、望果节，苗族的姊妹节、讨树苗节，新疆锡伯族的四月十八西迁节，朝鲜族的洗头节（野餐、洗头），蒙古族的马奶节，等等。

节日奖赏及赠礼用酒。在民族节日中，往往把酒当作礼品或奖品。彝族习俗中以妇女给的酒为贵，不论什么场合只要是妇女买的或敬的酒，被敬者不得拒绝，而且饮酒之后要回赠点礼物。每逢火把节（彝族重大节日，时在夏季），年轻姑娘们就会抬着新酿的玉米酒，带着漂亮精致的酒具，到节日人们必经的交通要道上布下长龙似的“酒阵”，敬给来参加节日活动的长辈、朋友、亲戚或情人。因为是姑娘们给的酒或酿的酒，所以也叫“姑娘酒”。若是在摔跤、赛马、斗牛等各项比赛之后，姑娘们发现了摔跤手或得胜者，也会拥上前去给他们敬酒，表示赞赏和敬慕。男子汉们往往慷慨地以纪念品相赠。在这种交往中结为良缘的亦有不少。蒙古马奶节（农历八月末举行）活动开始时，主持大会的人首先向蒙医敬献马奶酒和礼品。在赛马之后，众人又纷纷向骑手们欢呼，并敬马奶酒。苗族在节日赛芦笙与斗牛之后，要向芦笙手及得胜的牛主人敬酒。傣族在泼水节（傣历年节）赛龙舟之后，把优胜者请到敬酒台前为他们（也有女队）献酒。许多少数民族在节日探亲访友时所带的礼物中，都必须有酒，酒的重要性和肉、茶等生活必需品一样不可缺少。彝族、白族、景颇族、苗族、锡伯族等民族都有此俗，而且带的酒至少得两瓶或一坛酒才合礼数。

尊老敬贤传美德

锡伯族的年轻人不许和长辈同桌饮酒，其中原因大致有二：一是长幼有别，不能没大没小；二是酒喝多了容易失礼，对长辈的不敬被视为最丢脸的事。朝鲜族晚辈也不得在长辈面前喝酒，若长辈坚持让小辈喝，小辈也得双手接过酒杯来转身饮下，并表示谢意。

蒙古族家中来客后，不分主客，谁的辈分最高，谁坐在上座主席位置上。客人不走，年轻媳妇不能休息，哪怕彻夜畅饮长谈，也得在客厅旁边听候家长召唤，好随时斟酒、添菜、续茶。满族家中来客，由长辈陪接，晚辈一般不得同席，年轻媳妇侍立在旁，装烟倒酒，端菜盛饭。

彝族家中酿好酒的第一杯要敬神，晚辈不得先喝，第二杯则要敬给家中的老人。凉山彝族群聚饮酒时，要按年龄大小、辈分高低分先后次序摆杯斟酒，并由在场的英俊聪明的小伙子先给老人敬酒。敬酒者双手捧杯，右脚向前跨一大步，弯腰躬身，头稍向左偏，不得直视被敬者。被敬酒的老者则谦和地说："年轻人啊，对不起了，老朽站不起来了"，或者说"借给你这一杯"，表示回敬，小伙子便立身饮尽，否则为不敬。民间谚语说："酒是老年人的，肉是年轻人的"，所以敬酒献客时，必须从老人或长辈开始，如此才合乎"耕地由下（低）而上（高），端酒从上而下"的传统规矩。

壮族请客时，只有与客人同辈的长者才能与老年客人同坐正席，年轻人须站在客人身旁，给客人斟酒之后才能入座。给客人添饭时勺子不能碰响锅，免得客人担心饭少不敢吃饱。每次夹菜，都得由陪客的长者先给客人把最好的菜夹到碟中后，其他人才能依长幼之序夹菜。年轻妇女一般不能到堂屋的宴席上共餐，能饮点酒的老年妇女则可。

傈僳族在年节请客时，在酒席上，父母可以向长辈诉说儿女使他们不满意的事，做儿子的，尤其是做儿媳妇的，总是很体谅父母的心情和难处，他们听完长辈关于自己的诉说后，便马上出来请求父母公婆原谅自己不懂礼。在这个问题上似乎没有"家丑不可外扬"的概念，社会习俗普遍认为，长辈不论何时何处批评晚辈都是应该的。

少数民族饮酒中的敬老习俗，从信仰的角度看，也反映在对祖先的崇敬上。例如广西毛南族，请客人吃饭时要请客人坐上席先给客人斟酒夹菜。而客人在端杯饮酒时，须先用手指尖或筷子头蘸点酒，弹酒几滴于地上，表示首先敬献主家的祖宗，然后主客碰杯，说互相祝福的吉祥话。晚辈吃饱饭离席时，要很恭敬地向客人说：“请慢吃!”

山水酒美迎客品

少数民族在欢聚待客饮酒时，特别重视和谐热烈的气氛。

凉山彝族喜欢喝寡酒，即不用下酒菜，因此可以随时随地喝。相识者邂逅相遇，买碗酒，或买瓶酒，几个人围圈而蹲，仅用一两只酒杯，或干脆不用酒杯，一人一口轮流喝，称之为喝“转转酒”。若用酒杯，便先从最年长者开始，从右至左，一人一杯，接力轮流，不得轮空，众人用一酒杯，称为“杯杯酒”，谁也不嫌弃谁，同乐同喜。凉山甘洛县有家酿酒的彝族还常饮“杆杆酒”，即酒酿好后，将一根打通节的竹管插入坛中，众人围坛轮流吸饮，酒液吸完了，再掺冷开水入坛直至味淡。

土家族也有插竹管于酒坛咂饮的传统，传说起源于明代土家族士兵赴东南沿海抗倭时，百姓送行，置酒于道旁，经过酒坛的兵，咂一口，即可前行，不误行军。嘉庆年间鄂西长阳（今民阳土家族自治县），土家诗人彭淦在描写此酒俗的竹枝词中说：“蛮酒酿成扑鼻香，竹竿一吸胜壶浆；过桥猪肉莲花碗，大妇开坛劝客尝。”

羌族把这种喝酒法叫做喝“咂酒”，但不是众人一吸管，而是一人一根长而细的吸管，围坛咂酒，在喝酒的过程中还穿插有歌舞。壮族喝咂洒的记载，最早见于《岭外代答》，距今已有一千多年的历史。书中说，单州钦州壮族村寨，客人至，主人铺席于地，置酒坛于席中，注清水于坛内，插一竹管于坛中，依先宾后主的次序吸饮。饮前由主妇致欢迎词，男女同坛同管，水尽可添，酒乃甜酒。

黎族和布依族也喝咂酒，其形式与羌族相似。

广西大新县壮族人家，当客人光临时，在饭桌上主人先给客人和自己斟杯酒，主客共饮交臂酒之后，客人才能随意饮餐。一喝交臂酒，气氛马上就显得很轻松融洽。

云南傈僳族和怒族在待客饮酒时，主客共捧一碗酒，相互搂着对方的肩膀，脸贴脸把嘴凑在酒碗边，同时仰饮之。至亲好友及贵客光临，或要结为兄弟之谊，皆须如此饮酒，谓之喝“同心酒”。

傣族又称之为“合杯酒”和“双边酒”。

侗族的“团圆酒”气氛更为热烈和谐。大家围桌而坐，每人将自己的酒杯用左手递到右邻的唇边，右手搂他的肩膀，依次形成一个圆圈，主人一声“干杯”，大家同时欢呼一声并饮尽，如此三轮，方可自由敬酒。至此，大家已觉得亲密无间，不仅谈笑风生，而且还有酒歌阵阵。侗族还有一种交臂酒，是两人并肩或坐或立，一手搂对方肩，一手举杯递到对方唇边，同时尽饮。有些饮酒活动，比一般待客更显得情谊深厚。

黔西南布依族的“打老庚”可理解为“结拜兄弟”或结交同年好友。异姓小伙子，不论生辰年月是否相同，只要年龄相差无几，征得父母同意便可约定日子聚饮，结拜为“老庚”。此仪式之后，双方父母即把“打老庚”者都当作自己的儿子对待。

四川黑水县的羌族，同辈同年的年轻人，不论男女皆可“打老庚”，只是男女分别举行活动而已。一般在农历正月择日，同龄人相约，携带酒肉到村寨野外聚餐，大家把鞋带放在一起，轮流去抽，哪两人抽到了同一双鞋的两根鞋带，他们就相互结为“老庚”，在今后的生活中不仅他俩要同甘苦，共命运，两家人也要同心同德，团结互助。

蒙古族民间在结交推心置腹的朋友时，双方要共饮“结盟杯”酒，杯乃饰有彩绸的牛角嵌银杯，非常精美，交臂把盏，一饮而尽，永结友好。

台湾高山族 不仅新婚夫妇要喝“连杯酒”（也叫连欢酒），亲朋好友也要共饮“连杯酒”。连杯酒并非指连饮数杯，而是两个酒杯连在一起。这种酒具像一副担子，木雕彩绘，“担子”两头各雕有一酒杯。斟满酒后，两人比肩而立，各以外侧之手执酒具一端之把手，只能同时举杯同时饮，否则酒就会洒掉，极有象征意义，既表示必须平等（端平），又表示必须同甘共苦（不论生活的酒是甜是苦，我们都得同干）。高山族在喜庆节日里常聚饮狂欢，男女杂坐同乐。最亲近友好者，饮酒时并肩并唇，高举酒具（竹筒、瓢、木杓等），倾酒下泻，如仰饮山泉，流入口中，洒到地上，尽情尽兴，大为快乐。

贵州苗族人家待客，在酒席上每巡给客人敬酒都是双杯，表示主人祝福客人好事成双、福禄双至，也寓有“客人是双脚走来的，仍能双脚走回去”，健康平安。若客人推辞，女主人就会捧杯唱起敬酒歌，直至客人领受他们的祝愿。

青海土族在招待贵客时，讲究“三杯酒”，即客人进门饮三杯酒洗尘，客人上炕就坐入席（有炕桌摆酒莱）饮“吉祥如意三杯酒”，客人告辞时“上马三杯酒”，有酒量的一饮而尽，表现出豪爽真诚，主人很高兴；不胜酒力的，只须以左手无名指蘸酒向空中弹三次，表示敬神、领情和致歉，主人绝不勉强因为不能饮者强饮之则无快乐，可谓体察入微。

布依族在客人进门入坐后，马上捧出一碗“茶”献客，有经验者不会贸然饮，因为这是以酒当茶，客人只须慢慢吸饮，歇脚缓气即可。

高山族某些支系，当贵客来访时，部落头人带领青年人在路旁吹奏民间乐器，夹道欢迎，直至主人家中。贵客在屋中高凳上就座，青年男女围贵客歌舞，同时依客人数指派同样数量的年轻人敬酒。他们手捧斟满酒的小葫芦瓢，弓身变腰，将酒由下向上慢慢递到贵客胸前，动作谨慎，态度谦恭，对客人显得十分敬重礼貌。

赫哲族是中国唯一的以江河捕鱼业为主要经济从业的少数民族，他们待客饮酒时少不了名贵鱼肴，有向客人敬鱼头表示尊重的习惯。席间鱼肴的鱼头朝向客人，主人敬酒后，用筷子点点鱼头，示意请客人先品尝享用。若吃刹生鱼，则不上鱼头，但酒是必不可少的。

四川凉山彝家做客，进门入座后，主人先捧上一碗或一杯酒献客。客人若不是彝族，主人会说：“汉人贵在茶，彝胞贵在酒。”客人可依自己的酒量随意饮多饮少，哪怕仅仅饮一小口，主人也很高兴，马上会打羊或杀小猪来待客。谓之“打”羊，是因为以牛羊待客皆不用刀宰杀，而是徒手捏死或以木捧捶死。打牲前要把牲口牵到客人面前请客人过目，以示敬重。若客人谢绝接酒，则有不敬之嫌，主人会感到失望。

佤族民间俗话说“无酒不成礼，说话不算数”。解放后生活水平提高，农民几乎家家酿酒，饮酒自然成为日常生活的重要节目。喝酒时喜邀亲友欢聚同乐。主人给客人敬酒，必须给在座客人一一敬到，若有疏漏，便有违阿佤礼仪。敬酒时，双手捧竹节酒筒，走到客人面前，弓身将酒筒由自己胸前沉下，再向上送到客人嘴边。客人双手把住酒筒，将它推向主人嘴边，主人喝一口，再次敬给客人，客人一饮而尽。第一个被敬酒的人是在场客人中最被敬重者或最年长者，他接过酒后，以右手无名指沾出几滴酒于地，口诵祝词，表示对主人祖先的敬献。拒绝阿佤人的饮酒邀请是不礼貌的表现，喝多少可以量力而行，主人是为了友谊和高兴，绝不会勉强。

藏族家做客，讲究“三口一杯”，即客人接过酒杯（碗）后，先喝一点，主人斟满，再喝一点，主人又斟满，至第三口时干杯。若客人确实不能饮酒，可按藏族习惯以右手无名指蘸酒向右上方弹洒三次，表示敬天地神灵、父母长辈和兄弟朋友。主人再不勉强，并会表示欢迎。一般喝完三口一杯之后，客人便可随意饮用。客人起身告辞时，最后得干一杯方合礼节。在喜庆节日里，藏族同胞往往以歌舞劝酒，客人若能唱，要在接过酒杯唱完答谢的酒歌后再饮尽。主人会继续歌舞敬酒，客人若不能再喝，就装出醉了的样子狂歌乱舞一通，表示酒好，忍不住喝多了。众人及主人都会开怀大笑，再不强劝，因为尽兴尽欢的目的已达到了。

广西红水河两岸的瑶族在客人光临前，即把一只灌满酒的酒葫芦挂在堂屋门背后，待客人将近大门时，即刻斟酒一碗，迎上前去，一手搭在客人肩上，一手递到客人面前，说："请饮进门酒。"客人忙说："我喝干，我喝干。"若逢节日或喜庆，客人喝完酒后，主人还要朝天鸣放鸟枪，向全寨人通报有喜客光临。"进门酒"之后，主家全体成员出来迎客进屋。客人若无酒量，可浅尝辄止，表示谢意。广西巴马瑶族在迎接村寨的集体客人或十分重要的单个客人时，要设"三关酒"迎接，即主家派人在屋外必经之路上设三道酒关，每经一关须饮两杯，三关之后，方进屋饮宴。传说此俗起源于巴马瑶族的祖先"卡罗"，卡罗生下三个月后父母相继过世，善良的汉人盘尧收养了他。卡罗成家后为报答养父母的恩情，率家人采药物酿酒宴请二老，在迎接养父母的当天，卡罗带族人到寨外十五里处设酒关，每五里设一关，每至一关卡罗敬二老甘醇的美酒两碗，以表隆重和真诚。此传说不仅反映了汉瑶人民的团结友谊，而且寓意瑶家敬贵客如敬再生父母，其情真挚感人！

西藏门巴族当客人到家时，主人便用铜瓢或竹节筒盛满酒，先倒点酒在自己手掌心，当众吸啜，表示酒中无毒，自己待客以诚尔后，依次向客人每人敬酒一瓢或一竹筒，客人须一饮而尽。旧时无专门酒具，门巴人以芭蕉树皮卷成小酒槽给客人敬酒，贵客四槽，一般客人两槽。

云南傈僳族在待客时，主人用精致的竹筒斟满酒后，先往地上倒一点，表示敬祖，接着自己先喝一口，表示酒是好的，请客人放心，然后再斟满其他竹筒，双手捧到客人面前请客人畅饮。

滇西北高原丛山峻岭中的普米族对待客人，不论生熟亲疏，都热情接待，因为他们认为客人临门是种荣耀和吉兆。当主人听到狗叫，发现有客人光临时，家人都会出来帮客人牵马拿东西，请客人进屋。当客人在火塘旁坐定后，主妇便端上水果、食品和一碗酥里玛酒。普米族以火塘上方的一块长方形石柱代表家族祖先神灵，可称之为"锅庄"。主人先敬家神，在锅庄上滴几滴酒，若是燃起火焰，则为最吉，主人会很高兴。一般度数较高的醇酒都能接火而燃。主人看到酒燃，便念道："客人到，福气到，贵客犹如金太阳照，给我家暗淡的房子里，带来了光明和吉兆。客人到，福气到，贵客好像吉星照，木楞房里充满了喜庆与欢笑，彩色的祥云在我头上飘。"祝颂毕，主妇捧酒献客。客人先抿一口，不得有吸饮的响声，随即说"真醉人"，以表赞美和感谢。此后客人便根据自己的需要随便饮酒。若有主家的长辈在场，客人要主动请长辈坐上席，并请其先品尝酒。客人用饭，主人家人均在旁侍候，绝无不周到之处，客人吃完主人家才围坐在一起吃饭，若客人第二天就要登程，主人还为他准备路上的食品，多是鸡腿、鸡蛋、肉块、油炸粑粑等。受到如此礼遇，客人往往会感到自己不是客人，而是主人家的至亲好友。

贵州水族村寨，往往是一家来客，全寨各家轮流宴请。若客人逗留时间短，无法安排到某些人家去赴宴，就得去赴"见面席"，即到各家的席上露面致谢，尝几口菜就告辞，再到下一家去，有时一天得走遍全寨，满载各家的盛情而归。

广西壮族村寨做客，往往会得到各家的轮流宴请，特别是贵宾，有时一顿饭吃四五家是常有的事。按壮族习俗，客人是不能推辞的，所以有经验的客人绝不会在第一家就吃得酒足饭饱。谢绝邀请是失礼，喝醉了失态会丢脸。

海南省黎族将远道而来的客人待为上宾，有客光临，乃家中之喜事，必以佳肴款待。若是男客，先酒后饭；若是女宾，先饭后酒。饮酒分三段进行：第一段是相互敬酒，属一般的感情交流，第二段是开怀畅饮，以酒酣微醉为度；第三段是主客对歌饮酒，感情融洽，烂醉亦无妨。给客人酒，主人则感到自己的礼数已到；让客人喝醉，则表示亲密到了不拘礼的程度。主人向客人敬酒时，先双手捧起酒碗向众人致敬，尔后一饮而尽，把空碗亮给大家看，表示自己的诚意。接着向客人敬酒，客人饮尽之后，主人马上夹一块肉送到客人嘴里。客人不得拒绝，只能笑纳方合礼数。

海南部分黎族地区（今保亭、琼中、乐东交界处）旧时，存在着一种父系血缘家庭组成的社会和生产组织，称之为"合亩制"，黎语原意为"大伙做工"。在这里，有"请客不陪客"的风俗。给客人摆好酒菜，请客人入席后即退出，任由客人吃喝。此俗源自担心客人拘束，便于客人随意吃喝，但是懂得当地风俗的客人，在用餐之后，绝不可把筷子搭在碗上，亦不可把饭碗和酒杯扣在桌上。因为当地习俗认为，筷子的两头颠倒（不是一顺）架在碗上是"抬棺木的杠子"，扣着的碗杯犹如"坟头"。主人待客人礼数周到，客人尊重主人的习俗，因此皆大喜。

东北满族的待客礼仪向来十分周到。旧时客人进餐，都由族中长辈陪同，晚辈不能同席，年轻媳妇手脚麻利，要在一旁侍候。进餐时，由主人给客人斟第一杯酒，喝酒用小盅，没有碰杯干杯的习惯，古代用大碗喝酒的遗风荡然无存。客人喝酒要在杯底剩点儿，俗称“福底”，预祝主客都总有富足的生活。

甘肃裕固族待客时，先敬茶，后敬酒。敬酒讲究敬双杯，其说法与黔东南的苗族一样：“你是双脚进来的，必须喝两杯”。男主人敬过后，女主人接着敬，如果客人不喝，女主人会说：“你瞧不起女人。”接着是孩子敬酒，如果谢绝，小孩也会说：“你看不起小孩。”有时还唱敬酒歌敬酒，唱一支歌敬一杯酒。之所以如此，主要怕客人客气拘礼，不能尽兴。因此，若客人实在不能喝，主人也觉得自己的心意完全尽到了，再不会勉强的。

西藏珞巴族当客人到家时，主妇赶快洒水扫地（吊脚楼的二层，地面是木板或竹条板铺成），在临窗处铺熊皮或棕编坐垫，摆上长方形矮餐桌，上些常备的应急炒玉米。接着女主人把储存在葫芦里的鸡爪谷酒倒进一个吊着的竹筒中，再加入温水，稍停片刻，拔掉筒底活塞，让过滤了的酒注入筒下的石锅（珞巴族有使用石锅做饭的原始石烹遗风）中。女主人右手执瓢，左手端木碗或竹碗，双膝脆在客人面前，将碗放到桌上，再将瓢中酒先倒一点在左手心，用嘴尝一下，尔后给客人碗中斟满。陪客的男主人双手捧酒碗递给客人，女主人同时说：“酒不好，别见怪。”夫妇配合十分默契。客人喝口酒，说“酒味很好”以表示谢忱。客人每喝一口酒之后，主妇都立即将酒碗斟满，当地习俗以始终保持酒满为待客实诚。珞巴族酒席上的山珍是鼠肉。这种出没于山野的野鼠长近盈尺，重约千克，体圆肉细。平时珞巴人随捕随吃，年节前则要储存鼠干准备待客。客人莅临，主人即将野鼠干穿上棍，燎毛刮净，扔掉内脏，切成小块，以石锅炖烂，佐以调料，肉嫩味鲜，百食不厌。以鼠肉作美食下酒敬客的还有黎族（食山鼠、田鼠和松鼠）、傣族（食竹鼠）和贵州省镇远县涌溪一带的部分苗族。少数民族许多食野味的经验，为扩大人类食源提供了生动的范例，是很值得发掘总结和宣传推广的。

婚礼酒：五谷入仓，农事稍闲，苗乡郎德人在繁忙生产劳动之后，未婚青年开始操持自身的婚事，这是寨中最迷人的时光。袅袅炊烟中，装有“美人靠”的吊脚楼上不时传出风格独具的酒歌声，引得你不由自主地向那歌声寻去。酒意朦胧的主人热情拉你喝喜酒。

办酒那天，新郎早早地把新娘接至家中。午后，新郎的舅舅、姑妈等亲戚前来祝贺。吃喜酒时，兴的“流水席”，客人分坐于长条桌旁，颇似古代席地而坐的宴席。不过，此时此地，人们都坐着小板凳。长桌随着客人的增加而增加，虽有先来后到之分，却无尊卑贵贱之别。客人一坐下，主人即来敬酒。酒至半酣，开始唱歌，连唱几天几夜，直至客人散去。

认亲酒：此地青年成婚，一般事先不告诉女方父母。新娘子进门是在与男方精心策划后悄悄跑来的。成亲以后，新郎家派人带着酒礼到新娘家提亲，称之为“喝认亲酒”。酒在认亲中发挥着特殊的功能，若是新娘的父母同意这门婚事，就会收下酒礼，并款待使者喝酒，若不同意，便将使者拒之门外。因此，使者回寨男方家人要问的第一个问题是：“喝到酒了没有？”是否喝到“认亲酒”乃是亲事成败的标志。

新娃娃酒：生头一胎，不论是男是女，都要热烈庆贺一番。产后第三天，贺者带上一升米，四至十二个鸡蛋，以及衣帽等物，赠给产妇及婴儿。产妇家备办酒宴招待，宾主共喝“新娃娃酒”。第七至十天，婴儿外婆家带上衣帽、鸡蛋、糯米及糯米饭，特别还要带一只母鸡来祝贺。产妇家邀请寨中族人作陪，与来宾喝“亲娃娃酒”

取名酒：孩子满月当天，请来巫师取名，再次邀请寨中长者喝酒，称为“喝取名酒”。

出门酒：喝过“取名酒”，产妇背着小生命到各家各户串门，主人送些衣物给婴儿，并以鸡鸭鱼肉及糯米饭之类招待，称之为“喝出门酒”。喝过“出门酒”，就能出入家门了。

附二 酒的礼俗——酒歌

我国的少数民族都是能歌善舞的民族，经常相聚饮酒歌唱。

布依族人民在社交中很讲究礼仪，其特点是诚恳相待，注重精神文明。佳节与喜庆，亲友们互相走访，主人必先捧酒招待宾客，客人也尊敬主人，显得彬彬有礼。吃饭时还要用酒歌来表达宾主之间的相互询问与祝福。主人在歌中对宾客的来临表示热烈欢迎，客人也以歌相答，对主人的热情款待表示衷心感谢。歌词内容包含着团结互助，友好往来的精神，还带有一种农家淳厚、简朴、恬适的古风。较常唱的歌如《酒歌》、《吃酒歌》、《敬酒歌》、《谢酒歌》、《问酒歌》、《祝贺》、《要筷子歌》、《敬老人歌》、《客人来要请坐》、《赞歌》、《问姓歌》等。

例如在宴席迎客时，主人首先唱《酒礼歌》："贵客到我家，如凤落荒坡，如龙游浅水，实在简慢多。"客人对主人家的热情款待表示感谢，便用歌声来表达自己的心情，唱道："喝酒唱酒歌，你唱我来和，祝愿老年人，寿比南山坡。祝福后生伙，下地勤做活。祝福姑娘家，织布勤丢梭。祝福主人家，年年丰收乐。"宴罢，客人还要唱歌，感谢主人全家用劳动获得的果实殷勤招待亲朋。客人告辞时，主人也唱起送客歌，再次为招待不周表示歉意，并祝客人一路平安，心情愉快，希望下次来。

由于布依族是一个喜饮酒、喜唱歌的民族，因此产生了劝酒歌、定亲歌、送亲歌、接亲歌、起房歌、老人歌等酒歌，这些酒歌，朴实大方，讲礼好客，以多姿多彩的艺术形式，生动而有力地反映了布依族人民的社会生活，反映了他们特有的生活方式，风俗习惯以及他们勤劳俭朴的高尚品德和美好的心灵。

伴酒歌敬酒，明确地唱出敬酒为加深情谊，是贵州少数民族地区酒礼酒俗的一大特色。如："这杯酒来清又清，美酒首先敬客人。世间贫富本是有，不讲贫富讲交情"（苗族）；"举起杯来好朋友，喝干这杯白米酒，别客气呀别拘束，干杯情谊多交流"（布依族）。

"你左我右手，各端一杯酒，我俩手拉手，喝下这杯酒，今后日长久，永记此时候，情意胜浓酒。"（侗族）水族宴宾敬酒时唱："酒不醇怪酿酒药，酒不香不敢多斟，敬一杯谨表心意，亲友啊请你畅饮，若不会也应接杯，不负我对你尊敬。"客举杯应对，对答酒歌："主人家待客殷勤，酒席上意重情深，你双手把酒劝敬，喝杯酒，祝你风云。"或推让地唱："端起这杯香米酒，我的心里好害羞，非怕醉后红我脸，如何把情来领受？"经主人再唱劝，客便唱酒歌谢饮：“这是主家粮食蒸的酒，叫人闻到就心甜，叫人喝了就心醉。”饮后，用酒歌夸赞主人：“这杯酒来黄又黄，主人修得好幢房，金色柱头银色梁。”“米酒酿满缸，九排七间房。”“酒杯斟酒酒杯青，笑在眉头喜在心，茅棚换成砖瓦屋，沙发靠椅样样新。酒杯斟酒酒杯杯黄，电灯下面缝衣裳，节日佩戴银装饰，平时穿的花的凉。”（苗族）主人得赞而举杯回敬：“尽讲礼忘了喝酒，再饮酒请莫推让，酒醉了有茶漱口，酒菜差请你原谅，喝了酒情深意长。”一些民族村寨有文化的姑娘也以主人身份伴歌敬酒：“大叔高龄见识广，敬你一杯表心肠；酒敬青年得对象，酒敬老人寿命长。”客人饮时答唱：“虚度光阴几十年，从不出村见识浅，多谢姑娘敬我酒，祝你满意结良缘。”宾主碰杯而干。酒礼也有由亲友唱酒歌代主敬客，这时，宾客在饮前唱问缘：“主家酒花亮铮铮，请让我来问一声，你是长辈是同庚？你为谁来把酒斟。”主人代表唱述后，客唱谢酒歌：“一杯酒固是情份，半杯酒也是看承，接过酒来领了情，多谢老表和主人。”唱罢会意尽饮。

用精致酒器盛酒宴宾和客赞主人酒器以谢盛情，是饮酒礼俗中的重要内容。播州安抚使杨文以宋王朝赏赐的“凤樽”、“金盏”饮宴为荣。民族村寨殷实之家酒宴多使用美观的酒具，宾客完好饮时赞唱：“马头酒壶亮锃锃，桂花米酒香喷喷”，或“酒壶像蝴蝶，顺着酒杯游”。“牛角盛酒敬客忙，牛角斟酒九两半，请君喝干别推让。”在这种热烈隆重的盛宴场合受敬牛角酒的客人，不会立即接酒来饮，而是以谦逊的酒歌相答：“一只牛角一尺长，斟满美酒喷喷香，姑娘情义千钧重，我是蚂蚁怎敢当？”再敬而饮。寓酒礼于敬献、谦让与赞誉之中，佳酿、美器、酒歌、盛情相互揉合，“酒歌多醉了山坡，宾主情深溢出酒窝。”宾主饮醉之后，客人示意将返，主人用再劝酒方式以表留客之意：“好酒九十九，才喝了九壶，还有九十壶，客人请别走。”客临行，主以歌相别并敬最后一杯送客酒：“这杯酒来黄又黄，来得忙来去得忙，再敬贵客一杯酒，路上口渴得润肠。”或赠一瓶礼酒并唱：“请你收下这瓶酒，把酒放到今秋后，五谷丰登禾满仓，那是欢庆的时候，待到再次奉举杯时，节令佳期再饮酒。”

酒坛百味

菩萨蛮·黄鹤楼

（一九二七年）

毛泽东

茫茫九派流中国，沉沉一线穿南北。
烟雨莽苍苍，龟蛇锁大江。
黄鹤知何去？剩有游人处。
把酒酹滔滔，心潮逐浪高。

蝶恋花·答李淑一

（一九五七年五月十一日）

毛泽东

我失骄杨君失柳，杨柳轻扬直上重霄九。
问讯吴刚何所有？吴刚捧出桂花酒。
寂寞嫦娥舒广袖，万里长空且为忠魂舞。
忽报人间曾伏虎，泪飞顿作倾盆雨。

抒情酒话

梁实秋

酒实在是妙。几杯落肚之后就会觉得飘飘然、醺醺然。平素道貌岸然的人，也会绽出笑脸；一向沉默寡言的人，也会议论风生。再灌几杯之后，所有的苦闷烦恼全都忘了，酒酣耳热，只觉得意气飞扬，不可一世，若不及时制止，可就难免玉山颓倾，呕吐纵横，甚至撒疯骂座，以及种种的酒失酒过全部的呈现出来。莎士比亚《暴风雨》里的卡力斑，那个象征原始人的怪物，初尝酒味，觉得妙不可言，以为把酒给他喝的那个人，是自天而降，以为酒是甘露琼浆，不知是人间所有物。美州印第安人初与白人接触，就是被酒所倾倒，往往不惜拿土地和人以交换一些酒浆。印第安人的毁灭，至少一部分是由于他们的沉湎于酒。

我们中国人饮酒，历史久远。发明酒者，一说是仪逖，又说是杜康。仪逖是夏朝人，杜康是周朝人，相距很远，总之是无可稽考。也许是酿制的原料不同，方法不同，所以仪逖酒未必是杜康的酒。尚书有《酒诰》之篇，谆谆以酒为戒，一再地说“祀兹酒”（停止这样地喝酒），“勿彝酒”（勿常饮酒），想见古人饮酒早已相习成风，而且到了“大乱丧德”的地步。三代以上的事不可考，不过从汉起就有酒榷之说，以后各代因之，都是课税以裕国帑，并没有寓禁于征的意思。酒很难禁绝，美国一九二〇年起实施酒禁、雷厉风行，依然到处都有酒喝。当年笔者出纽约，有一天友人邀我食于某中国餐馆，入门直趋后室，索五加皮，开怀畅饮。忽警察闯入，友人止予勿惊。这位警察徐徐就座，解手抢，锵然置于桌上，索五加皮独酌，不久即伏案酣睡。一九三三年酒禁废。直如一场儿戏。民之所好，非政令所能强制？在我们中国，汉萧何造律：“三人以上无故群饮，罚金四两。”此律不曾彻底实行。事实上，酒楼妓馆处处笙歌，无时不飞觞醉月。文人雅士水边修禊，山上登高，一向离不开酒。名士风流以为持螯把酒，使足了一生，甚至于酣饮无度，扬言“死便埋我”，好像大量饮酒不是什么不很体面的事，真所谓“酗无酒德”。

对于酒，我有过多年的体验，第一次醉是在六岁的时候，侍先君饭于致美斋楼上雅座，连喝几盅之后，微有醉意，先君禁我再喝，我一声不响地站在椅子上舀了一匙高汤泼在他的两截衫上。随后我就倒在旁边的小木炕上呼呼大睡，回家之后才醒。我的父母都喜欢酒，所以我一直都有喝酒的机会。“酒有别肠，不必长大”，语见《十国春秋》，意思是说酒量的大小与身体的大小不必成正比例，壮健者未必能饮，瘦小者也许能鲸吸。我小时候就是瘦得如一根绿豆芽。酒量是可以慢慢磨练出来的，不过有其极限。我的酒量不大，我也没有亲眼见过一般人所羡称的那种所谓海量。古代传说“文王饮酒独钟，孔子百觚”，王充论衡语增篇就大加驳斥，他说：“文王之身如防风之君，孔子之体如长狄之人，乃能堪之。”且“文王孔子乃率礼之人也”，何至于醉酗乱身？就我孤陋的见闻所及，无论是“青州从事”或“平原督邮”，大抵白酒一斤或黄酒三五斤即足以令任何人头昏目眩粘牙倒齿，惟酒无量，以不及于乱为度，看各人自制力如何耳。不为酒困，便是高手。

酒不能解忧，只是令人在由兴奋到麻醉的过程中暂时忘怀一切。即刘伶所谓“无忧无虑、其乐陶陶”。可是酒醒之后，所谓“忧心如醒”，那份病酒的滋味很不好受，所付代价也不算小。我在青岛居住的时候，那地方背山面海，风景如绘。看山观海，久了也会腻烦，于是呼朋聚欢，三日一小饮，五日一大宴，豁拳行令，三十斤花雕一坛，一夕而罄。七名酒徒加上一位女士，正好八仙之数，乃自命为酒中八仙。有时且结伙远征，近则济南，远则南京，不自谦抑，狂言“酒压胶济一带，拳打南北二京”，高自期许，俨然豪气干云的样子。一日，胡适之先生过青岛小憩，在宴席上看到八仙过海的盛况大吃一惊，急忙取出他太太给他的一枚金戒指，上面镌有“戒”字，戴在手上，表示免战。过后不久，胡先生就写信给我说：“看你们喝酒的样子，就知道青岛不宜久居，还是到北京来吧！”我就到北京去了。现在回想起来，当年酗酒，哪里算得是勇，简直是狂。

酒能削弱人的自制力，所以有人酒后狂笑不止，也有人痛哭不已，更有人口吐洋语滔滔不绝，也许会把平夙不敢告人之事吐露一二，甚至把别人的阴私也当众抖露出来。最令人难堪的是强人饮酒，或单挑，或围剿，或投井下石，千方百计要把别人灌醉，有人诉诸武力，捏着人家的鼻子灌酒！这也许是人类长久压抑下的一部分兽性之发泄，企图获取胜利的满足，比拿起石棒给人迎头一击要文明一些而已。那咄咄逼人的声嘶力竭的豁拳，在赢拳的时候，那一声拖长了的绝叫，也是表示内心的一种满足。在别处得不到满足，就让他们在聚饮的时候如愿以偿吧！只是这种闹饮，以在有隔音设备的房间里举行为宜，免得侵扰他人。

《菜根谭》所谓“花看半开，酒饮微醺”的趣味才是最令人低徊的境界。

在绵绵的亲情与中华民族的传统美德融合碰撞中，一个精灵伴着世情民风，和着滏阳河水奔腾的节奏，溶着两岸百姓的喜怒哀乐，化做了千古佳酿。这是我读完严树清先生所作《老白干传奇》的第一感觉。

美酒香飘千万里

高占祥

世人说酒，首推杜康，他所酝之甘醇浸透着中华民族的历史。几千年来，上至皇室禁苑，下到百姓黎民，无不为这神奇之物所倾倒。酒，它实在是承载了太多的民族文化：有江南丝竹，花红柳绿，碧透纱重，才子佳人低酌浅饮；也有关山明月，大漠秋风，战旗猎猎，戍边将士杯傲残阳；有庙堂宫殿，九五之尊天颜顿开，把酒话国事，治国方略臣服四海；更有山野樵夫，或在山涧中、林荫下，或在茅屋侧、官道旁，一壶浊酒喜相逢，道不尽人间思念，世事沧桑。这层层的堆积，成就了中华酒文化的厚重与绵长。

我总觉得，酒，看似一平常的白色液体，实是一种变化多端的神奇妙物，它倾若流玉，定似凝晶，时烈如火，忽冷如冰。它又似一个随时欲附体的百变魂灵，叫你莽撞，叫你缠绵，叫你勇敢，叫你沉沦，叫你恣肆无忌，叫你魂牵梦萦。可借之以高攀峰顶，不防时哀坠深渊。你尽可把酒临风，激情荡漾；还可以无人无我，宠辱不惊。它可为你蒙身掩过、护面遮羞；也会令你丢掉面具、毕露原形。正如作者书中所道：真言吐在席宴后，百态千姿各风流。

其实，天下万物均是一把双刃剑，不在其恶，不在其善，而在其用。纵观历史上各色人等，好酒者不乏其人，成功失败者林林总总。失败者因酒误人生，误国家，以至有人将酒列在“色、财、气”之前为四大祸根之首。然而看那些仗酒锄恶魔、蕴华章、扶社稷、平天下的成大业者，才是真正喝出了酒的真谛，品出了那“仁、义、礼、智、信”的文化精髓。

《老白干传奇》根据民间传说，以明清时代为背景，以老白干历史上知名的十八酒坊为题，写成了独立成章而有关血缘、亲缘、情缘的系列故事，既是一幅波澜壮阔的古镇酿酒图，又是一部老白干的兴衰传承史，使老白干增添了深刻的文化内涵。而且，本书还广涉衡水地域文化、传统民俗、地方特产，更堪称一幅多彩的民俗画卷。透过十八家酒坊跌宕起伏悲欢离合的传奇故事，可以感受到烧锅林立、酒香蒸腾、好人好酒、人酒相融的桃城遗韵，体味那商道诚信、救死扶伤、侠肝义胆、患难与共的酒乡情怀。既有张扬的个性，又有传统的美德。书中虽有天道轮回、善恶报应的内容，但更多的是教人向善，倡导诚信。这些颇与时代精神相合，有着积极的现实意义。

好酒是烧出来的，名酒是喝出来的。喝文化酒，品酒文化，是当今潮流，而酒文化的价值往往超越酒的本身。老白干流芳几世，虽有些传说典故，但却未形成系统文化，确是一大遗憾。走过悠悠岁月，直到今天，喜有树清先生动笔，以早年在老白干做工时酒坊师傅的启蒙，以对老白干钟爱至深的情感，以对酒文化的无比珍惜与崇敬，填补了这一空白。在全国独有的老白干产地，便有了这本特色鲜明的酒书，从某种意义上说，不仅是在抢救老白干的酒文化，更是在升华中国的酒文化，他所挖掘的传统内涵，也是在捍卫中华酒文化的尊严。

此书以简洁明快的话本语言特色，流畅的文笔，朴实的文风，辅之以颇见功底的诗词联赋，以文学形式为衡水酒追本溯源，是对家乡文化建设的一个突出贡献。我想，《老白干传奇》今后会与老白干酒如影随形、相融相伴而传世的。

纵观中华大地，各方地域文明特色独具，地方文化浩若烟海，中华民族文化正是由于各种地方文化的汇集而彰显了她分外迷人的魅力。衡水属燕赵之地，多慷慨悲歌之士。历史上多灾多难，杀伐声声，征战不断，造就了这里人们独具特色的豪迈性格。正所谓人如其酒，酒如其人。同时在战争的间隙里，也出现了不少文人墨客，传下了许多民俗精髓，而这些民俗文化许多与老白干互为载体。细品《老白干传奇》，你会不自觉地走到冀南风土人情的生活中去，同喝了老白干一样飘然若仙。然而掩卷沉思之际，当知抢救地方民俗，张扬地域文明，乃当今为文者不可推卸的责任。树清先生非专业作家，此番所为，实乃义举，其志可嘉，其行可敬。愿更多的人都行动起来，投入为地方文明立言、为地域文化作志的行列之中，则伟业可就，大事必成。

(此文是高占祥同志为《老白干传奇》
一书写的前言，启迪深远。标题为编者加)

祝酒歌

——林区三唱之一

郭小川

三伏天下雨哟,雷对雷,
朱仙镇交战哟,锤对锤;
今儿晚上哟,咱们杯对杯!
舒心的酒,千杯不醉;
知心的话,万言不赘;
今儿晚上啊,
咱这是瑞雪丰年祝捷的会!

酗酒作乐的是浪荡鬼;
醉酒哭天的是窝囊废;
饮酒赞前程的是咱们社会主义新人这一辈!

财主醉了,因为心黑;
衙役醉了,因为受贿;
咱们就是醉了,也只因为生活的酒太浓太美!
山中的老虎呀,美在背;
树上的百灵呀,美在嘴;
咱们林区的工人啊,美在内。

斟满酒,高举杯!
一杯酒,开心扉;
豪情,美酒,自古长相随。

祖国是一座花园,
北方就是园中的腊梅;
森林就是花中的蕊。
花香呀,沁满咱们的肺。

祖国情呀，
春风一般往这儿吹；
同志爱呀，
河流一般往这儿汇。
党是太阳，咱是向日葵。
广厦亿万间，
等这儿的木材做门楣；
铁路千百条，
等这儿的枕木铺钢轨。
国家的任务是大旗，
咱是旗下的突击队。

骏马哟，不用鞭催；
好鼓哟，不用重锤；
咱们林区工人哟，
知道怎样答对！

且饮酒，莫停杯！
三杯酒，三杯欢喜泪；
五杯酒，豪情胜似长江水。

雪片呀，
恰似群群仙鹤天外归；
松树林呀，
犹如寿星老儿来赴会。
老寿星啊，
白须、白发、白眼眉。
雪花呀，
恰似繁星从天坠；
桦树林呀，
犹如古代兵将守边陲。
好兵将啊，

白旗、白甲、白头盔。
草原上的骏马哟,
最快的乌骓;
深山里的好汉哟,
最勇的是李逵;
天上地下的英雄啊,
最风流的是咱们这一辈!
目标远,大步追。
雪上走,就象云里飞;
人在山,就象鱼在水。

重活儿,甜滋味。
锯大树,就象割麦穗;
扛木头,就象举酒杯。
一声呼,千声回;
林荫道上, 机器如乐队;
森林铁路上,火车似滚雷。
一声令下,万树来归;
冰雪滑道上,木材如流水;
贮木场上,枕木似山堆。
且饮酒,莫停杯!
七杯酒,豪情与大雪齐飞;
十杯酒,红心和朝日同辉!

小兴安岭的山哟,雷打不碎;
汤旺河的水哟,百折不回。
林区的工人啊,
专爱在这儿跟困难作对!
一天歇工,三天累;
三天歇工,十天不能安生睡;
十天歇工,简直觉得犯了罪。
要出山,茶饭没有了味;
快出山,一时三刻拉不动腿;

出了山,夜夜梦中回。

旧话说:
当一天的乌龟,
驮一天的石碑;
咱们说:
占三尺地位,
放万丈光辉!

旧话说:
跑一天的腿,
张一天的嘴;
咱们说;
喝三瓢雪水,
放万朵花蕾!

人在山里,
木材走遍东西南北;
身在林中,志在千山万水。
祖国叫咱怎样答对,
咱就怎样答对!

想昨天:百炼千锤;
看明朝:千娇百媚;
谁不想干它百岁!
活它百岁!
舒心的酒,千杯不醉;
知心的话,万言不赘;
今儿晚上啊,
咱这是瑞雪丰年宣誓的会。

1962年12月记于伊春
1963年2月1-28日于北京

品酒观尘世

从维熙

一壶酒，一个人，独坐在临街餐馆的窗下，一边喝酒，一边看大千世界的人间百相，是一种人生情趣。望人群如蝼蚁般穿行，见车辆如过江之鲫，在熙熙攘攘的都市奔忙，更觉一个人的闲雅之乐。古人说人生“难得寂寞”，这是指人到晚年之后，才能有的一种思绪；严格地说，这是进入老年之后，才能步入的另一种境界。

十几年前，我还没有独饮的酒习，常常是在频频的碰杯声中，走向感情的极致。记得，1990 年的 1 月 6 日，我的书斋里曾聚集了 20 多位友人，大家一一举杯，直到尽欢尽兴后才各自离去。随着生命年轮的增长，一些同辈的友人进入老年，有的丢开了酒杯，有的友人 (如叶楠、朱春雨) 因癌症提前去了天堂。于是，昔日留下的那盘聚集书房饮酒畅谈的录像带，就成了我回忆往昔友人的一个尤物：王蒙、张洁在 15 年前的爽声大笑，国文与心武的杯前低语；莫言、抗抗与晓声的酒后红腮，都成了我回忆往昔时的一种精神享受。之所以如此，15 年流逝过去之后，酒的知音越来越少了不说，一些昔日善饮的友人，大都活得越来越科学，把烧膛美酒视若长寿之大敌了。我则无意改变生命轨道之坐标，这是因为我没有死在 20 年的风雪驿路上，自视为是“超期服役”的士兵之故，已然是物超所值，因而对白酒无所畏惧———正好与友人们的忌酒行为相反，我每天要饮上几杯，在杯中享受中国美酒的甘甜凛冽，并品味时尚生活中的人生百象。

说来也巧，刚过正月十五元宵节，我又到楼下的餐馆独饮，正饮到得意之时，突然从我眼前走过一个熟悉的人影，我喊了一声：“这不是海岩吗？”

“你怎么在这里？”他发现了我，亦觉十分惊奇。

“我怎么不能来这里？我是这里的常客。这话应该我来问你，你这个五星级饭店的老总，怎么到这小小饭铺里来了？”

“有缘千里来相会。”海岩说，“这是缘分使然！”

他之所以这么说，因为就在不久前，海岩邀我和姜文一起大喝了一回五粮液。想不到时隔不到一个月，他与我又在这里见面了。

他看了看我桌上的破旧酒瓶，问我喝的什么酒。

"败絮其外，金玉其中。" "怎么讲？"

我说为了携带方便，也是避免引人注意，我把茅台酒倒进小瓶子里，你喝一口便知其味了。饭馆女老板是个文学迷，听我叫海岩的名字就奔了过来，除了免去埋单，还特意跑回家里，取来数码照相机，与服务员一块合影留念。她说："看起来古人留下'真人不露相'这句话，是个普遍真理，从来不修边幅，初来我们这儿吃饭时，我还以为是哪个单位看大门的呐；你们这行的人，真有点'败絮其外金玉其中'，看海岩老总这身打扮，不就像个小小办事员吗？"

这是我独饮中的一个小小插曲。另一个酒事趣话也让我久久难忘：有一天我正在临窗的小餐桌上独饮，一个"的哥"把汽车停在了窗外的停车坪上，走进餐馆进餐。大概是出于能时刻看到他的宝贝汽车之故，餐馆内那么多空位子不坐，偏偏遴选在我的对面坐了下来。酒香对于酒人来说，是有着强烈感染作用的，他开口就要了一小瓶"二锅头"。我开始不安起来，因为酒精对于开车这个行当，等于是无形的凶猛杀手，于是我向服务员要了一盒"太子奶"，推到他的面前，同时用手指了指餐桌旁张贴着的宣传画。这张画是公交局张贴在餐馆墙壁上的，画面上一个交警用指挥棒指点着两行醒目大字：司机一滴酒，行人千行泪。

这位中年司机顿时愣住了。他面孔木呆了片刻，然后对我说："感谢您老的提醒，可是您是怎么知道我是司机的？"

我向窗外示意地看了一眼。

他苦笑着说："干我们这一行的，天天疲于奔命，闲下来就想喝上两口。"

我把他那瓶"二锅头"拉到我手边说道："我留下你的酒，你就喝我要的这盒奶。算是等价交换吧。怎么样？"

老"的哥"是个爽快人，一扬脖子把那盒"太子奶"一饮而尽。这是我独饮时的第二个趣话。

我喜欢一个人，一边品味酒香，一边眺望窗外的纷繁尘世。街道上车水马龙，每个人都在生活的圆周中旋转：外地来京的打工者，急如星火地穿梭于街道上寻找生计；北京的大爷们，手提鸟笼悠悠荡荡在享受人间的清闲；有车族开着轿车匆忙过，去开拓新的生财之道；一些时尚男女喃喃而谈，不知彼此倾吐的是真情，还是假意；一些城中新兴起来的养狗族，对宠物在街头拉屎撒尿装作目盲，还要装出一副白领的风姿，以炫人耳目；只有那些蹬着平板车收购旧电器的人，那一声声的吆喝，无装饰地展示着打工族的艰难人生。

是不是出于职业本能，我也常常在这临街餐馆里，品味多彩的七色人生。凭着我那双解读人生的眸光，不难分辨出哪个是出卖肉体的“鸡”，哪个是出卖“尘根”的“鸭”；哪个是公款消费的官员，哪个是自掏腰包的庶民百姓；哪个是一夜暴富的小老板，哪个是败走商海的不幸儿……凡是戴有乌纱帽的食客进来，举手投足之间都带有一种“舍我其谁”的官气。有一天，我认识的一位文官，带着同僚走进餐馆，因为我坐在餐馆的窗角，他没有看见我，我却看见了他，于是一场文官无行的表演开始了：他要了一瓶麻袋形的“酒鬼”酒，当与同僚们喝到腾云驾雾之际，他先说文坛张三，又议文坛李四；说到得意之处时，便自吹自擂开了：你们知道当个文联的头头容易吗，除了你要会写文章之外，还要有应对上下的本事。文坛自古就是是非之地，今天文坛更是上下左右、八面来风的风口，哪边吹来的风，你都不能不加理睬，不然的话你头上的乌纱，就会被刮到天边去……我不禁暗暗窃笑起来，酒浆真是好东西，昔日这个人面狗脸，只会把标语口号冒充诗歌写的“诗人”，当上文官之后依然是那分德行。几杯烈酒进肚之后，便在这儿自摆“乌龙”了。这与我在会议上见到道貌岸然的他，判若两人。酒浆真是一剂汤药，它能让人去掉假面，还其本来的原形，酒魂之功力何其妙哉！细想起来，这也不是他一个人独有的毛病，中国文人自古就遗留下这种畸形。被后世誉为诗仙的李白，在奉召进长安时，不是也留下“仰天大笑出门去”的心灵自白吗，何况天下芸芸众生乎？看范进中举时神魂颠倒的样子，真是差点得了脑血栓。但中国文学史上，也留下与钻营仕途的文人绝然异同的肖像，晋时的陶渊明自摘乌纱之后，到桃花酒泉去喝他自己酿造的美酒；《儒林外史》中的王冕，却拒谢了朱元璋让他进朝为官的圣旨，依然当他与大自然为伍的牧童。古人说得好：“人各有志，不可强求。”因而人生就像城里的立交桥那般，东、西、南、北、中，各走各的道。

但是当我们回首历史时，不难发现一个真理：文人好的诗章，多投胎落魄于边缘文人的胸腹之中。不信，请看那些在唐代既当过官、后来又被贬官发配边塞的诗人之作，无论是李白还是白居易，抑或是骆宾王、刘长卿、柳宗元、刘禹锡、元稹、王昌龄……他们在逆境中的诗作，都超越了飞黄腾达时的自己。

为什么？因为他们从社会中心移位到了社会边缘，也许只有人在边缘，精神才更加清醒，眼睛则更容不得沙尘。这是我临窗独饮时，突然迸发的人生奇想……

（标题为编者加）

谈谈饮酒上头

宋书玉

饮酒后上头（指饮酒后产生的头晕、痛、胀等现象，俗称“上头”）的问题,众说纷纭。消费者谈上头：酒精酒不能喝,喝了要上头；要喝粮食酒，粮食酒不上头。不能喝勾兑的，这种酒上头；要喝酿造的，喝了不上头，等等。业内人士也谈上头：新工艺白酒不上头，干净，杂质少；曲酒不能喝，杂质大，上头。要喝老酒，不能喝新酒，老酒不上头，等等。

酒为什么会上头呢？我们必须先弄明白这个问题。是酒就醉人，我们探讨的问题是界定在饮后头痛和其他较重的不适反应上。大家知道：我们饮酒后，90%的酒进入血液，通过乙醇脱氢酶和乙醛脱氢酶在肝脏进行氧化代谢。这两种酶在不同人体内的多少，决定了分解酒精的快、慢。但这两种酶在人体内的含量受身体状况、情绪等原因不一，从而表现在饮量或饮后有不同的反应。但是我们的酒中不光是酒精和水，还有许多香味物质，除酸类物质外，其他物质随分子量的增大在人体内的氧化时间加长。换句话说这些物质含量高我们饮后的不适反应会加大。再有就是一些有毒物质比如甲醇含量高对人的损坏程度很大，甲醇主要破坏人体血液中的蛋白质和损伤人的神经系统。这些都会让人头晕头痛即就是所说的“上头”。从理论上我们明白了饮酒上头的原因，我们下面探讨一下上头形成的几种状况：

一、品质上头：由于酒中高于乙醇分子量的化合物含量高，造成人体氧化这些物质时间加长从而引发饮后口干、头痛不适反应。小酒厂由于技术原因往往大量添加酯、醇等香味化合物从而导致品质上头。或劣质基酒中含有较高的甲醇、低沸点的醇、醛物质更易造成品质上头。品质上头是由于酒的内在品质引起的，因此它是饮后上头的主要原因。

二、感觉上头：由于酒的感官质量缺陷，比如酒体不协调，辣、苦等感官质量问题，消费者在饮用时，这些感官质量的不足影响了其心理，从而影响酒在人体内的代谢，由此引起的饮后不适反应，我们称作感觉上头。在酒的加工过程中勾兑、调味工艺不精，酒中香味物质的平衡关系把握不好，批次质量稳定性把握不好，就容易导致酒饮用者感官反馈大，因此容易引起感觉上头。

三、感情上头：由于某一品牌市场运作的缺陷，消费者对某个品牌酒不感兴趣甚至产生反感，一看见这个酒就心烦。喝了易上头，或怀旧情结，放了很多年的酒拿出来，增加喝的兴致与欲望喝了易上头；新出的同样的酒总感觉不如原来的老酒，有先入为主的心理，喝了易上头，等等。

四、情绪上头：饮酒的环境、气氛、场合、饮伴、心情有异也会引起上头。

五、身体上头：身体原因，患病、服了某些药、过度疲劳等。以上我们对饮酒上头问题作了一个粗略的探讨，了解了饮酒上头的原因和产生的几种情形，下面就本文开头消费者与业内人士关于饮酒后上头的几种观点做一些分析。我们先谈一下业内观点。本文只谈新工艺白酒不上头，传统工艺曲酒上头这个问题。

这个观点正确吗？真是这么回事吗？为什么会有这个观点？我们是不是从以下几个方面做一些分析：

一、我们应先从这两类酒的构成作一个分析：新工艺白酒是指以酒精为酒基，适当加入少量曲酒、添加剂勾兑而成的白酒。传统工艺白酒是指以传统工艺生产的酒，我们通常说的曲酒。由于曲酒生产是开放式的自然发酵，不同季节、不同车间、不同班组、不同操作、不同窖龄、不同馏份、不同贮存期，等等，从而打造了千姿百态的酒。我们做某一个品牌、档次的酒总不可能今天一个味、明天一个味吧？但有这么多不同，做成一个稳定的味，难！新工艺白酒基础是酒精，添加剂可以根据酒的特点固定配方，曲酒加入的越少对其整体影响越小。此工艺做出的酒达到一个稳定的味，易！由于技术水平达不到，用曲酒难做成一个稳定的味。消费者饮用时，此时、彼时感觉不一样，从而容易引起感觉上头。用曲酒作酒基，由于勾兑、调味技术水平的原因造成酒的辣、苦、不协调等不愉快的感觉，从而引起感觉上头。由此引发了曲酒上头之论。我们没有能力把握好这天造之物，我们只好将其上头之责归咎于它。如此有曲酒上头之论，可谓：不明白。由于曲酒越多越不易稳定酒质。为了做起来容易我们业内有些人在说：曲酒少加点！做出来的酒易上头。

二、曲酒多少与上头有直接关系吗？无论你采取什么工艺生产一个同是国家优质标准的酒，也就是曲酒通过自然发酵产生各种香味物质达到国家优质标准，新工艺白酒通过添加剂达到国家优质标准。也就是其质量指标是一致的，从品质角度讲对人体的影响是一样的。曲酒的多少与上头问题无丝毫关系。如此有曲酒上头之论的话，真是莫须有。而在实际生产实践中，新工艺白酒为了达到国家标准大量添加醇、酯化合物，这些化合物不是自然发酵而来，伴有很多杂质，因此恰恰是新工艺白酒较容易导致品质上头。

三、曲酒多少与酒的品质有关系吗？白酒的同质化现象就是新工艺白酒技术的“杰作”，新工艺白酒与传统曲酒的技术构成有非常大的区别。个性化白酒的创造离不开传统曲酒，高品质酒的创造离不开传统曲酒。关于传统曲酒的核心技术，以及传统曲酒的地位、作用。本人在关于“曲酒南迁”和“关于丛台酒品牌定位”文中已经详细阐述。总之，香气优雅，绵柔醇甜，回味悠长，风格独特的丛台酒必须依托我们曲酒生产工艺技术。茅、五、剑靠新工艺白酒能铸就吗？答案只有一个，决不可能！上头之说何来？有人喝了“曲酒之酒”后曰：此酒上头矣！岂不知此类曲酒酒度多在五十度以上，该君数学差矣，喝了半斤孰不知已相当四十多度酒八两有余。酒喝过量怎不上头？此曲酒上头之论：可叹。

四、历史原因：新工艺白酒为什么会有不上头之说除上述的一个原因外，另一个主要原因是酒精提纯技术的大幅度提高，酒精中杂质含量大幅度降低所致，尤其是酒中甲醇和其他高级醇的有效控制使酒精更加纯净。想一想十年前，恐怕没有一个业内人士说新工艺白酒比曲酒好，不上头。由于酒精提纯技术提高了，应该肯定新工艺白酒技术有效解决了劣质曲酒的杂味问题。换而言之，如果遇到了劣质曲酒，酒精是比较好的遮羞布。但是如果是低质酒精，谁也难遮其羞，必然导致品质上头。曲酒呢？只有靠酒精解决我们的杂味吗？十年了曲酒都干了些什么？生物工程技术的引进，大大提高了曲酒的质量，长排发酵工艺极大提高了曲酒的个性风格，蒸馏技术的提高有效控制了曲酒的杂质，分段调酒技术的应用同样有效控制了酒中高级醇的含量，分极入库使曲酒的质量更加精益求精，高氧陈贮工艺使酒中杂质在贮存中被氧化。传统曲酒在保持、发展其独特的香、绵、甜的个性风格基础上，也在渐渐走入爽净时代。计算机勾兑、调味技术的应用，最大限度稳定和提高了曲酒质量。换而言之，就是我们上文提到的曲酒的众多不同，不同季节、不同车间……我们用此技术无论多少个不同，我们都可以造就出一个稳定品味的丛台酒，用先进的科学技术将天造之物把持得得心应手。可以肯定地讲：十年来，高、新技术不断植入中国传统的曲酒工艺，使其工艺技术取得了大的进步，有了质的提高。如此还有曲酒上头之论的话，可真是……

综上所述，大家有关饮酒上头的一些问题有了一点认识，就新工艺白酒不上头，曲酒上头之说我们做了较深入的分析探讨。意在增强我们的信心：坚定不移地发展我们的核心技术，实现我们打造历史文化名酒基地的宏愿。

2003 年 7 月 10 日

借酒造势酒生辉

——公关与酒

孙　晓

“公共关系”这个词对中国是外来语，这个现代名词的英文是 Public Relations.简写 PR，含意为“通过宣传手段而建立的”与公众的联系。这里的“宣传手段”不仅仅限于当今通过信息调整公路、电视、电台、电影、报纸、书籍、画册、灯箱等而完成的现代宣传手段，它还包括人的语言和人的行为等原始的宣传手段。这里所说的“公众”，它的外延也很大，它可以是一个城市的公众，一个地方一个国家甚至是全球的公众。根据公共关系的含义，可以知道中国的公关历史源远流长，影响深远，可追溯到春秋战国年代，甚至更远，它影响着中国乃至世界文明史的变迁。春秋战国时期苏秦、张仪的合纵联横是我国外交公关的典例；张骞两次出使西域促进了民族的大融合和华夏文明史的进步，同时开辟了维系中西文明流芳百世的“丝绸之路”；郑和七次下西洋拓开了中国外交的道路，向中国引进了海外文化的同时向世界传播了中华文明；孙刘联兵共抗曹操而有三分天下；抗战时期中国共产党提出“中国人不打中国人”的口号是反对内战一致抗日的全民族的公关宣传。

这里不把宏观的“公共关系”拿出来展开论证和剖析，仅对公关与酒做微观的论述。当然在此论述的也不是酒在公共关系中发挥的作用，因为酒在公关中所扮演的催化剂的角色已为人们所熟知，本文立足点定于酒的市场战略中公关显示出的神奇魅力。

提到酒界公关，不能不涉及铁流这位被媒介誉为公关先生的人，因为他创造的几个有关酒的公关案例在酒界公关中是特出无二的。谈起铁流的公关首先得从他的传奇经历和他在长期公关活动中总结出来的公关理论入手。铁流童工出身，成都解放时参加革命成为国家干部，靠自学又成为记者、作家，1957 年被错划为右派，尔后沦为囚徒，二十三年后出狱重操旧业仍当作家、记者，改革开放风起投身商海，几经波折终于定位搞公关，创造了一个个公关奇迹。传奇色彩的人生经历给了他智慧；二十三年的囚徒生活给了他勇气；记者生涯给了他敏锐。这些都给他日后成功的公关活动提供了铺垫。他认为，还处在发展阶段的中国公关目前存在两个误区。陷入从理论到理论误区的公关者，只会纸上谈兵，不能成功的策划和操作一个公关活动；陷入庸俗化误区的公关者，认为公关无非是请客送礼，甚至认为公关就是漂亮小姐的脸蛋。其实，公关是一种高智商的思维活动。一个优秀的公关人必须具有敏锐的观察力，善于发现事物；必须具有准确的判断力，善于抓住事物；必须具备丰富的想象力，善于发展事物。最重要的是一个成功的公关人必须具备发现新闻制造新闻的能力，他把公关过程浓缩为六个字：借势、创势、用势。他认为公关的过程就是借势、创势、用势的过程。

借势，即借花献佛，采他山之石攻自己之玉。公关中的借势就是借客观存在之势，为自己的终极公关目的服务。在中国最讲政治和人的思想，根据这种国情在中国搞公关借势显得尤其重要。这就要求公关人搞任何公关活动都必须吃透政治，因为你的公关活动不合潮流，流产的可能性就很大，即使是免遭流产也不可能达到预期的公关目的。达不到公关目的只能是一次失败的公关。铁流在“千里冰之夜毛泽东诗词朗诵晚会”“亚运会壮行酒”“川酒进京展”三个有关酒的成功公关中都很好地把握并最终成功地借助了客观存在之势，达到了预期的公关目的。“千里冰之夜毛泽东诗词朗诵会”是借势、造势、用势达到公关目的典型例证，山东有个县级小酒厂得了地区级奖励，想借此开新闻发布会宣传企业和产品。找到铁流，要铁流帮助在人民大会堂召开新闻发布会并邀请中央领导参加实非易事，必须借个势才能使企业如愿。最后铁流在企业产品的商标名称上找到了灵感，该企业产品的商标是“千里冰”，铁流联想到毛泽东的著名词作《沁园春·雪》中的名句“千里冰封，万里雪飘……”加之1990年由于政治和心理原因朝野上下都呈现出一种浓烈的毛泽东情结，各种旧歌特别是有关毛泽东的歌曲重新火爆起来，大街小巷老少皆在传唱，有关毛泽东的纪念品也随处可见，毛泽东的画像甚至挂满了各种汽车，如果借助当前的毛泽东情结这个大势，肯定能成为新闻热点形成轰动公关效应，从而达到宣传企业及产品的目的。“亚运会壮行酒”公关实施在北京亚运会前夕，当时全国向亚运会捐款捐物甚为踊跃，四川红楼梦酒厂虽是个乡镇小厂也不甘示弱，欲送500盒礼品酒给亚运会，找到铁流要他出主意通过送酒这件事在全国发新闻以便提高企业和产品的知名度。然而当时亚运会集资处有个不成文的规定，捐资不足20万不得见报，区区价值2万元的礼品酒虽不能说是白送，却也无法达到企业预期的目的。铁流认真翻阅各种材料以图找到可借之势，最后他发现了亚运会集资助处专管亚运会的集资事宜，全国的捐款物都汇集于此，代表中国参加亚运会比赛的中国体育代表团应是全国关注的焦点却受到了冷落，铁流认为这是个可借之势，当你受到冷落时再微不足道的小馈赠也足以使你感到欣喜予以欢迎。由此断定礼品酒有送必收。“川酒进京展”公关，出于偶然，铁流走进一有名为“九州醇”的名酒店却不见素有“名酒之乡”的四川酒。酒店经理说川酒未进京的原因是路途遥远运输不便，铁流认为最主要的原因是四川酒缺少宣传意识，外国货离北京更远不是照样漂洋过海来到中国吗？铁流由此发现了一个公关契机，何不抓住川酒未进京的情况下举办川酒进京展，正愁产品销路不畅的川酒生产企业对此必然反应强烈，优质的川酒进京定会受到北京商家和消费者欢迎，承办者办成了此展销会也必然是名利双收，一石二鸟何乐而不为。铁流与名酒店老板一拍即合，最后决定名酒店老板在京办理展销会的各手续，铁流去四川组织参展企业。

借势就是为公关活动寻找一个可靠的依托即做到师出有名，但是光有客观存在的势可借还不行，这仅仅是外因，外因是事物发展的前提，必须通过内因才能发挥作用。在公关策划中如果“借势”是外因，那么“造势”就是内因。在借势的基础上再造成直接经济损失一个势在必行即再制造一个新闻热点以引起社会的关注，发布大量新闻达到树立企业良好形象创造经济效益的目的。“借势”凭借的是公关策划人敏锐的洞察力，造势是策划人独特的思维力、想象力、号召力、行动力的综合反映。“千里冰之夜毛泽东诗词朗诵晚会”公关决定借助“毛泽东情结”这个大势，下一步就是造势，势怎么造？铁流把活动的名称定为“千里冰之夜毛泽东诗词朗诵晚会”后，决计在晚会的地点时间上造势。开会的地点必须庄严，时间的迁择要突出政治色彩和纪念意义。只有在庄严的地方举办富有政治色彩和纪念意义的活动，才有把握把要请的中央领导全部请到，这样方能引起新闻界的关注，新闻出来了，宣传的目的也达到了。最后决定活动在人民大会堂举行，时间定于1990年12月25日毛泽东诞辰九十七周年纪念日的晚上。晚会上凡请到的中央领导都参加了，一个原来是商业行为的发布会变成了全国上下都积极参与的富有政治色彩的晚会。第二天新华社发了通稿，全国各大报纸都在重要位置上刊出了这个消息。“亚运会壮行酒”公关，找到了可借之势：本应是关注热点的中国体育代表团受到了冷落，故酒有送必收。收是收了，能出新闻吗？如果出不了新闻，就达不到宣传企业的目的。必须在送酒的方式上再造一个势。铁流从中国体育代表团即将参加亚运会比赛这件事联想到古代将士出征的场面和“风萧萧兮易水寒，壮士一去兮不复返”的古诗，于是用“壮行酒”的名号向亚运健儿送礼品酒以突出新意，并写了慷慨激昂的诗词制成金匾与礼品酒一同赠送给中国体育代表团。赠酒仪式在国际饭店举行，仪式上请来了荣高棠和中国体育代表团副团长刘吉和两个秘书长。每个代表队派一名代表领取红绫包裹的壮行酒，场面古色古香，慷慨激昂，当天晚上中国电视台和北京电视台做了报道，第二天新华社发了通稿。这个公关使红楼梦酒厂的知名度得到大大提高，该厂借机开发出了新品种“壮行酒”，并带来了实际的经济效益，在当年的“全国粮酒秋交订货会”上该厂的订货突破3000万元大关。“川酒进京展”公关借“信息不灵导致川酒遭埋没”这个势，光有这个势可借还不行，还不足以达到使四川酒厂积极参与的目的，要想叫川酒积极响应川酒进京展，必须再造一个势。首先把这次展销会的举办时间定在国庆46周年前夕，宗旨是：迎接建国46周年川酒进京展风彩。这样就给活动赋予了政治色彩。然后又采取广告烘托渲染，广告创意富有煽动性和感染力：首都北京，祖国心脏，各种名牌，争奇斗艳。是名牌敢于亮相，是优质敢于接受考验。欢迎你们，热烈地欢迎你们，带上你的产品到北京。参加展销订货会。四川酒厂看到广告，反应强烈，不到20天有400多家企业报名参展，仅几日的展期，成交额就高达1600多万元，首都各大报都做了报道，称这次展销会是建国以来最大的一次地方酒订货展销会，并掀开了中国地方之间展销会的序幕。

随着市场经济在中国的发展和渐趋成熟，公关已渗透到社会的每一个毛孔，并散发着其特有的魅力。公关是高智商的思维活动，成功的公关可以制造一个个神话，它靠客观存在之势和伙创造之势点石成金，撒豆成兵，化腐朽为神奇，这在公关的市场行为中得到了很好的印证。

“遵循孔孟之道造酒”之我见

李红军

1998年春天，在我们千台春刚刚起步时，导入了“企业理念（MI）识别系统”——“酿醇酒、做好人”。随着千台春酒“中国满族第一酒”的产品定位，企业核心理念已发生变化，原有理念“酿醇酒、做好人”已完成其历史使命。升华原有理念、改进企业文化摆在我们面前。

升华、改进——是满族精神“开拓、进取、包容、创新和学习”的具体体现。

2005年8月27日，我们提出了新的企业理念：“遵循孔孟之道造酒”，2005年9月2日我署名文章在企业网站上发表。

当我们提出“遵循孔孟之道造酒”这一新的企业理念时，一些人士感到困惑，甚至心有余悸：“文革”时曾被批得体无完肤的“孔孟之道”，你却如获至宝把他作为企业的新理念？朋友们的不解与担心，是可以理解的！思想的传递特性，不仅表现在横向的交流与传播方面，而且还表现在历史的延续和继承方面。几千年的“孔孟之道”能传递到今天，而且还相当有生命力，就充分说明：传统文化的精华，只有在当代社会中才能作为前进的动力而成为发展的坐标，而最终要服务于现实社会的。

胡锦涛总书记提出“八荣八耻”的社会主义荣辱观，就是以“孔孟之道”为核心的传统文化与现代社会文明的最佳有机结合。

日本、韩国、新加坡、中国台湾四小龙的发展，都借助了“孔孟之道”，耸立在美国纽约唐人街的孔子塑像，足可证明现代文明需要传统文化，尤其需要以“孔孟之道”为核心的传统文化作为依托。因此，我们要在遵循民族传统文化，立足民族传统文化的基础上，丰富和完善企业理念，健康发展企业。

“孔孟之道”是国人千百年来思想体系的核心，它对中华民族的发展与进步起到了应有的积极作用。

1. 我对“孔孟之道”核心内容“仁、义、礼、智、信、和”的理解，以及“六字真经”对我们企业生产、经营的指导作用。

“仁”是孔子学说的最高道德标准，是孔孟思想的核心，也是中国传统文化的一个重要内容。“仁”的本意是“相人偶”及表示人与人之间的关系。“仁”字“二人”为仁，是人与人之间的亲善与友爱。仁者，爱人也。具体而言：“夫仁者，己欲立而立人，己欲达而达人。”孔子强调：自强不息，善为人谋，再简言之，“成己达人”。如果“成己达人”是做人的最高标准。那么孔子的做人最低水准是什么呢？“己所不欲，勿施于人”就是做人的最低原则。程学将“成己达人”奉为金律，把“己所不欲，勿施于人”奉为银律。学生问孔子：“有一言可以终身行之者乎？”曰：“其恕乎。己所不欲，勿施于人。”孔子还说“孝悌也者，其为仁之本也”！告诫人们：孝顺父母，尊敬兄长这些是“仁”的根本！

实施符合人性的仁道管理，在当今社会有着十分重要的意义，超越竞争的仁道管理，才能显现人类最高的道德水准，才能最大限度激发被管理者的潜能。“仁者爱人”领导者以此理念关心人、爱护人、尊重人，才能将潜在的力量最大限度发挥出来，为企业的发展献计、献策。

“善人者，人亦善之。爱人者，人亦爱之。”“仁者友众，爱人者路宽。”我们酿酒企业以这样的态度服务于消费者，自然会赢得消费者的青睐与厚爱。

“义”即是“理”也就是“宜”孔子说：“行而宜谓之义。”“义”指某种管理制度及原则符合社会共众利益。孔子还说：“无可无不可。”就是说：任何管理制度与措施，如果得其宜，便可；若失其宜就不可。任何管理都不是“万灵丹”都必须随时随地的调整，其可以与不可以，要靠理（义）来裁判与评定，才能真正的做到“合理化”。

“义（理）”与利二字，历来被认为是格格不入的，其实在我们酿酒企业，二者看似矛盾，却又是统一的。我们酿酒企业以“义（理）”为出发点，去满足不同消费者需求，在这施“义（理）”过程中，取得了消费者回报，获得利润。我们用获得的利润去武装自己，配备更好的超强的分析仪器，添加酒精强滤设备，添加调浆用水超滤机，添加容量数控酒机……“义（理）”与“利”相铺相成，是我们酿酒企业良性循环发展的合理取向。

“礼”，就是“法”。企业的员工再无拘无束、自由自在，也得接受限制：即“礼（法）”。“礼”在我们企业里就是典章制度与行为规范，表现为管理制度化。我们的制度经常的、合理的调整以便更加“合理”员工觉得公平，才是合理化。我们要求员工“遵礼而行，非礼勿做”，营销人员“执礼而行”，以赢得经销商、消费者的信赖与欢迎，潜移默化提升营销业绩。

“仁、义、礼”的通俗解释是“情、理、法”，它代表了“孔孟思想”的三种不同层面构成的观念架构。应该说中国式管理的核心，就是“情、理、法”的管理。凡事“以情为先”，彼此“所重在理”，“情”、“理”讲不通的时候，有理有节，不得不“翻脸无情”，搬出“法”来，才不会让人觉得残酷无情。我们在企业的管理中，仍以“情”、“理”、“法”为管理的最高准则。

我们说：一个人的传统素养越高，这个人吸收现代化意识越强。今天我们必须认真吸取传统文化的素养，掌握自己的管理哲学，运用西方国家先进的管理工具与方法，总结出有自己特色的、现代化的、中国式的管理模式与方法。

“智”，孔子提倡“智者不惑，仁者不忧，勇者不惧”。“智”在我们酿酒企业表现为知识、技能、智慧、工艺、理念、领导艺术、营销手法……是企业核心竞争能力的体现，我们认为当今企业的竞争是核心能力的竞争。

“信”，孔子说：“人而无信，不知其可也。大车无輗，小车无軏，其可以行之哉？”民无信不立，企无信不存！信是质的表现与根本，是企业赖以生存的基本条件。

我们酿酒企业的“信”更为重要。2006年3月13日抚顺晚报《今年第一期流通领域食品厂质量抽查结果发布》“……共抽检白酒6个批次，合格2个批次，合格率33.33%，我市的千台春酿酒有限公司生产的40%500ML瓶装千台醇白酒抽检结果，各项指标均达到国家标准，全部合格。”这是我们2001年生产出厂的酒，2006年抽查依然合格如初。历时五年，醇香如故。优质的酿酒原料虽然贵缺，产品品质不能少，更不能以次充好，此乃根本。酿酒工艺流程虽然繁琐，绝不可删减一二，所酿之酒必然为消费者信赖。

“和”，孔子讲：“君子和而不同，小人同而不和。”“礼之用，和为贵，先王之道，斯为美，小大由之。有所不行，知和而和，不以礼节之，亦不可行也。”“和”指个人心态平和、和缓，又指人际之间、社会各阶层之间的和谐、和睦、和平、和缓、合作，以及“和而不同”的处理各种社会矛盾的政治主张。

我们酿酒企业可以将“和”定义为：保持与企业利益一致者的和谐、和睦、合作以维持企业持续的增长与发展，并能顺应市场经济及社会发展规律，与时代发展相呼应的一种酿酒企业的个性世界观。酿酒企业的“和”，它可以减少内部争斗，避免相互掣肘，广大员工团结一致、风雨同舟，形成坚如磐石的共同体，是战胜艰难险阻、发展壮大的保证。

孔子所倡导的“和”，对当今社会的“和谐社会”乃至“和谐世界”都有着深远的历史意义。

博大精深的孔孟之道：仁爱、重德、崇孝、中庸、忍让、倡俭、忠义……依这些千年古训用来指导企业经营、构筑员工的思想体系、丰富企业特色文化，是任何方法都无法比拟的。“遵循孔孟之道造酒”形于内，必然提高管理水平、改善产品质量；宣传于外，必将增加产品知名度、美誉度，赢得消费者信赖。这就是我们提出“遵循孔孟之道造酒”作为新时期企业理念的初衷。

我们还清醒的认识到：被无限尊崇的“孔孟之道”，随着时间的推移、社会的发展，部分内容与时代气息已不尽相符。因此，我们在应用过程中，对个别内容应本着灵活、辩证的原则运用，甚至是批判地运用，对个别内容还要弃之不用！

2. “中国满族第一酒”——千台春，需要“遵循孔孟之道造酒”作为理念来支撑：

满族作为中华民族大家庭的一员，早在381年前的1615年起就是尊孔重儒的民族：

1615年农历九月十一日，大学士范文程抵达抚顺新宾赫图阿拉城，向汗王努尔哈赤进言“教化”之策，汗王及众大臣为之折服。第三天，范文程单独晋见汗王，力主汗王修建文庙（孔庙）以感召、吸纳、笼络天下汉人之心、士子之心，并引用宋朝赵普“半部论语可治天下”之言。汗王努尔哈赤遂建文庙（孔庙），从此，赫图阿拉城内道、佛、儒三教齐全，海纳百川。

崇德元年（1636年）农历八月二十七日，孔子诞辰日，范文程代皇太极祭孔，并于文庙首开御前经讲。（农历）八月二十七日拂晓，108名正黄旗侍卫开道，范文程率满汉文武大臣及沈阳、辽阳、辽南等地的生员、士子三百多人，从大清门前文德坊出发，出抚近门，向右行二里到达文庙（孔庙）。

文庙（孔庙）大成殿内供奉着孔子塑像，由范文程代皇太极宣读祭文，并首开御前经讲。从此，大清王朝开始了以孔孟之道感召天下士子之心，收天下人之心的治图之策，开始了一统天下三百年的漫长历程。

清代顺治皇帝进京后，为统治中原人民和天下臣民，加封孔子为“大成至圣先师”，并一直沿用至大清各个皇帝。

时至今日，曲阜孔庙大门两侧仍为清王朝雍正皇手书：“先知先觉为万古伦常立极，至诚至圣与两间功化同流。”告诫人们“孔子思想无论在哪里都是必需的”。雍正七年，雍正皇帝将孔子生日定为农历八月二十七日，从此每逢此日，大型祭祀活动就开始了。1984年农历八月二十七日，恰逢（阳历）9月28日，政府将这一天定为“国际孔子文化节”。

“中国满族第一酒”——千台春，有着悠久的文化根基，优良可口、安全健康的酒质，独具匠心、文化品味十足的包装，还需要维系人心的企业的理念“遵循孔孟之道造酒”来支撑。

启运千台春历尽风雨303年：早在1704（康熙四十三年）满族正黄旗人李济斋创建“李记烧锅”。康熙六十年，康熙皇帝东巡祭祖时，御征200坛酒，名声大噪，为昭示龙恩，遂改名为“龙泉海”烧锅。1783年，乾隆皇帝东巡祭祖时，征酒500坛。1829年，道光皇帝东巡祭祖，征酒1000坛。1924年，李济斋第九代传人李晋卿在我们公司现在的位置“粮栈街1号”，开设“龙泉海”商号酿酒。1946年，中国白酒界泰斗——周恒刚先生从哈尔滨工业大学毕业，因技艺精湛，而加入当时我公司前身的酒厂。在抚顺工作期间，周老接过日本留用酿酒专家黑松丰治研究未成的“麸曲酿酒工艺”，数经试酿，终于取得成功，给几千年不变的中国白酒行业带来一次“革命”。1953年，抚顺市第一瓶瓶装白酒——“抚顺白酒”面世，年底研制成功了酱香型大曲酒，并将其命名为“千台春”。1998年春天，提出“酿醇酒，做好人”的企业理念。2002年9月，组建新企业——抚顺启运千台春酒业有限公司。2004年3月，“撤星换旗”工程启动，千台春满族八族系列酒面世，同年8月6日，“中国满族第一酒”——千台春酒定位鉴评会在抚顺召开。2005年9月，满学大家——阎崇年先生到我公司视察，并欣然挥毫“满族发祥正宗地，八族合硕排酒名”。

优良可口、安全健康的品质：我们启运千台春酒业有限公司，曾经培养、造就了中国白酒界一代宗师——周恒刚先生，周老当年研制、发明的“麸曲酿酒”工艺至今薪火传承，为白酒行业带来了一次革命。2002年9月18日，在“周老回家看看”时曾亲口告诉我们说：“中国第一部白酒大法《烟台操作法》是抚顺酒厂工艺的翻版！我公司在1984年曾经培养和造就了我国第三、四、五届国家级白酒评酒委员、白酒专家组副组长——潘维符先生，近期培养了新一代国家评酒委员——易伟先生。在他们的影响和带动下，员工们分析、研究、掌握了白酒的机理与成份，已牢牢地把握各道质量关，我们说“我们会评酒，当然更会造好酒”。

独具匠心、文化品味十足的包装设计：深圳柏星龙的设计师们以他们对满族历史的了解与热情，用他们的专业、智慧、激情、灵感，从市场的角度出发，以打造“中国满族第一酒”为核心理念，将这一切融铸于他们的作品当中，同广大消费者一起跨越历史的时空，沿着满族发展的足迹，去追寻这个优秀的民族给我们留下的丰厚的历史文化瑰宝。

八族制度，是满族社会的最初组织形式，集经济、军事、农业于一身，为满族社会的发展起着十分重要的作用。他贯穿于满族历史的全过程，已经成为这个民族历史文化最具代表性的特征，这也是将它作为产品品牌文化内涵的重要原因。以外包装的色彩、图案的应用及材料、工艺的搭配，共性中包含个性的张扬，个性中兼顾共性的统一，对千台春系列产品的包装进行文化内涵的深入挖掘、品牌的塑造，包装设计中共性十分突出：

龙：是中华民族精神的图腾之一，各个历史朝代的龙各有不同。大清王朝将龙的寓意与象征使用至极，清朝时期的龙凶猛、大气，象征着大清帝国曾经拥有的强大与辉煌；

玉玺：显示着帝王至高无上的权力，代表着他是这个国家的唯一统治者，“皇帝之宝”四个字用大篆字体雕刻于玉玺之上，这种字体以它难以掩饰的古老文明，来释放着它深厚的文化底蕴；

酒名字体：这个爱新觉罗家族成员亲笔手书的字体——“千台春”，似柔和、实刚劲，错落有致、字体灵秀、笔锋飘逸，它是在向我们讲诉一段民族的历史故事，是在诉说他的家族或是他的家族曾经创造过的辉煌；

满文：是这个民族在历史发展与演变过程中，所凝聚的智慧与文明的象征，是交流与沟通的载体，是记录历史文化的符号，是这个民族独有的特色文字。

以金龙和篆书、满文雕刻“皇帝之宝”四个大字的玉玺所组成的“盘龙玉玺图”，以手书“千台春”酒名字体和代表满族文化的满文，这三个主要元素作为消费者对千台春产品识别系统中的一个重要组成部分，在各个产品包装设计中得到了广泛的应用。

有了启运千台春历尽风雨 303 年的历史；优良可口、安全健康的品质；独具匠心、文化品味十足的包装设计，这些还不够，我们还需要千百年来影响国人思想与文化的“孔孟之道”核心的“六字真经”为理念，作为框架来支撑“中国满族第一酒”的躯体，方显得“中国满族第一酒”有血、有肉、有灵魂。

3. 我们如何以“孔孟之道”的“六字真经”作为企业理念的核心内容，

指导我们企业的生产与经营呢？

孔子的“修身、齐家、治国、平天下”是我们高层管理者提高管理能力的良药与忠言。

孔子的“博学之、审问之、慎思之、明辨之、笃行之”是我们理论与实践相结合的座右铭；

孔子的“温、良、恭、俭、让”与“当仁，不让于师！”是我们构筑内部与外部良性竞争环境的理论基础；

孔子的“吾日三省吾身”是我们认真反思，反省自己的警言；

孔子的“三人行，必有我师焉。择其善者而从之，其不善者而改之”是我们向员工及竞争对手学习的信条；

孔子的“不迁怒，不贰过”是教导我们员工：不将怨恨转嫁他人，不重复犯类似错误的警钟；

孔子的“逝者如斯夫，不舍昼夜”是提醒我们：不进则退，每时每刻都有竞争，唯有竞争方有进步，就像奔流的江水一样，昼夜不停；

孔子的“不在其位，不谋其政”是警示高级管理人员应“在其位，谋其政”！孔子的“一以贯之”的态度，是我们提高执行力的最好办法！“生之者众，食之者寡，为之者疾，用之者舒，则财恒足矣”是我们千古不易、先进的理财之道。

以上，是我对“遵循孔孟之道造酒”的理解与体会，望能与各位有识之士商榷。

（作者为抚顺市满族联谊会务副会长、辽宁省白酒工业协会副会长、抚顺启运、千台春酒业公司董事长）

老白干传奇

严树清

开篇词：

喝不空坛坛罐罐，饮不干盅盅盏盏，
走不完跌跌撞撞，说不尽苦苦甜甜。
我醉了，
老白干。

碗碰碗豪气冲天，杯对杯意绕情缠，
吞下的悲欢离合，吐出来世情冷暖。
我醉了，
老白干。

叹一声黄粱梦短，数一阵沧海桑田，
歌一曲高山流水，舞一回天上人间。
谁醉了，
老白干？

怀抱这千古流芳，任凭他星移斗转，
邀来那清风对酌，入梦时独卧云端。
真醉了，
老白干！

游罢传奇，投笔于案，将思绪拉回到现实中。望窗外灯光闪闪，与天上的点点繁星交相辉映，似乎在眨着眼偷看我脸上的激动。不知它们能否读出我内心的感激之情。

真的，我由衷地感谢当年烧酒时的工友们，是他们最先给我讲述老白干的故事，引我走入那古老的传奇；感谢老白干集团董事长张永增兄、副董事长张志民弟，为我提供大量的历史资料；感谢武强年画馆馆长郭书荣先生指教年画制作工艺；感谢崔廷芳老人为我讲述解放衡水的最后一战；当然，最感谢李殿霞老人，他给我讲述老白干合厂的壮举。1946 年 1 月 1 日的那番庆祝，当事人大多仙去，他老人家硕果仅存，乃当今唯一见证。在老人的家里，我曾经翻阅一个1973年的笔记本，里面记着当时全厂职工的姓名，我的名字也在其中，只是后面多了三个清秀刚劲的钢笔字：上大学。最令我感动的是，老人家未将我拦腰划掉，而是用红笔在名字下面画了一笔曲注。在老人的心目当中，我还是酒厂的一员，只不过暂时地离开一段时间而已。由此，我心中生出一丝内疚，为什么大学毕业后没回到酒厂为老白干继续效力？感觉对老白干欠下了一笔陈年老账。于是更把写好此书当成一种义不容辞的责任，一心要还上这笔三十多年的感情旧账。然而，画上最后一个叹号，却没有如释重负的快感，那种牵肠挂肚撕扯不断的情感，反而像陈年老酒一般，愈烈，愈浓。

老白干，是我人生正式走上工作岗位的第一站，就如同初恋的情人，因误会而分手，而又时隔多年不期而遇，这种各自成家立业后的邂逅，那说不清道不明的酸甜苦辣，铭感五内，难以磨灭。

唯感欣慰的是，此书终于出版面世，酒友们可在享受白干美酒的同时，一起品忆古时醇风。

诚然，忘不了我那帮挚友：梁山兄、新成弟、新学弟、悦民兄、建英小友……直言不讳地建议；毫不客气地点评；发自内心地鼓励；情深意切地指正。一字师也好，一段情也罢，皆推心置腹，只有身在其中，才懂得精神动力那无与伦比的珍重。

酒书，写完了，怎一个“谢”字了得！

书酒，酿成了，任君品评。

另外，书中提及几位烧酒老前辈的真名实姓，倘有言语不周处，敬请其后人及亲朋好友谅解。

让老白干飘香久远,让老白干传奇四方!

有词为证：

满江红

佳酿天成，十八家，处处香浓。金浆液，德聚广聚，域外扬名。记兴天丰滏阳水，德昌魂借老桥雄。凭谁问，仙助庆畲增，显奇能。福聚兴，恒德成，兴源祥，义庆隆，演元盛恒盛，气贯长虹。诚兴传世德源涌，信大伟业恒聚成。看今朝，酒乡宏图展，福兴隆！

（摘自严树清同志所著《老白干传奇》，将该书开篇、结尾、后记，联成一文，标题为编者加）

莫道男儿偏爱酒

耿议忠

自从我们的祖先酿造了“酒”，这水火交融的宠物便和男儿结下了不解之缘。酒在人们的心目中更是男子汉的象征。李白“斗酒诗百篇”，曹操“对酒当歌”，赵匡胤“杯酒释兵权”，荆轲“醉酒刺秦王”：“风潇潇兮易水寒，壮士一去兮不复还”成了千古绝唱。没有酒，五尺男儿恐怕难以做出这等惊天动地的大事。

大人物喝酒办大事，小人物喝酒办小事，平民百姓逢年过节，婚丧嫁娶、交朋纳友、开张振业、消愁解闷等，没有酒也实难办好。“日暮斜阳春社散，家家扶得醉人归。”千百年来，酒成了爷们生活中的万能灵液。

我小时候就知道酒辣，长到十七八岁没正式喝过酒。后来当了水兵，因为舰上有“节日酒”、“远航酒”、“庆功酒”等等酒事，我也就学着品尝起来。初次喝白酒觉得有点辣，在战友们的鼓励下十盅八盅下肚，除嗓子有点发干并无醉意。经过几个“回合”，班长认准我是个“培养对象”，班和班斗酒拿我作主力队员，殿后压轴。当兵的斗酒不用盅，多是用吃饭的钢精碗，一碗能盛半斤多。为了减轻“参战人员”的负担，一般只倒半碗。

有一次远航归来。喝酒的时候，主炮排和高炮排抬起杠来，主炮的战士像“130”炮弹，一个个人高马大，全不把我们这些小“37”（高射炮）放在眼里。对抗赛就在码头上，两边各出一人，每人面前四个碗，谁先喝完谁第一，喝不完的，吐出来的就算输。阵势摆好以后，助威的，看热闹的干部、战士围了上百人，嗷嗷得叫着给上阵的打气。初生牛犊不怕酒，裁判员一吹哨，我就一连干了三碗。顿时，这嗓子就冒了烟。这酒像辣椒汤，更像一团火，虽然看起来清亮透明，端起来却叫人望而生畏。班长在一旁作思想政治工作了：“当战士不能怕苦！不能怕难！为集体争荣誉，赛跑、爬山、拔河哪个不苦？哪个不难？！就这一碗了，快干了吧！”班长在动员，战友们在呐喊，我咬咬牙，端起酒来一仰脖子干下去。“嗷！高炮赢了！高炮赢了！”高炮的战士们欢跳起来。我像战场上得胜归来的英雄，一下子被战友们抬起来，直送回舰上的住仓。这时，我觉得肚子像一部火焰喷射器，只要张嘴就窜出火苗子，因此，紧闭着嘴不说话。战友们有的倒茶，有的拿水果，有的给我擦汗，忙成一团。突然，我身上一阵发凉，脸上像结了冰，一张嘴“哇”的一声吐出来。尽管战友们给我灌水洗胃，我的头仍胀得像一颗要爆炸的手榴弹，一动不动地瘫在床上。战友们怕我当了“酒烈士”，一直守候着。因为阎王爷烦弃醉汉，第三天早上我才醒过来。后来听说连长发了火：“奶奶的，酒精中毒能死人的，你们不晓得？”几个班长和排长差点被关了“禁闭”。

这次斗酒，尽管我吐了酒，弄得死去活来，但仍不失大碗喝酒的“英雄形象”，从此，在舰上传为佳话。

人生真会开玩笑，后来退伍，我又进了啤酒厂，喝酒又上了新水平，啤酒厂的职工们喝酒一般不用杯，多是用嘴对着瓶子喝。这叫“吹喇叭”。许多人一连吹上三五瓶不当事，但是能拿回家喝的啤酒，每月只有十瓶。那时正是“文革”时期，因为闲着无聊，所以常常喝酒解闷。那时的“青岛啤酒”虽然只有一块多钱一瓶，但对于月工资三十四块三毛七的职工来说却是大数目。不用多，一月喝上两瓶，内当家那小细腰就气成了圆皮球。因此，命令我：“不来客人不许喝酒！”因为缺酒，所以常盼着“有朋自远方来”趁机解馋。那年头喝酒没有鱼肉，没有蛋虾，有盘油炸花生米就算是上等的好肴。同学聚会、战友相逢、大多是干喝，有几瓶青岛啤酒只能当醒酒汤用。

北方人喝酒，以灌酒为乐，兄弟们凑在一起，没有酒诗，没有酒歌，没有酒令，劝不下酒去就划拳，转勺子、猜火柴头：“一根你赢，你喝，两根我输你喝！”这样的“君子协定”在人们清醒的时候不难识破，可是当酒过三巡，菜过五味，便难以分清。发现上当，酒已下肚，只得叫苦。待他人钻了桌子底，自己便以常胜将军自居，沾沾自喜。碰上“茬子”，也常叫人家灌得舌头发硬，手脚不灵，走起路来像螃蟹，却从不服输。特别是酒桌上坐着几位年轻女士，酒士们更来了劲，一个个红着脸，瞪着眼，像非洲草原上那些争夺配偶的野牛，互不相让：“我，我，没事，你，你，不服，再，再来！”

如今的故事又有了新内容：成立公司，喝！洽谈业务，喝！加深友谊，喝！酒的品种越来越多，白酒、啤酒、葡萄酒、果酒、药酒、黄酒。菜肴越来越精细，场面越来越大。几十人喝！几百人喝！上千人喝！唱着歌喝！跳着舞喝！不喝白不喝！尽管老婆子的口头禅是：“少喝酒，多吃菜，早回来！”喝起酒来却不能自持。男儿们到了酒桌上，酒令如军令：“朋友相逢，双杯！”“初次见面，双杯！”“老乡见老乡，碰杯一块光！”“战友见战友，相逢三杯酒！”，等等。直喝得两眼冒金星，找不着嘴在那里方才罢休。尤其当今以喝酒多少定感情深浅的时候，常常弄得那些“宁愿伤身体，不愿伤感情”的兄弟们望酒兴叹。像我这等酒场老将也败下阵来，听说“酒”字就头痛。有人说：“革命小酒天天醉，喝坏了肝、胆，喝坏了胃。”喝酒多了遭罪大家都知道，要戒酒却不是件容易事，几次痛下决心，都因为馋虫不依，又摸起杯来。

古人说：“醉翁之意不在酒。”是呵！人们喝酒，从来都不是为喝酒而喝酒的。酒能助兴，酒能解愁，酒能加深人们之间的感情，只要坚持“饮酒不醉方为高”的古训，酒会使我们的七彩人生更鲜艳。

男士们举杯吧，为我们幸福的明天干杯！

（此文摘自作者散文集《芳草》）

家庭如何自制药酒

药酒服用简便,疗效显著,家庭亦可自制,但要掌握正确的方法。

选好配方

自制药酒应当选用适合家庭的安全可靠的药酒配方。有些配方并不适宜自制，如某些有毒性的中药，是必须泡制后才能用的，一般家庭无此条件。民间流传的一些单方、验方，如要配制药酒，应当先去请教医生，弄清楚药物性质和适用范围，以免误事甚至引起中毒。

药材处理

一般制备酒剂的药材都切成薄片或捣碎成粗颗粒。要按医生处方配齐所用的种类、剂量，将其洗净晒干，凡坚硬的皮、根、茎等药物，切成 3 毫米厚的药片子；草质茎根，切成 3 厘米长度的段；种子类用棒击碎。有些药物，还需经过一定的加工泡制处理。民间验方的中药，首先要弄清其品名、规格，要防因同名异物或异名同物而搞错的药材。

酒的选择

以不低于 60 度的烧酒较适合。若用 70%的药用乙醇代替，则更有利于药材成分浸出。对于不善饮酒者，亦可用低度白酒或黄酒，但浸出时间及次数宜适当增加。

浸制方法

第一　冷浸法：系将药材碎成片或粗粉，置于带盖的陶、瓷罐或带盖玻璃等容器中，加处方量白酒。若未规定酒的用量，则一般酒量为药材量的 8—12 倍，可根据药材性质，适当增减。密闭放置，每天震荡或搅拌一二次，浸渍 7 天后，可改为每周一次震荡或搅拌一二次，浸渍 7 天后，可改为每周一次震荡搅拌，搅拌次数多一些，浸出效果可更好。浸泡时间一般为 1 个月以上，然后倾出上清液，并压榨残渣，榨出液与上清液合并，静置澄清，纱布过滤即得。如连续浸制，残渣则不必压榨，可再加新酒浸渍。调补之品为人参、黄芪、当归及桔皮等多系如此。若所制药酒需加糖、蜜矫味着色，可将砂糖用等量白酒温热溶解，过滤，将药液与糖液混合，搅匀，再过滤即可得饮用药酒。如自制五味子酒：取五味子 500 克，冲洗干净，装入细口瓶中，加入 60 度白酒至 500 毫升，再封严瓶口，然后每日振摇一次，15 天后可开始饮用。其饮用数量按每日 3 次，每次 3 毫升。此药酒主治神经官能症，以及失眠、心悸、健忘、乏力、烦燥等。

第二　热浸法：药材和酒同煎一定时间，然后再放冷，贮存。这种方法的优点是既能加速浸取速度，又能使药的成分容易并且能完全浸出。制作时，可采用隔水煮炖的间接加热方法，即把药料加酒先放在小铝锅、搪瓷罐等容器中，然后再放在另一盛水的大锅里煮炖。隔日 1 次，以有利药材成分的浸出，但热浸时间不宜过长，否则酒易挥发散失。如自制青梅煮酒：青梅30克，黄酒100毫升，按热浸法隔水蒸炖20分钟。饮用剂量按每次温饮10—30毫升。此药酒主治食欲不振，蛔虫性腹痛，以及慢性消化不良性泄泻等病症。

葡萄酒的饮食欣赏与健康学说

刘玉田

一、葡萄酒饮食文化渊源

传说古代有一位波斯国王，爱吃葡萄，曾将葡萄压紧保藏在一个大陶罐里，标明“有毒”，防人偷吃。后来，王家妻妾中一个妃子，对生活发生了厌倦，意图自杀，就饮用了标明“有毒”陶罐内的“毒液”，非但没结束自己的生命，反而感觉滋味非常好，异常的兴奋，使这个妃子又对生活有了留恋。她盛了一杯呈送给国王，国王饮后也十分欣赏。自此以后，国王颁布了命令，专门收藏成熟的葡萄，压紧在容器内贮藏，以期得到这种甘美的饮料，他因而成为葡萄酒最早酿造者。

由于阿拉伯国家信奉了伊斯兰教，提倡禁酒律，因而使酿酒业日渐衰萎，目前几乎被禁绝了。但其食用葡萄却得到保留和发展。而欧洲人信奉基督教，基督教徒把面包和葡萄酒称为“我的肉，我的血”，把葡萄酒视为生命中不可缺少的饮料，所以葡萄酒在欧洲国家就发展起来，酿酒葡萄也发展起来了。到了公元3世纪，欧洲的主要酿酒葡萄产地即已形成，和现在葡萄产区分布大体一致。

除了信仰的原因，传入欧洲的葡萄为什么主要用于酿酒，分析尚有如下原因：

与干燥气候相结合的小麦和肉食为主食的生活需要葡萄酒。在欧洲对于肉食，葡萄酒在其烹调加工和食用过程都是不可缺少的，有些种类的肉需要将其用葡萄酒浸渍一夜再烹调。以面粉与肉食为主，很容易使人成为酸性体质，酸性体质是被看作现代病的心脏病或糖尿病等病症的成因之一。在乙醇饮料当中，唯一为碱性的葡萄酒是中和酸性体质的最好饮品。

除了肉，用面粉加工的面包等食品其味道单调，久食使人失去食欲。在法国的食谱上，看起来显得很豪华，可以说那是因为不如此就不好吃。葡萄酒中有诱引食欲的餐前酒、增强口感的佐餐酒和改善食后口味的餐后酒，在调节饮食口味上有很大的作用。

在欧洲，葡萄酒发展的另一个理由是那里的水不好喝。很早以前经常有美国人对喝葡萄酒作态的法国人说：那是因为你那里没有可以随意饮的水。在欧洲大概洁净的生水是没有的，由于稍带碱性，有利于细菌生长，容易引起下痢。

此外，葡萄酒在所有的酒中是最容易酿制的，操作极其简单。取来葡萄，将其破碎放入容器内，自然发酵，成熟期正好是天气寒冷的时候，不用担心腐烂。这也是欧洲葡萄酒得以发展的一个理由。

葡萄和葡萄酒向被称为葡萄酒“新世界”的地方传播和发展几乎是与探险时代同时开始的。早期的探险者是西班牙和葡萄牙人，西班牙和葡萄牙都是主要的葡萄酒生产和消费国。西班牙和葡萄牙人出海时一定会带酒并带些葡萄树插枝，以便上岸时建立葡萄园。最初的新世界葡萄园是16世纪早期在中美洲和南美洲建立的。很快，葡萄栽培就沿着北美洲和南美洲的西海岸地区继续推广。葡萄和葡萄酒通过葡萄牙、西班牙人的手带进他们各自的殖民地，形成世界性的酿酒葡萄产业与葡萄酒文化。

20世纪70年代，“葡萄酒新世界”的酒文化在美国迅速崛起并蔓延以前，从欧洲贵族绅士们在上流社会的聚会中，优雅的举起高脚杯呷饮、回味那带着田园气息的名产地酒的场合就可了解到，葡萄酒的饮食文化在“葡萄酒旧世界”是被贵族化、神秘化、等级化和传统化的。到了20世纪80年代，澳洲、南美、南非等地葡萄酒产业化的相继形成，受现代大工业与“后现代主义”反叛性、多元化社会思潮影响，形成的“葡萄酒新世界”酒文化，开始挑战由法国、意大利为代表的“葡萄酒旧世界”的传统与权威。在“葡萄酒新世界”的酒文化中，高贵的玻璃瓶可以换成纸塑料囊、利乐包、聚酯瓶，严格的等级划分变成自由区划，优雅的舒曼协奏曲下的细品变成酒吧间摇滚乐声中的豪饮，带着田园气息的葡萄酒被加入了雪碧与冰块。在“新世界葡萄酒”文化里，葡萄酒可以是随意的。缺少传统，没有光环，甚至可以简单到只要是能够给人以快感、带有葡萄气味的酒精饮料即可。

二、葡萄酒的近代健康学说

中医认为酒是一味药物，其性味属“苦甘辛热”，可以“行经络、御风寒、通血脉、行药势”，并可主治“风湿痹痛及胸痹诸症”。葡萄酒曾隶属于医药类产品，20世纪初，美国严格实施禁酒令，但是对教会酿制，归属于医疗用的葡萄酒则不在此限。

葡萄酒是属于碱性含酒精的饮品，可以中和每天吃下鱼、肉以及米麦类中的酸性物质；由于葡萄酒中含有铁，再加上维生素B12能促进红细胞的成熟，饮用葡萄酒对有轻微贫血的女性可受到养气补血的效果；葡萄酒中的成分有助于胆汁和胰腺的分泌，因此葡萄酒可以帮助消化，防治便秘。在合理的饮用范围内，葡萄酒可对神经中枢起作用，调节人体肌肉的紧张度，给人以舒适、欣快的感觉因而使思维更为敏捷，判断更为准确，对于由于焦虑而受神经官能症折磨的人，饮用适量的葡萄酒可平息焦虑的心情。

适当饮酒可抗炎抑菌。德国一所大学医学中心的科研结果证实，适当饮酒者的血清反应蛋白水平低于不饮酒与过量饮酒者，表明少许酒具有抗炎效应。研究人员通过对447名受试者的调研发现，每周至少饮80–86克酒精性饮料的人，其消化系统被幽门螺杆菌感染的人比滴酒不沾要低67%。美国费城托马斯·杰佛逊大学医学院的研究人员研究红葡萄酒的抗炎症效果时，用在血液中的炎症生物标志比较红葡萄酒对心脏健康的影响。结果发现，当人们饮用红葡萄酒时，体内引起炎症物质的量会降低到理想的范围，而这些炎症物质是导致心脏病和中风发作的危险因子。研究人员让平均年龄为37.6岁的40名健康男性喝28天红葡萄酒,血液检测表明,受试者血液中的纤维蛋白原水平都降低了,并且还降低了炎症分子如附着分子和单核细胞和淋巴细胞蛋白质水平。研究认为：葡萄酒的白藜芒醇对绿脓杆菌、福氏痢疾杆菌和雷极氏普罗维登氏菌等有良好的抗菌作用；对人的皮肤真菌和细菌具有抑制作用。红葡萄酒中的单宁，可以增加肠道肌肉系统中平滑肌纤维的收缩性，并有抑菌作用。因此，红葡萄酒有调整结肠的功能，对结肠炎有一定的疗效。此外，红葡萄酒中丰富的单宁和白藜芦醇有预防蛀牙及防止辐射伤害的作用。美国和西班牙研究人员对4272名执教于5所西班牙大学教师的调查发现，饮葡萄酒的人相对于滴酒不占的人更少患感冒。超过一年的随访结果显示，每周至少饮14杯葡萄酒的教师，每年得感冒的机会比不饮酒的教师要少40%，排除其他影响感冒发病因素以及其他疾病影响，葡萄酒预防感冒的作用依然存在。研究人员推测，葡萄酒中含有的黄酮类抗氧化剂可起到抗感冒的作用。

适当饮酒可保护心脏。可避免40%的冠心病发作。法国人讲究美食，每日摄取大量动物性脂肪，且烟酒不断，但却是罹患心脏及脑血管病变疾患是全世界第二低的国家，产生了所谓的“法兰西悖论”（French Paradox）。原因为何？对此进行的大量研究表明，其原因主要在于独特的地中海饮食，其中重要的因素是经常饮用葡萄酒，尤其是饮用红葡萄酒。法国人的饮食习惯中，每天用餐时都饮用大量的葡萄酒。Criqui等在1965、1970、1980和1988年以21个发达且相对富裕的国家为研究对象，从酒精饮料的摄入与死亡率的关系探讨了“法兰西悖论”，发现法国葡萄酒的消费量与缺血性心脏病死亡率呈负相关。认为法国人对缺血性心脏病的免疫力在于进餐的同时饮用葡萄酒，减少了食物的不利影响。丹麦Gronbaek等对年龄在30-70岁的6051名男性和7234名女性从酒精摄入、吸烟习惯、收入情况、教育程度、体重指数及10-12年的随访死亡率等作了广泛研究。发现随葡萄酒摄入量的增加，死亡率稳步降低（如果以不喝葡萄酒者的死亡危险为1，则每天喝3-5杯葡萄酒的死亡危险为0.51,啤酒无影响，而每天喝3-5杯白酒的死亡危险为1.34），认为葡萄酒可减少因心脑血管病和其他原因导致的死亡危险。

红葡萄酒中研究认为，每日饮用2-3杯葡萄酒，可减少心肌梗塞25%-45%发病率；并可减少冠心病发作的死亡率。许多调查研究发现，喝适量酒，每天不超过两杯的人，患心脏病的风险比较低。一些调查研究表示，葡萄酒的功效更强，其他的研究则显示任何酒都有好处。研究证实，由于红葡萄酒是用带皮带籽的葡萄酿制，含有丰富的多酚类物质，是抗氧化剂、自由基清除剂，对血浆脂蛋白代谢、血小板凝聚、血管壁的收缩等多个环节均有重要作用，从而抑制动脉粥样硬化形成，防止心脑血管病的发生和发展。例如：葡萄酒中的白藜芦醇通过增加一氧化氮合酶的表达，增加一氧化氮含量，松弛血管，发挥保护作用；同时通过强抗氧化、清除自由基及抗脂质过氧化作用，可减少缺血一再灌注心肌损伤。由于以上两种途径及增大钙激活的钙通道活动和雌激素样作用，起到调节血管作用。饮食佐餐红葡萄酒，可以抑制血液中的低密度脂蛋白（LDL）氧化，提升血中高密度脂蛋白（HDL）的比例；促进血液循环，有利于将血管中的游离胆固醇转移到肝内转化为胆酸，防止胆固醇沉积于血管内膜；抑制发炎反应和血小板的凝集，改善冠状动脉血流。

德国海德堡大学的一项研究表明，冠状动脉血管成形和放置支架术后每周至少饮酒50克可以减少血管再狭窄的危险。研究人员对225例做血管成形术和放置支架手术的男性均随访至术后半年。通过问卷调查了解患者饮酒情况。结果显示，在所有患者中，53人每周饮酒不到50克，172人每周饮酒50-700克。与极少饮酒或不饮酒患者相比，每周至少饮酒50克的患者管腔消失的比例较低，血管狭窄段出现再次狭窄的几率较低，需要再行血管成形术的比例也较低。研究结果有力地证实适量酒精对血管平滑肌细胞增殖有保护作用，适度饮酒可以降低动脉硬化血管壁对局部压力和损伤的增殖反应。

适度喝一点葡萄酒，可降几分患中风的风险。《中风学报》发表丹麦医生特吕尔逊等人的研究报告。报告指出，饮适量葡萄酒的人患中风的风险比喝啤酒或烈酒的人来得低。特吕尔逊及哥本哈根预防性医学研究所研究人员花16年功夫研究了1.3万人，其中每周喝1-6杯葡萄酒者，患中风的风险比从来不喝葡萄酒或很少喝葡萄酒者低34%；天天饮葡萄酒者的风险降低了32%；爱喝啤酒或烈酒者的风险没有明显减少。特吕尔逊说：“啤酒、葡萄酒和烈酒对心血管病的影响各异，说明除了乙醇之外，还有其他化合物也许很重要。”

研究证实，葡萄酒特别是红葡萄酒，含有利健康的植物化合物，其中包括单宁、类黄酮和多酚等。一些研究显示，这些东西是抗氧化剂，有助于防止脂肪依附血管壁上阻塞血管。特吕尔逊说：“另一方面，有迹象显示，虽葡萄酒的好处关系到喝酒的方式。以葡萄酒配餐会比啤酒或烈酒更好。后两者可以在一天当中不定时地饮用。时间上的差异也许是很重要的。”特吕尔逊说，不管是什么理由，效果都是明显的。他说，即使考虑运动习惯、胆固醇水平和肥胖等因素，葡萄酒的作用仍然是明显的。

研究还表明，年轻女性每天喝一两杯酒特别是红葡萄酒可使患中风的危险降低60%。发表在美国心脏病学会会刊中风分册的研究报告称，研究人员共对600名年龄介于15-44岁之间的女性进行了调查，其中包括224名在上年患过中风的女性。调查发现，那些在过去每周喝酒，也就是平均每天喝一到两杯酒的女性比那些从不喝酒的女性患中风的危险要小40%-60%。研究人员还认为，葡萄酒比啤酒和酒精饮料的预防效果更强，而且女性喝葡萄酒还可以减少由高血压和胆固醇所引起的中风危险，但啤酒和酒精饮料在这方面的作用却比较小。

适度饮酒有助于保持大脑健康。老年人每日饮用0.25-0.5公升的葡萄酒，其精神与智力方面，会比滴酒不沾或酗酒的老年人为佳，降低痴呆症的发生。研究认为，与从不喝酒的老年人相比，少量或适度饮酒的老年人智力衰退的幅度要小。美国研究人员发现，适度饮酒的老年妇女在认知能力测试中得分比不饮酒者高。这表明每天适当饮一杯酒有助于防止智力水平下降。这是第一次有研究表明适度饮啤酒和葡萄酒有益大脑。也可以说，少量或适度饮酒有助于保持老年人的认知能力。美国宾夕法尼亚州精神病院的研究人员在这项长达7年的跟踪调查中，对一千名居住在宾州西南的65岁以上的居民进行了调查；在调查开始前，这些人都未患老年痴呆症。研究人员把这些老人分为三组：不饮酒者、很少饮酒者（每月1次或更少）和适度饮酒者（每月1次以上），每2年对他们的智力功能进行评估。结果显示，很少饮酒和适度饮酒的老年人其总体智力状况、行为能力和精神对运动神经的影响等评分比那些不饮酒者衰退的程度要少。而且对70岁以上的老年妇女来说，每周饮一杯酒的人比从不饮酒者智力衰退得要慢。由美国哈佛公共卫生学院的流行病学家组成的研究小组，对1.2万多名年龄在70-81岁的妇女进行了长期调查。调查的方法包括让被调查者的首次测试结果和此后两年的测试结果进行对比，结果发现每天适度饮酒者在这两年的时间里智力受损可能性比不饮酒者低23%，并且饮啤酒者和饮葡萄酒者的表现没有明显不同。研究人员推测，适度饮酒之所以有益大脑，可能是饮酒能促进心血管功能，改善血液循环，从而保护了大脑的认知能力，防止症状不明显的中风发生。

适度饮用葡萄酒可预防骨质疏松。加州大学有两位博士Dr.Hol Brook&Dr.Barrett-Connor针对年龄超过18岁的人进行一项研究，发现适量饮用葡萄酒的人，其骨质密度比滴酒不沾的人高。

适度饮用葡萄酒可降低患风湿性关节炎的风险。美国Dr.Linda Voigt针对18-64岁的女性所做的研究中发现，每日饮用2杯葡萄酒，可降低罹患风湿性关节炎50%的几率。

适度饮用葡萄酒可减少患糖尿病的几率。英国医师医师Dr.lvan Perry针对7735位40-59岁的男性所做的研究中发现，每日饮用2-6杯葡萄酒的人，患糖尿病的人数比例最小。

白葡萄酒可增强肺动力。美国布法罗大学的一份研究报告表明，近期以及终生饮用葡萄酒与肺部功能的改善有关。布法罗大学的研究人员随机抽取了1555名生活在纽约西部的白人和黑人进行了研究。如近期和终生的酒类消费量以及包括膳食习惯在内的生活习惯，抽取了有关的数据。分析所有酒类消费因素与肺部功能之间关系的结果表明，近期以及终生饮用葡萄酒与每秒钟肺活量和最大肺活量的关系最大。

常饮葡萄酒还易怀孕。丹麦的科学家最新研究发现，滴酒不沾的妇女不容易怀孕。丹麦的研究人员称，经常喝葡萄酒的妇女比喝啤酒和白葡萄酒的妇女更容易受孕。研究小组研究了来自丹麦全国各地 30，000 名妇女的饮酒与生活习惯对受孕的影响。研究结果发现，经常喝葡萄酒的妇女受孕最快。目前，科学家尚不能定论葡萄酒本身是否影响生育能力。但是，经常饮用葡萄酒的妇女受孕的可能性确实很高。

适量的饮用葡萄酒，对健康有很大的助益，但饮酒过量是绝对有害人体的，一般建议每日 1–3 杯（每杯容量为 120 毫升）伴随餐食饮用最佳。

三、葡萄酒的欣赏、饮用乐趣

葡萄酒是全人类共有的一种神奇而浪漫的健康饮品。对于现代衣食丰足的人们来说，葡萄美酒犹如增加幸福感觉的源动力。人们可在工作之余，学会那长期经验积累沉淀而成的一整套葡萄酒欣赏知识，深入发掘葡萄酒中的奥密，追寻和享用它那和谐之美，享受那葡萄酒带来的乐趣。

欣赏、饮用葡萄酒通常分三个阶段来感受：眼观其色美，鼻闻其香浓，口尝其味厚，从齿颊的味感中找寻它的余韵。法国人说：喝酒之前，要看它，嗅它，然后再尝它，尝完还要谈论它，这样的品酒才可算是功德圆满。

休闲式的品饮酒，为亲朋好友聚会中最雅致的活动。需要做好充分准备工作，让葡萄酒能在其最佳状态下品饮，以获得最美好的享受。

首先要准备适用的高脚杯，品酒用的高脚杯应该是无色透明，杯身呈郁金香的形状，杯口微微收缩，杯壁以薄者为上乘，长长的杯柄，让手指得以轻轻拈握，不致将手纹印上杯身，影响观察酒的透明度，同时也可避免将手的温度传到杯中。水晶酒杯的质地以纯净、光润、晶莹为好。

酒杯并不会改变酒的本质，但酒杯的形状可以决定酒的流向以及酒的香味感觉强度，酒杯的造型、容量、杯口的直径、杯缘吹制的处理以及水晶的厚度，决定了酒入口时的最先接触点。当把酒杯推向嘴唇时，味蕾开始紧张，通过合适杯形的引导，酒被引导至舌头适当的味觉感应区（舌头上的 4 个味觉区，舌尖对甜味最敏感，舌头后面对苦味敏感，舌头的内侧对酸度敏感，而外侧则对咸度最敏感）时，即产生各种不同的味觉，例如：赤霞珠的果味重，酸度低，要充分体会霞多丽白葡萄酒的风味，就要选用它的专用酒杯，这种酒杯的杯口设计令酒入口时先流向舌头中部，然后向四面散开，酒的各种成分产生和谐的感觉。而品尝贵人香葡萄酒所用的杯子，杯口微岔先把酒导入舌尖，即舌头的甜味区，由此突出了果味，使高酸度酒的酸味相对降低。至于黑品乐葡萄酒，由于具有相当高的酸度，应该选用郁金香杯形的酒杯，杯口可以令酒先流过舌尖的甜味区，突出其果味，平衡了本来较高的酸度，从而得到最好的味觉享受。碟形杯最适合用来盛载香槟酒。因为碟形的杯身可令酒的气泡不会轻易散掉，令香槟更加“新鲜可口”，同时非常适于女性取握。

红葡萄酒需用大的杯子，白葡萄酒需用中型的杯子，烈酒则用较小的杯子，如此，可以强化果香的特质而不是酒精味。其次，斟酒时，不该将酒杯倒得太满，红葡萄酒最好为125－150ml，白葡萄酒80－100ml，烈酒为25－30ml。

品饮酒的场所，最好在采光良好，空气清新，气温凉爽的房间。室温以18℃－20℃为佳。有色的玻璃窗或带色彩的灯光，都会影响眼睛对酒色的判断。酒席桌需要具备白色的背景，最好采用白色的桌巾、白色的餐巾，或准备一张白色的卡片，以便衬在酒杯的后面，观察酒色。

室内应避免有任何气味。应避免有香水味，香烟味，花香味，或厨房传出来的味道。

理想的品酒时间是在饭前，10点至12点之间，这个时段，人的味觉最灵敏。亲朋好友之间的品饮酒活动，大多选在晚餐之前进行。之前最好避免先喝烈酒、咖啡，或吃巧克力、抽烟等。品酒之后接着用餐，将刚品过的酒继续品用，杯盏交错之间，一边交换心得，一边讨论这些酒与桌上佳肴的搭配及美味感，更会添加餐桌上乐融融的气氛。

开瓶。把瓶口的胶帽用锋利的小刀旋开除掉，再用螺旋启塞工具拔除软木塞，并用干净而柔软的布把瓶口擦干净，以免斟酒时瓶口脏东西混进酒里。把拔出的木塞用两指用力捏一捏，如果较湿，表示储存方法正确。并将酒瓶有标贴的一面尽可能放在每个客人都看得清楚的位置。

换瓶。喝酒前采取换瓶处理，可除去酒瓶中的沉淀物。白葡萄酒不用换瓶，但陈年红葡萄酒一般需要换瓶。天然红葡萄酒经多年贮藏，产生沉淀物是正常的，但如果底部沉淀部分浮起散于酒中，令酒混浊，口感不快。对于一瓶好年份的红葡萄酒，如果要尽情品赏它的美妙，需在饮用前一两天，将酒从酒窖或酒橱中拿出，移至稻草编织的酒篮里并保持酒瓶处于倾斜的状态。静置至少一天的时间，使酒中的沉淀物沉至瓶底。同时将酒窖保存时所吸收的霉味或其他异味散发净。如果不换瓶，则需要持酒篮倒酒，小心轻倒，避免摇晃，以免瓶底沉淀物浮起倒入杯中。采取换瓶处理时，为了看得更清楚，应点燃蜡烛或其他照明。在烛光上轻轻倾斜酒瓶，一面观察，一面小心的把酒慢慢倒进大肚型水晶醒酒瓶里，将沉淀物留在原瓶内。

呼吸。所谓呼吸就是换瓶后让红葡萄酒在空气中呆一会，白葡萄酒无须如此。经过呼吸的红葡萄酒，略显粗糙的部分会变得柔和，提高平衡度，口感更佳。一般呼吸15－30分钟即可。酒龄长，酒体厚者适当延长，但最多1小时。年份高的酒都比较脆弱，呼吸结束就应该立即享用，一瓶酒若没喝完，要用特制的瓶塞盖紧，这种瓶塞能把空气抽出来然后密封，但也应在24小时内喝完。没喝完，纵使放在冰箱，其优美的风味也会很快消失。

在适宜的温度下，酒处于最佳状态。酒温对葡萄酒的感官评价影响十分显著，酒温的差别，引起味道上极大的不同。为了真正了解一种酒的品质，为了将酒能在其最佳状态下饮用以增加享受，这个最佳温度方面很需要讲究。每一类葡萄酒都有一个最佳的饮用温度。低于最佳温度饮用，会觉得酒味变淡，酒体消瘦；当高于最佳温度，酒的香气显得杂乱，酸涩感强烈，本来柔顺的口味变成坚硬刺激。可惜现在很多人都不能完善地把酒预先处理到最佳饮用温度。最常见的错误是：白葡萄酒不冰或冰得太冷，红葡萄酒来得太热，使用的杯子不合适，斟酒速度太快，等等。由于这些小错误而减少了许多享受，实在令人惋惜！

香槟酒一定要冷却后再喝。正确的方法是在冰水里冷却一小时，冷却至9-10℃，这样不但可以改善酒的风味，还能降低开酒瓶时的声响。从传统和习惯上，香槟酒一般是用于喜庆的时候饮用。因此，喝香槟酒的酒杯很有讲究。一般使用专用的香槟酒杯，如阔平口碟形酒杯、笛形酒杯、碟形高脚阔身杯等。

干白葡萄酒的最佳饮用温度是10℃。在这个温度下，酒的复杂风味的平衡显示与力度才能达到顶峰。大多是冷却至8℃后饮用，这样可领悟到其清鲜爽快的酒质，如果像啤酒那样简短地放在冰箱里把它冰得过冷，到5℃以下，口感酒质会明显地降低一个等级。

桃红葡萄酒的最佳饮用温度是12-14℃。干红葡萄酒的最佳饮用温度是16-18℃。如果温度太高，酒质会欠缺深度，结构也较涣散，香味很难集中融合。

甜葡萄酒的喝法较为随意，既可在常温下喝，也可冷冻后饮用。喝甜红葡萄酒时，一般酒温适宜稍高一些，在17-20℃左右，这样可享受到甜红葡萄酒浓厚甜蜜的风味，另外，喝酒时可不断摇晃酒杯，以享受到酒质的甘甜。

平常喝酒，适宜的酒温感觉是：喝白葡萄酒和桃红葡萄酒应该是冰冰的，喝干红葡萄酒应该是凉凉的，以这样的温度来喝酒应该是很舒服的。

一切准备就绪后，首先在酒杯中注入三分之一的酒，开始欣赏葡萄酒。

喝酒的时候，我们首先和酒接触的是眼睛，法文中酒的颜色叫做ROBE，与女子的长衫用同一个字，不知是否因酒的颜色，与长衫美女给浪漫的法国人同样赏心悦目的联想而得名。

葡萄酒以颜色大体上分为三类：红葡萄酒，白葡萄酒和桃红葡萄酒。虽然种类只有三种，但是其中色泽的多样，储藏期间色彩的变化，会透露给我们许多蛛丝马迹，可以用来探索它们的品质与制造过程中的奥密。

从酒杯的上方看酒，并将酒杯稍微倾斜，仔细观察液面（即酒液的凸出表面及其轮廓），在椭圆形的酒面边缘上可以看到比较光亮的色泽。仔细观察，如果边沿颜色清澈光亮，中心酒体晶莹剔透，反映出这是一瓶健康年轻的酒。反之，如果它的颜色阴沉晦黯，有雾状或油油的感觉，则说明这瓶酒在酿造过程或储藏期间，可能经历过不正常的状况，品质已经发生了问题。

如果是一款陈酿红葡萄酒，也很容易分辨出它呈现出的琥珀色。

与白葡萄酒相比，红酒越熟就越清澈。倾斜杯子观察酒的边缘：或深或浅，都表明了酒的年龄。深红色的酒说明产地的气温较高。不过年份较久的酒，其清澈度和光亮度都会随年份的增加而减弱，另外，在年份较老的酒中，我们可能会发现有一些粒状结晶体，这是长期储存过程形成的，对酒的品质没有不良的影响。在陈年老酒中，有时候也会出现一些黑色的沉淀物，这大多来自天然色素与单宁的沉淀，也是正常的现象，是可以接受的。

年轻的酒，大部分是紫红色或大红色的，在一般情况下，红葡萄酒的颜色越深，就越淳厚。但颜色会因时间愈久，颜色转而愈淡，这是因为红色素沉淀或单宁氧化使酒色变得褐黄。葡萄酒经数年的储存后，会转变成瓦红色、橘红色、桃花心木色，或黄褐色，酒杯边缘反映的色泽会呈现橙红的光影，这是酒色典型的转变，同时质感上也由光彩耀目，转变为成熟内敛，宛如天真浪漫的少女成长为雍容华贵的妇人，这是长年蹲在阴凉、安静的地窖中，闭关苦修，熬出来的正果。

由酒色可以判断：紫红色，很年轻的酒（少于 18 个月）；樱桃红，不新不老（2–3 年），适宜现喝，不宜久藏的酒；草莓红，可以说已熬过熟（3–7 年），开始老化的酒；褐红，储存多年的色泽，对于名贵的好酒称得上陈年佳酿，但普通的酒如果呈现这个颜色则说明其品质已走下坡。有些酒的颜色较浅，大部分的原因是葡萄品种的关系。辟如：用佳美、黑品乐所酿的酒颜色较浅，可赤霞珠、西拉和内比奥罗等品种葡萄酿制的酒则色泽较深。将一杯黑品乐酿制的酒和一杯西拉酿制的酒放在一起比较就可以知道，黑品乐酒是近乎透明的宝石红，而西拉酒则更接近于深紫红色。

和红葡萄酒的多彩多姿比较，白葡萄酒的色泽简单，由无色透明或带绿的浅黄色，到桃花心木般的黄褐色。但和红葡萄酒相反的是，白葡萄酒的色泽会因储存的时间愈长，变得愈深。当然葡萄的品种也是决定白葡萄酒颜色的重要因素，如德国用白雷司令葡萄酿制的白葡萄酒，颜色淡白带绿，甚至有少许气泡，用长相思酿出来口味较清淡的酒，颜色轻淡，呈苍白的浅黄色。与此相比，霞多丽酿出来口味厚重的酒，颜色鲜明有劲，呈成熟的小麦黄色。多年陈酿的霞多丽干白其淡黄色要比“年轻”的同品种酒显得更鲜明。

白葡萄酒“杯裙”的色泽是透明度非常强的深金黄色。许多白葡萄酒开始是淡黄色，随着时间的增加颜色越来越深。通常，凉爽地区的酒色泽浅淡，“杯裙”为金黄色是高温区的酒。在橡木桶内熟化过的酒，其“杯裙”的颜色较深。非常年轻的酒时常泛出一种青绿色，年长的，或者是氧化了的酒呈现为棕色。

此外，干白葡萄酒的颜色较浅，由无色到浅黄；甜白葡萄酒的颜色较深，由蜂蜜的颜色到深金黄色。由酒色可以判断：几近无色，非常年轻，而且不是在木桶中酿造；浅黄反映绿光，年轻，也不是在木桶酿造；麦黄或金黄，已成熟，并有可能在木桶中存放过；铜黄，已经老化；琥珀色或黑褐色，过度氧化，超级陈年。

桃红葡萄酒的颜色，可以有很浅的淡红色，也可能有清亮的樱桃红色。灰色系的桃红葡萄酒，表示酒龄很新，较陈的桃红葡萄酒，色调会转变为成熟的橙红色。一般的桃红葡萄酒不耐久存，过度老化的桃红葡萄酒，颜色会变黄变淡，现出退色的老态。由酒色可以判断：浅桃红，年轻的酒；鲑鱼红，成熟的酒；桃红中带洋葱黄，过熟或开始老化的酒。

当倾斜的旋转酒杯时，在酒杯的壁缘上有缓慢地降落下去的液流痕迹，法国人叫它作“酒的眼泪”（LARMES）或称为“天使的眼泪”，酒度和甜度愈高，泪痕愈多。

人类的感官中，鼻子的嗅觉最灵敏，经常和酒接触，稍假时日，一闻就可收到酒的信息。将您的鼻子凑近杯口，准确而到位地猛吸一下能使你了解到酒的状态。

酒中挥发出来的香气是葡萄酒自然的、复合的气味。让鼻子充分享受酒的香气时，酒杯有重要的作用。因为适宜的形状，才能包容香气，酒温也必须调整好，太冷的酒，气味挥发不出来，温度太高，则挥发太快，容易过度氧化，会损害酒的清香。进入鼻子的酒香，会受温度和氧化的影响，所以嗅觉要分两个阶段：第一个阶段，把酒端到鼻子前面，嗅静止状态酒的香气；第二个阶段，以旋转的方式摇动酒杯，让杯中的酒和空气充分接触，这叫做醒酒。摇醒后的酒，香味比较浓郁，再去嗅它，易于察觉。往往在静止的酒中只嗅觉到水果香味，摇醒后可以嗅觉到更多各类复合香气，像花束一般，众香云集。大致上说来，新酒香气较清淡，香味较单纯，大部分是水果的香味。陈年的酒，香气就比较复杂多变。譬如说：花香，水果香，蔬菜香，木头香等。更详细些，还可以分辨出是什么花的香：如玫瑰花，芍药，茉莉花，山茶花，百合花等；什么水果的香：如黑莓，越莓，草莓，香瓜，芒果，苹果或杏桃味等。有的人能从中分辨出柠檬、葡萄柚、荔枝、青椒、芹菜、柳橙、蜂蜜、奶油、奶酪的香气。有的人能够发现香草、丁香、胡椒、甘草、迷迭香、烟熏的香味等，因为每个人不同的天赋，谈论起酒的香气，就变得更神秘而有趣了。

长相思的酒香被经典地描述为“像醋栗丛中的一摊猫尿味”，解百纳通常被认为带有黑醋栗的味道，而黑品乐则有些许谷仓的味道。随着年份的增加，酒香也会发生变化。白葡萄酒多年后会变得更甜，而年轻的白葡萄酒的味道往往会让人想起新鲜的花朵、水果以及刚割下的青草。

看完，嗅够，接着是饮用，轻啜一口适量的酒，含在口中一会儿，让酒液流经过整个口腔。由于舌头辨味的敏锐部位不同，舌尖善辨甜味，两侧外边善辨咸味，两侧靠内边一些对酸味比较敏感，舌头后端则专司辨别苦味。为了让舌头每一个部位都接触到酒液，也让酒和口腔中的空气混合，必须让酒在口腔中多流动一下，使整个口腔都接触到酒，就可以尝出这杯酒的味道了。酒在通过咽喉之际，在鼻腔的后端，与嗅觉又做了一次锦上添花的接触，很多早先在鼻子的嗅觉中没被发现的香气，在此时浮现出来了。

除了一般味觉的感受外，葡萄酒还有一个涩涩的感觉，一种收敛性的触感。这是葡萄皮中的单宁，溶入酒中，然后经长时期的橡木桶储存，柔化并和橡木桶的单宁结合给人的感觉。单宁赋予葡萄酒的是架构及坚实的质感，单宁可以让葡萄酒更耐久存，有愈陈愈香的作用，可以让久储后的葡萄酒更耐品味，随着时间的演化，酒中的单宁，由生涩转变为圆润，喝起来就更柔顺了。

曾经有日本品酒专家形容他喝某一瓶酒的感觉时说："像长发美女窈窕的背影，微风轻轻飘起她丝绒的裙脚，远处有柔柔的音乐演奏着。"能够喝出如此诗情画意，谁说人生不是彩色的呢？

喝白兰地酒，讲究似乎更多些，它的酒温是借助人的体温升高。饮用时必须是专用酒杯，用纯净的石英玻璃，具高透明度。特制的郁金香型白兰地杯，大肚圆形，杯口由下至上逐渐缩小，呈百合状。酒斟至 30 毫升即可，饮用时用食指和中指持杯，用手掌托住杯身底紧贴杯肚，慢慢旋转，以手掌的温度通过杯壁温热酒液，杯口即刻充满芳香，悦人的果香味缓缓散发出来，令人陶醉。同一杯白兰地，不加温或用手掌加温饮用，感觉是不一样的。酒杯逐步移向鼻子，放在鼻下深吸一口闻之，美不胜收。

首先把酒香闻个够，再将酒杯端起，齐眉观赏，酒色金黄。然后细细品尝。先喝一小口，沿着舌尖，经过整个舌头进入喉咙，以使酒的风味充满整个口腔和鼻腔。酒在口中升华，舌头后部敏感的味蕾感受着酒的芳香与醇厚，直叫人心醉神迷，其乐无穷。

白兰地的饮用有多种方法。可以不加任何东西地"净饮"，也可以加冰块、加矿泉水、加雪碧等各种饮料或加茶水。总之，白兰地几乎可以依照个人饮用习惯兑加任何饮品共饮。现在新兴的一种饮法是兑茶饮用，即在冬天的严寒季节，然后放入冰箱冷藏一段时间，再与酒兑饮，颜色相同，香气相融，令人赏心悦目。茶中的单宁等多种营养成分与白兰地中的多酚物质及单宁融为一体，不仅能保持白兰地的颜色、香味和酒体的丰满，而且还为您增加另一番情趣，调节您夏日的心情。

四、葡萄酒的配餐经典

自古以来，佳肴与美酒联姻，食物与酒搭配得好，或扬瑜掩瑕，或锦上添花，经常令美食家拍案叫绝，以至陶醉沉迷。

多年来，关于"食物与葡萄酒"的搭配，即哪种酒搭配哪种菜，被多数人接受的基本常识是红肉配红葡萄酒；白肉配白葡萄酒；口味重的菜配口味重的酒；清淡的菜配清淡的酒。牛、羊、鹿、鸭、奶酪可归类于红肉；小牛犊、鸡肉、禽肉、兔肉、鱼类海鲜一般归类于白肉；猪肉但依烹调方式不同，有不同的归类选择。如清炖冷盘可归于白肉，配白葡萄酒或桃红葡萄酒，炭烤、烟熏、红烧、熬炖腴润的猪肉、猪排，则可归类于红肉，配味道丰厚的红葡萄酒。不起泡的桃红葡萄酒在冰镇后饮用，与其搭配的主菜宜口味清淡，例如鱼类、小牛肉、鸡肉和贝类。

但除了酒、肉的搭配食用，不能忽略的是食物烹饪方法和烹饪所用调味料的影响。应该知道，要配合的不单是酒和食物的颜色，而是两者味道配合是否合理和是否利于营养吸收。例如，含单宁多的干红葡萄酒（涩于酒与食物混合入胃，单宁与蛋白质容易形成很难消化的复合物）搭配，否则，不但劣化口味，而且，由于酒与食物混合入胃，单宁与蛋白质容易形成很难消化的复合物，轻者降低了食物营养效果，重者，消化不良引起胃部不适。用解百纳干红葡萄酒搭配龙虾就会有这种结果。为了获得葡萄酒与食物极佳的组合，需要了解食物和葡萄酒的基本味觉及成分，取得关健成分的平衡。

首先需要考虑的是味道浓重度。味道厚、浓、香的食物，如野味和肉焗盅，与酒体完整的葡萄酒配合则好。此种情况，味道丰厚、有劲道、重酒质的红葡萄酒常常是得人喜爱的选择。较清淡的食物，如水煮白肉或鱼，适合配香味更纤细的酒。可以选择轻酒质的雷司令酒或酒体简朴的霞多丽酒。粤菜中的梅香咸鱼，从尾部切起第三段，配陈年解百纳，风味绝佳。

干葡萄酒如果与较甜的食物搭配，会显得辛辣和过酸。为了与食物的甜味平衡，应选择具有相同或更甜一点的白葡萄酒。食物越甜，酒也应更甜。用晚收或冰葡萄酿制的酒，搭配甜点就很理想。如果这种甜酒还具有恰到好处的酸度，就成为搭配油腻而味浓食品的极好选择。在法国，萧坦尼葡萄酒和肥鹅肝成为一种经典的搭配。

如果某种食物的味道特别突出，在选择葡萄酒时需要特别注意。香辛的食物适宜香辛的葡萄酒匹配，熏肉和奶酪搭配用橡木桶酿成的酒相得益彰，食物的味道越浓，搭配橡木味便越见其佳，奶油丰富的酱汁，无论是甜的还是咸的，在具有足够浓重酒体和酸度的酒搭配后得到口味的平衡。

我国近年酒文化深受饮用葡萄酒可降低心脑血管疾病发病率学说的影响，导致全国一片红（红葡萄酒），酒品同质化的倾向，这不利于葡萄酒那无上欣赏特色的发挥以及可适合多种饮食配餐的发展。

（作者在烟台大学食品科学与工程研究所工作）

饮用葡萄酒的讲究

1. 酒杯

酒杯通常是高脚，以便拿着来鉴别酒色及避免手温传到酒中，影响已经冷冻的白葡萄酒温度。而在餐桌上，每个坐位最少放酒杯一个，可作多种用途，或分红葡萄酒与白葡萄酒不同的杯子。酒杯的容量最好不少于 20 毫升。除了杯形美观外，没有花纹和颜色是较为适宜的，因为这些会影响葡萄酒的真正颜色。除此之外，最主要的是杯子应绝对清洁及无破损，假设杯子肮脏或破裂，则会给客人留下很坏的印象。

2. 酒的温度

不同葡萄酒饮用的温度不一样，醇厚的红葡萄酒（如波尔多干红）应该在 18℃左右饮用，假若能在喝前半小时打开瓶塞，让它呼吸呼吸，红葡萄酒的香味则更为香醇。

干白葡萄酒（如阿尔萨斯、夏布利干酒）、桃红葡萄酒（如安柔桃红、普罗旺斯桃红）应冰冻至 7—12℃；而香槟酒及起泡葡萄酒应在 6—8℃时饮用最好。

酒伤病论

论酒大热有毒，气味俱阳，乃无形之物也。若伤之则止当发散，汗出则愈矣，此最妙法也；其次莫如利小便。二者乃上下分消其湿，何酒病之有？

今之酒病者，往往服酒症丸，大热之药下之；又有牵牛、大黄下之，是无形元气受病，反下有形阴血，乖误甚矣。酒性大热，已伤元气，而复重泻之，况亦损肾水。真阴及有形阴血俱为不足，如此则阴血愈虚、真水愈弱，阳毒之热大旺，反增其阴火，是谓元气消亡，七神何依？折人长命，虽不即死，而虚损之病成矣。《金匮要略》云："酒疸下之，久久为黑疸。"慎不可犯此戒。不若令上下分消其湿，当以葛花解酲汤主之。

葛花解酲汤：

木香五分　人参（去芦）　苓（去黑皮）　白茯　苓橘皮　（以上各一线五分）　白术　干生姜　神曲（炒）　泽泻　（以上各二钱）　莲花青皮三钱

缩砂仁　白豆蔻仁葛花　（以上各五钱）

上为极细末，和匀，每服三钱，白汤调下，但得微汗，酒病去矣。此盖不得已而用，岂可恃赖日日饮酒？此药气味辛辣，偶因酒病服之，则不损元气。何者？敌酒病故也。若频服之，损人天命。

——选自《兰室秘藏》

为何古人称“酒为百药之长”

“酒为百药之长”一说，出自《汉书·食货志》，这是我国古人对酒在医药上应用的高度评价。酒在医学上的应用，是祖国医药学的一大发明。“醫”字从“酉”（酒），即由酒能治病演化而来。酒未问世之前，人们得了病要求“巫”治疗，由于酒的酿造，我们的祖先在饮酒的过程中，发现了酒能“通血脉，散湿气”，“行药势，杀百邪恶毒气”，“除风下气”，“开胃下食”，“温肠胃，御风寒”，“止腰膝疼痛”等作用。加之用酒入药还能促进药效的发挥，于是，“巫”在医疗中的作用便被“酒”逐渐取而代之。这是古人认识上的一次飞跃。

在古代，用酒治病，特别是制成药酒来防治疾病的现象十分普遍，因而古人视“酒为百药之长”。例如，用酒泡大黄、白术、桂枝、桔梗、防风等制成的屠苏酒，是古代除夕男女老幼必用之品。端午节饮艾叶酒，重阳节饮菊花酒以避瘟疫。《千金方》载：“一人饮，一家无疫，一家饮，一里无疫。”可见药酒在古代预防疾病的重要性。

现代医学研究表明，用酒浸药，不仅能将药物的有效成分溶解出来，使人易于吸收，由于酒性善行，能宣通血脉，还能借以引导药物的效能到达需要治疗的部位，从而提高药效。另外，药物久渍不易腐坏，便于保存，可以随时饮用。这就是药酒受到历代医家重视和广大群众欢迎的原因。

药酒还有延年益寿之效。这一点在历代的医疗实践中已得到了证实。如对老年人具有补益作用的寿星酒；补肾强阳、乌须黑发的回春酒。李时珍在《本草纲目》列举了有69种不同功效的药酒。如五加皮酒可以“去一切风湿痿痹，壮筋骨，填精髓”；当归酒“和血脉，壮筋骨，止诸痛，调经”；人参酒“补中益气，通治诸虚”；黄精酒“壮筋骨，益精髓，褒白发”等。

其实，用酒治病在外国也很流行。乔姆希立科在他的《临床医药的酒饮料》著作中是这样介绍的：在发明激素很久以前，酒饮料是糖尿病患者的药物；即使在能够使用激素以后，酒饮料仍不会被放弃。在欧洲，许多医生将酒饮料特别是烈性佐餐葡萄酒作为糖尿病患者饮食的重要一部分。经试验和研究表明，糖尿病患者一天饮用一杯左右的烈性佐餐葡萄酒，血液中的糖分基本不上升。又如以酒治疗心绞痛，早在几个世纪以前就被应用了，时至今日，许多医生仍认为酒比硝酸盐更为出色。心绞痛是因冠状动脉硬化而引起的阵阵剧痛，在发作时饮用1-2小杯不经稀释的蒸馏酒（威士忌、白兰地、烧酒等），一般在2—3分钟内就可使剧痛缓解。

世间酒器具揽胜

全世界的酒有成千上万种之多，酒器的种类自然也数不胜数。如在波兰别尔斯克比亚拉市的美酒博物馆中，除了可以见到世界上的大部分名酒外，还可以看到从各国收集而来的各种形状的玻璃、水晶、瓷、锡、木头和青铜制成的大杯小盏。

在其他文明古国，很早以前也有精心制作的酒器。著名的有希腊古典时期的酒坛。这种容器为陶制，带有精巧的弧状把手和三叶形嘴，造型十分幽雅。这种制品在文艺复兴时期恢复生产。到 18 世纪的新古典主义时期，又再一次流行。

考古学家在古埃及的圣城阿比多斯的王墓中，曾发现过贮酒的大瓶，盖上有国王的名字和酿酒所用的葡萄酒名。另外，在古城底比斯，曾发现许多石瓶。到中世纪时，使用的一种硬木酒碗也很讲究，通常用斑枫木车制而成。现存的最早实例制作于 14 世纪前期，碗口碗托上镶有一银或镀银的边线，在碗内中心处有一錾刻或珐琅的圆形花纹浮雕。到 15 世纪，硬木酒碗变得底浅而托宽，并有宗教或世俗特征的铭文。

目前，酒器的种类更加丰富多彩。仅大小方面的差别已极为悬殊。据《吉尼斯世界纪录大全》记载：最大的酒瓶，是被命名为“阿德莱德”的雪莉大酒瓶，于 1958 年 5 月在英国斯坦福郡特伦河畔的斯托克镇吹制而成，高 1.524 米，容量为 93.2 升,相当于 131 只标准瓶。买到的最小的酒瓶，是白马牌苏格兰威士忌，每瓶装 1.3 毫升，售价 50 美分，12 瓶装一箱。仅仅一套完整的香槟酒瓶，竟由大小不一的 10 种酒瓶组成：1/4 瓶、1/2 瓶、标准瓶、2 夸脱的杰罗波姆瓶、雷霍波姆大酒瓶、梅图色拉大酒瓶、萨尔马纳塞氏葡萄酒瓶、巴尔萨泽 13 夸脱酒瓶和容量相当于 20 标准瓶的纳布查德纳泽。

世界上最大的酒桶是海德堡桶，于 1751 年在西德海德堡弗里斯德里奇鲍的地里做成，容量为 185500 升。最大的酒窖，是南非开普敦附近制酒中心的帕阿尔窖，占地面积为 101171 平方米，总容量为 13600 万升。美国加利福尼亚州霍利斯特阿尔曼登葡萄园西尼加酿酒厂的酒窖，占地面积 16188 平方米，可存放容量为 692 万升酒的 37300 只栎木酒桶。

据记载，现在已经出现了会奏乐的酒具。人们在喝酒前，碰一下杯，这习惯遍及全世界。有一种传说是古希腊人注意到：人在喝酒时，鼻子可以嗅到酒的香味，眼睛可以看到酒的颜色，舌头可以辨别酒的味道，唯有耳朵享受不到喝酒的乐趣。为此，他们想出了碰杯的办法，并流传开来。时至今日，人们已经不满足于欣赏碰杯发出的清脆之音，而具有了更高层次的追求。于是，会奏乐的酒具便应运而生。日本一家公司前些时候生产的一种会奏乐的瓷器酒具，由一只酒瓶和 6 只带有耳柄的酒杯组成，呈咖啡色，上面绘有凹凸的具有西方特色的图案。人们使用时，先把酒瓶底部的乐钮开启，当酒倒入酒杯时，酒瓶会奏出优美动听的音乐，为饮酒者助兴。

据1987年《海外文摘》刊载，还出现了3种比较精巧的酒杯。

一是能测量酒度的酒杯。在英国的白金汉宫内，为女王专用的一种酒杯，可以测量酒的浓度。杯子是用特殊的透明材料制成，能使酒的香味四溢，杯座装有电子传感元件，当杯内超过一定浓度时，便会发出警告的声音。

二是能显示温度的酒杯。日本市场上新近推出一种可显示啤酒温度的酒杯。杯子用透明玻璃制成，杯子四周贴上可随温度变化而改变颜色的标签，非常引人注目。杯内温度较低时，标签呈冷色，反之则呈暖色；饮酒者与购酒者可根据标签所显示的颜色，来判断杯内的啤酒温度。

三是能说话的酒杯。西欧生产出一种能说话的新奇酒杯。这种酒杯的杯底装有一个会发声的电子装置。在宴会上，当宾主举杯敬酒时，酒杯会发出“请、干杯”等柔和悦耳的声音，给宴会增添了无穷的乐趣。

此外，随着时代的发展，有些酒器正在趋向现代化。如酒柜就是这样。

酒柜，是一种可移动的小型冷酒器。也指餐具柜内分格存放酒瓶的带有金属条纹的底橱。大多数酒柜是用木料制成，其形状在一定程度上取决于酒瓶的形状。早期的酒瓶短粗，到18世纪后期渐渐变长，酒柜的高度随之变化。18世纪末19世纪初，国外在复古倾向的影响下，流行石棺形的酒柜。20世纪冰箱出现后，酒柜被逐步代替。

还值得一提的是，发展变化中的各类酒器，也在人类生活的不少方面产生了某些影响。如有的人竟用啤酒桶造出了别致的小船；有的家庭则用啤酒桶作代用电视天线。更有趣的是，现在的奖杯也是由酒杯演变而来。据《衣食住行史话》一书介绍，西方史籍中有这样的记载：

英国曾经有个称为“被杀害的爱德华”的国王，据说，有一次他坐在马背上，接过别人敬给的一杯酒来喝时，被刺客从背后一刀捅死。从此以后，在英国的宴会上，便出现了这样一种礼节：一个很大的酒杯，在来宾中依次传递，环行一周；每当一位宾客接过酒杯时，不仅自己要站起来，而且连在他旁边的人也都要站起来，表示“保护”饮酒者不致像爱德华那样被人暗算。这种礼节中的酒杯，称为“爱杯”。“爱杯”在当时是奉给“上等人”的珍贵礼物。后来，人们转将这种“爱杯”赠送给比赛的优胜者，从而演变成现在的奖杯。

鸡尾酒的调制与杯具的选用

随着混合饮料鸡尾酒的品种越来越丰富，在选用酒杯和调制器具方面，也带来了新的特色。鸡尾酒由酒基和各种副材料调合而成，风味不一，色彩烂漫。人们常按照不同的酒种选用不同的酒杯，以和谐美妙，饮鸡尾酒常用的酒杯有以下八种：

一是鸡尾酒杯。英国式的呈三角形有脚酒杯，容量60毫升；美国式的圆形酒杯，杯脚修长，容量90毫升。饮用时须掂着杯脚喝酒，以防体温通过手掌而传入酒内。

二是香槟酒杯。常用的有碟型浅香槟酒杯和笛型深香槟杯。其容量在90—180毫升之间。

三是白兰地杯。是一种小口矮脚郁金香型酒杯，又名拿破仑酒杯。

四是老式杯。又名古典杯，杯型粗矮而稳定，容量在180—240毫升之间。

五是乔利酒杯。杯型较为细长，容量在30毫升左右。

六是酸酒酒杯。俗称筲亚杯，是种有脚杯子，容量120—160毫升之间。

七是高脚杯。最大容量达240毫升。适合善酒者饮用。

八是哥连士杯。杯口窄，型细长，属大型酒杯，容量240—360毫升，饮时加两支吸管。

除了上述酒杯以外，还需一些专用器具。

调酒壶：不锈钢制成，用于调匀各种饮料。

调酒杯：又名吧杯，玻璃制成，大口有嘴，杯身较厚。

滤冰器：将已混合之酒倒入酒杯时，用它来过滤，以留住冰块。

酒吧匙：柄较长，中间呈螺丝状，在调制时用来拌和所加的混合材料。

冰凿：用来敲碎冰块。

冰夹：用来夹起冰块。

压汁器：属玻璃器皿，用以压取新鲜柠檬汁或橙汁。

调酒棒：用于在深量杯具中搅混各种材料。

当然，使用上述专用器具，是比较讲究的。其实，它们大都可用现成器具来代替。

酒瓶上的奇文怪字

杨连新

在一些酒瓶上，时常可见某些古怪难认的文字，令人感到神秘莫测，一旦解开谜底，又让人茅塞顿开，回味无穷；并从中感受到中国文化的博大精深和中国文字的源远流长。

一、“龙”飞凤舞吐心愿

2001 年元旦，金门与厦门率先实现了通航，为了纪念两岸这一重大历史事件，金门酒厂推出了一种金门高粱酒，外形为描金龙船造型瓷瓶，瓶子上绘有一条腾空而起的赤色火龙，龙的舞姿优雅缠绵，热烈红火，醉意犹存，似在俯瞰两岸盛景，欢庆同胞言和；尤其让人叹为观止的是，龙身居然以天地为“纸”，以自身为“墨”，扭成一个潇洒张扬的狂草“龙”字，这一绝妙之笔，使得在欢乐喜庆的气氛上，又凸现出汉字的独特艺术魅力。正应了大诗人陆游的诗句：“淋漓醉墨，看龙蛇。”

二、琼浆玉液“流”心田

“醉流霞”酒名中的“流”字，一般人都感到陌生。这应该是一个象形字，很像篆字“水”的变异写法，它的两边呈现出流水涟漪的样子，似可听到汩汩水声；字的中间是一枝箭，表示流水的方向。整个字左右对称，动感十足。由于这个字是在酒瓶上，所以很自然地感觉到那流淌的不是清凉洁净的水，而是温热醇厚的酒，似乎喝了“醉流霞”，能醉人心脾，流遍周身，使微酣之人面泛桃花似晨霞。真是个“酒香醺脸，粉色生春，更巧谈话，美性情，好精神”（宋朝张先诗句）。

三、红崖天书藏“心”“燕”

在“天书”的酒瓶上，有一些稀奇古怪的文字，这些文字是贵州省安顺市关岭县晒甲山岩壁上的摹本。因晒甲山多淡红色岩石，故又称红岩山。这些神秘天书即像文字，又像符号和图画，这个千年之谜，曾让无数学者和专家费尽了脑汁，如今总算破解了它的书写年代和几个关键的字。比如在这个红崖酒瓶的上方有一个字是由反写的“乙”字和歪写的“心”字组成的，经专家考证，这个组合字含意丰富，可引出一段苍凉的历史故事。

明朝初期（1399 年），朱元璋的孙子朱允炆（年号建文皇帝）当朝，他的叔叔燕王朱棣谋反，借故攻打南京，1403 年篡位，称永乐皇帝，建文皇帝逃到云贵一带流落避难。为了倾吐多年的心中郁闷，但又不被人发觉追杀，建文帝于 1406 年在深山峭壁上用变形字、象形字和组合字书写了一篇讨伐朱棣的秘密檄文。古时的“燕”曾写做“乙”，那个由反体“乙（燕）”和歪体“心”组成的字，意思是“燕王反叛、心术不正”。

苏轼的《醉睡者》放在建文帝身上倒是很恰当，诗中写道：“有道难行不如醉，有口难言不如睡。先生醉卧此石间，万古无人知此意。”但建文帝哪里知道，他心中的秘密还是被聪明的后人破译了。

四、健康长“寿”须心宽

“金龟酒”的瓶子是一只探头探脑的乌龟造型，龟的背壳上有一个怪异的字，在字典、词典里均找不到它的踪影，我为此困惑了许久。经向专家请教，才得知这个字是篆书“寿”字的一种写法。此字本身就如龟的外型：龟头探出张望，两只前脚成爬行状，下半部分是布有纹路的龟身，龟的尖尾巴向一边甩开。自古以来，民间把龟看作是长寿的象征，所以在龟形酒瓶上出现“寿”字，就不足为怪了。从大了说，是示意人们处世要胸宽心静，乐观谦和，要有“且乐生前一杯酒，何须身后千载名”的淡漠功名思想（唐朝李白诗句），才能延年益寿；从小了说，是告诉人们少饮一些酒，会有益健康，达到“小饮勿醉，陶然而已”（清朝沈复诗句）。

五、“万事亨通”当心切

有一种“即墨老酒”，瓶形为布币（一种古钱币），瓶子上写有4个篆体字。就这4个字，任凭我们全家人如何张开想象的翅膀，仍不得其意，终因才疏学浅，个个败下阵来。专家到底是专家，我请教了一位书法家朋友，才知道这几个字是“万事亨通”。当初我们猜得偏离甚远，什么“龟兔赛跑”“虾虫合住”……想起来实在可笑，幸亏没有声张，否则，不让人笑掉大牙才怪。“万事亨通”表达了人们事事如意、一切顺利的吉祥心愿和迫切心情。古老的篆体书法艺术与同样悠久的陶瓷艺术结合，相得益彰，再加上“老”酒穿诗肠，那情趣、那遐想，能把人们的美好愿望尽情表露出来，可见“醉翁之意不在酒”。

六、“山青海岸”拨心弦

我的忘年交“瓶友”黎福清老先生藏有一瓶“芙蓉镇酒”，酒瓶上有一个很特殊的字，老先生说这是由“山青海岸”4个字组成的，书法作者为清朝光绪年间著名的学者、探花景元。这个字很巧妙地把4个不同的字揉和在一起，但又不失每个字的基本结构，从整体上看像个“岸”字，这也是其中最为重要的一个字。他题写这个组合字不仅仅是为了练习书法，也不会只是故弄玄虚、打趣调侃，最主要的用意大概是为了表达一种心声，即弦外之音是：只有勇攀书山，苦渡学海，才能功成名就，到达胜利的彼岸。早在宋朝，黄庭坚就有“桃李春风一杯酒，江湖夜雨十年灯”的诗句，勉励自己和友人只要经十年风雨之夜的灯下苦读，终会有出头之日。

现代陶艺酒瓶——收藏的新亮点

——别把酒瓶不当艺术

蔡延林　杨连新

酒瓶属于比较“年轻”的大众收藏品种，兴起于20世纪90年代。酒瓶之所以成为收藏界的新宠，是因为这些曾经不起眼儿的简单盛酒容器，正在逐步升华为可体现历史、文化和艺术的载体。经保官运亨通地估算，中国现代特殊酒瓶的种类至少有5万种以上，全世界值得收藏的特殊酒瓶更是多达数十万种，其中不乏高雅脱俗、含义深刻的珍品。目前，越来越多的有心人已经关注和收藏酒瓶，林林总总的酒瓶不但吸引着广大的消费群体，更激发了酒瓶收藏爱好者的热情，在我国民间已经涌现出了诸多的酒瓶收藏组织和一大批酒瓶收藏家。经过众多酒瓶收藏家多年的收藏、研究之后，越来越多的收藏界人士逐步形成了一个共识，那就是：收藏酒瓶应把重点放在那些艺术观赏价值高、装饰摆设效果好、历史文化氛围浓和有纪念意义、传情动人的品种上。其中，收藏陶瓷制作的艺术酒瓶精品（即现代高档陶艺酒瓶），已成为不少人的一种时尚追求和保值手段。那些经过精心设计、反复揣摩和艺术制作后的现代陶艺酒瓶，脱离了单一酒瓶的概念，成为具有很高欣赏价值和收藏价值的典雅艺术品。如今，陶艺酒瓶宛如一朵朵绽开的彩色浪花，正从深邃浩瀚的酒瓶海洋中脱颖而出。

我国制造陶艺酒瓶的历史悠久，陶艺酒瓶在历代艺术大师们的精雕细琢之下，展现出了古老东方文化神奇的风韵。现代人继承和发展了祖国几千年传承下来的陶艺文化基因，在前人的基础上对陶艺酒瓶做了大胆地创新，赋予了时代的气息。现代高档陶艺酒瓶一经问世，立即吸引了众多酒瓶收藏者的眼球，比如，今年春季在江苏省徐州市召开的第二届全国酒器文化交流会上，由汕头市台胞经济发展公司研制的魔威系列陶瓷工艺酒瓶刚一露面，即引来一片惊叹和赞许声，一致认为魔威系列陶艺酒瓶堪称我国现代陶艺酒瓶的代表作之一，其特点点非常显著：

首先，材质好。该系列陶艺酒瓶是由优质瓷土高温烧成，材质细腻，瓷化程度高，渗漏小，物理化学性能稳定，避光性好，在材质上占尽了优势。

其次，工艺巧。酒瓶采用一流的陶瓷制作工艺，瓷质洁白明亮、细薄匀称；色泽鲜艳绚丽、润滑流畅，具备了高档陶瓷精品“白如玉，薄如纸，亮如镜”的特征。相比于传统陶艺酒瓶的古朴粗犷，该系列酒瓶制作精细巧妙，并打破了瓶口一般暴露在外的惯例，别出心裁地把瓶口掩藏进酒瓶整体的造型之中，使之浑然一体，不漏破绽。如不细看，很难发现如此绝美绝伦的陶艺品竟然是我们生活中常见的酒瓶。

第三，艺术性高。传统陶艺酒瓶造型一般采用的是动物、仿古酒器、名人塑像、古典文学人物等，其揭示的大多为中国的古老文化，但手法单一，表现直接；而魔威系列酒瓶的外形设计摆脱羁勒，不拘形式，最大程度地展示了独特新潮的文化内涵，有一种全新的文化韵味，让我们欣赏几个典型的品种。

兰花纹粉彩盖瓶。该瓶温润欲滴、饱满艳丽，宛如唐女丰腴娇柔。一簇浮雕兰花在洁白无瑕的瓷地衬托下，清雅幽静，鄙俗孤傲，尽显兰花“气、色、神、韵”之本质，甚至可以感受到阵阵幽香徐徐袭来，其君子品性被表现得淋漓尽致，难怪连诗圣李白也发誓“为草当作兰”呢。该酒瓶的造型妙就妙在让人遐想联翩，从这只酒瓶上，我们不禁联想到了美女、君子和做人的品德。试想，把这样一只赏心悦目的酒瓶摆放在书房或客厅里，将会带来何等的雅致和韵味。

吉祥狗酒瓶。这是一只造型逼真可爱的俯身小狗，它圆目翘尾、好似顽童聪慧灵气。这只小狗寄托了主人在狗年期盼吉祥好运的美好愿望，让小狗的“汪！汪！汪！”寄托来年的事业、家庭、财运“旺！旺！旺！”。吉祥狗没有沿用传统的或坐或立或奔的表现手法，而是让它顽皮地抬起臀部，故做摇尾乞怜状，活灵活现，让人顿生爱怜之情，其视觉的冲击效果不得不让人叫绝。

小天鹅酒瓶。一只天蓝色的憨态可掬的小天鹅跃入眼帘，小家伙挪动着胖胖的身体，拉直了弯曲的长颈，或许在独自“曲项向天歌”；或许在等待主人的美食；或许在呼唤远方的妈妈；或许在模仿鹅爸爸的绅士派头……传神的小天鹅给人们留下的是无数个“或许”的想象空间。对这样可人疼的小生灵，真有一种揽其入怀的冲动。

爱侣彩瓶。这是一只完全打破了传统概念的酒瓶，一对西方情侣倚靠着古城墙含情相视（女孩一定是被男孩抱到城墙上的），他们手相牵、目相连、心相通，连我们这些局外人都被深深地感染了。这对恋人秋波涟涟，情意绵绵，热血滚滚，完全沉浸在美妙甜蜜之中。瓶盖是一只蹲立于古城墙上的宠物小狗，一向活泼调皮的它，这时也仿佛懂事一样静静守候在一旁。此刻，这只酒瓶还可能勾起观赏者自己那浪漫陶醉的过去。面对这个有情有意的酒瓶，怎么都会让饮者酒未沾而心先醉。

第四，实用性强。作为陶艺酒瓶，魔威系列除了材质优良和艺术性强之外，仍不丧失其基本的功能——实用性。瓶子可反复用来盛酒；手持瓶体舒适自如；酒桌上，抢眼的酒瓶本身就给文人雅士、官员商客或村夫市民们增添了不少席间话题。

由于观念上的突破，高档陶艺酒瓶已迅速成为酒瓶中的佼佼者和酒瓶收藏中的新亮点。时至今日，人们应该彻底改变对酒瓶的看法，在艺术的殿堂里给酒瓶让出一席之地。现在可以更加理直气壮地为酒瓶鸣不平了：别把酒瓶不当艺术！

儒雅迷人的屏风酒瓶

杨连新

在争妍斗艳、蔚为大观的艺术酒瓶世界，台湾金门高粱酒的包装设计可谓独放异彩。在笔者收藏的一千多只艺术酒瓶中，有一组 1994 年问世的屏风造型金门极品高粱酒瓶，堪称酒瓶艺术殿堂中的一簇奇葩。这套酒瓶是笔者几经周转获得的。

这组造型清新别致的酒瓶，是由 4 只扁方形彩绘配诗瓷瓶和 4 扇可折叠式仿象牙屏风框架组成。将它们装配成一体后，瓶子神秘“消失”，赫然变为高贵的艺术彩屏；特别是在这组细腻洁白的瓷瓶两面，分别绘有花中“四君子”梅兰竹菊和古代绝世“四大美人”，其工笔秀逸、色泽柔美，引人入胜；图案中花草袅袅欲飘，雀蝶跃跃欲飞，美女呼之欲出，行书洒脱舞动。

自古以来，人们崇尚君子、赏阅美女、珍爱艺术、祈求祥和。屏风酒瓶的设计者迎合了世人的审美观念和心理取向，将这些揉和到一起，但又不是简单的拼凑。那儒雅的内涵令人咀嚼有味、陶醉不已，以至拍案叫绝。在画面和诗句里，虽然找不到“梅兰竹菊”四个字，也未直呼“四大美人”的芳名，但是都隐匿在字里行间和图案上，设计者有意留出诱人的想象空间和悬念，只有细细品来，才豁然开朗，倍感墨香四溢，文采飞扬，沁人心脾，大有未醉于酒先醉于瓶的快感。此举不落窠臼，自出机抒，恰似君子清高深邃、女子含情不露的韵味，其意境奥妙无比。

梅兰竹菊都具有不畏严寒、刚直不阿的品格和清心寡欲的风度，一向为世人所敬慕，所以被视为君子，常借喻品行端庄、清静高雅、谦虚正直的人。屏风酒瓶把君子、佳人、诗文、图饰和造型巧妙地融会贯通，使之相互辉映，寓意深远。下面笔者以个人的理解对每一只瓶子上的诗画作一破译。

一、梅花瓶

正面书有“玉洁冰清”4 个字，并画有一簇干枝梅和两只情侣鸟（含有“喜上眉梢”之意）；反面是美女持镜图，似在描绘“梅花妆”（古时一种化妆术），并配诗句“欲向东风问早春，闲来花底步香尘”。

从字面上看，“玉洁冰清”是对皓月的描述。图中女子大概为三国时期的美女貂蝉。她高举圆镜，似乎在翘望苍穹冰轮，暗指“貂蝉拜月”。从内涵理解，“玉洁冰清”则是对梅花品格的概括，意即梅花像美玉一样洁身自好，像冰雪一样清莹纯净。明朝尚书于谦对梅有“玉为肌骨雪为神”的咏句；清朝鉴湖女侠秋瑾烈士以梅自勉：“冰姿不怕霜雪侵。”

美女持镜图上的“欲向东风问早春，闲来花底步香尘”一句，似是说冬末人们信步在散发着花香的梅树下，询问春天何时到来？这句看似简单的问语，展现出的却是一幅“先为天下知”和“独先天下而春”的画面。在万木待苏的时候，唯有“梅花仙子”抢先而至，担当报春又报喜的使者。而那“满园桃李虽堪赏，要且东风晚始生”（唐代诗人罗邺语）。南朝诗人何逊为此大呼“惊时最是梅”；诗人陆凯更是感叹岁寒时节“江南无所有，聊赠一枝梅”。

几千年来，人们为了用梅花点缀屋室，还特制了一种专用来插一剪梅的瓶子，称为“梅瓶”，后也用来盛美酒，其小口、润肩、丰胸、细足，俨然呈现出美女神韵，而这种仅仅为了一种花而特别制定专用瓶子的“待遇”，唯梅花独有。

梅花冰晶玉莹，超凡脱俗，品性高洁，寄寓了中华民族高尚德操的追求。国人爱梅至极，咏梅成风，构成了繁花似锦的梅文化，把“四君子”之首的梅花推为“国花”也当之无愧。

二、兰花瓶

正面书有“空谷幽香”4个字，并画有一棵兰花草和一对舞蝶；反面是美女赏花图，并配诗句“一点蕙心清若水，绿荫栏槛画薰香”。

“空谷幽香”中的“幽”是“远”的意思，是说从远方的山谷里传来阵阵花香，这是特指兰花的。因为只有兰花善居幽谷且以清香遐尔闻名。诗圣李白早就有“兰幽香风远”的名句。

美女赏花图中的女子应是西汉美女王昭君。竟宁元年，匈奴入朝求和亲，昭君自请远嫁匈奴，对汉朝与匈奴的和好关系起到一定作用。“昭君出塞”以后，依旧“空谷幽香”，是形容她像兰花一样，虽远在塞外而香名流传。

“一点蕙心清若水，绿荫栏槛画薰香”，是赞美兰花的心境像水一样清纯，兰花的绝顶清香似乎也从画中飘出。在美女赏花图中既没有看到兰花，也没有出现“兰”字（其他三只酒瓶的仕女图中都配有相对应的梅竹菊彩图作为背景）。“蕙”即蕙兰，是兰花的一种，这里泛指兰花；另用一个内含“兰”的“栏”字，把兰花隐藏在字里行间，使人好像闻到了兰香，联想到兰花的存在，此句充分体现了兰花深居幽谷、不事张扬的脾性。“薰”指“薰草”，一种香草，常引申为花草的香气。兰花的清香是独占鳌头的，“兰当为王者香”是几千年前大圣人孔子的赞语。美女赏花图中虽然没有兰花，但已经感受到了香气无比，这种“画薰香”的技巧乃神来之笔，有“此处无声胜有声”之感。

兰花以其独具的“四清”（即气清、色清、神清和韵清）而著称，被誉为花中君子。明朝诗人张羽赞她是“寸心原不大，容得许多香”，即兰花虽小，却学富五车；陆游称兰花“生世本幽谷”，“无心托阶庭”，即生来就在远山，淡薄名利地位，甘当无名英雄；李白更是疾呼“为草当作兰”，表示愿意身为兰花草。可见，兰花特有的“清雅孤傲”已成为文人骚客效仿的样板。

三、青竹瓶

正面书有“青影摇风”4个字，并画有三枝摇曳的翠竹和两只对歌鸟；反面是美女摇扇图，并配诗句“枕薄窗虚月映楼，杏花风荡玉帘钩”。

“青影摇风”指青竹像薄纱一样随风飘逸。“枕薄窗虚月映楼，杏花风荡玉帘钩”一句中，“枕薄”与“高枕无忧”意思相反；“杏花风荡”可能源自“春色满园关不住，一枝红杏出墙来”。此句似乎是在描述一忧伤女子只能透过朦胧的窗纱遥望外面的楼亭月色，她荡漾的春心被隔世纱帘钩锁着。这个伤感的女子一定是春秋时期身居吴国怀念越国的美人西施。传说她在忧郁时更美丽，以致引出了“东施效颦”的故事；诗句里多次暗隐纱帘，好像那洁白如玉、薄如蝉翼的细纱，都是由“浣纱女”西施的纤纤玉指洗出来的。

竹子也被寓为君子，是因为竹子节坚心阔、四季长茂、身躯可用，象征宁折不弯的气节、虚怀若谷的胸襟、永不言退的本色、刚柔相济的风姿和甘愿献身的精神。千百年来，竹与梅、松比肩，同被誉为“岁寒三友”。

四、菊花瓶

正面书有“沉醉西风”4个字，并画有三朵盛开的黄菊和一双追逐的彩蝶；反面是美女戏蝶图，并配诗句“瑶台无信托青鸾，一寸芳心思万端”。

“沉醉西风”指晚秋时节，百花凋谢，唯有菊花迎风而开，沉醉于猎猎西风之中。清朝诗人张问陶感叹菊花是“繁华全让闲桃李，独笼西风不占春”。唐末农民起义领袖黄巢扼腕而咏：“待到秋来九月八，我花开来百花杀”，形容菊花盛开时百花都已凋灭。唐朝诗人元稹不无遗憾地叹息：“不是花中偏爱菊，此花开尽更无花。”

美女戏蝶图中的女子可能是唐朝妃子杨玉环，因为在“四君子”中只有菊花雍容华贵，花朵饱满，好似盛唐宫廷中偏好体态丰腴的杨贵妃。杨贵妃在世时，宫廷就曾把一种美丽至极的菊花命为“贵妃菊”；杨贵妃命殒西蜀途中，宋朝诗人李山节在《咏杨妃菊》中有“命委马嵬坡畔泥，惊魂飞上傲霜枝”，是写杨贵妃香断马嵬坡后，魂魄附到菊花上。“沉醉西风”也有“贵妃醉酒”、醉眠西天之意。可见，贵妃与菊花有割不断的情缘。

“瑶台无信托青鸾，一寸芳心思万端”，描述的是相思女的心境。这个女子能够身在仙境盼佳音，还可以托付凤凰捎口信，说的也不会是一般女子。传说杨玉环进宫后常常思念家乡，想到自己被“关”在宫内虚度年华，不胜叹息，此诗句正是对她的真实写照。

菊花谢得最晚是人们爱菊的主要原因。菊花“让繁华、不占春”，咿霜含雪、孤标傲世、晚节清高，尽显风采与精神，其历尽风雪而后凋的坚贞品格深受世人赞美。古人常以菊明志，以示情操高尚的人。张问陶把菊花为什么能淡泊守真、不傍强势、迎霜而开的原因，归于它的前身是不肯为五斗米折腰的君子陶渊明。著名的田园诗人陶渊明以菊花的品行为榜样，喜菊、种菊、学菊，“渊明爱菊”已成传世美谈。

由上可知，现代酒瓶已不仅仅局限于充当醇酒的载体，同时也已成为传播文化和艺术的载体。在品尝佳酿的同时，又可饱眼福、长文采、添趣味，既有实用性也有观赏性，其品位陡增。屏风酒瓶包装盒上有一段话，说这“是美酒与艺术的结晶。居家陈列高尚，宴客自饮实惠，送礼美观大方”。这大概也是艺术酒瓶开始成为民间收藏热的原因吧。

爱酒歌

我爱酒，我爱酒，酒中快活真个有。不必炮凤与烹龙，
随便山肴皆适口，举杯忧虑尽消除，况同花月为三友，
随我意量饮几杯，何必酕醄醉百斗。混混沌沌体融和，
风风颠颠身抖擞。或诗或曲或文词，信口狂歌三五首。
仰面大笑天地宽，这等趣味人知否？

酒名趣事一箩筐

——酒名中使用率最高的4个字

杨连新

在我收藏的酒瓶中，酒名里出现率最高的字依次是“老”、“王”、“家”、“春”4个字，共占我藏瓶总量的10%左右（其中“老”字占3%，其他三个字各约占2.4%），也就是说，大约每10瓶酒中就有1瓶会碰上它们。为什么这几个字如此受商家们的青睐呢？笔者分析如下。

老——其一：标明自己的酒是“老字号”，是信得过的酒，或告诉客户该酒是陈年老酒，醇厚悠香，如老庄陈酿、老酒坊、泸州老窖、老八大、老白汾酒、老白干、即墨老酒、老顺口、老口子、沂蒙老曲、老陈酒等；其二：表示亲切或怀旧，如老战士、老槐树、老北京、老村长、老表酒、老爹酒、老钱柜等。

王——其一：昭示此酒是最好的酒，首屈一指，独占鳌头，如花雕王、湘酒王、关东王、丰谷酒王、清酒王、伊力王、野生王、锦江王、沙河王等；其二：曾与历史中的某个统治者有关，具王者风度，希望自己的酒也能一统天下，如尧王城陈风（王帝之一）、夏王龙酒（即大禹）、赧王御酒（即东周末王姬延）、越王楼（即勾践）、大汗王(即清太祖努尔哈赤)、蒙

古王等。

家——其一：让人相信此酒是出于名家豪门的传世佳酿，以此打动人心，如曹雪芹家酒、孔府家酒、沛公家酒、张飞家酒、地主家酒、林家铺子、忠仁世家、兵圣家酒、乔家大院、付家酒等；其二：代表某一少数民族或某地区的特色酒，如瑶家酒、傣家酒、土家酒、客家黄老酒、龙江家园等。

春——其一：在古时把春天酿成的酒称为“春酒”，是酒中之上品，宋代大文豪苏东坡曰“唐人名酒多以春”，现在人们继续沿用，以示此酒古老醇厚，如剑南春、燕南春、五粮春、古贝春、玉堂春、盛唐老春等；其二：企盼一切都像春天一般勃勃有机，青春阳刚，这类酒中有不省是补酒或药酒，如贵常春、福春酒、健春酒、龟灵春、老龄春等。

有趣的数字酒名

酒名中带有数字的很多，其中多位于排头，这些数字往往有特殊的含意，如果按序排列起来也颇有些意思：

零 海 岸——指该酒产地为陆海交界处。

一 滴 泉——形容酒味清洌甘醇如滴滴泉水。

二 锅 头——指酒的酿造蒸馏工艺为两道工序。

三 将 宴——指古代人物刘备、关羽和张飞。

四 特 酒——指该酒有 4 大特点：特清、特香、特纯、特醇。

五 粮 液——指酿酒的原料有 5 种：高粱、大米、糯米、小麦、玉米。

六 百 年——指酒的历史悠久，达 600 年之久。

七叶养身酒——用一种可补养身体的植物泡制的酒。

八大岭特曲——中国名胜古迹。

九七酒——为纪念香港 1997 年回归。

十里香——夸赞酒的香味浓郁，10 里远也能闻到。

百岁酒——吉祥祝福语，预祝健康长寿。

千年西藏——意为西藏历史悠久，神秘而美丽。

万世兴——表达千秋万代兴旺发达的心愿。

另外还有一线天、一拉天、店小二、三花酒、三星堆酒、四圣酒、四五老酒、五醍浆、五缶独尊、六曲香、八仙春、九门口、九华大曲、十八道湾、百年公主、千福花雕，等等。

戒贪花酒歌

劝汝休贪酒与花，才贪花酒便亡家。
只因酒引花心动，自是花迷酒性斜。
酒后看花情不厌，花前酌酒兴无涯。
酒残花谢黄金尽，花不留人酒不赊。

酒 德 颂

有大人先生，以天地为一朝，万期为须臾，日月为扃牖，八荒为庭衢。行无辙迹，居无室庐，幕天席地，纵意所如；止则操卮拆觚，动则挈榼提壶，惟酒是务，焉知其馀？有贵介公子、搢绅处士，闻吾风声，议其所以，乃奋袂攘襟，怒目切齿，陈说礼法，是非蜂起。先生于是方捧罂承槽，衔杯漱醪，奋髯箕踞，枕曲藉糟，无恩无虑，其乐陶陶。兀然而醉，豁尔而醒，静听不闻雷霆之声，熟视不睹泰山之形，不觉寒暑之切肌，利欲之感情。俯视万物，扰扰焉，如江汉之载浮萍；二豪侍侧焉，如蜾蠃之与螟蛉。

花下酌酒歌

九十春光一掷梭，　花前酌酒且高歌。
枝上花开能几日，　世上人生能几何？
昨朝花胜今朝好，　今朝花落成秋草。
花前人是去年身，　今年人比去年老。
今日花开又一枝，　明日来看知是谁？
明年今日花开否？　今日明年谁共知？
天时不测多风雨，　人事难量多龃龉。
天时人事两不齐，　莫把春光付流水。
好花虽种不常开，　少年易老不重来。
人生不向花前醉，　花笑人生也是呆。

劝酒歌

弓长子

劝君豪饮杯中酒，提君精气神，挺起胸膛朝前走。没有迈不过的坎，没有跨不过的沟。高山如履平地，任意江河走马，何人敢阻？人生沙场酒壮胆，浑身是胆雄赳赳。战场何惧？商场何畏？情场何愁？莫自卑，莫怯阵，莫徘徊、莫回首，酒壮行色勇气增，阔步向前抬起头。醉卧沙场不算英雄好汉，挑灯看剑方显君子风度。征战自然，挑战自我，饮了杯中酒，忘我人生乐悠悠。莫使金樽空对月，快快斟满香醇之酒。待到长空万里晴，任君携壶酣高楼。喝了香醇之酒，酒醇心胆开张，方敢问青天，明月几时有？才敢挽雕弓射天狼觅封候。喝了香醇之酒，身处江湖也罢，庙堂也罢，均可登高远眺，把酒临风，甘愿后乐先忧。

劝君畅饮杯中酒，杜康与君同销万古愁。端稳杯，手莫抖，多少烦心事，随酒付东流。淡看云中月，笑对人间忧。今宵酒醒何处,不妨乘醉听箫鼓，聆歌观舞在琼楼。一曲新词酒一杯，醉梦里懒经商、倦封候。斗酒诗千首。做个酒中仙，低吟浅唱信天游。东篱把酒黄昏后，世事洞明皆在心，恁他冬夏与春秋。喝了香醇之酒，心砰砰，眼朦朦。口渴漫思茶，筷儿懒戳东坡肘。觥筹交错言趣事，不见座中司马湿衫袖。喝了香醇之酒，头晕晕，脸红红，沉睡不消浅酒，那顾海棠绿肥红瘦。惟有黄粱饭熟，南柯任由我太守。

劝君慎饮杯中酒，应知晓，抽刀断流流更流，举杯浇愁愁更愁。杯中物是醉心之酒，宜适量，莫贪杯，莫过头。酒宜喝天天都有，不可喝一醉方休。杯中物是神奇之酒，说不醉千杯万盅不醉；说醉人一点半滴可醉三秋。沾了杯中酒，莫驾车，莫泛舟，莫闹事，莫斗殴，违规犯错莫怪杯中酒。香醇之酒劝君常常饮，舒经活血精神抖，青春永驻享南山之寿。香醇之酒劝君慢慢饮，量小莫逞强，量大莫打赌。能喝十二分，只喝九分九。饮三盅，莫下江，恐搏杀苍龙；喝三碗，莫过岗，怕再伤虎兽。

香醇之酒，随喝随时有，缸盛坛装任君饮，不须换君五花马千金裘；切记人醉心莫醉，保持清醒方是座中豪杰、席中领袖。请君常饮香醇之酒，喝了它当然说得起话，交得上友；称得上汉，抬得起头。

香醇之酒常伴君左右、跟班侍候。

酒名串联诗
洋洋 中国路

我把 100 个酒名巧妙地组合起来，编成一首诗，取名“洋洋中国路”(也是由两个酒名组成)，奉献给读者。虽然诗句不够押韵和规整，但自我感觉意蕴丰富而有趣，从酒瓶上可折射出中国的历史和文化。

蚩尤祖尊炎帝神，龙行天下中国结。
君妃虞姬醉美人，鬼国神曲藏香春。
羲之真卿酒中仙，重阳玉液留香壶。
关羽家酒三将宴，水浒对酒红楼源。
秦汉盛唐宋宫御，体元主人黄中皇。
大汗骑士龙虎尊，成吉思汗蒙古王。
英雄好汉老战士，舍得老爹半亩地。
老表老枪井冈山，军团野战第一枪。
野谷剿匪醉湘西，千年西藏开口笑。
毛公天权红太阳，三军礼炮东方红。
长城酒魂八达岭，盛世华都老北京。
中华贵宾齐民思，名将忠义治国心。
百年丰收黑土地，东北家乡大粮仓。
江南老窖画乡醉，年年有余稻花香。
五岳独尊泰山牛，美泉老酒小角楼。
安塞腰鼓黄河龙，国粹神鼓塞上春。
齐鲁球迷罗西醉，少林神功第一家。
忠仁世家千年乐，道德人家贵常春。
九七圆梦中华福，金门茅台九龙醉。
邓府神力中国路，神州平安万世兴。

(※“体元主人”是清朝皇帝康熙的自称)

咏酒诗

黄贞父《题醉翁图赞》曰："酒酒酒！诚好友。闭而眼，扪而口。潦倒衣冠，模糊好丑。多不辞一石，少不拒五斗。提携域外乾坤，断送人间卯酉。破除万事总皆非，沉冥一念夫何有。盖东坡名之为'无漏之仙'，而我呼之为'独醒之友'。"东坡在徐州，参寥自钱塘访之，坡令一妓戏之，并求诗为赠。乃口占一绝云："多谢尊前窈窕娘，休将幽梦恼襄王。禅心已作沾泥絮，不逐东风上下狂。"坡公深为叹服。

酒别称连趣

非 甑

青州从事 曲生既曲秀才、平原督邮 麴生俗称麴道士的与天禄大夫 太平君子 三友应醴泉侯 索郎之约，一同前往河溯饮酒，拜访中圣人 顾健康。

途中遇到也往顾家而去的黄封、黄流、黄醅、黄醑、黄娇五兄妹，大家结伴而行，十分高兴、舒畅。一路上只见小溪琼苏 琬液 金波，沿途翠物 经醁 鹅黄，醽醁翠涛，兰生玉薤。晴空红友 流霞渐抹白堕，玉友 金盘露 玉浮梁……一路景致流连，月色蒙蒙中天方到顾家。

进得顾家庭院，只见老家人欢伯正清理毕钓诗钩，刚从缸面湖钓浮蛆、浮蚁回来，拿起扫愁帚准备清扫庭院迎接来宾。得到小厮通报，中圣人率子注子、望子迎出中堂，与各位一一寒暄之后，大家分主次依序而坐。

酒过三巡，喝的是翁头春、抛青春；菜上九道，即百药长、太和汤、米汁、天乳、缥蚁、白玉腴（萝卜），酒骨、浮蛆、浮蚁等。绰号"饮储"的注子与号称"含春王"的望子两兄弟年岁不大首先连干三爵，把酒席上的热烈劲掀起来。一个个喝得酒热耳酣，注子少年心性难改，搬出连环书"酪母"观看，此书讲的是绿蚁、香蚁、玉蚁、春蚁、芳蚁五美图的故事，黄娇从未看到过这样漂亮的图书听到过这样动听的故事，争相观看，有些走火入魔了。所以，未曾听见席间官封瓯宰 行觥录事 进行席纠 执行酒令的太平君子的几次点名批评。

一看娇妹违令不行，犯下"觥筹狱"，太平君子气极，只听一声"呀呀呸"，一盏玉液、般若汤如忘情物浇去，浇书上不说，黄娇姑娘身上顿时如玉山颓，连贴身着的棉衣也真成了水绵袄，成了个可怜的玉井秋香。这时只见娇姑娘柳眉倒竖，腾地站起，连连跺脚，手指太平君子骂道：你这吃了狂药的，祸泉里泡大的，缺酒母 酒教的……拿起席间杯中物就往太平君子泼去，好一场椒花雨……让太平君子也吃了个软饱。引得大家哄堂大笑：幸酒，幸酒。

文明劝酒小技巧

跳七法

不用道具只用嘴,可以来“跳 7”游戏。按顺时针方向，大家依次次喊“1. 2. 3. 4. 5. 6”，到 7 和 7 的倍数 14. 21. 35……不能出声，用手指轻敲一下桌面，跳过，后边人接着喊“8. 9. 10……”凡其倍数都跳过，凡是不轻敲桌面或误喊“8”，凡是反应迟缓停顿时间3 秒钟以上者，均由酒司令执法，公杯斟酒，受罚者再从“1”起呼喊。为了增加难度，也可以接着前数呼喊。

火力侦察法

如果酒司令这桌有不少新朋友，就要来一番火力侦察不能凭想当然，弄错目标，造成“张郎贪杯无人敬，李郎醉酒苦哀求”就不好了。

最简单的办法是：一上来酒司令就以豪情带动大家，请各位客人痛痛快快地自报酒量，采用“酒筹记数法”，自报白酒 3 两者，门前放酒筹 3 枚；自报白酒 8 两者，门前放酒筹 8 枚；饮完 1 两，酒司令收取 1 枚，凡门前酒筹未清前者都可攻。假如客人有心计，不暴露实力，酒司令要“投石问水深，打草观蛇行”，遂一碰杯试探，老经验者一看苗头就有数，说话爽不爽快，饮酒痛快否，准能发现目标。火力侦察出每位宾客的酒量大小，才能找到中心人物，才能对每位宾客攻得恰倒好处。

威 慑 法

很有可能，火力一侦察,发现宾客中有企图闹酒的“恶作剧”。为了防患于未然，要大打心理战，刹住他。兵书有“威慑”一法，即显示实力，吓倒对方，不战而胜。

有这么一则故事。父子俩挑稻谷进城，馋酒，没钱。对酒铺老板说，酒让我们吃到够，这两担稻谷就归你了。老板乐呵呵做这笔买卖。父子俩要他炒1斤黄豆当下酒菜。奇怪，他俩只是大碗喝酒，不动一粒黄豆。几个小时过去了，老板不断添酒有些心痛了。突然，听到父训斥子说："你小子，没出息，酒刚刚喝开头就嚼黄豆啦！"老板心一惊，什么！喝到现在还只算刚开了个头，才吃掉2粒黄豆，这一升黄豆全吃完，要多少酒啊？！快，开仓库，还稻谷，请走路。其实，父子俩也已经喝得差不多了。这里，他们用的就是威慑法。

碰到"恶作剧"，也要镇住他，他说干满杯，你说饮3杯，他说各开1瓶对着干，你说1瓶不过瘾，非得来2瓶。这种心理战的攻势，要有点气魄，"道高一尺，魔高一丈"，威慑酒场"野马"，然后教他照现代酒风的规矩办。这要审时度势，靠酒司令临场发挥。

全面兼顾法

所谓攻，就是敬酒，既然大家坐到一桌上宴饮，那就不论位高位低，量大量小，善言讷口，都一律平等，酒司令要注意，全面兼顾，逐一敬酒，"攻"遍宾客，充分表达东道主对每一位客人的诚意和敬重。

千万不能只顾敬主宾，不敬从宾；只顾敬量大者，不敬量小者；只顾陪活跃者，冷落了讷口者。更不能因为宾客不善饮酒，酒司令忘乎所以，同自己一方热闹斗酒，弄得宾客旁观枯坐，一无滋味。这就成了个糟糕透顶的酒司令了。

猜猜法

任取小物件，猜出双数单数。用硬币、火柴棒、纸团、瓜子、糖果均可。

复杂一点，碰到结婚喜筵，备有为讨"喜得贵子"口彩的红枣、花生、桂圆、莲子。供猜者可以手握若干颗，也可以放置小器皿内若干颗，一猜双数单数；二猜枣、生、桂、子哪一种；三猜颗数，当然颗数要有限度，8颗以内为好。三层进难度大一些，趣味也浓厚。

擂台法

再闹猛点，像中国围棋擂台赛一样，宾主——双方两对垒打擂台。客人推选一人为擂主，酒司令自然要当主方擂主，人人都参加，酒的品种可以自选，不要弄得紧张兮兮的。二位擂主分别点将出战，互相猜拳、猜火柴棒、敲杠子都可以，败者饮酒退下，擂主再派将上来战。假如宾主双方各5人，擂台打到最后，若是主帅相遇就有劲了，败者要用大杯吃点"硬货"罚罚。

节酒戒酒数招鲜

在华夏大地上，酿酒饮酒历史悠久。同样，节酒戒酒的呼声也早在几千年之前就已传出。形形色色的戒酒之法也应是而生。

戒 酒 令

相传夏初的仪狄造酒，是为了送给禹邀功请赏。谁知大禹饮毕仪狄所造之酒，却因美味而疏之，感慨曰：“后世必有以酒亡其国者”，于是，断然下了“戒酒令”。

据介绍，我国最早形成文字的戒酒令出现在公元前11世纪的周成王时代，为了周王朝的昌盛，以周公旦为代表的执政者，励精图治，苦心经营。他们深深地忧虑胜利后的周人受殷人酗酒之风的影响，沉湎于安乐会导致亡国的危险。因此，当周公封自己的弟弟康叔于卫（地名）时，特意令康叔在其管辖之地向全体臣民宣布戒酒之令，这就是现存于《尚书》中的《酒诰》。

在这篇诰词里，周公总结了殷人饮酒无度的教训，指出，以殷纣王为首的商朝统治者，嗜酒如命，沉湎于酒色，放弃自己的德性，致使民怨沸腾，这正是商朝灭亡的重要原因。为此，他从政治的高度着眼，制定了一系列有关限制饮酒的法规。一、不准经常饮酒。只有在举行祭祀或父母喜庆的日子，或与老年人、君主相聚时才可饮酒。二、不得醉酒。饮酒要有节制，不能失去威仪。三、周人如果聚众饮酒，予以严惩；殷人仍饮酒无度者，先进行教育；置若罔闻者，格杀勿论。四、人人都要爱惜粮食，努力生产，尽孝敬父母之职责，不得放纵自己的行为。

戒酒令宣布后，在当时的民众中引起了强烈反响，一时间，社会上的酗酒之风大减。

三国时的曹操，尽管有饮酒作诗、抒情发感的嗜好，但是为了防患酒害，也下了“禁酒令”。

戒 酒 碑

在四川渠县发现了一块天下罕见的“戒酒碑”。碑高80公分、宽83公分、厚12公分。此碑原立于渠县中滩乡文昌宫门前，现收藏在渠县历史博物馆内。碑文是这样写的：

本院申录重囚，多因酒醉以小忿打死人命，情甚可怜。今后军民各宜节饮保身，有纵酒者许保甲擒拿并酒家一并惩治；凡阿纵不举者事发连坐，故示。

据渠县志记载，公元1587年5月，陈姓都察使到渠县巡视，在复查案件时发现，狱中1000名待决人犯多因酒醉而杀人，遂立此碑。碑文除了谆谆劝说军人和百姓应该节饮保身外，还明令发现有酗酒者，保、甲长可以当即捉拿，而且连售酒的店家也要惩罚。假如旁观者有知酗酒者而不检举，出了事也在法办之列。

条例与法令

法律条例向酗酒者发出警告。我国《刑法》第15条中明文规定："醉酒的人犯罪，应当负刑事责任。"《治安管理处罚条例》第12条规定："醉酒的人在醉酒状态中，对本人有危险或者对他人的安全有威胁的，应当将其约束到酒醒。"中国台湾"立法院"1991年通过的《少年福利法》中规定，商贩今后如将烟酒售给未满18岁少年吸饮，将被罚款台币600-6000元；如发现有少年出入酒吧、舞厅等特种营业场所，这些场所的老板将被罚款台币6000-30000元，甚至勒令停业或吊销执照。香港虽说是一个世界闻名的自由港，但对酒的进口及在香港的酿造、出售和贮存等，都有严格的立法规定。如经营酒类的商店，必须申请取得许可证，否则就以非法经营查处；对酒的进出口则一律经工商署署长负责管制。

为刹吃喝风，各地采取的措施更是"八仙过海，各显其能"。

醒 酒 室

1988年3月，全国第一个用行政手段约束酗酒的醒酒室在辽宁抚顺市设立。

醒酒室由市公安局管理。市政府颁布的《关于严禁在公共场所酗酒的通知》规定：民警和群众可将酗酒者领送至醒酒室。

醒酒室共有8间面积各为18平方米的房间。其中有两间的四壁镶着厚厚的泡沫塑料，外面包上一层羊皮，名曰"立体席梦思"，头往上撞都没事。房中间摆着两把似理发椅的大转椅，不同的是上面多了几条宽皮带，名曰"约束椅"。失去理智的酒客，先在"约束椅"上固定就座，狂妄猖獗的，还必须戴上头盔。在其余房间里，有热茶可饮，床铺可睡。酗酒者酒醒后，可在这里安安稳稳睡一觉。外加干警"保护"和6名服务员耐心周到的服务。

当然，醒酒室决不是招待所，它是对酗酒者实行强制约束的地方，每宿收费25元，还要根据情节轻重，执行适当处罚。负责人介绍说，这里每天都是"醉汉盈门"，最多时一夜收留了20人。

内蒙古凉城县城关镇公安派出所的院内也设有“醒酒室”。室内有一床一椅，床椅均有约束带，是专为醉酒闹事者准备的。自建立这一醒酒室后，该镇酗酒闹事者明显减少了。

亮黄牌

据1990年7月10日《中国青年报》报道：这年第一季度，河南省方城县有29个村民持“集体资金投向监督证”，审出3.6万元招待费，向参加吃喝的66名村干部亮出自掏腰包黄牌。

近些年来，方城县农村公款招待开支数字惊人，每年招待费高达20万元。上边来人，村里招待，村干部去乡镇开会、办事、吃饭抽烟乃至送礼，都要用招待费变通解决。有村办企业的吃利润，没有村办企业的吃“五荒”承包费。群众意见大，但是奈何不得。

怎样管好农村集体资金，刹住吃喝风，县委、县政府决定于1990年元月开始，在全县推行由农民持有的“农村集体资金管理投向监督证”。

这个监督证，年初由村民制定，村办企业年获利润、“五荒”承包费等各项集体收入一一列单，请农户逐项监督实施。资金管理上，村各项收入一律上交乡镇农经站，村里使用资金由村委会申请，乡农经站支付。每一季度，乡农经站将该村各项开支印发农户。不在监督证开支项目的，视为违纪开支，村民向村干部亮出黄牌，谁开支谁掏腰包，由农经站负责追回。

推行农民集体资金管理投向监督证这一做法，不仅调动了村民关心集体的积极性，还刹住了吃喝风。博得镇一个村用500元救灾款吃喝招待，被本村农民亮出黄牌，除退赔全部吃喝款外，还撤销了主要责任者的职务。

劝酒娘子队

河南省沈丘县刘庄店镇一个村的男性公民酗酒成瘾，一年不分春夏秋冬，地点不分张家李家，时时处处都可以看到酗酒的场面，闻到浓烈的酒味。酗酒不断导致打架闹事，无故伤人，因酒欠债而夫妻感情破裂闹离婚等祸事发生。这个村每年用于喝酒的开支多达20万元。酒将这村折腾得鸡犬不宁，丑事不断。

怎么刹住这酗酒风？“半边天”中的刘月英、李桂兰领头站出来成立了世界上第一支“劝酒娘子队”。她们的事迹虽然没有像当年花木兰那样令人敬慕，但同样博得了方圆数十里乡亲们的赞扬。从1988年开始，她们10多名女将走东串西，大讲酗酒的危害和教训，大说勤俭持家全家和睦的优良美德，大算酗酒造成的经济损失。

这样一来，向来理直气壮的酗酒大丈夫们一个个头上冒汗，面露愧色，在“屋里人”面前低下了头，放下了酒杯，纷纷发誓再不酗酒闹事。从此，在这里再也听不到往日那喧嚣闹人的猜拳声，看不见疯天泼地的醉汉出丑图。

专项举报

中共中央办公厅和国务院办公厅关于认真检查对严禁用公款吃喝送礼等有关规定执行情况的通知下发后，监察部接到许多群众来信和举报电话。为了狠刹用公款吃喝送礼的歪风，监察部于1992年2月26日发出通知，开展专项举报，并要求各级监察机关对群众的举报，要认真及时查处，做到件件有着落，有结果。

开展不喝烈性酒活动

北京军区政治部早在1988年9月9日就决定在全区连队中开展不吸烟、不喝烈性酒的活动。在军区《战友报》的显著位置刊载关于开展这一活动的通知中提出了四项要求：

一、各级领导和机关要加强指导，广泛宣传不吸烟、不喝烈性酒的好处，搞好教育，讲清道理，形成良好的舆论环境。

二、各级共青团组织要把这项活动作为培养青年健康成长的重要工作来抓，采用多种形式，开展丰富多彩的活动。动员青年要积极响应号召，在连队中带头不吸烟、不喝烈性酒。有条件的单位还可举办科普、卫生知识讲座，开办连队集体储蓄，保证这项工作深入持久地开展下去。

三、开展不吸烟、不喝烈性酒活动，既要有组织、有领导的进行，又不要强迫命令、简单行事，要在自觉自愿的基础上，逐步引导青年养成不吸烟、不喝烈性酒的良好习惯。

四、提倡连队逐步做到全连不吸烟、不喝烈性酒。各级对做得好的连队要给予表彰。

在海军各部队，这项活动至今还在有板有眼地开展着。

山东省军区司令部的一位参谋还曾在洪灾泛滥的1991年写信致江泽民总书记，为赈济灾区人民建议在全国开展1周或1个月的不喝酒活动。信中情真意切地写道：

近几年来，尽管中央下了很大决心狠刹公款吃喝风，但此风仍有增无减。各类会议，各种集体活动，各种工作组，下级请上级，上级回敬下级等等，喝酒的名目繁多，简直成了灾，不仅浪费了精力和钱财，而且败坏了社会风气。目前国家正值困难时期，灾区人民急需经济援助以恢复生产，重建家园。如果全国各部门、各单位都能在一周和一个月内不喝酒，将能为国家节约一大笔开支。为此，建议在全国开展一周或一个月不喝酒活动，把节约下来的钱支援灾区，同时也可促进党风和社会风气的好转。

酒　戒

歌曰：四季难忘酒，风花雪月天。妻儿衣食缺，酒店逼赊钱。痛饮宁无饭，衣单每忍寒。一瓯颜色变，三碗发颠狂。言语无关里，劳忉有万千。骂街寻斗殴，掉臂捋双拳。口嘴尖如钻，腰髡软似绵。行如风摆柳，坐立总蹁跹。双颊胡孙袋，形容不似前。眼黄头面肿，酒鳖肚中缠。合药求神曲，多多用酒煎。眼镜齐落地，嘱付两丘言。榨桶为棺椁，糟团作祭盘。梁冠缝榨袋，坟造酒缸边。酒幌堪题旐，还为引路幡。大工酒净水，都料诵真言。真言曰：“南无三满陀，酒多酾，满锅。就旋呵，苦劝不肯听，临了却如何？南无苦极佛，自作自受，怨甚么娑婆呵？”

酒　祸

诫曰：“酒是伤人之物，平地能生荆棘。惺惺好汉昏迷，醉倒东西南北。看看手软脚酸，蓦地头红面赤。弱者谈笑多言，强者逞凶斗力。官人断事乖方，吏典文书堆积。狱卒不觉囚逃，皂隶遭马踢。僧道更是猖狂，寺观登时狼籍。三清认作三官，观音唤作弥勒。医卜失志张慌，会饮交争坐席。当归认作人参，丙丁唤作甲乙，乐人吹笛当箫，染匠以红为碧。扒车哪管高低，把舵不知横直。打孩骂妇伤妻，鸡犬不得宁息。扬声叫讨茶汤，将来却又不吃。妻奴通夜不眠，搅得人家苦极。病魔无计支持，悔恨捶胸何益。”

酒俗语

金杯玉酒千人血。
金家粱、归酒香。
紧打酒、慢打油。
酒多伤身，气大伤人。
酒色毒如刀。
酒壶嘴、触倒人。
酒朋饭友，没钱分手。
酒多人癫，书多人贤。
戒酒戒头一盅，戒烟戒头一口。
今日有酒今日醉，明日有愁明日当。
敬酒不吃，吃罚酒。
酒后狂言醒后迟。
酒逢知已饮，诗向会家吟。
酒中不语真君子，财上分明大丈夫。
酒逢知已千杯少，话不投机半句多。
酒囊饭袋烟荷包，何尝值得半分毫。

借问酒家何处有

——酒广告词选

无意广告

兰陵美酒郁金香，玉碗盛来琥珀光。
但使主人能醉客，不知何处是他乡。

——李白《客中行》

不醉三年不要钱！

——杜康酒坊横联

何以解忧，唯有杜康！

——曹操《短歌行》

千里莺啼绿映红，水村山郭酒旗风。

——杜牧

贾岛醉来非假倒，刘伶饮酒不留零。

酒气冲天，飞鸟闻香化凤；粕糟落地，游鱼得味成龙。

举杯邀明月，放眼看青山。

劝君更尽一杯酒，与尔同消万古愁。

岂有文章传海内，欲将沉醉换悲凉。

阳羡春茶瑶草碧，兰陵美酒郁金香。

有同嗜焉，从吾所好；不多食也，点尔如何。

高山流水诗千首，明月清风酒一船。

我有大裘长万丈，曾共梅花醉几觞。

窗前绿树分禅榻，城外青山到酒杯。

风来隔壁三家醉，雨过开瓶十里香。

心悬天地外，兴在一杯中。

座下客常满，杯中酒不空。

瓮开新绿醺，炉上嫩红潮。

霜林落后山争出，野菊开时酒正浓。

有意广告

江山多娇，英雄不倒。
香飘溢金盏，佳酿重茅台。
金奖茅台酒，诚交天下友！

——茅台

汾酒必喝，喝必汾酒。
杏花村下路，茅屋雨中人。
三杯通大道，一斗含自然。
杏花村酒，魅力持久。
汾酒名牌天下闻；
一日三杯竹叶青，越活越年轻。
借问酒家何处有，牧童遥指杏花村。

——杏花村

名酒江口醇，滴滴都是情。

——江口醇酒

每天喝一点，健康多一点。

——宁夏枸杞酒

喝金种子，过好日子。

——金种子酒

醇香古今醉，天地尽逍遥。

——逍遥醉酒

千古佳酿，万代留香，中华酒宗，汝阳杜康。

——杜康酒

往事越千年，陈酿白云边。

——白云边酒

一次品味，一生钟情。

品位更精彩！

——沱牌曲酒

为成功喝彩！

——洋河大曲

羊年吉祥，喜气洋洋。

——五粮液

名扬天下，激情永远。

——五粮液集团

惊天动地五粮神！

——五粮神酒

唐时宫廷酒，今日剑南春。
感悟天下，品味人生。

——剑南春酒

岁月流金， 爱我所爱。

——金剑南酒

人生舍得道，乾坤珍酿中。

——舍得酒

人生百年，难忘湘泉。

——湘泉酒

百年人生，难得糊涂。

——百年糊涂酒

天地同酿，人间共生。

——泸洲老窖

身边的幸福，身边的酒。

——老白干酒

享受尊重，中国洋河。

——品味洋河

天地之间，好酒钢山。

——钢山酒

情到深处，伊珠干红。

——伊珠干红

传承美酒文化！

——云峰酒业

金贵酒业，贵在品质。

——金贵酒业

宝丰酒，不过是好酒！

——宝丰酒

饮酒饮贵龙，醉心不醉头。

——贵龙酒

滴滴甘醇，品质流金。

——皖酒王

健康好酒，颐阳补酒。

——颐阳补酒

天地人和，古井贡酒。
高朋满座喜相逢，酒逢知己古井贡。

——古井贡酒

枝江酒，老朋友。

——枝江酒

成功自有道，安徽口子窖。

——口子窖

大喜自然开口笑！

——开口笑酒

喝杯青酒，交个朋友。

——贵州青酒

有情有义喝郎泉。

——郎酒

青岛啤酒，激情无处不在。

——青岛啤酒

百威啤酒，皇者风范。

——百威啤酒

蓝带啤酒，天长地久！

——蓝带啤酒

茅台啤酒，啤酒中的茅台。

——茅台啤酒

享受激情的释放，
雪花啤酒“畅享成长”。

——雪花啤酒

饮不尽的豪爽，扳倒井。

——扳倒井

金贵特曲，贵在品质。

——金贵特曲

中国人的喜酒，兰陵喜临门酒。

——兰陵喜临门酒

今天喝什么？沙河王，滴滴难舍沙河王。

——沙河王

中国人，喝自己的XO，林河酒，可加冰加水，任意调配。

——林河酒

赊店老酒，天长地久。

——赊店老酒

东西南北中，好酒在张弓。

——张弓酒

永远的绿色，永远的秦池。

——秦池集团

双洋酒真，情更真。

——双洋酒

千万里我追寻着你，孔府家酒，让人想家。
喝孔府宴酒，做天下文章。

——孔府家酒

金色的太阳，金色的种子，种子酒，金种子。

——种子酒

举杯天地醉，中国贵州醇。

——贵州醇

北京醇，好运带给您。

——北京醇

钟楼入口，好字出口。

——钟楼啤酒

过日子，还得咱这口子。

——口子酒

传奇品质，百年张裕。

——张裕金奖白兰地

好山好水好烧酒，好汉都要喝两口。

——恒山老白干酒

酒到福到，梨花老窖。

——梨花老窖

双轮池酒，双轮发酵，滋味当然独特。

——双轮池酒

烧刀子酒，三碗下肚是英雄。

——烧刀子酒

颐养身心竹叶青，祝君越活越年轻。

——竹叶青

名门闺秀五粮春。

——五粮春

崂特啤酒，品味真实自然。

——崂特啤酒

黄河啤酒，让我们共度好时光。

——黄河啤酒

银城王大啤酒，好久的缘分。

——王大啤酒

买的放心，喝的舒心，防伪仰韶酒。

——仰韶酒

伊利特，英雄本色。

——伊利特

中国人的福酒，金六福。

——金六福

鄂尔多斯酒，广交天下友。

——鄂尔多斯酒

河套老窖，至纯至真。

——河套老窖

喝转龙，事业红。

——转龙酒业

磁化粮食白酒，跨世纪的享受。

——红云磁化酒

内蒙古一枝花，沙漠人参苁蓉酒。

——人参苁蓉酒

陈年老酒，滴滴香浓。

——赤峰陈麯

纯洁草原纯净水，酿出赛汗白酒美。

——赛汗白酒

塞外茅台，宁城老窖。

——宁城老窖

金川啤酒，天下第一保健啤酒。

——金川啤酒

做酒的围着喝酒的转，你说怎好，咱怎干。

——托县二锅头

喝了套马杆酒，塞外草原不白走。

——套马杆酒

吃武川筱面，喝武川老窖。

——武川老窖

饮酒必思源，难忘漠中泉。

——漠中泉

曼斯特啤酒，名人的享受。

——曼斯特啤酒

侯爵酒，现代人的享受。

——侯爵酒

蒙古王酒，来自草原的问候。

——蒙古王酒

一醉成知己，乳香飘万里。

——内蒙古乳香飘酒

我从草原来，昂格利马奶酒。

——昂格利马奶酒

常饮劲酒，精神抖擞。
真情品位，尽在其中。
劲酒虽好，请莫贪杯。

——中国劲酒

文龙鹿酒香，好喝又健康。

——文龙鹿酒

喝襄樊义酒，交天下朋友。

——义酒

天下酒道，品质是金！

——酒道酒

人生丰收时刻。

——稻花香酒

东方第一家，中国矿磁酒。

——矿磁酒

喝月池酒，口福，心服，大家福。

——月池酒

日照特曲，祝您幸福。

——日照特曲

悠悠岁月，醇情依旧。

——古绵纯酒

好山好水出好酒，金装银装贵州醇。

——贵州醇

燕京啤酒，清爽怡人。
燕京啤酒“感动世界，超越梦想”。

——燕京啤酒

嘉士伯，可能是世界上最好的啤酒。

——嘉士伯啤酒

崂特啤酒，品味真实自然。

——崂特啤酒

力波啤酒，的确与众不同。

——力波啤酒

美妙口味不可言传。

——米勒牌淡啤酒

喜立滋啤酒是经过蒸汽消毒的！

——喜立滋啤酒

品过酒中酒，再饮古风醇。
塞外古酒千古芳，深有古风味绵长。

——古风醇

好喝不上头。

——奶酒

饮玉凤酒入口浓香无比，回味酱香绵绵。

——玉凤酒

畅饮橘子洲头，感受伟人情怀。

——橘子洲头酒

品全兴，万事兴。

——成都全兴酒厂

东奔西走，要喝宋河好酒。

——河南宋河酒厂

不喝董酒不懂酒，喝了董酒回味久。

——贵州遵义董酒厂

习酒是喜酒，喜酒喝习酒。

——贵州习水酒厂

蒙山酒，飘飘欲仙梦中走。

——四川渠县酒厂

古川美酒多，真情满天下。

——四川古川酒厂

杯杯双沟酒，滴滴暖人心。

——江苏省双沟酒厂

常饮仰韶酒，能活九十九。

——河南仰韶酒厂

文君酒一品，四海有知音。
千载文君酒，一曲凤求凰。

——四川省文君酒厂

心酒心连心，防伪又保真。

——山东济宁心酒厂

浓浓三峡情，滴滴稻花香。

——湖北稻花香酒厂

情浓酒更浓，野力干红。

——河北野力公司

万里丝绸路，千年楼兰酒。
楼兰葡萄酒，健康新生活。
楼兰红酒，卓尔不凡。
神奇楼兰红，美酒酿佳人。
楼兰红酒，健康家人。
漫漫丝绸路，悠悠楼兰情。
美酒出楼兰，天然情溢浓。
楼兰红酒，源自千年古文明的魅力。
楼兰红酒，传承千年楼兰古文化。
楼兰红酒，品出文化品出浪漫，品出健康，品出美丽。

——新疆楼兰红酒葡萄酒

酒名联趣

万船歌

在编撰《中国酒文化大典》过程中，发现用酒名可以成联并有趣，联虽不十分严谨，但读来也有些许意思。酒名之间不多加一字，读时无视空格——连读，遇标点符号停顿即可。选用几副与读者磋究。

一、黑土地 丰谷，魏王贡 黑糯米；
白云边 华堂，诸葛酿 白沙液。

二、邓府 大宅门 不倒翁 王者风范；
秦池 小角楼 永盛源 金品花雕。

三、孔已己 绍兴师爷；
曹雪芹 榴园骄子。

四、盛世唐朝 诗仙李白 剑南骄子；
古越龙山 酒魂杜康 琼坛世家。

五、诸葛酿　龙泉春　冠群芳　趵突泉；
　　刘伶醉　水井坊　恨壶干　扳倒井。

六、文君　舍得　茅台，九月　开缸，酒鬼　齐尊　泸纯；
　　沛公　回归　赊店，三沟　张弓，猎人　大汉　本色。

七、燕京　邓府　大宅门　不倒翁，洞藏　国窖　茅台，
　　长城　龙津　原池　　原浆。

　　汇城　沛公　小天下　永盛源，谷典　华堂　尖庄；
　　古玉　神果　金域　　金圣。

八、千年西藏　阳光雪域　冬虫夏草　蒙古珍酒；
　　九江双蒸　龙江家园　金潭玉液　板城烧锅。

九、即墨老酒　正通禧；
　　沂蒙小调　卓维浓。

十、东方之珠　百年香江　回归　盛世荣华；
　　中国劲酒　六味地黄　开缸　福禧满堂。

十一、清照园　一枝花　花之冠　冠群芳；
　　　孔府家　七仙女　女儿红　红太阳。

十二、烟台味美思　金奖白兰地；
　　　衡水老白干　花冠天香锦。

十三、林海雪原　草原猎人　张弓射日　驰名天下；
　　　华溪玉容　琼坛世家　蒙古珍酒　盛世唐朝。

十四、龙晶玉液　金色年华　华溪玉容；
　　　水乡国色　人面桃花　花好月圆。

十五、小糊涂仙　难得聪明；
　　　老白干酒　共赢天下。

十六、石库门　花雕王　松茸　店头高；

牛栏山　金种子　稻花　天外香。

十七、五年陈　女儿红　诸葛酿；
一坛香　竹叶青　刘伶醉。
十八、老村长　雷司令　咱大哥　齐鲁人，名将　不倒翁。
道光廿五　林海雪原　长白山　醉明月　扳倒井；

小角楼　石库门　又一村　山水坊，古玉　永盛源。
金钗十二　花好月圆　广寒宫　冠群芳　趵突泉。

附一 酒杯不深淹死人

俗话说，酒能成事，亦能坏事。

今年元旦期间，我区就发生这样的一出悲剧。几家人相聚一堂，共庆元旦，不料因为劝酒，劝出了一条人命。

丈夫不力 妻子代喝

元旦期间，才结婚不久的王蒙、杨小芳夫妇应朋友之邀，和其他 4 对夫妻，到一酒店聚餐。

席间，朋友们照例打开了白酒，相互对饮起来。酒过三旬，朋友们提议，“坐庄”喝酒，每家人派出一名代表，划拳坐庄。

轮到王蒙坐庄时，王蒙每拳皆输。按照他们的规矩，每拳皆输者还要继续坐庄，直到划赢一拳为止。不知是运气不好，还是喝酒过量，王蒙连坐几庄也没有把庄交出去。此时，这一群人已经喝了 2 瓶多白酒。

朋友看到王蒙如此不在状态，纷纷兴起，和王蒙喝酒。王蒙越喝越多，酒醉呕吐。妻子杨小芳看到丈夫已经酩酊大醉，就要求不再喝酒，但是朋友们不依不饶。杨小芳看劝阻无效，又不好扫大家的兴，提出由自己代丈夫喝，朋友们欢快的答应了。

连喝九杯 妻子醉死

朋友们知道，杨小芳平时能喝一点，就开始与杨小芳猜拳。

或许是要照顾酒醉的丈夫，或许平时少于划拳。杨小芳的第一轮庄仍然是每拳皆输。每杯 8 钱的白酒，杨小芳已经喝了 4 杯。此时的杨小芳面色通红，有点语无伦次了。

接下来的第二轮庄，杨小芳更是不堪一击，连连喝酒。

在第三轮当庄时，杨小芳第一拳输了，喝下酒之后，已经不能说话。朋友们开始还在起哄，渐渐的看杨小芳不能动弹，才发觉可能出问题了。朋友们慌忙把杨小芳送进医院，抢救无效，杨小芳离开了人世。

事后，王蒙和丈母娘找到了一起喝酒的朋友，要求赔偿。朋友们纷纷拒绝赔偿。他们有的提出，他们没有劝酒，是王蒙夫妻划拳输了自己喝酒。有的提出，王蒙夫妇如果自己不愿意喝，没有人会强迫他们喝。有的提出，杨小芳的死亡原因是自己在服食减肥药。后来，在有关部门调解下，参与喝酒的4家人每家赔偿2万元。

一个才20多岁的年轻人就这样去了。8万元，换不回一个年轻的生命。

附二 酒之最

人类最先学会酿造的酒:果酒和乳酒。

我国最早的麦芽酿成的酒精饮料：醴。

我国最富有民族特色的酒：黄酒和白酒。

我国最早的机械化葡萄酒厂：烟台张裕葡萄酿酒公司。

我国最早的啤酒厂建于1900年，哈尔滨。

我国最早的酒精厂建于1900年，哈尔滨。

我国第一个全机械化黄酒厂:无锡黄酒厂。

记载酒的最早文字：商代甲骨文。

最早的药酒生产工艺记载：西汉马王堆出土的帛书《养生方》。

葡萄酒的最早记载：司马迁的《史记·大宛列传》。

麦芽制造方法的记载：北魏贾思勰的《齐民要术》。

现存最古老的酒：1980年在河南商代后期（距今约三千年）古墓出土的酒，现存故宫博物院。

目前产量最大的饮料酒：啤酒。

目前国产价格最贵的酒：茅台酒。

传说中的酿酒鼻祖：杜康、仪狄。

最早提出酿酒始于农耕的人：汉代刘安《淮南子》，“清盎之美，始于耒耜”。

最早提出酒是天然发酵产物的人：晋代的江统《酒诰》。

现已出土的最早成套酿酒器具：山东大汶口文化时期。

现已出土的最早的反映酿酒全过程的图像：山东诸城凉台出土的《庖厨图》画像石。

已发现的最早的蒸馏器：东汉时期的青铜蒸馏器（现藏上海博物馆）。

最早的酿酒规章：周代，《礼记·月令》。

古代学术水平最高的黄酒酿造专著：北宋朱肱的《北山酒经》。

最早记载加热杀菌技术：北宋《北山酒经》。

古代记载酒名最多的书：宋代张能臣的《酒名记》。

古代最著名的酒百科全书：宋代窦苹的《酒谱》。

最早的禁酒令：周代的《酒诰》。

最早实行酒的专卖：汉武帝天汉三年（公元前98年）。

酒价的最早记载：汉代始元六年（公元前81年），官卖酒，每升四钱。

最早的卖酒广告记载：战国末期韩非子《宋人酤酒》："宋人酤酒，悬帜甚高"，帜：酒旗。

酒词释诠

第一章　酒词汇

目　录

七 画

八 画

越窑鸟形杯

一画

【一日千杯】犹一日千觞。方回《云中忆昔诗》：“忆昔浮蛆醉玉醅，天寒一日饮千杯。”

【一杯亭】亭名，在江西上饶县南南台之左。《嘉庆一统志·广信府二》：“一杯亭在府城南。明《一统志》：宋赵汝遇为郡未踰年，政成惠洽，郡人于城南祥符寺傍建祠设像为之祝寿。汝遇因觞客于中，命撤其像，戏名曰一杯亭，取且尽生前一杯酒之义。”

【一斗百篇】谓饮量之宏与诗才之捷。杜甫《饮中八仙歌》：“李白一斗诗百篇，长安市上酒家眠。”

【一斗博凉州】指孟佗以遗张让酒，得拜凉州刺史事。《三辅决录》：“孟陀，字伯郎，以葡萄酒一斗遗张让，让即拜陀为凉州刺史。”刘禹锡《葡萄歌》：“为君持一斗，往收凉州牧。”周权《蒲萄诗》：“纵教典却鹔鹴裘，不将一斗博凉州。”

【一豆】一斗。豆当为斗，因斗古作㪷，豆为㪷之缺。

【一革】由皮革制成的盛酒器。《荀子·正论》：“彼王者之制也，视形势而制械用，称远迩而等贡献，岂必齐哉。故鲁人以榶，卫人用柯，齐人用一革，土地刑制不同者，械用备饰不可不异也。”王先谦《荀子集解·引郝懿行说》：“考《史记·货殖传》，‘适齐为鸱夷子皮，索隐引大颜云，若盛酒者鸱夷也，用之则多所容纳，不用则可卷而怀之，据此知鸱夷以革为之。’《吴语》：‘盛以鸱夷而投之于江。’《韦注》：‘鸱夷，革囊。’参以扬雄《酒赋》则鸱夷乃酒器。范蠡适齐，面为鸱夷子皮，此正齐人所用，与鲁人以榶，卫人用柯，一从一革，互相变而体亦变。”

【一合】合为容量单位。《说苑·辨物》：“十龠为一合，十合为一升，十升为一斗，十斗为一石。”《洞冥记·卷二》：“瑶琨去玉门九万里，有碧草如麦，割之以酿酒，则味如醇酎。饮一合，三旬不醒，但饮甜水，随饮而醒。”

【一壶外】一壶酒以外之天地，谓俗世也。李白《独酌诗》：“过此一壶外，悠悠非我心。”

【一均】古酒量名。《汉书·食货志》：“令官作酒，以二千五百石为一均。”

【一榼】一樽。洪良浩《游耳溪记》：“酒一榼。”

【一卣】古盛郁鬯酒之器，尊之属也。《书·父侯之命》："王曰，父义和，其归视尔师，宁而邦，用赉尔秬鬯一卣，彤弓一，彤矢百，卢弓一，卢矢百，马四匹，父往哉。"《传》："卣，中尊也。"《正义》："卣，中尊也。释器文。孙炎云樽彝为上，罍为下，卣居中。"

【一片冰】喻酒色之晶洁。杨巨源《酬崔博士诗》："青松树杪三千鹤，白玉壶中一片冰。"

【一瓢】一瓠。《论语·雍也》："一箪食，一瓢饮。"《集注》："瓢，瓠也。"王维《归园杂诗》："一瓢颜回陋巷，五柳先生对门。"许浑《新卜原上居诗》："雪夜书千卷，花时酒一瓢。"

【一日千觞】言一日之内饮酒之多。李白《赠刘都使诗》："高谈满四座，一日倾千觞。"

【一日醉】一次醉。白居易诗："唯此一日醉，何以乐吾身。"欧阳修诗："俾民百年思，岂取一日醉。"

【一觞一咏】旧指文人饮酒吟诗的聚会。觞：古代盛酒器，借指饮酒；咏：吟诗。语出晋王羲之《兰亭集序》："一觞一咏，亦足以畅叙幽情。"元王子一《误入桃源》第二折："受用些细腰舞，皓齿歌，琉璃锺，琥珀醲，抵多少文字饮，一觞一咏。"

【一升】酒器爵之容量为一升，故有时用："一升"代一爵。《周礼·栗氏》："栗氏为器，其耳三寸，其实一升。"《疏》："一升曰爵，二升曰觚，三升曰觯，四升曰献，五升曰散。"

【一籔】十六斗。《仪礼·聘礼》："十斗曰斛，十六斗曰籔，十籔曰秉。"

【一瓮】一瓯。白居易《冬初酒熟诗》："一瓮新醅酒，萍浮青水波。"

【一瓮醍醐】一坛酒。白居易《将归诗》："更怜家酝迎春熟，一瓮醍醐待我归。"

【一瓮香醪】一坛好酒。白居易《尝酒听歌招客诗》："一瓮香醪新插刍，双鬟小妓薄能讴。"

【一瓻】瓻，酒器，旧说盛酒四升。王乐道《与钱穆四书》云："出师颂最绝妙，古语借书一瓻。还书一瓻。"

【一吸】一饮。陆游诗："百穿千结一布裤，得酒一吸辄倒壶。"

【一呷】犹一饮。周昙《咏淳于髡诗》："穰穰何祷手何齐，一呷春浆与只鸡。"苏轼《九日黄楼诗》："岂知还复有今年，把盏对花容一呷。"

【一献】一度荐酒。转为小宴之意。《礼·礼器》："三献，一献孰。"《左氏·昭·元》："穆叔曰：'赵孟欲一献也。'"

【一献之礼】一度荐酒之礼。《仪礼·士昏礼》："妇以一献之礼。"

【一酳】酳，以酒漱口。《仪礼·士昏礼》"妇赞成祭卒食，一酳无从。"

【一醺】一醉。杨万里《和罗巨济诗》："三杯且一醺。"

【一巡】全座巡酒一遍。《宣和遗事·亨集》："一巡茶罢。"《西游记》第五十四回："满斟玉液，连注琼浆，果然都各饮一巡。"

【一饮】一度饮酒。李白《将进酒》："烹羔宰牛且为乐，会须一饮三百杯。"

【一饮一食】即饮食。《礼·檀弓下》："调也君之亵君也，为一饮一食，忘君之疾。"

【一盏】一杯。杜甫《拨闷诗》："闻道云安曲米酒，才倾一盏即醺人。"姚合《送宋慎言诗》："百篇诗尽和，一盏酒须分。"

【一枕余酲】谓醉卧酒意未尽解之时。元好问《满江红》词："一枕余酲厌，共相思无力。"

【一卮】一樽，多指酒一樽而言。《新席·善谋》："贱人希见长者，愿请一卮酒。"《史记·楚世家》："人有遗其舍人一卮酒者。"

【一盅】同一钟、一杯。《儿女英雄传》第五回："施主，僧人这里是个苦地方，没有什么好吃的，就是一盅素酒，倒是咱们庙里自己酿的。"

【一酌】喝酒一杯、或一次。《北史·袁韦修记》："往往为之驻马，随举一酌，示领其意。"韦应物诗："孰能举一酌，陶然冥斯理。"

【一醉解千愁】酒醉则愁皆忘。借酒忘愁。

【一醉千日】言酒性极烈。《博物志·杂说下》："昔刘元石，于中山酒家酤酒，酒家与千日酒，云：元石饮酒，一醉千日。"

【一醉三千日】谓酒性极强。张简《醉樵歌》："斧柯烂尽不成仙，不如一醉三千日。"

【一樽】酒一杯，沈约《别范安成诗》："勿容一樽酒，明日难重持。"

【一尊】即一樽。杜甫《春日忆李白诗》："何日一尊酒，重与细论文。"白居易《酒功赞》："孕和者何，浊醪一尊。"

【一步法】酒基的生产和改善酒基风味的措施，都采用液态发酵法，称为一步法。

【乙醇】俗称"酒精"，简称"醇"。化学式 $C_2H_2OH_2$ 酒类的主要成分，一般以含淀粉或糖的原料经发酵法制备，也可用乙烯水化法合成。纯净乙醇为无色易燃液体，具有特殊香气和辣味，能按任何比例与水混合，能溶解香精油和树脂等。普通乙醇可用作溶剂、合成橡胶等原料和制造“配制酒”等。70%乙醇用作清毒剂。饮酒所发生的反应，即由于酒所含的乙醇抑制大脑高级功能而出现的“假兴奋”现象。长期饮酒过度，可致慢性酒精中毒。

【乙醇中毒】即“酒精中毒”。因饮酒过量所致。急性中毒即酒醉状态，有脸色潮红、语无伦次、步态不稳等表现，重者可发生昏厥甚至昏迷。长期饮烈性酒者可发生慢性中毒，常有消化不良和营养缺乏、智力减退、手指震颤、多发性神经炎等症状，甚至造成肝硬化。

二 画

【八仙】指饮中八仙。即李白、贺知章、李适之、汝阳王（李）琎、崔宗之、苏晋、张旭、焦遂等八位酒仙。杜甫有《饮中八仙歌》。

【几酒】苛察沽酒之过多及非时。《周礼·秋官·萍氏》：“几酒谨酒。”

【九醖】酒名，酒之最醇者。张衡《南都赋》：“酒则九醖甘醴，十旬兼消。”《书言故事·酒类》：“美酒九醖。”

【九日登高】农历九月九日携茱萸登山，饮菊酒以消一年之灾。《续齐谐记》：“汝南桓景，随费长房，游学累年，长房谓之曰：九月九日汝家当有灾也，急宜去，令家人各作绛囊，盛茱萸，以系臂，登高饮菊酒，此祸可消。”

【七子槅】似盘，中有七格之盛食器物。《神仙传》：“仙女在杜兰香，降于洞庭包山张硕家，买瓦樽酒并七子槅。”

【十酒】汉淳于髡故事，谓依席间气氛可饮十倍之酒。《史记·淳于传》：“威王大说，置酒后宫，召髡赐之酒，问曰，‘先生能饮几何而醉？’对曰，‘臣饮一斗亦醉，一石亦醉’。”陈后主《独酌谣序》：“齐人淳于髡，善为十酒，偶效之，作独酌谣。”

【十酿】酒十次重复而酿之。徐积诗：“正要白家十酿法，不须刘德伪金书。”

【十千兑得余杭酒】以万钱购得余杭之名酒。丁仙芝《余杭醉歌赠吴山人诗》：“十千兑得余杭酒，二月春城长命杯。”

【十日饮】《史记·范雎蔡泽列传》：“（秦昭王）乃详（佯）为好书遗平原君曰：‘寡人愿与君之高义，原与君为布衣之友，君幸过寡人，寡人原与君为十日之饮。’”后因以“十日饮”或“平原十日之饮”比喻朋友尽情欢聚。韩翃《赠兖州孟都督》诗：“愿学平原十日饮，此时不忍歌《骊驹》。”（《骊驹》，古代别歌。）

【丁酸菌】丁酸菌能利于葡萄糖或分解淀粉，液面上有黏稠的泡沫，放出丁酸的恶臭味。丁酸菌是白酒中的重要成分之一。现已发现丁酸菌有二十余种。

【二杯品评法】一次拿出两杯酒样，一杯是标准酒，另一杯是酒样，要求品评出两者有无差异，这种方法称二杯品评法。

【二渣】为了充分利用原料中的淀粉，提高淀粉利用率，大渣酒醅蒸完后的醅子，这需继续发酵利用一次，这叫做二渣。

【二渣酒】先将头渣酒蒸馏后的酒醅，根据干湿情况泼入闷头浆25-30公斤，水温保持35-40℃，然后从甑内挖出扬冷，再加按头渣原料汁的大曲粉，翻拌均匀、降低温度而获得的酒称为二渣酒。

【人工老窖】酿酒人员在控好新窖后，取老窖壁上的窖泥，进行人工培养，再敷到新窖壁和铺到窖底上。经多次实验，这样做成的窖，酿出的酒竟与老窖近似。这种窖，就叫“人工老窖”。

三 画

【大斗】酌酒器。《诗·大雅·行苇》：“酌以大斗，以祈黄耇。”《集传》：“大斗，柄长三尺。”

【大户】指酒量大的人。冯时化《酒史·酒献》：“曾棨，永乐时状元，其饮量亦大户也。”《称谓录》卷二十七：“席间健饮客曰大户。”按白居易《久不见韩侍郎戏题四韵赠之》云：“户大嫌甜酒，才高笑小诗。”

【大酒】①冬酿夏成之酒。《宋史·食货志》：腊酿蒸曲，侯夏而出，谓之大酒。②谓多量之酒。杜甫《严氏溪放歌行》：“费心姑息一是役，肥肉大酒徒相要。”

【大辣酥】蒙古人称酒为“大辣酥”亦作“答刺苏”。明王世贞《艳异编》：“一分儿”姓王氏，京师角妓也，闻人歌〔南吕〕曲：喜觥筹席上交杂，答刺苏频斟入礼厮麻，不醉呵，休扶上马。《水浒》二十四：王婆道：“他家卖拖蒸河漏子，热汤温和大辣酥。”

【大逻便】突厥之酒器名。以之喻人，指肥麄者。复以之为官名。《资治通鉴·陈纪》：“宣帝太建十三年，突厥佗钵可汗病，且卒，谓其子庵罗曰，吾兄不立其子，委位于我，我死，汝曹当避大逻便。”

注：大逻便者，木杆之子。杜佑曰，突厥以勇健者为莫贺弗，肥麁者为大逻便。大逻便。酒器也，以角而麁短，体貌似之，故以为号，此官特贵，唯其子弟为之。

【大酺】 大宴饮。《史记·秦始皇本纪》："二十五年五月，天下大酺。"张守节正义："天下欢乐大饮酒也。秦既平韩、赵、魏、燕、楚五国，故天下大酺也。"《晋书·天文志上》："天下大酺，有酒肉财物赐若爵宗室。"

【大酋】 古酒官之长。一曰主酒官。《礼记·月令》："乃命大酋秫稻必齐，曲蘗必时。"（酒熟曰酋）大酋者，酒官之长也。《吕氏春秋·仲冬纪》："乃命大酋。"大酋，主酒官也。《文选·魏文帝〈善哉行〉》："大酋奉甘醪，狩人献嘉禽。"

【大飨】 大宴饮。张衡《东京赋》："命膳夫以大飨，饔饩浃乎家陪。"

【大璋瓒】 天子祭山川时所用之酒器。《三礼图·大璋瓒》："周天子十二年一巡守，过大山川，礼敬其神，用黄驹以祈沈，则宗祝先用大璋之勺酌郁鬯，以礼神。臣崇义案。"此，《经》及疏并《阮氏图》，并不言璋有文饰，惟后郑云：大璋加文饰，中璋杀文饰，边璋半文饰。但解三璋，得名大中边之义，都不言文饰之物。

【大樽】 大酒杯。《庄子·逍遥游》："为大樽而浮乎江湖。"《说苑·善说》："天下有大樽，而子独不酌焉。"

【大醉】 甚醉。《史记·仓公传》："臣意告曰，熟，蹶也，病得饮酒大醉。"《唐书·李勘传》："帝留宴，俄大醉，帝亲解衣覆之。"

【大回酒】 揹沙酒的酒尾仍泼回醅子再加曲入窖发酵，称回沙，按如此法，分别接取三、四、五次原酒，此统称大回酒，该酒香浓、味醇、酒体丰满，无杂邪味。

【大量】 预备下次蒸酒之前，加生高粱之醪，称为大量。（醪，未经过滤的酒。普通发酵之原料为醪。）

【大晾】 挂衣后乃大开窗户，除去麦穰，将曲翻起直立，曲间距离约一尺，门窗仍再关闭，以后每日翻曲一次，至翻第四次时，乃将窗户开放，此称大晾。

【大米清酒】 大米清酒是一种改良的大米黄酒。主要品种有吉林清酒，即墨特级清酒等。

【大曲】 ①制造白酒的发酵剂。砖状，曲块比小曲大，故名。原米以大麦、小麦为主，有的加豌豆、蚕豆或黄豆粉。这些原料经磨碎、掺水压成砖形后，放在曲房里，保温 30－35℃，培养约一个月才成熟。大曲所含微生物极为复杂，但主要是曲霉及少量酵母，所以一边糖化，一边发酵。现在酿酒改用纯粹培养的麸曲及酒母代替大曲。但大曲酒的风味好，故茅台酒、汾酒、西凤酒、泸州大曲酒等仍然采用大曲。②一种酒名，即大曲酒。

【大曲法】用大曲做酿酒的糖化发酵剂的方法，称为大曲法。国家名优白酒和地方优质名酒多用此法酿制。

【大小曲混合法】大小曲混合法又叫混合曲法。它分为串香法和小曲糖化大曲发酵两种。国家名酒董酒就是用这种酿造方法。

【大渣】高粱糠、酒糟、曲、酒母和谷糠的混合体称大渣。

【飞觞】举杯饮酒。《文选·左思〈吴郡赋〉》：“里讌巷饮，飞觞举白。”张南史《陆胜宅秋雨中探韵同前诗》：“已被秋风教忆脍，更闻寒雨劝飞觞。”李白《春夜宴桃李园序》：“开琼筵以坐花，飞羽觞而醉月。”

【广孝泉】泉名。在山西省永济县东南。与舜井泉脉相通，宜酿酒。宋大中祥符中，赐名广孝泉，命王钦若撰碑文。《平阳府志·浦州》：“舜井，州城东舜庙后，东西二井，相去不数武（量词，三尺为武，六尺为步），宋真宗幸庙作赞，名广孝泉。”

【久窨】三年酒。亦谓久贮之酒。

【久酿】长时间酿制之陈酒。《周礼·天官·酒正》疏：“二曰昔酒者，久酿乃熟，故以昔酒为名。”

【马酒】马酪。《说文》：“挏汉有挏马官作马酒”，《汉书·礼乐志》：“给大官挏马酒。”〔注〕：李奇曰：以马乳为酒。师古曰，马酪味如酒，而饮之亦可醉，故呼马酒也。

【门杯】酒席上各人面前的一杯酒，叫做门杯。《红楼梦》第二十六回：说完了，饮门杯，酒面要唱一个新鲜时样曲子。

【女酒】①古代宫廷中能酿酒的女奴。《周礼·天官·序官》：“酒人，奄十人，女酒三十人。”郑玄注：“女酒，女奴晓酒者。”②酒名，详“女儿酒”。

【女儿酒】亦称“女酒”。嵇含《南方草木状·草曲》：“南人有女数岁，即大酿酒……女将嫁，乃发陂取酒以供宾客，谓之女酒。”又浙江绍兴旧俗，生女后即酿酒埋藏起来，女儿出嫁时，取出请客，名为“女儿酒”。

【女贞酒】绍兴酒之一种。女子出生后三月，将送来庆贺之米，酿酒贮藏，俟其女子出嫁时，供饮用，或售卖。参见“女酒”、“女儿酒”。

【乞浆得酒】讨点水浆解渴，却得一碗美酒，指所得过于所求，语出宋·李石《续博物志》卷一“太岁在丑，乞浆得酒”。

【千年觥】樽爵名。李贺《秦王饮酒诗》：“黄鹅跌舞千年觥，仙人烛树蜡烟轻。”

【千里酒】酒名，饮后经久始醉。《南史·刘杳传》：“任昉曰，‘酒有千日醉，当是虚言’。杳曰，‘桂阳程乡有千里酒，饮之至家而醉，亦其例’。”

【千日酒】传说中一种极强烈的酒，饮后能使人久醉不醒。《搜神记》卷十九：“狄希，中山人也，能造千日酒，饮之，千日醉。”韩偓《江岸闲步》诗：“青布旗夸千日酒，白头浪吼半江风。”

【千觞】千杯酒。李白《赠刘都使诗》：“高谈满四座，一日倾千觞。”李贺《送韦仁实兄弟入关诗》：“送客饮别酒，千觞无赪颜。”

【千钟之酒】谓酒多。敬括《花萼楼赋》：“奉常陈百戏之乐，大官进千钟之酒。”

【三白酒】宋时酒名。《酒小史·酒名》：“顾氏三白酒。”

【三辰酒】唐玄宗所制之酒。《史讳录》：“唐明皇置曲清潭，砌以银砖，泥以石粉，贮三辰酒，一万车，赐当制学士。”

【三豆】三食器。

【三酒】谓事酒、昔酒、清酒。《周礼·天官·酒正》：“辨三酒之物，一曰事酒，二曰昔酒，三曰清酒。”郑司农云。“事酒，有事而饮也；昔酒，无事而饮也；清酒，祭祀之酒也。”

【三爵】①三饮酒。《诗·小雅·宾之初筵》：“三爵不识，矧敢多又。”《礼·玉藻》：“三爵而油油以退。”《左氏·宣二》：“臣侍君宴，过三爵，非礼也。”《北史·齐高祖纪》：“少能剧饮，自当大任，不过三爵。”②谓献、酬、酢。《小学绀珠·器用类·三爵》：“献、酬、酢。”③谓介爵、酢爵、僎爵。《小学绀珠·器用类·三爵》：“介爵，酢爵，僎爵。”

【三老】称祭酒。古宾客得主人酒食，其中一举酒祭地，谓之祭酒。《通典·职官典·诸卿下·国十监》：“孙卿在齐，为三老，称祭酒。胡广曰，凡官名祭酒，皆一位之元长，古者宾客得主人馔，则老者一人，奉酒以祭地，故以祭酒为称。”《称谓录·祭酒·三老》：“通典，孙卿在齐为三老，称祭酒。”

【三觞】三饮酒，《论衡·语增》：“尊者之前，三觞而退。”司空曙《和耿拾遗元日观早朝诗》：“寿酒三觞退，箫韶九奏停。”

【三五】即三酒五齐，见“三酒”及“五齐”条。《诗·小雅·信南山》：“祭以清酒。”〔笺〕：“清，谓玄酒也。酒，谓郁鬯与五齐三酒也。”〔疏〕：“司尊彝。又注云：惟大事于太庙，备五齐三酒，此不必大事，言五齐三酒者，以献馈必醴盎在五齐之中，诸臣所酢必当用酒，故因言五齐耳，不必此祭备三五也。”

【三献】三度酌酒也。祭圆丘宗庙，于朝践，王酌泛齐以献，是一献也。大宗伯次酌醴齐以献，是为二献。荐孰后，王酌盎齐以献，是为三献。

【三酉】谓酒。《留青日札》：“今称酒曰三酉，皆言三点水加酉也，然当作三友。”

【三友】①谓琴、酒、诗。白居易《北窗三友诗》：“三友者为谁？琴罢辄举酒，酒罢辄吟诗，三友交相引，循环无已时。一弹惬中心，一咏畅四肢，犹恐中有间，以醉弥缝之。”②谓山水、松竹、琴酒。③谓酒。即“三酉”。《通俗编·饮食·三友》：“何剡酒尔雅，乐天以诗、酒、琴为三友，今人指三友为酒，音同之讹。”

【三遍净】蒸酒（俗称放酒）三次，即行出糟，糟中的酒已蒸尽，此谓之三遍净。

【三杯品评法】一次拿出三杯酒样，其中有两杯是相同的，要求品评出哪两杯相同，另一杯不相同的酒样与相同的两杯酒样有何差异，以及差异程度的大小等，以提高评酒人员的再现性和辨别能力，保证品评结果的正确，这种方法称三杯品评法。

【三塔蒸馏】三塔蒸馏是粗馏塔、分馏塔和精馏塔的合称。分馏塔安置在精馏塔和粗馏塔之间，用以排除醛类头级杂质。精馏塔除有浓缩酒精提高浓度之外，还继续排除杂质，能获得精馏酒精。

【三姊妹酒】黑龙江一面坡酒厂生产的“紫梅酒”、“香梅酒”、“金梅酒”，人称“三姊妹酒”。

【山杯】山中所酿之浊酒。亦称村醪。杜甫《闻惠子过东溪诗》：“崖蜜松花熟，山杯竹叶春。”《李贺·忆昌谷山居诗》：“土甑封茶叶，山杯锁竹根。”

【山简倒载】晋山简嗜酒，常酒醉高阳池上，倾酒尽醉而归。《蒙求·山简倒载》："晋山简，字季伦，司徒涛之子，温雅有父风。永嘉中，为征南将军，镇襄阳，四方寇乱，天下分崩，朝野危惧，简优游卒岁，唯酒是耽。诸习氏荆土豪族，有佳园池，简每出，多之池上，置酒辄醉，名之曰高阳池。时有童儿歌曰：山公出何许，往至高阳池，日夕倒载归，酩酊无所知。"

【山酒】山中所酿造之酒。亦名田舍酒，即粗恶之酒。《王绩·掌春酒诗》："素琴入爽籁，山酒和春容。"《陆龟蒙·寒日书斋诗》："余杭山酒犹封在，遥嘱高人未肯尝。"

【山榼】山居者所用之盛酒器。高启《临顿里诗》："载酒携山榼，安琴置石林。"

【山醪】山中人家自酿之浊酒。范成大《休宁诗》："山醪极可人，溪女能醉容。"

【山罍】夏后氏之酒樽，其上画为山云之形。《礼记·明堂位》："泰，有虞氏之尊也，山罍，夏后氏之尊也。著，殷尊也。牺象，周尊也。"

【山瓢】山中盛酒所用之瓢。韦应物《答释子良史送酒瓢诗》："此瓢今已到，山瓢知已空。"高启《送叶山人诗》："山瓢行负如何有，半是诗丸半药丸。"

【山瓶】山居盛酒所用之瓶。杜甫《谢严中丞送青城山道士乳酒一瓶诗》："山瓶乳酒下青云，气味浓香幸见分。"陈造《次韵杨宰次郎裴诗》："山瓶余濩倒，僧宇谒伊蒲。"

【山酌】山中酌酒。王勃《圣泉宴诗》："兰气熏山酌，松声韵野弦。"

【山尊】①山樽。《周礼·春官·司尊彝》："其再献用两山尊。"②山中盛酒之器。李商隐《井泥诗》："山尊亦可开。"虞集《竹雨山房诗》："竹间开几席，花底注山尊。"

【上火】曲块大晾后每日晚间约 6 小时后将曲块距离靠近，次晨复行移开。每隔数日，复将门窗关闭，使温度增高，此称上火。

【上面发酵】采用上面酵母和较高的温度发酵，即是上面发酵。

【上酒】美酒。

【上马杯】乘马出行时劝饮之酒。一作上马酒。《名臣言行录·寇准》："臣观参政钦若，福禄未艾，宜可为守，于是即时进殿出勅，退召钦若，谕以上意，云云，遂酌大白酌之，命曰上马杯。"

【上尊】①祭祀时置于上位之酒樽。祭祀时，列在诸尊之上，故云上也。《礼·少仪》：“尊者以酌者之左为上尊。”②酒之上等者。别于中尊、下尊而言。详见“上尊酒”条。

【上尊酒】酒之醇者。上等之酒。米一斗得酒一斗为上尊。《汉书·平当传》：“上书乞骸骨，赐养牛一、上尊酒十石。”〔注〕：如淳曰，律，稻米一斗，得酒一斗，为上尊，稷米一斗，得酒一斗为中尊，粟米一斗，得酒一斗为下尊。师古曰，中尊者，宜为黍米，作酒有浇醇之异，为上中下耳，非必系之米。

【勺】古代从盛酒器中舀酒的器具，青铜制，形如有曲柄的小斗。《仪礼·乡射礼》：“两壶斯禁，左玄酒，皆加勺。”

【勺觯】酒器。觯，大杯。《仪礼·士冠礼》：“侧尊一甒醴，在服壮，有篚，实勺觯角柶。”〔注〕：勺，尊升，所以𣂏酒也，爵三升曰觯。

【土瓶】土制之瓶，饮器。《说苑·反质》：“啜于土瓶。”

【亡酒】避酒而逃。《汉书·高五王传》：“朱虚侯章，尝入侍燕饮，高后令章为酒史。章自请曰：‘臣将种也，请以军法行酒。’酒酣，诸吕有一人，醉亡酒，章追拔剑斩之。太后业已许其军法，亡以罪也。”

【夕醉】犹言夜醉。《西京杂记》曰：“邹阳《酒赋》：于是锡名饵，祛夕醉，遣朝酲，吾君寿仁百岁，常与日月争光。”叶清臣《松江秋泛赋》：“夕醉酒垆，朝盘鱼市。”

【下酒】谓以菜肴助饮。宋高宗《幸张府节略》：“下酒第十四笺，水母脍，二色玺儿羹。”

【下酒物】助饮之物。《游仙窟》：“将下酒物来。”《中吴纪闻》：“正献见之，大笑曰，有如此下酒物，一斗诚不为多也。”

【下若酒】州有若溪，南岸曰上若，北岸曰下若，取下若水，酿酒极美，俗称下若酒。

【下器】古宫廷在节日宴请群臣时盛酒菜之器。《江家次第·六·二孟旬·御台盘一脚》〔注〕：“内膳下器立第一间。”

【下物】谓下酒物。《世说新语·豪爽》：“有如此下物，一斗不足多也。”〔注〕：“下物，下酒物。”

【下酒】将主酵嫩酒送至后酵罐称为下酒。下酒可以避免酒液过于骚动而吸氧过多而减少涌沫，有利于缩短澄清时间。

【下胶净化】在葡萄酒内添加一种有机的或无机的不溶性成分，使它在酒液中产生胶体的沉淀物，将本来悬浮在葡萄酒中的大部分浮游物，包括有害微生物在内，一起固定在胶体沉淀上，下沉到底，此方法称为下胶净化。

【下面发酵】采用下面酵母和较低的温度发酵，即是下面发酵。

【下面发酵法】加酒花后的麦汁冷却至6.5–8℃，接种酵母，这就是下面发酵法。

【下箬酒】美酒之称。下箬者，浙江省长兴县箬溪之一部，其水可酿酒。一名箬下酒。《太平御览·地部·江南诸水·箬下水》："《舆地志》曰，南岸曰上箬，北岸曰下箬，乃村名也，村人取箬下水以酿酒，醇美胜于云阳。"

【乡乐】谓乡饮酒之乐。欧阳修《吉州学记》："听乡乐之歌，饮献酬之酒。"

【乡饮】乡饮酒之略。《史记·儒林传》："讲习太射乡饮之礼。"《后汉书·李忠传》："忠迁丹阳太守，以丹阳越俗不好学，乃为起学校，习礼言春秋乡饮，选用明经，郡中向慕之。"

【乡饮酒】古制，三年大比，诸侯之乡大夫献贤者能者于其君，将行之时，以宾礼待之，与之饮酒，谓之乡饮酒礼。《仪礼》有《乡饮酒礼》篇。《周礼·地官·乡大夫》："乡大夫之职，各掌其乡之政教禁令，三年则大比，考其德行道艺，而与贤能者，乡老及乡大夫帅其吏与其众寡，以礼宾之。"《仪礼·乡饮酒礼》："乡饮酒之礼，主人就先生而谋宾介。"《后汉书·礼仪志》："永平二年，郡行乡饮酒于学校。"《六部成语·礼部·乡饮酒礼·注解》："乡饮酒为古礼，今尚有行之者，由各地方官，今尚有行之者，由各地方官，岁时招请本地年高有德者，宴于公堂，盖尊敬耆老之意也。"

【乡饮酒义】《礼记》篇名。《礼记·乡饮酒义》疏："郑目录云，名曰乡饮酒义者，以其记乡大夫饮宴于痒序之礼，尊贤养老之义，此于别录属吉事。此篇凡有四事，一则三年宾贤能，二则贤大夫饮国中贤者，三则州长习射酒也，四则党正蜡祭饮酒。总而言之，于五礼属嘉礼。"

【乡饮耆宾】清代，乡饮之际，其年高有德之人谓之乡饮耆宾。《清会典事例·礼部·风教·乡饮酒礼》："顺治元年定，京府及直省府州县，每岁于正月十五日，十月初一日，举行乡饮酒礼，设宾介主人众宾之席，顺天以府尹为主，直省府以知府，州以知州，县以知县为主。大宾择乡里年高有德之人，位于西北，介以次长，位于南，三宾之次者为三，位于宾席之西。众宾序齿列坐，司正以教职为之，主扬觯以罚失仪者，赞礼读法，以生员为之，以申明朝廷之法，敦序长幼之节。”

【乡隅】单独觖望。与“向隅”同。《汉书·弄法志》：“古人有言，满堂饮酒，有一人乡隅而悲泣，则一堂皆为之不乐。王者之于天下，犹一堂之上也，故一人不得其平，为之凄怆于心。”

【小榼】小酒樽。白居易《过李生诗》：“行携小榼出，逢花辄独倾。”

【小户】谓酒量小者。杜荀鹤《雪中别友诗》：“酒寒无小户，清酌满行杯。”《余冬序录》：“小户虽不入口，亦浇濯取尽。”《称谓录·酒·小户》：“清异录，席间健饮客曰大户，量小者，曰小户。”

【小酒】谓自春至秋，酤成即鬻之酒。《宋史·食货志》：“自春至秋酤成即鬻，谓之小酒。”戎昱《骆家亭子纳凉诗》：“生衣宜水竹，小酒入诗篇。”

【小蛮】酒器之名。《野客丛书》：“白乐天诗，有语小蛮事，如杨柳小蛮腰，即公侍姬也。如曰：小蛮花榼二三升，还携小蛮去，试觅老刘来。此小蛮，乃酒榼名耳。”

【小酿】少量之酒。李群玉诗：“短篇才遣闷，小酿不供愁。”

【小醺】微醺。微醉。杨万里《暮春小雨诗》：“宿酒微醒尚小醺，似痴如病不多欣。”

【小酌】小饮。小宴。《本事诗》：“元稹鞫狱梓潼，白尚书在京与名辈游慈恩，小酌花下。”黄庚诗：“小酌园林酒半醺。”

【小回酒】在大回酒的基础上，再接取第六次原酒，该酒即称小回酒。小回酒醇和，糊香好，味长。

【小量】下次蒸酒之前，不加生高粱之醪，称为小量。

【小曲】也叫“酒药”或“药曲”。酿酒的发酵剂，也用以做“酒酿”。曲块比大曲小，故名。是我国独特而优异的保存酿酒菌种的方法。南方各地都用小曲酿造小曲酒和酒酿，因曲块小，制曲时发生的热量少，适于南方气候条件。小曲所含微生物主要为根霉、毛霉、酵母等，在酿酒过程中同时起糖化及发酵作用。其优点是用量少，且便于保管及运输。

【小曲半固态发酵法】小曲半固态发酵法分两个阶段。前期是固态，主要进行扩大培养菌与糖化过程，约 20–24 小时左右。后期为半液态发酵，发酵周期约为 7 天，再经蒸馏而制成。

【**小曲法**】用小曲做酿酒的糖化发酵剂的方法，称为小曲法。小曲又称酒药、酒饼，制作方法较多。

【**小曲糖化大曲发酵法**】原料经蒸煮后，先加小曲糖化，然后加入大曲入窖发酵。这种方法称为小曲糖化大曲发酵法。

【**小曲酒**】用小曲酿成的白酒称为小曲酒，又称半固态发酵法白酒。与大曲酒相比，用曲量小，发酵周期短，出酒率高。

【**义酒**】合多种酿料作成之酒。《容斋随笔》："人物以义为名者，其别最多，合众物为之，则有义浆，义墨，义酒。"

【**干白葡萄酒**】不甜的原汁白葡萄酒称为干白葡萄酒。沙城、北京、烟台、青岛、肖县、宿迁均有这种产品，以外销为主。

【**干红葡萄酒**】不甜的原汁红葡萄酒称为干红葡萄酒。产区与干白葡萄酒产区同，同样以外销为主。

【**干酒和半干酒（黄酒）**】酒液中含糖在0.5%以下，叫"干"酒。这种酒，喝到嘴里，感觉不出甜味，如绍兴元红酒。酒液中含糖在0.5-1.5%的，叫"半干"酒。这种酒喝到嘴里，略有甜味，如绍兴加饭酒。

【**干型与半干型（葡萄酒）**】酒液中，含糖0.5%以下，口感不甜，为泛"干型"，含糖0.5-1.2%，口感有极微的甜味，为之"半干型"。

【**工艺用水**】白酒生产过程中，原料浸泡、糊化、糖蜜的稀释，制曲的拌料，酵母的培养，白酒的加浆及有关设备、工具的清洗等都需要相当数量的水，这些用水，与成品或半成品直接接触，参与白酒的酿制过程，一般通称为工艺用水。

【**已酸菌**】已酸菌是产生泸型香气的主要菌种。因其生成的热量较少，所以发酵缓慢，发酵期长。它以乙酸乙酯为承受体，合成乙酸及其酯类，是合成型发酵。

【**子囊孢子**】啤酒酵母的有性繁殖产生子囊和子囊孢子。通过两个细胞接合进行有性繁殖。其过程是两个邻近的细胞彼此相向地产生一根管状的突出物，逐渐接近，突出物相互接触后形成一个通道，两个核在此通道内结合。形成二至四个或八个子核，每一个子核和其附近的细胞质形成孢子，称子囊孢子。包孢子的囊称子囊。

四　画

【从酒】谓无客独饮酒。《晏子·杂下》：“何谓从酒？晏子曰，无客而饮，谓之从酒。”

【丹醴】仙人之醴酒。《拾遗记·洞庭山》：“又有灵洞入，中常有烛于前，中有异香芬馥，泉石明朗。采药石之人入中，乃见众女霓裳，冰颜艳质，与世人殊别。来邀采药之人饮，以琼浆金液，延入璇室，奏以箫管丝桐，饯令还家，赠以丹醴之诀。”

【斗】有柄之酌酒器。《诗·大雅·行苇》：“酌以大斗。”疏：大斗长三尺，谓其柄也。盖从大器挹之于樽用此勺耳。

【斗斛】十升曰斗，十斗曰斛。

【斗酒】多量之酒。卓文君《白头吟》：“今日斗酒会，明旦沟水头。”《古诗十九首》：“斗酒相娱乐，聊厚不为薄。”

【斗酒百篇】饮一斗酒，作百篇诗。形容能饮酒善做诗。语本唐杜甫《饮中八仙歌》：“李白斗酒诗百篇，长安市上酒家眠。”清纪昀《阅微草堂笔记》卷十一：“房师孙瑞人先生，文章淹雅，而性嗜酒，醉后所作与醒时无异，馆阁诸公以为斗酒百篇之亚也。”

【斗酒双柑】酒一斗，柑两只。《世说新语·言语》：“戴仲若春日携双柑斗酒，人问何之，答曰：‘往听黄鹂声。’”

【斗酒学士】唐王绩之号。言王绩待诏门下省之事。《唐书·王绩传》：“绩待诏门下省故事，官给酒日三升，或问：‘待诏何乐耶？’答曰：‘良醞可恋耳。’侍中陈叔达闻之，日给一斗。时称斗酒学士。”

【斗酒只鸡】曹操《祀故太尉桥玄文》：“又承从容约誓之言：‘殂逝之后，路有经由，不以斗酒只鸡，过相沃酹，车过三步，腹痛勿怪。’虽临时戏笑之言，非至亲之笃好，胡肯为此辞乎？”后用为追悼亡友之辞。

【反坫】周代诸侯宴会时的礼节。《论语·八佾》：“邦君为两君之好，有反坫。”何晏集解引郑注：“反坫，反爵之坫，在两楹之间。人君……若与邻国君为好会，其献酢之礼，更酌，酌毕，则各反爵于坫上。”爵，酒器；坫，土筑的平台。

【反卮】翻卮，即倾杯。《汉书·齐悼惠王肥传》：“齐王起，帝亦起，欲俱为寿。太后怒，自起反卮。齐王怪之，因不敢饮，佯醉去。”

【风帘】风中酒招。陈继《题画诗》："鸟散江村社鼓，花摇酒市风帘。"张建诗："风帘摇曳桥南酒，烟树溟濛渭北天。"非甑先生们疑此释有误，风帘应是酒堂之内当作扇用的大帘子，经人工扯动摇曳，使空气对流产生风，故谓之。

【丰侯】古礼饮酒所用酒器名。《说文》："丰，一曰：乡饮酒有丰侯者。"

【丰壶】酒满壶。梁简文帝《卦名诗》："丰壶要上客，鹄鼎命嘉宾。"

【丰酒】酒之美称。

【公酒】以公事所作之酒。《周礼·天宫·酒正》："凡为公酒者，亦如之。"〔注〕谓乡射饮酒以公事作酒者，亦以式法及酒材授之，使自酿之。

【介鬯】王与诸臣吊临时，副使进鬯酒于神前。鬯酒，香草浸渍之酒。《周礼·春宫·鬯人》："凡王吊临共介鬯。"〔疏〕，释曰：介，副也，王吊临诸臣，则有副使从行者。介使则进此鬯于神前，故云介鬯。

【六班茶】醒酒茶。《云仙别录》："刘禹锡正病酒，乃餽菊苗齑，芦菔鲊，换取乐天六班茶以醒酒。"

【六嘉井】泉名，在广西横县东南。广二尺，深三尺，自沙泥中喷出，村内数百户汲饮之，酿酒尤佳。

【六禁】清李塨所定六种禁忌之事。《李恕谷先生年谱》："六禁，一禁不敬祖宗，二禁不孝，三禁不弟，四禁奸，五禁盗，六禁酗酒。"

【六尊】注酒之六器，即献尊，象尊，壶尊，著尊，大尊，山尊。《小学绀珠·制度类·六尊》："献，象，著，壶，大，山。"

【牛酒】牛肉和酒。古时用作馈问、宴犒、祭祀之品。《战国策·齐策》："乃赐单牛酒，嘉其行。后数日，贯珠者复见王。"

【牛膝酒】牛膝汁和曲米所酿之酒。《本草·谷酒》："膝酒，壮筋骨治痿痹，补虚损，除久疟。用牛膝煎汁和曲米酿酒，或切碎，装盛浸酒煮饮。"

【牛饮】喻饮量之豪如牛吸水。《韩诗外传·四》："桀为酒池，可以运舟，糟丘足以望十里，而牛饮者三千人。"《新序·刺奢》："纵靡靡之乐，一鼓而牛饮者三千人。"

【劝杯】专作敬酒用的杯子。《京本通俗小说》十："内中一个道：'好做一副劝杯。'"另意为劝酒。

【劝酬】即劝酒。《宋史·道学传》："每月吉，具酒食，召乡人高年，会县庭，为劝酬使人知养老事长之义。"

【劝酒胡】古时宴会中用以劝酒的小木偶。亦称酒胡、酒胡子。张邦基《墨庄漫录》卷八："饮席刻木为人，而锐其下，置之盘中，左右欹侧，僛僛然如舞状，久之力尽乃倒。视其传筹所至，酬之以杯，谓之劝酒胡。"

【日饮】每日饮酒。苏轼《和刘道原咏史诗》："名高不朽终安用，日饮无何计亦良。"

【日饮亡何】日唯饮酒更无余事。《汉书爰盎传》："南方卑湿，君能日饮亡何。"

【少退】小退。《仪礼·乡饮酒礼》："主人坐取爵宾之，宾之席前西北面献宾，宾西阶上拜，主人少退，宾进受爵以复位。"

【升酒】一升之酒。《北史·袁韦修传》："聿修为尚书郎十年，未曾受升酒之遗。"

【升觞】进酒。张衡《西京赋》："升觞举燧，即釂鸣钟。"

【双柑斗酒】比喻春天游玩胜景。语出唐冯贽《云仙杂记》卷二引《高隐外书》："戴颙春携双柑斗酒，人问何之，曰：'往听黄鹂声。此俗耳针砭，诗肠鼓吹，汝知之乎？'宋刘泰《春日湖上》诗："明日重来应烂漫，双柑斗酒听黄鹂。"

【双樽】二酒坛。《古乐府·鸡鸣曲》："堂上有双樽酒，作使邯郸倡。"应改释为双杯或两杯酒。饯行交往有劝饮双杯之俗。

【双边发酵】在发酵过程中，边糖化边酒化的发酵（用曲发酵），称为复式发酵，又称为双边发酵。

【双轮底】将窑底或窑边接触老窑泥的酒醅，发酵一个周期，暂不挖出，再发酵一个周期，然后将这个具有双发酵周期的底醅和边醅挖出蒸酒，称为双轮底酒。

【双名制】各种微生物均有一个学名，是由属名和种名组成的，属名在前，种名在后，这种命名法称双名制。

【双醅串香法】把小曲发酵好的酒醅放入酒甑下层，上面覆盖大曲法制作的香醅进行蒸馏，此法即双醅串香法。

【太白酒星】唐孙思邈所称来人间饮酒之仙。《海录碎事·道释·仙》："成都有鬻酒家，每有纱帽杖藜四人，来饮，爱说孙思邈，因奏其事，明皇问思邈，对曰，此太白酒星，每游人间世饮酒也。"

【太平酒】仙人之酒。《真诰》："杨义，梦游蓬莱山，见许主簿于夹石之间。仙公谓主簿曰：'吾为汝置酒四升，在山中，可往饮之，此

太平家酒，治人肠也。’谚云：‘欲得长生饮太平’。”

【太妃爱酒】 兰姆酒的蒸馏方法有回锅蒸馏，不回锅蒸馏和连续蒸馏。海地的兰姆酒采用回锅蒸馏，即首次蒸馏由酿酒厂负责，其酒称太妃爱酒。

【天杯】 谓天子所赐之杯。上官昭仪《驾幸三会寺应制诗》：“宸翰陪瞻仰，天杯接献酬。”沈佺期《三日梨园侍宴诗》：“野花飘御座，河柳拂天杯。”

【天酒】 谓甘露。《神异经》：“西北海外有人，长二千里。但日饮天酒五斗。”《瑞应图》：“甘露，美露也，神灵之精，仁瑞之泽，其凝如脂，其甘如饴，一名膏露，一名天酒。”

【天醴】 天所酿之醴酒。苏轼《人参诗》：“元泉倾海腴，白露洒天醴。”

【天禄】 酒的别称。语出《汉书·食货志下》：“酒者，天子之美禄。”

【天子之美禄】 谓美酒。《汉书·食货志下》：“酒者，天子之美禄，帝王所以颐养天下，享祀祈福，扶衰养疾。”

【天然葡萄酒】 完全用葡萄汁发酵，不添加酒精或糖分的葡萄酒称为天然葡萄酒。

【瓦大】 瓦制酒器名。《仪礼·燕礼》：“公尊瓦大两。”瓦大，有虞氏之尊也。《礼器》曰：“君尊瓦甒。”《胡培翚正义》：“瓦大，有虞氏之樽者，明堂位云泰有虞氏之尊也。有虞氏上陶，故用瓦大，引礼器者，证瓦大即甒也。”

【瓦罍】 烧土之所制大酒樽。《周礼·春官·鬯人》：“凡祭祀社壝用大罍。”大罍：瓦罍《三礼图》：“瓦罍，谓祭祀之大罍也。”

【瓦甒】 瓦制之酒器。《礼记·礼器》：“君尊瓦甒。瓦甒五斗。〔疏〕：瓦甒五斗者，汉礼器制度义也，此瓦甒即燕礼公尊瓦大也。孙希旦《集解》：“瓦甒即燕礼之瓦大也。”《士冠礼》：侧尊一醴。

【瓦樽】 烧土所制之酒器。《北史·宇文贵传》：“祭用纯漆俎瓦樽。”

【文杯】 有文采之杯。

【文酒】 谓饮酒赋诗之事。《南史·萧介传》：“介性高简，少交游，唯与从兄弟等文酒赏会，时人以比谢氏乌衣之游。”《南史·江革传》：“优游闲放，以文酒自娱。”

【文学祭酒】 五代时对教授之称。《称谓录·教职·文学祭酒》：“五代称教授曰‘儒林祭酒’。又曰‘文学祭酒’。”

【五同】 周代酒器。容积很大，重十余斤，不可执持，放在地上以承受酒沥。耳足皆作夔首为饰，腹中作夔曲之状，底有篆文二字。阳识曰：“五同”，字大三寸。

【五饮】谓上水、浆，酒、醴、酏五种饮物也。《礼、玉藻》：“五饮，上水、浆、酒、醴、酏。”

【五遍净】其发酵与三遍净同，惟中间加入渣子三次，共蒸酒五次，始出糟，此法谓之五遍净。

【五加】造酒原料之一。五加科，灌木，无刺或有刺，掌状复叶，在长枝上互生，短枝上簇生，小叶常五片，夏季开花，花黄绿色，伞形花序，核果球形。产于我国中部、东部、南部和西南部。根皮和茎皮称“五加皮”。浸酒可制五加皮酒。

【五加皮酒】用五加皮，洗刮去骨，切碎，加牛膝、当归、地榆诸药，装袋中，置酒中浸之，加相当糖分，色黄可爱，此称为五加皮酒。《本草纲目》称此酒“去一切风湿痿痹，壮筋骨，填精髓”。

【无愁酒】酒名，汉武帝制。《玉箱杂记》：“汉武作无愁酒，饮之令人无忧。”

【无灰酒】古酒名。《本草·酒》集解：“宗奭曰，‘古方用酒，有新熟无灰酒。’”

【无限继续发酵】无限继续发酵是加渣子使酒醅成一定之甑数，行蒸酒后，分出一甑，加曲发酵，是为小量。小量蒸酒后，再加曲发酵，是为回。回掺谷蒸酒后即为糟粕，弃去。其余数甑加水，下曲发酵，是为大量。大量发酵约十日，于蒸酒前掺入可装一甑之加潮渣子，分甑蒸酒。蒸酒后如前法分出一甑加曲为小量，循环下去，谓为无限继续发酵。

【凶酗】醉酒而狂。元稹《赛神诗》：“喧阗里闾隘，凶酗日夜频。”

【引满】酒满怀中，引杯而饮之。《潜夫论·断讼》：“苟崇聚酒徒无行之人，传空引满。”

【引觞】以手持觞。柳宗元《西山宴游记》：“引觞满酌，颓然就醉。”

【元酒】与玄酒同，见玄酒条。

【月宴】于月光下所设之酒宴。陈旅诗：“何哉芳月宴，而我阴幽寻。”

【云樽】刻有云雷模样之酒器。一作云尊。《论衡·乱龙》：“易曰，云从龙，言非龙从云也，云樽刻雷云象，龙安肯来。”

【支酒】初入歌场，甫饮一杯，即先与钱，谓之支酒。《武林旧事·歌馆》：“凡初登门，则有提瓶献茗者，杯茶亦犒数千，谓之点花茶，登楼甫饮一杯，则先与贯，谓之支酒。”

【止酒】禁酒。非甑先生认为“戒酒”较妥。陶潜《止酒诗》：“平生不止酒，酒止情无喜。”高谈诗：“渊明方止酒，王粲亦登楼。”

【中酒】①谓饮酒半酣时。《史记·樊哙传》：“项羽既飨军士，中酒，亚文谋欲杀沛公。”②饭后饮，谓之中酒。《酒茶论》：“饭后饮，谓之中酒。”

【中馈】酒食。亦作中餽。《易·家人》：“无攸遂，在中馈，贞吉。”《书言故事·夫妇类·中馈》：“谓妻主中馈。”按：“俗称妇职为主持中馈，或未聚曰中馈犹虚，本此。”

【中山酒】仙酒名，产于中山，又名千日酒。参“千日酒”条。

【中级杂质】中级杂质：是与乙醇挥发性相似和接近的，如异丁酸乙酯、异戊酸乙酯等。

【中浓度啤酒】麦汁浓度在11℃、12℃左右，酒精含量为3.1%-3.2%之啤酒。

【中温曲】温度在45-59℃生产的曲，称为中温曲。中温曲用于酿制清香型和浓香型酒。

【巴氏消毒法】啤酒和酿酒原汁的消毒法。亦称“低温消毒法”。加热至62℃经过30分钟，以杀死不耐高温的物质中的微生物。此法为法国巴斯德首创，故名。

【巴斯德酵母】巴斯德酵母是个长形酵母，一般6×10微米，发酵很慢，往往在发酵快结束时出现。这类酵母品种很多，性能很不一致。

【不挂衣】生曲入室二、三日后，仍不见表面发生白斑菌丝，乃温度过低或曲表面水分蒸发过甚所致。此种现象谓之不挂衣。又称不生霉。

【不挥发酸】天然存在于葡萄汁的酒石酸、苹果酸和柠檬酸，称为不挥发酸。它发酵后残存于葡萄酒中，但含量比原来少。它们是葡萄酒的重要成分，不单是由于它们的酸味，而且它们防止了酒的酸败，并保持了酒的颜色，它们有时也受到微生物的分解。

【不可逆抑制作用】酶与抑制剂结合后很难自发分解，此称不可逆抑制作用。它随着抑制剂浓度的增加而逐渐增加。当抑制剂的浓度大得足以和所有的酶结合，那么酶的活性则完全被抑制。

【不甜香槟酒】香槟酒的含糖量占百分之一至三，这样的香槟酒称作不甜香槟酒。

【勾兑】勾兑就是酒与酒之间互相掺兑的意思，也就是把具有不同香味的酒，按一定的规律掺兑在一起，以保持产品固有的风格。

【开放发酵】发酵醪是不进行灭菌的开放发酵型式。曲和水及各种用具都存在着多量的杂菌，并且空气中的有害微生物也易侵入，所以能用此法安全酿造黄酒，是因为采取了防止酸败的措施。

【开耙】由于酵母的大量繁殖，进行强烈的酒精发酵，使醪温迅速上升。当达到所规定温度时，用木耙搅拌，俗称开耙。

【木霉】木霉是白酒生产中研究纤维素、半纤维素分解的主要微生物。

【气生菌丝】伸入空气中的菌丝，称为气生菌丝。气生菌丝的一部分，可以产生各种孢子进行繁殖。

【气相、液相、固相】蒸气、水和冰是三种不同的状态。物理学把蒸汽称为气相，液态水称为液相，固态冰称为固相。

【气液平衡】在一定的温度下，把某种液态物质放在密闭的容器里，液态物质的部份分子挥发逃逸成气体。而逃逸出的分子，由于与液面或容器壁相互碰撞，又可能返回液面变成液体。在开始时，变成气体的分子多于变成液体的分子，随着气体份子的增加，回到液体中的分子数也不断增多，到了某个时间，飞离液面的分子数与回到液面上的分子数恰好相等，也就是液体与液面上的蒸汽建立了平衡。这种气相和液之间和动态平衡，称为气液相平衡，简称气液平衡。

【手工生产白酒】全部用手工操作而制成的白酒，称为手工生产白酒。全国和各地的名、优白酒采用此法。

【水敏性】大麦按传统方式连续不断地水浸至一定限度的吸水量，发芽率反而下降，人们称这种大麦具有水敏性。

【乌衣红曲黄酒】乌衣红曲是把黑曲霉、红曲霉和酵母等发酵微生物混杂生长，在米粒上制成的一种糖化发酵剂。用此发酵剂酿制而成的酒即是乌衣红曲黄酒。

【长夜饮】竟夜饮酒。《史记·殷记》：“以酒为池，悬肉为林，使男女倮，相逐其间，为长夜饮，百姓怨望。”

【长醉】谓久醉。李白《将进酒》：“钟鼓馔玉不足贵，但愿长醉不愿醒。”

【长杆菌】长的杆菌。呈圆柱状，有时甚至成丝状，叫做长杆菌。

【长霉】入室的曲胚稍风干后，即在曲胚上面及四周盖席子或麻袋保温，然后将曲室门窗封闭，温度逐渐上升，一般经一天左右，即开始“生衣”，即曲胚表面有白色霉菌菌丝斑点出现，此谓之长霉，又谓之上霉。

【以酒养窖】生沙酒不作原酒入窖，而是全部泼回原醅子内，再加曲入窖发酵。

【巨榼】大酒器。陆游《醉中歌》：“长巨榼罗杯盂，不须渔翁劝三闾。”

五　画

【白】古代时罚酒用的酒杯。《文选·左思〈吴都赋〉》：“飞觞举白。”刘逵注：“白，罚爵名也。”

【白醝】酒名。《本草·酒释名》：“红曰醍，绿曰醽，白曰醝。”宋孝武帝《四时诗》：“酱调秋菜，白醝解冬寒。”

【白堕】人名，酒别称。《洛阳伽蓝记·城西法云寺》：“河东人刘白堕善能酿酒。季夏六月，时暑赫羲，以罂贮酒，暴于日中。经一旬，其酒不动，饮之香美而醉，经月不醒。京师朝贵多出郡登藩，远相饷馈，逾于千里。以其远至，号曰鹤觞，亦曰骑驴酒。”后因用为酒的别称。苏辙《次韵子瞻病中大雪》诗：“殷勤赋黄竹，自劝饮白堕。”

【白虎樽】酒樽名。一作白兽樽。盖唐人修《晋书》避讳改。《晋书·礼志》：“正旦文会，设白兽樽于殿庭，樽盖上施白兽，若有能献直言者，则发此樽饮酒。”

【白醪】白酒也。白居易《代书诗一百韵寄微之诗》：“白醪充液酌，红粟备晨炊。”罗邺《冬日旅怀诗》：“闲思江市白醪酒，静忆僧窗绿绮楼。”罗隐《中元夜看月诗》：“竟夕蟾光影，昂头把白醪。”

【白醴】酒之一种。张衡《七辨》：“元清白醴，蒲陶醲酿。”傅元《七谟》：“白醴九成，元醞清醇。”梁元帝《元览赋》：“飞云苍隼，白醴青桐。”欧阳修《过张至秘校庄诗》：“焚鱼酌白醴，但坐且欢忻。”

【白著】即酒酣。《春明退朝录》：“世人谓酒酣为白著。”

【白醉】谓不饮酒而自醉也。《辍耕录·白醉》：“开元时，高太素隐商山，起六逍遥馆，各制一铭。其三为冬日初出，铭曰：‘折膠堕指，梦想负背，金锣腾空，映簷白醉。’”

【白干】白酒。

【白酒】透明无色的各种蒸馏酒的总称。因酒透明无色，且引火能燃烧，故又称“白干”或“烧酒”。又按产地取名，例如汾酒、西凤酒、茅台酒等。或按曲取名，例如大曲酒、小曲酒等。亦按原料取名，例如高粱酒、包谷酒等。

【白兰地】酒名。英文 brandy 的音译。用发酵好的葡萄酒或葡萄果实发酵渣，经蒸馏加药配制而成的一种蒸馏酒。酒精含量 38–43%。新酒在橡木桶贮放 3–5 年，使之醇化。

【白蜜甜尔酒】红或白葡萄经溃碎，淋汁与压榨后，收集淋得和榨出的葡萄汁放容器内。先放入计算量的葡萄汁，再从器底泵入酒精。酒精添加后，经三、四个星期，换桶除脚，滤去沉淀得到的酒，即为白蜜甜尔酒。

【半酣】半醉，酒兴将浓。孟浩然《醉后赠马四寺》：“秦城游侠客，相待半酣时。”白居易《琴酒诗》：“耳根得听琴初畅，心地忘机酒半酣。”

【半固态发酵法】蒸料以后，固态培菌、糖化，然后再加水冲稀，再进行发酵、蒸馏。这种方式称为半固态发酵法。

【半合成培养基】在合成培养基中加入某些物质就构成了半合成培养基。它弥补了一般微生物在合成培养基上生长缓慢或不生长的缺点。

【半机械化白酒】一半操作用机械，一半操作用手工而制成的白酒，称为半相械化白酒。

【半连续式发酵法】指在主发酵价段采用连续发酵，而后发酵则采用间歇方式的发酵法。

【半甜香槟酒】香槟酒的含糖量占百分之四，这样的香槟酒叫半甜香槟酒。

【半直接式三塔蒸馏】粗酒精由粗馏塔进入排醛塔是气体，而脱醛酒精进入精馏塔是液体状态，此称为半直接式三塔蒸馏。

【北山酒经】书名。三卷。宋，朱翼中撰。首卷为总论。二、三卷为论制曲造酒之法。

【册卣】酒器名。《金石索·卷首》：“册卣，右通盖，高九寸一分，深五寸九分，口纵三寸五分，横四寸五分，腹围一尺九寸八分，重一百四十两。两耳有提梁。”案《尔雅疏》：“卣，中尊也。”

【出局】旧时妓女出外陪客饮酒叫做“出局”。《官场现形记》八：如今看见出局的轿子，一般是呼幺喝六，横冲直撞。

【丛鞭毛】在菌体一端或两端生一丛或两丛鞭毛，称丛鞭毛。

【打通关】划拳的一种名目。打通关的人须与席上每个人划拳，赢了算通过，输了再划。每输一次，饮酒一杯。全体通过，才算打完通关。《海上花列传》七：子富笑道："我先来打个通关。乃伸拳从朱葛人挨顺划起。"《二十年目睹之怪现状》十二：继之掣了一根，是"将以为暴"，下注"打通关"三个字。

【冬醪】冬酿。《酒经》云："抱瓮冬醪，言冬月酿酒，令人抱瓮速成而味薄。"

【冬酿】冬季酿酒，即冬醪。《周礼·天官·酒正》："三曰清酒。"注："清酒，今中山冬酿，接夏而成。"《齐民要求·造神曲并酒》："冬酿十五日。"

【对酒】①饮酒。《北史·李孝贞传》："每暇日辄引客，弦歌对酒，终日为欢。"《魏武帝·短歌行》："对酒当歌，人生几何，譬如朝露，去日苦多。"②乐府相和曲名，或作《对酒行》。《乐府诗集·相和歌辞·相和曲》乐府解题曰："魏乐，奏武帝所赋对酒歌太平，其旨，言王者德泽广被，政理人和，万物咸遂，若梁范云'对酒心自足'，则言但当为乐勿徇名自欺也。"

【对酒当歌】本指欢宴之际。后亦指沉迷于酒色之中。语出汉曹操《短歌行》："对酒当歌，人生几何？"元杨显之《酷寒亭》第三折："尽都是把手为活，对酒当歌，郑州浪汉委实多。"

【对酌】相对而坐饮酒。《李白·山中幽人对酌诗》："两人对酌山花开，一杯一杯复一杯。"

【甘酒】好酒。《书》："甘酒嗜音，峻宇雕墙。"《三国志·魏志·刘晔传》："郑宝，性不甘酒，视候甚明。"

【甘液】酒之别名。《事物异名录·饮食·酒》："秦少游《清和先生传》：姓甘，名液，字子美。按，谓酒也。"

【古六法】《礼记》：仲冬之月，"乃命大酋，秫稻必齐，曲糵必时，湛炽必洁，水泉必香，陶器必良，火齐必得。兼用六物，大酋监之"。意为在冬季里，酒正向大酋发出酿酒的指示。准备好品质好的酿酒原料高粱、稻子，在适于生产酒曲的时间生产好酒曲，原料的浸泡和蒸煮要洁净，酿造的水要适用，所用的器具要完好，火候要适当。此六点，即后人所说的"古六法。"

【甲酌】谓用介壳所制之杓。酌即杓之通借字。白居易《早饮湖州酒寄崔使君诗》："十分蘸甲酌，潋滟蒲银盂。"

【节酒】①谓节减饮酒之量。《晋书·胡母辅之转》："始节酒自厉，甚有能名。”②冬至前夕饮酒曰节酒，亦称分冬酒。《苏州府志》：“是日春粟以祀先祖，并以馈遗，更连燕饮，谓之节酒，亦名分冬酒。”

【节饮】 谓少饮酒。亦称节酒。《晋书·阮孚传》：“帝谓曰：‘卿既统军府，郊垒多事，宜节饮’。”

【纠司】 监督行酒。张泌《尹媚传》：“于是一个孰樽，一人纠司。”

【旧醅】 老酒。杜甫《客至诗》：“盘餐市远无兼味，尊酒家贫只旧醅。”

【兰醴】 美酒。汤显祖《豫章揽秀楼赋》：“回秀色于干旄，愬惠氛于兰醴。”

【兰陵美酒】 兰陵所酿之美酒。李白《客中行》：“兰陵美酒郁金香，玉碗盛来琥珀光。”

【兰觞】 言酒杯之美。梁简文帝《三日曲水诗序》：“分阶树羽，疏泉泛爵，兰觞沿泝，蕙肴来往。”王触《渌水曲》：“遵渚泛兰觞，乘漪弄清曲。”许浑《送人之任邛州诗》：“群童竹马交迎日，二老兰觞初见时。”

【兰醑】 香酒。唐高宗《太子纳妃太平公主出降诗》：“华冠列绮筵，兰醑申芳宴。”

【兰酌】 称美献酌之酒。丘丹《奉酬韦使君送归山诗》：“蝉鸣念秋家，兰酌动杂瑟。”

【兰卮】 谓盛美酒之酒杯。《文选·谢灵运·九日从宋公戏马台集孔令诗》：“鸣葭戾朱宫，兰卮献时哲。”羊士谔《郡楼晴望诗》：“兰卮谁与荐，玉旆自无悰。”李德裕《柳柏赋》：“会不得倚树而泛瑶瑟，攀条而献兰卮。”

【兰樽】 美好之酒樽。刘孝威《曲水宴诗》：“兰樽沿曲岸，灵若泝洄潮。”岑参《南溪别业诗》：“竹径春来扫，兰樽夜不收。”

【乐酒】 饮酒而乐。《诗·小雅·弁》：“乐酒今夕，君子维宴。”

【礼酒】 天子所赐之酒。《周礼·天官·酒正》：“共宾客之礼酒。”〔注〕：礼酒，王所致酒也。

【龙膏酒】 酒名。唐代乌弋山离国所献。《杜阳杂编》：“顺宗时，处士伊祈玄解召入宫，饮龙膏酒，黑如纯漆，饮之令人神爽，此本乌弋山离国所献。”李观《姑麻山赋》：“御龙膏之酒，倚云和之瑟。”

【龙勺】 古礼器名。盛酒浆之用，柄上刻有龙形花纹。《礼记·明堂位》：“夏后氏以龙勺，殷以疏勺，周以蒲勺。”

【卢酒】 以卢管吸酒。《鸡肋篇》：“关石塞上人造酒，以卢管呼吸于瓶中，杜诗卢酒盖即此。”张说《南巾送北使诗》：“夷歌翻下泪，卢酒未消愁。”李廊《送振武将军诗》：“卢酒烧蓬暖，霜鸿撚箭看。”朱弁诗：“敢嫌卢酒浊，且对菊花尝。”

【卯酒】 晨饮之酒，白居易《卯时酒诗》：“未如卯后酒，神远功力倍。”苏轼诗：“国色初酣卯酒来。”苏轼《答张文潜县丞书》：“偶饮卯酒醉，来人求书，不能覼缕。”

【卯饮】 晨饮酒。白居易《卯饮诗》：“卯饮一杯眠一觉，世间何事不悠悠。”

【平原督邮】 劣酒、浊酒的隐语。平原，古代郡名；督邮，古代官名。语出南朝宋刘义庆《世说新语·术解》：“桓公有主簿善别酒，有酒辄令先尝，好者谓‘青州从事’，恶者谓‘平原督邮’。青州有齐郡，平原有鬲县。从事，言到脐；督邮，言在鬲（膈）上住。”清李汝珍《镜花缘》第九十六回：“尽是青州从事，那有平原督邮。”

【平板划线分离法】 将稀释过的样品在固体培养基表面作有规则的划线，密集的含菌样品多次从点到线的稀释，最后得到单个菌落，即可分离得到纯种。此法谓之平板划线分离法，简称划线法。

【囚饮】 谓露发跣足著械而饮。参见“龟饮”条。《画墁录》：“囚饮者露头围坐。”

【石冻春】 酒名。《国史补》：“酒有富平之石冻春，荣阳之土窟春，剑南之烧春。”郑谷赠富平李宰诗：“易得连宵醉，千缸石冻春。”

【石榴酒】 酒名，产扶南。梁简文帝《执笔战书诗》：“玉案西王桃，蠡杯石榴酒。”梁元帝《古意诗》：“樽中石榴酒，机上薄葡纹。”

【失候】 错过适当的时刻。《齐民要术·造神曲并酒》：“但候曲香沫起，便下酿。过久曲生衣，则为失候；失候则酒重钝，不复轻香。”

【市酤】 卖酒于市。

【司过之吏】 掌酒席之人。《称谓录·酒·司过之吏》：“吴孙浩，饮席录事曰司过之吏。”

【司醞】 官名。掌酒醴醯醢之类。《北史·后妃传》：“司膳掌膳羞，司醞掌酒醴醯醢。”

【四司六局】 古时盛大的宴会都有四司六局人等供役。四司是帐设司、茶酒司、厨司、台盘司。六局是果子局、蜜饯局、菜蔬局、油烛局、香药局、排办局。

【四酎】 酒名，精酿四次的醇酒。《楚辞·大招》：“四酎并孰，不歰嗌只，清馨冻歆，不歠役只。”〔注〕醇酒为酎。

【台阁】 酒库于阴历九月新酒出来时，有以木床铁檠，作仙佛鬼神形，驾空飞动，谓之台阁。《通俗编·俳优·台阁》“《武林旧事》，迎行新酒，有以木床铁檠为仙佛鬼神之类，驾空飞动，谓之台阁”。

〔按〕：今江浙间迎神会者，犹多效之。

【台盏】 置酒器之台。《还魂记·训女》：“女孩儿，把台盏收去。”

【台琖】 置酒器之台。又名台盏。《辽史·礼志》：“执台琖进酒，讫退。”

【头酒】 酒之美者，以其先酿出，故俗称头酒。《正字通》：“俗呼醨为尾酒，酺为头酒。”

【头脑酒】 又名“头脑汤”、“头脑儿”、“头脑”，一种用肉与杂味配合的酒。明朱国祯《涌幢小品》：“凡冬月客到，凤肉及杂味置大碗中注热酒递客，名曰‘头脑酒’，盖以避寒风也。”至今山西太原市仍有头脑酒，是用羊肉、生姜、煨面、曲块、莲菜、长山药、酒糟、腌韭八种原料配合而成，别名“八宝汤”。

【头糟酒】 将原料粉碎润糁装甑糊化，再出甑加水、散冷、下曲、入缸发酵、出缸拌糠进行蒸馏获得的酒，称为头糟酒。

【仙芗酒】 即麋饮酒，真饮酒，以麋饮枣等制作成。《绀柳编》：“麋饮枣出真陵山，食一枚大醉，经年不省。东方朔曾游其地，以一斛进上。上和诸香作丸，大如芥子，每集群臣，取一丸入水一石，顷刻成酒，味愈醇醪，谓之麋饮酒，又谓之真饮酒、仙芗酒，香经旬不歇。”

【玄酒】 古代称行祭礼当酒用的水。《礼记·礼运》：“故玄酒在室。”孔颖达疏：“玄酒，谓水也。以其色黑，谓之玄，而太古无酒，此水当酒所用，故谓之玄酒。”

【玄石沈湎】 谓刘玄石酒醉三年方醒的故事。《博物志·杂说下》：“昔刘玄石于中山酒家沽酒，酒家与千日酒，忘言其节度。归至家，当醉而家人不知，以为死也，权葬之。酒家计日满，乃忆玄石前来酤酒醉应醒耳。往视之。云，玄石亡去三年，已葬。于是开棺，醉始醒。谷云，玄石饮酒，一醉千日。”

【玄酎】 浓酒。张协《都蔗赋》：“九秋良期，玄酎初出。”

【匜】 盛水酒之器。《说文》：“匜，似羹魁，柄中有道，可以注水酒，从匚也声。”《段注·斗部》曰：“魁，羹抖也。枓，勺也。之状似羹勺，亦所以挹取也。其柄空中，可使勺中水酒自柄中流出，注于盥槃及饮器也。”《左传》：“奉匜沃盥。”《金石索·周匜》：“考国语，晋公子重耳，过秦，穆公归女五人，怀嬴与焉。公子使奉匜沃盥，古者尊不就洗，侍御捧匜盥手，弃水于盘。此器方容二手，可想其制与卮匜酒器不同。”《梁正·三礼图》：“匜受一斗，流长六寸，漆赤中，诸侯以象饰，天子以黄金。”

【仪狄】传说夏禹时造酒者。《国策·魏策二》：“昔者，帝女令仪狄作酒而美，进之禹，禹饮而甘之，遂疏仪狄，绝旨酒；曰：‘后世必有以酒亡其国者。’”

【右】通“侑”。劝酒；劝食。《周礼·春官·大祝》：“以享右祭祀。”郑玄注：“右读为侑，侑劝食而拜。”

【玉鬯】古代帝王诸候举行礼仪时所用的盛酒祭神的玉制礼器。灌地降神之器，〔注〕：玉鬯，鬯酒之圭，长尺二寸，有环，所以灌地降神之器。

【仗气使酒】仗：凭借，倚仗；使：放任。指任性发酒疯。亦作“使酒仗气”。语出《北齐书·崔瞻传》：“与赵郡李概为莫逆之交。概将东还，瞻遗之书曰：‘仗使酒气，常我之弊，底诃指切，在卿尤甚。’”《南史·沈庆之传》：“昭略字茂隆，性狂隽（俊），不事公卿，使酒仗气，无所推下。”

【只鸡絮酒】常用于祭文中表示祭品的菲薄。谢承《后汉书·徐稺传》：“稺前后为册郡选兴诸公所辟，虽不就，及其死，万里赴吊。常于家预炙鸡一只，以一两绵絮渍酒，日中暴干以裹鸡，径到所赴冢隧外，以水渍棉，使有酒气，斗米饭，白茅为藉。以酒置前，酹酒毕，留谒即去，不见丧主。”

【卮】古代一种圆形酒器。

【卮酒】犹言杯酒。一作卮酒。《战国策·齐策》：“楚有祠者，赐其舍人卮酒。”

【卮匜】盛酒浆之器名。《礼记·内则》：“敦牟卮匜，非馂莫敢用。”

【左酒】谓左方置酒。《礼祀·曲礼上·酒浆处右·注》：“左酒右浆。”《易林》：“登阶上堂，见吾父兄，左酒右浆，与福相迎。”

【代粮酒】用粮食以外的原料，如野生淀粉原料或含糖原料生产的酒，习惯称为代粮酒，或叫代用品酒。如用青杠子、芭蕉芋生产的酒。

【代用原料酒】用鲜白薯或白薯干为原料酿制的酒称代用原料酒。

【发芽干燥两用体系】在同一个箱内完成发芽与干燥两过程，即为发芽干燥两用体系。它有以下优点：干燥过程完成了对发芽箱的杀菌过程；设备可用人工干燥原麦；节省了发芽与干燥之间的输送时间与动力，从而增加了生产力。

【记分品评法】按品评酒样的色、香、味、格的差异，打分，写出评语。这种方法称记分品评法。

【可逆抑制作用】可逆抑制作用是由于抑制剂和酶的结合是很松弛的，因此是可逆的。结合后可以用一般的物理方法除去抑制剂，减轻或解除抑制，使酶恢复活性。

【母糟】上一年最后一轮发酵出窖不蒸酒的优质酒醅，称为母糟。

【奶酒】也叫“牛奶酒”。用牛乳为原料的发酵饮料。使用的发酵菌有乳酸产生菌（如乳链球菌，保加利亚乳杆菌等）和能使乳糖发酵产生酒精的酵母菌两种。这种发酵饮料因含有乳酸，故有助消化。

【去头截尾间歇式蒸馏】先将待蒸馏的酒醅倒入蒸馏锅中，每锅装五个醅子，盖好，接好气筒和冷却器进行蒸馏。酒初流出时，将杂质较多的酒头除去2-2.5公斤，然后接入酒坛中，一直接到酒度为58℃。58℃以下的即为酒尾，可掺入第二锅蒸馏。此法谓去头截尾法。

【扔糟】大渣、二渣剩余的全部曲、酒母和谷糠再经过过滤而除去糟，称扔糟。

【生酒】刚榨出的酒液称为生酒。生酒未经杀菌澄清。

【生麦曲】用传统工艺酿造黄酒，各地使用的麦曲主要是草包曲、块曲和桂曲等，常把这些曲称为生麦曲。

【生啤酒和熟啤酒】啤酒用酵母菌发酵，酒液中含有活的酵母菌。不杀死这些活菌的啤酒，叫“生啤酒”。经过杀菌处理的啤酒，叫“熟啤酒”。

【生物滤池法】在大池内填放石头，微生物在石头上繁殖，此法谓之生物滤池法。

【生香酵母】产酯酵母能将乙酸分子与乙醇分子结合而生成乙酸乙酯，一般称作生香酵母。

【生衣】曲室地铺高梁叶，上面放上生曲，每块相距七八分。每块生曲之上放高梁楷六根，其上再加上曲一层，全室放满，以芦席围其四周，闭关窗户，24-32小时后，曲上发生斑斑白点，谓之生衣。

【生长】酵母在适宜的条件下，通过酶的作用，不断吸收外界的营养物质，进行一系列代谢活动，将营养物转变成细胞本身的物质，使细胞的原生质总量不断增加，个体逐渐长大，这个过程叫生长。

【外加翻汁法】外加翻汁法是将葡萄皮漂浮于液面的设备，桶下部通过缓冲槽与离心泵相连，再与热交换器相连。使温度较高的发酵液经此器后，温度下降，或作温度上升用，起到发酵液调温的作用。然后将调温后的发酵液，经发酵桶上面的喷头，喷淋到漂浮的葡萄皮上，这种方法即外加翻汁法。它起到发酵密闭，不易变酸的作用，又起到将果皮上的色素得到充分的浸提，还可以调温并保持新酒中的果香的作用。

【轧碎】清理后的小麦通过轧碎机，将每粒小麦轧成三至五片，使小麦的麦皮破裂、麦粒中的淀粉暴露，以便吸收水分和利于糖化菌的生长繁殖，这个过程叫“轧碎”。

【正负顺序效应】即有甲、乙两个酒样，如果先评甲酒，然后再评乙酒，就会发生偏受先品评的一酒的心理作用。这种现象叫做正的顺序效应；反之，叫做负的顺序效应。

【主发酵】主发酵又称发酵，因为是发酵的主要阶段，也是第一阶段，故称主发酵。

六　画

【百壶】谓酒多。《诗·大雅·韩奕》：“显文饯之，清酒百壶。”宋之问文：“环坐三尺，起君子之风；祖道百壶，酌贤人之酒。”王绩《醉乡记》：“尧舜作为千钟百壶之献，因姑射神人以假道。”许敬宗《奉和圣制送来济应制诗》：“万乘腾镳警岐路，百壶供帐饯离宫。”

【百花酒】以百花酿造之酒。今江苏镇江一带有之。《神仙传》：“余抚姥采百花酿酒，王方平尝以千钱过蔡经家，与姥沽酒，饮而甘之。是后群仙时降，因扔一丸药以偿酒价，姥服之，仙去，后有于洞庭湖上见卖百花酒者，即姥也。”

【百盏】谓多杯。《东坡题跋》：“张安道饮酒初不言盏数。少时与刘潜、石曼卿饮，但言当几日而已。欧公盛年时，能饮百盏，然常为张安道所困。”《研北杂志》：“东坡云，梅二丈圣俞，身长秀眉，大耳红额，饮酒过百盏，辄正坐高拱，此其醉也。”

【百醉】谓多次醉饮。周必大《跋百醉夫赵士瞰诗》：“味百醉之名，诵三篇之诗。公盖师友陶靖节者。”

【百樽】百杯酒。陆游诗：“已邀风月成三友，聊对湖山倒百樽。”

【冰堂】美酒名。《老学庵笔记》："承平时，滑州冰堂酒，为天下第一，方务德家有其法。"

【尘爵】积尘之酒杯。陶潜《九月闭居诗》："尘爵耻虚罍，寒华徒自荣。"罍，古代一种盛酒的器具。

【吃寡酒】没有菜肴的喝酒。《金瓶梅》三十三：春梅姐姐，你拿筯儿与哥哥，教他吃寡酒。

【吃会酒】浙江省绍兴地方风俗，于阴历三月十七日，祀女神后，饮酒作乐，轮流作东请饮。谓之吃会酒。

【吃口令】乃一种游戏法，或作为酒令。汇集若干双声叠韵之语，使人急说之，误则罚。口吃之人则尤不易说。故曰吃口令，俗称绕口令。

【传杯】传递酒杯。或作传觞。杜甫《九日诗》："旧日重阳日，传杯不放杯。"上官昭容《九日登慈恩寺应制诗》："献寿菊传杯。"又指只用一杯，诸客传饮。

【传觞】传杯。张衡《南都赋》："儇才齐敏，受爵传觞。"李白《南奔书怀诗》："侍笔黄金台，传觞青玉案。"

【传世酒】新年相邀饮酒。

【传醅】即选用优良的老曲，碾成粉末，涂在用粮食做的曲坯外面。

【当槽儿的】谓酒保。《红楼梦》八十六：为小人家里穷，没得养活，在李家店里做当槽儿的。

【当垆】古时的酒店，垒土为垆，安放酒瓮，卖酒的坐在垆边，叫"当垆"。"垆"亦作"炉"、"卢"。《史记·司马相如传上》："(相如)买一酒舍酤酒，而令文君当炉。"

【灯红酒绿】形容穷奢极侈的糜烂生活。亦作"酒绿灯红"。秦牧《沙面晨眺》："总之，大罢工使香港这个酒绿灯红的城市完全失色了。"

【缶】盛酒浆的瓦器，小口大腹，也有铜制的《礼记·礼器》："王献之尊，门外缶，门内壶。"

【凫花】酒名。皮日休《酒池诗》："竹叶岛纡徐，凫花波荡漾。"

【凫尊】铸成凫形之酒尊。《古酒评》："汉凫尊，凫之为物，出入于水而不溺。饮酒者，苟能以礼自防，岂有沉湎败德之患乎？凫尊之设，其意如此。"

【共斟】同斟共爵。江淹《惜晚春应刘秘书诗》："山中有杂桂，玉沥乃共斟。"柳宗元《觉衰诗》："但愿得美酒，朋友常共斟。"高启《醉樵诗》："酒熟谁共斟。"

【关宴】唐代，进士关试后所行之宴会。

【过饮】过府而饮。白居易《再答冕仲诗》：“安用茗浇磊隗胸，他日过饮随家风。”

【过滤麦汁】以麦糟为滤层，利用过滤方法提取的汁，称第一麦汁，也叫过滤麦汁。

【过筛】把小麦中的泥、石块、秕粒及尘土等杂质清除出掉，使麦粒整洁均匀的过程，叫过筛。

【汗酒】烧酒之别名。《通俗编·饮食·烧酒》：“东坡言，唐时，酒有名烧春者，当即烧酒也，元人谓之汗酒，卞义有咏汗酒诗，李宗表，称阿剌古酒，作歌云，年深始作汗酒法，以一当十味且浓。”

【好酒】美酒。鲍照《代少年时至衰老行》：“好酒多芳气，餚味厌时新。”

【合欢杯】夫妇共饮之杯。宋之问《寿阳五花烛图诗》：“莫令银箭晓，为尽合欢杯。”

【合卺而酳】古代结婚仪式之一。用一个瓠为两爿瓢，就叫卺。酳，是用酒嗽口。此种仪式是：新郎把新娘迎入堂中……二人各执同一个瓠分成的一爿瓢盛酒漱口，含有永结同心，相亲相爱的意思。但据《仪礼·士昏礼》载，男女用酒嗽口要进行三次。第一、二次都用爵盛酒，第三次才用卺。

【合卺匏爵】酒杯名。分一瓢为二，古婚礼婿与妇各执一瓢而饮之。《名物图·尊·合卺匏爵》：“案，士昏礼，三用卺为之，即匏爵也。”

【合醵】凑钱聚合饮酒。

【合酿】合之以酿酒。《地理风俗记》：“百草之华者以合酿，黑黍以降神者也。”

【合成培养基】合成培养基是由已知化学成分及数量的化学药品配制而成的。它的成分分为碳源、氮源、无机盐类和水等。

【合新浆与传旧浆】造酒以浆为祖，无浆处，或以水调醋，入葱椒等煎，谓之合新浆，如用浸米之浆，以水调解，入葱、椒等煎，谓之传旧浆，或称为酒浆。

【红垆】酒肆中，垆火红旺，预示生意兴隆，（引起饮者食欲）皮日休《酒垆诗》：“红垆高几尺，颇称幽人意。”

【红娘过缸酒】酒名。俞正燮《癸已存稿·酒》：“清明，汲水酿酒，为一年祭祀之用，然不得佳麴，酒多腥劣，或得色红甘洌者，族邻相贺，以为此古所谓福禄水也，亦谓之红娘过缸酒，妇女簪花缸面,分瓶时，剪红纸蒙之，题以喜字。”

【红醍】红色之酒。《饮膳标题》：“酒有红绿白之别，红者曰醍，绿者曰醽，白者曰醝。”

【红友】指红酒。罗大经《鹤林玉露》卷八：“常州宜兴县黄土村，东坡南迁北归，尝与单秀才步田至其地。地主携酒来饷，曰：‘此红友也。’”王世贞《三月三日屋后桃花下小酌红酒》诗：“偶然儿子致红友，聊为桃花飞白波。”

【红云宴】于盛开红花果中所设之酒宴。《清异录》：“岭南荔枝，因不逮闽蜀，刘鋹每年设红云宴，正红荔枝熟时。”

【红糟】红色之酒糟。陆游《冬夜戏作诗》：“未论索饼与饡饭，最爱红糟并炰粥。”

【红酒】闽广间用红曲酿造的一种酒，其色殆类胭脂。李贺诗：“小槽酒滴真珠红。”苏轼诗：“夜倾闽酒赤如丹。”

【红蜜甜尔酒】添加酒精充分搅拌均匀20–30天浸渍，然后经过压榨的葡萄醪酒，谓之红蜜甜尔酒。

【红曲（丹曲）】宋应星《天工开物》载：“凡丹曲一种，法出近代。其义臭腐神奇，其法气精变化。世间鱼肉最朽腐物，而此物薄施涂抹，能固其质于炎暑之中，经历旬日，蛆蝇不放近，色味不离初，盖奇药也。凡造法，用籼稻米不拘早晚，舂杵极其精细，水浸一个七日（即七日），其气恶臭不可闻，则取入长流河水漂净（必用山河水，大江者不可用）。漂后，恶臭犹不可解，入甑蒸饭，则转成香气，其香芳甚。凡蒸此米粉成饭，初一蒸半生即止，不及其熟，出离釜中，以冷水一沃，气冷再蒸，则令极熟矣。熟后数石，共积一堆，拌信（曲种）。凡曲信必用绝佳红酒糟为料。每糟一斗，入马蓼自然汁三升，明矾水和化。每曲饭一石入信二斤，乘饭熟时，数人捷手拌匀。初熟拌至冷，俟视曲信（曲种）入饭，久复微温，则信至矣。凡饭拌信后，倾入箩内，过矾水一次，然后分散入篾盘，登架乘风后，此风力为政，水火无功（只靠风力，无须水火）。凡曲饭入盘，每盘约载五升。其屋室宜高大，防瓦上暑气侵逼，室面宜向南、防西晒。一个时中，翻拌约三次。后视者七日之中，即坐卧盘架之下，眠不敢安，中宵数起。其初时雪白色，经一二日成至黑色，黑转褐，褐转（代）赭，赭转红，红极复转微黄。目击风中变幻（视察通风过程中发生的变化），名曰生黄曲，则其价（价格）与入物之力（效用），皆倍于凡曲也。凡黑色转褐，褐转红，皆过水一度。红则不复入水。凡造此物，曲工舆水与洗净盘簟，皆令极洁。一毫滓秽，则败乃事也。”

【红曲霉】红曲霉是从白酒的大曲和酒醅中分离得到的具有较高的糖化力的菌霉。它具有微弱的酒精发酵力。

【红心曲】在曲的培养上，采用边晾霉边关窗起潮火，无明显的晾霉阶段，升温较快，很快升到38℃，无昼夜升温两起两落，无昼夜窗户两启两封，依靠平时调节窗户大小来控制曲胚品温。由起潮火到大火阶段，最高曲温为45-47℃，晾曲降温极限为34-38℃，这样的曲称谓红心曲。它属于中热小晾。

【华酌】精美华丽的酒杯。《楚辞·招魂》：“华酌既陈，有琼浆些。”

【华樽】名贵之酒器。傅玄《宴诗》：“华樽享清酤，珍肴自盈溢。”

【欢伯】酒的别名，《易林·坎之兑》：“酒为欢伯，除忧来乐。”元好问《留月轩》诗：“三人成邂逅，又复得欢伯；欢伯属我歌，蟾兔为动色。”

【欢爵】酒具名。鲍照《绍古辞》：“前涤欢爵，帐里缝舞衣。”

【欢醉】尽兴快乐之饮。《列仙传》：“刘商东游广陵，逢一道士卖药，挈上酒楼，剧谈欢醉。”陆机：“春风秋月恒好，欢醉日月长新。”

【欢醼】即欢宴。《北史·李迁哲传》：“纵酒欢醼。”

【灰酒】酒之一种。《老学庵笔记·五》：“唐人喜赤酒，甜酒，灰酒。陆鲁望云：‘酒滴灰香似去年。’”

【回酒】回敬酒或答谢宴请谓回酒（回席）。

【回】小量酒醅，蒸酒以后，再加曲发酵者称为回，亦名灰。

【回糟】小渣加入新料，再加入曲和酒母入池发酵，经过发酵蒸酒后再加曲和酒母，此谓之回糟。

【回沙】𢶍酒的酒头单独贮存，以备以后勾兑用，而酒尾则仍泼回醅子再加曲入窖发酵，此称回沙。

【回沙酒】𢶍酒经摊凉，加入尾酒和曲粉，拌匀堆集，再入窖发酵一个月，取出蒸馏，即得第二次原酒入库贮存，此酒称作回𢶍酒。此酒略有涩味，但比𢶍酒香、醇和。

【会饮】聚饮。《史记·廉颇蔺相如列传》：“秦王前书曰，某年月日，秦天子与赵王会饮，令赵王鼓瑟。”《云笈七笺》：“颜真卿为湖州刺史，与门宾会饮。”

【江酒】江州所产之酒。白居易《与元微之书》："湓鱼颇肥，江酒极美。"

【江米酒】江米酒即糯米酒，南方称酒酿或醪糟。从市场上买来几个酒药，碾成粉末，拌进蒸熟后摊凉了的江米（糯米）饭中，大抵一两天，散发出阵阵醉人的酒香。可冷食，也可加水烧沸，佐以鸡蛋、桂圆、荔枝干等食用。

【交杯】旧俗婚礼中新婚夫妇举杯之手交叉相挽而饮。宋王得臣《尘史·风俗》："古者婚礼合卺，今也以双杯彩丝连足，夫妇传饮，谓之交杯。"孟元老《东京梦华录·娶妇》："用两盏以彩结连之，互饮一盏，谓之交杯酒。"

【交杯酒】旧式婚礼中，用两盏酒以结连之，使新夫妇互饮一盏之谓。即古合卺之礼也。《东京梦华录》："凡娶媳妇，撤帐后，用二盏，以结连之，互饮一盏，谓之交杯酒。饮讫，掷盏并花冠子于床下，盏一仰一合，俗云大吉。"

【交杯盏】同上交杯酒，以示同心。《红楼梦》第二十回："交杯盏还吃。"

【交爵】交杯。《礼记·坊记》："礼，非祭，男女不交爵。"

【交觞】即交爵。交献。曹植《乐府》："交觞接杯，以致殷勤。"傅玄诗："交觞接卮结裳，慷慨欢笑万方。"

【交心酒】即交杯盏吃同心酒。《桃花扇·访翠》："你们一见面儿，吃个交心酒如何？"此交心酒不单指男女新婚之间饮酒，友人酒酣耳热心诚，推心置腹之酒。

【尽觞】尽情饮酒。曹植《送应氏诗》："巾馈岂独薄，宾饮不尽觞。"

【军宴】军中之宴饮。《资治通鉴·唐纪》："宣宗，大中十一年，延心知之，因承勋军宴。"

【老酒】①谓腊月酿造之酒。又谓多年之陈酒。《本草·酒》："老酒，腊月酿造者，可经数十年不坏。"范成大《食罢书字诗》："扪腹蛮茶快，扶头老酒中。"〔注〕：老酒，数年陈酒也，南人珍之。②黄酒之一种。用糯粟炒焦制成，呈黑褐色带苦味。

【老窖和新窖】"老窖酒"的"老窖"是指发酵窖，也叫发窖池。这种发酵窖使用年代的长短，与酒的风味关系很大。使用年代越长，酒越香，味越好，此之谓"老窖"。使用年代短的发酵窖，即"新窖"。

【老熟】经过贮存的白酒，它的香气和味道都比新酒明显的增加醇香与柔和，这种现象称作白酒的老熟。

【老式培菌糖化法】包谷出甑于地面凉席上摊凉下曲。以竹席铺地，席底铺 3–5 寸厚的谷壳，四周以 8–10 寸高的木框围之，席面撒一层已蒸过并经冷却的谷壳，再将下了曲的包谷撮入扒平。堆厚以季节而定约 6–7 寸。面上粮食表面，再撒少许谷壳，以朝酒糟盖面保温。此谓之老式培菌糖化法。

【刘伶解酲】 晋刘伶，字伯伦，酷嗜饮，自谓饮五斗可以解醉也。《蒙求·刘伶解酲》："晋书，刘伶，字伯伦，沛国人也。放情肆志，常以细宇宙、齐万物为心。常乘鹿车，携一壶酒，使人荷锸而随之，谓曰，死便埋我。其遗形骸如此。尝渴甚，求酒于其妻，妻捐酒毁器，涕泣谏曰：君饮酒太过，非摄生之道，宜断之。伶曰，善，吾不能自禁，惟当祝鬼神自誓耳，可具酒肉。妻从之，伶跪祝曰：天生刘伶，以酒为名。一饮一斛，五斗解酲。妇人之言，慎不可听。仍引酒衔肉，愧然复醉。"

【吕太后的筵席】 "吕太后"是汉高祖刘邦的妻子吕雉。她有一次请群臣吃酒，命朱虚侯刘章做监察，有人逃席，当场被刘章杀死。因此后来凡是不容易吃的酒席，叫做"吕太后的筵席"。

【买春】 即买酒。唐代的酒多以春为名，如竹如春、梨花春之类，因以"春"为酒的代称。司空图《诗品·典雅》："玉壶买春，赏雨茆屋。"

【买醉】 沽酒痛饮。有借酒行乐或排遣愁闷的意思。李白《梁园吟》："沈吟此事泪满衣，黄金买醉未能归。"

【米酒】 以米所制之酒。《本草集解》："恭曰，酒有黍秫粳糯米曲蜜葡萄等色，凡作酒醴须曲，而葡萄蜜等酒独不用曲，诸酒醇醨不同，惟米入药用。"

【米奇】 酒名。尤侗《琉球竹枝词注》："琉球使美姬含米造酒，名曰米奇。"《偃曝谈馀》："琉球造酒，以水渍米越宿，令妇人口嚼手搓，取汁为之，名曰米奇。"

【米曲】 由大米、水和中药材加工而成的曲即是米曲。制造米曲要选用新鲜、精熟的大米，水要清净。米曲可分为大曲母和小曲母。

【米香型（白酒）】 此种酒散发出一种清柔的蜜香，入口绵甜，回味怡畅，以桂林三花酒为代表。

【名酒】 名贵之酒。陶潜《饮酒诗序》："偶有名酒，无夕不饮。"秦观《次韵夏侯太冲秀才诗》："或时得名酒，停午犹中圣。"

【叵罗】 酒器。《北齐书·祖珽传》："神武宴寮属，于坐，失金叵罗，窦太后令饮酒者皆脱帽，于珽髻中得之。”

【齐酒】携持酒。《后汉书·左慈传》：“慈为齐酒一升脯一斤。”《晋书·阮籍传》：“籍能为青白眼，母终，嵇喜来吊，籍作白眼，喜弟康闻之，乃齐酒携琴造焉，籍大悦，乃见青眼。”

【齐酎】祭祀用之浓酒。

【曲】①酒母也。《说文》段注：作曲，或以米，或以麦，故其字，或从米，或从麦。《广韵》：“曲，曲糵也。”《释名·释饮食》：“曲，朽也，郁之使生衣朽败也。”《晋书·刘伶传》：“枕曲藉糟。”《列子·杨朱》：“积曲成封。”②酒也。元稹《解愁诗》：“亲烹园内葵，凭买家家曲。”《南方草木状》：“杵米粉杂以众草叶，治葛汁溲之，大如卵，置蓬蒿中，经月而成，用此合糯为酒。”《岭表录异》：“南中酿酒即先用诸药，别淘漉粳米，漉干，旋旋入药，和米捣熟，即绿纷（粉）矣。热水溲而团之，形如餢饦，以指中心刺作一窍，布放箪席上，以枸杞叶攒罨之。其体好弱，一如造曲法，既而以藤篾贯之，悬于火烟之上。每酝一年用几个饼，固有恒准矣。南中地暖春冬七日熟，秋夏五日熟。既贮，贮以瓦瓮，用粪扫火烧之。”

【曲阿酒】曲阿所产之酒。曲阿即今江苏省丹阳市。《北史·刘藻传》：“车驾南伐，以藻为征虏将军，辞于洛水之南，曰，陛下辄当酾曲阿之酒，以待百官。”《太平寰宇记》：“丹徒有高骊山，传昔高骊国女来此，东海神乘船，致酒礼聘之，女不肯，海神拨船覆酒，流入曲湖，故曲阿酒美也。”

【曲车】载酒之车。杜甫《饮中八仙歌》：“汝阳三斗始朝天，道逢曲车口流涎。”

【曲尘】酒曲所生的细菌，色微黄如尘，因称淡黄色为曲尘。杨巨源《折杨柳》诗：“水边杨柳曲尘丝。”牛峤《杨柳枝》诗：“舞裙新染曲尘罗。”

【曲道士】酒之别名。陆游《初夏幽居诗》：“瓶竭重招曲道士，床空新聘竹夫人。”

【曲麸】酿酒之媒。《渊鉴类函》：“齐人名曲麸曰媒是也。”

【曲监】监收酒税之官。《金史·李史夔传》：“倜傥有大志，以入仕，为本州曲监。”

【曲居士】酒之别称。《海录碎事·饮食·酒》山谷诗云：“万事尽还曲居士，百年常在大槐宫。”

【曲君】酒之别名。陈师道诗：“风味如曲君。”

【曲课】酒税。《金史·食货志》：“收曲课而听民酤。”

【曲米】酒。《宋史·何蒙传》：“通判庐州时，郡中火燔廨舍，权务俱尽，蒙假民器贷邻郡，曲米为酒，既而课增倍。”《酒小史》云：“安曲米酒。”杜甫《拨闷诗》：“闻道云安曲米春，才倾一盏即醺人”。苏轼《尝天门冬酒诗》：“天门冬熟新年喜，曲米春香并舍闻。”黄庭坚诗：“诗比淮南似小山，酒名曲米出云安。”朱子《酒市诗》：“闻说崇安市，家家曲米春。”周昂《醉经齐诗》：“诗书续破自融神，不羡云安曲米春。”

【曲蘖】①酒曲。《书·说命》：“若作酒醴，尔惟曲蘖。”《传》：“酒醴须曲蘖以成。”《礼记·月令》：“乃命大酋，秫稻必齐，曲蘖必时。”古者获稻而渍米曲，至春而为酒，因谓酒为曲蘖。《吕氏春秋·仲冬》：“秫稻必齐，曲蘖必时。”②谓酒。《晋书·会稽王道子传》：“耽荒曲蘖。”《列女传·辩通传》：“不胜曲蘖之味。”《柳氏家训》：“崇好伏游，耽嗜曲蘖。”杜甫《归来诗》：“凭谁给曲蘖，细酌老江干。”苏轼《浊醪有妙理赋》：“曲蘖有毒，安能发性。”

【曲钱】酒税。《宋史·食货志》：“令磨户承岁课，视酒户纳曲钱法。”

【曲神】酒神。又谓嗜酒客。白居易《与诸客空腹饮诗》：“曲神寅日合，酒圣卯时欢。”

【曲生】酒的别称。相传唐代道士叶法善，居玄真观。有朝客十余人来访，解带滞留，满座思酒。突有一少年傲倪直入，自称曲秀才，抗声谈论，一坐皆惊。良久暂起，如风旋转。法善以为是妖魅，俟曲生复至，密以小剑击之，随手附于阶下，化为瓶榼，美酒盈瓶。坐客大笑饮之，其味甚佳。见郑棨《开天传信记》。后因以“曲生”或“曲秀才”为酒的别称。《聊斋志异·八大王》：“故曲生频来，则骚客之金兰友。”

【曲宝】酒藏之宝。皮日休《酒瓮诗》：“移来近曲宝，倒处临糟床。”

【曲世界】醉酒之境地。《清异录·酒浆》：“释法常，性英爽，酷嗜酒，无寒暑风雨，常醉。醉即熟寝，觉即吟曰，优游曲界，烂熳枕神仙。”

【曲水】古代风俗，于阴历三月上巳日就水滨宴饮，认为可祓除不详，后人因引水环曲成渠，流觞取饮，相与为乐，称为曲水。王羲之

《兰亭集序》："又有清流激湍，映带左右，引以为流觞曲水。"参见"流觞条"。

【曲水池】池名。①在湖北省武昌县东，《太平寰宇记》："梁邵陵王纶为太守，雅好宾客，东诗酒，尝慕王右军兰亭流觞曲水之兴，故效之。"②在湖北省钟祥县东门外。《舆地纪胜》："梁太清中邵陵王纶为富水郡太守，雅好宾客，慕兰亭流觞，故效焉。"

【曲水亭】亭名，在江苏省无锡市。《舆地纪胜》："在无锡县慧山寺前，其水九曲，中有方池，一名浣沼。"《明一统志》："梁建，宋县令苏舜钦重凿渠，引水流觞。"

【曲水宴】往昔三月三日，文士集会，引水环曲为渠，流行酒杯，取饮赋诗，谓之曲水宴。《文选·颜延之·三月三日曲水诗序·注》："翰曰，郑国之俗，三月上巳三日，于溱洧两水上，执兰招魂，祓除不祥，上已即三日也。曲水者，引水环曲为渠，以流酒杯而行焉。"

【曲王】酒神。与曲神同。皮日休《临顿为吴中偏胜之地奉题屋壁诗》："尽日留蚕母，移时祭曲王。"

【曲先生】酒之别称。《事物异名录·饮食·酒》："张安国椰子酒榼诗，'道傍曲先生，风味固自佳'。"

【曲行】卖酒之家。《福惠全书·任部·禀帖赘说》："曲行程少山等。"

【曲秀才】酒之别名。参见"曲生"条。

【曲引钱】酒税。《宋史·食货志》："湖南有土户钱、折钱、醋息钱、曲引钱，名色不一。"

【曲院】院名，在浙江省杭州西湖，宋代酿酒处。

【曲滓】酿酒曲之滓。魏武帝《上九醞酒法奏》："漉去曲滓。"

【曲霉】曲霉是与酿酒所用的糖化菌种，是与制酒关系最蜜切的一类菌。它是由菌丛、分生孢子柄、孢子构成的。

【肉朋酒友】即酒肉朋友。《桃花扇·草檄》："肉朋酒友，问俺老柳。"

【肉埕陈酿】将初馏酒装埕，加入肥猪肉浸饱三个月，使脂肪缓慢溶解，吸附杂质，并起酯化作用，提高老熟度，使酒香醇可口，同时具有独特的豉味。此法即是肉埕陈酿。

【如醉方醒】像酒醉才醒一般。比喻刚从沉迷中醒悟过来。明吴承恩《西游记》第五十四回："三藏闻言，如醉方醒，似梦初觉，乐以忘忧，称谢不尽。"

【如醉如痴】形容神态失常，失去自制。亦作"如痴似醉"。元马致远

《汉宫秋》第二折："得见了王昭君，使朕如痴似醉。"明东鲁古狂生《醉醒石》第十三回："真也弄得个如醉如痴，眠思梦想。"

【设席】设酒，置酒。《诗经·大雅·行苇》："肆筵设席，授几有缉御。"

【同】古代酒器的一种。《书·顾命》："上宗奉同瑁。"孔传："同，爵名。"

【同斟】同饮。韦庄《和薛先辈见寄初秋寓怀即事之作二十韵诗》："会随迁羽化，香蚁且同斟。"秦观诗："邻女缩新醅，林下邀同斟。"

【同形配子接合】形状和大小相同的细胞的结合，叫做同形配子接合。

【伪醉】假装酒醉。《晋书·温峤传》："峤因伪醉，以手板击凤。"

【先酒】始造酒之人。柳宗元《饮酒诗》："举觞酹先酒，为我驱忧烦。"

【兴文运】广东安定县俗，于重阳日，官绅士子登文笔峰，具酒会饮，谓之兴文运。《广东志书·安定县》："九月九日，官绅士子会赴文笔峰，登高具酒会饮，谓之兴文运。"

【行酬】行酒。《礼记·燕义》："君举旅行酬，而后献卿。"

【行酒】①依次斟酒。《三国志·吴志·虞翻传》："权既为吴王，欢宴之末，自起行酒。"②监酒；在席间主持酒政《汉书·齐悼王诸子传》："高后令章为酒吏，章自请曰：'臣，将种也，请得以军法行酒。'"

【行爵】即行觞。行酒。《左氏·哀·十五》："召获驾乘车行爵食炙。"

【行觞】依次斟。《礼记·投壶》："命酌，曰：'请行觞。'"亦谓宴饮。谢灵运《拟魏太子邺中集诗》："行觞奏悲歌，永夜系白日。"

【巡】席面上斟酒一遍叫做一巡。《清平山堂话本·瑞仙亭》：酒行数巡，文君令春儿："收拾前去，我便回来。"

【亚角】亚字形的酒杯。《西清古鉴·周亚角》："右通盖高七寸三分，深二寸四分，重三十二两，三足有流，有鋬。"

【亚尊】樽名。《金石索·亚尊》："右高一尺二寸，深七寸四分，径六寸四分，腹围九寸四分，重六十五两。按，周礼司尊彝，掌六尊，而壶尊为壶，山尊为罍，是形制迥不一矣。兹器状如觞，博古图所载，多类此者，铭作亚形，又为弓。古者，射必有饮，而亚则有庙室友之义意，此为射宫饮器欤。"

【羊酒】羊肉与酒。古时用作赏赐赠送之品。《汉书·昭帝纪》："令郡县，常以正月赐羊酒。"（非甑认为：应是指一种酒名，并非羊肉与酒，如果是没必要作个名词释义。）

【羊羔酒】美酒名。产山西。《事物绀珠》："羊羔酒，出汾州，色白莹，饶风味。”《事文类聚》：“陶穀得党家姬，冬日取雪水煎茶，谓姬曰：党家识此味否？姬曰，彼粗人安有此，但能销金帐底，浅斟低唱，饮羊羔美酒耳。”《酒·小史》：“汾州乾和酒，山西羊羔酒。”

【夷酒】常饮酒，或作彝酒。书曰：“有政有事，无夷酒。”夷，常也，不得常饮。

【有駜】《诗·鲁颂》篇名，宴饮时的颂词。（駜，肥壮的马。）

【有限继续发酵】造酒之始，蒸煮高粱掺和其他谷物为饭，冷至相当温度下曲入窖，发酵至十日左右，取出蒸酒，所得糟粕，再加曲进行发酵，如此进行三次至四次，乃将蒸酒后之糟粕弃去，不再加曲进行发酵，此谓之有限继续发酵。

【羽觥】即羽觞，鸟状酒器。《劝酒诗》：“休向尊前愬羽觥，百壶清酌与君倾。”

【羽爵】酒杯，即羽觞，鸟状酒器。魏文帝《哭津诗》：“羽爵浮象樽，珍膳盈豆区。”《文选·左思〈蜀都赋〉》：“羽爵执竟，丝竹乃发。”翰曰，羽爵，羽觞，伴鸟形也。

【羽觞】鸟状酒器。《汉书·外戚·孝成班倢伃传》：“顾左右兮和颜，酌羽觞兮销忧。”刘德曰：“酒行疾如羽也。”孟康曰：“羽觞，爵也，作生爵形，有头尾羽翼。”如淳曰：“以琦瑁覆翠羽于下，彻上见。”

【羽觞随波】谓注酒于觞浮于水上随波而传送。《晋书·束皙传》：“故逸诗云，羽觞随波，乃流觞曲水，其来已久，兰亭之会，袭而作此，非创为也。”

【再醮】古代男女婚嫁时，父母给他们酌酒的仪式，叫做“醮”。故男子再娶或女子再嫁都可以称为“再醮”。后专指妇女再嫁。

【执爵】持酒器。《礼记·乐记》：“执酱而馈，执爵而酳。”

【旨酒】美酒。《诗·小雅·正月》：“彼有旨酒，又有嘉肴。”

【旨酒嘉殽】美酒美食。《诗·小雅·正月》：“彼有旨酒，又有嘉肴。”《礼记·投壶》：“子有旨酒嘉肴。”

【舟】古代尊彝的托盘。《周礼·春官·司尊彝》：“祼，用鸡彝，鸟彝，皆有舟。”亦作酒器名。苏轼《次韵赵景贶督两欧阳诗破陈酒戒》诗：“明当罚二子，已洗两玉舟。”

【竹叶】酒名。①即竹叶青，又名竹叶清。张协《七命》：“乃有荆南乌程，豫北竹叶。”《酒史·酒品》杨庭秀竹酒诗云：“唯余竹叶曲，留此千古情。”②竹叶煎汁所酿酒。《本草·酒·竹叶酒》：“治诸风热病，清心畅意，淡竹叶煎汁，如常酿酒饮。”

【自酌】自斟，独酌。陶潜《归去来辞》：“引壶觞以自酌，眄庭柯以怡颜。”

【自流原酒】葡萄浆发酵终点达到后，分离出下部的酒，叫自流原酒。

【自然培养基】自然培养基也称天然培养基，它是直接利用天然物质如动植物的组织或器官切块提取浸出液。这种培养基的特点是来源充足，营养丰富，制备方便，价格便宜，适合大规模培养微生物用。

【成品曲】两次翻曲后，品温虽还能回升，前劲已不足，很难回升到一次翻曲的温度。经过6-7天，品温开始平稳下降，曲块逐渐干燥，再经过7-8天，可稍开门窗通风。40天后，曲温接近室温，曲块已基本干燥，即为成品曲。

【次中温曲】温度多控制在45-48℃，不超过50℃制作的曲，称为次中温曲。

【地面法】利用污水灌溉，利用土壤微生物分解有机质的方法称为地面法。

【多层窖泥】为扩大酒醅与窖泥的接触面，提高中槽酒的质量，在入窖的酒醅发酵层中，增加一至二层窖泥，此称之为多层窖泥。

【伏特加】酒名。俄文的音译。苏联人日常饮用的酒，在波兰也很畅行。将酒精经过活性炭处理，除去不纯气味后，加水至含酒精为36-60%时即成。

【后发酵】主发酵后，醪液里的酒精虽然已很高，但还有多量的残余淀粉和一部分糖分未变成酒精，为了继续糖化，提高酒精浓度而进行的发酵，称为后发酵。

【后发酵期】嫩啤酒的二氧化碳含量不足，口味不成熟，不适于饮用。大量的悬浮酵母和凝固析出的物质尚未沉淀下来，酒液不够澄清，一般还需要经数星期或数月的贮藏，此贮藏期即啤酒的后发酵期。

【后火曲】由起潮火到大火阶段，最高曲温达47-48℃在高温阶段维持5-7天，晾曲降温极限为30-32℃，这样的曲称为后火曲，它属于大热中晾。

【后效应】在品评前一种酒后，往往会影响后一种酒的味道，这种情况称为后效应。

【机械化白酒】用机械化制成的白酒称为机械化白酒。一般大路货白酒采用此法。

【尖端酵母】细胞两端有尖突起，颇像柠檬，最大4-5微米，不生成孢子，不发酵蔗糖，在自然界广泛存在，对于低温有很强抵抗力，存在于葡萄皮上。一开始发酵很快，但随即降低。

【扩大培养】三种酵母菌发育速度不同，要分别接种，各扩大10倍。接种后保温30℃，各培养24小时，此谓扩大培养。

【色酒】人们习惯于把谷物发酵后蒸馏出来的无色透明的酒叫“白酒”，而把所有带颜色的酒，包括黄酒、葡萄酒、果酒、露酒统称之为“色酒”。

【杀菌】杀菌又叫煎酒，是将酒中的微生物杀死和破坏残存的酶，使黄酒的成分基本上固定下来，并防止成品酒发生酸败。

【吐酒石】即“酒石酸锑钾”。

【压盖法】为了避免“盖”浮在液面发生败坏和不使葡萄汁温度增高，每天在一定时间内，将“盖”压入汁中。不仅压下去，还要将其搅拌，使其均匀。当“盖”被压入汁中后，它带给葡萄汁空气，并使桶上部与桶底部发酵温度均匀，这种方法叫“压盖法”。

【压榨】把发酵醪中酒（液体部分）和糟粕（固体部分）分离的操作称为压榨。

【压榨酵母脚子葡萄酒】将沉淀在发酵容器或贮酒糟的酵母沉淀，通过强力压榨，用榨出的液体加糖水发酵酿成的酒，称为压榨酵母脚子葡萄酒。该酒含有较多的杂醇油、含氮物和灰分，品质甚劣。

【异泡发酵】大明泡发酵，发生在高泡期或发酵终了期，使已凝结出来的树脂和夹杂物下沉，液面由棕褐色变成白色，此种现象叫异泡发酵。

【异型配子接合】形状和大小不相同的细胞结合，叫做异型配子接合。

【杂醇油】啤酒中的高级醇，习惯称为杂醇油。它以异戊醇为主，其次是活性戊醇、正丙醇和异丁醇。此外尚有色醇、酪醇、苯乙醇和糠醇等。

【早上火】正常发酵于饭下窖或缸后三四日，始行旺盛，温度增高。若第一日即上大火，此即为早上火。

七　画

【把杯】敬酒。《荡寇志》七十一：留守司与他们把了下马杯，簪了花。

【把酒】端着酒杯。苏轼《水调歌头》词：“明月几时有，把酒问青天。

不知天上宫阙，今夕是何年。”

【**把盏**】同“把杯”，敬酒。《荡寇志》七十三：哥哥要与孩儿把盏，不敢当他的，故而让开。《官场现形记》十四：看见大船上本府参将一个个离座替统领把盏，庄大老爷也想讨好。

【**别酒**】送别时之酒宴。杜甫《王阆州筵奉酬十一舅异别之作诗》：“浮舟出郡郭，别酒寄江涛。”

【**沉湎**】亦作“湛沔”。犹沉溺，多指嗜酒无度。《书·泰誓上》：“沉湎冒色。”孔颖达疏：“人被酒困，若沉于水，酒变其色，湎然齐同，故沉湎为嗜酒之状。”《史记·宋微子世家》：“纣沉湎于酒。”

【**沉酗**】谓沉湎于酒，辄醉怒而乱性。《书·微子》：“我用沈酗于酒，用乱败厥德于下。”《传》：“沉湎，酗醬，败乱汤德于后世。”《说苑·敬慎》：“荒淫于乐，沉酗于酒。”

【**沉缸酒**】沉缸酒采用淋饭法先进行糖化发酵，再中途掺入米烧酒而酿成的甜味酒。该酒香甜可口，饮后余味绵长。

【**沉缸酒的制造方法**】将白酒分两次加入，初时米烧酒加得少，这样有利于糖化和发酵的继续进行，并用以控制温度和酸度增加过大。经几天发酵后，把余下的米烧酒加入，使达到规定的酒度和将醪液中的糖分基本上固定下来。当窝内甜液满到3/5时，就加入红曲和17-6%的53℃的米烧酒，进行糖化3-4天，以后再加其余的米烧酒。静止养胚50-60天，经压榨、煎酒，即为成品。

【**村酒**】村家之酒。犹村醪、村酿，村酤。薛能《送李信巡官归水乐旧居》诗：“山泉饮犊流多变，村酒经年味可怜。”张南史《春山道中寄孟侍御》诗：“昨日已尝村酒熟，一杯思与孟嘉倾。”

【**低唱浅斟**】低声歌唱，浅量饮酒。《长编》：“宋陶谷为学士，得党太尉家姬，遇雪，陶取雪水烹茶，谓姬曰：党家有此风味否？对曰：彼粗人，安有此，但能于销金帐中，浅斟低唱，饮羊羔儿酒耳。”

【**低浓度啤酒**】低浓度啤酒：麦汁深度在18℃左右。这种啤酒的酒精含量较低，一般不超过2%。

【**低泡期**】接种后15-20小时，池的四周出现白沫，并向池中间扩展，直至全液面，这是发酵的开始。糖度下降，温度上升，酵母浮游。当麦汁倒入主酵池后，泡沫逐渐增厚，洁白细密，从四周向中心形成卷边状，类似菜花。此阶段谓之低泡期。

【**低温长时间发酵**】酿造黄酒不单是产生酒精，还要生成多种香味物质并使香味调和，因此一定要经过低温长时间的后发酵。一般低温长时间发酵的酒，香气和口味比高温短期发酵的好。

【低温开耙】醪品温上升至30℃左右，进行第一次搅拌，发酵温度最高不超过30℃，称为低温开耙。

【低温曲】温度在40℃以下制作的曲，称为低温曲。

【豆淋酒】以黑豆作成之酒。《本草·大豆》："附方，豆淋酒法，宗奭曰，治产后百病。"

【豆酒】斗酒，（豆、声误应指斗）。《周礼·考工记·梓人》："食一豆肉，饮一豆酒，中人之食也。"

【杜酒】谓自家制之薄酒。杜甫《题张氏隐居诗》："杜酒偏劳劝，张梨不外求。"《来物异名录·饮食·酒》："野客丛书，俗有杜田杜园之说，杜之云者犹言假耳，如言自酿薄酒，则曰杜酒，此正与杜撰之说同。"

【杜康】周人，或谓黄帝时宰人，或说即少康。善造酒，后世以杜康善造酒，故亦以为酒名。《尚友录》："杜康善造酒，酉日死，故造酒忌酉。"《北堂书钞》卷一百四十八："王著，与杜康绝交书曰，康字仲宁，或曰，黄帝之时宰人，始造酒，时人号曰酒泉太守。"《十驾齐养新录》卷十二："说文，古者少康，初作箕帚秫酒。少康，杜康也，葬长垣。"《文选·魏武帝诗》："何以解忧，惟有杜康。"

【杜醞】自家酿造的酒。《警世通言》十四：桃花发，杜醞又熟，我们去那里吃三杯。

【泛酒】水上流杯之酒，古代三月三日浮酒杯曲水，以为风雅之玩。参见"曲水宴"条。

【饭坑酒囊】比喻只会吃喝不会做事的人。语本汉王充《论衡·别通》："腹为饭坑，肠为酒囊。"参见"酒囊饭袋"。

【芳醇】芳香浓烈之酒。张率《对酒诗》："对酒诚可乐，此酒复芳醇。"

【芳榼】谓馨香之酒樽。陆游《往寻东村梅花诗》："重携芳榼下幽期。"

【芳酒】美酒。

【芳醪】美酒。袁峤之《兰亭诗》："激水流芳醪。"李贺《恼公诗》："芳醪落夜风。"

【芳醴】芳香之美酒。《洛阳伽蓝记》："芳醴盈罍，佳宾满席。"《文选·王融〈三月三日曲水诗序〉》："因流波而成次，蕙肴芳醴。"

【芳醁】美酒。王融《修理六根篇颂》："倾都丽佳，绕梁之曲，肥马轻裘，惠肴芳醁。”

【芳酿】美酒。

【芳醑】美酒。《文选》中谢灵运《拟太子邺中集》阮瑀诗：“倾酤系芳醑，酌言岂终始。”

【芳蚁】美酒。李峤诗：“行庆传芳蚁，开高缀彩人。”

【芳樽】谓美酒。《晋书·阮籍传》：“刘毕芳樽之友。”姚棨《颍州客舍诗》：“素琴孤剑尚闲游，谁共芳樽话唱酬。”

【扶头】谓沉醉。李清照词：“扶头酒醒。”

【扶头酒】谓易醉之酒。白居易《早饮湖州酒寄崔使君诗》：“一榼扶头酒，泓澄泻玉壶。”王禹《回襄阳诗》：“扶头酒好无辞醉。”

【扶头卯酒】朝饮之胡麻酒。又迎朝之酒。《桃花扇·郤奁》：“谓老爷，同到洞房，唤他出来，好饮扶头卯酒。”

【谷溪春】酒名。《武村市肆记》：“谷溪春，兰溪酒名。”

【龟榼】龟形酒器。白居易《东城晚归诗》：“一条筇枝悬龟榼，双角吴童控马衔。”

【龟肉酒】酒名。《本草》：“龟肉酒，治十年咳嗽。”

【花雕】酒名。浙江绍兴旧俗，以彩色坛贮盛好酒，作为陪嫁的礼物，叫“花雕”。后沿用为上等绍兴黄酒的别称，如：远年花雕。参见“女儿酒”。

【花酒】①宴会有妓侑酒曰花酒。吕岩《敲爻歌》：“色是乐，酒是绿，酒色之中无拘束，只因花酒误长生，饮酒带花神鬼哭。”②用花酿成之酒。《宋史·三佛齐国传》：“有花酒、椰子酒、槟榔酒、蜜酒、皆非麦所酿，饮之亦醉。”

【花醴】谓花酿之酒。王维诗：“花醴和松屑，茶香透竹丛。”

【花露】酒名。《通俗编·饮食·花露酒》：“《野客丛书》，真州郡斋，旧有酒名花露。姚合诗：‘味轻花上露，色空洞中泉。’得无此意乎？”

【花天酒地】在妓院内寻欢作乐。《官场现形记》二十七：到京之后，又复花天酒地，任意招摇。《负曝闲谈》十九：黄之文把校对的事情也托了他们，乐得自己花天酒地。

【鸡缸杯】一种很大的酒杯。《海上花列传》三：杨家姆去问间壁房里取过三只鸡缸杯，列在荔甫面前。

【鸡酒】谓具鸡与酒，即具饮食之事。刘汲《过盘岭宿义园诗》：“村家应最乐，鸡酒夜相呼。”

【鸡鸣酒】谓一夜之间酿成之酒。《说文》："酟，一宿酒也。"〔注〕：谓造之一夜而熟，若今鸡鸣酒也。《食经》："今日作，明日鸡鸣时熟，谓之鸡鸣酒。"

【鸡尾酒】由两种或两种以上的酒或由酒掺入鲜果汁配合而成。

【鸡尾酒会】酒会的一种。初行于欧美。在这种酒会上，以鸡尾酒和其他饮料招待宾客。席上并备点心，客人一般都站着饮食。

【进醵】付出合资饮酒之分金。《史记·货殖传》："进醵饮食，被服不足。"

【劲酒】强烈之酒，浓酒。《陆游诗》："劲酒举数斗。"

【局票】旧时唤妓女陪伴饮酒的票子。《海上花列传》三：洪善卿叫杨家拿笔砚来开局票，先写了陆秀林、周双珠二人。

【角】①古代量器。《管子·七法》："斗，斛也；角，量也。"尹知章注："角亦器量之名。"后用为酒的计量单位。《水浒传》第十一回："先取两角酒来。"②古代酒器。青铜制，形似爵而无柱，两尾对称，有盖，用以温酒和盛酒。出现于商代和西周初期。《礼记·礼器》："宗庙之祭，尊者举觯。卑者举角。"③古货币单位。

【角饮】竞饮。张昱《辇下曲》："对朋角饮自相招，黄鼠生烧入地椒。"

【角尊】酒器。白居易《对琴酒诗》："角尊白螺醆，玉轸黄金徽。"

【均】汉代量酒的单位。《汉书·食货志下》："令官作酒，以二千五百石为一均。"

【坎】酒樽名，形如壶。《尔雅·释器》："小罍谓之坎。"

【狂酲】饮酒势猛而酩酊大醉。《庄子·人间世》："嗅之则使人狂酲，三日而不已。"

【狂药】谓酒。《晋书·裴楷传》："长水校尉孙季舒尝与崇（石崇）酣燕，慢傲过度，崇欲表免之。楷闻之，谓崇曰：'足下饮人狂药，责人正礼，不亦乖乎？"李群玉《索曲送酒》诗："帘外春风正落梅，须求狂药解愁回。"

【狂醉】狂饮至于醉。李中《献乔侍郎诗》："静吟穷野景，狂醉养天真。"

【来迟饮三杯】酒律语，谓居末座者，酒行常后到，至则连饮三杯也。《通俗编·饮食·来迟饮三杯》："《石林燕语·酒律》谓，酒巡一匝，末座者连饮三杯。蓝尾，盖末座也，酒行常到迟，故连饮以慰之。按，此是酒来迟，非谓人之来迟也。"

【劳酒】犒劳之酒。《礼记·月令》："三公九卿诸侯大夫皆御，命曰劳酒。"

【牢馔】酒席。《才鬼记》："今夕甚佳，又有牢馔。"

【沥酒】犹言滴酒。王建《岁晚自感诗》："沥酒愿从今日后，更逢二十度花开。"李商隐《偶成转韵七十二句赠四同舍诗》："我来不见隆隼人，沥酒空余庙中客。"欧阳修诗："呼龙沥酒未及祝，五色灿烂高崔嵬。"

【良蘖】佳曲。王畴诗："良蘖争清醇。"

【良乡酒】甜酒之一种。北平重阳节时所用。非甑认为主产于北京郊区良乡，故名。

【良醞】美酒。《唐书·王绩传》："或问：'待诏何乐邪？'答曰：'良醞可恋耳。'"

【卣】酒樽。《尔雅·释器》："彝，卣，罍器也。"〔疏〕：卣者，卣，中尊也。孙炎云，尊，彝为上，罍为下，卣居中。郭云，不大不小者，是在罍彝之间。

【抛青春】唐代酒名。韩愈《感春诗》："百年未满不得死，且可勤买抛青春。"

【求浆得酒】求饮料而得到酒，比喻所得过于所求。语出唐张《朝野佥载》："岁在申酉，求浆得酒。"

【沙】酒名。与献通。《仪礼·大射仪》"两壶献酒"注："献读为沙，沙酒浊泲之必摩沙者也。"

【社日酒】社日祭祀所用之酒。亦作社酒。

【寿酒】祝寿之酒。《战国策·燕策》："燕王喜使粟腹以百金为赵孝成王寿酒。"黄庭坚《酌姨母崇德君寿酒诗》："欲将何物献寿酒，天下千秋桂一枝。"

【寿斝】祝寿之樽。苏辙词："七十余年真一梦，朝来寿斝儿孙奉。"

【寿席】祝寿之酒席。

【私酒】私自酿造之酒。

【私料子】指私酒。

【兕觥】酒器名，以兕角为之。《韵会》："兕，陆佃云，兕，善抵触，故先王制罚爵，以为酒戒。"《诗·周南·卷耳》："我姑酌彼兕觥。"兕觥，兕角爵也。〔笺〕：兕觥，罚爵也。《诗豳风·七月》："跻彼公堂，称彼兕觥。"《诗·小雅·桑扈》："兕觥其光。"

【诉】辞酒不饮。陆游《蝶恋花》词："鹦鹉杯深君莫诉，他时相遇知何处！"

【坛】酒器。《品字笺》："坛，酒器也。"陆龟蒙《谢山泉诗》："石坛对寄野人家。”许浑《夜归驿楼诗》：“桥边沽酒半坛空。”

【汤酒】 温酒。《山海经·西山经》：“汤其酒百樽。”今人呼温酒为汤酒，本此。

【投壶】 我国古代宴会的礼制。也是一种游戏。《礼记·投壶》记述甚详。方法是以盛酒的壶口作目标，用矢投入。矢有三种长度：室内用二尺，堂上用二尺八寸，庭中用三尺六寸，以投中多少决胜负，负者须饮酒。《后汉书·祭遵传》：“对酒投乐，必雅歌投壶。”

【投酒】 再酿之酒。“投”本作“酘”。梁简文帝《乌栖曲》：“宣城投酒今行熟。”

【忘忧物】 酒异名。《陶潜·饮酒诗》：“秋菊有佳色，汛此忘忧物，远我遗世情。”

【尾酒】 酒之薄者，后于头酒而酿出，故名。《丹铅录》：“醑、百酒也。[illegible]，尾酒也。”

【尾级杂质】 是较乙醇沸点高，挥发性小的杂质，如各种高级醇脂肪酸及酯类。

【沃酹】 以酒洒地祀神。《三国志·魏志文帝纪》：“乃宫殿之内，户牖之间，无不沃酹。”

【杏花村】 ①在安徽贵池县城西。向以产酒著名。《江南通志》载：唐诗人杜牧任池州刺史时，有诗“清明时节雨纷纷，路上行人欲断魂。借问酒家何处有，牧童遥指杏花村”。即指此。②在山西省汾阳县东部。相传自南北朝以来，即以产“汾酒”著名，享有“甘泉佳酿”之誉。

【饮】 喝。又特指喝酒。如：对饮；宴饮。

【饮杯】 酒器。《韩非子·难·三》：“此知伯之所以亡国而身死，头为饮杯之故也。”

【饮储】 酒异名，下酒物。《类说》：“下酒物谓之饮储。”

【饮盏亦醉】 “盏”，同“䭔”蒸饼。崔令钦《教坊记》：“苏五奴妻张四娘善歌舞……有邀迓者，五奴辄随之前。人欲得其速醉，多劝酒。五奴曰：‘但多与我钱，吃盏子亦醉，不烦酒也。’”旧用来骂人只贪钱财，不知羞耻。

【饮福宴】 祭礼毕，设宴以饮神酒，谓之饮福宴。《事物纪原·礼祭郊祀部·饮福》：“宋朝会要曰，乾德元年十二月以南郊礼毕，大宴于广德殿，自后凡大礼毕，皆设宴，例曰饮福宴，盖自此始也。”

【饮豪】饮量甚豪。另应指饮量大，饮时豪爽者。元淮《赏春楼书怀诗》："醉尽春风与未阑，饮豪惟恐玉杯干。"

【饮祸】饮酒致祸。皮日休《酒笺序》："不见前世之饮祸耶。"

【饮饯】古之行者有祖道之祭，祭毕，送行者饮于其侧，故曰饮饯。《诗·邶风·泉水》："出宿于，饮饯于祢。"《集传》："饮饯者，古之行者，必有祖道之祭，祭毕，处者送之，饮其侧，而后行也。"

【饮局】谓酒席。《续湘山野录》："蜀人严储与苏易简之父善，储始举进士日，易简生之日，为饮局。"

【饮酒】①喝酒。《礼记·曲礼上》："饮酒不至变貌。"《左氏·昭·元》："饮酒乐。"《庄子·则阳》："夫卫灵公饮酒湛乐。"《荀子·乐论》："饮酒之节。"②供饮用之酒。《周礼·天官·酒人》："共宾客之礼酒，饮酒而奉之。"

【饮酒高会】相聚饮酒极其燕乐之会。《史记·项羽纪》："至无监，饮酒高会。"

【饮噉醉饱】谓饭饱酒醉。《颜氏家训·归心》："饮醉饱，便卧簷下。"

【饮客】善饮者，饮酒者。《沈约·七贤论》："刘伶酒性既深，子期又是饮客。"《南宋市肆记》："酒楼设官妓数十人，各有金银酒器，以供饮客之用。"

【饮量】酒量。见《琅琊代醉编》卷二十八。《五杂俎》："以今人饮量较之。"

【饮盟】饮酒结盟。《汉书·匈奴传》："与贵人饮盟。"

【饮谑】饮酒游戏。《唐书·王琚传》："饮谑摴博为乐。"

【饮器】饮酒的器具。《考工记·梓人》："梓人为饮器，勺一升，爵一升，觚三升。"

【饮扇】设于酒席旁祛暑之扇。《南史·梁南平王伟传》："齐世青溪宫，改为芳林苑，赐伟为第，又加穿筑，立游客省，冬有笼炉，夏设饮扇。"

【饮所】饮酒处。《云仙杂记》："苏晋作曲室，为饮所。"

【饮徒】好饮酒之人；酒客、酒友。《唐书·李白传》："有诏供奉翰林，白犹与饮徒醉于市。"

【饮戏】饮酒游戏。《宋史·梁周翰传》："喜蒲博，惟以饮戏为务。"

【饮禊】修禊饮酒。苏辙《次韵王适游陈氏园诗》："舞雩便可同沂上，饮禊何妨似洛阳。"

【饮噱】饮酒谈笑。《唐书·刘伯刍传》："数过友家。饮噱。"

【饮馔】酒肴。苏询《御将文》："美田宅，丰饮馔。"

【饮燕】与饮宴同。《汉武帝·秋风辞序》："中流与群臣饮燕。"《后汉书·郭皇后纪》："帝数幸其第，会公卿诸侯亲家饮燕赏赐。"

【饮宴】设宴饮酒。亦作饮讌。《后汉书·灵帝纪》："服饮宴为乐。"《三国志·魏志·文德郭皇后纪》："明帝令朝臣会其家饮宴。"《三国志·吴志·孙和传》："娱娱之好，亦在于饮宴。"《文选·谢灵运·拟魏太子邺中集诗》："副君命饮宴，欢娱写怀抱。"

【饮讌】与饮宴同。《后汉书·刘玄传》："日夜与姻人饮讌后庭。"《文选·谢灵运·拟魏太子邺中集诗》："爱客不告疲，饮讌遗景刻。"

【饮醼】与饮燕同。《后汉书·陈蕃传》："又多取掖庭宫人，作乐饮醼。"

【饮帐】设帐室外之饮，酒宴之席。陆厥《中山王孺子妾歌》："洪波陪饮帐，林先宴秦余。"

【饮鸩】谓饮鸩毒之酒。《汉书·萧望之传》："中书令弘恭石显急发执金吾车骑驰围其弟，望之欲自杀，其夫人止之，以为非天子意，望之以问门下生朱云。云者好节士，劝望之自裁……竟饮鸩自杀。"

【饮鸩止渴】鸩，毒酒。比喻只图解决目前的困难，不顾后来的大患。语出《后汉书·霍谞传》："譬犹疗饥于附子，止渴于鸩毒，未入肠胃，已绝咽喉。"

【饮蒸】设酒宴。饮为酒，蒸为肴。《吕氏春秋·孟冬纪》："是月也，大饮蒸。"天子诸侯，与其群臣大饮酒，蒸俎实，解节析，谓希蒸也。

【饮烝】谓十月农事毕，天子诸侯与群臣饮酒于大学。又作饮蒸。《礼记·月令》："孟冬，是月也，大饮蒸。"十月农事毕，天子诸侯，与其群臣饮酒于大学，以正齿位，谓之大饮，别之于他，烝谓有牲体为俎也。

【饮中八仙歌】杜甫择当时好酒豪宕者八人，就其见闻所及之事实叙之。按，八人为贺知章、汝阳王琎，左相李适之、崔宗之、苏晋、李白、张旭、焦遂。歌为七言二十二句，每句押韵。

【饮至】古代的一种典礼，诸侯朝、会、盟、伐完毕，回到宗庙饮酒庆贺。《左传·隐公五年》："三年而治兵，入而振旅，归而饮至。"又《恒公二年》："凡公行告于宗庙，反行饮至舍爵策勋焉，礼也。"

【饮酎】饮重酿之酒。《礼记·月令》："天子饮酎。"酎之言醇也，谓重酿之酒也。

【迎九】谓于九月九日重阳送糕酒于嫁女。《直隶志书·邢台县》："九日重阳餽糕酒于嫁女，曰迎九。"

【迎霜】谓重阳前后吃霜麻辣兔饮菊酒之宴。《日下旧闻考》："重阳前后，设宴相邀，谓之迎霜宴。"

【迎霜兔】重阳前后设宴谓之迎霜宴，席间食之兔谓之迎霜兔《酌中记》："九日重阳节，驾幸万岁山，或兔儿山，施磨山登高，吃霜麻辣兔，饮菊花酒。"《日下旧闻考》："重阳前后，设宴相邀，谓之迎霜宴，席间食兔，谓之迎霜兔。"

【余酲】犹言宿醉。刘禹锡《太湖石诗》："烦热近还散，余酲见便醒。"韩偓《农兴诗》："已能消滞念，兼得散余酲。"

【饫赐】饱于所赐之酒食。《左氏·襄·二十六》："是以将赏，为之加膳，加膳则饫赐。"饫，餍也。酒食赐下，无不餍足，所谓加膳也。

【杖头钱】《晋书·阮修传》："常步行，以百钱挂杖头，至酒店便独酣畅。"后人因称买酒的钱为"杖头钱"。王绩《戏题卜铺壁》诗："不应长卖卜，须得杖头钱。"

【状元红】美酒名。绍兴酒陈至三年者。今常亦有此称。《精注雅俗故事读本·上·饮食》："竹草青，壮元红，俱为美酒。"

【纵饮】无控制饮酒。《唐书·高宗诸子传》："诸王日朝侧门，归则具乐纵饮。"杜甫《曲江对酒诗》："纵饮久拚人共弃，懒朝真与世相违。"

【作杯】请喝酒。《水浒》二十四："却才又有一个作杯，我不耐烦，一直走到家来。"《水浒》三十七："差拨哥哥休罪，不及陪侍，改日再得作杯。"

【阿日吉、洁日吉】用"萨林阿日何"蒸馏而得的酒，称阿日吉酒。将阿日吉酒再蒸馏的酒，称为洁日吉酒，该酒质同酒精，一般人饮一杯即醉。

【补香】在香气混合体中，要想除去某种不良气味，可以用好的香气来隐蔽不良气味，或用其他气味改变不良气味，此谓之补香。

【陈放】老窖、新窖、水泥窖、陶缸发酵后蒸馏出来的酒，作相当时间的贮藏，酿酒行业中叫陈放。

【陈曲】经过贮存的成品曲称陈曲。陈曲可使制曲过程中进入大量产酸多的细菌。在比较干燥的条件下，死去或失去繁殖能力。使曲相对来讲较纯，酿酒时酸度降低，同时在贮存过程中，酶活力下降，在同等条件下，发酵温度上升平缓，酿出的酒，香味较好。

【陈贮】 白酒生产中，要酿造出醇香、优雅、协调、绵软的优质产品，都在生产工艺上规定一定的贮存期。名、优酒一般贮存期约为一年至三年，这个必不可少的贮存过程，在白酒生产工艺上称为陈贮。

【赤霉酸】 赤霉酸是日本人在水稻恶苗菌——赤霉菌中发现的分泌物。

【初蒸】 先将甑篦铺好，以少许谷壳堵住空隙，再摄入已泡好的包谷，装完后扒平，安上围边上盖，开大汽进行蒸料，此谓之初蒸，又名干蒸。

【串香法】 用小曲法制酒的白酒或醅，进行蒸馏时，其蒸汽串透过另用大曲发酵的香醅，此法叫串香法。董酒即用此法。

【兑制甜葡萄酒】 在新鲜葡萄汁中添加纯粹的饮料酒精，使酒精度达到百分之十五至十六（容量），阻止酵母发育繁殖，经几次沉淀澄清制成的甜葡萄酒，称为兑制甜葡萄酒。

【饭】 蒸熟的高梁预备加曲发酵才称为饭。加渣蒸酒后，也称为饭。

【还原酶】 还原酶使某些物质与氢接合起还原作用，尤其是与含硫物质作用生成硫化氢。硫化氢称为酒脚味。

【极甜香槟酒】 香槟酒的含糖量占20%，这样的香槟酒称作极甜香槟酒。

【间断通风】 幼菌丝不耐高温，品温过高容易烧曲，当品温升到33℃时，就开始通风，降到30℃就停风，如此间断通风三到四次，就是所谓“间断通风”。通风时应注意保潮，因为菌丝刚形成，尚未开始结块，曲料透气性好，不易保潮。通风前后温差不得太大。

【间歇加压蒸煮】 加水入蒸煮锅，然后投料、升温、蒸煮、吹醪，这样的蒸煮称为间歇加压蒸煮。

【间歇灭菌法】 采用反复几次的常压蒸气灭菌，以达到杀死微生物营养和芽孢的目的，此谓之间歇灭菌法。

【间歇式发酵法】 间歇式发酵法是指全部发酵过程始终在一个发酵罐进行。糖化醪冷却到27–30℃后，接入糖化醪量10%的酵母，混合均匀后，经60–72小时发酵，即成熟。

【间歇式三塔蒸馏】 粗酒精进入排醛塔以及脱醛酒精进入精馏塔者是液体，此谓间歇式三塔蒸馏。

【快酒】 淋饭酒母还可以直接酿成淋饭酒，作为商品酒出售，俗称快酒，又名新酒。但快酒风味较为单调。

【**快速浸麦法**】让大麦在水中浸渍 8 小时，24 小时断水。在浸渍过程中，每小时通风 5 分钟。28 小时后大麦入发芽箱，并连续通湿空气约 20 小时。此法谓之快速浸麦法。

【**块曲的制造**】制曲时间多为旧时农历八、九月间。其制造序为：过筛、轧碎、拌曲、踩曲、堆曲、保温、培养。

【**冷混浊**】冬季啤酒遇低温常出现混浊，习惯称为冷混浊。但当温度上升至一定程度，混浊物又消失，因此又可称之为可逆性混浊。开始至 5-7℃所形成的悬浮粒子，称为冷凝固物。

【**冷却接种**】把蒸料用扬渣机打碎团块，并降温至 38-40℃进行接种，这就是冷却接种。种曲用量约为原料的 0.3%，按种曲质量和气候变化而定。接种时为了防止孢子飞扬和使接种均匀，可先将曲种混入部分曲料，用手搓碎拌和，然后分几次加入曲料中，充分拌匀。

【**冷却用水**】白酒生产过程中，蒸馏醪和糖化醪的冷却，发酵温度的控制，蒸馏时酒精蒸汽的冷凝，成品酒的冷却等，都需要大量的冷水起热交作用，这部分用水称作冷却用水。

【**冷作酒**】低温开耙的发酵比较完全，成品酒的酸味较低而酒味较高，易酿成没有甜味的辣口酒，俗称冷作酒。

【**连续发酵**】连续发酵是快速发酵的一种方法，有塔式、多槽式等型式，其特点是采用较高的发酵温度、保持旺盛的酵母层，使麦汁在很短的时间内发酵完毕。

【**连续发酵法**】连续发酵法是将九至十个发酵罐组成一组连续发酵组，各罐的连接方式是从前罐上部流入下一罐底部。投产时，先将酒母打入第一罐，同时加入糖化醪，在保持该罐处于主发酵状态下，流加糖化醪至满，然后自然流入第二罐，满后又依次流入第三罐，直至末罐。待醪液流至末罐并加满后，发酵醪成熟。将末罐成熟的发酵醪送去蒸馏，用末罐变首罐，重新接种发酵。

【**连续和半连续体系**】浸麦发芽干燥三用体系箱式和转筒式，合称为连续和半连续体系。热效率不如将干燥炉分开的好。

【**连续通风**】间断通风三、四次后，菌丝大量生成，呼吸十分旺盛，发热量大，品温上升快。就应连续通风。

【**两塔蒸馏**】若利用单塔蒸馏制造浓度很高的酒精，则塔需要很多的塔板，需要塔身很高，相应的厂房建筑也需增高。另外这样的单塔蒸馏酒糟很稀，用作饲料诸多不便。为了降低塔身高度和提高成品浓度，把单塔分作两个塔，分别安装，这就是两塔蒸馏。

【**麦曲**】麦曲是指在扎碎的小麦上繁殖培养糖化菌，作为糖化剂使用。麦曲的作用是利用麦曲中的各种酶，使米饭中淀粉和蛋白质等分解溶出，并利用麦曲内蓄积的糖化菌等微生物的代谢产物，给黄酒独特的风味。

【**麦芽**】大麦经加工发芽而得。可在啤酒和酒精工业中做糖化剂。

【**麦芽的溶解过程**】发芽过程中各种酶逐渐形成。生成的蛋白酶首先作用于胚细胞壁间的蛋白质，接着半纤维素酶分解细胞壁使其形成网状结构，随后淀粉酶等进入胚乳细胞内，进行一系列的水解反应，致使胚乳细胞松软，这就是常说的溶解过程。

【**麦芽糖酶**】麦芽糖酶实质上属糖化型淀粉酶的一种，它能将一分子麦芽糖分解成二分子的葡萄糖。高等植物种子的芽及许多酵母都含有此酶。

【**麦芽汁**】滤出麦糟后的混合液称为麦芽汁，又称麦汁。

【**麦汁定型**】麦汁经煮沸后，将数量和浓度固定下来，此称为麦汁定型。

【**芽簇**】当酵母生长旺盛时，芽细胞尚未从母细胞脱落前，又在芽细胞上长出新的芽细胞，如此连续出芽，就会形成短链或丝状，称假菌丝，又叫芽簇。

【**芽胞**】啤酒酵母主要以发芽方式进行繁殖。芽殖过程，在母细胞表面先长出一个小突起，叫做芽胞。

【**芽孢**】某些细菌在其生活史的一定阶段，于营养细胞内形成一个内生孢子，称为芽孢。芽孢在细胞内有一定位置，有的位于菌体的一端，有的位于中央。芽孢在细胞中央其直径大于菌体直径时，则细胞呈梭状；芽孢在细胞顶端若其直径大于细胞直径时，细胞呈鼓槌状；芽孢直径小于细胞直径时，细胞不变形。

【**芽孢杆菌**】能形成芽孢的杆菌称为芽孢杆菌。

【**芽孢囊**】带有芽孢的菌体叫芽孢囊。

【**芽殖**】芽殖即出芽繁殖。它是酵母菌中最普遍的繁殖方式。出芽繁殖时，由母细胞核下的液泡产生一根小管，同时在母细胞表面的任何部位形成一个小的突出体，小管通过胞壁进入突出体，母细胞的细胞核分裂成两个核，其中一个随同细胞的细胞质进入突出体内，当芽细胞长大到接近母细胞大小时，两者接触处的细胞壁收缩，使芽细胞脱离母细胞。如果此时为酵母菌生长旺盛期，芽细胞尚未自母细胞脱离前，又在芽细胞上生出新的芽细胞。如此继续出芽，形成串生细胞或假菌丝。

【扬渣】 将蒸馏材料散冷至要求温度，将渣醅中的水分及挥发性物质散发出去，以便大量吸收浆水，使渣醅能与空气接触，谓之扬渣。

【抑制剂】 凡阻抑酶反应速率的物质，称酶的抑制剂。其作用称酶的抑制作用。

【足球菌】 足球菌是啤酒中危害最大的一种病害微生物。污染严重时，啤酒发酸、混浊、发粘。当时称之为八迭球菌病，意译“伤心菌”。

【帐饮】 亦作“张饮”。在郊野设置帷帐，设宴送别。《晋书·石崇传》：“拜太仆，出为征虏将军……崇有别馆，在河阳之金谷，一名梓泽；送者倾都，帐饮于此焉。”柳永《雨霖铃》词：“都门帐饮无绪。”

八　画

【败酒】 腐酒。《吕氏春秋·贵生》：“嗜肉者，非腐鼠之谓也；嗜酒者，非败酒之谓也；尊生者，非迫生之谓也。”

【杯】 古代盛羹及注酒之器。《说文》：“盖今饮器。”《大戴记·曾子事父母》：“执觞觚杯豆而不醉。”“杯，盘、盎、盆、盏之总名也。”

【杯弊】 比较差的酒及酒具（非僧认为是谦逊之词），有毛病的杯具。《福惠全书·邮政部·总论》：“此外有杯弊之敬。”

【杯酒】 一杯之酒。少量之酒。《史记·武安侯传》：“此天下壮士，非有大恶，争杯酒，不足引他过以诛也。”《汉书·司马迁传》：“未尝衔杯酒接慇勤之欢。”江淹《报袁叔明书》：“松柏被地，墳垄刺天，何时复能衔杯酒者也。”李端《岳州逢司空曙诗》：“唯应执杯酒，暂食汉江鱼。”

【杯酒解怨】 谓藉酒之献酬以解旧恶。《唐书·张延赏传》：“李晟为子请婚，延赏不许。晟曰：吾武夫，虽有旧恶，杯酒间可解，儒者难犯，外睦而内含怒，今不许婚，依未忘也。”

【杯酒释兵权】 宋太祖解除将领兵权的事件。建隆二年（961年），太祖与赵普定策，召集禁军将领石守信、王审琦等宴饮，以高官厚禄为条件，解除兵权。以加强中央集权，防止分裂割据。

【杯盘】 餐酒具统称。刘禹锡《历阳书事时》：“助善杯盘盛，忘机哭语訇。”

【杯盘狼藉】 酒尽肴竭，杯盘混乱置放。酒席后之残席。《史记·滑稽传》：“杯盘狼藉，堂上烛灭。”杜甫《郑典设自施州归诗》：“勅厨倍常羞，杯盘既狼藉。”

【杯斝】古酒器。《桃花扇·拜坛》：“去野哭，江边奠杯斝。”

【杯杓】酒器。也指饮酒之事。《汉书·息夭躬传》：“霍显之谋，将行于杯杓。”皮日休《二游任诗》：“杯杓悉杉瘤，盘筵尽荷叶。”

【杯台】置杯之盘。《唐书·五行志》：“龙朔中时人酒令曰，子母相去难，连台拗倒，倍谓杯盘为子母，又名盘为台。”

【杯行】沿座行酒。潘岳《金谷集作诗》：“玄醴染朱颜，但望杯行迟。”

【杯盂】酒杯。《唐书·柳公权传》：“尝贮杯盂一笥。”白居易《马上作诗》：“高声咏篇什，大笑飞杯盂。”

【杯醆】杯盂。饮器。元稹《酬友封话旧叙怀十二韵诗》：“身名判作梦，杯醆莫相违。”

【杯中物】谓酒。陶潜《责子诗》：“天运苟如此，且进杯中物。”杜甫《巴西驿亭观江涨诗》：“赖有杯中物，还同海上鸥。”

【杯酌】一杯所盛之量，喻少也。逊词：酒少。戴叔伦《奉陪李大夫九日宴龙沙诗》：“莫怪河边倒，偏沾杯酌余。”

【拨】酒再酿。与“醱”通。苏轼《蜜酒诗》：“三日开瓮香满城，快泻银瓶不须拨。”

【侧酌】独饮。又，饮一种酒。《仪礼·士冠礼》：“赞者洗于房，侧酌醴加柶覆之，面叶。”注：侧酌者，言无为之荐者。胡培翚《正义》：“言无为之荐者。，谓无人为之荐脯醢也。”

【侧尊】一尊，无玄酒也。《仪礼·士冠礼》：“侧尊一甒醴，在服壮。”〔注〕：侧，犹特也，无偶曰侧，置酒曰尊，侧者无玄酒。《仪礼·士昏礼》：“侧尊甒醴于房中。”注：侧尊，亦言无玄酒。

【承盘】承酒杯之具。《事物原始》：“盘盏，周宫司尊彝之职曰六彝，下皆有舟，郑司农曰，舟乃樽下台，若今之承盘。”

【承饮】奉饮。《左传·成公十六年》：“使行人执榼承饮造于子重。”〔注〕：承，奉也。《左传·襄公二十五年》：“承饮而进献。”

【单醪】谓一樽酒。古之良将，人遣之单醪，轮之于川，于士卒以下饮之，示不独自享其味也。非甌先生认为应释为：酒仅有一个品种。

【单边发酵】在发酵过程中，只起糖化作用的发酵（特指谷芽发酵），称为单边发酵。

【单鞭毛】在细菌一端生一根鞭毛，称为单鞭毛。

【单个菌丝】 由不分隔的单细胞或有隔的多细胞组成的圆筒结构，叫单个菌丝。菌丝在成长期间为白色，过老或长期贮存呈灰褐色或茶褐色。

【单式糖化设备】 由糖化锅兼做麦汁煮沸锅和过滤槽的糖化设备。叫单式糖化设备。

【单塔式蒸馏】 用一个塔从发酵成熟醪中分离获得酒精成品，称为单塔蒸馏。

【坫】 古代设于堂中两楹间的土台。低者供诸侯相会饮酒时置放空杯。

【顶真续麻】 一种酒令。第一个人念一句古诗，第二人把第一人诗句的末一字作第一字，再接念一句古诗，像这样的连贯而下，念不出的人罚酒一杯。“顶真”当作“顶针”，《水浒》六十一：不止一身好花绣，更兼吹的、弹的、唱的、舞的、拆白道字、顶真续麻，无有不能，无有不会。

【法酒】 ①古代朝廷的正式宴会。《汉书·叔孙通传》：“汉七年，长乐宫成，诸侯群臣皆朝十月……置法酒。”颜师古注：“法酒者，犹言礼酌，谓不饮之至醉。”②按法定规格酿成的酒，亦称“官法酒”，又称“官酝”。《汉书·食货志》：“请法古令官作酒。”刘禹锡《昼居池上亭独吟》：“法酒调神气，清琴入性灵。”

【法酒库】 宋代掌法酒之官署。《宋史·职官志》：“法酒库内酒坊，以式法授酒材，视其厚薄之齐，而谨其出纳之政。”

【法子】 酌酒之具，形似罂。《资暇录》：“稍用法子，其形若罂而盖觜柄皆具。”

【放醉】 尽情纵饮。白居易《初到洛下闲游诗》：“趁伴入朝应老丑，寻春放醉尚粗豪。”

【放僵】 曲生衣后将窗户齐开，揭去盖席，使空气流通，曲之表面水分蒸发，曲面渐渐变硬，此谓之放僵。

【肥醲】 美味之浓酒。《文选·枚乘〈七发〉》：“甘脆肥醲，命曰腐肠之药。”

【肥肉大酒】 肥肉与美酒。杜甫《严氏溪放歌行》：“费心姑息一是役，肥肉大酒徒相要。”

【肥肉厚酒】 肥肉醇酒。《吕氏春秋·本性》：“肥肉厚酒，务以自强，命之曰澜肠之食。”

【奉觞】 谓捧持酒卮进酒劝酒。《礼记·投壶》：“当饮者皆跪，奉觞曰：‘赐灌。’腾者跪曰：‘敬养’。”《史记·滑稽传》：“奉觞上寿。”

《汉书·东方朔传》："臣朔奉觞昧死再拜，上万岁寿。"

【供具】 供设酒食的器具。亦作"共具"。《史记·封禅书》："设供具以礼神君。"引申为陈设食具。《史记·范雎蔡泽列传》："范雎大供具，尽请诸侯使与坐于堂上，食饮甚设；而坐须贾于堂下。"

【供冷与冷耗】 用冷冻机来吸热，习惯上称为供冷；需传递的热量称为耗冷。

【狗恶酒酸】 比喻环境险恶，使人裹足不前。语本汉韩婴《韩诗外传》卷七："人有市酒而甚美者，置表甚长，然至酒酸而不售。问里人其故，里人曰：'公之狗甚猛，而人有持器而欲往者，狗辄迎而噬之，是以酒酸不售也。'"

【孤尊】 单独饮酒。戴叔伦《泛舟诗》："孤尊秋露滑，短櫂晓烟迷。"

【沽】 卖酒。参见"屠沽"。

【沽泊】 卖酒。《二刻拍案惊奇》十六：明州有个夏主簿与富民林氏共出本钱，买扑官酒坊地店，做地沽泊生理。

【沽美酒】 本意是卖好酒，曲牌名。属北曲双调，字数定格，据《九宫大成谱》正格是五、五、七、四、六（五句）。

【官曲】 官府所藏之曲。《宋史·吕溱传》："参劾其借官曲作酒，以私货往河东贸，及违式受餽赆事。"

【河朔饮】 后汉末，刘松与袁绍子弟在三伏际，酣饮于河朔以避暑之故事。庾信《聘齐秋晚馆中饮酒诗》："欣兹河朔饮，对此洛阳和。"

【轰饮】 狂饮。刘因《黑马酒》：诗："山中唤起陶弘景，轰饮高歌敕勒川。"许多人聚在一起喧闹狂饮也称"轰饮"。

【呼饮】 招呼饮酒。马祖常诗："酿酒相呼饮，颠倒再拜跪。"

【昏饮】 犹言夜饮。应为：忘乎所以之饮。《管子·轻重丁》："宜昏饮，此水上之乐也。"

【昏醉】 谓酒醉昏迷不清。《三国志·吴志·贺邵传》："有逆迁昏醉之言。"

【佳酒】 佳酿。美酒。《陆龟蒙·袭美病中闻余游颜家园见寄次韵酬之诗》："佳酒旋倾醽醁嫩，短船闲弄木兰香。"

【佳酌】 佳酒。美酒。《水经·河水注》："民有姓刘名堕者，宿擅工酿，采挹河流，酿成芳酎……兰薰麝越，自成馨逸，方土之贡选，最佳酌矣。"

【饯】 送行饮食。《说文》："饯，送去食也，从食戋声。"《广韵》："饯，酒食送人。"《释文》："饯，送行饮酒也。"陈奂《传疏》：

“祭毕，而即于道神之侧送之者，设饮酒焉，是曰饯。”

【饯春】 为惜春去，具酒为欢。崔骃《观洛赋》：“迎夏之首，饯春杪。”

【饯别】 以酒食送别。韦应物《送周录事诗》：“英豪若云集，饯别塞城闾。”

【饯席】 送别之宴席。《文选·沈约应诏乐游苑饯吕僧珍诗》：“戎车出细柳，饯席樽上林。”

【饯行】 以酒食送行。杨炯《送并州旻上人诗序》：“鸡山法众，饯行于素浐之滨，麟阁良朋，祖送于青门之外。”

【饯筵】 送别之宴席。姚合《送狄尚书镇太原诗》：“授钺儒生贵，倾朝赴饯筵。”白居易《别苏州》：“饯筵犹未收，征棹不可傍。”

【饯宴】 送别之酒筵。《文选·谢灵运·九日从宋公戏马台集送孔令诗》：“饯宴先有孚，如乐隆所缺。”

【饯饮】 送别之酒宴。苏《奉和圣制幸望春宫送方朔大总管张仁亶诗》：“饯饮回仙跸，临戎解御衣。”

【金杯】 黄金之杯。庾信《咏画屏风诗》：“谁能惜红袖，宁用捧金杯。”陈后主《三妇艳诗》：“大妇酌金杯，中妇照妆台。”

【金波玉液】 名贵的酒。《三国演义》三十六：今闻老母被囚，虽金波玉液，不能下咽矣。

【金船】 金色船形大酒器。庾信《北园新斋成应教诗》：“玉节调笙管，金船代酒卮。”《事物异名录·器用·杯》：“山堂肆考，酒杯名金船。”唐诗：“醉把金船倒。”

【金舠】 酒杯。李德裕《述梦诗》：“无聊燔密炬，谁复劝金舠。”

〔注〕金舠，谓酒杯也。

【金貂换酒】 金貂，汉以后皇帝左右侍臣的冠饰。取下冠饰换美酒，形容不拘礼法，恣情纵酒。语出《晋书·阮孚传》：“(阮孚）迁黄门侍郎、散骑常侍，尝以金貂换酒，复为所司弹劾，帝宥之。”

【金斗】 饮器。《吕氏春秋·长攻》：“……先具大金斗。代君至，酒酣，反斗而击之。”高诱注：“金斗，酒斗也。”

【金谷酒数】 罚酒三斗的隐语。旧时泛指宴饮时罚酒的斗数。金谷，园名，晋代石崇建，在今河南省洛阳市西北。语本晋石崇《金谷诗序》：“遂各赋诗，以叙中怀，或不能者，罚酒三斗。”唐李白《春夜宴从弟桃花园序》：“如诗不成，罚依金谷酒数。”

【金觥】 黄金酒杯。韦庄《边上逢薛秀才话旧诗》：“前年同醉武陵亭，绝倒闲谈坐到明。也有绛唇歌白雪，更怜红袖夺金觥。”欧阳修《寄大名程资政琳诗》：“谈剧每客陪玉尘，饮豪常忆困金觥。”

【**金龟换酒**】解下金龟换美酒。形容为人豁达，恣情纵酒。金龟，袋名，唐代官员的一种佩饰。亦指所佩杂玩之物。语出唐李白《对酒忆贺监诗序》：“太子宾客贺公，于长安紫极宫一见余，呼余为‘谪仙人’，因解金龟，换酒为乐。”

【**金荷叶杯**】金制莲叶形之杯。《剪灯余话》：“生大喜不坐，娉呼福出佳肴荐酒，亲持金荷叶杯。”

【**金壶**】金制之酒壶。《晏子春秋·杂上》：“公游于纪，得金壶。”韩《田仓曹东亭夜饮诗》：“玉佩迎初夏，金壶醉老春。”

【**金斛**】金质之酒器。阎选《谒金门词》：“雅态芳姿闲淑，雪映鈿装金斛。水溅青丝珠断续，酥融香透肉。”

【**金华宴**】富丽之酒宴。鲍照《绍古辞》：“逢君金华宴，得在玉几边。”

【**金浆**】旨酒名。《西京杂记》：“梁人名酒曰金浆。”王勃《与蜀城父老书》：“金浆玉馔，食客三千，绿帻青裳，家僮数百。”荀济《赠阴凉州诗》：“玉醴何容歇，金浆故应有。”

【**金浆醪**】梁人所酿酒名。枚乘《柳赋》：“樽盈缥玉之酒，爵献金浆之醪。”注：梁人作诸蔗酒，名金浆。

【**金精玉液**】旧指一种仙药。亦指珍贵的饮料。《汉武帝外传》：“太上之药，有风实云子，金精玉液。”

【**金酒**】也叫“杜松子酒”。原来是荷尔蒙兰及英国出产的一种蒸馏酒。标准金酒是以黑麦、玉米、麦芽等作原料，制成酒精，再加杜松子、松子油、橙皮、巴旦杏等，经过数次精馏制成。也有以纯酒精加香料配制而成。酒精含量30-52%，甜金酒中还含有2-4%糖分。

【**金爵**】金制雀形酒杯。《唐书·上官昭容传》：“上官昭容善文章，数赐宴赋诗，又差第群臣所赋，赐金爵。”《文选·韦昭·博弈论》：“设程试之科，垂金爵之赏。”罗邺《冬日寄献庾员外诗》：“争欢酒蚁浮金爵，从听歌尘扑翠蝉。”

【**金莲杯**】谓以女鞋载杯行酒。《辍耕录·金莲杯》：“杨铁崖耽好声色，每于筵间，见歌儿舞女有缠足纤小者，则脱其鞋袜，盏以行酒，谓之金莲杯。”

【**金醴**】美酒。皮日休《晓次神景宫诗》：“金醴可酣畅，玉豉堪咀嚼。”

【**金螺**】酒杯。谭用之《河桥楼赋得群公夜讌诗》：“杯粘旨酒金螺重，谈转琱珰玉尘空。”

【金迷纸醉】比喻使人沉迷的豪华奢移的享乐生活。亦比喻美妙的境况。亦作“纸醉金迷”。语出宋陶《清异录·金迷纸醉》：“痈医孟斧，昭宗时，常以方药入侍。唐末，窜居蜀中。以其熟于宫故，治居宅法度奇雅，有一小室，窗牖焕明，器皆金纸，光莹四射，金采夺目。所亲见之，归语人曰：‘此室暂憩，令人金迷纸醉。’”

【金瓯】盛酒器。《琵琶记》中《高堂称寿》：“春花明彩袖，春酒泛金瓯。”

【金屈卮】酒杯名。《东京梦华录》：“御宴酒杯，皆金屈卮。如有手把子。”于武陵《劝酒诗》：“劝君金屈卮，满酌不须醉。”

【金卮】黄金所铸之酒杯。吴均《别王谦诗》：“离歌玉弦绝，别酒金卮空。”陆厥《京兆歌》：“寿陵之家走狐兔，金卮玉碗会销铄。”陈子昂《晦日重宴高氏林亭诗》：“象筵开五馔，翠羽饰金卮。”

【金觞】金杯。张华《游猎篇》：“燔炙播遗芳，金觞浮素蚁。”《文选·江淹别赋》：“掩金觞而谁御？”

【金钟】金杯。《洛阳伽蓝记》：“王肃与高祖殿会，食羊肉酪粥。高祖举酒曰：三三横两两纵，谁能辨之，赐金钟。御史中丞李彪曰：沽酒老妪瓮注瓨，屠儿割肉与秤同。尚书右丞甄琛曰：吴人浮水自云工，妓女掷绳在虚空。彭城王勰曰：臣始解此是习字。高祖即以金钟赐彪。”

【金尊】金制或金饰之酒器。亦称珍贵华丽之酒器。司空图《诗品》：“金尊酒满，共客弹琴。”李白《将进酒》：“人生得意须尽欢，莫使金尊空对月。”

【金罇】金酒器，与金尊同。《文选·谢灵运·石门新营所住四面高山回溪石濑茂林修竹诗》：“芳尘凝瑶席，清醑满金罇。”

【经程】古代酒的计量单位。《骈雅·释器》：“经程，饮器也。”《韩诗外传》十：“齐桓公置酒，令诸侯大夫曰，后者饮一经程。管仲后，当饮一经程，饮其一半，而弃其半。桓公曰，‘仲文当饮一经程而弃之，何也？’管仲曰：‘臣闻之，酒入口者舌出，舌出者弃身，与其弃身，不宁弃酒乎？’桓公曰：‘善。’”

【具】指酒肴与食器。《史记·魏其武安候列传》：“将军昨日幸许过魏其，魏其夫妇治具，自旦于今，未敢尝食。”

【肯酒】即“订婚酒”，表示女家已经允亲。《西游记》第五十四回：既然我们许诺，且教你主先安排一席，与我们吃钟肯酒如何？

【苦酒】即醋。《晋书·张华传》：“陆机尝饷华酢……华曰：‘试以苦酒濯之。'"《齐民要术》有"作苦酒法"。

【昆仑觞】以昆仑山之水盛于瓠匏之中以酿酒，名曰昆仑觞。《酒食》："有苍头，善别水，尝乘小艇于黄河中，以瓠匏接河源水，一日不过七八升，经宿，器中色赤如绛，以酿酒，名昆仑觞，酒之芳味，世中所绝。"

【帘】旧时酒家做店招的旗帜。郑谷《旅寓洛南村舍》诗："白鸟窥鱼网，青帘认酒家。"

【垆】酒店安置酒瓮的土墩子，因亦以为酒店的代称。

【虏酒】胡虏之酒。高适《营州歌》："虏酒千钟不醉人，胡儿十岁能骑马。"

【卖垆】卖酒。元稹诗："卖垆高挂小旗青。"

【茅柴酒】劣质的村酒。《警世通言》："琉璃盏内茅柴酒，白玉盘中簇豆梅。"

【茅酒】酒名。陈知明《淮南诗》："茅酒沽来常满斗。"

【茅缩】古以茅草缩酒。《左氏·僖公四年》："尔贡包茅不入，王祭不供，无以缩酒，寡人是征。"《宋史·乐志》："神之格思，三献茅缩。"苏轼《江涨诗》："江流倘席卷，社酒期茅缩。"

【明酌】酒之清明者。《礼记·郊特牲》："缩酌用茅，明酌也。"〔注〕：明酌者，事酒之上也。名曰明者，神明也。

【命爵】命饮尽杯中之酒。《文选·班固西都赋》："割鲜野食，举烽命爵。"

【泥酒】耽饮之意。逊词：劣酒。陆游词："已趁馀寒泥酒。"

【泥饮】执意招饮之意。

【泥醉】喻烂醉。泥为虫名，得水则活，失水则如泥。《异物志》："南海有虫，无骨，名曰泥。在水则活，失水则醉，如一堆泥。"元稹诗："用长时节君须策，泥醉风云我要眠。"

【朋酒】①两尊曰朋，古乡饮酒之礼，所谓两尊壶于房户间。《诗·豳风·七月》："朋酒斯飨，曰杀羔羊。"《传》："两樽曰朋。"〔疏〕：朋者，辈类之言，此言朋酒，则酒有两樽，故言两樽曰朋。②朋友会饮。《晋书·陶潜传》："潜畜素琴一张，弦微不具，每朋友有酒之会，则抚而和之。"

【浅饮】缓缓饮酒。犹"浅酌"。薛能《彭城解嘲诗》："耽吟乍可妨时务，浅饮无因致宿酲。"

【浅斟】缓缓饮酒。与"浅酌"同。陆游诗："床头小瓮今朝熟，又唤邻翁共浅斟。"

【浅斟低唱】缓缓饮酒，听人低唱。形容封建士大夫消闲享乐的情态。语出宋柳永《鹤冲天》词："忍把浮名，换了浅斟低唱。"元戴善夫《风光好》第二折："这公则会阔论高谈，那里知浅斟低唱。"

【浅酌】酌酒不深，引申之谓缓饮。白居易《泛太湖书事寄微之诗》："玉杯浅酌巡初匝，金管徐吹曲未终。"

【浅酌低唱】与"浅斟低唱"同。

【青帘】青旗，即酒帘，酒旗。《广韵》："青帘，酒家旗子。"牟融《送沈侯之京诗》："关河弱柳垂金缕，水驿青帘拂画楼。"李中臣《春寒诗》："亚树青帘动，依山片雨临。"

【青田酒】乌孙国所产之酒。《古今注·草木》："乌孙国有青田核，大如六升瓠，空之盛水，俄而成酒。刘章得两核，集宾客设之，一核尽，一核所盛可复饮，饮尽更注水，随尽随盛，名曰青田酒。"骆宾王《秋日宴酒》："誓敦交通，俱忘白首之情，言款朝期，共把青田之酒。"徐铉《有所思诗》："忘情好醉青田酒，寄恨宜调绿绮琴。"

【青州从事】美酒之隐语。《世说新语·术解》："醒公（醒温）有主簿善别酒，有酒辄令先尝，好者谓'青州从事'，恶者谓'平原督邮'。青州有齐郡，平原有鬲县。从事，言到脐；督邮，言在鬲上住。"从事、督邮原为官名。苏轼《章质夫送酒六壶书至而酒不达戏作小诗问之》："岂意青州六从事，化为乌有一先生。"

【青稞酒】青稞酒，一种用青稞酿成的酒，色微黄，酸甜、度数不高。到西藏旅游过的外宾叫它"西藏啤酒"。

【青霉】青霉是一种无足细胞，是对制曲有害的菌。它的孢子耐热性很强，繁殖温度较低，制曲时应注意驱除。

【顷刻酒】谓即时酿成之酒。《觚剩续编》："澎湖人，采树叶裹糯米少许，吐之盆，顷刻成酒。初饮淡泊无味，少顷，酩酊而归，谓之顷刻酒。"

【软饱】谓饮酒。苏轼《发广州》诗："三杯软饱后，一枕黑甜馀。"自注："浙人谓饮酒为软饱，俗谓睡为黑甜。"

【软脚】唐时宴饮远归之人曰软脚，犹今接风。《杨妃外传》："出有钱饮，还有软脚。"唐庚《舍弟书约今秋列诗》："开头今几月，软脚定中秋。"

【乳酒】乳色之酒，稠酒。杜甫《谢严中丞送青城山道士乳酒一瓶诗》："山瓶乳酒下青去，气味浓香幸见分。"

【乳酸菌】乳酸菌是白酒发酵中的主要生酸微生物。它是任何种类和香型的白酒必不可缺少的风味成分。几乎所有的大曲、小曲和麸曲中，都有大量的乳酸菌。

【箬下春】谓美酒。《唐国史补》：“酒有乌程之若下春。”《海录碎事·饮食·酒》：“刘禹锡云：‘鹦鹉杯中箬下春’，谓酒也。”

【箬下酒】酒名。《元和志》：“长兴县箬溪水，酿酒甚浓，俗称箬下酒。”《吴录》：“长兴有箬溪，南曰上箬，北曰下箬，村人取下箬水，酿酒醇美，称箬下酒。”

【尚齿会】谓年高之人，相会张宴而为雅会。白居易《胡吉郑刘卢张等六贤皆多年寿，予亦次焉，偶于弊居合成尚齿之会，七老相顾，既醉甚欢，静而思之，此会稀有，因成七言六韵以纪之，传好事者》诗：“七人五百七十岁，施紫纡朱垂白发。手里无金莫嗟叹，樽中有酒且欢娱。诗吟两句神犹王，酒饮三杯气尚粗。嵬峨狂歌教婢拍，婆娑醉舞遣孙扶。天年高过二疏傅，数多于四皓图。除却三山五天竺，人间此会更应无。”〔注〕：前杯州司马安定胡杲年八十九，卫尉卿致仕冯吉皎年八十六，前右龙武军长史荥阳郑据年八十四，前侍御史内供奉官范阳卢真年七十二，前永州刺史清河张浑年七十四，邢部尚书致仕太原白居易年七十四，以上七人，合五百七十岁，会昌五年三月十一日，于白家履道宅同宴，宴罢赋诗。

【绍兴酒】通称“黄酒”。我国名酒之一。相传在战国时代已负盛名。它是一种以糯米和小麦为原料，通过酒药及麦曲中不同种类的霉菌、酵母等发酵而制成的酿造酒。因产于绍兴，故名。又因它是用鉴湖水酿造的，所以也称“鉴湖绍兴酒”。按品种讲，以元红酒流传最广，产量最多。此外，尚有善酿酒、香雪酒、加饭酒和竹叶青等。绍兴酒的酒精含量不少于 15%。

【诗酒】作诗饮酒。又，诗与酒。《南史·袁粲传》：“粲负才尚气……虽位任隆重，不以事务经怀，独步园林，诗酒自适。”

【诗酒征逐】相互邀约饮酒赋诗。韩愈《柳子厚墓志铭》：“今夫平居里巷相慕悦，酒食游戏相征逐。”

【使酒】因酒使性。《史记·魏其武安侯列传》：“灌夫为人，刚直使酒。”

【受爵】受杯爵。《周礼·天官·小宰》：“凡受爵之事，凡受币之事。”

【受风】曲胚表面干燥，而内生红火，这是因为对着门窗的曲胚，受风吹，表面水分蒸发，中心为分泌红色色素的菌类繁殖所致。这种现象谓之受风。

【受火】曲胚入室后 6–7 天，微生物繁殖最旺盛，此时如温度调节不当，使温度过高，曲则受火，使曲的内部呈褐色，酶活力降低。此种现象谓之受火。

【松醪春】酒名。《郑德璘传》：“贞元中湘潭尉郑德璘好酒，长挈松醪春过江夏。”

【贪杯】无节制地饮酒。

【瓮尽杯干】原是说酒已经喝干，用来比喻银钱已经用尽。《拍案惊奇》十五：“陈秀才那时已弄得瓮尽杯干，只得收了心，在家读书。”

【瓮】盛酒浆具。《礼记·檀弓上》：“醯百瓮。”

【甒】盛酒器。《广雅·释器》：“甒，瓶也。”《玉篇》：“甒，盛五升小罂。”《仪礼·士冠礼》：“为酒器，中宽下直上锐平底。”

【昔酒】谓久酿之酒。《周礼·天官酒正》：“辨三酒之物，一曰事酒；二曰昔酒；三曰清酒。”〔注〕：昔酒，今之酋久白酒，所谓旧者也。

【细斟】小酌。慢慢饮。李商隐《自桂林奉仕江陵途中感怀寄献尚书诗》：“前席惊虚辱，华樽许细斟。”朱熹诗：“细斟潋滟新春酒，戏舞斑烂旧绥衣。”

【细胞壁】细胞的最外层即是细胞壁。细胞年幼时，细胞壁不明显，几乎看不出来。酵母衰老时，细胞壁较厚。细胞的主要成分是酵母纤维素及多醣类。

【细胞核】细胞核由核膜、核仁和染色体组成。细胞核经染色后才可以观察到。在幼细胞中，核常呈圆形，为很小的质点，存在于细胞中心。老细胞由于液胞的增大，往往被挤在一边，呈肾腰形。

【细胞膜】紧贴着细胞壁的内面，有一层细胞质膜，厚度约 150 纳米，这层细胞质膜叫细胞膜。细胞膜的功能主要是用来摄取周围环境的养分，并将自己的代谢物排出体外。

【细菌混浊】在上面发酵的充 CO_2 的啤酒中常发现有细菌，主要是乳酸杆菌，格兰氏阳性。

【狎饮】谓笑谑饮酒不拘礼节。在青楼与妓女调笑饮酒也谓之狎饮。《梦游录》：“又有彭城刘生，梦入倡楼，与诸辈狎饮。但梦便及彼处，亦心邪所至也。”

【享宴】赐宴于下者。犹飨宴。《左氏·成十二》：“于是乎有享宴之礼。”

【巷醪】巷里所售之酒。《醉乡日月》：“人以家醪糯觞醉人者为君子，以家醪黍觞醉人者为中人，以巷醪灰觞醉人者为小人。”

【**幸酒**】喜饮酒。酒别称。《汉书·武帝纪》：“帝为太子，好经书，宽博谨慎，其后幸酒乐燕乐。”〔注〕幸酒，好酒也。

【**弦酒**】弦乐器与酒。谢庄《北宅园诗》：“伊人倘同爱，弦酒共栖寻。”

【**佯醉**】伪作醉态。卢纶《宴席赋得姚美人拍筝歌》：“已愁红脸能佯醉，又恐朱门难再过。”

【**夜光杯**】美玉所造之酒杯。《海内十洲记》：“周穆王时，西域献夜光常满杯，杯受三升，是白玉之精，光明夜照，螟夕出杯于中庭以向天，比旦而水汁满中，汁甘而香美。”王翰《凉州词》：“葡萄美酒夜光杯，欲饮琵琶马上催。”

【**夜饮**】夜间饮酒。《诗·小雅·湛露》：“厌厌夜饮，不醉无归。”《史记·信陵君传》：“公子乃谢病不朝，与宾客为长夜饮。”陆机《饮酒乐》：“夜饮舞迟销烛，朝醒弦促催人。”王昌龄《长言宫秋词》：“火照西宫知夜饮，分明复道奉恩时。”

【**夜醉**】夜间醉酒。杜甫《发潭州诗》：“夜醉长沙酒，晓行湘水春。”方干《题桐庐谢逸人江居诗》：“湖边倚仗寒吟苦，石上横琴夜醉多。”

【**宜成醪**】宜城所产之酒名。《曹植·酒赋》：“宜成醪醪，苍梧缥清。”

【**宜春酒**】立春日之酒。《书言故事二月》：“谢人二月送酒，云辱赐宜春之酒。”

【**绎酒**】日久之酒。《说文》：“酋，绎酒也。”〔段注〕：绎之言，昔也；昔，久也；然则绎酒，谓日久之酒。

【**侑酒**】侍酒。亦称侑觞。张耒诗：“清眸侑酒醉百盏，肯咀贫瓮寒齑酸。”

【**侑觞**】劝酒；陪侍饮酒。周密《齐东野语》卷二十“张功甫豪侈”：“(名姬) 执板奏歌侑觞。”

【**侑宴**】飨客之酒宴。《唐书·李训传》：“侑宴示优宠。”

【**侑饮**】劝酒。与侑觞同。《宋史·王拱辰传》：“鼓琵琶，以侑饮。”

【**鱼醴**】鱼与酒。王勣《祭仲长子光文》：“邻人王勣，谨以鱼醴之奠，敬祭仲长先生之灵。”

【**鱼英**】杯名。鱼脑骨所作者。《清异录》：“刘鋹伪宫中，有鱼英托镂椰子，立壶四只，各受三斗，岭海人亦以为罕有。鱼英盖鱼脑骨，熵治之可以成器。”郭獬《觥记注》：“陶谷家有鱼英酒盏。”

【**郁鬯**】筑郁金草煮之以和鬯酒。《周礼·春官·序官》：“郁人。”

〔注〕：郁，郁金香草，宜以和鬯。〔疏〕：郑云，郁，郁金香草者。王度记谓之鬯，鬯即郁金香草也。云宜以和鬯者，鬯人所掌者；是秬米为酒，不和郁者，若祭宗库存及灌宾客，则鬯人以鬯酒入郁人，郁人得之，筑郁金香草，煮之以和鬯酒，则谓之郁鬯也。《礼记·礼器》："诸侯相朝，灌用郁鬯也。"《孔子家语·哀公问》："荐黍稷，羞肺肝，加以郁鬯，所以报魄也。"

【郁齐】郁鬯酒之调和剂。《周礼·春官·司尊彝》："郁齐献酌，醴齐缩酌。"

【郁气】郁鬯酒之气。《礼记·郊特牲》："黄目郁气之上尊也。"〔疏〕：周将贮郁鬯酒，故云郁气也。

【沾醉】犹言大醉。《汉书·陈遵传》："候遵沾醉时，突入见遵母。"《资治通鉴·唐僖宗中和四年》："从者皆沾醉。"胡三省注："沾醉，言饮酒大醉，胸襟沾湿，不能自持也。"

【张公吃酒李公醉】比喻由于误会而代人受过。宋释普济《五灯会元》卷十五："僧问：'新年头还有佛法也无？'师曰：'无。'曰：'日日是好日，年年是好年，为甚却无？'师曰：'张公吃酒李公醉。'宋程大昌《演繁露续集》卷二："则天时谶谣曰：'张公吃酒李公醉。'张公，易之兄弟也；李氏，言李氏不盛也。"

【张酒酒】道士名，得钱即沽酒饮，一朝飘然入王屋山而死。《括异志》："道士张酒酒，得钱即沽酒，一旦入王屋山尸解。"

【张饮】在郊外张设帐幕饯饮。《汉书·高帝纪下》："上留止，张饮三日。"颜师古注引张晏曰："张，帷帐也。"参见"帐饮"。

【征逐】谓朋友互相邀请宴饮。韩维《送孔先生还山》诗："蚕桑事未起，农里得征逐。"

【注子】古代酒器。用金、铜或瓷制成，另有注碗，注子可坐入注碗中。始于晚唐，盛行于五代至宋元时代。

【终席】谓宴席终散。《老学庵笔记·七》："前辈置酒饮，客终席不褫带。毛达可守京口时尚如此。"黄庭坚《题跋》："好学者从之谓问，口讲手画，终席或至千字。"

【卒爵】①末杯，《周礼·春官·郁人》："大祭礼，与量人，受举斝之卒爵而饮之。"②尽饮。犹今言干杯。《国语·晋语一》："史苏卒爵，再拜稽首。"〔注〕卒，尽也。

【拌曲】将轧碎的麦粒放在拌曲桶内，加入约20%的水，将其迅速翻拌，使其吸水均匀，不致产生白块和水块，这就是拌曲。拌水后的麦粒的含水量约为23%-25%。

【饱和蒸气蒸气压】在气液平衡时，液面上的蒸气称为饱和蒸气，饱和蒸气所显示出的压力称为饱和蒸气压，简称蒸气压。

【杯品评法】先拿出一杯酒样1，品评后取走，再拿出一杯酒样2，续评。要求对一、二两杯酒样作出是否相同的回答。以此训练或考核评酒人员的记忆力和灵敏度，这种方法称为杯品评法。

【沸腾发酵】常在发酵后期出现沸腾现象。大量气泡上涌，犹如喷泉，把液面泡沫推向一边，部分液面变白，泡盖消失。此现象多在矩形容器的一角发生。这就是常说的沸腾发酵。

【固态法白酒】原料经固态发酵，又经固态蒸馏而制成的酒，称为固态法白酒。

【固态发酵法】蒸料后，培菌、发酵和蒸馏都在固态下进行，此种方法称为固态发酵法。

【固态培养】配玉米面10%麸皮40%，鲜酒糟50%，三者混合，加水25-27%，拌匀，蒸煮一小时，出甑散冷至28-30℃，接入为原料重量10%的三种混合酵母液，充分拌匀装入曲盘或帘子上，保温30-34℃，培养16-24小时，此谓固态培养。

【固体琼脂培养基】在液体培养基中加入适量的凝固剂而制成的培养基，称固体琼脂培养基。

【固液勾兑白酒】用固态法生产的白酒和液态法生产的白酒，按适当比例混合勾兑而制成的酒，称为固液勾兑白酒。

【果酒】利用各种水果（如橘子、苹果、杨梅、凤梨、枇杷等）以及某些野生果实用发酵法酿造的酒。一般酒精含量较少，具有水果的原来香味。

【弧菌】细胞弯曲不足一圈的叫弧菌。

【虎骨酒】以虎胫骨炙黄，槌碎或和药浸酒，此酒称为虎骨酒。《本草纲目》称此酒："治臂胫疼痛，历节风、肾虚、膀胱寒痛。"

【玫瑰露酒】白玫瑰露系以玫瑰花于醅将蒸馏时和入，蒸馏之而成，是以有玫瑰花香气而无其色。红玫瑰露用玫瑰花直接浸渍而成，色香俱溶于酒。

【茉莉花酒】取茉莉花数十朵，以线系蒂，悬酒瓶中距酒液约一指处，再将瓶口封固，十日后，酒香异常，此即为"茉莉花酒"。

【念珠霉】念珠霉是踩大曲"穿衣"主要菌种，也是小曲挂白粉的主要菌种，人们多将其看作是一种有害菌。

【泡子酒】 酒之浓度高低即以花之大小及存在之久暂定之。普通所谓未加水的酒称为原干酒，俗称泡子酒。

【试管斜面固体培养基】 先将琼脂称好洗净，煮沸培养液，在沸腾状态下加入琼脂，并不断搅拌，直至完全溶化为止。溶解加热时要注意火候，避免过热糊底烧焦及防止溢出。当琼脂液化后，再加入热水补足所蒸发的水分，然后用第二层纱布过滤。过滤完趁热进行分装，做好棉塞，包扎好管口，进行高压灭菌，然后趁热置于木棒上，摆放适当的斜度，待冷却凝固后即成斜面培养基。

【味美思】 酒名。英文（ver-mouth）的音译。国产品配方除用上等白葡萄外，还含有藏红花、豆寇等药材。色棕红，味酸甜，有水果香，酒精含量18%。

【卧浆】 在六月三伏时用小麦一斛，煮粥为脚，日间虚掩，夜间实盖，逐日浸热，以至于酸，并须味重，方可使用，此谓之“卧浆”。

【卧曲】 曲室铺湿麦穰约寸许，生曲横置其上，每块距离约一指，中塞以湿麦穰，上复盖以湿麦穰，可叠至两三层，俗称卧曲。

【咂酒】 咂酒，也叫钩藤酒，人饮酒时，用竹管或荻管插在酒中吸吮，故名。石达开有咂酒诗：“万斛明珠一瓮收，君王到此也低头。五岳抱住擎天柱，汲得黄河水倒流。”清人《闲处光阴》载：“施南人燕聚，若饮以咂酒，盖亲而近之之意。”杜甫《送从第亚赴河西判官》：“黄羊饫不羶，芦酒还多醉。”芦酒亦叫咂酒。

【沼气发酵法】 沼气发酵法是厌气微生物发酵之过程，因为菌体合成量少，因而营养消耗少。温度30-37℃，我国南方较适用。生成沼气可作染料，残液是优质肥料。

【直接添加法】 将回收的洗涤酵母倾去上层清水，按需要量放入特制密闭酵母添加器或铝桶内，加适量麦汁，搅匀，用压缩空气或泵送入添加糟，适当通风数分钟，此谓之直接添加法。

【直接式三塔蒸馏】 粗酒精由粗馏塔进入排醛塔以及脱醛酒精进入精馏塔都是气体状态，此称为直接式三塔蒸馏。

【制麦】 由原米大麦制成麦芽，习惯称为制麦。

【制胚】 小曲母多制成三厘米的方形曲块，把曲面和匀踩紧，叫制胚。

【周鞭毛】 在菌体周围生有很多鞭毛，称为周鞭毛。

【转化酶】 葡萄酒酵母和巴斯德酵母都分泌转化酶，但尖端酵母与圆酵母没有这种酶，这个酶使蔗糖水解成转化糖。

九　画

【**按酒**】以菜肴果品下酒。亦指下酒的菜肴果品。《说文》："按，下也。"亦作案。陆机云："接余浸以苦酒，肥美可以案酒。"《水浒》三：一面铺下菜蔬果品按酒，又问道："官人，吃甚下饭？"《西游记》四十二：那唐僧与你做得师父，也与我做得按酒，你还思量要他哩。

【**柏酒**】亦称"柏叶酒"，即柏叶所浸之酒。相传柏叶浸酒可以避邪。《本草纲目》："柏性后凋而耐久，禀坚凝之质，乃多寿之木，元旦以之浸酒，辟邪。"《风土记》："元旦进柏叶酒。"《荆楚岁时记》："正月一日，长幼悉正衣冠，以次拜贺，进椒柏酒，饮桃汤，进屠苏酒膠牙饧"。

【**背壶**】壶名。《长生殿·合围》："众作狭刀割肉，提背壶斟酒，大饮啖料。"

【**便席**】普通酒筵。

【**便酌**】谓非正式之宴席。小宴。

【**残杯冷炙**】吃剩的酒食。残，剩余。杯，指酒。炙（zhì 治），烤肉。借喻权贵的施舍。亦作"残羹冷炙"。语出北齐颜之推《颜氏家训·杂艺》："唯不可令有称誉，见役勋贵，处之下坐，以取残杯冷炙之辱。"唐杜甫《奉赠韦左丞丈二十二韵》诗："残杯与冷炙，到处潜悲辛。"

【**残茶冷酒**】剩余之茶与酒。李白诗："朝游九城陌，肥马香车欺杀客。暮宿五侯门，残茶冷酒愁杀人。"

【**残酒**】饮余之酒。皮日休《奉和鲁望早秋吴体次韵诗》："安得瑶池饮残酒，半醉骑下垂天鹏。"孙觌《吴门道中诗》："客梦悠扬残酒里，一池荷叶雨声中。"

【**残醉**】余醉也。宿醉也。白居易诗："起因残醉醒，坐待晚凉归。"黄公望《苏东坡竹诗》："强抹残醉挥吟笔，帘帐箫箫翠雨寒。"缪彤《渡江诗》："尚余残醉在，和梦到扬州。"

【**残樽**】残尊，谓余酒。樽，酒器。杜甫《过南邻朱山人水亭诗》："归客村非远，残樽席更移。"陆游《雪中诗》："残樽已倾尽，试起问东家。"

【鎗】酒器，与“仓”通。《正字通》：“鎗，酒器。”南齐竟陵王子良遗何点以徐景山酒鎗，古借用仓。

【草酌】简略之酒宴。逊词，《西厢记·崔莺莺夜听琴》：“到明日略备草酌。”

【茶坊酒店】茶馆与酒肆。米芾《画史》：“程坦、崔白之流，皆足于茶坊酒店遮避，不入吾曹议论。”

【茶酒】茶与酒。《五代史·卢文纪传》：“进奏官至客次通名，劳以茶酒，而不相见。”《元史·弄法志》：“诸职官频入茶酒，市肆，及倡优之家者断罪罢职。”《南宋·市肆记》：“凡吉凶之事，自有所谓茶酒，厨子专任饮食，请客宴席之事。”

【茶酒司】司茶酒之供者。《称谓录茶·茶酒司》：“东轩笔录，艇中惟有一卒，司镣炉，谓之茶酒司。”

【尝醪】以浊酒奉神也。醪，浊酒。《史记·封禅书》：“其河加有尝醪。”

【畅】祭祀用之郁鬯酒。与“鬯”通。《集韵》：“畅，长也，通也，通作鬯。”《大戴礼·夏小正·初岁祭耒传》：“畅也者，终岁之用祭也。”补注：畅，郁鬯也。

【持满】引壶酌酒使杯满。《汉纪·孝武帝纪》：“(灌）夫行酒至（田）蚡，蚡曰，不得持满。”

【炽酿】造酒。《论衡·异虚》：“夫畅草可以炽酿。”

【春】酒名。杜甫《拨闷》诗：“闻道云安曲米春，才倾一盏即醺人。”苏轼《洞庭春色》诗：“今年洞庭春，玉色疑非酒。”

【春醒】春日之宿醉。柳永《木兰花慢》词：“拚却明朝永日，画堂一枕春酲。”

【春酎】春酒。酎为重酿之酒。韦庄《送日本国僧敬龙归》：“何用岩栖隐姓名，一壶春酎可忘形。”

【春壶】春酒。杜甫《寄刘峡州伯华使君》：“宴饮春壶酒，恩分夏簟冰。”

【春酒】冬天所酿的酒，至春始熟。一说春天酿造的酒，至冬始熟。《诗·豳风·七月》“为此春酒，以介眉寿。”毛传：“春酒，冻醪也。”《通释》：“用制盖以冬酿，经春始成，因名春酒。”《文选·张衡·东京赋》：“因休力以息勤，致欢忻千春酒。”李善注：“春酒，谓春时作，至冬始熟也。”陶潜《读山海经》诗：“欢客酌春酒，摘我园中蔬。”

【春醴】春酒。

【春醁】春酒。温庭筠《夜宴谣》：“裂管萦弦共繁曲，芳樽细浪倾春醁。”

【春醅】春酒。苏轼诗：“朱颜发过如春醅。”

【春酿】春日酿酒。王绩《赠学仙者诗》：“春酿剪松叶，秋林浸菊花。”

【春饮】春日饮酒。白居易诗：“老游春饮莫相违，不独花稀人亦稀。”

【春醞】春酒。《文选·王僧达〈答颜年诗〉》：“寒荣共偃曝，春醞时献斟。”

【春醉】春日醉酒。许浑《长安岁暮诗》：“花暗楚城春醉少，月凉春寒夜愁多。”

【玳瑁筵】饰有玳瑁之筵席。应指以玳瑁海产品为主菜肴的筵席。温庭筠《感旧陈情诗》：“油额芙蓉帐，香尘玳瑁筵。”亦称“玳筵”。

【洞天圣酒将军】酒之别名。《云仙杂记》：“虢国夫人就屋梁上，悬鹿肠于半空，筵宴则使人从屋上注酒肠中，结其端，欲饮则解开，注于杯中，号洞天圣酒将军，又曰洞天瓶。”

【洞醉】犹言在醉。《云笈七籤》：“饮酒洞醉，损气丧灵，五府攻溃，万神振惊。”

【独酌】独饮。《南史·颜延之传》：“布衣疏食，独酌郊野，当其为适，旁若无人。”《唐书·马周传》：“周命酒一斗八升，悠悠然独酌，众异之。”鲍照《园葵赋》：“秋日晨映，独酌南轩。”江淹《自序传》：“独酌虚室，侍姬三四，赵女数人。”

【罚杯】即罚饮酒。石崇《金谷园诗序》：“罚三杯。”《红楼梦·第二十八回》：“薛蟠独扬着脸，摇头说不好，该罚杯。”

【罚爵】①古代君臣燕饮时，失礼者罚之以饮酒。《诗经·小雅·桑扈·兕觥其觩笺》：“兕觥，罚爵也。古之王者，与群臣燕饮，上下无失礼者，其罚爵，徒觥然陈设而已。”《唐书·崔咸传》：“愿上罚爵，度笑受而欢。”②即罚杯；罚酒。陈造诗：“低唤茶瓯充罚爵。”

【罚酒】令饮酒以罚之。杜牧《过大梁闻河亭方讌赠孙子端诗》：“板落岂缘无罚酒，不教客右更添人。”

【钫】古代器名。即方形壶，或有盖。青铜制，用以盛酒浆或粮食。盛行于战国末至西汉初。陶制的多是明器。

【缸面酒】初熟之酒。《法书要录》：“唐太宗使萧翼求兰亭真迹于辩才，辩才一见，款密留萧翼宿，设缸面酒。蓋江东缸面，犹河北瓮头，皆初熟酒也。”也酒异名。

【挂筹】旧时行酒令时或用酒筹，每人一根，有事出外，则挂酒筹于座旁。例《红楼梦》一百八：恐人看见，便说身上燥得很，脱脱衣裳去，挂了筹，出席去了。

【挂甜头】因用曲过少，醅带甜头，此谓挂甜头。

【挂衣】卧曲后窗户完全闭塞，48小时后，曲表面发生白斑，俗称挂衣。

【冠醮】冠礼时饮酒之礼。冠者受杯不返杯。《礼·曾子问》："有冠醮，无冠醴。"

【鬼饮】谓中夜灭灯而饮。《书墁录》："苏舜钦、石延年辈，有曰鬼饮、了饮、囚饮、鳖饮、鹤饮。鬼饮者，夜不以烧烛。了饮者，饮次挽歌哭泣而饮。囚饮者，露头围立。鳖饮者，以毛席自裹其身，伸头出饮，饮毕复缩之。鹤饮者，一杯复登树，下再饮耳。"

【洪量】大酒量。今因谓酒量大曰洪量。

【洪饮】豪饮。李中思《朐阳春游感旧寄柴司徒诗》："昔年常接五陵狂，洪饮花间数十场。"

【洪醉】大醉。《南史·陈暄传》："与秀书曰：'洪醉之后，有得有失。'"《法苑珠林》："饮酒洪醉，动解枷得免焉。"

【厚酒】浓酒。美酒。《吕氏春秋·本生》："肥肉厚酒，务以自强，命之曰料肠之食。"

【胡姬】唐时旅居长安的西域胡人，有以卖酒为业者，其侍酒胡女称为胡姬。

【荒酒】迷于酒。《晋书·慕容皝载记》："荒酒纵猎，不复设备。"

【荒腆】谓沉湎于酒。《书·酒诰》："惟荒腆于酒，不惟自息乃逸。"《蔡传》："受方且荒怠，益厚于酒。"

【荒宴】耽溺酒宴。刘参军诗："韬精日沈饮，谁知非荒宴？"〔注〕：善曰、毛诗曰："好乐无荒"。郑玄曰："荒，废乱也。"

【荒饮】沉迷于酒。《唐书·宋璟传》："昆弟皆荒饮俳嬉，广平之风衰焉。"

【荒醉】饮酒醉甚。《晋书·周顗传》："顗荒醉失仪，为有司所奏。"梁武帝《凡百箴》："勿持尔尊骄慢淫昏，勿调尔贵长夜荒醉。"

【既醉】《诗·大雅》篇名。诗中首乌饮宴，继而赞美"君子"威仪，颂其长寿多福，子孙蕃盛。《诗序》说是写"醉酒饱德，人有士君子之行"，以显示当时的太平。

【荐鬯】以香酒祭神。《汉书·宣帝纪》："荐鬯之夕，神光交错。"

【荐酒】进酒。《礼记·礼器》："君亲割牲，夫人荐酒。"

【荐酹】供物以祭。酹，以酒祭地。白行简《李娃传》："将至荐酹求之，可乎？"

【将进酒】汉铙歌十八曲之一。《乐府诗集·鼓吹曲辞·汉铙歌·将进酒》古词曰："将进酒，乘大白。"大略以饮酒放歌为言。宋何承天《将进酒篇》曰："将进酒庆三朝，备繁礼荐嘉肴。"则言朝会进酒，且以滞首荒志为戒，若梁昭明太子云："洛阳轻薄子，但叙游乐饮酒而已。"

【浇梅根】请媒人饮酒。《荡寇志》九十五：戴春甚喜道："全仗妙计。"便取过酒壶来，与纪二斟一杯道："先浇梅根。"

【浇手】请工作的人喝酒表示慰劳。《水浒》二十四：不是老身路歧相央，难得这个娘子在这里，官人好做个主人，替老身与娘子浇手。《拍案惊奇》十八：一向累他辛苦了，主翁特地与他浇手，要吃得烂醉方住。

【鸩酒】毒酒，《抱朴子·微旨》："其取非义之财不避怨恨，譬若以漏脯救饥，鸩酒解渴，非不暂饱，而死亦及之。"《汉书·齐悼惠王传》："太后怒，乃令人酌两卮鸩酒置前，令齐王为寿。"颜师古注引应曰："鸩鸟黑身赤目，食蝮蛇野葛，以其羽化酒中，饮之立死。"

【鸩】传说中一种毒鸟。雄的叫运日，雌的叫阴谐，喜食蛇，羽毛紫绿色，放在酒中，能毒杀人。又通：①毒酒，如：饮鸩止渴。②以毒酒害人。《国语·鲁语上》："晋人执卫成公，归之于周，使醫鸩之，不死。"

【鸩毒】毒药；毒酒。《左传·闵公元年》："宴安鸩毒，不可怀也。"孔颖达疏："宴安自逸，若鸩毒之药，不可怀恋也。"

【鸩醴】有鸩羽之毒酒。嵇康《答难养生论》："嗜酒者，自抑于鸩醴：贪食者，忍饥于脯漏。"

【举】①发酒端曰举。《仪礼·乡饮酒礼》："举觯于宾。"注，发酒端曰举。②饮酒。《仪礼·特牲馈食礼》："嗣举奠。"注，举，饮酒也。

【举白】①干杯。谓举杯告尽。《汉书·叙传上》："设宴饮之会，及赵、李诸侍中皆引满举白，谈笑大噱。"颜师古注："谓引取满觞而饮，饮讫举觞告白尽杯也。"②罚酒。《汉书·叙传上》颜师古注："白者，罚爵之名也。饮有不尽者，则以爵罚之。"故以"白"为罚酒的酒杯。苏轼《赠莘老七绝》："若对青山谈世事，当须举白便浮君。"

【举酒】举杯饮酒。何逊《与苏九德别诗》："踟躇暂举酒，倏忽不相见。”高适《秋日作诗》：“举酒聊自劝。”苏轼《前赤壁赋》：“举酒属客。”

【举觞】与举杯同。《后汉书·礼仪志》：“上殿称万风，举觞御坐前。”《战国策·魏策》：“酒酣请鲁君举觞。”《文选·刘琨答卢谌诗序》：“举觞对膝，破涕为笑。”

【举爵】与举杯同。《礼记·檀弓下》：“盖君逾而后举爵。”

【烂饮】狂饮。吴师道《简王文学诗》：“乞君安得千壶酒，烂饮狂歌慰别离。”

【烂醉】大醉。章碣《长安春日诗》：“轮他得路蓬州客，红绿山头烂醉归。”王冕《红梅诗》：“烂醉西湖处士家，酒痕吹上水边花。”

【临饯】军士出征前，天子驾临饯送。《北史·魏京兆王黎传》：“车驾临饯。”卢瓻，酒器。玉篇。酒器名。

【美酒】旨酒。《北史·卢元明传》：“颂离骚，饮美酒，自为佳器。”曹植《名都篇》：“美酒斗十千。”《文选·古诗十九首之十二》：“不如饮美酒，被服纨与素。”

【美醪】美酒。苏颋《命姚崇等北伐伐制》：“美醪以信之，芳饵以赏之。”

【美禄】酒之别名。《汉书·食货志》：“酒者天下之美禄，帝王所以颐养天下。”权德舆《醉后诗》：“美禄与贤人，相逢自可亲。”

【美醖】美酒。《宋史·文苑传》：“郭忠恕善画，多游王侯公卿家，或待以美醖，豫张纨素，倚于壁，乘兴即画之。”白居易《宿张云攀院诗》：“美醖香醪懒，时新异果鲜。”

【茗艼】同“酩酊”。亦作“茗仃”。大醉貌。《世说新语·任诞》：“山季伦（山简）为荆州，时出酣畅，人为之歌曰：出公时一醉，经造高阳池，日莫（暮）倒载归，茗艼无所知。”

【南城】在江西省东部，抚河上游。以产“麻菇酒”著名。

【南酒】明朝人称绍兴酒为南酒。《金瓶梅》十六：银镶钟儿盛着南酒，秀春斟了两杯，李瓶儿陪西门庆吃。

【挠酒】和酒。《汉书·匈奴传》：“以径路刀金留犁挠酒。”

【盆】盛酒之器，可叩之以节乐者《史记·蔺相如传》：“窃闻秦王善为秦声，请奉盆缶秦王，以相娱乐。”〔注〕：盛酒瓦器，秦人鼓之以节歌也。

【牵羊担酒】牵着羊，挑着酒，表示向人慰劳或庆贺。元无名氏《举案齐眉》第四折：“老夫如今牵羊担酒，与孩儿庆喜。”明罗贯中《三国演义》第四十四回：“孔明曰，‘愚有一计：并不劳牵羊担酒，纳土献印’。”

【**亲酿**】亲自所酿之酒。《红楼梦》第五回：“亲酿美酒一瓮。”

【**秋清**】酒名。秋季所酿造之酒。《唐书·百官志》：“良醞署令丞，掌供五齐三酒，享太庙则供郁鬯，进御则供春暴，秋清，酴醾，桑落之酒。”

【**秋酎**】秋日所酿之酒。徐陵《和简文帝赛汉高帝庙诗》：“玉碗无秋酎，金灯灭夜烟。”

【**秋醉**】秋日饮酒。杜牧《赠李给事敏诗》：“晚发闷远梳，忆君秋醉余。”沈颂《送友人还吴诗》：“送君江南去，秋醉洛阳酒。”郑巢《题崔行先石室别墅诗》：“采菊频秋醉，留僧拟夜棋。”

【**秋酒**】黑龙江地方以黄米酿造之酒。又名黄酒。

【**酋**】本义为酒熟，引申为掌酒的长官。《礼记·月令》（仲冬之月）：“乃命大酋。”郑玄注：“酒熟曰酋。大酋者，酒官之长也。”

【**神酒**】祭神所用之酒。张耒诗：“华池神酒不用醒，人生和畅自忘形。”

【**神曲粳米醪法（《齐民要术》）**】：春月酿之。燥曲一斗，用水七斗，粳米两石四斗。浸曲发，如鱼眼汤。净淘汰米八斗，炊作饭，舒令极冷。以毛袋漉去曲滓，以绢滤曲汁于瓮中，即酘饭。候米消，又酘八斗。消尽，又酘八斗。凡三酘，毕。若犹苦者，更以二斗酘之。此合醅饮之，可也。

【**甚醉**】沈醉。醉得很厉害，韩非子《扬权》：“听言之道，溶者甚醉。”

【**牲酒**】谓牲畜与酒。《宋史·乐志》：“牲酒嘉旨，福禄纯熙。”韩愈《南海神庙碑》：“牲酒瘠酸，取具临时。”

【**食酒**】饮酒。《汉书·于定国传》：“定国食酒至数石不乱。”〔注〕：如淳曰，食酒，犹言喜酒也。师古曰，若依如氏之说，食字当音嗜，此说非也。下叙定国子永，乃言嗜酒耳。酒者，谓能多饮费其酒，犹言食言焉。今流俗书本，辄改食字作饮字，失其真也。

【**食礼**】食饭饮酒浆。《周礼·天官·膳夫》：“掌王之食饮膳羞，以养王及后世子”。〔注〕：食饭也，饮酒浆也。《汉书·楚元王传》：“家产过百万，则以振昆弟宾客食饮。”《荀子·修身》：“食饮衣服，居处动静，由礼则和节，不由礼则触陷生疾。”

【**贯酒**】赊酒。《史记·高祖纪》：“汉高祖微时，常从王媪武负贯酒。”〔注〕：集解曰：贯，赊也。

【逃禅】 醉酒而悖其教曰逃禅。《订为杂录七·逃禅》："是逃而出，非逃而入。王嗣奭云，醉酒而悖其教，故曰逃禅。后人以学佛为逃禅，误矣。"

【逃席】 谓宴会时不终席而离去，元稹《黄明府诗序》："小年会于解县连月饮酒，予为觥录事，会于窦少府厅中，有一个后至，连飞数十觥，不胜其困，逃席而去，醒后问人，乃前虞乡黄丞也。"白居易《东南行诗》："筹并频逃席，觥严别置盂。"《通俗编、饮食、逃席》："醉乡日月，酒徒有逃席之病，弃之如脱屣。"

【挏马酒】 以马乳为酒，撞挏乃成。《汉书·礼乐志》："给大官挏马酒。"〔注〕：李奇曰："以马乳为酒，撞挏乃成也。"师古曰："马酪味如酒，而饮之亦可醉，故呼马酒也。"

【洗尘】 《通俗编·仪节》："凡公私值远人初至，或投饮，或馈物，谓之洗尘。"一般多用于设宴欢迎远来的人。《水浒传》第三十三回："便请宋江更换衣裳鞋袜，香汤沐浴，在后堂安排筵席洗尘。"也叫"接风"。

【洗勺】 古㪺酒之勺。《三礼图·鼎俎洗勺》案："旧图云，勺五升，径口六寸，曲中博三寸长三寸，柄长二尺四寸。漆赤中，柄末亦丹。"郑注：士冠礼云，勺尊升，所以㪺酒。贾疏引少牢礼云，罍料、彼料与此勺为一物，但彼料所以㪺水，此勺所以㪺酒。

【洗涤麦汁】 以麦糟为滤层，利用热水洗出第一麦汁过滤后残留于糟中的麦汁，称第二麦汁、也称洗涤麦汁。

【香酒】 馨香之酒。《易·震》："不丧匕鬯。"〔注〕：匕，所以载鼎实，鬯，香酒，奉宗庙之盛也。《宋史·礼志》："皇帝靴袍就幄，设香酒时果，牙盘，食奠献而命大臣以香币酒脯诣诸陵致告。"荀成诗："凭君剩醉浮香酒，梁苑而今不算春。"

【香醪】 美酒。李适《九日应制诗》："萸房颁彩笥，菊蕊荐香醪。"杜甫《崔驸马山亭宴集诗》："清秋多宴会，终日困香醪。"白居易《尝酒听歌诗》："一瓮香醪新插刍，双鬟小妓薄能讴。"韩驹《茅柴酒诗》："饮惯茅柴谙苦硬，不知如蜜有香醪。"

【香米】 发酒香之米。《隋炀帝湖上酒乐府》："檀板轻声银甲暖，醅浮香米玉明寒。"

【香蚁】 酒之别名。参见浮蚁条。韦庄《和薛先辈见寄初秋寓怀即事之作二十韵诗》："会随仙羽化，香蚁且同斟。"

【香槟酒】香槟酒是一种含二氧化碳气的优质白葡萄酒。香槟是法国的旧省名，并因而得名。在法国，酒法规定必须是香槟制造的含二氧化碳的白葡萄酒才许可称为香槟酒。在其他国家，把凡含一定二氧化碳的优良白葡萄酒称为香槟酒。

【香醅】①美酒。白居易《花酒诗》："香醅浅酌浮如蚁，雪鬓新梳薄似蝉。"②酒料。将黄酒糟加入一部分麦曲或麸皮和少量的桔皮、丁香、花椒等香料，此外，为了提高香醅质量，还可以加入生香酵母培养液，混合拌匀后装入缸中，用部分白酒盖面，然后密封发酵，约经过三个月即成。

【香雪酒】香雪酒是用陈年糟烧酒来代替水酿制成而成的酒。在操作上采用淋饭法。酒味鲜甜醇厚，浓郁芳香。

【香雪酒的制造方法】下缸以前的操作方法与淋饭酒母相同。搭窝后经过36-48小时，见圆窝内甜液已满，可先投入磨碎麦面，充分拌匀，继续保温促进其糖化。再经24小时，糖分已积累较多，加50℃的糟烧，用木耙倒匀，加盖静止。以后相隔三天搅拌一次，搅二、三次后用空缸覆盖，两缸口的衔接处，用荷叶衬垫，并用盐卤、泥土封口。经三、四个月，便能起封榨酒。

【饷酬】赠与金钱酒食之报礼。《唐书·韩湟传》："与少游会，以金飨相饷酬。"

【钘】古代的一种酒器。《庄子·徐无鬼》："其求钘钟也，以束缚。"陆德明释文引《字林》曰："钘似小钟而长颈。"又曰："似壶而大。"

【修爵】斟酒行爵。《礼记·乡饮酒义》："降脱屦升坐，修爵无数。"〔疏〕谓行爵无数矣。

【养生主】酒名。酒之和者曰养生主。《东齐记事》："唐子西名酒之和者，曰养生主，劲者曰齐物论。"

【药酒】加入药物之酒；《史记·扁仓公列传》："风蹶胸满，即为药酒，尽三石，病已。"《战国策·燕策》："其妻曰，公勿忧也，吾已为药酒，以待之矣。"韩非子《外储说左上》："夫药酒用言，明君圣主之独知也。"张籍《题韦郎中新亭诗》："药酒欲开期好客，朝衣暂脱见闲身。"

【蚁浮】酒名；浮沫之酒。参见浮蚁条。沈约《作沐寄怀诗》："酒熟寒蔬剪，宾来春蚁浮。"杜甫《正月三日归溪上诗》："蚁浮仍腊味，鸥泛已春声。"

【蚁酒】酒之一种，面有浮沫者。郑谷《蜀中春诗》：“不嫌蚁酒冲愁肺，却忆渔蓑覆病身。”陈造《九日诗》：“蚁酒倾灵液，霜花碎辟寒。”

【蚁尊】酒樽。陆游《醉书山亭壁诗》：“绿蚁尊艳芳酝熟，黑蛟落纸草书颠。”

【盈爵】满杯。曹植《正会诗》：“清酤盈爵，中坐腾光。”

【盈樽】谓酒满樽。《文选·谢朓休沐重还道中诗》：“赖此盈樽酌，含景望芳菲。”《文选·陶潜归去来辞》：“携幼入室，有酒盈樽。”

【幽飨】飨鬼神之酒食。谢超宗《齐太庙乐歌》：“昭序溢，幽飨余。”

【宥】通“侑”。陪人宴饮。《左传·庄公十八年》：“王飨醴，命之宥。”又指劝食。

【琖】玉作之小杯。夏之酒杯名。与盏、⿰角盏湔、⿰钅盏醆同。《说文新附》：“琖，玉爵也，夏曰琖，殷曰斝，周曰爵，从玉戋声。“《广韵》：”琖，玉琖，小杯。”《集韵》：“琖，或从角，从皿，亦作湔，⿰钅盏。”《诗·大雅·行苇》：“洗爵奠斝。”《传》：“斝爵也，夏曰醆。”《释文》：“醆，或作琖，同。”

【珍酒】美酒。张载《酃酒赋》：“未闻珍酒出于湘东。”

【钟】古代器名。即圆形壶，用以盛酒浆或粮食。盛行于汉代。《晋书·崔洪传》：“(汝南王亮）以琉璃钟行酒。”

【重】指酒色味浓。《吕氏春秋·尽数》：“烈味重酒。”高诱注：重，酒厚也。

【茱萸会】阴历九月九日相会登高山，取茱萸之实，饮菊花酒，以拂邪气，谓之茱萸会。一名登高会，或名茱萸节。

【祝】上寿酒。《左氏·哀·二十五》：“武伯为祝。”〔注〕：祝，上寿酒。

【浊醪】浊酒。左思《魏都赋》：“清酤如济，浊醪如河。”杜甫《晦日寻崔戢李封诗》：“浊醪有妙理。”张谓《湖中对酒作诗》：“主人有黍万余石，浊醪数斗应不惜。”

【浊酒】混浊之酒。陶潜《时运诗》：“清琴横床，浊酒半壶。”杜甫《登高诗》：“艰难苦恨繁霜鬓，潦倒新停浊酒杯。”欧阳修《送张生诗》：“山城寂寞难为礼，浊酒无辞举爵频。”

【祖鬯】丧葬时供出棺前之祭所用郁鬯之酒。《海录碎事·帝王·升遐》：“哭乃几之将彻，恸祖鬯之虚斟。”

【祖帐】古代送人远行，在野外路旁为饯别而设的帷帐。亦指送行的酒筵。王维《齐州送祖之》诗："祖帐已伤离，荒城夏愁入。"《聊斋志异·聂小倩》："迨营谋既就，趣装欲归，燕生设祖帐，情义殷渥。"

【**保温和培养**】曲入室后，门窗关闭，注意保温。一般麦曲入房时温度在26℃左右，逐渐升高，经3–5天，菌丝繁殖旺盛时，最高温可达50℃。此即为"保温"。保温过程中，品温达50℃时，要开放门窗降温，以后品温逐渐回降。约经20天，麦曲已坚韧成块，将其叠成井字形，通风干燥后，或使用或贮存。此即为"培养"。

【**饼曲**】用不同的谷物制成一种块状的曲，人们叫它"饼曲"。

【**封桶升压**】下酒满桶后，敞口发酵二至七天，发酵正常情况下为2–3天，以排除啤酒中的发青味物质。一般在下酒24小时后，顶孔即冒出白色泡沫，数天后，泡沫变黄回缩，即行封桶并将桶上口连接压力计，控制一定压力。一周后，气压达到一定要求，即控制稳定不变。这叫做封桶升压。

【**复式糖化设备**】由原料的糊化、糖化，糖化醪的过滤和表汁的煮沸各在单独的锅内进行的糖化设备，称为复式糖化设备。复式糖化设备共由四个锅构成。

【**复蒸**】包谷煮焖好后，稍停几小时再装围边，上盖，开小气小火，把料蒸穿气，再大火大气，最后快出甑时，用大火大气蒸排水，此称为复蒸。

【**复蒸串香法**】按小曲酒的方法酿制出酒后，作底锅水，串蒸用大曲法制作的香醅，此法即复蒸串香法，简称复蒸法。

【**复制糟烧**】酒糟发酵蒸馏后，再将残糟加麸曲及酒母进行糖化发酵，蒸得到第二次白酒，称为复制糟烧。

【**挥发酸**】挥发酸指随蒸汽而挥发的脂肪酸，是酒精发酵正常副产物，除了醋酸、乳酸以外，尚有甲酸、丁酸、丙酸以及其他的微量脂肪酸。

【**挥发酸定量法**】取酒于烧瓶内，该瓶之塞二孔，其一孔中插入玻璃管，下端达于烧瓶底部，上端弯成钝角与水蒸气发生器相接，水蒸汽即由此管通入，使挥发酸随水蒸汽逃出。其一孔中插入连球蒸馏管使与冷却器相接，蒸馏器上作一符号，蒸馏液达此符号，将该馏液以标准检类滴定如酒精定量法。

【**活性污泥法**】该法缺点是通风动力耗大，没有达到废物利用的目的，而且还要添加营养盐和有毒剂。

【挤火】 上火 18 日后，将曲堆于一处，称为挤火。

【荚膜】 某些细菌在一定条件下，常向细胞壁表面分泌粘液状的物质，形成较厚的膜，称为荚膜。

【结合蛋白】 在细胞中，蛋白质和其他物质结合在一起所形成的蛋白叫结合蛋白。如和核酸结合则成为核蛋白，和脂类结合成为脂蛋白。

【浓香型（白酒）】 此种酒香味浓郁，甘绵适口，饮后尤香，以泸州老窖酒为代表，又叫"泸香型"。五粮液、双沟大曲、洋河大曲等都属这种香型。

【前缓后缓】 在酵母比较老、酿造用水过软、米的精白度太高、开始发酵温度低，以及曲质量差的场合，发酵迟滞期比较长，发酵速度慢和发酵不完全，残糟多，过滤困难，出酒率低，这种现象称为前缓后缓。

【前缓后急】 在酵母太老、酒母用量过少和开始发酵温度较低的场合，酵母增殖迟，糖化不断进行，醪液内虽已产生相当量的粮分，但酒精发酵慢，温度上升不快；一旦到酵母繁殖成一定数量，就开始旺盛发酵，糖分降低较快，此称为前缓后急。

【前急后缓】 在使用嫩酒母、嫩曲、水中有效成分较多和开始发酵温度较高的场合，加入酒母后，酵母很快就发育繁殖，迟滞期很短，十多个小时后，就出现气泡，升温迅速。由于发酵温度高，发酵速度快。在短时间内生成大量酒精，酵母容易早衰，这种现象称为前急后缓。

【前急后急】 在酒母嫩、米的精白度低和开始发酵温度高的场合，发酵速度快，短期内完成发酵，此种现象称为前急后急。

【砂土管保藏法】 取河沙若干，过筛，选取中间均匀的沙粒放入耐酸容器中，用 10%的盐酸浸泡处理，除去其中的有机质。盐酸用量以淹没砂面为宜，浸泡 2-4 小时倒去盐酸，再用水洗数次，至呈中性，去水烘干或晒干。然后把干砂粉装入小试管中，装入量高达 1 厘米左右，塞好棉塞在蒸汽高压锅内灭菌，再取灭菌砂少许，放入液内培养基内，检查有无微生物生长。若有，则再次灭菌，至无菌止。把要保存的菌种置于最适宜的培养基和培养条件下培养成熟后，注入无菌水 3-5 毫升，洗下孢子，制成悬浮液，用 1 毫升无菌吸管吸取悬浮液滴入砂管中，每小管 10 滴，再用接种针经火焰灭后拌匀。

然后把砂土管放在真空干燥器中抽真空二磷吸收水分。干后将小管取出，用火在棉塞下面烧熔玻璃，拉长，把管口封住，放在低温处保藏。此法谓之砂土管保藏法。

【**顺位品评法**】将几种酒样分别编号，然后要求评酒人员按照酒度高低或酒质优劣，顺序排队，分出名次，这种方法称顺位品评法。

【**顺效应**】人的嗅觉和味觉是比较灵敏的，但是经长时间连续刺激，就会变得迟钝，以至最后变为无知觉的现象，这种现象叫做顺效应。

【**威士忌**】酒名。英文（whisky）的音译。一种用麦类或搀用玉米为原料，加麦芽糖化后，用酵母发酵，经蒸馏而制成的蒸馏酒。酒精含量30-70%。普通品贮藏期约三年，上等品贮藏期在七年以上。英国苏格兰威士忌较为著名。

【**选择培养基**】在培养基内加入某种化学物质以抵制不需要的菌的生长，而促进菌的生长，这样的培养基叫选择培养基。

【**选择性疲劳**】人的嗅觉对物质的香气分辨不出来，即使再好的香气也没有感觉，但有时对不同于所闻的该种香气的气味却能很好地辨别，这叫做选择性疲劳。

【**种曲培养**】称取麸皮，加水90%-100%，硫酸0.2%-0.3%，拌匀后包入纱布，在1公斤/平方厘米汽压灭菌1小时取出降温，至35℃接三角瓶0.3%，28-31℃堆积8小时后装盒，24小时左右划盒1-2次，培养品温不超过36℃，约培养3天后成熟。

【**柱式连续蒸煮**】柱式连续蒸煮的压力较低，流速较慢，蒸煮时间可以长些，操作比较稳定，糖损失少，淀粉利用率高。

【**追糟酒**】在小回酒的基础上，再接取第七次原酒并入库贮存，该酒称作追糟酒。追糟酒醇和，有糊香，但微苦，糟味较大。

【**秬鬯**】用黑黍和香草酿造的酒，用于祭祀降神。《诗·大雅·江汉》："秬鬯一卣。"又，古盛酒器。《礼记·表记》："天子亲耕，粢盛、秬鬯，以事上帝。"

十　画

【**案酒**】同"按酒"。《西游记》二十：今奉大王严命，在此巡逻，要拿几个凡夫去做案酒。《醒世恒言》十六：上好酒暖两瓶来，时新果子，先将来案酒，好嗄饮只消三四味就勾了。

【被酒】犹中酒。《史记·高祖本纪》："高祖被酒。"张守节正义："被，加也。"

【宾席】客人之席。犹宾筵。白居易《和微之，和酬郑侍御东阳春闷放怀追越游见寄诗》："君得嘉鱼置宾席，乐如南有嘉鱼时。"

【捕醉仙】劝酒之玩具。与"劝酒胡"同。《酒谱》："酒令有捕醉仙者为偶人，转之以指席者。"《墨庄漫录》："饮席刻木为人而锐下，置盘中，左右欹侧，僛僛然如舞状，久之力尽乃倒，视其所指，酬之以杯，亦谓劝酒胡。"

【鬯】祭祀所用之香酒，以郁金草酿秬黍为之，所以降神也。《易·震》："不丧匕鬯。"〔注〕：鬯，香酒。《诗·大雅·江汉》："秬鬯一卣。"〔笺〕秬鬯，黑黍酒也，谓之鬯者，芬香条鬯也。

【鬯酒】秬鬯。《诗·大雅·江汉》："秬鬯一卣。"〔笺〕：秬鬯，黑黍酒也，谓之鬯者，芬香条鬯也。王赐召虎，以鬯酒一尊，以祭其宗庙，告其先祖。

【倡饮】歌舞助酒。《后汉书·郭皇后纪》："会诸郭朝见，上寿引入，倡饮甚欢。"注：说文曰，倡，乐也，声类曰俳。

【乘兴】乘其兴致而饮。

【埕】酒瓮名。高文秀《淬范叔》第二折："我儿吃那开埕十里香？"十里香，酒名。

【耽酒】谓喜饮酒。《北史·裴叙业传》："好弹琴耽酒，时有文咏。"

【顿递】沿道设酒食以供应军队，以及邮驿。《资治通鉴·唐纪》："僖宗中和元年，李克用牒河东，称奉诏将兵五万讨黄巢，令具顿递。"〔注〕：缘道设酒食以供军为顿，置邮驿为递。《郤扫编》："桥道司例造酒分饷近臣，京师称顿递司酒为最美。"

【恶醉强酒】讨厌醉酒却偏要喝酒。强，硬要。比喻明知不好的事却硬要去做。语出《孟子·离娄上》："今恶死亡而乐不仁，是犹恶醉而强酒。"

【浮一大白】浮，违反酒令被罚饮酒。白，罚酒用的酒杯。原指罚饮一大杯酒。后指满饮一大杯酒。语本汉刘向《说苑》："魏文侯与大夫饮酒，使公乘不仁为觞政，曰：'饮不釂者，浮以大白。'"清曾朴《孽海花》第二十四回："得此喜信。胜听捷音，当浮一大白。"

【赶座子】在酒楼上奔走卖唱。《水浒》三：父亲自小教得好些小曲儿，来这里酒楼上赶座子。

【羔酒自劳】煮小羊，饮斗酒以自乐。《故事成语考·饮食》："羔酒自劳田家之乐，含哺鼓腹盛世之风。"

【高阳酒徒】高阳，古乡名，在今河南杞县西南。秦末郦其食即此乡人，他对刘邦自称"高阳酒徒"。后用指好饮酒而狂放不羁的人。语出《史记·郦生陆贾列传》："郦生瞋目按剑叱使者曰：'走，复入言沛公：吾高阳酒徒，非儒人也。'"元秦简夫《东堂老》第三折："你醒也波高阳哎酒徒，担着这两篮儿白菜，你可觅了他这几贯的青蚨。"

【高度酒和低度酒】含酒精量高的酒叫"高度酒"，反之叫"低度酒"。

【高粱酒】以高粱为原料制成的酒，统称为高粱酒。又称为高粱烧。高粱酿造的酒，气味猛烈，故掺合其他谷类与高粱合酿以调剂之者，所得之酒亦名高粱酒。

【高浓度酿造】所谓高浓度酿造，即所用麦汁的浓度较高，因之在糖化以后的工序中需要加水稀释。由于在糖化时减少了用水量，所以可以提高糖化设备的利用率。而且如果在贮酒时稀释，则发酵设备的利用率也将提高。

【高浓度啤酒】高浓度啤酒：麦汁浓度在十四度至二十度左右，酒精含量为4%左右。

【高泡期】发酵最旺盛期，泡沫特别旺盛，悬浮酵母数达最高值。由于酒花树脂的所在，泡沫表面棕黄色，此称为高泡期。

【高温开耙】醪的品温上升到35℃以上进行第一次搅拌，即为高温开耙，又称之为开头耙。

【高温曲】温度在60-56℃生产的曲，称为高温曲。高温曲基本用于酿制酱香型酒。

【高温润糁】粉碎后的高粱原料，在蒸料前进行热水浸润，称为高温润糁。

【高温糖化酵母】将醪在淀粉酶作用下进行短时间的溶解糖化，糖化后添加乳酸，调节PH值，迅速作成酵母培养基。这种采取55-60℃高温糖化剂制成的酵母，称作高温糖化酵母。

【高温糖化酵母的制造方法】将大米和水的比例控制在一比三以上。在罐内加温水和米饭，使混合后的温度约为60℃，加入麦曲，用量约为原料的15%，搅匀，在55-60℃静止糖化四至六小时。糖化结束后，加乳酸调节PH值，然后冷至28-30℃，接入三角瓶及卡氏罐的培养酵母，其温度维持在26-30℃，培养16-20小时，即成。

【栝楼薤白白酒汤】方剂名。见《金匮要略》。由栝楼、薤白、白酒三味组成。功能温阳散结、豁痰下气、主治胸痹、痛彻胸背，以及气急咳嗽痰多等症。近用本方加减治疗心绞痛。

【桂酒】酒名。《楚辞·九歌·东皇太一》："奠桂酒兮椒浆。"王逸注："桂酒，切桂置酒中。"

【桂花曲】酒种。制造块曲的时间，一般在旧历的八月至九月间，此时正当桂花盛开之际，故习惯上把这段时间内制成的曲称为"桂花曲"。

【海】最大的酒杯。唐温庭筠《乾子》："裴均镇襄州设宴，有银海，受一升，以手捧饮将海覆地。"《红楼梦》二十八：我先喝一大海，发一个新令，有不遵者，连罚一大海，逐出席外，与人斟酒。

【酐】苦酒。见《广韵·三十七荡》。

【荷杯】以荷叶代杯。《唐语林》："李宗闵暑月以荷为杯。"戴叔伦《南野诗》："茶烹松头红，酒吸荷叶绿。"

【荷味杯】本为酒器，或即以荷叶为杯，于暑天用之。后为唐教坊曲名，又用为词牌。

【盉】古代酒器。青铜制。圆口，深腹，三足，有长流鋬和盖。用以和水于酒，然后倾入于爵、觚、觯以饮，或以为兼可温酒。盛行于商代后期和西周初期。

【壶】礼器。酒器。《说文》："壶，昆吾圆器也，象形。从大，象其盖也。"《周礼·秋官·掌客》："壶四十。"〔注〕：壶，酒器也。《礼记·礼器》："门内壶。"〔注〕：壶，大一石。《公羊·昭二十五》："国子执壶浆。"〔注〕：壶，礼器，腹方圆口曰壶，反之曰方壶，有爵饰。

【壶酒】谓壶中酒。又即一壶酒。《南史·梁世方等传》："一壶之酒足以养性，一箪之食足以怡形。"韩非子《外储说右上》："壶酒不清，生肉不布。"李白《月下独酌诗》："花间一壶酒，独酌无相亲。"岑参《送扬子诗》："惜别添壶酒，临歧赠马鞭。"

【壶觞】壶与觞。陶潜《归去来辞》："引壶觞以自酌，眄庭柯以怡颜。"白居易《将至东都寄令狐留守诗》："东都添个狂宾客，先报壶觞风月知。"卢纶《酬赵少尹示诸侄诗》："谬人阮家逢庆乐，竹林应得奉壶觞。"

【壶中物】谓酒。张祜《题上饶亨诗》："唯是壶中物，忧来且自斟。"

【壶尊】酒器。《周礼·春官·司尊彝》："秋当冬烝，裸用斝彝黄彝，皆有舟。其朝献用两著尊，其馈献用两壶尊，皆有罍，诸臣之所昨也。"〔注〕：壶者，以壶为尊。

【壶罂】酒器。鲍照《拟行路难诗》："君不见亡灵蒙享祀，何时倾杯竭壶罂。"

【晃瓢】摇动酒甏弄得酒发浑。《儿女英雄传》十五："你老人家无论叫我干什么，我都去，独你老人家的酒我可不敢动他，回来又是怎么晃瓢了温毛了。"

【家酿】谓家中自酿之酒。《书言故事·酒类》："蒙赐家酿。"

【监酒】监视造酒之人，或监督饮酒之人。《金史·逆臣传》："监酒官移剌保，迎谒时饮以酒。"

【浆】泛指饮料。如：水浆，酒浆。《周礼·天官·浆人》："掌共（供）王之六饮：水、浆、醴、凉、医、酏。"按：六饮中的浆是淡酒。也指酒。

【浆酒】浆与酒。《礼记·玉藻》："王饮上水，浆酒醴酏"。〔注〕：上水，水为上，馀其次之。

【浆酒藿肉】视酒肉如浆藿。《汉书·钱包宣传》："使奴从宾客，浆酒藿肉。"〔注〕：刘德曰："视酒如浆，视肉如藿也。"师古曰："藿，豆菜也，贫人茹之也。"

【竞饮】争饮。《北史·景穆十二王上·济阴王小新成传》："新成乃多为毒酒；贼逼，便弃营而去，贼于竞饮。"

【酒媪】酒店之老妇。韩愈《顺宗实录》："其余悉以送酒媪无留也。"

【酒半】谓饮酒至数巡。《宋史·陈规传》："金人告急于兀术，规大饷将士，酒半问曰……"

【酒榜】酒店招牌。皎然《张伯英草书歌》："长安酒榜醉后书，此日骋君千里步。"

【酒保】①酒家之雇佣。俗谓酒家之侍者。《史记·栾布传》："穷困，凭佣于齐为酒人保。"《宋史·张继能传》："抵饮肆，与酒保相殴，系府中。"②货酒者也。《鹖冠子·天则》："酒保，先贵酒者。"货酒者也。

【酒悲】酒醉后而涕泣。《五代史·前蜀世家》："王衍尝以九日宴宜华苑，嘉王宗寿以社稷为言，言发流涕。韩昭等曰，嘉王酒悲尔。"《资治通鉴·后唐庄宗纪》胡注："人有醉后涕泣者俗谓之酒悲。"

【**酒杯**】盛酒之杯。

【**酒杯流行**】酒杯巡行。《唐书·长孙无忌传》：“太宗谓唐俭，有辞善和解人，酒杯流行，发言可意，事朕二十年，未尝一言国家事。”

【**酒边**】酒席之侧。卢藏用《九日诗》：“萸依佩裹发，菊向酒边开。”杜甫《送路六侍御入朝诗》：“剑南春色还无赖，触忤愁人到酒边。”章碣《观锡宴诗》：“鱼衔懒草浮地面，蝶趁飞花到酒边。”

【**酒标**】酒家之标志。与酒旗同。《长生殿·疑谶》：“我家酒铺十分高，罚誓无赊留酒标。”

【**酒兵**】酒能解愁，如兵可克敌，故曰酒兵。《南史·陈暄传》：“江谘议有言曰，酒犹兵也。兵可千日而不用，不可一日而无备；酒可千日而不饮，不可一饮而不醉。”

【**酒病**】因酒而生之病。杜甫诗：“老人因酒病，坚坐看君倾。”

【**酒病酒药医**】据说喝醉了酒的人，次日精神委顿，必须再喝几杯酒才能精神复振，这叫做“酒病酒药医”。《金瓶梅》五十四：伯爵道：“酒病酒药医，就吃些何妨。我前日也有些嗓子痛，吃了几杯酒，倒也就好了。”

【**酒钵**】盛酒之钵。《大业拾遗记》：“作小舸子木人长二尺许，乘船行酒，每一船，一人檠酒杯，一人捧酒钵，一人撑船，二人荡浆，绕曲水池随岸而行，每到坐客处，即停客取酒，饮讫，还杯，木人受杯，回向捧酒钵人，酌酒杯，船依式自行。”

【**酒波**】酒上所起之波纹。

【**酒粕**】酒糟。《急就篇》：“糟糠汁滓稿莝刍。”〔注〕：糟，酒粕也。

【**酒帛**】谓酒与帛。《宋史·列女张氏传》：“张氏鄂州江夏民妇，里恶少谢师乞过其家，持刀逼欲与为乱，曰，从我则全，不从则死。张大骂曰，庸奴可死，不可它也。至以刃断其喉，犹能走擒师乞以告邻人。既死，朝廷闻之，诏封旌德县郡，表坟曰列女之墓，赐酒帛，令郡县致奠。”

【**酒博士**】即酒保。《京本通俗小说》十三：正行之间，一个人从后面赶将来，叫道：“张主管，有人请你。”张胜回前沿看时，是一个酒博士。

【**酒逋**】酒债。陆游诗：“朝眠每恨妨书课，秋获先令入酒逋。”

【**酒材**】谓制酒之材料，如米曲之类。

【**酒赃**】酒贩。《后凉录·吕光传》：“帛纯宫室壮丽，焕若神居。胡人奢侈，富于生养。家有葡萄酒至千斛，经十年不败，士卒沦没酒赃者相断，诸国贡款属略。”

【酒槽】①装酒之容器。与酒船同。《辍耕录·切谏》：“持酒槽之金口以进。”张藉诗：“就石安琴枕，穿松压酒槽。”②榨酒时以盛酒料之容器。

【酒草】草名，可供酿酒用。《琅邪代醉编酒草》：“瑶琨去玉门九万里，有碧草如麦，割之以酿酒，则味如醇酎。”

【酒肠】谓饮酒人之肚肠。旋肩吾《云州饮席诗》：“酒肠虽满少欢情，身在云州望帝城。”杜牡《题吴兴消暑楼诗》：“景牵游目困，愁抚酒肠销。”

【酒场】卖酒饮酒之场所。《宋史·食货志》：“治平四年，手诏蠲京师酒户所负榷钱十六万缗，又江南比岁所增酒场，强率人酤酒者禁止。”

【酒车】载酒肴之车。《文选·班固·西都赋》：“乘轻骑以行庖，胜酒车以斟酌。”

【酒成】谓将酒酿成。《宋史·职官志》：“若祭祀、朝会、宴享，则同光禄寺官，视其善否，酒成，则尝而后进。”

【酒酲】宿醉。郑谷《敷溪高士诗》：“眠窗日暖添幽梦，步野风清散酒酲。”

【酒吃】谓口吃而酒后言说流利者。《唐史拾遗》：“焦遂口吃，对客不能出一言，醉后酬答如注，时目为酒吃。”

【酒池】以酒为池。参见“酒池肉林”。

【酒池肉林】古代传说，殷纣以酒为池，以肉为林，为长夜之饮。形容生活极其奢侈、糜烂。也形容酒肉很多。语本《史记·殷本纪》：“以酒为池，悬肉为林。”明许仲琳《封神演义》第十七回：“纣王听信妲已，造酒池、肉林，一心忌惮，朝纲不整，任意荒淫。”

【酒筹】旧时饮酒时用以计数的筹子。白居易《同李十一醉忆元九》诗：“花时同醉破春愁，醉折花枝当酒筹。”

【酒刍】酒簏。滤酒之器。皮日休诗：“碧落裳下携诗草，黄篾楼中桂酒刍。”

【酒船】载酒之船。《晋书·毕卓传》：“卓尝谓人曰，得酒满数百斛船，四时甘味置两头，右手持酒杯，左手持蟹螯，拍浮酒船中，便足了一生事矣。”

【酒传生】长安俗谓递饮酒相邀。《法苑珠林》：“长安风俗，元日以后，递饮酒相邀，号酒传生。”顾清《乙亥元日十峰饮师邵乐斋出予家挂饼师邵有诗次韵奉答诗》：“茗碗酒杯皆可意，好将新岁作传生。”

【酒床】谓饮酒之几案。苏轼《跋送石昌言引》：“彭任饮酣，闻彦国当使愤愤推酒床，拳皮裂，遂自请行。”马祖常《贡仲章待制宠和次韵诗》：“戴凭久负谈经席，阮籍唯知近酒床。”

【酒醇】即乙醇。因其为各种饮用酒之主成分，故名。

【酒大工】西襄酒之男工。《直语补证》：“酒翁，酒者也。今人呼为酒大工。”

【酒甔】坛子一类的酒器。皮日休《和鲁望秋日遣杯诗》：“酒甔香竹院，鱼笼挂茅簷。”

【酒胆】好酒之人。又酒量甚大者。《汉皋诗话》：“豩字，呼关切，顽也，当在山字韵。刘梦得有杯前胆不豩，赵緦有吞船酒胆豩之句：礼部韵不收。唐韵亦无此。”

【酒啖】酒与食物。《魏书·董卓传注》：“或自赍酒啖，过天子饮。”

【酒铛】三足温酒器。与酒鎗同。《梁书·何点传》：“竟陵王子良，遗点嵇叔夜酒杯，徐景山酒铛，以通意。”

【酒党】酒伴。《后汉书·桓彬传》：“时中常侍曹节女壻冯方，亦为郎。彬厉志操，与左丞刘歆，右丞杜希，同交好善，未尝与方共酒食之会，方深怨，遂章言彬等为酒党。”

【酒舠】酒船名。《秦观·琵琶梦诗》：“金纹捍面紫檀槽，曾把花前送酒舠。”

【酒德】《书·无逸》：“无若殷王受之迷乱，酗于酒德哉！”孔传：“以酗酒为德。”意即以酗酒为事，本属贬义。后多借指酒的属性或作用。晋刘伶有《酒德颂》，唐孟郊有《酒德》诗。黄庭坚《谢答闻善二兄》诗：“四座欢欣观酒德，一灯明暗又诗成。”谓饮酒足助人成诗。

【酒德颂】颂扬酒之功德所作之文。晋刘伶作《酒德颂》。

【酒滴】酒之滴。李贺《将进酒歌》：“琉璃钟，琥珀浓，小槽酒滴真珠红。”

【酒敌】谓酒量相匹敌。《归田录》：“与石曼卿为酒敌。”

【酒癫】饮酒而作狂。一作酒颠。白居易《峡中遇微之诗》：“别来只是成诗癖，老去何曾更酒癫。”

【酒店】卖酒之商店。《南史·颜延之传》：“文帝尝召延之，传诏频不见，常日但酒店裸袒。”

【酒奠】以酒奠祭之。罗隐《送朗州张员外诗》：“旗飘岘首岗光重，酒奠湘江杜魄哀。”

【酒毒】饮酒而中酒精之毒。王绩《食后诗》：“葛花消酒毒，萸带发羹香。”

【酒额】酿造酒之价格。陈亮《义乌县减酒额记》：“酒额岁不亏一钱，而郡县交便之。”

【酒恶】中酒，因多喝了酒身体感到不爽。赵德麟《侯鲭录》卷八：“金陵人谓中酒曰酒恶，则知李后主词云：‘酒恶时拈花蕊嗅。’用乡人语也。”

【酒发】酒引发。韩屋《无题诗》：“歌凝眉际恨，酒发脸边春。”

【酒法】酿酒之法。

【酒饭】酒与饭。《汉书·薛宣传》：“设酒饭与相对，接待甚备。”

【酒坊】酒肆。

【酒坊使】酒官名。《宋朝会要》：“唐有酒坊使，宋朝初加内字，后去之。”

【酒肥】酒浓。皮日休《初事即事诗》：“茗脆不禁炙，酒肥或难倾。”

【酒分】酒意。白居易《雪夜喜李郎中见访诗》：“对此欲留君便宿，诗情酒分合相亲。”

【酒风】病名，中酒毒。《素问·病能论》：“帝曰，有病身热解堕，汗出如浴，恶风少气，此为何病？歧伯曰，病名曰酒风。”

【酒缶】酒罍，古代一种盛酒器。《宋史·吴玠传》：“金人用火攻楼，以酒缶扑灭之。”

【酒妇】酒家妇。《妆楼记》：“女儿，陈市上酒妇也。朱仲常于会稽卖珠，一日仲以素书倚酒于女儿家，儿盗写学其术。”

【酒浮】酒面浮载。周明帝《咏摘花诗》：“酒浮花不没，花含酒更香。”

【酒府】掌王燕饮之酒者，《周礼·天官·酒人》：“凡事共酒而入于酒府。”〔注〕：入于酒之府者，是王燕饮之酒，酒正当奉之。

【酒腐】谓量酒不饮，令其腐败。《唐书·魏征传》：“昔齐桓公问管仲曰：‘吾欲使酒腐于爵，肉腐于俎，得无害霸乎？’管仲曰：‘此固非其善者，然无害霸也。’”

【酒赋】①赋名。汉邹阳作。《西京杂记》：“梁孝王游于忘忧之馆，集诸游士，各使为赋，邹阳为酒赋。”②饮酒与赋诗。王勃《郊园即事诗》：“闲居饶酒赋，随兴欲抽簪。”

【酒膏】谓酒上所浮之白滓。《文选·张衡·南都赋》：“醪敷径寸，浮蚁若萍。”〔注〕敷，布也，酒膏径寸，布于酒上，亦有浮蚁发水萍。司马光《送张少卿知洪州诗》：“风色传花信，烟光拂酒膏。”

【**酒诰**】《书经·周书》之篇名。《书·康诰序》：“成王既伐管叔、蔡叔，以殷余民封康叔，作康诰、酒诰、梓材。”传：康叔监殷民，殷民化纣嗜酒，故以戒酒诰。

【**酒歌**】①饮酒与咏歌。《宋书·乐志》：“欢日尚少，戚日苦多，以何忘忧，弹筝酒歌。”②咏酒之歌。《宋史·许洞》：“洞归吴中数年，日以酣饮为事，当从民坊贳酒。一日大暑，壁作酒歌数百言，乡人争往观，其酤数倍。”

【**酒功**】酒之功效。孟郊《酒德诗》：“酒是古明镜，辗开小人心。醉见异举止，醉闻异声音。酒功如此多，酒屈亦以深。”

【**酒觥**】酒杯。李贺《屏风曲》：“沈香火暖茱萸烟，酒觥绾带新城橦。”

【**酒骨**】酒糟。《表异录》：“糟曰酒骨，出孟蜀食典。”

【**酒沽**】①与“酒酤”同。《汉纪·孝武纪》：“至于用度不足，以榷酒沽，管监铁。”②买酒。李端《杂歌》：“酒沽千日人不醉，琴弄一弦心已悲。”

【**酒辜**】酒罪。何承天《答宗居士书》：“淫盗著于五刑，酒辜明于周法。”

【**酒酤**】卖酒。《汉书·武帝纪》：“初榷酒酤。”注：韦昭曰：以木渡水曰榷，谓禁民酤酿，独官开置，如道路设木为榷，独取利也。”《汉书·食货志》：“共奏罢酒酤。”

【**酒官**】掌酒之官。《宋史·礼志》：“宜诏酒官，依法制酒。”

【**酒馆**】酒店。张昱《访旧三竺诗》：“酒馆湖船尽有名，五杯时得肆闲情。”

【**酒鬼**】嗜酒之人。杨维桢诗：“金榼堕地非酒鬼，由箱以驴行万里。”

【**酒贵**】酒价昂贵。《唐书·食货志》：“乾元元年，京师酒贵，肃宗以禀食方屈，乃禁京城酤酒，期以麦熟如初。”

【**酒国**】醉中天地。醉乡。唐庚诗：“砚田无恶岁，酒国有长者。”《桃花扇·选优》：“千年只有歌场乐，万事何须酒国愁。”

【**酒过**】谓饮酒而致过失。《晋书·周顗传》：“屡以酒过为有司所绳。”《宋书·颜延之传》：“颜延之性既偏急，兼有酒过。”

【**酒海**】酒多如海。白居易《就花枝诗》：“就花枝，移酒海，今朝不醉明朝悔”。

【**酒丞**】掌酒之官。《通典·职官·光禄卿·良醞署》：“晋有酒丞，齐有酒吏，梁曰酒库丞，隋曰良醞署，令丞各一人，唐因之。”

【酒寒】酒冷。曹唐《小游仙诗》："方士飞轩驻碧霞，酒寒风冷月初斜。"杜荀鹤《雪中别诗友》："酒寒小户，请满酌行杯。"

【酒酣】饮酒至半醉状态。《史记·高祖纪》："酒酣，高祖举筑，自为歌诗。"《集解》："应邵曰，不醒不醉曰酣，一曰，酣，治也。"《晋书·周顗传》："帝讌群公于西堂，酒酣从容曰，今日名臣共集，何如尧舜时耶。"

【酒酣耳热】酒酣：酒喝得很痛快。形容酒兴正浓。语本汉杨恽《报孙会宗书》："酒后耳热仰天拊缶，而呼乌乌。"三国魏曹丕《与吴质书》："每至觞酌流行，丝竹并奏，酒酣耳热，仰而赋诗，当此之时，忽然不自知乐也。"

【酒豪】酒豪指的是嗜酒不在李白之下，但嗜酒的名声却远逊李白的诗人杜甫。"得钱即相觅，沽酒不复疑"，"朝回日日典春衣，每日江头尽醉归"，"径须相就饮一斗"，"数茎白发那抛得，百罚深杯亦不辞"，"浅把涓涓酒，深凭送此身"。故人称之"酒豪"。

【酒痕】酒渍之痕迹。岑参《奉送贾侍郎使江外诗》："荆南渭北难相见，莫惜衫襟着酒痕。"白居易《咏故衫诗》："袖中吴郡新诗本，襟上杭州旧酒痕。"

【酒红】酒沁于面呈现之红色。厉鹗《春寒诗》："漫脱春衣浣酒红，江南三月最多风。"

【酒喉】饮酒之喉。杨维桢《庐山瀑布谣》："酒喉无耐夜渴甚，骑鲸吸海枯桑田。"

【酒壶】盛酒之容器。《三国志·吴志·郑泉传》："郑泉，字文渊，性嗜酒，临卒谓同类曰，必葬我陶家之侧，庶百岁后，化而成土，取为酒壶，实获我心矣。"韩愈《送区册序》："岁之初吉，归拜其亲，酒壶既倾，序以识别。"杜甫《水阁朝霁诗》："呼婢取酒壶，续儿诵文选。"元稹《与李十一夜饮诗》："寒夜灯前赖酒壶，与君相对兴犹孤。"

【酒胡】酒席中饮酒之戏具。元稹《酬李甫见赠诗》："野诗良辅偏怜假，长借金鞍迓酒胡。"刘筠《大酺赋》："诙谐方朔，调笑酒胡。"《墨庄漫录》："饮席刻木为人，而锐其下，置之盘中，左右欹侧如舞状，力尽乃倒，视其传筹所至，酬之以盃，谓之劝酒胡。"

【酒胡子】即不倒瓮。劝酒具。与捕醉仙同。卢汪《酒胡子诗》："同心相遇思同欢。擎出酒胡当玉盘。"

【酒虎】谓酒豪。郑清之诗："努力去为酒中虎。"注，谚谓海错监者为酒虎。

【酒户】与酒肆同。陆游诗："酒户知贫焚旧券。"

【酒花】谓酒中所浮之泡沫。孟郊《送殷秀才南游诗》："诗句临离袂，酒花薰别颜。"孔平仲《冬夕即席作诗》："酒花随烦聚，酥蘂带寒开。"

【酒荒】因饮酒而荒废其业。《国语·越语下》："出则禽荒，入则酒荒。"（另指缺酒饮——非甑）

【酒祸】因饮酒而招灾祸。《礼记·乐记》："此先王之所以备酒祸也。"《酒谱》："诗雅云，人之齐圣，饮酒温克。又云，既立之监，或佐之史，然则饮之立监史也，所以已乱而备酒祸也。后世因之，有酒令焉。"

【酒妓】陪酒之妓。

【酒极】谓饮酒过量。《史记·淳于髡传》："酒极则乱，乐极则悲。"

【酒家】①酒肆。《后汉书·李固传》："变名姓为酒家佣。"李白诗："颜公二十万，尽付酒家钱。"②酒店雇佣之人。《长生殿·疑谶》："人来共沽，酒家有么？"

【酒家保】同酒保、酒人保。

【酒家胡】酒家之姬。辛延年《羽林郎诗》："昔有霍家奴，姓冯名子都，依倚将军势，调笑酒家胡。胡姬年十五，春日独当垆。"

【酒家南董】谓撰写酒史之良才。《唐书·王绩传》："时大乐署史焦革家，善酿，绩求为丞。革死，追述革酒法为经，又采杜康、仪狄以来善酒者为谱。李淳风曰，君酒家南董。"

【酒驾】驾酒而行之车。《文选·张协·七命》："肴驷连镳酒驾方轩。"

【酒监】监督饮酒之人。《诗·大雅·宾之初筵》："既立之监，或佐之吏。"《传》："立酒之监，佐酒之吏。"《集传》："则立酒监，使视之。"程嘉燧诗："四座无声罢酒监。"

【酒浆】酒与浆。《诗·小雅·大东》："维北有斗，不可以挹酒浆。"《仪礼·公食大夫礼》："饮酒浆，饮俟于东房。"

【酒匠】造酒之人。《唐书·百官志》："良酿署有酒匠十三人。"《宋史·食货志》："诸州官酿所费谷麦，准常以给，不得用仓储，酒匠役人当受粮者给钱。"

【酒窖】贮藏酒类的地下室。一般分全地下室和半地下室两种。窖内保持较低的恒温，以利酒类的醇化。

【酒酵】酒母。《癸辛杂识》："遂以酒酵作汤，饮之而愈。"

【酒教】曲之别称。《事物异名录·饮食·酒》："说文，曲亦作酴，酒母也。曲又曰酒教，方言曰麯。"

【酒戒】酒禁。李纯甫《杂诗》："酒戒何会破，诗魔先已降。"

【酒禁】禁止造酒与饮酒。《后汉书·孔融传》："时年饥兵兴，操表制酒禁，融频书争之。"《唐书·食货志》："唐初无酒禁。"《文献通考·征榷考》："东坡苏氏曰，自汉武帝以来，至于今皆有酒禁。"

【酒经】①书名。叙录古来之制酒法。《宋史·艺文志》："无求子酒经一卷，大陷翁酒经一卷，苏轼东坡酒经。"②酒器《侯鲭录》："陶人之为器有酒经焉，晋安人以盛酒，似瓦壶之制，小颈环口，修腹，受一斗，馈人以酒，书云，酒一经或二经至五经，他境人不达其义闻五经至，束带迎于门，乃知是酒五瓶为五经焉。"

【酒法】科酒税之法。《唐书·食货志》："昭宗世以用度不足，紧急措施洋畿近镇曲法，复权酒以赡军。"《宋史·食货志》："凡酝用秔糯黍粟麦等及曲法酒式，皆水土所宜。"

【酒纠】①昔人以妓女侑酒司觞政，曰酒纠。《卢氏杂说》："洛中举子谒节使留连宴欢，与酒纠谐戏颇洽。"②监酒之令。《称谓录·酒·酒纠》："表异禄、觞政、酒令也。酒纠；监令也，亦名觥籙事。"

【酒具】饮酒器。《宋书·陶潜传》："江州刺史王弘欲讥之，不能致也，潜尝往庐山，弘令潜故人庞通之齐酒具于半道栗里要之。"

【酒军】朋侪角饮，如两军之对垒，故云酒军。白居易《令狐相公诗》："酒军诗敌如相遇，临老犹能一据鞍。"

【酒渴】因酒而渴。《本事诗》："寻春独行，酒渴求饮，女入以杯水至。"畅当《军中醉饮寄沉八刘叟诗》："酒渴爱江清，余酣漱晚汀。"《三体诗·增注》："此诗元载杜工部集中。"皮日休《闲夜酒醒诗》："酒渴温思茶，山童呼不起。"

【酒榼】酒尊。岑参诗："酒榼绿青壁，瓜田傍绿溪。"白居易《效陶潜体诗》："床头残酒榼，欲尽味弥淳。"

【酒客】①嗜酒之人。②善制酒者。《列仙传》："酒客者，梁市上酒家人也，作酒常美，售日得万钱。"

【酒课】酒税。《宋史·食货志下》："诸路酒课，月比岁增。"

【酒库】藏酒之室。白居易《五月斋戒诗》："妓房匣镜满尘埃，酒库封瓶生绿苔。”

【**酒库丞**】梁代官名，监督酒库之辅助官。

【**酒伶**】劝酒之伎女。孟郊《晚雪吟》：“甘为酒伶摈，坐耻歌女娇。”

【**酒狂**】谓因酒而疯狂。《汉书·盖宽饶传》：“无多酌我，我乃酒狂。”

【**酒魁**】酒器。《朝野佥载》：“蜀中有酒器名酒魁，诗人所谓斟以大斗，制象北斗有魁柄。”

【**酒困**】谓饮酒过多，为酒所困。《论语·子罕》：“不为酒困。”李商隐《崇让宅东亭醉后沔然有作》诗：“新秋仍酒困，幽兴暂江乡。”

【**酒阑**】谓饮酒过半之时。《汉书·高帝纪》：“酒阑。”〔注〕文颖曰，阑言希也。谓饮酒者半罢半在，谓之阑，隋断帝《献岁讌群臣诗》：“酒阑钟磬息，欣观礼乐成。”

【**酒浪**】形容酒宴酒多如流，波涌浪喧。陆游《夜宴诗》：“酒浪摇春不受寒，烛花垂烬忽堆盘。”

【**酒醪**】酒之泛称。《史记·扁鹊传》：“疾之在肠胃，酒醪之所及也。”《汉书·陈遵传》：“酒醪不入口，臧水满怀。”《后汉书·寇恂传》：“及勑属县，盛供具储酒醪。”《孔丛子·陈士义》：“酒醪五熟。”

【**酒乐**】饮酒之乐。《后汉书·史弼传》：“内荒酒乐，出入无常。”《墨子·非命中》：“内沈于酒乐而不顾其国家。”

【**酒罍**】盛酒器。方千《金州客舍诗》：“此情偏耐醉，难遣酒罍闲。”

【**酒冷**】酒凉。曹唐《小游仙诗》：“香残酒冷玉妃睡，不觉七真归海中。”

【**酒醴**】即酒。《诗·大雅·行苇》：“会孙惟主，酒醴惟醹。”《周礼·天官·凌人》：“凡内外饔之膳羞鑑焉，凡酒浆之酒醴亦如之。”

【**酒礼**】饮酒之礼。《礼记·乐记》：“是故先王因为酒礼，壹献之礼，宾主百拜，终日饮酒而不得醉焉。此先王之所以备酒祸也。”

【**酒釐**】清代所课之酒税。《清会典事例·户部·税·直省局》：“同治十一年奏准，陕西省岐山、郿县、蒲城、韩城四卡，岐山专收酒。郿县于酒釐外，兼收百货土釐。”

【**酒吏**】掌酒之吏。参见酒丞条。《史记齐悼王世家》：“高后令朱虚侯章为酒吏。”《宋史·韩绛传》：“奉使至蜀，使酒吏主贸易。”

【**酒力**】指饮酒量之大小。饮酒之人往往自谦：不胜酒力。酒有醉人之力，故曰酒力。白居易《赠东邻王十三诗》：“驱愁知酒力，破睡见茶功。”

【**酒帘**】也叫“酒旗”，俗称“望子”。旧时酒家的标志。用布缀于竿头，悬在店门前，招引酒客。李中《江边吟》：“闪闪酒帘招醉客，深深绿树陷啼莺。”

【酒量】谓饮酒之限量。《论语·乡党》：“唯酒无量，不及乱。”《宋史·王審琦传》：“天必赐乡酒量，试饮之，勿惮也。”《明道杂志》：“晁王咎与余酒量正敌，每相遇两人对饮辄尽一斗，才微醺耳。”陆游《新治暖宝诗》：“诗才退后愁酣战，酒量衰来喜细倾。”

【酒洌】酒寒清彻。欧阳修《醉翁亭记》：“临溪而渔，溪深而鱼肥。酿泉为酒，泉香而酒洌。”

【酒鳞】即酒之波纹。苏舜钦《和彦猷晚宴明月楼诗》：“香穗繫科凝画栋，酒鳞环合起金罍。”《琵琶记·春宴杏园》：“琼舟银海，翻动酒鳞红，一饮尽教空。”

【酒令】旧时饮酒时助兴助乐的游戏。推一人为令官，余人听令轮流说诗词或做其他游戏，违令或负者罚饮。《红楼梦》第四十回：“(鸳鸯)吃了一钟酒，笑道：‘酒令大如军令，不论尊卑，唯我是主，违了我的话，是要受罚的’。”

【酒龙】谓善豪饮之人。陆龟蒙诗：“花碍寒风应束手，酒龙多病尚垂头。”

【酒龙诗虎】善饮工诗之人。宋濂诗：“酒龙诗虎重联袂，定在飘香桂树林。”

【酒螺】盛酒之容器。即酒嬴。白居易《酬梦得见喜疾瘳诗》：“暖卧摩绵褥，晨倾乐酒螺。”梅尧臣诗：“茶官到有清闲味，海月团团入酒螺。”

【酒楼】酒肆。张渭诗：“不用开书帙，偏宜上酒楼。”岑参《送郭乂诗》：“怜汝不忍别，送汝上酒楼。”项斯《夜泊淮阴诗》：“望来淮岸尽，坐到酒楼前。”

【酒垆】累土以居酒甕者曰酒垆。《正字通》：“酒垆，卖酒区，垆通作卢。”

【酒罏】即酒垆。《汉书·食货志》：“如淳曰，酒家开肆待客设酒罏，故以罏名肆。”庚信《答移市教》：“昔张楷硕儒，尚移弘农之市，宜宫妙篆，犹致酒罏。”

【酒律】饮酒时之游戏规律。《袄乱志》：“璜明善酒律，多与群商游。”

【酒酪】酒与酪。《唐书·让皇帝宪传》：“四方所献，酒酪异馔，皆分饷之。”

【酒满】谓杯中酒足。司空图《诗品》：“金樽酒满，共客弹琴，取之不足，良殚美襟。”李绅《上家山诗》：“山明溪月上，酒满心聊放。”

【酒幔】酒帘。窦叔同《夜宿表兄宅话旧诗》："明朝又是孤舟别，愁见河桥酒幔青。"王建华《清宫诗》："酒幔高楼一百家，宫前杨柳寺前花。"薛能诗："戍客烽楼迥，文君酒幔斜。"

【酒茅】祭祀用物，茅所以缩酒者。宋新《享明堂乐章》："酒茅既除，牲俎斯彻。幽冥罔恫，中外咸悦。"

【酒面】饮酒后人的脸面。《古杭杂录》："婺州刘鼎臣赴省试，临行妻作词，名鹧鸪天，云：'金屋无人夜剪绘，宝钗翻过齿痕轻。临行执手殷勤送，檪取萧郎两鬓青。听嘱付，好看成，千金不抵此时情，明年宴罢琼林晓，酒面微红相映明'。"

【酒缗】酒钱。《苍梧杂志》："孙权叔济嗜酒不治生产，尝欠人酒缗，欲质此袍偿之。"

【酒茗】酒与茶。苏轼诗："为予置齿类，岂不贤酒茗。"

【酒魔】①在人鼻中妨人饮酒之虫。《太平广记》："元载不饮，鼻闻气已醉，后遇异人，以针挑其鼻尖，出一小虫，曰，此酒魔也。是日遂饮一斗。"②促人好饮之嗜性。白居易《斋戒诗》："酒魔降伏终须尽。"

【酒母】酿酒之曲，王安石《和王微之登高斋》诗："剩留官屋贮酒母。"

【酒囊饭袋】比喻只会吃喝，不会做事人的。囊，口袋。语本汉王充《论衡·别通》："饱食快饮，虑深求卧，腹为饭坑，肠为酒囊。"宋陶岳《荆湘近事》。"唐末马殷据湖南，称楚王，奢移僭傲，诸院王子仆从烜赫，文武之道，未尝留意，时谓之酒囊饭袋。"

【酒浓】谓酒味浓厚。姚合《西亭秋日即事诗》："酒浓杯稍重，诗冷语多尖。"韦庄《上春词》："五陵年少惜花落，酒浓歌极翻如哀。"

【酒腻】酒味浓。皮日休《酒床诗》："糟床带松节，酒腻肥如羜。"

【酒暖】谓饮酒而发热。李贺《秦宫诗》："人间酒暖春茫茫，枝入簾櫳白日长。"刘禹锡《晨兴诗》："灯挑红烬落，酒暖白光生。"

【酒懦】酒性懦怯。《醉乡日月》："酒懦为旷宫，酒猛为苛政。"

【酒盘】盛酒具之盘。《云仙杂记》："萧馀上元夜于宣阳里酒盘下得一物。"

【酒醅】谓酒。醅，酒之未柔漉者。刘禹锡："酒醅晴易熟，药圃夏宜薅。"

【酒旆】酒家之标识。杜牧《赠沈学士张歌人诗》："吴苑春风起，河桥酒旆悬。"罗隐《村桥诗》："村桥酒旆月明楼，偶逐渔人系叶舟。"

【酒盆】盛酒之盆。杜牧《哭韩绰诗》："归来吟笑悲身事，呼妇唤儿索酒盆。"

【酒朋】酒侣。施肩吾《旋次水文县喜遇李少府》：“为君三日废行程，一县官人是酒朋。”

【酒癖】饮酒之癖习。白居易《喜裴使君见访诗》：“共放诗狂同酒癖，与君别是一亲情。”皮日休《病中书事诗》：“妻仍嫌酒癖，医中禁诗情。”

【酒瓢】盛酒之瓢。姚合《酬田卿书斋即事见寄诗》：“不是相寻懒，烦君举酒瓢。”王禹偁诗：“睡起残花落酒瓢。”

【酒酺】过庆典大宴饮。《史记·赵世家》：“惠文王三年，主父灭中山归，行赏大赦，置酒酺五日。”

【酒谱】书名。一卷。宋窦革撰。杂叙酒之故事，自酒名始，以酒令终。见《四库全书提要》子谱录类。

【酒脯】酒与干肉。《周礼·秋官·司盟》：“既盟则为司盟，共祈酒脯。”《论语·乡党》：“沽市脯。”《汉书·五行志》：“以酒脯祠鼠舞。”《说苑·尊贤》：“今日诸君皆为贵祖道，具酒脯。”

【酒旗】即“酒帘”，“望子。”酒店的标志。张籍《江南行》：“长干午日沽春酒，高高酒旗悬江口。”参见“酒帘”。

【酒器】盛酒之容器。张籍诗：“见僧收酒器，迎客换纱巾。”

【酒气】①酒之气味。贯休《送胡处士诗》：“头巾有酒气，竹杖有苔文。”②饮酒后之气势。柳宗元《裴府君墓谒》：“终身不以酒气加人。”

【酒鎗】三足温酒器。亦作酒铛。《南齐书·萧颖胄传》：“上慕俭约，欲铸坏大官元日上寿银酒鎗，颖胄曰，此一器既是旧物，不足为侈。”

【酒清】酒中无杂滓。《诗·大雅·凫鹥》：“尔酒既清，尔餚既馨。”

【酒情】饮酒之情致。曹唐《长安客舍叙邵陵旧宴诗》：“木鱼金钥锁春城，夜上红楼纵酒情。”

【酒权】称酒之物。元稹《酬宾校书次车韵诗》：“尘土抛书卷，枪筹弄酒权。”

【酒泉】酒涌如泉，形容酒多。裴秀《大蜡诗》：“有肉如丘，有酒如泉。”

【酒泉夜光杯】酒泉夜光杯有墨绿、鹅黄、羊脂白等不同的颜色，花纹天然，光亮透明，对月斟杯，玉纹隐隐可见。因产于甘肃酒泉。故称为酒泉夜光杯。

【酒榷】谓酒税。《汉书·贾捐之传》：“孝武帝造监铁酒榷之利，以佐用度。”

【酒人】①官名。《周礼·天官·酒人》：“酒人掌为五齐三酒；祭祀则共奉之。”②好喝酒的人。裴骃集解引徐广曰：“饮酒之人。”

【酒人保】酒店之佣人。《史记·栾布传》：“穷困，凭佣于齐，为酒人保。”

【酒容】饮酒后之醉容。白居易《饮后夜醒诗》：“枕上酒容和睡醒，楼前海月伴潮生。”

【酒肉朋友】指吃喝玩乐的朋友。章炳麟《致伯中书一》：“今虽势力滂沛，大抵是酒肉朋友耳。”

【酒入舌出】谓饮酒后喜说话饶舌。《说苑·敬慎》：“臣闻，酒入舌出。”

【酒散】聚饮之人散去。白居易《郡中闲独寄微之诗》：“酒散更无同宿客，诗成长作独吟人。”

【酒色】①谓酒与女色。《史记·高祖纪》：“好酒及色，不事家人生产作业。”②谓有酒容。《三国志·吴志·诸葛恪传》：“命恪行酒，至张昭前，昭先有酒色不肯饮。”③谓酒之颜色。岑参诗：“开瓶酒色嫩，踏地叶声干。”

【酒色财气】酒，嗜酒；色，好色；财，贪财；气，逞气。旧时以此为人生四戒。翟灏《通俗编·妇女》，《后汉书》杨秉宏从容言曰：‘我有三不惑，酒、色、财也。’……按明人更益以“气”为四，今习为常言，莫知其原祗三也。”落落居士《招隐居》第二出：“俺想人生在世，惟有酒色财气，最是沾不得的。”

【酒色徒】谓性好酒色者。《红楼梦》第二回：“政老爷便大怒了，说将来酒色徒儿，因此大不喜悦。”

【酒膳】酒食膳羞。《魏书·京兆王传》：“太官给酒膳供宾客。”《宋史·职官志》：“大官令掌膳羞割烹之事，朝会宴享，则供其酒膳。”

【酒觞】酒杯。翁承赞《汉上登舟忆闽诗》：“久客自怜归路近，算程不怕酒觞空。”

【酒舍】酒店。

【酒社】酒友所结之集团。苏轼《元日次韵张先生子野见和七夕寄莘老之作诗》：“酒社我为敌，诗坛子有功。”

【酒神】酒席之上，九吐而不减其量者为酒神。《云仙杂记》：“酒席之上，九吐而不减其量者为酒神。”金丹《华阳吟》：“拈美溪山诗伎巧，吐吞风月酒神通。”

【酒生儿】即酒保。《水浒》十：话说当日林冲正走间，忽然背后大叫，回头看时，却认得是酒生儿李小二。

【**酒圣**】①酒之清者谓之酒圣。李白《月下独酌诗》：“所以知酒圣，酒酣心自开。”白居易《与诸客空腹饮诗》：“曲神寅日合，酒圣卯时欢。”②善饮酒之人。黄庭坚诗：“少年气与节物竟，诗豪酒圣难争锋。”

【**酒室**】制酒之室。《晋书·刘弘传》：“酒室中云，齐中酒、听酒事、猥酒同用曲米，而优劣三品。”

【**酒失**】谓因醉酒而生差错。《汉书·灌夫传》：“夫数以酒失得过丞相。”

【**酒適**】酒至。《宋书·陶潜传》：“潜不解音声而畜素琴，一张无弦，每有酒適，辄抚弄以寄其意。”

【**酒石**】葡萄汁或其他浆果汁发酵酿酒时，落在桶底的一种固体沉淀。主要成分是酒石酸氢钾及小量的酒石酸钙。可用无机酸处理以制造酒石酸。

【**酒食地狱**】朝夕宴会，疲于应接之生活也。《通俗编·饮食·酒食地狱》：“可谈，东坡倅杭，不胜杯杓，部使者知公颇有才望，朝夕宴会。疲于应接，乃号卒杭为酒食地狱。”

【**酒食征逐**】指朋友互相邀请，频频宴饮。征，召唤。逐，追随。语本唐韩愈《柳子厚墓志铭》：“今夫平居里巷相慕悦，酒食游戏相征逐”。

【**酒式**】谓酒之优劣。《周礼·天官·酒正》：“日入其成，月入共要，小宰听之，发终则会，唯王及后之饮酒不会以酒式诛赏。”

【**酒市**】买卖酒之市场。

【**酒贳**】赊酒。罗隐《送程尊师之晋陵诗》：“溪含句曲清连底，酒贳余杭渌满罇。”

【**酒士**】王莽时官名。督察国家酤酒之贩卖，每郡一人。

【**酒水**】筵席。《豆棚闲话》十：立刻写了文契，收了价钱，连中人酒水也干折了。

【**酒杓**】盛酒之杓。《唐书·地理志》：“邛州临邛郡，土贡葛丝布酒杓。”

【**酒思**】思酒之情致。元稹《生春诗》：“暗入心情懒，先添酒思融。”白居易《山游示小妓诗》：“笑容花底迷，酒思风前乱。”

【**酒死**】谓因酒而死。《宋史·苏易简传》：“性嗜酒，初入翰林，谢日，饮已微醉，余日多沉湎，上尝戒约深切，且草书劝酒二章以赐，令对其母读之，自是每人不敢饮，及卒，上曰，易简果以酒死，可惜也。”

【酒肆】酒店。《晋书·会稽王道子传》：“道子使宫人为酒肆，沽卖于水侧。”李白《少年行》：“落花踏尽游何处，笑入胡姬酒肆中。”杜甫《琴台诗》：“酒肆夜深归，僧房日高睡。”

【酒酸】酒味变酸。《汉书·任敖传》：“坐为太常庙酒酸不敬国除。”《荀子·正名》：“酒酸奇臭。”

【酒税】对酒所征的税。汉始元六年（公元前81年）始征酒税。唐中叶至宋末以专卖为主，征税为辅。元初行专卖，后改征税。明相沿未变。清初禁酒，禁令除后，未征酒税。咸丰百货抽厘，酒亦在内。清末各省征收烟酒税捐。北洋政府于1915年创办烟酒公卖，收公卖费，原有税捐照旧征收，实际上为变相加税。国民党政府于1932年起将啤酒、火酒、洋酒先后改办统税；土酒税征从量税，1941年改从价征收。参见“榷酤”。

【酒态】酒醉之情态。《开元天宝遗事》：“兴庆池南岸，有草数丛，叶紫而心殷，有一人醉过于草傍，不觉失其酒态。后有醉者摘草嗅之，立然醒悟，故目为醒（酒）草。”

【酒太公】做酒的工人。《金瓶梅》五十：炕上有两个戴白毡帽子的酒太公，一个炕上睡下，那一个才脱裹脚。“酒太公”或作“酒大工。”《警世通言》三十三：门首交赛儿开张酒店，雇一个酒大工叫做洪二，在家造酒。

【酒坛】盛酒器。《本草·艾》集解：“时珍曰，他处艾灸酒坛，不能透。”

【酒堂】贮酒之堂。元结《窊樽诗》：“酒堂贮酿器，户牖皆罂瓶。”

【酒提】一种从坛中舀取酒液的用器。

【酒亭】一种路边较小的酒店。李质《艮岳诗》：“逶桧阴之修迳，出高阳之酒亭。”

【酒胴肛】酿酒者。《直语补证》：“酒胴肛，俗称酿酒者。”

【酒秃】十样佛之一，头秃而嗜酒者。

【酒徒】嗜酒之人。①自称酒徒，以酒自晦，意含狂傲。李白《梁甫吟》：“君不见高阳酒徒起草中，长揖出东隆准公。”②浪荡嗜酒，废时失事者。韦应物《酒肆行》：“长安酒徒空扰扰，路傍过去那得知。”

【酒望】即酒帘，又称望子、酒旗。《广韵》：“帘，青帘，酒家望子。”

【酒味】酒之味。《水经·河水注》：“其水甘若酒味故也。”嵇康《声无哀乐论》："犹篵酒之囊漉，虽笮具不同，而酒味不变也。"杜甫《羌村诗》："莫辞酒味薄，黍地无人耕。"

【酒翁】酿酒或卖酒老人。抑或文人自称。

【酒瓮】盛酒器。王勃《游北山赋》："酒瓮多于步兵，黍田广于彭泽。"岑参《南亭送郑侍御远东台诗》："江亭酒瓮香，白面绣衣郎。"

【酒务】酒店。元明戏曲中亦有之。《渔樵闲话》一折白："去邻村酒务，以鱼换来浊酒三杯五盏，或唱或歌。"《拍案惊奇》三十五：陈德甫又转分付了开酒务的店小二，尚有相应的，可来先对我说。《二刻拍案惊奇》五：于是一日轮一个做主人，只拣隐僻酒务便去畅饮。

【酒甂】酒器。因于孙愐唐韵五之字韵中甂字下注云，酒器，大者一石，小者五斗。

【酒奚】周礼天官酒人之婢。《周礼·天官序官·酒人·奚三百人注》："奚，今之侍史官婢。"

【酒席】宴会席面。《南史·韦粲传》："右卫朱异，尝于酒席厉色谓粲曰：'卿何得已作领军面向人！'"也指筵席。《西游记》第四回："众监官都安排酒席，一则与他接风，二则与他贺喜。"

【酒戏】饮酒时之游戏。

【酒饩】酒食之赐。《唐书·明皇贵妃杨氏传》："妃以谴还铦第，比中仄帝，尚不御食，笞怒左右。高力士欲验帝意，乃白以殿中供账司农酒饩百余车送妃所，帝即以御膳分赐。"

【酒仙】古时对酷好饮酒的人的美称。杜甫《饮中八仙歌》："李白一斗诗百篇，长安市上酒家眠，天子呼来不上船，自称臣是酒中仙。"

【酒限】饮酒之一定限量。《晋书·陶侃传》："侃每饮酒，有定限，常欢有余，而限已竭，佐史劝更少进，侃凄怀良久曰，年少曾有酒失，亡亲见约，故不敢逾。"

【酒谐】饮酒和畅。齐《竟陵王子良上说言表》："今夕酒谐肉饫，即许附申赦格，明日礼轻贷薄，便复不入恩科。"

【酒泻】盏倾。一饮而尽。贾岛《送康秀才诗》："酒泻两三盏，诗吟十数篇。"顾瑛《王鸾谣》："大瓶酒泻鹦鹉绿，满头花插鸳鸯红。"

【酒醒】酒醉眠醒。罗隐诗："称衡酒醒春瓶倒，柳恽诗成海月圆。"

【酒星】星名，主酒之星。孔融《与曹操论酒禁书》："天垂酒星之耀，地列酒泉之郡。"李白《月下诗》："天若不爱酒，酒星不在天。"

【酒行】谓开始饮酒。

【酒兴】饮酒之兴趣。元稹《送友封诗》："迢递旅魂归去远，颠狂酒兴病来孤。"白居易《咏怀诗》："白发满头归得也，诗情酒兴渐阑珊。"

【酒醺】酒气醺人。杜甫《留别贾严阁老诗》："去远留诗别，愁多任酒熏。"郑谷《水林檎花诗》："笑掬春无力，粧浓酒渐醺。"

【酒训】训戒后世节酒之文。《北史·高允传》："高允被敕，论集往世酒之败德，以为酒训。孝文览而悦之，常置左右。"

【酒盐】酒与盐。《唐书·食货志》："今宜使天下两税榷酒盐利。"

【酒宴】多人欢聚有酒及餚之席。《汉书·疏广传》："及置酒宴，奉觞上寿。"

【酒讌】酒宴。《千字文》："弦歌酒讌。"

【酒筵】设酒之筵席。《清异录》："荆南节制单天粹性耽酒，日延亲朋，强以巨杯，多致狼狈，时戏语曰，单家酒筵，乃怯筹狱。"王维《三月三日勤政楼侍宴应制诗》："酒筵嫌落絮，舞袖怯春风。"高适《题李别驾壁诗》："酒筵暮散明月上，櫪马长鸣春风起。"

【酒肴】饮酒之菜肴。《汉书·扬雄传赞》："家素贫，嗜酒，人希至其门，时有好事者，载酒肴从游学。"仲长统《乐志论》："良朋萃止，则陈酒肴以娱之，嘉时吉时，则烹羔豚以奉之。"

【酒餚】酒与菜肴。与"酒肴"同。《北史·柳敏传》："赍酒餚及物产。"

【酒逸】快乐饮酒。韩偓《拂水蔷薇诗》："且将浊酒伴清吟，酒逸吟狂轻宇宙。"欧阳修《新营小斋凿地爐辄成五言三十七韵诗》："面壁或僧禅，倒冠聊酒逸。"

【酒意】酒之意趣。韩愈《醉赠张籍书诗》："此诚得酒意，余外徒缤纷。"

【酒蚁】酒中之杂物。萧翼《答辨才诗》："酒蚁倾还泛，心猨躁似调。"罗邺《冬日寄献庾员外诗》："争欢酒蚁浮金爵，从听歌尘扑翠蝉。"

【酒影】酒中之倒影。元稹《酹乐天诗》："暗虫有时迷酒影，浮尘向日似波流。"

【酒慵】酒后慵晕之时也。杜甫《谒真谛寺禅师诗》："问法看诗妄，观身向酒慵。"

【酒友】酒伴。白居易诗："安定皇甫朗之为酒友。"

【酒有别肠】指酒量大小，不以身材为准。清吴任臣《十国春秋·闽·景宗纪》："帝（王曦）曰：'维岳身甚小，何饮酒之多？'左右曰：

‘酒有别肠，不必长大。’”清纪昀《阅微草堂笔记》卷二十四：“酒有别肠，信然。”

【酒盂】酒杯。白居易《醉送李协律诗》：“富阳山底樟亭畔，立马停舟飞酒盂。”

【酒雨】谓酒量大。《诗话总龟》：“张文潜在一时中，人物最为魁伟。大事业，故陈无已有诗云，张侯魁然腹如鼓，雷为饥声酒为雨。”

【酒妪】酒家老归。《洛阳伽蓝记》：“沽酒老妪瓮注瓨，屠儿割肉与秤同”。皇甫松《大隐赋》：“遇茅狗之迎酒妪，逢草木之随葛田。”

【酒晕】谓饮酒后脸上所起之红晕。苏轼《红梅诗》：“寒心未肯随春态，酒晕无端上玉肌。”尤袤《海棠诗》：“晓粧无力胭脂重，醉方酣时酒晕深。”

【酒债】因嗜酒欠人之债款。孔融《失题诗》：“归家酒债多，门客粲几行。”杜甫《曲江诗》：“酒债寻常行处有，人生七十古来稀。”

【酒糟】酒精厂和酒厂的发酵醪经蒸馏或压榨后余下的残渣。含有淀粉、蛋白质、脂肪及各种维生素，是很好的饲料。由黄酒厂所得的残渣，俗称“香糟”，可以糟制肉类、鱼类、禽类或蛋类等，使其成为别有风味的食品。

【酒糟头】谓喜欢喝酒，整天糊糊涂涂的人。即俗所谓“酒鬼”。元曲中亦有之。《儿女团圆》一折〔寄生虫〕曲：“可知我这个酒糟头不识你这拖刀计。”

【酒渣鼻】病名，亦名赤鼻，《正字通》：“红晕似疮浮起著面鼻者曰酒皻。”

【酒盏】酒杯。岑参《孟将军歌》：“醉争酒盏相喧呼，忽忆咸阳旧酒徒。”杜甫《酬孟云卿诗》：“但恐天河落，宁辞酒盏空。”《东坡题跋》：“吾少年望见酒盏而醉。”

【酒战】犹言较饮。《茅亭客话》：“笔耕尚可储三战，酒战犹能敌百夫。”

【酒正】官名。《周礼》天官之属，为酒官之长。

【酒政】有关酒的管制之政令。《贵耳集》：“袁彦纯尹京，专留意酒政。”

【酒箴】戒酒文。《汉书·游侠传》：“黄门郎扬雄，作酒箴，以讽谏成帝。”

【酒直】酒钱。苏轼《和周正孺坠马伤手诗》：“卖谷老驄为酒直，大呼乡友作新年。”

【酒炙】酒肉。《三国志·魏志·王粲粲传》：“乃命厨宰，酒炙交至，坐席默然，无与伉者。”《南史·阴铿传》：“尝与宾友宴饮，见行觞者，因回酒炙以受之。”

【酒卮】酒杯。《北史·魏常山王遵传》："以银酒卮容二升许，悬于百步外。"

【酒钟】盛酒之容器。《北史·周法尚传》："上幸洛阳，召之赐金钿酒钟一支。"《述异记》："上别立青宵宫，为长夜之饮，造千石酒钟。"

【酒中趣】谓饮酒之乐趣。孟浩然诗："达是酒中趣，琴上偶然音。"

【酒中仙】酒仙。也指唐李白。杜甫《饮中八仙歌》："李白一斗诗百篇，长安市上酒家眠。天子呼来不上船，自称臣是酒中仙。"

【酒重】酒味厚。杜甫《狂歌行》："今年思我来嘉州，嘉州酒重花绕楼。"

【酒祝】以酒祭之。《宋史·程德元传》："太平兴国二年，陈洪进来朝，命德元迎劳之，船舰度淮，暴风起，众恐，皆请勿进。德元曰：'吾将君命，岂避险？'以酒祝而行，风浪遽止。"

【酒馔】酒食。

【酒资】买酒钱。陆游《假中闭户终日偶得绝句诗》："宫身常欠读书债，禄米不共沽酒资。"

【酒赀】即酒资。白居易《自城东至以诗代书戏招李六拾遗崔二十六先辈诗》："尚残半月芸香俸，不作归粮作酒赀。"

【酒子】卖酒的人。《金瓶梅》五十：不防飕的只一拳去，打的那酒子只叫着阿唷，裹脚袜子也穿不上，往外飞跑。

【酒滓】酒糟。《说文》："糟，酒滓也。"

【酒字下道儿】俗以酒色财气并举。"酒字下道儿"暗指"色"。"道儿"即"东西"。《醒世恒言》二十九：二来连日沉酣糟粕，趁着酒兴，未免走了酒字下道儿。

【酒租】酒税。《南史·东昏侯纪》："都下酒租皆折输金，以供杂用。"

【酒足】谓饮酒足量。白居易《首夏诗》："食饱渐伯夷，酒足愧渊明。"

【酒尊】酒杯。尊同樽，《后汉书·张衡传》："造候风地动仪，形似酒尊，饰以篆文。"

【酒罇】盛酒器。与"酒尊"同。《后汉书·章帝纪》："得铜器，形似酒罇。"《后汉书·礼仪志》："瓦酒罇二，容五斗。"李白《九日登巴陵诗》："白羽落酒罇，洞庭罗三年。"

【酒樽】酒杯。《后汉书·王霸传》："雨射营中，霸前置酒樽，安坐不动。"

【酒佐】谓酌酒之人。《剪灯余话》："涛曰，相公尚使没量，斗穷酒佐。"

【酒花】酒花是桑科葎草属，为多年生蔓性攀援草本植物。其名称很多，如蛇麻花、啤酒花、忽布花等。酒花的功能是赋予啤酒香味和爽口苦味，增进啤酒泡持久性和稳定性；与麦汁共沸时能促进蛋白质凝固，有利于澄清，增加麦汁和啤酒的防腐能力。

【酒花粉】将酒花于45℃干燥至含水6-7%，直接压成片剂或用塑料袋充惰性气体密封，即成。

【酒花油】酒花油又称挥发油，是蛇麻腺的别一分泌物，存在花粉内。其味芳香，主要成分是萜烯、倍半萜烯、酯、酮、酸及醇等。酒花油为绿色至棕色液体，易挥发。

【酒脚中提炼酒石酸钙的方法】葡萄酒换桶时残留的酒脚，含有酒精、酵母沉淀及酒石酸氢纳。提炼时先以同量水稀释，用蒸馏法收回酒精，从蒸馏器收集的残液，乘热静置澄清，上清液用氢氧化钙与氯化钙处理。

【酒精定量法】取一定量的酒，加蒸馏水约为酒之四分之一容量，用附有冷却器的蒸馏瓶蒸馏，至所得的蒸馏液达所取酒容量的90%左右为止，冷至15℃，加入同温度的蒸馏水，使成原来所取酒之容量，测定其比重，可知酒中所含酒精容量及重量之百分率。

【酒精发酵】葡萄酒是新鲜葡萄或葡萄汁的发酵产品，这个变化是由一种称为酵母的单细胞微生物的作用。酵母具有分解葡萄的糖分为乙醇，产生二氧化碳和其经副产品的性质，这种变化，称为酒精发酵。

【酒精酶】1897年德国人蒲赫纳用砂将酵母磨碎，在压出的酵母细胞液中发现能分解糖成乙醇与二氧化碳的酶，蒲赫纳将它命名为酒精酶。

【酒脚】酵母与其他微生物的细胞，沉淀到池底形成的渣滓叫酒脚。

【酒龄】为确保酒的质量，新酒必须要经过一定时间的贮存，其贮存期称为酒龄。

【酒母的制备】在白酒或酒精生产过程中，利用酵母菌的生理特性，供给一定的营养物质，创造一定的条件，将酵母菌逐步扩大培养，以满足生产的大量需要，这个过程就是酒母的制备。

【酒烧酎】将浊酒压榨，其渣的蒸馏方法与糟烧酎同，其汁蒸馏即得，此称为酒烧酎。

【酒石的分离与精制】附着在发酵池和贮酒桶表面的粗酒石是不纯粹的酒石酸氢钾的沉淀，剥离的方法多用蒸汽喷身法，或用浓碱液使它溶解为酒石酸钾纳，用氯化钾将酸度调节，则变为酒石酸氢纳，静置数日，回收结晶。

【酒石酸】法律上许可在葡萄醪中添加纯粹的结晶酒石酸，用量无限制，但禁止在成品葡萄酒中添加酒石酸，目的是为了避免做假葡萄酒，或在酒中加水稀释后用加酸来掩饰。在葡萄醪发酵时，同时添加酒石酸与葡萄浓缩汁也是禁止的。

【酒头、酒身、酒尾】同一甑蒸馏，先流出的酒——酿酒业行话叫“酒头”，中间流出的酒叫“酒身”，最后流出的酒，叫“酒尾”。

【酒样编组】酒样的编组是指把酒从无色到有色，从低度到高度，从清香型到浓香型的先后次序进行分类编组。

【酒药】是酒曲的一种俗称，它是以谷物为原料制成的，其中含有许多对酿酒有用的微生物，如根霉菌、毛霉菌、酵母菌，等等。

【酒药的制作】将米粉、辣蓼草末等掺水搅拌，打实，切实，滚角。再与陈酒药接种。接种后入缸保养，再入匾、换匾、并匾、装箩、并箩、出箩，然后晒干。

【离酌】犹云离杯。白居易《江楼夜别诗》：“楼中别曲催离酌，灯下红裙间绿袍。”

【离心分离法】离心分离法实质上是变种的沉降方法，是用离心力代替重力。

【莲杯】女子掬酒饮客之手。《东轩笔录》：“王永年尝置酒延窦卞扬绘，出其妻，间坐，以左右手掬酒饮卞绘，谓之白玉莲花杯。”杨无咎《白玉词》：“明月堂深，莲花杯软。”

【莲花白】酒名。元好问诗：“倪家莲花白，每酿必见贻。”

【莲子杯】酒杯之一种。

【流觞】古人每逢三月上旬的巳日集会于环曲的水渠旁。在上流放置酒杯，任其顺流而下，停在谁的面前，谁即取饮，叫做“流觞”，也叫“流杯”。王羲之《兰亭集序》：“又有清流激湍，映带左右，引以为流觞曲水。”《荆楚岁时记》：“三月三日，士民并出江渚池沼间，为流杯曲水之饮。”参见“修禊”。

【流杯】即流觞。庾信《春赋》：“树下流杯客，沙头渡水人。”杜牧《和严恽秀才落花诗》：“共惜流年留不得，且环流水醉流杯。”

【铲】①酒盆。《广韵》：“鑪，酒盆。”②酒肆。《史记·司马相如传》：“令文君当鑪。”《集解》：“韦昭曰，鑪酒肆也。以土为堕，边高似鑪。”

【鸬鹚杓】酒器名。李白《襄阳歌》：“鸬鹚杓，鹦鹉杯，百年三万六千日，一日须倾三百杯。”《谢氏诗源》：“金母召群仙，宴于赤水，坐有碧金鹦鹉杯，白玉鸬鹚杯，杯干则杓自挹，欲饮则杯自举，故太白鸬鹚杓，鹦鹉杯，非指广南海螺杯杓也。”

【旅酬】谓古祭毕燕饮众宾以爵交错相酬。《仪礼·燕礼》：“宾以旅酬于西阶上。”

【栾巴噀酒】后汉栾巴，精道术，曾于京师席中，噀酒以灭乡里成都火灾。《蒙求·中·栾巴噀酒》：“神仙传，栾巴蜀群人，汉帝召为尚书，正朝大会，巴独后到，颇有醉色，又饮酒望西南噀之。有司奏，巴大不敬。诏问巴，巴对曰，臣乡里以臣能治鬼让病，为臣立庙，今旦耆老皆入庙致飨，是以来迟。适臣本县成都市失火，臣噀酒为雨，以灭火灾。诏原罪，即遣使往验其言，答言，正旦失火，时有大雨，从东北来，火乃息，雨皆酒气，后一日大风天雾暗，失巴所在，寻问之，其日还成都与亲戚别去，而升天矣。”

【郫筒】酒名。杜甫《将赴成都草堂途中有作先寄严郑公》诗：“酒忆郫筒不用酤。”仇兆鳌注引《华阳风俗录》：“郫县有郫筒池，池旁有大竹，郫人刳其节，倾春酿于筒，苞以藕丝，蔽以蕉叶，信宿香达于林外，然后断之以献，俗号郫筒酒。”

【郫酿】产于郫江之酒。陆游诗：“长瓶磊落输郫酿，轻骑聊翩报海棠。”

【瓶榼】盛酒之器。《传信记》：“曲生复至，扼腕抵掌，论难锋起，势不可当，法善密以小剑击之，随手丧元坠于阶下，化为瓶盖，一座惊慑，视其处所，乃盈瓶醲醴也，咸大笑。饮之，其味甚嘉。”

【瓶盏病】嗜酒之癖病。《清异录·酒浆·瓶盏病》：“嗜饮者，无早晚，无寒暑，乐固醉，愁亦如之，闲固醉，忙亦如之。肴核有无，醪醴善否，一不问。典当抽挪，借贷赊荷，一不卹。日必饮，饮必醉，醉不厌，贫不悔。俗号瓶盏病。”

【耆酒】嗜酒。《左氏·襄·二十八》：“齐庆封好田而嗜酒。”

【钱温】酒器名。《庶物异名疏》：“钱温，酒器也。见《古音骈字海篇》。”

【倾杯】杯饮而尽。陈后生《临高台诗》：“临窗已响吹，极眺且倾杯。”苏轼《出局偶书诗》：“倾杯不能饮，留待卯君来。”

【倾酤】饮酒。谢灵运《拟魏太子邺中集诗》：“倾酤系劳醑，酌言岂终始”。〔注〕：“济曰，酤、醑皆酒也。”

【倾壶】倾倒酒壶，即斟酒。陶潜《咏贫士诗》：“倾壶绝余沥，闚灶不见烟。”庾信《咏画屏风诗》：“度桥犹徙倚，坐石未倾壶。”

【倾酒】 杯饮而尽。宋之问《答李司户夔诗》：“弄琴宜在夜，倾酒贵逢春。”李白《赠崔秋浦诗》：“见客但倾酒，为官不爱钱。”

【倾觞】 ①杯倾酒尽。指痛饮。枣据诗：“倾觞挹涌波。”②洒酒于地也。李华《吊古战场文》：“布奠倾觞，哭望天涯。”

【请酒】 谓请人饮宴。

【拳酒】 划拳以决胜负，负者饮酒。

【热饮】 谓热酒。白居易《冬日晚归诗》：“夜归不到应闲事，热饮之杯即是家。”

【热凝固物】 煮沸时生成的凝固物至麦汁冷却到60℃之前生成的凝固物，统称为热凝固物。它的粒子较大，吸附能力甚强，易于沉降析出。

【热作酒】 高温开耙因发酵温度较高，酵母易早衰，发酵能力减弱，酿成的酒含有较多的浸出物，口味较浓甜，俗称热作酒，又叫甜口酒。

【烧】 酒之一种。为高粱烧、麦烧等烧酒之简称。

【烧春】 酒名。《唐国史补·下》：“酒则有郢州之富水，剑南之烧春。”韦庄词：“锦江春水，蜀女烧春美。”

【烧刀】 烧酒。《负曝闲谈》三十：“挨次到江家兄弟，江家兄弟拿手按着杯子，推说不会呷烧刀。”《邻女语》六：“坐了一会，俨然如在寒冰地狱，叫金利找到店主，烧了火炕，去买一斤烧刀，饮酒御寒。”

【烧尾】 唐时士子登第或升迁的庆贺宴席。封演《封氏闻见记》卷五：“士子初登荣进及迁除，明僚慰贺，必盛置酒馔音乐，以展欢宴，谓之烧尾。”

【射乡】 乡射及乡饮酒之礼。《礼记·仲尼燕居》：“射乡之礼，所以仁乡党也。”〔疏〕：“射，谓乡射。乡，谓乡饮酒也。”《史记·乐书》：“射乡食飨。”

【秫】 即粘高粱。多用以酿酒。《说文·禾部》：“秫，稷之粘者。”参见“稷”。也指粘稻。萧统《陶渊明传》：“公田悉令吏使秫，曰：‘吾常得醉于酒足矣。’”

【秫酒】 以秫所制之酒。即黄酒。苏轼《超然台记》：“撷园蔬取池鱼，酿秫酒瀹脱粟。”梅尧臣《送张子野秘丞知鹿邑诗》：“公秫时为酒，晨庖日有鱼。”曹伯启《冬至日白霫道中诗》：“穷途却值青云节，秫酒糖灯语夜阑。”

【颂酒】 即《酒德颂》。赋名，晋，刘伶撰。《文选·颜廷之〈咏刘参军诗〉》：“颂酒虽短章，深衷自此见。”〔注〕：善曰，颂酒，即酒德颂也。

【素醪】 谓酒淡。袁山松《酒赋》：“素醪玉溜，清酤渊澄。”

【素琴无弦葛巾漉酒】 晋陶潜设无弦之素琴，且以葛巾漉酒。《宋书·陶谱传》：“潜不解音声，而畜素琴一张，无弦，每有酒适，辄抚弄以寄其意。贵贱造之者，有酒辄设。潜若先醉，便语客，我醉欲眠，卿可去。其直率如此。郡将常候潜，值其酒熟，取头上葛巾漉酒，毕还复著之。”

【索郎】 酒名。参见“桑落”条。《水经·河水注》：“民有姓刘名堕者，宿擅工酿，采邑河流，醖成芳酎，悬食同枯枝三年，排于桑落之辰，故酒得其名矣，然香醒之色清白，若涤浆焉。别调氛氲不与它同，当薰麝越，自成馨逸。方土之贡选，最佳酌矣，自王公庶友牵拂相招者，每云‘索郎有故思同旅’语，索郎反语为桑落也。”《琅嬛记》：“试莺家多美酿，试莺不善饮，时为宋迁索取，试莺恒言，此岂为某设，只当索与郎耳，因名酒为索郎。”《段成式诗》：“诗中反语常回避，犬怪花前唤索郎。”

【泰】 酒樽。有虞氏之樽名。《广雅·释器》：“泰，罇也。”《礼记·明堂位》：“泰，有虞氏之尊也。”

【泰尊】 大樽。《汉书·礼乐志》：“泰尊柘浆析朝酲。”

【陶兀】 沉湎于酒，有放纵傲慢之意。《晋书·刘伶传》：“伶虽陶兀昏放，而机应不差。”亦作“陶陶兀兀，尊前是我毕胥国”。

【陶醉】 被某一事物的完美吸引，忘乎所以。崔曙《九日登望仙台》诗：“且欲近寻彭泽宰，陶然共醉菊花杯。”引申为热衷和沉醉于某种事物或境界里面。

【陶樽】 陶制之樽。《晋书·礼志》：“房俎生鱼，陶樽玄酒。”

【铁铛】 铁制之酒铛，温酒器。《谈薮》：“出酒以铁铛温之。”

【翁头春】 刚酿好的酒。翁头即缸面，春指酒，唐宋时语。张彦远《法书要录》卷三：“江东云堈（缸）面，犹河北称翁头，谓初熟酒也。”黄庭坚《明远庵》诗：“多方挈取翁头春，大白梨花十分注。”

【牺】 酒尊名，饰以翡翠。郑司农说，或作献。

【牺首杯】 作牺牛首形之酒杯。见《博古图》。

【牺象】 酒器名。指牺尊百象尊。《礼记·明堂位》：“牲用百牡，尊用牺象。”〔注〕：牺尊，以沙羽为画饰，象骨饰之，郁鬯之器也。

【牺尊】古代酒器。《诗·鲁颂·閟宫》：“牺尊将将。”《淮南子·俶真训》：“百围之木斩而为牺尊，镂之以剞屈，杂之以青黄，华藻鎛鲜，龙蛇虎豹，曲成文章。”《梁书·刘杳传》：“古者樽彝皆刻木为鸟兽，凿顶及背以出内（纳）酒。顷魏世鲁郡地中，得齐大夫子尾送女器，有牺樽作牺牛形……”今见传世的牺尊都系青铜器。

【席】酒筵。《西游记》第十九回：“高老儿摆了桌席，请三藏上坐。”

【笑筵】欢乐之筵宴。柳永词：“欢笑筵歌席，轻抛䩄。”

【宴】①以酒食飨宾客。《说文·宴·段注》引伸为宴飨。《说文通训定声》：“宴，此当为宴飨正字。”《易·需》：“饮食宴乐。”《左氏·宣·二六》：“宴有折俎。”《孟子·滕文公下》：“不敢以宴。”②通作燕。《集韵》：“宴，通作燕。”《释文》：“燕，郑作宴。与醼、讌、宴通。”

【宴犒】设酒食以慰劳。《五代史·杂传》：“遣人，扶掖而登，宴犒尽饮。”

【宴酣】酒宴至乐之时。宋之问《和幸神皋亭诗》：“宴酣诗布泽。”《大唐嘉话》：“宴酣各赋一事。”

【宴衎】亦作“燕衎”。宴饮作乐。杜甫《陪诸公上白帝城头宴越公堂》诗：“燕灵如过隙，宴衎愿投胶。”

【宴会】宴饮聚会。《后汉书·周景传》：“每至岁时，延请举吏，入上后堂，与共宴会。”《后汉书·鲍昱传》：“尊飨国老，宴会诸儒。”《后汉书·董卓传》：“数与百官置酒宴会，淫乐纵恣。”

【宴乐】亦作燕乐。①安乐。《易·需》：“君子以饮食宴乐。”《易林》：“宴乐有绪，长安嘉言。”《诗·小雅·弁》：“不能宴乐。”《释文》：“宴作燕。”《后汉书·钟离意传》：“鹿鸣之时，必言宴乐者，以人神之心治，然后天气和也。”②宴饮之乐。《左氏·文·四》：“昔诸侯朝正于王，王宴乐之。”《左氏·昭·十五》：“宴乐以早，亦非礼也。”③淫溺。《集注》：“宴乐则淫溺而狎小人。”④酒宴与音乐。《左氏·昭·九》：“君彻宴乐，学人舍业，为疾故也。”

【宴飨】亦作宴享，燕享。①天子大飨事臣宾客。按《左传》宣王十六年，王享有礼荐，宴有折俎，公当享，卿当宴，王室之礼也。据此则宴与飨古自有别，但后世凡以酒食飨宾，统称宴飨。《后汉书·礼仪志》：“每月朔岁首，百官受赐宴飨，大作乐。”《晋书·乐志》：

“宴飨有乐，所以敬宾。”②谓神受飨。《汉书·礼乐志·郊祀歌》：“嘉蓬列陈，庶几宴享。”

【宴享】谓以酒食相飨。亦作宴飨。《汉书·礼乐志·郊祀歌》：“嘉笾列陈，庶几宴享。”

【宴醑】犹云宴饮。醑，美酒。梁昭明太子《春日宴晋煦王诗》：“幸兹同宴醑，引满爱樽空。”

【宴饮】宴乐饮酒，亦作燕饮。《汉书·文三王传》：“是时上未置太子，与孝王宴饮。”《汉书·叙传》：“设宴饮之会。”《三国志·吴志·刘系传》：“权尝宴饮，骑都尉处翻醉酒犯忤，权欲杀之。”

【宴语】闲宴时共语。《左氏昭十二》：“宴语之不怀，宠光之不宣。”《国语·周语中》：“饮酒宴语相说也。”《汉书·赵充国传》：“时与中郎宴语。”《后汉书·郭伋传》：“帝即引见，并召皇太子诸王，宴语终日。”

【宴娱】寻欢作乐，亦作燕娱。《唐书·李适之传》：“适之喜宾客，饮酒至斗余不乱，夜宴娱，画决事，案无留辞。”高适《置定即事奉赠韦使君二十八韵诗》：‘起草徵谓墨，焚香即燕娱。”

【艳飞】杯盏传递之盛状。白居易《九日宴集醉题郡楼诗》：“觥盏艳飞菡萏叶，舞鬟摆落茱萸房。”

【舀酒】斟酒。

【⿰酉弋】酒色。《说文》：“⿰酉弋，酒色也。从⿰酉弋声。”

【酏】①酿酒。曹植《酒赋》：“或秋藏冬发，或春酏夏成。”《水浒传》第二十回：“杀牛宰马，山寨里筵会。自酿的好酒，水泊里出的新鲜莲藕并鲜鱼。”②酒。梅尧臣《永叔赠酒》诗：“大门多奇酏，一斗市钱千。”

【酏醴】酿粥为酒。《礼记·内则》：“或以酏为醴。”〔注〕酿粥为醴。

【馀沥】谓酒之残滴。转喻人之小惠。《史记·滑稽·淳于髡传》：“待酒于前，时赐余沥，奉觞上寿。”《晋书·陆纳传》：“今有一斗，以备杯杓余沥。”韩非子《内储说下》：“门者刖跪，请曰，足下无意赐之余沥乎。”

【馀醺】余醉。陆龟蒙《又次前韵酬广文诗》：“强歌非自宁，聊以送余醺。”

【萸酒】萸所酿之酒。元好问《孟州夹滩饮承之御史家诗》：“萸酒禁愁得，芳梅发兴饶。”

【娱酒】饮酒为乐。《楚辞·宋玉招魂》：“娱酒不废，沈日夜些。”

【鸳鸯盏】成双之盏。《鸡跖集》："张易之与李回秀以鸳鸯盏一双共饮，取其常相逐也。"

【宰会】设酒食之集会。《世说新语·方正》："齐王同为大司马辅政，嵇绍为侍中，指同咨事，同设宰会，召葛旟、董艾等共论时宜。"

【载酒问字】《汉书·扬雄传·下》："乃刘棻尝从雄学作奇字。"又："家素贫，嗜酒，人希至其门。时有好事者，载酒肴从游学。"本为两事，后人并成一事，用作勤学好问的典故。

【造酿】即酿造。张载《酃酒赋》："造酿在秋，告成在春。"

【造酒酵素】化学名词，能使糖质分解为酒精与二氧化碳之酵素，酿母菌细胞中含有之。

【盏面】杯口之平面。《本草·水獭》："胆正误涂杯层，使酒稍高于杯面耳。"

【盏石】磐石名。清《一统志》："盏石在莱州府城北五十里，临大海有一磐石，方圆五步，上有汙樽状。世传秦始皇于此凿盏，以盛酒湛，祈祭百神。"

【盏斝】酒器。苏轼《司马君实独乐园诗》："花香袭杖屦，竹色侵盛斝。"

【真一酒】酒名。传为苏轼所造。《酒史》："真一酒，米曲水三一而已。此真一酒也。"苏轼《真一酒诗》："人间真一东坡考，与作青州从事名。"

【真运动】鞭毛是细菌的运动器官，具有鞭毛的菌只有在液体中才能借助鞭毛而运动。单毛菌常呈单向运动，周毛菌常呈不规则运动，依赖鞭毛的运动称为真运动。

【秩酒】赐与有一定年龄者之酒。《周礼·天官·酒正》："凡有秩酒者，以书契授之。"《三礼·义疏》："郑氏曰：'有秩者，谓老臣，王制，九十日有秩。'王安石曰：'有秩酒者；非特老臣也。'"

【酎】重酿酒。经过两次以至多次复酿的醇酒。《礼记·月令》："孟夏之月，天子饮酎，用礼乐。"郑玄注："酎之言醇也，谓重酿之酒也。"《汉书·景帝纪》："高庙酎。"颜师古注：酎，三重酿醇酒也。

【酎饮】谓酌酎以饮。《楚辞·宋玉·招魂》："酎饮尽欢，乐先故些。"〔注〕：言饮酒尽乐，尽已欢欣者。

【酌】①盛酒行觞。《说文》："酌，盛酒行觞也。从酉勺声。"②斟酒。《淮南子·车经训》："酌焉而不竭。"③酒。《礼记·曲礼下》："酒曰清酌。"④酒斗，与爵通。《楚辞·宋玉·招魂》："华酌既陈。"〔注〕：酌，酒斗也。

【酌酒】犹言斟酒。《后汉书·鹿参传》："白起赐死，诸侯酌酒相贺。"

【酌醴】酌酒。《诗·小雅·吉日》："发彼小也，殪此大兕，以御宾客，且以酌醴。"

【酌数】谓酌器盛酒益尊及其数量。《周礼·天官·酒正》："皆有酌数。"

【酌献】①谓以酒献客。《诗·小雅·瓠叶》："君子有酒，酌言献之。"②谓酌酒以献神。《唐书·礼乐志》："寿和以酌献饮福。"

【酌斟】同斟酌。程嘉燧诗："脱衣贳酒君酌斟。"

【粉末酵母】凡是不易凝聚，细胞间分离、不易沉淀的酵母，称为粉末酵母。

【粉状酵母】上面酵母悬浮于液中，又称上面酵母为粉状酵母，清酒酵母就属于这一类。

【根霉】根霉是小曲中的主要糖化菌。它能产生多种有机酸，对白酒的风味有重要的作用。根霉糖化力高，适应性强，繁殖速度快。

【核蛋白体】核蛋白一般以颗粒状分散在细胞质内，称核蛋白体或微粒体。它是细胞中最微小的结构物质，在蛋白质合成方面起着重要作用。

【烘曲】曲胚经曲箱内保温七十多小时，曲心已长满菌丝，即出曲倒入烘柜内用木炭火，在50-60℃经两天烘干，此谓烘曲。烘干的曲胚水分在20%以下。

【继续发酵】将已蒸馏过的酒之糟粕再加曲粉，使之发酵，此谓之继续发酵。

【浸出糖化法】升温浸出糖化法是将粉碎麦芽与冷水混合，然后逐渐通入蒸汽加热或添加热水使醪液温度提高到所需要温度。

【浸麦发芽两用体系】浸麦和发芽在一个箱内完成，即为浸麦芽两用体系。此法温度较均衡，排出的空气没有干燥过程的化合物，麦芽床下层不用单独清洗。但其生产周期必须受干燥时间限制，否则不能充分发挥效率。

【浸麦发芽干燥三用体系】浸麦、发芽和干燥在一个箱内完成，此即为浸麦发芽干燥三用体系。但这只是一种良好的愿望和设想。

【浸麦】用水浸渍大麦，俗称浸麦。其目的在于使麦粒吸水和吸氧，洗涤除尘，除杂以及除微生物，为发芽提供条件。

【浸水断水交替法】让大麦在水中浸渍一段时间，然后排水，暴露在空气中，以后再浸水、断水，反复进行，直到大麦达到所要求的浸麦度为止，此法谓之浸水断水交替法。

【凉曲】凉曲谓之改良曲，它的制作方法是生曲入室第三日待生曲表面生有多数白斑，即行大开门窗放风。其温度须保持37℃，35日后堆于一处，挤火曲成。

【凉上】曲放僵后，翻转一次，叠为三层，于是放冷约一昼夜，待曲表面已僵，再关闭门窗，以纸糊缝。曲入室第四日上火，温度增高，翻曲一次，增为四层。以后日翻一次，增高一层，最后高至七八层。7-10日后，曲面发生黄黑色菌丝如毛，即可开窗，此谓之凉上。

【配料】用滚筒机将小麦轧碎，每粒小麦轧成3-5瓣，要求轧碎无粉末。加入40-50%的水，视季节和原料的不同而决定。此称"配料"。

【配醅】在酒醅中加入已蒸馏过的酒糟，一般称为配糟，亦称配醅。

【配制酒】以蒸馏酒、酒精或酿造原汁酒为主要原料，再加一些配料后而制成的酒，叫配制酒。如参茸酒、竹叶青等。

【起泡葡萄酒】在葡萄酒的酿制发酵过程中，使酒液里含二氧化碳，或在葡萄酒中人工加入二氧化碳，这种葡萄酒叫"起泡葡萄酒"。如"香槟"。

【缺泡开裂】在起泡期和高泡期之间，液面犹如融裂的冰山，发酵不旺盛，盖泡不均，这种现象叫缺泡开裂。

【弱酒】葡萄酒含酒精低于10%，称为弱酒。

【速酿酵母】在醪中添加适量的乳酸，抑制杂菌的繁殖，是纯碎培养黄酒酵母的合理制法。因其制造时间很短（和淋饭酒母比），故称为速酿酒母。

【速酿酵母的制作方法】制造酒母用米量为发酵投米量的5-10%，米和水比例在1:2以上，麦曲用量为原料大米的12-14%。将水、米饭和麦曲加入罐内，混合后，加乳酸调节PH，再接入三角瓶或卡氏罐培养的酵母，充分拌匀。落罐品温为26-30℃，当品温升到31-32℃，进行开耙搅拌，使温度保持在28-30℃，培养1-2天即成。

【速酿酵母和高温糖化酵母】速酿酵母和高温糖化酵母都属于纯种培养酵母。酵母的纯粹培养原则上把选择的优良黄酒酵母，从单一细胞出发，逐步进行扩大培养，增殖到多量的酵母而成为酒母。

【速酿酒母和高糖化酒母】由人工添加食用乳酸的酒母称为"速酿酒母和高糖化酒母"。制造天数1-2天，纯种培养，它主要用于机械化制造。

【套窖子】俗称无限继续发酵法为九套环，又称套酒，亦称套窖子。

【调味加强葡萄酒】除了酒精之外，再用其他的非葡萄物质改变风味的葡萄酒，叫做调味加强葡萄酒。

【调香法】根据液态法白酒香味成分的差别，向酒中添加相应的天然香料或纯化学药品，以达到改善液态法白酒风味的目的，这种方法叫调香法。

【通风制曲】称取麸皮，加水80%和硫酸0.3%，常压蒸料2小时，出甑散冷至35℃接入种曲0.3%，拌匀，在32℃装箱，控制室温30℃培养，从进房装箱至12小时前期培养。控制品温在28-32℃，当品温达到32℃时，进行间断通风，12-24小时为培养中期。控制品温32-34℃，品温达到34℃即通风，到30℃停风，24小时为后期。控制品温34-36℃，整个培养时间一般控制在36小时左右。此谓通风制曲。

【氧化酶】促使葡萄酒的氧化的酶称为氧化酶。

【原酒】借出桶的机会，将存在酒中的二氧化碳散发，吸收一部分氧气，加强酵母繁殖，以分解酒中剩余的糖分。如酒已害破败病，则需在换桶时处理，这样出桶的酒，称之为原酒。

【原酒量】报告期内最后一天，最后一班交班以前，经检查合格、办理入库手续的原酒产量，称原酒量。

【圆酵母属】细胞圆球形，不能形成孢子，一般不能发酵蔗糖，发酵力很弱，生成极少量的酒精，不属于真酵母类。

十一画

【⿰酉比】酒名，与配同。《集韵》：“⿰酉比，酒名。”

【猜枚】饮酒时助兴的游戏。取若干小物件，如钱币、棋子、瓜子、莲子等。握于拳中，供人猜测单双、数目、颜色等，中者为胜，不中者罚饮。《红楼梦》第二十三回：“拆这猜枚，无所不至。”

【猜拳】①也叫“划拳”、“拇战”。佐饮助兴的游戏。两人对猜，各出拳伸指，同时喊一数字，符合双方伸指之和者胜，不胜者罚饮。②即“猜枚”。元姚文奂《饮枝词》：“剥将莲肉猜拳子，五手双开各赌空。”

【巢饮】谓饮于木杪（在树木的顶端立架如鸟筑巢般在上面饮酒）。《梦溪笔谈·人事一》："石曼卿喜豪饮，与布衣刘潜为友……尝通判海州，刘潜来访，曼卿迎之。与刘潜剧饮，中夜酒欲竭，顾船中有醋斗余，乃倾入酒中并饮之，至明日，酒醋俱尽。每与客痛饮，露发跣足，著械而坐，谓之囚饮。饮于木杪，谓之巢饮，其狂纵大率如此。"

【菖蒲酒】浸以菖蒲之酒，饮之可去疾疫。《元史·文宗纪》："丁卯，木八剌沙来贡菖蒲酒。"《荆楚岁时记》："端午以菖蒲，或缕或屑，泛酒以辟瘟气。"

【常满尊】①言益之使常满之樽。《周礼·天官·酒正》注："三贰再贰一贰者，谓就三酒之尊而益之也，益之者饮诸臣，若今常满尊也。"疏："若今常满尊也者，言益之故常满，故以汉法况之云。"②酒尊名。《唐书·李元来传》："刺史李元暕，调民黄金，造常满尊以献。"

【晨饮】朝饮。《宋史·乐志》："晨饮是汲，夕膳是尝。"《文选·沈约·齐安昭王碑文》："邑居不闻夜吠之犬，牧人不见晨饮之羊。"

【⿰谷瓦】盛酒器。与瓻同。《庄韵》："⿰谷瓦，瓶也。"《集韵》："瓻，盛酒器，或作⿰谷瓦。"

【瓻】古时盛酒的用具。《广韵·六脂》："瓻，酒器，大者一石，小者五斗，古之借书盛酒之瓶。"因古人向人借书，以瓻盛酒为酬。

【豉酒】渍豉之酒。王羲之《豉酒帖》："小服豉酒为佳。"

【舂酋】谓舂米与酿酒。《墨子·天志》："大夫以为仆圉胥靡，妇人以为舂酋。"《闭诂》："此言舂酋者，或为舂，或为酒也。"

【篘】①漉取酒之具。《集韵》："篘，漉取酒也，"《正字通》："篘，漉酒具。"白居易《咏家醞诗》："酿糯岂劳炊范黍，撇篘何假漉陶巾。"皮日休《和鲁新夏东郊闲泛诗》："碧莎裳下攜诗草，黄篾楼中挂酒篘。"②酒。沈周《九日诗》："儿子欣将宿醞篘，老人佳佳强相酬。"

【船】酒器名。李濬《松窗杂录》："上因联饮三银船，尽一巨馅。"苏轼《二月三日点灯会客》诗："试开云梦羔儿酒，快泻钱塘药王船。"

【崇饮】崇，本意是满，这里引伸为纵，崇饮，纵饮（编者）。《尚书·酒诰》："矧曰：其敢崇饮。"

【啐酒】谓饮酒。《礼记·乡饮酒仪》："啐酒成礼也。"

【啐饮】带有礼貌慢饮之意。《元史·祭祀志》："亚献再拜受爵，跪祭酒，遂啐饮。”

【淡酒】自逊为淡酒，泛指宴席不周全，或本指酒为价廉之酒。《宣和遗事前集下》：“遂将出几盏儿淡酒来。”

【淡色啤酒和浓色啤酒】淡色啤酒一般为淡黄色。浓色啤酒，也叫黑啤酒，酒液为咖啡色而有光泽，含原麦汁浓度较高，有麦芽的焦香味。

【瓠壶】酒器。瓠形之壶。亦作瓢壶。《三国志·蜀志·张裔传》：“张府君如瓠壶，外虽泽而内实粗。”扬雄《酒箴》：“鸱夷滑稽，腹如瓠壶。”《博士图》：“汉瓠壶。”《公刘》之诗曰：“酌之用匏，则瓠壶之制，盖取诸此。”

【瓠尊】瓠形之樽。苏轼《哭刁景纯诗》：“我欲江东去，瓠尊配行潦。”

【黄封】酒别名，宫酒或泛指美酒。天子所赐之酒。苏轼《与欧育等六人饮酒诗》：“苦战知君便白羽，倦游怜我忆黄封。”范大成诗：“录葱顶上拆黄封。”《益公题跋》：“宜兴黄土村，去县五十五里，东坡与单秀才步至焉，地主以酒见饷，谓东坡曰，此红友也，坡言，此人知有红友，而不知有黄封，真快活人。”《书言故事·酒类》：“御赐酒曰黄封。”

【黄娇】酒之别名。《辍耕录》：“段继昌能诗好饮，家甚贫，以钱遗之者，尽送酒家，名酒曰黄娇，盖关中以儿女为阿娇，故以此况之。”

【黄酒】糯粟酿造之酒名，其色淡褐色，味酸且带苦味，有木瓜，百花，东涞，雪清，老酒，良乡，黄酒，绍兴等多种。《红楼梦》第三十八回：“便斟了半盏，看时却是黄酒。”

【黄垆之痛】悼念亡友的话。语本南朝宋刘义庆《世说新语·伤逝》：“〔王浚冲〕乘轺车经黄公酒垆下过，顾谓后车客：‘吾昔与嵇叔夜、阮嗣宗共酣饮于此垆……自嵇升天，阮公亡以来，便为时所羁绁。今日视此虽近，邈若山河。’”

【黄醅】黄色之酒。白居易《尝黄醅新酎忆微之诗》：“世间好物黄醅酒，天下闲人白侍郎。”

【黄汤】黄酒。元曲中亦有之。《硃砂担》一折白：“我则是多吃了那几碗黄汤，以此赶不上他。”《水浒》十四：“畜生！你却不径来见我，且在路上贪呷这几口黄汤，我家中没得与你喫？辱没杀人！”《西湖二集》十三：“思量得几文钱买壶黄汤吃，且做个里牵棉，浑身热烘烘，好过这长夜。”

【黄滕】酒名。陆游《钗头凤词》：“红酥手，黄腾酒，满城春色宫墙柳。”

【祭酒】古礼凡大乡宴必宾中之年长者一人先举酒以祭，故祭酒为尊敬之称，谓其人之年齿品望冠于同列也。后因以为官名。如《史记》称荀卿为祭酒，汉吴王濞年老，为刘氏祭酒。

【祭飨】祭祀所供之酒食。《晋书·慕容儁载记》："祭飨朝庆，宜正服衮衣九文冠冕九旒。"

【祭尊】犹祭酒。《新书·时变》："骄耻偏而为祭尊，鲸劓者攘臂而为政。"〔注〕：祭尊，犹祭酒也。《札朴》："古铜印有始乐单祭尊，万岁单祭尊。始乐，万岁皆里名。祭尊，卿官，犹祭酒，见《困学纪闻》。单，通作僤，单祭尊，里主僤祭者。"

【假醉】假作酒醉。《水浒传》第二十九回："这武松假醉佯颠，斜着眼看了。"

【菊花酒】用菊花酿的酒。《西京杂记》卷三："菊花舒时，并采茎叶，杂黍米酿之，至来年九月九日始熟，就饮焉。故谓之菊花酒。"

【菊华酒】菊花所酿之酒。华同"花"。见菊花酒条。

【菊酒】菊花所酿造之酒。参见菊花酒条。《月令广义》："菊酒香甘。黄菊晒干，用瓮盛酒一斗，菊头二两，以生绢袋悬于酒面上，约离一指高，密封瓮口，经宿，去袋，其酒有菊香。"卢纶《九日奉陪侍中宴后亭诗》："且倾浮菊酒，聊拂染衣尘。"

【菊醴】即菊酒。于经野《奉和九日幸临渭亭登高应制诗》："桂筵罗玉俎，菊醴溢芳樽。"

【菊醑】即菊酒。于经野《福惠全书·筮仕部·四六小启式》："酌菊醑而未敢。"

【菊樽】菊花杯，犹言菊花酒。王涯《九日勤政楼下观百僚献寿诗》："菊樽过九日，风历肇千秋。"

【婪尾】①婪尾酒。一作"蓝尾"。《仇池笔记》："苏鹗云，以酒巡匝为婪尾。"②言贪杯也，《唐音癸签》："河东记载，申屠澄遇老翁媪留饮，澄讯曰：'始自主人。'翁即巡，澄当婪尾，则知婪尾为自谦之辞，如俗云贪杯也。"

【猎酒】索求酒食。《天录识馀》："古人谓，天释之士，游手清谈，无故来人家，志必得酒而后去，谓之猎酒。"

【啉】古称行酒一巡为啉。见《广韵·二十二覃》。

【淋】釀酒。《儿女英雄传》五：僧人这里是个苦地方，没什么好吃的，就是盅素酒，倒是咱们庙里自己淋的。

【淋饭酒母】由酒药中根霉和毛霉生成乳酸的酒母称为“淋饭酒母”。制造天数20–30天，多为自然培养。主要用于传统操作法的绍兴酒和喂饭酒的制造。

【淋饭酒母的制作（绍兴酒）】用水将米淘筛蒸煮，蒸熟的米饭再淋水冷却，冷却后落缸搭窝、加酒药进行糖化，再加曲（麦曲）冲缸，发酵开耙、后发酵，即做成酒母。（其中米125公斤，麦曲19.5公斤，酒药0.187–0.25公斤。饭水总重量为375公斤。）

【绿醪】美酒。白居易《自宾客返太子少传分司诗》“何言家尚贫，银榼提绿醪。”

【绿醽】带绿色之美酒。邹阳《酒赋》：“其品类则河洛绿醽。”〔注〕：翰曰，绿醽，酒名。卢真《九老会诗》：“但把绿醽常满酌，烟霞万里会应通。”

【绿蚁】酒面上的绿色泡沫，也作为酒的代称。白居易《问刘十九》诗：“绿蚁新醅酒，红泥小火炉。”亦作“渌蚁”。谢玄晖《在郡卧病》诗：“嘉鲂聊可荐，绿蚁方独特。”参见“浮蚁”。

【绿豆烧、蚕豆烧】用绿豆曲酿成的酒，称为绿豆烧。用蚕豆曲酿成的酒，称为蚕豆烧，又称为蚕豆丸。二者酒味较麦曲酿成的酒为烈，而香气各自不同。

【鸾觞】酒杯。《文选·嵇康·杂诗》：“鸾觞酌醴，神鼎烹鱼。”〔注〕：鸾觞，杯也。

【酕醄】大醉貌。晁补之《即事》诗：“有时醉酕醄，大笑翻盏斝。”

【盘匜】匜者可注水之器，盘匜言坚器也，亦作“槃匜”。

【匏斗】酒器。《博古图·斗·汉匏斗》：“前一器，长一尺一寸五分，深一寸二分，口径三寸三分，容三合，重六两，有柄无铭。”

【匏勺】酌酒器。《后汉书·礼仪志》：“瓦鼎十二，容五升。匏勺一，容一升。”

【匏樽】酒樽。苏轼《前赤壁赋》：“驾一叶之舟，举匏樽以相属。”

【偏提】酒壶名。韩偓《从猎诗》：“匆闻仙乐动，赐酒玉偏提。”《事物异名录·器用·壶》：“山家清事，偏提犹今酒鳖，和靖翁送李山人，有马前常带古偏提之句。”林洪《山家清事》：“偏提，犹今酒鳖，形扁如鳖，故名。”

【脯酒】干肉与酒。《史记·封禅书》：“春以脯酒，为岁祠。”

【骑杯】酒名。《海录碎事·饮食·酒》：“海东有姓刘人，善作酒，盛暑

可寄千里，人谓之骑上杯也。”

【酡】藏族常喝的一种用青稞酿成的酒。

【清】酒名，谓醴之过滤使清者。《周礼·天官·酒正》：“辨四饮之物，一曰清。”〔注〕：清，谓醴皆曰清。《礼记·内则》：“稻醴清糟。”〔注〕：清，泲，即过滤使清。

【清白】酒名。《礼记·内则》：“酒清白。”〔疏〕：“清，谓清酒；白，谓事酒昔酒。以二酒俱白，故以一白标之。”

【清杯】清雅之杯。沈炯《十二属诗》：“鸡跖引清杯。”

【清酤】与“清酒”同。《诗·商须·烈祖》：“既载清酤，赉我思成。”《传》：“酤，酒。”张衡《西京赋》：“炙炰夥，清酤䬼，皇恩溥，洪德施。”

【清醴】谓清酒。潘尼《琉璃碗赋》：“流景炯晃以内澈，清醴瑶琰而外见。”

【清酒】①水与酒也。清指玄酒，亦即水也，祭祀之用。一说清洁之酒。《诗经·小雅·信南山》：“祭以清酒，从以骍牡。”〔笺〕清，谓玄酒也。酒，谓郁鬯与五齐，三酒也。《集韵》：“清酒，清洁之酒，郁鬯之属也。”②酒之一种。为浊酒之对也。《周礼·天官·酒正》辨：“三酒之物，一曰事酒，二曰昔酒，三曰清酒。”〔注〕：清酒，今中山冬酿，接夏面成。〔疏〕：此酒更久于昔，故以清为号。

【清醑】犹“清酒”。白居易《酒劝赞》：“产灵者何，清醑一酌。离人迁客，转忧为乐。”

【清醳】清澄之酒。陈造《八月试院中诗》：“清醳聆邹琴，款识辨周鬲。”

【清卮】犹美杯。谢朓《和伏武昌登孙权故城诗》：“清卮阴献酬，良书限闻见。”

【清酎】味清而质纯之酒。即醇酒。韩愈《祭李郴州文》：“逞英心于纵博，沃烦肠以清酎。”

【清酌】祭奠时所用之酒。《礼记·曲礼下》：“凡祭宗庙之礼……酒曰清酌。”柳宗元《祭吕衡州温文》：“奉清酌庶羞之奠，敬祭于吕八兄化光之灵。”

【清樽】盛酒之器。亦谓饮酒。皇甫冉《曾山送别诗》：“凄凄游子苦飘蓬，明月清樽祇暂同。”

【清茬曲】热曲最高温度为44-46℃，晾曲降温限为28-30℃，这样的曲叫清茬曲。它属于小热大晾。

【清霖烧酒】兰姆酒初蒸后，卖给蒸馏厂又进行精馏，其酒称清霖烧酒。

【清香型（白酒）】此种酒有着芬芳的清香，甘润爽口，称为“清香型”。山西杏花村的汾酒最为突出，又称“汾香型”。宝丰酒等即属清香型。

【清蒸】将经蒸煮后的高粱拌曲放入陶瓷缸，缸埋土中，发酵28天，取出蒸馏，此谓之清蒸。

【赊酒】取酒欠酒钱。张乔《赠友人诗》：“典琴赊酒吟过寺，送客思卿上灞陵。”

【蛇酒】以蛇浸泡之酒。《酉阳杂俎》：“冯坦者，常有疾，医令浸蛇酒服之。初服一瓮子，疾减半，又令家人园中执一蛇投瓮中封闭七日，及开，蛇跃出，举首尺余，出门，因失所在。其过迹，地坟起数寸。陆绍郎中又言，尝记一人浸蛇酒，前后杀蛇数十头。一日自临瓮窥酒，有物跳出啮其鼻，将落，视之，乃蛇头骨。”

【盛筵难再】盛大的宴会难再遇到。比喻美好的光景不可多得。语出唐王勃《秋日登洪府腾王阁饯别序》：“胜地不常，盛筵难再。”

【豚醪】豚肉与浊酒。谢惠连《祭古冢文》：“具豚醪之祭。”

【甜酒】甘甜之酒。苏轼《岐亭诗》：“酸酒如虀汤，甜酒如蜜汁。”

【甜醹】美酒名。《初学记·器物部·酒》：“酒经曰，空桑秽饮，醞以稷麦，以成醇醪，酒之始也；乌梅、女䴷、甜醹，九投澄清，百品酒之终也。”

【甜白葡萄酒】含糖13%左右，含酒精13-16%的白葡萄酒称为甜白葡萄酒。我国各地葡萄酒厂多制这种酒。

【甜红葡萄酒】含糖13-15%，酒精16-22%的红葡萄酒，称为甜红葡萄酒。我国各地葡萄酒厂都生产这种酒。东北三省所生产的山葡萄酒也属于这种类型，属于加强浓甜葡萄酒。

【甜酒和半甜酒（黄酒）】酒液中含糖8%以上的叫“甜”酒，喝这种酒，感觉很甜，如沉缸酒。酒液中含糖1.5-8%的叫“半甜酒”，喝这种酒，感觉较甜，如即墨老酒。

【甜酒水培养基】将糯米淘洗干净，浸泡后蒸煮成饭，冷凉至30℃，培养1-2天即成甜酒酿，煮沸后过滤，滤液即为甜酒水培养基。

【甜香槟酒】香槟酒的含糖量占8%，这样的香槟酒称作甜香槟酒。

【甜型与半甜型（葡萄酒）】酒液中，含糖5%以上，口感味甜，称之为“甜型”，含糖1.2-5%，口感较甜，称之为“半甜型”。

【停杯】暂停饮酒。杨素《赠薛内史诗》：“横琴还独坐，停杯遂待君。”

白居易《风雨中寻索十一因题船上诗》："停杯看柳色，各忆故园春。"

【铜罂】铜制之酒器。《南史·齐晋安王子懋传》："年七岁，时母阮淑媛尝病危笃，请僧行道，有献莲花供佛者。众僧以铜罂盛水，渍其茎，欲花不萎。子懋流涕礼佛曰：若使阿姨因此和腾，愿诸佛令花竟斋，不萎七日。斋毕，花更鲜红，看视罂中，稍有根须，当世称其孝感。"

【铜罍】铜制之酒尊。《齐书·刘悛传》："悛于州治下立学校，得古礼器铜罍、铜甑、山罍尊、铜豆钟各二口，献之。"

【酘】①酒再酿。《抱朴子·金丹》："犹一酘之酒，不可以方九酝之醇耳。"②谓饮酒过多，次日仍感不适，再饮以解宿酲。无名氏《朱砂担》第一折："大碗里釃的酒来，将些干盐来我吃两碗，酘过我那昨日的酒来。"

【屠酤】指以屠牲与沽酒为业。与"屠沽"同。《汉书·赵广汉传》："直突入其门，庾索私屠酤，椎破卢罂，斧斩其门关而去。"《淮南子·氾论训》："夫发于鼎俎之间，出于屠酤之肆。"

【屠沽】屠谓屠户，沽谓卖酒者。古率用以称执贱业者。

【屠沽儿】本谓屠牲沽酒者，以喻轻贱之人。《后汉书·祢衡传》："许都新建，贤士大夫，四方来集。或问衡曰：'盍从陈长文、司马伯达乎？'对曰：'吾焉能从屠沽儿耶！'"《语林》："陆龟蒙曰：'我年来忍饥诵经，岂不知屠沽儿有酒食耶！'"

【屠苏】①药名。与肉桂，山椒，白术，桔梗，防风等调酒，曰屠苏酒。《荆楚岁时记》："正月一日，是三元之日也。长幼悉正衣冠，以次拜贺，进椒柏酒，饮桃汤，进屠苏酒。董勋云，正月饮酒，先小者，以小者得岁，先酒贺之，老者失岁，故后与酒。"《岁华纪丽》："屠苏，草庵名，昔有人居草庵之中，每岁除夜，遗闾里药一剂，令囊浸井中，至元日，取水置于酒尊，合家饮之，不病瘟疫。有今人得方者，亦不知其人姓名，但名屠苏而已。"卢照邻《长安古意诗》："汉代金吾千骑来，翡翠屠苏鹦鹉杯。"②草名。《诗话补遗》："屠苏，草也。"《通雅·四十一》："屠苏，阔叶草也，因为屋名，为冠名，为饮名。"

【晚樽】晚酌。陆游《小园诗》："飧酩俱晨钵，葅芹荐晚樽。"

【望子】亦称"幌子"。古时店铺悬挂的布招。特指酒店的招子，即酒帘。孟元老《东京梦华录·中秋》："至午未间，家家无酒，拽下望子。"

【衔卮】衔杯。即饮酒。何逊诗："江潭望如此，衔卮其君倾。"

【宿酲】谓因宿醉而病酒。白居易《和知予与工部有宿酲诗》："宿酲无兴味，先是肺神知。"《云仙杂记》："陈永阳王宿酲未解，为蜜浸乌梅，每啖不下二十枚，清酲乃已。"

【宿酒】宿醉。白居易《早春即事诗》："眼重朝眠足，头轻宿酒醒。"苏轼诗："欠伸宿酒余，起坐濯清泚。"谢宗可诗："宿酒破寒薰玉骨，仙丹偷暖返冰魂。"

【宿醉】与"宿酒"同。沈佺期《望春宫应制诗》："定是风光牵宿醉，来晨复得幸昆明。"韩偓《早归诗》："扠衣吟宿醉，风露动相思。"

【酗】沉迷于酒；酒醉行凶。《书·微子》："我用沉酗于酒。"又《无逸》："无若殷王受之迷乱，酗于酒德哉！"

【酗酣】酗酒自酣。《剪灯余话》："却乃连日酗酣，临期失误，使百辟仓皇，骇愕以失色。聚人捏合，掇拾以成文。"

【酗讼】因酗酒致讼。《魏书·刑罚志》："太安四年始设酒禁。是时年谷屡登，士民多因酒致酗讼。"

【酗饮】暴饮。《福惠全书·邮政部·总理》："不交接赌嫖酗饮。"

【酗訚】醉酒而怒。《一切经音义·十三·引通俗文》："酗酒曰訚。"《晋书·曹志传赞》："谋甫三爵，酗訚斯作。"

【旋】温酒。旋通镟。镟是温酒的器具，作动词用，便是温酒。《水浒》五：那庄客旋了一壶酒，拿一双盏子，筛下酒与智深喫。

【旋子】温酒的铜器，俗名"炊筒"。《儿女英雄传》五：那三儿连连的答应说："来了！来了！"手里端着一个红铜旋子，盛着半旋子凉水，旋子边上搁着一把一尺来长泼风也似的中耳尖刀。

【雪堂义酒】宋代王晋卿居黄州时，近邻五县送酒而混于一器，名之为雪堂义酒。《仇池笔记》："元祐中，王晋卿置墨十数，亦杂研之。昔有黄州邻近五县送酒合置一器，谓之雪堂义酒，今为雪堂义墨耶。"

【野享】野宴。《文选·张衡·西京赋》："割鲜野享，犒勤赏功。"张华《游猎篇》："野享会众宾，元酒甘且旨。"

【野觞】饮酒于郊野。王绩《尝春酒诗》："野觞浮郑酌，山酒漉陶巾。"

【野醉】醉于山野之间。陆龟蒙《润州江口送人谒池州卫郎中诗》："闲随野醉溪声闹，独伴清谈晚色残。”

【移樽就教】移坐到别人跟前共饮，以便求教。比喻主动向别人请教。清李汝珍《镜花缘》第二十四回："也罢，我们'移樽就教'罢。"

【逸爵】犹言纵酒。殷仲文《南州桓公九井作》："广筵散泛爱，逸爵纡腾引。"

【淫酗】纵饮过度。《书·泰誓中》："呢比罪人，淫酗肆虐。"

【淫醟】沉湎酒色，暴虐无常。

【银杯】银制之杯。《唐书·文艺传》："常以金银杯斟酒饮之。"韩愈《雪诗》："随车翻缟带，逐马散银杯。"白居易《春池间泛诗》："花助银杯气，松添玉轸声。"

【银樽】银制之酒樽。《旧唐书·曹确传》："帝赐酒二银樽，启之非酒，乃金翠也。"

【酝】①酿也。《说文》："酝，酿也。"曹植《酒赋》："或秋藏冬发，或春酝夏成。"②再酿也。《广雅·释器》："酝，酘也。"《正字通》："酝，久酿也。"《文选·张衡南郡赋》："酒则九酝。"注：善曰，广雅曰，酝，投也。③酒母也。《一切经音义·十二》酝，酒母也。

【酝酿】①酿酒。《后汉书·吕布传》："布禁酒而卿等酝酿，为欲因酒而共谋布邪？"②酒的酿成，须经一定的时日，因以比喻事情逐渐达到成熟的准备时机、过程。

【酖酒】毒酒，与鸩酒同。《新论利害》："酖酒盈卮，渴者弗饮。"

【酖酖】沉湎于饮酒之安乐。酖：嗜酒，引申为耽乐沉迷。

【餟】祭酹。以酒沃地祭地。《说文》："餟，祭酹也，从餟声。"《说文通训定声》："餟，字村，餟以酒沃地祭也。"《广韵》："餟，祭酹也。"

【粗馏塔】蒸馏的结果就得到粗酒精，所用的设备称醪塔，也叫粗馏塔。粗馏塔的作用是将乙醇从成熟醪中分离出来，并排除酒糟。

【粗馏液】原汁葡萄酒在重复间断蒸馏前，先将酒进行预热然后导入壶式蒸馏锅中直加大火加热蒸馏，蒸出原料葡萄酒体积的三分之一左右，称之为粗馏液。

【袋滤】采用硅藻土作为过滤剂，附着在棉布或尼龙纺织品的表面，做成袋子形状，过滤面积为30-180平方米。袋子是长方形或圆形，有时将袋子做成皱壁以增加过滤面积，此谓之袋滤。

【蛋白质】蛋白质是组成细胞质的基本物质，由二十多种氨基酸所组成。

【第一代人工饮料酒】不加任何糖化发酵剂、全靠自然形成的酒，称为第一代人工饮料酒。比如用兽奶制成的酒。

【第二代人工饮料酒】加糖化发酵剂酿造的酒，称为第二代人工饮料酒。又称人工发酵酒，亦简称发酵酒。

【第三代人工饮料酒】为了提高酒度，增加酒精含量，在长期酿酒实践的基础上，利用酒精与水沸点不同，采取蒸烤取酒的方法获得的酒，称为第三代人工饮料酒，又称蒸馏酒。

【淀粉糊】精制淀粉是从贮藏细胞中分离出的淀粉粒。精制淀粉因植物种类不同而有差异，一般在70-75℃下存在大量水时，粒状消失，全部形成半透明的胶质物，即所谓淀粉糊。

【淀粉霉法】用曲作糖化发酵剂，边糖化边发酵的双边发酵技术，称为淀粉霉法。

【堆曲】把方块曲料搬入曲室，要轻拿轻放，不使破碎，整齐地叠成丁字形，以利通风和糖化菌的生长繁殖，此即为“堆曲”。堆曲前，曲室要打扫干净，四壁要杀菌，在地面上铺上谷皮及竹簟，以便保温。

【麸皮固体培养基】将较细麸皮加水70-80%充分拌匀，装入试管或三角瓶，装入量不宜过多或过少，然后用试管刷将附于试管壁上的麸皮刷干净，制备棉塞，灭菌40分钟，即为麸皮固体培养基。

【麸皮菌种保藏法】取一定的麸皮，加水80%拌匀，将麸皮分装入安瓿管或小试管中，加入量为高约1.5厘米，塞好棉塞，用纸包好，灭菌后冷却，于无菌条件下把要保存的菌种接入麸皮内，置于保温箱内调节适宜的培养温度保温培养，待孢子成熟后，移放于装有氯化钙的干燥器中，在室温下干燥数天或于培养箱内升温干燥数天，干燥后用塑料薄膜包扎管口，防止湿气进入试管，或将试管用火靠棉塞处烧熔玻璃，拉长，把管口封住，放阴凉干燥处保存。此法谓之麸皮菌种保藏法。

【麸曲】麸曲，用麸皮等培育纯粹曲霉制成的曲称为麸曲，主要用作糖化剂。

【麸曲酒】用麸曲酿成的白酒称为麸曲酒。又叫快曲酒。该酒在白酒总产量中占的数量最大。

【硅藻土过滤法】在操作过程中，硅藻土伴随啤酒连续添加，起到了连续更新过滤床的作用，过滤机始终保持快速过滤。只要硅土添加比例适当，即使秀混浊的酒过滤也无困难。此法谓之硅藻土过滤法。

【**混成酒**】掺合一种或数种材料于酒中，以增加酒的气味和色泽，此酒称为混成酒。

【**混合泥加老窖泥培养液堆积培养**】泸州曲酒厂创造了一种比较成功的操作，即使用优质泥或窖皮泥、加过磷酸钙、尿素、腐植质、大曲粉、黄水和老窖泥培养液，边加边踩，边踩边翻，直至拌和均匀，堆积，密封发酵15天以上。此法即混合泥加老窖泥培养液堆积培养。

【**混合泥加坛内培养液堆积培养**】五粮液酒厂利用老窖泥作为菌种，在坛内进行扩大培养，然后将培养液加到混合泥中，进行堆积培养，以逐步扩大培养老窖泥中的有益菌，最后使用培养好的香泥进行筑窖。此即为混合泥加坛内培养液堆积培养。

【**基础酒**】在勾兑中占最大比例的酒即基础酒。

【**梨头霉**】梨头霉类似根霉，它的糖化力很低。对酿酒有害还是有利尚无定论。

【**啤酒的过滤法**】经过后发酵的成熟酒，其残余酵母和蛋白质等沉积于底部，小量悬浮酒中，须过滤和分离，常用的方法有：滤棉法、硅藻土法、离心分离法、板式过滤法、微孔薄膜过滤法。

【**啤酒**】也叫麦酒。用大麦芽及啤酒花为主要原料，经酵母发酵而制成的一种含二氧化碳的低浓度酒精饮料。也有用大米或玉米为辅助原料的。酒精含量为2-7.5%。味甘，也具清爽的苦味，有帮助消化、滋补身体的功效。啤酒按酿造方法不同可分为表面发酵和底面发酵两种。前者用表面酵母在较高温度下进行发酵，发酵时间较短；后者用底面酵母于低温度下发酵，发酵时间较长。装瓶并经过杀菌的叫“熟啤酒”或“贮藏啤酒”；未经杀菌的，叫“生啤酒”或“鲜啤酒”，含有活酵母，不耐贮藏。如按啤酒色泽来分，则有浅色与深色啤酒之别。

【**啤酒花**】亦称“忽布”。桑科。其小苞和花被上布满黄色粉状和香脂腺。香脂腺含挥发油、苦味素、树脂和单宁，有特殊香气，加入啤酒中，使酒别具风味。

【**啤酒石**】发酵过程中产生草酸钙沉淀。草酸是糖代谢中间产物，常在酵母泥或容器底能发现草酸钙沉淀，此称之为啤酒石。

【**球菌**】呈球状的细菌称球菌。球菌又分为单球菌、双球菌、链球菌、四联球菌、八叠球菌、葡萄球菌。

【商品酒】 报告期内最终出厂（包括内外销、计划外销售）的成品酒，称为商品酒。

【深层通风培养】 将曲霉培养在液体基质中，并通空气使它生长和产酶，这种培养方法称深层通风培养。

【深井法】 利用深井高压水柱以及空气喷射，使氧气高度分散于液体中，加快氧的传递，使微生物快速繁殖，从而达到快速氧化有机物的目的，此法谓之深井法。

【斜面冰箱保藏法】 将菌种接种在斜面固体培养基上，待菌落生长好后，放入4℃左右的冰箱内进行保藏，每隔一定时间转接到新鲜的培养基上。此法谓之斜面冰箱保藏法。

【续渣法】 将原料破碎，出窖配料进行蒸馏糊化，然后扬冷、加曲、加酒母、加入水，入窖进行糖化发酵而生成酒醅。此方法谓之续渣法。

【液化淀粉酶】 由于此酶水解淀粉时，在开始反应不久就使淀粉断裂为分子量小的糊精，使淀粉溶液的粘度很快下降，故通常又把此酶叫做液化淀粉酶。

【液态法白酒】 原料经液态发酵，又经液态蒸馏而制成的酒。

【液体培养基】 液体培养基一般是指自然培养基中动植物的组织或器官的浸出液。如麦芽汁、曲汁等都是常用的液体培养基。

【液体曲】 将适当的曲霉进行深层液体培养后，所得滤液，含有各种酶，可作为酒精工业方面的糖化剂。这种含有淀粉酶等的曲霉培养液，称为液体曲。

【液体石腊保藏法】 将已经灭菌的液体石腊，在无菌条件下倒入生长良好的斜面试管菌种上面，油层高于斜面末端一厘米，垂直放在温室或冰箱内保藏。此法谓之液体石腊保藏法。

【营养菌丝】 伸入培养基内的菌丝，称为营养菌丝。

【阈值】 人们对某种香味成分能感觉到的最低浓度，叫阈值，或称果香界限值。

十二画

【椑】 古代一种椭圆形盛酒器。也叫椑榼、匾椑、偏椑。

【⿰酉必】饮酒俱尽。与“⿰酉监”同。

【瓿】古代器名。青铜或陶制。圆口、深腹、圆足。用以盛酒和水。盛行于商代。

【裁酌】席中，判定罚酒否及饮酒多少数量。李渤《上封事表》："度时之宜裁酌。"

【赐灌】赐饮。《礼记·投壶》："当饮者皆跪奉觞曰赐灌，胜者跪曰敬养。"

【赐酒】赐予酒饮。宇文融诗："飞文瑶札降，赐酒玉杯传。"韦述诗："赋诗开庆宴，赐酒酌流霞。"

【赐宴】赐酒食。《北史·韦师传》："上召师与左仆射高熲、上柱国韩擒虎等于卧内赐宴，令各叙旧事以为笑乐。"《宋朝会要》："宋太平兴国二年，太宗亲试吕蒙正以下，并赐及第，赐宴开宝寺。"《六部成语·礼部·赐宴·注解》："属国朝贡，应赐宴于殿廷，国有大庆，乃万寿节前，新年亦赐宴，王公大臣新进士举人亦有赐宴之礼。"

【赐饮】赐予酒食。《宋史·礼志》："三馆学士宴于后苑，赏花，钓鱼，张乐，赐饮，群臣赋诗习射。"

【葱酒】酒和以葱。李翱《来南录》："戊戌予病寒，饮葱酒以解表，暮宿于巩。"

【奠酹】置酒于地曰奠，洒酒于地曰酹，以祭神。《风俗通·十反》："上阙奠酹，下困餬口，非孝道也。"任昉《上萧太传固辞夺礼启》："且奠酹不亲。"白居易《祭小弟文》："吾亲奠酹于尔床前。"

【奠酒】谓置酒于地。丧祀礼用之。

【貂裘换酒】旧指富贵者放纵不羁的生活。貂裘，貂皮大衣。语本《晋书·阮孚传》："（阮孚）迁黄门侍郎、散骑常侍。尝以金貂换酒，复为所司弹劾。"唐李白《将进酒》诗："五花马，千金裘，呼儿将出换美酒，与尔同消万古愁。"

【赌酒】以酒赌胜负。李洞诗："石上铺棋势，船中赌酒分。"高启诗："读书围壁里，赌酒射堂中。"

【赌空】酒席间游戏之一种，以果粒置手中，令人猜射，赌空系此游戏之用语。参见"猜拳"条《两般秋雨庵随笔》："今酒令猜枚，辄相谓曰，前后手，不赌空，按此说其来已久。元人姚文奂诗曰：'剥将莲子猜拳子，玉手双开不赌空。'正谓此也。"

【鹅雏】酒名。陆游《晚春感事诗》："酿成西蜀鹅雏酒，煮熟东坡玉糁羹。"

【鹅黄】汉州酒名。陆游《出游湖山闲诗》："新酿学鹅黄，幽花作蜜香。"

【葛巾漉酒】以葛巾漉酒。《宋书·陶潜传》："值其酒熟，取头上葛巾漉酒毕，还复著之。”

【酉瓜】酒爵。与“觚”同。

【酤】①酒。《诗·商颂·烈祖》：“既载清酤。”②通“沽”。买酒；卖酒。

【酤家】酒店。

【酤酒】①卖酒。《史记·司马相如》：“买一酒舍酤酒，令文君当垆。”《汉书·景帝纪》：“夏旱禁酤酒。”②买酒。《史记·滑稽传》：“褚先生曰，王先生徒怀钱酤酒。”

【酤酿】酿酒出售。《汉书·武帝纪》：“初榷酒酎。”〔注〕以木渡水曰榷，禁民酤酿，独官开置，如道路设木为榷，独取利也。

【寒醅】冬季所酿之未过滤的酒。欧阳修《秋晚凝翠亭诗》：“嘉宾日可携，寒醅美新醡。”

【寒樽】指寒冬之饮酒或指贫穷之士饮酒（逊词）。苏辙诗：“寒樽独酌偶逢客，佳句相酬不用书。”

【酣】饮酒尽量。《史记·廉颇蔺相如列传》：“秦王饮酒酣。”引申为沉酣畅快。

【酣畅】畅饮。《晋书·阮修传》：“常步行，以百钱挂杖头，至酒店便独酣畅。”《世说新语·任诞》：“七人常集于竹林之下，肆意酣畅。”《颜氏家训·风操》：“酣畅声乐。”白居易诗：“速进四五酌，酣畅入四肢。”

【酣对】谓对酒畅饮。《南史·朱百年传》：“相得辄酣对尽欢。”

【酣歌】谓饮酒乐而歌舞，或尽情歌唱。《南史·梁宗室萧恭传》：“登山泛水，肆意酣歌也。”

【酣歌恒舞】忘情的歌唱，长时的舞蹈。《书·伊训》：“恒舞于宫，酣歌于室。”

【酣放】狂放、豪放。《宋史·石延年传》：“延年虽酣放，若不可撄以世务，然与人论天下，是非无不当。”

【酣酣】酒醉貌。白居易《不如来饮酒诗》：“不如来饮酒，仰面醉酣酣。”

【酣豢】沉湎于酒，忘乎所以。欧阳修《释惟俨文集序》：“尚安能酣豢于湖山歌舞之娱。”

【酣叫】饮酒而大声呼叫。即酣呼。

【酣酒】过量尽情饮酒。

【酣乐】尽情尽兴而乐。《书·酒诰》：“酣乐其身，不忧政事。”《晋书·徐邈传》：“孝武帝宴集酣乐之后，好为手昭诗章，以赐臣。”

【酣谑】酒醉戏谑。《晋书·石勒记》："勒与酣谑，引阳臂笑。"《终南十志》："喧者游之，则酣谑永日。"

【酣餔】谓畅饮。丘迟《永嘉郡教》："邀游邻里，酣餔卒岁。"

【酣觞】纵饮。《晋书·阮裕传》："裕以敦有不臣之心，乃终日酣觞，以酒废职。"

【酣身】沈溺于酒酣乐其身。《书·酒诰》："在今后嗣王酣身。"《传》："嗣王，纣也，酣乐其身，不忧政事。"

【酣适】酒醉而乐。苏轼《书东皋子传后文》："酣适之味，乃过于客。"陈旅《湖上分韵诗》："睽离会弥欢，酣适趣益真。"

【酣奭】①谓饮酒作乐过度。奭，盛大。《商君书·垦令》："民不能喜酣奭，则农不慢。"一说，奭，当作"奭斗"，酌酒。②盛醉而颜亦。《商君书·垦令》："贵酒肉之价，重其租，令十倍其朴，然则商贾少，农不能喜酣奭，大臣不为荒饱。"俞樾《群经平识》："诗采芑，路车有奭。毛传曰，奭，赤貌。"

【酣态】盛醉之态。虞僎诗："高情薄云汉，酣态坐芳洲。"刘商《姑苏怀古诗》："官娃酣态舞娉婷，香飙四飐真珠坠。"

【酣嬉】酒酣谈笑嬉戏说笑。欧阳修《释祕演诗集》："酣嬉淋漓。"

【酣兴】饮酒畅兴。《周书·张孙澄传》："澄虽不饮酒，而好观人酒兴。"唐玄宗《餔宴诗》："曲终酣兴晚，须有醉归人。"元结《湖上亭诗》："酣兴思共醉，促酒更相向。"

【酣湑】畅饮极乐。《文选·左思〈吴都赋〉》："酣湑半，八音并。"〔注〕刘曰：酣，酒洽也。湑，乐矣。

【酣饮】畅饮，尽兴而饮。《后汉书·周举传》："酣饮极欢。"《晋书·阮籍传》："籍由是不与世事，遂酣饮为常。"

【酣醟】酒醉而狂乱，发怒。沈约《均圣论》："酣醟于酒，淫迷于色。"

【酣饫】醉饱之意。《唐书·元德秀传》："性嗜酒，陶然弹琴以自娱，人以酒肴从之，不问贤鄙为酣饫。"

【酣纵】饮酒放纵。《晋书·阮孚传》："终日酣纵，恒为有司所按。"

【酣醉】极醉。《晋书·阮籍传》："皆以酣醉获免。"《晋书·陶潜传》："至酒座，虽不识主人，亦欣然无忤，酣醉更反。"王昌龄《大梁途中作》："当时每酣醉，不觉行路难。"

【喝盏】元代，天子宴餐之礼。《辍耕录·喝盏》："天子凡宴餐。一人执酒觞立于右阶，一人执拍板立于左阶。执板者抑扬其声，赞曰斡脱。执觞者，如其声和之，曰，打粥。则执板者吊一板，从而王侯卿相合坐者坐，合立者立。于是众乐皆作，然后进酒诣上前，上饮毕，授觞，众乐者皆止，别奏曲，以饮陪之官，谓之喝盏。盖沿袭元金旧礼，至今不废。诸王大臣，非有赐命，不敢用焉。”

【黑黍酒】以黑黍酿造之酒。《诗·大雅·江汉·秬鬯》笺：“秬鬯，黑黍酒也。”

【黑曲或烂曲】在拌曲过程中，因为加水太多，升温太快，菌类繁殖受到影响，生成的曲块有时会发黑或腐烂，就是“黑曲”或“烂曲”。

【黑曲霉】黑曲霉是一株接近国际水平的糖化菌。每克干曲霉可糖化淀粉32克或者更多。

【黑色素麦芽】麦芽中含有丰富的黑色素，麦粒呈黄褐色，胚乳呈深褐色，该麦芽有强烈的麦芽香，无苦味，着色能力很强，为浓色啤酒良好的着色剂。

【觚】古代酒器。青铜制。喇叭形口，细腰、高圈足，用于盛酒。盛行于商代和西周初期。陶制的多是明器。《礼记·礼器》：“贵者献以爵，贱者献以散。”孔颖达疏引《五经异义》：“古周礼说：爵，一升；觚，二升。献以爵而酬以觚。”

【滑】酒器。《史记·樗里子·甘茂列传》：“滑稽多智。”滑稽，酒器，可转注吐酒不已。

【斝】古代青铜酒器。圆口，有鋬和三足。用以温酒，盛行于商代和西周初期。

【斝耳】古代酒器名。《左传·昭公七年》：“燕人归燕姬，赂以瑶瓮、玉椟、斝耳。”杜预注：“斝耳，玉爵。”斝，爵名，以玉为之，旁有耳，若今之杯，故名耳。

【斝彝】古代酒器名。旧读斝为稼。《周礼·春官·司尊彝》：“秋尝冬烝，祼用斝彝。”

【斝历】谓玉杯之馀沥。《周礼·夏官》：“凡宰祭与郁人受斝历而皆饮之。”

【椒柏酒】以椒与伯浸制之酒。崔寔《月令》：“元日进椒柏酒，椒是玉衡星精，服之令人郤老。柏亦是仙药。尊卑次列，以年少者为先，各进此酒于尊长，称觞举寿，欣欣如也。”

【椒浆】即椒酒。《楚辞·九歌·东皇太一》：“奠桂酒兮椒浆。”李嘉祐《夜闻江南人家赛神》诗：“雨过风清洲渚闲，椒浆醉尽迎神还。”

【椒酒】用椒浸制的酒。《后汉书·边让传》：“椒酒渊流。”梁宗懔《荆楚岁时记》：“俗有岁首用椒酒。椒花芳香，故采花以贡樽。”范成

大《癸巳元日》诗："匝地东风劝椒酒，山头今日是春台。"

【敬酒】谓筵席间向人斟酒请饮。

【就酒】下酒。《粤游小志》："谓下酒曰就酒，以菜下饭曰就饭。陆玑《草木虫鱼疏》：荇菜脆美可按酒，蘋可淹以就酒，是也。"

【馈祀】供奉酒食以祭神。《书·酒诰》："尔尚克羞馈祀。"

【腊酒】阴历十二月所酿造之酒。岑参《送魏四落第还乡诗》："腊酒饮未尽，春衫逢已成。"陆游《游山西村诗》："莫笑农家腊酒浑，丰年留客足鸡豚。"

【量酒人】量酒之人。酒店里的伙计。《水浒》第二十回：宋江叫量酒人来道："有此位官人留下白银在此，我明日却自来算。"《警世通言》二十：次日，便去打合个量酒的人，却是外方人，从小在临安讨衣饭吃，没爹娘，独自一个，姓周名得，排行第三。

【量浅】酒量浅。刘子翚《夜饮诗》："沉沉玉卮酒，量浅难负荷。"

【鲁酒】鲁国之酒，薄酒。参见"鲁酒薄而邯郸围"条。庾信《哀江南赋序》："楚歌非取乐之方，鲁酒无忘忧之用。"《稗史汇编》："中山人善酿，鲁人仕于中山者，取其糟归，以鲁酒渍之，谓人曰中山酒，后中山人索饮之，笑曰，欺予之糟液，奚其酒，故醞之薄者名鲁酒。"《书言故事·酒类》："言薄酒，曰鲁酒。"

【鲁酒薄而邯郸围】《庄子·胠箧》："鲁酒薄而邯郸围，圣人生而大盗起。"〔疏〕："陆德明曰，楚宣王朝诸侯，鲁恭公后至而酒薄，宣王怒将攻鲁，梁惠王常欲击赵，而畏楚救。楚以鲁为事，故梁得围邯郸。言事相由也。"

【蛮榼】蛮夷人所用之酒瓶。白居易《昭晦叔诗》："高调秦筝一两弄，小花蛮榼二三升。"

【蛮豆曲】蛮豆曲又称蛮豆丸。将蛮豆煮熟，和少量小麦粉，团之为丸状若馒头置于地屋中（地屋是指掘地尺许，围成短墙盖草而成的屋）。曲面多黄色。其管理同其他曲。

【媒】酒酵。《汉书·李陵传》："媒蘖其短。"〔注〕：孟康曰："媒，酒酵。蘖，曲也。"

【湎】沉迷于酒。《书·酒诰》："罔敢湎于酒。"《史记·夏本纪》："帝中康时，羲和湎淫，废时乱日。"裴骃集解："沉湎于酒。"

【喷酒】喷出酒。岑参《醴泉东谿送程皓之镜微入蜀诗》："西南如喷酒，遥向雨中看。"

【**喷浸法**】大麦先经洗除杂，然后每浸两小时，喷雾 12 小时，反复进行，直至所要求的浸麦度。全过程 52 小时，在水中浸渍 16 小时，通风 29 次。细密的水雾含氧充分，吸水吸氧同时进行。此法谓之喷浸法。

【**酦**】意同“酘”酒再酿。《集韵·十三末》：“酘谓之酦。”

【**酦醅**】未滤过的重酿酒。庾信《春赋》：“石榴聊泛，蒲桃醱醅。”李白《襄阳歌》：“遥看汉水鸭头绿，恰似葡萄初醱醅。”

【**葡萄玉液**】即葡萄酒。《琵琶记·春宴杏园》：“翻动那葡萄玉液。”

【**葡萄酒**】用新鲜葡萄或葡萄干经过发酵而制成的酒。分为红葡萄酒及白葡萄酒两种。前者是将红葡萄连同果皮放在一起发酵，故红色素溶于酒中而呈红色；后者是将葡萄压出液汁后，色素还未溶出前，将液汁单独发酵，故不呈红色。酒精含量普通为 8-12%，亦有多至 20%以上者。葡萄酒在酒窖中贮藏的时间，普通约一年。

【**葡萄酒酵母**】细胞透明，圆或椭圆形，形态比较大，难得有长形细胞，含有转化酶，能发酵蔗糖。它是酿造葡萄酒的主要酵母，即使在发酵后期，也能很快完成发酵。酒脚中的酵母沉淀，本酵母至少占 80%以上。

【**葡萄酒糟葡萄酒**】压榨过的葡萄酒糟粕，加水使它发酵，或者添加砂糖与水使之发酵，前面一种发酵之后含酒精只有 3-4%，极平淡，很难保存，后者接近真正葡萄酒。由糟粕制成的这种葡萄酒，称之为葡萄酒糟葡萄酒。

【**葡萄酒制品**】在葡萄酒的酿造过程中，采取特殊的操作方法，或加入其他原料，从而改变葡萄的风味，使之具有特殊的色、香、味。所以我们把这些酒称之为葡萄酒制品。

【**葡萄糖马铃薯培养基制备**】将马铃薯去皮切成薄片，切片后立即浸放于水中，以被免氧化变黑。每 200 克马铃薯加自来水 1000 毫升，加热至 80℃热浸一小时，用纱布过滤，滤液用水补足至 1000 毫升，加入 5%葡萄糖，搅拌溶解，即为葡萄糖马铃薯汁培养基。

【**葡萄汁的改良**】优良品种的葡萄，如果在栽培季节一切条件合适，常常可以得到满意的葡萄汁。但如果气候失调，葡萄未能充分成熟，果汁含酸高而糖分低，对这样的葡萄汁应在发酵前调整糖分与酸度，此称为葡萄汁的改良。

【**琴酒**】谓琴与酒。《宋史：宇文之邵传》：“日与交友为经史琴酒之乐。”朱庆余《湖中闲夜诗》：“钓艇同琴酒，良宵背水滨。”李群玉《言怀诗》：“白鹤高飞不逐群，嵇康琴酒鲍照文。”李峤《韦嗣立山庄应制诗》：“云霞仙路近，琴酒俗尘疏。”

【琴樽】琴与酒樽，古时文人雅士闲适生活中常用的东西。杜审言《赠崔融》诗：“琴樽横宴席，岩谷卧词场。”《宋史·苏舜钦传》：“静院明窗之下，罗列图史琴樽，以自愉悦。”

【琼杯】玉杯。《唐书·骆宾王传》：“张说与徐坚论近世文章曰，王翰如琼杯玉斝，虽烂然可珍，而多玷缺。”

【琼浆】喻美酒。《楚辞·宋玉·招魂》：“华酌既陈，有琼浆些。”梁简文帝《七励》：“澄琼装潢之素色，杂金笥之甘葅。”徐陵《谢敕赐祀三皇五帝余馔启》：“如陪瑶席，遂饮琼浆。”

【琼爵】玉爵。曹植《魏德论讴·甘露》曰：“元德洞幽，飞作上蒸，甘露以降，密淳冰凝，观阳弗晞，琼爵是承，献之帝朝，以明圣征。”

【琼林宴】宋天子每岁宴进士于琼林苑，后世因沿称殿试放榜后，赐宴诸进士曰“琼林宴”。亦称“恩荣宴”。《宋史·选举志》：“太宗即位，思振淹滞，太平兴国二年，御覆试，得吕蒙正以下一百九人，皆赐袍笏。锡宴开宝寺，帝自是为诗一章赐之。八年，进士免帖经。明年，复帖经，进士始分三日，自是锡宴就称琼林宴。”《书言故事·科第类》：“朝廷赐宴及第人，谓琼林宴。”

【琼斝】玉杯。江淹《飨神赋》：“琼斝既饰，乡簋以陈。”

【琼筵】谓天子宴群臣之席。凡筵宴之美者，皆可名之。《文选·谢眺·始出尚书省诗》：“既通金闺籍，复酌琼筵醴。”琼筵，谓天子宴群臣之席。言琼者，珍美言之。王维《祠渔山神女歌》：“纷进舞兮堂前，目眷眷兮琼筵。”

【散】酒器名。《礼记·礼器》：“贱者献以散。”王国维以为即斝。见《观堂集林三·说斝》。参见“斝”条。

【散福】祭神之后，把酒菜分给大家吃，叫做散福。《水浒》十五：六筹好汉正在堂后散福饮酒，只见一个庄客报说：“门前有个先生，要见保正化斋粮。”

【筛】方言斟酒。《水浒传》第二十三回：“只见店主人把三只碗、一双箸、一碟熟菜，放在武松面前，满满筛一碗酒来。”

【善酣】善于饮酒。陶潜《晋故征西大将军长史孟府君传》：“孟生善酣，不愆其意。”

【**善酿酒**】善酿酒又叫双套酒。是从双套酱油得到启发，创造用酒代水酿酒的方法酿的酒。它是一种半甜味酒。因需要二、三年的陈元红酒代替水，其成本较高，出酒率较低和资金周转慢，所以产量少，是一种高级的饮料酒。此酒的口味醇厚，并有独特的风味，可与优质的甜葡萄酒相媲美。

【**善酿酒的制造方法**】善酿酒之操作与元红酒相差不多，其区别是落缸时加入了大量的陈元红酒，醪液的酒精已达6%以上，酵母的生长繁殖受到阻碍，发酵速度较慢，糖分也消化不了，整个发酵过程中，糖分始终在7%以上，为了在开始促进酵母的繁殖和发酵作用，要求落缸温度比元红酒提高1–2℃，并加强保温工作。酒精的增加应缓慢，发酵时间长。压榨时间也较长。

【**属**】倾注，相劝。《仪礼·士昏礼》：“酌玄酒，三属于尊。”引申为劝酒。苏轼《赤壁赋》：“举酒属客。”

【**黍米酎**】酒名。《齐民要术·笨曲》：“黍米酎法，以正月作，七月熟，净治曲擣末，如造酴酒法。”

【**黍醅**】以黍酿成之酒。陆游《杂题诗》：“黍醅新压野鸡肥，茅店酣歌送落晖。”

【**酥酒**】酒名。王羲之《鹰嘴贴》：“鹰嘴爪炙入麝香，煎酥酒一盏服之。治痔瘘有验。“

【**缇齐**】酒名。《周礼·天官·酒正》：“四曰：缇齐。”〔注〕：缇者，成而红赤，如今下酒矣。〔疏〕：下酒，谓曹床下酒，其色红赤，故以缇名之。

【**提壶**】谓持酒壶。刘伶《酒德颂》：“止则操卮执瓠，动者挈榼提壶。”

【**痛饮**】犹言剧饮。《宋史·岳飞传》：“今番直抵黄龙府，与诸君痛饮耳。”《世说新语·任诞下》：“王孝伯言，名士不必须奇才，但使常得无事痛饮酒，熟读《离骚》，便可称名士。”白居易《苏州李中丞寄微之及予辄走笔奉答兼呈微之》诗：“老去还能痛饮无，春来曾作闲游否。”

【**酡**】饮酒脸红。《楚辞·招魂》：“美人即醉，朱颜酡些。”周履靖《拂霓裳·和晏同叔》词：“金尊频劝饮，俄顷已酡颜。”

【**琬液**】酒之别名。《事物异名录·饮食·酒》：“琬液、环苏，俱酒名。”《拾遗记》曰：“王母荐穆王琬液清觞。”

【**猥酒**】质恶之杂酒。《晋书·刘弘传》：“弘下教曰，齐中酒、听事酒、猥酒，同用曲米，而优劣之品。”

【温酒】①加热使酒温。《晋鲁·羊琇传》：“屑炭和作兽形，以温酒。”《世说新语·任诞》：“桓南郡被召，作太子洗马，船泊荻渚，王大往看桓，桓为设酒，不能冷饮，频语左右，令温酒来，桓乃流滋呜咽，王便欲去，桓以手巾掩泪，因谓王曰，犯我家讳何。”②温热之酒。《本草·马兜铃附方》：“一切心痛，大马兜铃一个，灯上烧存性，为末，温酒服。”

【温凉玉斝】宝杯名。可使酒随心所欲变冷变热。《还魂记·谒遇》：“这是星汉神河，这是煮海金丹和铁树花，少什么猫眼精光射，母碌通明差，嗏，这是靺鞨柳金芽，这是温凉玉斝，这是吸月的蟾蜍，和阳燧冰盘化。”

【温酎】温热之酒。左思《魏都赋》：“冻醴流澌，温酎跃波。”

【喜】与“饎”同。《丁昌志切》：“酒食也。与饎同。”《集韵》：“饎，说文，酒食也。”

【飨】①乡人饮酒。《说文》：“飨，乡人饮酒也，从乡从食，乡亦声。”②谓大饮宾客。《诗·小雅·彤云》：“一朝飨之。”飨，设盛礼以饮宾也。《仪礼·士昏礼》：“舅姑共飨妇，以一献之礼。”以酒食劳人曰飨。《仪礼·聘礼》：“壹食再飨。”飨，谓享大牢以饮宾也。《汉书·高帝纪上》：“于是飨士。”古曰，飨，谓饮食也。③牛酒加饭羹曰飨。《公羊·庄四》：“夫人姜氏飨刘侯于祝丘。”牛酒曰犒，加饭羹曰飨。

【飨告】谓陈献酒食于鬼神前而祝告之。《书》蔡传：“宗伯曰飨者，传神命以飨告也。”《唐书·殷盈孙传》：“飨告如宗庙。”

【飨贺】飨以酒食而庆贺之。《墨子·天志下》：“发其徒遽，使人飨贺焉。”

【湘吴酎】美酒名。《文选·谢惠运·雪赋》：“酌湘吴之醇酎，御狐貉之兼衣。”湘川酃陵县水，以作酒有名。吴兴，乌程县若下酒有名。济曰，湘吴出酎酒也。

【湘酎】湘产之名酒。王琢诗：“投隙穿窗苦见侵，向无湘酎若为禁。”

【象】酒樽名。《左氏·定十》：“牺象不出门。”牺象，酒器，牺尊，象尊也。

【象箸玉杯】象牙之筷子及玉制之杯子。喻奢侈。

【絮酒】以绵絮吸酒，储以备用。用时以水渍绵，使有酒气。为后汉徐稺之故事。参见“只鸡絮酒”条。《后汉书·徐稺传注》：“有死丧，负笈赴吊，常于家予灸鸡一只，以一两绵絮渍酒中，暴干以裹鸡，经列所起冢隧外，以水渍绵，使有酒气。”

【雅】酒器名。《文选·魏文帝·典论》：“刘表子好酒，为之爵，大曰伯雅，受七升；次仲雅，受五升；次季雅，受三升。”

【雅量】曹丕《典论·酒诲》：“荆州牧刘表，跨有南土。子弟骄贵，并好酒，为三爵：大曰伯雅，次曰仲雅，小曰季雅。伯雅受七胜（升），中雅受六胜，小雅受五胜。”故称酒量大为“雅量”。

【椰杯】椰实类瓢，剖之镶以银或锡，以作酒器，谓之椰杯。陆龟蒙《和寄环州杨舍人诗》：“酒满椰杯消毒雾，风随蕉扇下泷船。”

【椰子酒】古谓椰子树肤里之浆。（应是椰子果里肤之浆为妥。非甑正之。）《类篇》：“木高数十丈，叶在其末，肤里有浆，甘如酒。”宋李纲《椰子酒赋》：“伊南方之硕果，禀炎辉之正气，实石致而晬文，肤脂凝而腻理。厥中枵然，自含天体，酿阴阳之絪缊，蓄雨露之清泚。”

【遗饮】漏饮之酒或席或杯。

【罂缸】酒器。韩愈《病中赠张十八诗》：“坎酒与斟酌，四壁推罂缸。”

【御酒】谓天子所赐之酒；又天子御用之酒。《曹植·大魏篇》：“御酒停未饮，贵戚跪东厢。”

【御觞】《梁简文帝·筝赋》：“促筵命妓，御觞置酒。”指君主御用之酒杯。

【湛酒】谓沉于酒。《汉书·陈遵传》：“湛酒溷肴。”〔注〕师古曰：“湛，读曰沉。”

【粢】祭祀用的谷物或饭团。

【粢醍】黍稷酿制之酒。《礼记·礼运》：“粢醍在堂，澄酒在下。”

【尊】①古代酒器。青铜制，鼓腹侈口，高圈足，作圆形或方形，形制较多。用以盛酒。盛行于商代和西周初期。②泛指一切酒器。如：尊彝。也特指某些形状特殊的酒器。如：牺尊、象尊。陆游《杂感》诗：“一尊易致葡萄酒，万里难逢鹳鹊楼。”

【尊壶】酒器。樽与壶。《礼记·少仪》：“尊者以酌者之左为上尊，尊壶者面其鼻。”

【尊醮】指冠礼与婚礼中的祭神之酒。

【尊酒】即杯酒。《汉书·张禹传》：“加赐黄金百斤，养牛上尊酒。”高适《赠别沈四逸士诗》：“耿耿尊酒前，联雁悲愁音。”

【尊酒相逢】友人相逢酌樽酒以敬。韩愈《赠张籍诗》：“尊酒相逢十载前，君为壮夫我少年。尊酒相逢十载后，我为壮夫君白首。”

【尊幂】酒樽上所覆之布。《仪礼·士昏礼》：“赞者彻尊冥，举者盥，出除幂举鼎，入陈于阼阶南西面。”

【尊前】①谓尊长之前。书牍中常用之。②尊与樽同，谓酒樽之前。张旭诗：“寄语尊前客，生涯若转蓬。”杜甫《赠别诗》：“多情却似总无情，唯觉尊前笑不成。”曾鞏《虞美人草诗》：“当年遗事久成空，慷慨尊前为谁舞。”

【尊彝】①古之礼器。即六尊六彝。六尊者，牺尊、象尊、箸尊、壶尊、大尊、山尊也；六彝者，鸡彝、鸟彝、黄彝、虎彝、蜼彝、斝彝也，皆受酒之器也。《周礼·春宫·司尊彝》：“司尊彝，掌六尊、六彝之位，诏其酌，辨其用与其实。秋祠夏擂，裸用鸡彝、鸟彝，皆有舟，其朝践用两献尊，其再对用两象尊，皆有罍，诸臣之所昨也。秋尝冬蒸，裸用斝彝、黄彝，皆有舟。其朝献用，两箸尊，其馈献用，两壶尊，皆有罍，诸臣之所昨也。凡四时之间祠，追享，朝享，裸用虎彝、蜼彝，皆有舟，其朝践用两大尊，其再献用两山尊，皆有罍，诸臣之所昨也。凡六彝六尊之酌，郁齐献酌，酪齐缩酌，盎齐说酌，凡酒修酌，大丧存尊彝，大旅亦如之。”

【尊饮】称人之饮酒。《神仙传》：“姥答言，恐地上酒不中尊饮耳。”

【尊中】酒樽之中。《诗大雅·旱麓》：“清酒既载。”（笺）既载，谓已在尊中也。李白《江上吟》：“美酒尊中置千斛，载妓随波任去留。”

【尊中酒不空】谓杯中酒常满。《世说新语补·豪爽》：“孔北海居家失势，宾客日满其门，爱才乐士，常若不足，每叹曰：坐上客常满，尊中酒不空，吾无忧矣。”

【尊俎】盛酒肉之器，享宴时用之。引申为宴席。《礼记·乐记》：“陈尊俎，列边豆。”《战国策·齐策》：“千丈之城，拔之尊俎之间，百尺之衡，折之衽席之上。”《后汉书·孔融传》：“起谋于尊俎之间。”徐陵《九锡文》：“决胜于樽俎之间。”

【酢】以酒回敬。《诗·大雅·行苇》：“或献或酢。”郑玄笺：进酒于客曰献，客答之曰酢。

【凿落】酒器。与凿络同。韩愈、李正封《晚秋郾城夜会联句》：“泽发解兜鍪，酡颜倾凿落。”

【短杆菌】短的杆菌有时接近椭圆形，几乎和球菌一样，易与球菌相混淆，称短杆菌。

【缓火蒸馏】蒸馏过程用汽小而且缓，流酒温度不超过 30℃，此称为缓火蒸馏。

【缓慢加压】压榨开始不需要大的压力，让澄清的酒液自然流出，此期间醪中大粒子积压在滤布壁，顺次向内堆积小粒子，形成滤层。为了使过滤层良好，酒液自然流出最理想，加压尽可能迟些，加压速度也要避免急激，必须慢慢上升，直至最后才升高到很大压力，将糟粕压干，此谓之缓慢加压。

【窖边香糟酒】紧靠窖壁的酒醅蒸馏而得的酒称为窖边香糟酒。

【窖底香型酒】由窖底和泥窖酒醅产生的酒谓之窖底香型酒。

【焦糖】液态法白酒的原料蒸煮，大多数是采用高压蒸煮，在高温高压下，原料中的糖分可能会被焦化，生成褐红色无定形的脱水物，统称焦糖。

【焦糖麦芽】焦糖麦芽又叫焦香麦芽、结晶麦芽、琥珀麦芽。按其颜色深浅又可分为浅色焦糖麦芽外呈棕色，胚乳呈黑色，芳香，稍苦，横切面显结晶状，常作为中等黑啤酒辅料。

【链孢霉】链孢霉是一种极顽强的野生菌。常生长于鲜玉米芯和酒糟上，一旦浸入曲房不但造成危害，并很难驱除。

【晾霉】曲胚品温升高至 38-39℃，这时必须打开曲室的门窗，以排除潮气和降低室温。并应把曲胚上层覆盖的保温材料揭去，将上下层曲胚翻倒一次，拉开曲胚间排列的间距，以降低曲胚的水分和温度，达到控制曲胚表面微生物的生长，勿使菌丛过厚，令其表面干燥，使曲块固定形成。这在制曲操作上称谓晾霉。

【裂殖】裂殖即分裂繁殖。它是少数酵母菌的繁殖方式。其过程是细胞延长，核分裂为二，细胞中央出现隔膜，将细胞横分为两个具有单核的子细胞。

【落缸搭窝】将淋冷后的米饭沥去水分，放入大缸中。米饭落缸温度一般控制在 27-30℃。，视气温而定，在寒冷的天气可以高至 30℃。在米饭中拌入酒药，分次加入，要拌得均匀，搭成倒放的喇叭形的凹窝，上面再撒上一些酒药末，这个操作俗称搭窝。

【落泡期】落泡期是指发酵的衰落期。温度开始下降，降糖速度开始变慢，泡沫开始收缩，形成褐色泡盖，酵母渐下沉。

【喂饭法】将酿酒用的原料分成几批，第一批先做成酒母，然后再分批加入新原料，使发酵继续进行。因分次加饭，淋饭酒母中的酵母和酸不是一下子稀释很大，这样由于醪的酸度较大，酒母用量大，酵母在醪中占绝对优势，能阻止杂菌的繁殖。这种方法称为喂饭法。

【**窝曲**】搭窝后经过36–48小时，窝内充满甜液，将磨碎麦曲投入，充分拌匀，继续保温促其糖化，俗称搭窝。

【**稀释分离法**】分离的样品经适当稀释后，得到分散的菌体，使平板表面产生许多单个菌落，即可分得单个纯菌种。此法谓之稀释分离法，简称稀释法。

【**渣**】原料经蒸煮糊化，不配糟只加曲、水、酵母，第一次发酵，叫渣。

【**煮粮焖水**】干蒸完毕去盖，加入温度40–60℃的烤酒冷却水，水量淹过其面1–1.5尺，先以小汽把水加热至水呈微沸腾状，待包谷有95%以上裂口，手捏内层已全部透心为宜，即可把水放出，待其滴干以后，将甑面包谷扒平，装入约5–8寸厚的谷壳，以防倒汗水回滴在粮面上，引起大开花，此谓之煮粮焖水。

【**煮沸灭菌法**】直接将要灭菌的物件放在水中蒸沸5分钟以上，即可杀灭细菌的全部营养细胞和一部分芽孢，此谓煮沸灭菌法。

【**煮糜**】酿造老酒煮糜始终用猛火熬煮，并不停地用木耙翻拌，除了使黍米焦化带色，用这种焦黄色黍米酿造的酒，色深且带有焦香味。由于煮熟的黍米俗称糜，故此操作称为煮糜。

【**最低生长温度**】指微生物生长与繁殖的最低温度。在此温度时，微生物生长最慢，低于这个温度，微生物生长最慢，低于这个温度，微生物就不能生长。

【**最高生长温度**】在其他环境因子保持不变情况下，微生物能够生长繁殖的最高温度。高于这个温度，微生物的生命活动就要停止，甚至死亡。

【**最适生长温度**】指微生物生长最适宜的温度。在这个温度时，如果其他条件适当，则微生物生长最快。

十三画

【**辞岁**】今俗于除夕前夜，家置酒宴，往来招邀，谓之辞岁。《北京指南·礼俗》：“先除夕一日，曰小除夕，家置酒宴，往来招邀，曰别岁，又曰辞岁。亦有除夕始行辞岁者。”

【**酬**】劝酒。《仪礼·乡饮酒礼》：“主人实觯酬宾。”郑玄注：“先自饮，乃饮宾，为酬。”

【酬酢】饮酒时主客互相敬酒。主敬客曰“酬”，客还敬曰“酢”。后称朋友酒食往来为“酬酢”。

【错落】①酒器名。②交错纷杂。

【概】漆樽，酒器。《周礼·春宫·鬯人》：“凡祼事用概。”

【觥】古代酒器。青铜制。器腹椭圆，有流及鋬，底有圈足。有兽头形器盖，也有整器作兽形的，并附有小勺。盛行于商代及西周初期。《诗·小雅·桑扈》：“兕觥其觩，旨酒思柔。”

【觥杯】饮酒之器。皇甫松《抛球乐》：“上客终须醉，觥杯自乱排。”

【觥筹】以行酒令之赌酒之具。陆游《初春出游诗》：“半年长斋废觥筹，兴来忽典千金裘。”

【觥筹交错】酒器、酒筹互相错杂。形容欢乐地相聚宴饮。语出宋欧阳修《醉翁亭记》：“射者中，弈者胜，觥筹交错，坐起而喧哗者，众宾欢也。”明施耐庵《水浒全传》第七十一回：“堂前两边筛锣击鼓，大吹大擂，语笑喧哗，觥筹交错，众头领开怀痛饮。”

【觥筹狱】谓强人饮酒。《清异录·酒浆·觥筹狱》：“荆南节判单天粹，宣城人，性耽酒，日延亲朋，强以巨杯，多致狈然。然人以其德善，亦喜从之。时戏语曰：‘单家酒筵，乃觥筹狱也。’”

【觥船】载酒之舟。杜牧《醉后题僧院诗》：“觥船一棹百分空，十岁青春不负公。”

【觥令】即酒令。《醉乡日月》：“有犯者，辄投旗于前，曰某犯觥令。”

【觥录事】酒纠监令。《本事诗》：“余尝为觥录事。”

【觥进】酒杯酌而进之。杨维桢《无题诗》：“曲调青风歌声转，觥进黄鹅舞姿斜。”

【觥使】燕席上之司酒令者。元稹《泛江玩月诗》：“红娘留醉打，觥使及醒差。”自注：觥使，席上右职。

【觥心】酒觥之中心，杜牧《羊栏浦夜陪宴会诗》：“毬来香袖依稀暖，酒凸觥心泛滟光。”

【觥盂】盛酒之器。孔平仲《梦小饮诗》：“左手把其肩，右手进觥盂。”

【觥盏】盛酒之器。白居易《九日宴郡楼诗》：“觥盏艷翻菡萏叶，舞鬟摆落茱萸房。”

【觥酎】饮酒。韦应物《军中多燕诗》：“光景不知晚，觥酎岂言频。”

【毁榼】碎毁酒器。榼，酒器。《酒谱》：“愿君屏爵弃卮，焚罍毁榼。”

【⿱⺮夆篗】过滤酒的器具，《集韵》：“⿱⺮夆篗，酒篘也。”篘：过滤酒的器具。

【解酲】解宿醉。《晋书·刘伶传》："天生刘伶，以酒为名，一饮一斛，五斗解酲。"

【解酒】罢酒。《文选·司马相如〈上林赋〉》："于是乎乃解酒罢猎。"

【解语杯】明陶宗仪于莲花中置小金卮以饮酒，谓之解语杯。《辍耕录·解语杯》："至正庚子秋七月九日，饮松江泗滨夏氏清樾堂上，酒半，折正开荷花，置小金卮于其中，命歌姬捧以行酒。客就姬取花，左手执枝，右手分开花瓣，以口就饮，其风致又过碧筩远甚，余因名为'解语杯'。坐客咸曰然。"

【禁】承酒尊之器。名之为禁者，以酒戒也。《仪礼·士冠礼》："两甒有禁。"〔注〕：禁，承尊之器也，名之为禁者，因为酒戒也。

【禁杯】谓禁止饮酒。

【禁酒】①谓禁止饮酒。又称绝酒。《后汉书·吕布传》："布怒曰：'布禁酒，而卿等醖酿，为欲因酒共谋酒也。'"②谓禁止制酒。《晋书·安帝纪》："隆安五年，岁饥，禁酒。"

【谨酒】严格用酒。《周礼·秋官·萍氏》："几酒谨酒。"

【筐榼】竹筐及酒器。何景明《还至别业诗》："结晨亲友至，筐榼无所需。"

【蓝尾酒】蓝为"婪"之借用。与婪尾酒同，谓巡匝到末坐者饮。《客齐四笔·蓝尾酒》："白乐天元日对酒诗云，三杯蓝尾酒，一楪膠牙饧。又云，老过占他蓝尾酒，病余收得到头身。"河东记载，申屠澄与路旁茅舍中老父妪及女，环火而坐，妪自外挈酒壶至。曰：以君冒寒，且进一杯。澄固揖逊曰，始自主人翁即巡，澄当婪尾。盖以蓝为婪，当婪尾者，谓最后饮者。"

【滥觞】本谓江河发源之处水极浅小，仅能浮起酒杯。无节制肆意饮酒。《孔子家语·三恕》："夫江始出于岷山，其源可以滥觞。"王肃注："觞，可以盛酒，言其微。"后比喻事物的开始。唐玄宗《孝经·序》："况泯绝于秦，得之者皆煨烬之末，滥觞于汉，传之者皆糟粕之余。"

【雷】通"罍"，古酒器名。《隶释·韩敕造孔庙礼器碑》："雷、洗、觞、觚。"

【雷罇】刻画云雷形之酒樽（《论衡儒增》）。

【祼亨】祼，谓灌酒于地以降神，亨，谓供物以祭神也。《左氏·襄九》："君冠必以祼亨之，礼行之。"祼，谓灌鬯酒也；亨，祭先君也。

【酪酒】乳酪所制酒。《颜氏家训·勉学》："今为酪酒亦然。"

【酪母】酒滓。《集韵》："酒滓谓之酪母。"

【酩酊大醉】形容醉得很厉害。《水浒全传》第四十三回："不两个时辰，把李逵灌得酩酊大醉，立脚不住。"

【暖酒】温酒。白居易《送王十八归山寄题仙游寺诗》："林闲暖酒烧红叶，石上题诗扫绿苔。"

【暖荡】暖酒的器具。《古今小说》三十三：谏议即时叫安排酒樽、食罍、暖荡、撩锅，办几件吃食。

【蒲酒】即菖蒲酒。殷尧藩《端午日诗》："不效艾符趋习俗，但祈蒲酒话昌平。"

【群饮】共饮。《书·酒诰》："厥或诰，'曰、群饮，汝勿佚，尽执拘以归于周'。"《唐书·刘克明传》："帝猎夜还，与克明田务澄等二十有八人群饮。"

【鹊尾杓】酒杓名。《海录碎事·饮食·饮器》："陈思主有鹊尾杓，柄直长，置之酒樽，王欲效者，呼之则尾指其人。"

【觞】①盛有酒浆之酒器曰觞。②进酒劝饮。《左氏·襄二十三》："觞曲沃酒。"③酒卮之总名。《韵会》："觞，酒卮总名。"

【觞杯】盛酒之器。阮瑀《七哀诗》："嘉肴设不御，旨酒盈觞杯。"

【觞奠】以酒祭奠。《文选》："奉觞奠以望灵。"

【觞豆】饮食之具，觞酒、豆肉之省。喻饮食。

【觞觚】盛酒之器。《大戴礼记》："执觞觚杯豆而不醉，和歌而不哀。"

【觞爵】盛酒之器。《宋书·礼志》："太常华恒议：今圣上继武皇帝，宜准汉世祖故事，不亲执觞爵。"

【觞酒】杯酒。《国语·吴语》："觞酒、豆肉、箪食，未尝不分也。"

【觞客】饷宴宾客。《史记·天官书》："张素为厨，主觞客。"

【觞肴】酒与肴。谢朓《曲水宴诗》："海若来往，觞肴淞泝。"

【觞醳】谓酒。《文选·颜延之·三月三日曲水诗序》："肴蔌芬藉，觞醳泛浮。"

【觞咏】饮酒咏诗。即一觞一咏。王羲之《兰亭集序》："一觞一咏，亦足以畅叙幽情。"

【觞政】酒宴时为助酒兴而设之规则，犹觞令、酒令。

【觞至】进酒之杯来。李益《溪中月下寄杨子尉封亮诗》："露凝朱弦绝，觞至兰玉空。"

【觞勺】舀酒之器。《说苑·反质》："绘帛为茵缛，觞勺有彩，为饰弥侈。"

【觞酌】盛酒之器。《文选·曹植与吴季重书》：“觞酌陵波于前，箫笳发音于后。”

【摄酒】整理好散置的酒及酒器等谓之摄酒。

【椹酒】即桑葚酒。《本草·桑》：“时珍曰，四月宜饮桑椹酒，能理百种风热。”

【嗜酒】好饮酒。《史记·滑稽列传》：“王先生嗜酒。”《孔业子·儒服》：“子高曰，生子嗜酒者。”《后汉书·刘玄传》：“韩夫人尤嗜酒。”

【嗜冷微生物】凡最适生长温度在5-10℃以下的微生物，称为嗜冷微生物。

【嗜热微生物】最适温度在55℃左右的微生物称为嗜热微生物。

【嗜温微生物】最适生长温度在25-37℃的微生物称为嗜温微生物。

【鼠量】谓酒量小。《书言故事·禽兽比喻类》：“饮酒辞量，窄称鼠量。”

【肆饮】恣意饮酒。《魏书·北海王详传》：“肆饮终日。”

【搪酒】骗酒吃。《水浒》第二十一回：“押司，没事睬那乞丐做什么？那厮一地里去搪酒吃，只是搬是搬非。”《警世通言》六：“每日早间，问店小二讨些汤洗了面，便出门，长篇见宰相，短卷谒公卿，搪得几碗酒吃。”

【颓然】酒醉体倾貌。柳宗元《始得西山宴游记》：“引觞满酌，颓然就醉。”

【煨酒】犹言热酒。范成大《冬日田园杂兴诗》：“地炉煨酒暖如汤。”

【⿰酉岂】醉貌。《集韵》：“醴，醉貌。”

【⿰酉危】醉貌。

【禊宴】祓禊所举行之酒宴。《南史·王融传》：“武帝芳林园禊宴。”

【禊饮】上巳日之宴聚。《后汉书·礼仪志》：“三月上巳，官民并禊饮于东流水上。”

【献】本谓献祭。见“三献”。引申为进物以表敬意。又指主人敬酒于宾客。《诗·小雅·楚茨》：“为宾为客，献酬交错。”

【献醻】即献酬。谓主宾饮酒酢酬之礼。《诗·小雅·楚茨》：“献醻交错，礼仪卒度。”《集传》：“主人酌宾曰献，宾饮主人曰酢，主人又自饮，而复宾曰醻。”

【献酒】进酒。傅玄《上寿酒歌》：“三朝献宴，万寿是膺。”

【献爵】进酒。《周礼·考工记·梓人》：“梓人为饮器，勺一升，爵一升，觚三升。献以爵而酬以觚，一献而三酬，则一豆矣。”

【献饮】进饮物。

【献斟】献酒。《文选·王僧达答颜延年诗》：“寒荣共偃曝，春酝时献斟。”

【献主】酒席之主人。《礼记·少礼》：“凡饮酒，为献主者，执烛抱燋。”

【⿰米欠】①饮酒尽。《字类补》：“⿰米欠饮酒尽也。”②饮酒器。《字类补》：“⿰米欠，饮酒器也。”

【筵席】古人席地而坐，筵铺陈于下，席在上，为人所坐藉。今俗称酒馔为筵席。《周礼春官·司几筵·注》：“铺陈曰筵，藉之曰席。”〔疏〕：“设筵之法，先设者皆为筵，后加者为席。”孙诒让《正义》：“筵长席短，筵铺陈于下，席在上，为人所坐藉。”《礼记·乐记》：“铺筵席，陈尊俎。”

【筵宴】宴会、酒宴。《晋书·义阳王望传》：“时魏高贵乡公，好才爱士，望与裴秀王沉钟会并见亲侍，数侍筵宴。”

【猿酒】猿猴所造之酒。清李调元辑《粤东笔记》载：“琼州多猿……尝于石岩深处得猿酒，盖猿以稻米杂百花所造，一石六辄有五六升许，味最辣，然极难得。”《清稗类钞·粤西偶记》载：“粤西平乐等府，山中多猿，善采百花酿酒。樵子入山，得其巢穴者，其酒多至数石。饮之，香美异常，名曰猿酒。”

【⿱艹酒】①与糟同，酒滓也。②与湭同，酒液也。《集韵》：“湭，酒液也或作⿱艹酒。”

【斟】用勺子舀取，通指执壶注酒或茶。

【斟勺】与“斟酌”同。

【斟汋】同“斟酌”。

【斟酌】酌酒，推杯换盏饮酒。苏轼诗：“我有一樽酒，欲以赠远人；愿子留斟酌，叙此平生亲。”陶潜《移居诗》：“过门更相呼，有酒斟酌之。”后引申为考虑事情、文字是否适当的意思。添或倒酒。

【斟酒】酌酒。鲍照《答客诗》：“欢至独斟酒，忧来辄赋诗。”

【殢酒】缠绵滞流在酒中。杨维桢诗：“小娃犹殢酒，拦路夺人花。”

【置酒】设酒宴。《史记·高祖记》：“高祖置酒前殿。”《战国策·赵策》：“平原君乃置酒，酒酣起前，以千金为鲁连寿。”岑参《酒泉太守席上醉后作诗》：“酒泉太守能剑舞，高堂置酒夜击鼓。”

【⿰酉朱】酌也。又醅也。

【蜂蜜酒】用白葡萄酒加蜂蜜酿造而成的酒称为蜂蜜酒。该酒因在第一次葡萄汁中加入百分之五十的蜂蜜，所以有浓厚的香甜味。

【鉴别培养基】用以区别不同微生物种类的培养基称为鉴别培养基。鉴别培养基也被用作分离某种微生物。

【**酱香酒**】由顶部、中部酒醅产生的酒谓之酱香酒。

【**酱香型（白酒）**】此种酒带有突出的酱香，香而不艳，低而不淡，回味绵长。如茅台酒。

【**粮食酒**】凡以高粱、玉米、大米、小麦等粮食为原料酿制的酒，统称为粮食酒。

【**滤棉过滤法**】滤棉滤酒法是一种古老的传统方法。滤棉实际是一种特制的脱脂精选木浆，再添加百分之一至五的石棉组成。石棉吸附性很强，加量多则滤饼紧密，过滤慢。

【**蒙古酒**】用提炼过白酥油的牛、羊酸奶熬煮、蒸馏成的酒，颜色透明，味道酸甜，含酒精量小，饮之不易醉而醉倒又不易解的酒，叫蒙古酒，又称为“萨琳阿日何”。

【**蒙头浆**】蒸完酒的秕子泼加 20–30 公斤 35℃的温水，即谓之蒙头浆。

【**摊饭法**】选用优良的淋饭酒母，并用浆水配料调节酸度，抑制杂菌生长，保护酵母的繁殖和发酵，这种方法称为摊饭法。

【**微孔薄膜过滤法**】采用生物和化学稳定性很强的合成纤维和塑料制成的多孔性薄膜作过滤介质的方法，称为微孔薄膜过滤法。

【**新啤酒**】麦汁经主发酵后的发酵液叫嫩啤酒，又叫新啤酒。

【**新式通风摊凉培菌法**】扫净凉渣机，然后倒入热糟约 2–5 寸厚，扒平吹冷，撒上 2–3 厘米厚的谷壳，再将熟粮倒入，扒平吹冷，分两次下曲，拌匀后按要求温度保温培养。

【**揣沙酒**】将造沙酒醅取出蒸馏，量质接酒即第一次原酒入库贮存，此酒叫揣沙酒。

【**蒸馏**】在白酒和酒精生产中，将乙醇和其他所有的挥发性杂质从熟醪中分离出来的过程就是蒸馏。

【**蒸馏酒**】将含淀粉或含糖的原料所制成的发酵醪，用蒸馏器蒸出酒精浓度较高的饮料。如白酒、白兰地、威士忌、朗姆酒等。蒸馏酒一般须贮藏一定时间，加强后熟作用。在后熟期间，因酒中的发酵副产物，如酯类、醇类、有机酸类等相互作用而生成特有的芳香。一般酒精含量较高。

【**蒸馏酒和压榨酒**】酿酒过程中，已发酵好的原料叫“酒醅”，蒸馏酒醅得到的酒汁，叫蒸馏酒；压榨酒醅或用过滤的方法取得的酒汁，叫压榨酒。

【蒸馏原料和蒸馏废料的酒石英回收】浓甜葡萄酒的糟粕，再水洗，作为蒸馏原料，故酒石酸的回收，或者从蒸馏废液或者在蒸馏前提取，蒸馏以后提取比较方便。每升蒸馏废液的含酒石英 1.25 克至 7.55 克，亦可用氢氧化钙处理，制成酒石酸钙。

【蒸汽加压灭菌法】在一公斤每平方厘米气压下灭菌 20–30 分钟，即可杀灭各种微生物及其芽孢。此法谓蒸汽加压灭菌法。此法灭菌效果最好，是实验室和发酵工业上最常用的一种灭菌方法。

【蒸酒】指家庭，蒸饭造醪糟酒。苏舜软《送陈进士游江南诗》：“时有飘梅应得句，苦无蒸酒可沽巾。”沽巾典自“陶潜用巾漉酒”。

【酯化过程】生成酒的香味物质的过程。

【福禄酒】明末，李自成陷河南府，杀福王常洵，勺其血，杂鹿肉以进酒，称福禄酒。

【福酒】谓祭馀之酒。《宋书·礼仪志》：“太祝令各酌福酒，合置一爵中，跪进皇帝，再拜伏饮福酒。”《玉海·郊记·恭谢·祥符朝元殿行恭谢礼》：“群臣诣崇德殿称贺，赐百官福酒。”

【福水】酒之别名。《留青日札》：“酒曰福水。而陶翰林名曰祸泉。”《通俗编·饮食·福水》：“按《晋书地理志》，有福禄县属酒泉郡。”《水经注》：“所谓福禄水，由是县出也，俗呼酒为福水，当因乎此。”

十四画

【碧筹】玉石做的计酒之筹码。《白居易与诸客空腹饮诗》：“碧筹攒米盌，红头拂骰盘。”黄滔《江州夜宴诗》：“清管彻时斟玉醑，碧筹回处掷金船。”

【碧芳酒】浸以莲花者。酒之一种。《云仙杂记》：“房寿六月召客，刳椰子为杯。捣莲花制碧芳酒，调羊酪造含风酢。”

【碧酒】绿酒。杜甫《送率府程录事还乡诗》：“素丝挈长鱼，碧酒随玉粒。”

【碧筒】卷荷叶为筒以饮酒也。《正字通》：“筒，唐人碧筒杯诗，言卷荷叶为筒饮酒也。”

【碧筩杯】取大莲叶，放于木架上，叶中盛酒，以簪刺叶，使一叶柄通，再将茎屈成象鼻形，含茎吸酒，名曰“碧筩杯”。

【碧液】绿水，又谓酒。陆龟蒙《楞伽精舍诗》：“吴都涵汀洲，碧液浸郡郛。”葛长庚诗：“三杯碧液涨瓮盏，一缕青烟绕竹炉。”

【酲】酒醒后所感觉的困惫如病状态。《诗·小雅·节南山》："忧心如酲。"毛传："病酒曰酲。"孔颖达疏："言既醉得觉，而以酒为病，故云病酒也。"《世说新语·任诞》："天生刘伶，以酒为名，一饮一斛，五斗解酲。"

【翠觥】绿色之酒器。林景熙《酬潘景玉诗》："幸来相就分岑寂，闲对梅花酌翠觥。"

【翠爵】翡翠杯。《剪灯新话·龙堂灵会录》："金尊翠爵，为君斟酌。"

【翠斝】翠玉酒杯。陈子昂《饯齐少府序》："瑶琴合奏，翠斝时行。"钱起《玛瑙杯歌》："合华炳丽金尊侧，翠斝琼觞忽无色。"韩仲宣《宴王明府山亭诗》："碧池涵日，翠斝澄霞。"李怀远《凝碧池侍宴看竞渡应制诗》："列筵飞翠斝，分曹戏鷁舟。"

【翠涛】酒名。《龙城录》："魏左相，能治酒，其名有醽，翠涛，贮以大罌，十年味不败，此酒以大宛之法，中夏所未有，史称葡萄酒数十年不败者，此也。大宗尝赐诗曰：'醽醁称兰生，翠涛过玉薤，千日醉不醒，十年味不败。'"

【翠物】谓酒。《事物异名录·饮食·酒翠物》："《表异录·唐诗》：翠物喜盈斟，翠物字奇。"

【箪食瓢饮】语本《论语》颜回贫居之事。后人引用为安贫守俭之辞。《论语·雍也》："子曰，贤哉，回也，一箪食，一瓢饮，在陋巷，人不堪其忧，回也不改其乐。贤哉，回也。"

【酺】聚饮，特指命令所特许的大聚饮。《汉书·文帝纪》："酺五日。"颜师古注引文颖曰："汉律，三人以上无故群饮酒，罚金四两，令诏横赐得令会聚饮食五日也。"《艺文类聚》卷四引《荆楚发时记》："元日至月晦，并为酺聚饮食。"参见"大酺"。

【酺醵】合聚饮酒。《列女传》："妾恐其酺醵饱，人情所有也。"

【酻】酒醉。

【腐肠之药】谓肥肉厚酒。《文选·枚乘〈七发〉》："皓齿蛾眉，命曰伐性之斧，甘脆肥浓，命曰腐肠之药。"《文选·张协〈七命〉》："服腐肠之药，御亡国之器。"翰曰，专食肥鲜，则必丧之其王道之味，故比之有毒，腐肠之药，可以害人。亡国之器，谓象箸玉杯，纣用而亡也。《故事成语考·饮食》："甘脆肥醲，命曰腐肠之药。"

【寡酒】无菜肴佐酒，纯喝酒。《长生殿·疑》："也有吃寡酒的，吃宴酒的，买酒去的。"

【裹牵绵】喝酒御寒等于腹内裹上绵絮，所以叫“裹牵绵”。《西湖二集》十三：“思量得几文钱买壶黄汤吃，且做个裹牵绵浑身热烘烘，好过这长夜。”

《水浒后传》十六：“你看这般大雪，寒冷得紧，还亏得几杯酒做个裹牵绵。”

【榼】酒器。以木为之。

【豪饮】鲸饮，痛饮。《金史·隐逸传》：“剧谈豪饮，旁若无人。”

【嘉觞】佳美之酒杯。《汉书·礼乐志》：“枉降嘉觞。”

【嘉醞】美酒。《元史·百官志》：“嘉醞，局秩五品。”

【嘉尊】佳美之酒杯。《仪礼·士冠礼》：“礼仪有祭，此嘉爵承天之祐。”

【蓼酒】酒名。《本草·各部·酒》：“蓼酒久服聪明耳目，脾胃健壮，以蓼煎汁和曲米酿酒饮。”

【酹】洒酒于地表示祭奠或立誓。《后汉书·张奂传》：“(奂）召主簿于诸羌前，以酒酹地，曰：‘使马如羊；不以入厩；使金如粟，不以入怀。”苏轼《今奴娇·赤壁怀古》词：“一尊还酹江月。”

【酹酒】①饮酒之礼，初持酒灌地。②祀神以酒沃地。高启《张中丞庙诗》：“巫歌大招客酹酒。”

【酹觞】举酒酹地时的杯。《文选·哀永逝文》：“举酹觞兮告永迁。”

【潋滟杯】漫溢满杯酒。陆游《闲意诗》：“学经妻问生疏字，尝酒儿斟潋滟杯。”

【潋滟斟】斟酒满杯。明宣宗诗：“日长偏称从容劝，力饮何妨潋滟斟。”

【榴花天酒】形容仙酒。《燕子笺·扈奔》：“此时赐榴花天酒，和歌高饮。”

【漏卮】①渗漏之酒器。《淮南子·氾论训》：“今夫灵水足以溢壶榼，而江河不能实漏卮，故人心犹是也。”《文选·曹植·与吴季重书》：“食若填巨壑，饮若灌漏卮。”卮，酒杯也。②豪饮之士。《洛阳伽蓝记》：“京师士子，见王肃一饮一斗，号为漏卮。”

【漏卮难满】渗漏的酒器难于盛满，多比喻权利的外溢。语本《淮南子·氾论训》：“今夫溜水，足以溢壶榼，而江河不能实漏卮。”

【漉酧】酒名。漉，一作鹿。《孔子家语》：“今夫兰本三年湛之以漉酧。既成噉之，则易之匹马，非兰之本性也，所其湛者美矣。”

【慢橹摇船捉醉鱼】把别人灌醉后才下手。《拍案惊奇》六，从古道：“慢橹摇船捉醉鱼。”除非弄醉了他，恁你施为，你道好么？《二刻拍案惊奇》三十八：莫大姐本是已有酒的，更加郁盛慢橹摇船捉醉鱼，腼腆着面庞，央求不过，又吃了许多。

【蜜酒】蜜制之酒。《宋史·三佛齐国传》："有花酒，椰子酒，槟榔酒，蜜酒，皆非鹿蘖所醞，饮之亦醉。"

【蜜林檎】酒名。《事物绀珠》："言味如蜜，色如林檎也。"

【幂】古时盖酒尊的粗布。引申为用巾覆盖。《礼记·礼器》："牺尊疏布幂。""疏，粗也；幂，覆也。"

【酿】酿造。利用发酵作用制造酒、醋、酱油等。一般指酿酒。《三国志·蜀志·简雍传》："时天旱，禁酒，酿者，有刑吏于人家索得酿具。"

【酿饭】使饭发酵。为造酒一法。

【酿酒】造酒。《史记·孟尝君传》："乃多酿酒，买肥牛。"刘禹锡诗："口不信功心自适，吟诗酿酒待花开。"

【酿酒抱瓮】酿酒时使人抱瓮，欲酒速成而味好也。《渊鉴类函奢三》："羊琇，字稚舒，冬月酿，常令人抱瓮，须臾，复易人，欲酒速成而味好也。"

【酿具】酿酒之器具。李好俊诗："酿具未甘名长物，诗壇聊欲张吾军。"

【酿糯】以糯米酿酒。白居易《咏家醞诗》："酿糯岂劳炊范黍，撇刍何假漉陶巾。"

【酿瓮】酿酒之瓮。《唐书·后妃传》："反接置酿瓮中曰：令二姬骨醉。数日死。"梅尧臣诗："羡子向江南，正开新酿瓮。"

【酿造】造酒曰酿造。

【酿酒七秘诀】人必得其精，水必得其甘，曲必得其时，高粱必得其实，器具必得其洁，缸必得其湿，火得必其缓，此谓之酿酒七秘诀。

【酿酒用水及酿酒季节】《齐民要术》："春秋二时酿者，皆得过夏；然桑落时作者，乃胜于春。桑落时稍冷，初浸曲，与春同；及下酿，则茹瓮，取微暖；……勿太厚，太厚则伤热……春则不须，置瓮于砖上。""收水法，河水第一好。远河者，取极甘井水，小咸则不佳。""初冻后，尽年暮，水脉既定，收取则用。其春酒及余月，皆须煮水为五沸汤，待冷，浸曲，不然则动。"

【酿酶】亦称"酒化酶"、"发酵酶"。酵母中引起酒精发酵的一系列酶的总称。

【缥酒】酒名。绿色微白者。《文选·曹植〈七启〉》："乃有春清缥酒，康狄所营。"缥，绿色而微白也。

【缥醪】 浅青色之酒。《魏书·崔浩传》：“赐浩御缥醪酒十觚，水精戎盐一两，曰：朕味卿言，若此盐酒，故与卿同其旨也。”庚阐《断酒戒》：“屏神州之竹叶，绝缥醪乎华郡。”

【缥清】 酒名。曹植《酒赋》：“其味有宣城醪醴，苍梧缥清，或秋藏冬发，或春醖夏成。”

【缥蚁】 酒之沉淀物。酒别称。张载《酒赋》：“缥蚁蓱布，芬香酤烈。”

【旗亭】 古道边上的小酒楼。张衡《西京赋》：“旗亭五重。”《古今小说》十一：旗亭谁唱渭城诗？两相思，怯罗衣。《儒林外史》十七：良朋机遇，岂可分途，何不到旗亭小饮三杯？

【蔷薇露】 美酒之名。《老学庵笔记·七》：“寿皇时，禁中供御酒，名蔷薇露。”

【榷酤】 又名“榷酒酤”、“榷酒”、“酒榷”。指汉以后历代政府所行酒专卖。又泛指一切管制酒业取得酒利的措施。天汉三年（公元前98年）始榷酒酤，垄断酒的产销。始元六年（公元前81年）改征税。王莽时官酿酒卖，旋取消。东汉至唐初，不甚注意酒利。唐中叶后，采取的措施有：（1）政府设酒店专卖；（2）卖曲；（3）对酤户及酤肆征酒税叫榷酒钱；（4）将榷酒钱匀配于青苗钱上按苗征收等项。宋代以酒利为主要财政收入。城市置酒务，行专卖；乡镇民酿收税。又实行商民包税承销的买扑（特许包代征税）和农民向官槽交米代酿并缴税自售两法。还有一种添酒钱，于酒价上加征。滥觞于北宋，盛行于南宋，每遇军用或地方需款或官卖亏欠，即加增酒价支应。元初虽行酒专卖，但以收税为主。明清专收酒税。北洋政府时创烟酒专卖，原有酒税照收外，再收公卖费，实际是变相加税。

【榷酒】 与“榷酤”同。苏轼《谏买浙灯状》：“商贾有京城榷酒之议。”

【箬溪】 溪名。在浙江省长兴县南，溪生箭箬（竹芦植物），故名。南岸有上箬村，北岸有下箬村。溪水可酿酒，世称箬下酒。箬亦作若。

【赛路神】 除夕夜具酒馔于门前以祭路神。《东阳县志》：“除夕夜具酒馔于门前设祭，谓之赛路神。”

【赛密冲酿酒法】 法国葡萄酒专家赛密冲建议在葡萄汁发酵以前，加一部分做好的葡萄酒，两者的比例约为二比一。据赛密冲报道，这样的酒精浓度可以抑止尖端酵母的繁殖，使真正葡萄酒酵母立刻可以开始发酵，提高了糖分的有效的利用。此谓之赛密冲酿酒法。

【酾】 ①滤酒。《诗·小雅·伐木》：“酾酒有萸。”《毛传》：“以筐曰釃。芎，美貌。”②斟酒。苏轼《赤壁赋》：“釃酒临江，横槊赋诗。”

【僛僛】醉舞不能自正。《诗·小雅·宾之初筵》：“乱我边豆，屡舞僛僛。”〔传〕僛僛，舞不能自正也。〔说文〕僛，醉舞耳。诗曰：“屡舞僛僛。”

【缩酒】渗酒去其滓也。《左氏·僖四》：“尔贡包茅不入，王祭不共，无以缩酒。”〔注〕：束茅面灌之以酒为缩酒。

【啫酒】促饮酒。赵缌《交趾事迹》：“啫酒逐歌。”《唐音癸签》：“公宴合乐，每酒行一终，必唱啫酒，然后乐作。”盖唐人送酒之辞。

【酴】①酒曲。见《说文·酉部》。段玉裁注：“此酴亦谓酒母，则今之酵也。”②酒名。扬雄《蜀都赋》：“蒟酱酴清，众献储斯。”章樵注：“蒟酱，枸椹酱；酴清，酴醾酒。”

【酴酒】酿造之酒。《齐民要术》卷七《苯曲饼酒》载蜀人作酴酒法：以流水渍小麦曲，取其汁水和米煮成饭，加工后，“合滓餐之，甘辛，滑如甜酒味，不能醉人”。

【酴酥】酒名，即“屠苏”。

【瑶琨碧酒】美酒名。《洞冥记》：“元封中，起神明台，帝坐良久，设甜河之水，以备沐濯，酌瑶琨碧酒，炮青豹之脯。”

【瑶浆】饮物之佳美者，亦指美酒。鲍溶诗：“浓煖气中生历草，是非烟里爱瑶浆。”

【瑶觞】玉杯。王勃《宴山亭序》：“银烛掩花，瑶觞抒兴。”徐彦伯《韦嗣立山庄应制诗》：“御酒瑶觞落，仙坛竹径深。”王翰诗：“瑶觞滋白露，宝瑟凝凉氛。”

【瑶楹】玉柱画栋。《杜阳杂编》：“瑶楹余拱，银槛玉砌。”刘允济《地赋》：“银台瑶楹．玄阙丹丘，邹衍之所不议，方朔之所难细。”

【瑶爵】饰以瑶玉之酒杯。《周礼·天官·内宰》：“赞瑶爵亦如之。”〔注〕：瑶爵，谓尸卒食，王既酳尸，后亚献之，其爵以瑶为饰。《礼记·祭统》：“以瑶爵献大夫。”张说《太庙乐章》：“琴彼瑶爵。”

【罂】盛酒器，小口大腹，比缶大。《汉书·赵广汉传》：“椎破卢罂。”

【榐】木名，其汁可为酒。《集韵》：“榐，木名，汁可为酒。”

【僎爵】古赞礼之爵。

【滴窖】在窖中央或窖边挖一黄水坑，深至窖底，随即将坑内黄水舀净，滴四至六小时，边滴边舀，至少要四次。此谓之滴窖。

【管式连续蒸煮】管式连续蒸煮是将淀粉质原料在高温高压下进行蒸煮，并在管道转弯处产生压力间歇上升和下降，醪液发生收缩和膨胀，使原料的植物组织和细胞壁、淀粉颗粒等彻底破裂，产生淀粉糊化和溶解状态，而利于酶的作用。

【酵母的菌落】由单一细胞在固体培养基表面繁殖出来的细胞群体，叫做酵母的菌落。

【酵母混浊】常用的棉饼过滤法不能完全滤出酵母和细菌，所以鲜啤酒保存期只限 7 天。如果经杀菌后的熟啤酒出现酵母混浊则属事故。酵母混浊有培养酵母与野生酵母之分。

【酵母酒脚葡萄酒】葡萄酒换桶时，将残留于桶底的酵母沉淀加一定数量的糖水，使之发酵制成的酒，称为酵母酒脚葡萄酒。该酒味口淡泊，缺乏酸味。

【精馏】除去酒精中杂质，进一步提高酒精浓度的过程称为精馏。

【精馏塔】精馏的结果得到医药酒精或精馏酒精，所用的设备称为精馏塔。精馏塔的作用是浓缩乙醇和排除大部分杂质。

【精馏液】将所得粗馏液除去酒头、酒尾，再进行第二次蒸馏，仅收集酒精浓度为 65–70%的中间部分，称之为精馏液。

【静酒】不含二氧化碳的葡萄酒称为静酒。

【静止培养】静止培养是装箱后曲料品温度为 30℃左右，为了给孢子迅速发芽创造条件，要注意保温保湿。此时曲室温度控制在 30℃左右，相对温度应在 90%以上。

【酸败】由于发酵醪中野生酵母和有害乳酸菌等杂菌的多量生长繁殖，生成大量的乳酸和醋酸，致使醪的酸度上升，总酸度超过 0.45%以上，醪的香味也变坏，此称为酸败。

十五画

【酶】酒母。通作“媒”。《玉篇》：“酶，酶酒，酒母也。”《集韵》：“酶，酒本曰酶，或从酉，通作媒。”

【槽】酿酒之木制器。《宋史·食货志》：“隔槽之法行，听民就务，分槽醞买，官计户入采，而收其课。”

【撤酒】 谓去酒不饮。《晏子·谏上》“捐肉撤酒。”

【撤席】 撤去筵席。

【澄酒】 犹清酒。《礼记·礼运》：“粢醍在堂，澄酒在下”。澄，谓沈齐也，酒，谓三酒，事酒，昔酒，清酒三等。《礼记·坊记》：“醍酒在堂，澄酒在下。”澄酒，清酒也。

【澄醪】 犹清酒。《文选·刘琨〈答卢湛诗〉》：“澄醪覆觞，丝竹生尘。”

【澄觞】 犹清觞。即清酒。《文选·谢灵运〈拟魏太子邺中集诗〉》：“澄觞满金罍，连榻设华茵。”

【酉周】 酒名。

【醇】 指酒质厚。张衡《东京赋》：“春醴惟醇。”《汉书·曹参传》：“至者参辄曲饮以醇酒。”

【醇碧】 酒名，以绿豆曲酿造成碧色之酒。黄庭坚《醇碧颂》：“荆州士大夫家绿豆曲酒，多碧色可爱，而病于下醇，田子醖成味厚，故余名之曰醇碧而颂之。”陆游诗：“半瓶野店沽醇碧，一畚邻国饷矮黄。”

【醇酎】 酒名，上等酒。《西京杂记》：“汉制，宗庙八月饮酎用九醖，一名醇酎。”《文选·左思〈魏都赋〉》：“醇酎中山，流湎千日。”张载《酃酒赋》：“中山冬启醇酎和发。”

【醇酒】 浓烈而味厚之酒。《史记·宋微子世家》：“陈人使妇人饮之醇酒，以革裹之归宋。”《汉书·曹参传》：“至者，参辄饮以醇酒。”《亚书·谢奕传》：“奕以醇酒饮之。”

【醇酒妇人】 指沉溺于酒色。《史记·魏公子列传》：“公子自知再以毁废，乃谢病不朝，与宾客为长夜饮，饮醇酒，多近妇女，日夜为乐饮者四岁，竟病酒而卒。”章炳麟《中华国月刊发刊辞》：“若夫浮薄少年，中无所主，遭逢世变，侥托幽忧，冒取古人及时行乐之义，而益驰骛于纷华，象棋六博，醇酒妇人，以为苟毕吾生而已足，此则志气尤脆弱者。”

【醇醪】 美酒。浓烈纯粹之酒。《汉书·爰盎传》：“乃悉以其装赍买二石醇醪。”白居易《负冬日诗》：“初似饮醇醪。”孔融：“袁盎非醇醪之力，无以服其命。”

【醇醨】 酒味厚者曰醇，薄者为醨。《旧唐书·德宗纪》：“王霸迹殊，淳醨代变。揆时而理，斟酌斯难。”孔颖达《礼记正义序》：“赋清浊以醇醨，感阴阳而迁变。”王禹偁诗：“樽中有官醖，倾酌任醇醨。”

【醇醲】指酒性浓烈。《水浒传》第二十三回：“初入口时，醇醲好吃，少刻时便倒。”

【醇酢酒】不渗水之醇酒。《酒谱》张籍云：“酿酒爱干和，即今之不入水酒也，并汾间，以为贵品，名曰干酢酒。”

【醇醉】即酒醉。《文子·精诚》：“故通于太和者，闇若醇醉而甘卧，以游其中，若未始出其宗，是谓大通。”

【醇甜型酒】由中部酒醅产生的酒，谓之醇甜型酒。

【歠】可饮之物。《战国策·燕策》：“进热歠。”《楚辞·大招》：“不歠役只。”注：“谓酒醇美，不以饮贱役人也。”

【歠醨】饮薄酒。歠与“啜”同。《文选·屈原〈渔父〉》：“众人皆醉，何不餔具糟而其醨。”

【歠釃】与“歠醨”同。

【虢公台】《太平寰宇记》：“俗名贺酒台，晋宣帝集温父老，登此台宴饮，父老捧觞庆贺。

【䴹】酒母；酒曲。

【鹤觞】酒名。《洛阳伽蓝记》：“河东人刘白堕，善能酿酒。六月曝于日中，其酒不动。朝贵相饷，逾于千里。以其远至，号曰鹤觞。亦曰骑驴酒。”

【蝴蝶杯】酒杯杯座腰细脚宽，上嵌一只反口金铃般的玉色酒盅，镶以金边，光彩夺目。杯的外壁彩绘二龙戏珠，内有几枝红绿相间的花朵。当斟酒满杯时，你会看见一只斑斓的彩蝶从杯中飞起，在花丛中翩跹。一饮而尽后，彩蝶逝去，仍是一只空杯。此即蝴蝶杯。（非甑疑，是真有其杯，还是传说？）

【醁】美酒，特指醽醁酒。《聊斋志异·狐妾》：“一夕，夜酌，偶思山东苦醁。”参见“醽醁”。

【醁醽】美酒名。《岁华纪丽》：“醁醽潋滟于寿杯。”《剪灯余话》：“且尽醁醽清积恨。”

【醁酒】美酒。苏舜钦：“白云已有终身约，醁酒聊驱万古愁。”

【瞒瞒】通“悗悗”，贪爱酒色的样子。《荀子·非十二子》：“酒食声色之中，则瞒瞒然，瞑瞑然。”

【醅】未滤的酒。杜甫《客至》诗：“盘飧市远无兼味，樽酒家贫只旧醅。”

【醅子】已经发酵完成，将准备蒸酒的醪，称为醅子，亦称秕子。

【擒奸酒】酒名。《谈苑》：“海东刘白堕善酿酒，曝于日中，经旬饮之，醉而不醒。青州刺史毛鸿，齐酒之藩，路逢劫盗，饮之即醉，皆被擒，因名擒奸酒。语云：不畏张弓拔刀，惟畏白堕春醪。”

【撒酒风】酒醉后发脾气失态胡为。《海上花列传》二十七：“陆里去寻开心，吃仔酒，到该搭来撒酒风？”《官场现形记》二十五：“千不该！万不该！前天吃醉了酒，在你荐的人那里撒酒风，叫你下不去，真正对你不住。”

【醋】①箦酒。《集韵》：“醋，箦酒也。”②压酒具。或作醋，窄、箦。《集韵》：“醋（音诈），压酒具，或作醡，窄、箦。”

【饎】酒食。《说文》：“饎，酒食也，从食喜声。”《诗》曰：“可以馈饎。”《字林》：“饎，熟食也。”

【饎馔】酒食。《尔雅·释训》：“饎，酒食也。”

〔注〕：犹今云饎馔，皆一语而兼通。

【醟】酗酒。《说文》：“醟，酗也。从酉荧，省声。”《汉书·叙传》：“中山淫醟。”注，醟，酗酒也。

【觯】古代酒器，青铜制，形似尊而小，或有盖，用以作饮器。盛行于商代晚期和西周初期。觯又名耑，传世有郐王义楚耑等，器形相同。《说文·角部》：“觯，乡饮酒角也。”

【醊】祭祀时用酒酹地。《后汉书·王涣传》：“男女老壮皆相与赋敛致奠，醊以千数。”亦用以指祭奠。《后汉书·卢植传》：“亟遣丞掾除其坟墓，存其子孙，并致薄醊。”

【醉伴】都因饮酒过量之友。元稹《病辞诗》：“醉伴见侬因酒病，道侬无酒不相窥。”白居易诗：“醉伴腾腾白与刘，何朝何夕不同游。”

【醉泡儿】醉汉像气泡一样有些漂浮。《三侠五义》五十六回：“你把这边假门的铜环拿住了，往怀里一带，那边的活门就开了。哥哥喝的成了醉泡儿，那里有这样的力气呢？”

【醉笔】即醉墨。元好问《泛舟大明湖诗》：“唤取樊川摇醉笔，风流聊付与他年。”

【醉别】酒醉而别。岑参《送李翥游江外诗》：“青门须醉别，少为解征鞍。”王昌龄《送别魏三诗》：“醉别江楼橘柚香，江风引雨入船凉。”

【醉哦】醉吟。苏轼《寄傲轩诗》：“醉哦傍若无，独侑一樽醁。”

【醉唱】酒醉而歌。韩偓诗：“闲嗤人甲奔竞态，醉唱落调渔樵歌。”梅尧臣《瞑诗》：“醉唱眠茅屋，烧光透槿篱。”

【**醉歌**】醉后高歌。《旧唐书·卢群传》："群使蔡州，筵中醉而歌曰，'祥瑞不在凤凰麒麟，太平须得边将忠臣'。"王维《送孟六归襄阳诗》："醉歌田舍酒，笑读古人书。"

【**醉归**】谓喝醉酒而欲归。或酒酣而归。《诗·鲁颂·有駜》："鼓咽咽，醉言归。"《文选·南都赋》："客赋醉言归，主称露未晞。"《文选·傅毅·舞赋》："颂有醉归之歌。"

【**醉鬼**】贬词。谓酒醉后而无理取闹之人。《掖庭记》："龙淑妮贪而且妒，百计千方，致人苦楚，不能饮者强令之饮，多至十碗，是名醉鬼。"

【**醉汉**】酒醉之人。刘克庄诗："乍可生前称醉汉，也胜死后谥愚公。"

【**醉话**】醉后之言。《桃花扇》："军令严肃，你敢如此大胆，无可奈何，冒死唱曲，只求老爷饶恕。听他所说，像是醉话。"

【**醉红**】酒醉时之颜色。黄庭坚《寄杜家父诗》："风尘点汗青春面，自汲寒泉洗醉红。"

【**醉酒**】同酒醉。《诗·大雅·既醉》："既醉以酒，既饱以德。"

【**醉酒饱德**】《诗·大雅·既醉》："既醉以酒，既饱以德；君子万年，介尔景福。"朱熹集传："言享其饮食恩意之厚，而愿其受福如此也。"后用为宾客酬谢主人款待优厚之辞。孙揆《灵应传》："幸以寓止郊园，绵历多祀，醉酒饱德，蒙惠诚深。"

【**醉渴**】谓因酒醉而致渴。徐汇《荔枝诗》："锦里只闻消醉渴，药宫惟合赠神仙。"

【**醉客**】①酒醉之宾。《后汉书·吴佑传》："醉客辱其母。"《三国志·魏志·徐邈传》："平日醉客谓，酒清为圣人，浊者为贤人。"②好饮之人。李白诗："醉客满船歌白苎，不知霜露入秋衣。"李商隐《杂纂必不来》："醉客逃席。"

【**醉困**】因酒醉而不能行。《汉书·高帝纪》："前拔剑斩蛇，蛇分两道，行数里，醉困卧。"

【**醉狂**】①酒疯。白居易《醉中留别杨六兄弟诗》："无日花间不醉狂。"石延年诗："醉狂黝鹤舞。"②醉兴。

【**醉乐**】醉酒之乐。常衮《谢社日赐羊酒表》："醉乐空比于尧人，宰平实惭于汉相。"

【**醉侣**】好酒夫妇或喝醉了酒的夫妇。皮日休诗："醉侣相邀爱早阳，小筵催辨不胜忙。"

【醉骂】酒醉而詈骂。《后汉书·班固传》："吏推呼之，奴醉骂。"

【醉貌】即醉颜。白居易《醉中对红叶诗》："醉貌如霜叶，虽红不是春。"

【醉寐】酒醉而眠。韩非子《说林》："绍绩昧醉寐而亡其裘。"

【醉梦】醉睡而梦。李涉《题鹤林寺诗》："终日昏昏醉梦间，忽闻春尽强登山。"

【醉眠】酒醉而眠。《晋书·阮籍传》："见籍方据桉醉眠。"《宋书·陶潜传》："潜若失醉，便语客，我醉欲眠。"杜甫《军中醉歌寄沈八诗》："软沙欹坐隐，冷石醉眠醒。"郑谷《曲江春草诗》："香轮莫辗青青被，留与游人一醉眠。"

【醉面】即醉颜。葛长庚诗："月透诗情冷，风吹醉面凉。"

【醉墨】即醉笔。苏舜钦《检书诗》："轩昂醉墨间，织悉新书杂。"欧阳修《送原父守永兴诗》："新诗醉墨时一挥，别后寄我无辞远。"

【醉眸】即醉眼。陈师道《九日无酒诗》："倦笔懒从都市出，醉眸刚为曲车回。"

【醉怒】酒醉而怒。《晋书·裴秀传》："遐未即饮，司马醉怒。"

【醉怒醒喜】饮醉而怒而醒则喜。《国语·鲁语下》："醉而怒，醒而喜，庸何伤。"

【醉暖】酒醉而身热。白居易《歌午诗》："欢酣促密坐，醉暖脱重裘。"

【醉仆】醉倒。《唐书·阳城传》："客不得已，与酬酢或醉仆席上。"《宋史·礼志》："醉仆者即先扶出或遣送归营。"

【醉趣】醉酒之乐趣。司马光诗："果使屈原知醉趣，当年不作独醒人。"

【醉日】酒醉之日。《南史·孔觊传》："虽醉日居多而明晓政事。"

【醉杀】极言酒醉之甚。贾至《春思诗》："笙歌日暮能留客，醉杀长安轻薄儿。"

【醉沈】谓酒醉深沉。沈（chén）。王世贞诗："惊毫欲卷阿耨枯，醉沈横拖鹫岭碧。"

【醉生梦死】像喝醉了酒和做梦那样，糊里糊涂地过日子。亦作"醉死梦生"。《程子语录》："虽高才明智，胶于见闻，醉生梦死，不自觉也。"

【醉圣】醉而心明甚至明智机警，文思超过平日，不因酒误、反因酒慧。史称李白为醉圣，见《酒谱》："李太白每醉为文，未尝差，人目为醉圣。"

【醉书】酒醉而挥豪。僧皎然诗："醉书在篋称绝纶。"

【醉僧】酒醉之僧人。《旧唐书·柳浑传》："浑自少游，醉僧首伏。"苏涣《怀素草书歌》："何似醉僧颠复狂。"

【醉睡】酒醉而睡。李贺《秦宫诗》："醉睡氍毹满堂月。"

【醉态】酒醉之姿态。白居易《早春西湖闲游诗》："野情遗世累，醉态任天真。"秦韬玉《吹笙歌》："逸艳初因醉态见，浓春可是韶光与。"徐铉《蔷薇诗》："芳心向谁许，醉态不能支。"

【醉酡】酒醉面赤。刘子翼诗："风流阁老扒前辈，喜客温颜以醉酡。"

【醉翁】好酒之老人。或好酒之人自称，郑谷《倦客诗》："闲烹芦炊菰米，会向源公作醉翁。"

【醉翁之意】欧阳修《醉翁亭记》："醉翁之意不在酒，在乎山水之间也。"后用以比喻本意不在此，或别有用心。

【醉兀】酒醉摇晃貌。苏轼《自雷适廉宿于廉村净行院诗》："晨登一叶舟，醉兀十里溪。"

【醉舞】酒醉而舞。《诗·鲁须·有駜》："醉言舞，于胥乐兮。"岑参《使交沙郡诗》："军中日无事，醉舞倾金罍。"李白《豳歌行上新平长史兄粲》："赵女长歌入彩云，燕姬醉舞娇红烛。"

【醉仙】①饮酒雅，不拘俗，形骇不同凡响，醉也与一般人不一样，令人佩服景仰者。②酒席上指令用之偶人。《酒谱》："今之酒令其类尤多，有捕醉仙者，为偶人转之，以指席者。"③俗谓酒醉之人。

【醉先生】谓酒醉之人。白居易《题酒瓮呈梦得诗》："更拟共君何处去，且来同作醉先生。"

【醉乡】喝醉后神志不清入睡的状态境地。聂夷中《饮酒乐》诗："安得阮步兵，同入醉乡游。"《红楼梦》第二十四回："(倪二)此时……已在醉乡，不料贾芸碰了他，就要动手。"

【醉象】醉态。《法苑珠林》："譬如王放醉象，牙利凶恶，遇者皆死。"

【醉行】酒醉而行。《文选·班固·幽通赋》："重醉行而自耦。"

【醉蟹】酒渍之螃蟹。

【醉酗】酒醉而发怒。《汉书·赵充国传》："汤数醉酗羌人。"醉怒曰酗。

【醉酗】酗酒致醉。《论衡·语增》："醉酗生乱。"

【醉醺】酒气熏蒸。白居易《醉后戏题诗》："今夜醉醺罗绮暖，被君融尽玉壶水。"

【醉醺醺】酣醉和悦之貌。岑参诗："青门酒楼上，欲别醉醺醺。"杜牧《并州道中诗》："如何遣高子，高卧醉醺醺。"

【醉颜】酒醉后之面色。白居易《浔阳宴别诗》："暮景牵行邑，春寒散醉颜。"

【醉眼】即醉眸。白居易《开成二年三月三日诗》："花牵醉眼迷。"苏轼《杜介送鱼诗》："醉眼朦胧觅归路，松江烟雨晚疏疏。"

【醉忆】谓因酒醉而兴追忆之思。刘兼《偶闻官吏请辄有一篇寄从弟舍人诗》："张翰鲈鱼因醉忆，孟光书信近春稀。"

【醉舆】谓酒醉乘舆。《开元天宝遗事》："申王每醉，使官妓将锦采结一兜子，抬归寝室，号曰醉舆。"

【醉语】醉后之言。李商隐《篡惶愧》："醒后闻醉语。"韩偓《无题诗》："吉音闻诡计，醉语近天真。"

【醉月】对月饮酒至醉。李白《春夜宴桃李园序》："开琼筵以坐花，飞羽觞而醉月。"

【醉吟】饮醉而后吟诗。郑谷《重阳日访元秀上人诗》："红叶黄花秋景宽，醉吟朝夕在樊川。"

【醉晕】酒醉而眩晕。刘因诗："苍凉苏病骨，醉晕浮嵒幽。"

【醉妆】酒醉貌。白居易《牡丹芳》："映叶多情隐羞面，卧丛无力含醉妆。"

【踩曲】把拌好的曲料倾入箱内摊平，用足踏后以散开为度，取掉壳箱，用刀纵横切成方块，此过程即为"踩曲"。又称"压曲"。

【澄清】榨出的酒液称为生酒，还含有少量的微细的固体物，必须将生酒放入澄清池中，加入适量糖色，搅匀后静止二至三天，使少量微细浮游物沉入池底，取上层清液去杀菌，沉渣重压，回收酒液。此操作为澄清。

【醆酒】次清之酒。《礼记·郊特注》："醆酒说于清汁献说于醆酒。"

【醆斝】酒器名。夏曰醆，殷曰斝。《礼记·礼运》："醆斝及户君非礼也。"

【醋酸菌】醋酸菌是一种能氧化葡萄糖或乙醇生成醋酸的菌。多存在于酒醅中。它对形成酒质清香、改进白酒风味有着重要的作用，但过量的醋酸菌则是有害的。它能使酒醅迅速变酸，损遗耗酒精，降低出酒率和伤白酒的风味。

【糊粉层】在细胞之间的空间处由蛋白质组成的"骨架"支撑，外部被约三层厚的四方形厚壁细胞所包围，称之为糊粉层。

【糊化锅】用来糊化辅助原料及煮沸部分糖化醪的锅称为糊化锅。

【霉菌】凡生长在营养基质上形成绒毛状、蜘蛛网状或絮状菌丝体的真菌，统称为霉菌。